胜利油田年鉴 2007

SHENGLI OIL FIELD YEARBOOK

胜利石油管理局
胜利油田分公司 主办
政策研究室 编纂

中国石化出版社

SHENG LI YOU TIAN NIAN JIAN

编辑说明 BIAN JI SHUO MING

一、《胜利油田年鉴》是按年连续出版的综合性材料，2007版是第22册。本年鉴全面、系统、翔实地记述了2006年胜利油田各行业、各单位工作的基本情况、发展成就、最新成果及有关资料。旨在为各级领导制定政策、实施决策提供依据和信息服务。同时，为各界人士全面了解、认识油田起媒介作用。

二、本年鉴采用分类编辑和条目式记述方法。主体内容为类目、分目、条目3个层次，体现以事件为记载和编目主线。为适应形势，提高参阅价值，增加了专题性条目的份量和生产经营、管理、科技、改革等方面的信息量。

三、本年鉴设概况、大事记、特载、专文、工作综述、二级单位、局属实体和控股公司、先进集体·先进个人、人物、文件选辑及索引、资料数据等11个类目。还配有反映重大活动、发展成就、科技成果和油田风貌图片。

四、本年鉴所刊载的单位名称均按内部习惯称呼。“中国石油化工集团公司”称为“中石化集团公司”或“集团公司”；“胜利石油管理局”简称为“管理局”、“局”；“胜利油田分公司”简称为“分公司”，阅读时请辨析。

五、本年鉴所摘录和引用的资料、数据截止到2006年12月31日，特殊情况，时间上有上溯或下延。

六、本年鉴所载资料主要由各业务部门、二级单位提供，部分为编辑部收集。综合性统计资料及数据来源于信息中心和规划计划部(处)。

七、本年鉴采用法定计量单位，对个别非法定计量单位如“亩”。因统计习惯仍予保留，法定计量单位一般采用汉字表述，少数已被公众接受的法定计量单位符号如“℃”，则用符号表示。

八、谨向为本年鉴撰文、供稿和提供资料的单位及个人表示感谢。

《胜利油田年鉴》编辑部

ZONG LEI MU
总类目

◆ 概况

◆ 大事记

◆ 特载

◆ 专文

◆ 工作综述

◆ 二级单位

◆ 局属实体 控股公司 改制企业

◆ 先进集体 先进个人

◆ 人物

◆ 文件选辑及索引

◆ 资料数据

2006年11月25日,中共中央政治局常委、国家副主席曾庆红到胜利油田视察工作。(丛范滋 摄)

2006年8月26日，中共中央委员、西藏自治区党委书记张庆黎（中）到胜利油田参观考察。（何翔 摄）

2006年7月6日，国务院国资委党委委员、副主任王瑞祥（左一），国资委党委委员、纪委书记贾福兴（右二），在中石化集团公司党组成员、纪检组长王作然（右一）陪同下参观胜利油田廉政教育活动中心。（丛范滋 摄）

2006年8月15日，中石化集团公司党组成员、副总经理张耀仓来胜利油田检查指导工作。（薛亮 摄）

2006年5月4日，中石化集团公司党组成员、副总经理曹耀峰在油田检查指导工作。（薛亮 摄）

2006年6月1日，中石化集团公司党组成员、中石化股份公司高级副总裁王志刚到川东北检查指导工作。图为慰问黄河钻井70562钻井队职工。（薛亮 摄）

2006年9月19日，中石化股份公司高级副总裁兼财务总监戴厚良来胜利油田调研。图为在钻井现场了解情况。（丛范滋 摄）

2006年7月5日，由国务院国资委纪委、监察局和宣传工作局共同组织的推进中央企业廉洁文化建设研讨会在胜利油田召开。（王英春 摄）

2006年5月27日，中国企业文化促进会来油田考察调研胜利文化。（李怀原 摄）

2006 年 6 月 2 日，全国企业反邪教现场交流会在胜利油田召开。图为大会代表在现场参观。(李怀原 摄)

2006 年 9 月 4 日，中石化油田企业党委书记研讨会在胜利油田召开，来自中国石化系统的 40 多家企业参加会议并介绍经验。(丛范滋 摄)

管理局党委全会（扩大）会议提出“百年创新，百年胜利”的奋斗目标。(李怀原 摄)

高度重视调查研究工作。(李怀原 摄)

大力实施资源战略，一批重点探区取得重要突破。图为胜利油田增储上产重点生产井——垦东12平台井施工现场。（王英春 摄）

油田重点探井坨764井大型压裂施工现场。(王英春 摄)

油田勘探重点攻关项目——火成岩三维地震勘探。(李怀原 摄)

海上油田开发成为上产重要阵地。图为海上石油开发现场。(王英春 摄)

加强成本的节控管理。图为采油厂财务人员下基层调研,与基层商讨节电措施。(何翔 摄)

地质技术人员在研究井况资料。
（王英春 摄）

精细管理成就长效开发。
（王英春 摄）

开展油水井分析竞赛。
（李怀原 摄）

努力实现清洁化生产。（王英春 摄）

花园式井站。（李怀原 摄）

开展岗位责任制大检查。（薛亮 摄）

HSE 进场管理。（李怀原 摄）

提高科技水平，确保安全生产。图为胜利油田第一口氮气钻井樊 142-8 井施工现场。（薛亮 摄）

与西南石油局进行油气勘探开发合作。(李怀原 摄)

与西南石油大学进行产学研合作。(何翔 摄)

进军国外油气勘探市场。（薛亮 摄）

首次进入外地市政建设市场。（何翔 摄）

胜利日报社印刷厂成功改制。(何翔 摄)

胜利油田胜华实业有限责任公司挂牌成立。(薛亮 摄)

胜利油田第14届职业技能竞赛开幕式。
（李怀原 摄）

技能竞赛笔试现场。
（李怀原 摄）

争分夺秒。
（李林 摄）

严格竞赛。
（王英春 摄）

胜利电视台春节晚会。（李怀原 摄）

亲情文化创建活动。（董家永 摄）

老有所为。（王英春 摄）

居民进行亲情签名。（董家永 摄）

胜利油田第五届运动会暨第二届全民体育大会

奋勇争先。(伍参 摄)

跨越。(伍叁 摄)

展翅。(伍叁 摄)

开幕式现场。(伍叁 摄)

油区风光

YOUQUFENGGUANG

目　录

概　况

胜利油田概况…………………………（3）
油田发展历程及基本特点…………（3）
油田基本构成情况…………………（5）
生产、建设、经营能力……………（7）
职工福利和社会保障………………（8）
精神文明建设………………………（8）
机构设置……………………………（9）
胜利石油管理局领导成员………（11）
胜利油田分公司领导成员………（12）
局机关处室负责人………………（12）
分公司机关职能部门和直属单位负责人……………………………（14）
直属单位负责人…………………（14）
局属经济实体负责人……………（15）
局控股公司负责人………………（15）
局派出机构负责人………………（16）
驻外项目负责人…………………（16）
二级单位处级干部名单…………（16）

大事记

胜利油田 2006 年大事记…………（27）

特　载

曹耀峰在胜利石油管理局党委全委(扩大)会议上的报告(摘要)………（35）
曹耀峰在油田信息暨档案工作会议上的讲话(摘要)…………………………（45）
王立新在胜利石油管理局　胜利油田分公司第五届职工代表大会第五次会议上的工作报告(摘要)……………（48）
王立新在胜利油田庆“七一”表彰大会暨思想作风建设深化年活动经验交流会上的讲话(摘要)……………………（60）
刘中云在胜利油田技术创新大会上的工作报告(摘要)……………………（66）
郭长玉在油田再就业工作会议上的讲话(摘要)……………………………（72）

专　文

2006 年春季油田领导调研活动综合报告……………………………………（77）
立足现实　着眼未来　分步实施　梯次推进　把“百年创新，百年胜利”的宏伟愿景变成具体实践…………………（85）

工作综述

经营决策……………………………（103）
油气生产……………………………（106）
油气勘探…………………………（106）
油气田开发………………………（112）
石油工程技术……………………（117）
难采储量开发……………………（119）
基本建设……………………………（120）
生产管理……………………………（122）
生产运行管理……………………（122）

设备管理……………………………(124)
安全生产……………………………(125)
环境保护……………………………(127)
油区管理、土地管理及工农工作
……………………………………(128)
水电管理……………………………(130)
经营管理……………………………(132)
管理局规划计划管理………………(132)
分公司规划计划管理………………(133)
管理局财务资产管理………………(134)
分公司财务资产管理………………(136)
劳动工资管理………………………(138)
法律事务与合同管理………………(140)
市场管理……………………………(141)
油气销售及炼油化工………………(142)
跨国经营……………………………(143)
石油工程造价管理…………………(145)
信息化建设…………………………(146)
企业内部改革………………………(150)
科学技术……………………………(150)
生产经营监督………………………(153)
纪检监察……………………………(153)
审计工作……………………………(157)
技术监督……………………………(158)
海上安全监督………………………(161)
财务监控管理………………………(162)
海上石油工程技术检验……………(164)
集体经济……………………………(165)
行政管理……………………………(166)
局办公室工作………………………(166)
政策研究……………………………(168)
档案管理……………………………(170)
党群工作……………………………(171)
党委办公室工作……………………(171)
组织工作……………………………(172)
宣传工作……………………………(174)
胜利文化建设………………………(176)
基层建设……………………………(177)
统战工作……………………………(180)
信访工作……………………………(182)
保密工作……………………………(183)
工会工作……………………………(183)
共青团工作…………………………(186)
广播电视管理………………………(188)
机关党委工作………………………(189)
民兵工作……………………………(190)
普法工作……………………………(191)
老年管理工作………………………(192)
公益事业……………………………(193)
社会保障……………………………(193)
劳动就业与再就业工作……………(194)
教育培训……………………………(196)
医疗卫生……………………………(198)
人口和计划生育……………………(199)
住房建设与管理……………………(200)
社区管理……………………………(202)
公安保卫……………………………(203)
社会治安综合治理…………………(206)
防空工作……………………………(208)

二级单位

地球物理勘探开发公司……………(211)
渤海钻井总公司……………………(212)
黄河钻井总公司……………………(214)
钻井工程技术公司…………………(217)
塔里木胜利钻井公司………………(219)
海洋钻井公司………………………(220)
地质录井公司………………………(221)
测井公司……………………………(223)
井下作业公司………………………(226)
井下作业二公司……………………(228)
井下作业三公司……………………(230)
井下作业四公司……………………(232)
供水公司……………………………(233)
电力管理总公司……………………(235)

胜利发电厂…………………………(237)
运输总公司…………………………(239)
总机械厂……………………………(240)
钻井工艺研究院……………………(242)
山东胜利职业学院…………………(243)
职工大学……………………………(245)
党校…………………………………(247)
教育培训中心………………………(249)
胜利医院……………………………(251)
仙河社区管理中心…………………(252)
孤岛社区管理中心…………………(254)
河口社区管理中心…………………(256)
胜北社区管理中心…………………(258)
胜中社区管理中心…………………(259)
胜东社区管理中心…………………(261)
胜南社区管理中心…………………(263)
滨南社区管理中心…………………(266)
临盘社区管理中心…………………(268)
青岛疗养院…………………………(270)
烟台疗养院…………………………(271)
驻北京办事处(北京胜利饭店)
……………………………………(273)
济南办事处…………………………(274)
广播电视中心………………………(275)
胜利日报社…………………………(276)
文化事业中心………………………(277)
胜大集团……………………………(279)
胜利采油厂…………………………(280)
桩西采油厂…………………………(283)
东辛采油厂…………………………(285)
现河采油厂…………………………(287)
滨南采油厂…………………………(289)
纯梁采油厂…………………………(291)
临盘采油厂…………………………(292)
河口采油厂…………………………(294)
孤东采油厂…………………………(296)
孤岛采油厂…………………………(298)
海洋采油厂…………………………(300)
油气集输总厂………………………(302)
海洋石油船舶中心…………………(303)
地质科学研究院……………………(305)
采油工艺研究院……………………(307)
物探研究院…………………………(309)
经济开发研究院……………………(311)
技术检测中心………………………(313)
物资供应处…………………………(315)
石油化工总厂………………………(317)
车辆管理中心………………………(318)

局属实体 控股公司 改制企业

环发实业公司………………………(323)
接待旅游公司(接待处)……………(324)
东胜精攻石油开发集团股份有限公司
……………………………………(324)
大明(集团)股份有限公司…………(326)
胜利石油化工建设有限责任公司
……………………………………(328)
胜利工程建设(集团)有限责任公司
……………………………………(330)
胜利工程设计咨询有限责任公司
……………………………………(333)
胜利药业有限公司…………………(335)
山东广域科技有限责任公司………(336)
胜大园林工程有限公司……………(338)
胜利软件有限责任公司……………(339)
新邦建设开发有限责任公司………(339)
中胜实业有限公司…………………(341)
长安控股集团有限公司(长安集团)
……………………………………(342)
高原石油装备有限责任公司………(343)
胜利资产调剂租赁有限责任公司
……………………………………(345)

先进集体 先进个人

全国“五一”劳动奖章获得者………(349)

山东省"富民兴鲁"劳动奖状………(349)
山东省"富民兴鲁"劳动奖章获得者
……………………………………(349)
胜利油田第四届科技英才奖获得者
……………………………………(349)
2006 年胜利油田技能大奖获得者
……………………………………(349)
省级文明单位…………………………(349)
省级文明和谐社区……………………(350)
全省文化先进社区……………………(350)
2006 年度油田文明建设先进单位(46 个)
……………………………………(350)
2006 年度油田文明建设达标单位(16 个)
……………………………………(350)
2006 年度油田劳动模范(209 名)……(351)

人　物

王立新…………………………………(355)
韩兴武…………………………………(356)
郭长玉…………………………………(356)
赵同忠…………………………………(357)
秦建民…………………………………(357)
杨智勇…………………………………(358)
孙建勇…………………………………(358)
宋开祥…………………………………(359)
田小存…………………………………(359)
张　林…………………………………(360)
徐荣荣…………………………………(360)
蒋永军…………………………………(361)
刘建武…………………………………(361)
童保强…………………………………(362)
李敬阳…………………………………(363)
宋国江…………………………………(363)
孙敬军…………………………………(364)

文件选辑及索引

胜利石油管理局首席技能大师和技能大师聘任管理暂行办法……………(367)
胜利石油管理局专项资金监督管理暂行办法……………………………(370)
胜利石油管理局技能操作人员培训管理办法……………………………(372)
胜利石油管理局外部市场财务管理办法
……………………………………(375)
胜利石油管理局质量管理小组活动管理办法……………………………(381)
关于油田职工家属福利待遇问题的通知
……………………………………(383)
关于压缩管理性费用的通知
……………………………………(384)
关于开展"创和谐环境,建温馨家园"活动的通知……………………………(384)
关于认真开展治理商业贿赂专项工作的通知……………………………(386)
胜利油田分公司内部控制检查评价与考核暂行办法……………………(390)
文件部分索引…………………………(394)

资料数据

胜利石油管理局统计资料…………(399)
经济总量指标完成情况…………(399)
主要经济运行质量及技术经济指标完成情况……………………(400)
税费情况……………………………(401)
企业增加值…………………………(402)
主要产品生产和施工能力状况……(402)
主要专业队数及人数……………(403)
胜利油田分公司统计资料…………(404)
胜利油田主要生产经营指标……(404)
组织机构与人员分类……………(406)

Contents

Brief Introduction

Brief Introduction to Shengli Oilfield ……(3)

History and Features of the Oilfield Development ……(3)

General Information of the Oilfield Development ……(5)

Capacity of its Production, Construction and Management ……(7)

Welfare and Social Security of its Staff ……(8)

Organization ……(9)

Leading Members of Shengli Petroleum Administration ……(11)

Leading Members of Shengli Branch, SINOPEC ……(12)

Heads of the Departments of the Administration ……(12)

Heads of the Functional Departments of the Branch and Heads of the Units Directly under the Administration ……(14)

Heads of the Units Directly under the Administration ……(14)

Managing Members of the Economic Entities of the Administration ……(15)

Managing Members of the Share-Holding Companies of the Administration ……(15)

Representatives of the Agencies under the Administration ……(16)

Managers in Charge of the Overseas Projects ……(16)

List of the Directing Members of the Subordinated Units ……(16)

Chronicle of Events

Important Events Occurred in Shengli Oilfield in 2006 ……(27)

Extracts of the Speeches

Report at the Extended Meeting of the Plenary Session of the Party Committee, Delivered by Mr. Cao Yaofeng ……(35)

Speech Delivered by Mr. Cao Yaofeng at the Work Meeting on Information & files of the Oilfield ……(45)

Work Report Delivered by Mr. Wang Lixin at the 5th Session of the 5th Workers and Staff of Shengli Petroleum Administration/Shengli Branch ……(48)

Speech Delivered by Mr. Wang Lixin at the Experience Exchanging and Honoring Meeting for Year of the Activities Related to the Deepened Ideological Style Con-

struction on the Occasion of "July 1" Celebration ……………………………(60)
Work Report Delivered by Mr. Liu Zhongyun at the Meeting for Technical Renewing in Shengli Oilfield …………(66)
Speech Delivered by Mr. Guo Changyu at the Meeting for Reemployment in the Oilfield ……………………………………(72)

Special Reports

Comprehensive Report on the Investigating Activities Conducted by the Leaders of the Oilfield in the Spring of 2006 ……………………………………(77)
Basing on the Reality, Looking to the future, Implementing by Steps and Pushing Gradually with a view to Turn the Great Aspirations of "Hundred Year Innovation, Hundred Year Victory" into Practice ……………………………………(85)

Work Summary

Management Decision-Taking ………(103)
Oil and Gas Production ……………(106)
Hydrocarbon Exploration …………(106)
Oil/Gas Field Development ………(112)
Petroleum Engineering Technology ……………………………………(117)
Production from the Difficult Recoverable Reserves ……………………………(119)
Infrastructure Construction …………(120)
Production and Management ………(122)
Operation Management ……………(122)
Equipment Management …………(124)
Safety Work ……………………………(125)
Environment Protection …………(127)
Management of Oil Province Together with Land, and Local Relation ……………………………………(128)
Water and Electricity Management ……………………………………(130)
Business Administration ……………(132)
Planning & Programming for the Administration ……………………………(132)
Planning & Programming for Shengli Branch ……………………………………(133)
Finance and Property of the Administration ……………………………(134)
Finance and Property of Shengli Branch ……………………………………(136)
Labor and Wages ……………………(138)
Legal and Contractual Affaires ……………………………………(140)
Market Control ………………………(141)
Oil/Gas Sales and Refinery ………(142)
Overseas Development ……………(143)
Petroleum Engineering and Construction Cost Control ……………………………(145)
Informationization Construction ……………………………………(146)
Internal Reform of the Enterprise ……………………………………(150)
Science and Technology ……………(150)
Production and Management Monitoring ……………………………………(153)
Discipline Inspection and Supervision ……………………………………(153)
Auditing ………………………………(157)
Technical Inspection ………………(158)
Offshore Safety Supervision ………(161)

Financial Control and Management ……(162)
Offshore Petroleum Engineering & Technical Inspection ……(164)
Collective Economy ……(165)
Administrative Management ……(166)
Office Work under the Administration ……(166)
Policy Research ……(168)
Archives Management ……(170)
Party and Mass Work ……(171)
Office Work under the Party Committee ……(171)
Organizating Work ……(172)
Propaganda Activities ……(174)
Shengli Culture Establishement ……(176)
Grass-Roots Unit Construction ……(177)
United Front Work ……(180)
Petition Letters/Calls Handling ……(182)
Confidentiality Securing ……(183)
Labor Union Activities ……(183)
Work of the Communist Youth League ……(186)
Broadcasting & Television ……(188)
Departmental Work of the Party Committee ……(189)
Militiamen Activities ……(190)
Law Popularization ……(191)
Management Work for the Retired People ……(192)
Commonweal Affaires ……(193)
Social Securities ……(193)
Employment and Reemployment ……(194)
Education and Training ……(196)
Medical and Sanitation ……(198)
Population and Family Planning ……(199)
Housing and Management ……(200)
Community Management ……(202)
Public Security and Guarding ……(203)
Social Security Comprehensive Control and Improvement ……(206)
Air Defending ……(208)

Subsidiaries

Geophysical Exploration Company ……(211)
Bohai Drilling Corporation ……(212)
Huanghe Drilling Corporation ……(214)
Drilling Engineering & Technology Company ……(217)
Shengli Drilling Company in Tarim ……(219)
Offshore Drilling Company ……(220)
Geological Logging Company ……(221)
Well Logging Company ……(223)
Downhole Service Company ……(226)
No. 2 Downhole Service Company ……(228)
No. 3 Downhole Service Company ……(230)
No. 4 Downhole Service Company ……(232)
Water Supply Company ……(233)
Power Management Corporation ……(235)
Shengli Power Plant ……(237)
Transportation Corporation ……(239)

General Machinery Works …………(240)
Drilling Technology Research Institute ……………………………………(242)
Shandong Shengli Vocational School ……………………………………(243)
Staff and Worker's College ………(245)
Communist Party School ……………(247)
Education and Training Center ……(249)
Shengli Hospital ……………………(251)
Xianhe Community Management Center ……………………………………(252)
Gudao Community Management Center ……………………………………(254)
Hekou Community Management Center ……………………………………(256)
Shengbei Community Management Center ……………………………………(258)
Shengzhou Community Management Center ………………………………(259)
Shengdong Community Management Center ………………………………(261)
Shengnan Community Management Center ……………………………………(263)
Binnan Community Management Center ……………………………………(266)
Linpan Community Management Center ……………………………………(268)
Qingdao Sanatorium …………………(270)
Yantai Sanatorium …………………(271)
Beijing Representative Office (Beijing Shengli Hotel)………………………(273)
Jinan Representative Office …………(274)
Broadcasting and Television Center ……………………………………(275)
Shengli Daily …………………………(276)
Culture Establishment Center ………(277)
Shengda Group ……………………………(279)
Shengli Oil Production Plant ………(280)
Zhuangxi Oil Production Plant ……(283)
Dongxin Oil Production Plant ………(285)
Xianhe Oil Production Plant ………(287)
Binnan Oil Production Plant ………(289)
Chunliang Oil Production Plant ……(291)
Linpan Oil Production Plant ………(292)
Hekou Oil Production Plant …………(294)
Gudao Oil Production Plant …………(296)
Offshore Oil Production Plant ………(300)
Oil/Gas Gathering and Transmission Center ……………………………………(302)
Offshore Shipping Center …………(303)
Geological Science Research Institute ……………………………………(305)
Oil Production Technology Research Institute ……………………………………(307)
Geophysics Research Institute ………(309)
Economic Development Institute ……(311)
Technical Inspection Center …………(313)
Material Supply Department ………(315)
Petrochemical Complex ………………(317)
Vehicle Service Center ………………(318)

Economic Entities, Share-Holding Companies And Reformed Enterprises under the Administration

Huanfa Industrial Company …………(323)
Tourism Agency (Department in Charge of Reception)……………………………(324)
Dongsheng Jinggong Petroleum Development Co. Ltd ………………………(324)
Dynamic Group Co. Ltd ……………(326)
Shengli Petrochemical Construction Co. Ltd ……………………………………(328)

Shengli Engineering and Construction Co. Ltd ……………………………………(330)
Shengli Engineering and Consulting Co. Ltd ……………………………………(333)
Shengli Pharmaceutical Co. Ltd ……(335)
Shandong Guangyu Scientific and Technical Co. Ltd ……………………………(336)
Shengli Horticulture Co. Ltd ………(338)
Shengli Software Co. Ltd …………(339)
Xinbang Construction and Development Co. Ltd ……………………………………(339)
Zhongsheng Industrial Co. Ltd ……(341)
Chang'an Group ……………………(342)
Highland Petroleum Machinery Co. Ltd ……………………………………………(343)
Shengli Assets Adjusting and Leasing Co. Ltd ……………………………………(345)

Advanced Groups and Individuals

National May Day Labor Metal Winners ……………………………………(349)
Labor Diploma for "Enriching People and Rejuvenating Lu" of Shandong ……………………………………………(349)
Prize Winners in "Enriching people and Rejuvenating Lu" of Shandong" ……………………………………………(349)
Winners for Prize of the 4th Shengli Oilfield Scientific & Technical Talent ……………………………………………(349)
Professional Skill Prize Winners in Shengli Oilfield, 2006 …………………………(349)
Provincial Model Establishments ……(349)
Provincial Model and Harmony Communities ……………………………………(350)
Advanced Culture Communities in Shandong Province …………………(350)
Advanced Units for Oilfield Civilization Construction in 2006 (46)…………(350)
Units for Reaching the Standard of the Oilfield Civilization Construction in 2006 (16)…………………………………………(350)
Model Workers of the Oilfield in 2006 (209)…………………………………………(351)

Outstanding Figures

Wang Lixin …………………………(355)
Han Xingwu …………………………(356)
Guo Changyu ………………………(356)
Zhao Tongzhong ……………………(357)
Qin Jianmin …………………………(357)
Yang Zhiyong ………………………(358)
Sun Jianyong ………………………(358)
Song Kaixiang ………………………(359)
Tian Xiaocun ………………………(359)
Zhang Lin ……………………………(360)
Xu Rongrong ………………………(360)
Jiang Yongjun ………………………(361)
Liu Jianwu …………………………(361)
Tong Baoqiang ………………………(362)
Li Jingyang …………………………(363)
Song Guojiang ………………………(363)
Sun Jingjun …………………………(364)

Selection and Index of the Documents

Provisional Measures for the Administration on Engaging Chief Professionally Skilled Masters and Masters in Shengli Petroleum Administration

…………………………………………(367)

Provisional Measures for the Administration of the Special Fund Supervision of Shengli Petroleum Administration …………………………………………(370)

Measures for the Administration on Training Professionally the Skilled Operators in Shengli Petroleum Administration …………………………………………(372)

Measures for the Administration of the Finance Related to the External Market of Shengli Petroleum Administration …………………………………………(375)

Measures for the Administration of the Activities Organized by the Quality Maintenance Group in Shengli Petroleum Administration ……………………………(381)

Notice for Considering the Welfare of the Family Members of the Employees in Shengli Petroleum Administration …………………………………………(383)

Notice for Reducing the Overheads …………………………………………(384)

Notice for Carrying out the Activities in "Creating the Harmonious Environment and Establishing the Warm Homeland" …………………………………………(384)

Notice for Conducting Conscientiously Specific Work in Preventing Commercial Bribery ……………………………………(386)

Provisional Measures for Internal Control Inspection and Assessment in Shengli Branch ……………………………………(390)

Index of Partial Documents …………(394)

Other Data or Documents

Statistics in Relation with Shengli Petroleum Administration ……………………(399)

Gross Economic Growth Indicator …………………………………………(399)

Major Economic Operation Quality and Technical/Economic Indicator ………(400)

Tax & Fee …………………………(401)

Added Value of the Enterprise …………………………………………(402)

Main Products and Project Undertaking Capacity ……………………………………(402)

Main Professional Teams and Number of its Staff ……………………………………(403)

Statistics in Relation with Shengli Branch …………………………………………(404)

Major Production and Management Index …………………………………………(404)

Organization Structure and its Employees …………………………………………(406)

◆
◆大事记
◆特载
◆专文
◆工作综述
◆二级单位
◆局属实体　控股公司　改制企业
◆先进集体　先进个人
◆人物
◆文件选辑及索引
◆资料数据

概　况

胜利油田概况

胜利油田是胜利石油管理局、胜利油田分公司的统称。工作区域主要分布在山东省东营、滨州、德州、济南、潍坊、淄博、聊城、烟台等8个市的28个县(区)内，主体位于黄河下游的东营市。按地质构造区划，山东省境内可供找油找气的勘探区域属于渤海湾盆地，主要有济阳、昌潍、胶莱、临清、鲁西南等5个坳陷，总面积约6.53万平方千米，油田已取得探矿权面积4.89万平方千米，其中济阳坳陷和浅海地区是胜利油田勘探开发的主战场。1996年以来，胜利油田先后参与了新疆塔里木盆地和田探区、安徽合肥盆地、浙江长兴地区、新疆准噶尔盆地的风险勘探，2002年登记了宁夏中卫东北部、潍北凸起、辽东湾东部3个区块，探矿区域扩大至全国5大盆地中的4个。截至目前，胜利油田取得探矿权的勘探面积达14.7万平方千米，油气资源总量达173.87亿吨。

油田发展历程及基本特点

胜利油田是在华北地区早期找油的基础上发现并发展起来的。从1955年起，国家地质部和石油工业部的勘探队伍，在华北平原进行石油地质普查和地球物理勘探。先后在沧县隆起、临清坳陷、开封坳陷及太康隆起上连续打了井号为华1—华6的6口基准井，均未发现油气显示。1960年11月，在山东省商河县境内打的华7井，在济阳坳陷第三系地层中发现了良好的生油层和储油层，使勘探出现转机。1961年4月16日，在山东省垦利县东营村附近打的华8井，首次见到工业油流，日产原油8.1吨，从而发现了胜利油田。1962年9月23日，在东营构造上打的营2井，获日产555吨的高产油流，这是当时全国日产量最高的一口油井。胜利油田早期始称“九二三厂”即由此而来。1964年1月25日，中共中央正式批准组织华北石油勘探会战，将山东东营地区作为重点区域，形成了继大庆石油会战之后的又一场声势浩大的石油勘探和油田开发建设会战。1965年3月，坨11井和坨9井分别获日产1134吨和1036吨的高产油流，是国内首次发现的千吨级油井。1966年2月，探明了山东境内第一个大油田——胜坨油田。由于该油田位于东营地区胜利村一带，为了纪念石油会战取得的重大胜利，1971年6月11日，“九二三厂”更名为“胜利油田”。在1964—1966年的3年会战中，胜利探区先后发现和初步探明了胜坨、东辛、永安、滨南、现河庄、郝家、纯化等7个油田，在黄河以南地区形成了比较大的场面，使胜利油田初具规模。此后，自20世纪70年代开始，相继在黄河以北组织开展了河口、临盘、孤岛等地区的勘探开发会战，实现了胜利油田由黄河南向黄河北的跨越。到1978年，胜利油田原油产量上到1946万吨，跃居全国第二位并保持至今。

十一届三中全会后，自1981年开始，国家对胜利油田实行原油产量包干政策，对胜利油田的发展产生了重要的推动作用。随着对地下情况认识的深化，进入20世纪80年代后，特别是经过80年代中期的孤东、滨海等油区开发建设会战，胜利油田原油产量大幅度增长，1984年突破2000万吨，1987年突破3000万吨，1991年达到历史最高水平，年产原油3355.19万吨。1989年8月，经国务院批准，“胜利油田会战指挥部”更名为“胜利石油管理局”，结束了胜利油田20多年的会战体制。

进入20世纪90年代，油田步入持续稳定发展阶段，原油产量保持均衡稳产，连续9年保持在3000万吨以上。特别是油气勘探开发大步向海上挺进，实现了胜利油田由陆上到海上的跨越。1993年，海上埕岛油田投入开发，为胜利油田原油生产提供了新的领域和阵地。在此期间，胜利油田积极利用国际国内“两种资源”，开辟国际国内“两个市场”，大力实施“走出去”战略，既“立足胜利发展胜利”，又“跳出胜利发展胜利”。1996年，胜利油田以参与新疆塔里木和田探区风险勘探为标志，实现了由“胜利本土”向国内新区的跨越。2001年，胜利油田走出国门，在伊朗卡山地区中标了0.5万平方千米的风险勘探区块，实现了由国内向国外的跨越。

1998年，国家为适应建立社会主义市场经济体制的需要，进行石油石化大重组，根据国务院关于石油石化体制改革的决定，胜利油田划归中国石化集团公司领导和管理。2000年5月28日，根据中国石化重组上市的整体部署，“中国石化胜利油田有限公司”挂牌成立。2006年1月16日，“中国石化胜利油田有限公司”变更为“中国石油化工有限公司胜利油田分公司”，胜利油田目前的机构、资产、人员从机构上分为胜利油田分公司和胜利石油管理局两部分。胜利油田分公司是中国石油化工股份有限公司的分公司，胜利石油管理局是中石化集团公司的下属企业。

目前，胜利油田已连续24年保持年探明石油地质储量1亿吨以上。原油产量稳定在2700万吨以上。油田存续经济内强素质，外拓市场，发展活力进一步增强，大多数生产经营单位走上了自立自强的道路。

油田企业是国民经济的基础产业，有其鲜明的行业特点，尤其是像胜利油田这样一个复式油气聚集区，其生产经营更具有其自身的特点和规律。

(一)油田资源的隐蔽性决定了勘探开发工作的风险性。油气资源埋藏在数千米深的地下，看不见摸不着，只能借助于地球物理勘探、钻井、地质录井、测井等手段探索地下资源状况，寻找开采规律。因而对油气资源状况的认识，需要经历“认识—实践—再认识—再实践”这样一种循环往复、艰难而曲折的过程。由于在油气勘探开发过程中不确定因素较多，每前进一步总要经历由不知到知之的探索过程，由知之不多到知之较多的积累过程，因而风险性始终与勘探开发相伴相随。胜利油田地下情况特别复杂，世界上大部分油藏类型在胜利油田都能找到，被称为石油地质“大观园”，因而油气勘探开发的风险性更高。

(二)资源的不可再生性和产量的递减性，决定了石油企业必须实施多元经济战略。油气属于一次性能源，不可再生，所以油气田的开采总是受自然规律的影响。就整个油气田开采过程而言，一般经历高产—稳产—递减3个阶段，直至丧失开采价值而停止生产。要实现油田的可持续发展，既要大力实施“走出去”战略，充分利用国内、国外“两种资源”、“两个市场”，努力拓展生存发展空间，把油田产业链变粗拉长；又必须汲取国内外资源性城市发展的经验教训，未雨绸缪，超前考虑产业结构调整，实施“一业为主，多元发展”战略，大力发展替代产业，形成多元经济结构。

(三)资金密集、技术密集，需要科技和资金的保证。石油开采是高风险、高投入、高回报的行业，从资源勘探到油气田建设再到投入商业性开采，整个投入产出的过程很长，工程量很大，每个工程甚至每一道工序都需要高额投入。与油田勘探开发相配套的建设项目多且工作量大，如新区产能建设必须征地、修公路、铺管道、建集油站等，并且要上水、电、讯等配套设施，配套资金所占的比重也很大。勘探程度越深、勘探难度越大，开发期越长、自然递减率和含水上升率越高是油田勘探开发的客观规律，这种规律决定了油田企业的投入水平是逐步增高的。就胜利油田的生产情况来讲，由于受油气勘探开发客观规律的影响，经过40多年的开采，从总体上讲，已开发油田生产能力已呈递减趋势，不要说提高生产能力，就是维护简单再生产，也需要较高的资金投入。况且，胜利油田面对的是极其复杂的复式断块油藏，必须依靠高科技战胜高难度。所以，油田勘探开发不仅资金密集，而且技术密集，科技含量很高，生产装备、设施大都比较昂贵。随着勘探开发程度的加深，剩余油气资源的开发主要依靠科学技术，基本上是“以技术换资源”。技术方面的储备、引进、研制及更新，都需要必要的投入作保证。

(四)地质条件的复杂性决定了胜利油田生产建设具有滚动勘探开发的特点。胜利油区地质条件的复杂性一方面决定了勘探开发的艰巨性，另一方面也孕育了丰富的石油资源。从本质上讲，勘探开发复杂油藏的过程，是一个循序渐进的过程，随着对地下情况认识的深入，油田的许多工作计划和前期安排部署都需要及时进行调整。尤其是对那些比较好的储量区块，一经发现就要立即投入开发，而前一年计划所要动用区块的工作就要相应延缓。因此，油田生产建设具有明显的滚动勘探开发特点。近几年，油田新建产能区块的调整率大都在40%以上。这种工作模式需要有过硬的勘探技术做基础，需要企业拥有相对大的生产经营自主权，才能保证工作的连续性和机动性。

(五)点多线长面广，野外流动作业，工农关系复杂。胜利油田4万多平方千米的主力油区，涉及山东省的8个市28个县区，工作、生活区域相当分散。由于油田工作的特殊性，油田职工尤其是一线生产单位的职工大都露天野外流动作业，生产、生活条件十分艰苦。油田是一个没有围墙的工厂，点多线长面广，工作、生活区域和机构设置分散，城乡兼有、油地交叉，与周围城镇、乡村有着错综复杂的联系。近几年，由于国家土地政策调整和地方政府对土地补偿标准的提高及地方城镇化建设等因素的影响，导致了工农费用的逐年上升，增大了油地关系协调难度。受各种因素影响，工农关系日益复杂，油区治安问题依旧严重，盗抢原油、哄抢油田生产物资和堵塞路桥的案件不断发生，油田生产和职工人身安全都受到威胁。处理工农关系已成为油田生产经营中一项十分重要的工作。

油田基本构成情况

截至2006年底，胜利油田机构、人员、队伍、资产、设备的基本构成是：

(一)机构设置

胜利石油管理局：下设41个二级单位，221个三级单位，2212个四级单位；有6个局属经济实体，7个管理局控股公司，1个管理局派出机构、1个局直属处级机构、1个石化集团公司独立执行机构。

胜利油田分公司：下设21个二级单位，148个三级单位，1208个四级单位；分公司机关设14个职能处室，5个直属单位，1个托管单位。

(二)人员、队伍构成

胜利石油管理局：现有用工总量127291人，其中正式职工97010人；劳动合同工19295人，集体工3399人，临时工7587人。正式职工中，有干部33230人，工人63780人；有女职工26495人。有高级技术职称4175人，中级技术职称12840人。

管理局所属石油专业技术服务队伍：地震队15个，测量队4个，地质队110个，化学、放射性勘探队1个，电测队67个，射孔队30个，钻井队159个，水井队1个，固井队9个，综合录井队60个，管子站(队)20个，井架安装队19个，钻井搬迁队2个，井下作业队207个，大修井队50个，酸化压裂队4个，试井队2个，油田建筑安装队23个，汽车运输队95个。

胜利油田分公司：有员工79792人，其中正式职工55412人；劳动合同工17978人，集体工959人，临时工5443人。正式职工中，有干部18429人，工人36983人；有女职工19125人。有高级技术职称2586人，中级技术职称7433人。

胜利油田有党员86975人，团员36686人。

胜利油田分公司所辖石油专业队伍：采油队306个，稠油热采注汽队25个，采气队5个，输油(气)队84个，运输队46个。

(三)资产、装备

胜利石油管理局：固定资产原值230.38亿元，净值142.14亿元，资产负债率79.7%。2006年，管理局实现总收入304亿元，同比增加35亿元；实现企业增加值100亿元，同比增加9.1亿元；实现税费35亿元，同比增加9亿元。机械装备总量46614台。装机总功率1238万千瓦，其中大型钻机121台，钻井平台8座。平均设备新度系数为0.40。

胜利油田分公司：固定资产和油气资产总量为1203.14亿元，其中油气资产原值1055.02亿元；固定资产和油气资产净值463.17亿元，其中油气资产净值377.19亿元；资产负债率为22%。2006年，分公司实现总收入835亿元，同比增加136亿元；实现企业增加值665亿元，同比增加69亿元；实现税费324亿元，同比增加91亿元。机械装备总量30652台，装机总功率233.7万千瓦，平均设备新度系数为0.39。

(四)科学技术

油田拥有科研院(所)7个，从事科研人员7062人，其中具有高中级职称的3817人。有中国工程院院士1人，山东省突出贡献专家5人，集团公司突出贡献专家19人。

2006年，组织实施各类科研项目430项；申请专利213项，获得授权169项，其中发明专利8项。“海底管道内爬行器及其检测技术”、“正压冲固平台技术”两项国家“863”课题通过专家组验收，达到了国际领先水平；“浅海海底管线电缆检测与维修装置”获得国家发明二等奖；成功完钻了国内第一口鱼骨状分支水平井海上埕北26B-平1井，日产油105吨。“胜利滩海地区油气富集规律及勘探目标研究”等38项成果获得省部级奖励。运用“济阳坳陷隐蔽油藏地质评价和勘探关键技术研究”成果，形成了储层高效识别勘探技术系列，累计探明隐蔽油藏储量1.36亿吨。全年依靠科技进步新增探明储量5049万吨，新增可采储量1512万吨，新增原油302万吨。

生产、建设、经营能力

(一)油气勘探

近几年来,勘探理论和认识取得创新性进展和突破性发展。在复杂潜山油藏、下第三系隐蔽油藏和上第三系地层油藏等成藏理论方面取得突破性进展。对压扭性盆地成盆理论、有机质富集层成烃理论有了新的认识,有效推动了勘探工作的开展。2006年,勘探工作立足老区、加快新区、强化天然气勘探,取得了民丰地区盐下深层砂砾岩勘探、利津西坡沙四段深层滩坝砂勘探两个新突破;车镇北带、东营北带、博兴洼陷及周缘、牛庄东部斜坡带等7个地区的勘探取得新进展;垦东地区、埕岛地区、大王北油田、临南洼陷构造岩性油藏等8个区块的含油面积进一步扩大。西部勘探取得重要成果,永3井喜获工业油流,永进油田亿吨级储量规模的轮廓更加清晰。到2006年底,胜利油田共做二维地震测线244805千米、三维地震资料面积24292平方千米。完钻探井6115口,累计探井进尺6115万米。已找到74个不同类型的油气田,累计探明石油地质储量46.12亿吨,探明天然气地质储量2213.09亿立方米,其中气层气404.6亿立方米。

2006年,油田新增预测石油地质储量1.23亿吨,新增控制石油地质储量1.06亿吨,新增探明石油地质储量0.91亿吨,新增技术可采储量1783万吨,新发现了胜利油田第74个油田——新北油田,连续4年实现控制、预测储量过亿吨。

(二)油田开发

开发工作坚持勘探开发一体化,正确处理当前与长远、上产与稳产的关系。截至2006年底,已投入开发70个油气田,动用石油地质储量39.91亿吨。有油井21741口,投产气井350口,累计生产原油8.8亿吨,累计生产天然气510.6亿立方米。有注水井6977口,开井5158口,日注能力58.7万立方米。注采比0.77。

2006年,全面实施"断块、低渗透、海上三大调整,稠油、三采两大接替"开发部署,全年共新建产能281万吨。大力实施停产井、水井大修、水井专项、水质专项等"四大治理工程",油田稳产基础得到巩固。全年生产原油2741.5万吨,超年计划2.4万吨;生产天然气8.1亿立方米。综合递减率5.98%,自然递减率14.75%;综合含水率90.03%,同比略有下降;连续10年实现储采平衡。

(三)油气生产设施建设及专业工程技术服务情况

油气生产系统:原油集输系统共有计量站2032座,原油大型联合站42座,大型油库5座,集输油管道1.27万千米。天然气集输系统共有集(配)气站158座,集(输)气主干线3431千米。

注水和水处理系统有注水泵站206座,注水和水处理系统有配水间1380座,日污水处理能力70万立方米。

钻、测、录系统:2006年钻井1889口,进尺434.6万米。2006年完成录井1789口,完成测井、井壁取心、射孔10106口,井下作业共交合格作业井22304口。

电力系统:全油田拥有自备电厂1座,装机容量104万千瓦,自发电能力104万千瓦。有变电所182座,输配电线路总长11335.7千米。2006年,油田有供电线路1241条,用电量66.5亿千瓦时,油田最高用电负荷92.5千瓦。

供水系统:建成平原水库14座,总蓄水能力3.76亿立方米。其中库容1000万立方米以上水库10座。建成净化站10座,日供水能力96.5万立方米。全年供水1.28亿立方米，全年用水1.11亿立方米，油田工业用水0.5亿立方米，生活用水0.31亿立方米，地方用水0.3亿立方米。

水陆交通系统：共建成油田专用公路2669.89千米，铁路专用线55.66千米；建成黄河海港(吞吐能力120万吨)、龙口码头(吞吐能力70万吨)和广利河码头；兴建大中型桥梁120余座。

运输系统：共有各类运输车辆3845台，其中载货车辆1390台，客运车辆2395台。

(四)对外开放

2006年，对外合作项目5个，外方共投入资金4000万美金，2000年反承包合同金额1.15亿元。在美国、埃及等国家注册公司8个。有中外合资企业73家。在海外施工的队伍达30支，在外人数511人。签订工程服务合同33个，合同额9420万美元；境内对外合作项目共生产原油62.8万吨。与美国EDC公司、美国BJ公司和马来西亚云顶公司实施反承包项目，反承包合同额2.4亿元。2006年，油田产品已出口到15个国家和地区，全年实现产品出口贸易额12.5亿元，是2005年的3倍。

2006年，油田共有23家二级单位，715支队伍，13764人次，进入国内26省市、144个地区、31个油田。在外部市场承揽项目1418个，累计合同额72.04亿元；完成价值工作量67亿元，实现收入65.99亿元。

(五)油田集体经济

油田有集体法人企业90个，2006年生产经营总值19.68亿元，销售收入19.67亿元，利税总额0.85亿元。油田集体企业有从业人员7045人，其中固定职工3238人。

职工福利和社会保障

油田共设立9个社区管理中心，为175565户居民服务。现已建成配套完善的不同规模的职工住宅小区158个，保洁总面积2134万平方米，绿化总面积796万平方米。共有住宅186790套(其中平房750套)，建筑总面积约1361万平方米。共有“全国物业管理优秀示范小区”26个、“省级优秀小区”44个、“局级优秀小区”62个，创优率84%。全油田累计归集住房公积金余额79.5亿元。

有托幼园(所)91所，入园(所)幼儿19181人。有职业学校2所，高培中心1所，职工培训学校(中心)38所。全油田共有注册医疗机构161所，其中三级医院1所，二级医院8所，一级医院25所，地市级疾病预防控制中心1所，疗养院2所，基层卫生所126所。卫生系统职工共有5260人，其中卫生技术人员3931人。

坚持为职工群众办实事、办好事，本着“群众能受益、企业能承受、政策能许可”的原则，建立了社会保险、企业帮扶、职工捐助和慈善事业相衔接的帮扶体系。2006年，减免特殊群体的水、电、气、物业、采暖费用1.9亿元，发放各类帮扶资金754万元，发放助学金54万元，累计有19464名协解人员实现了再就业。高度重视“平安油田”建设，社区多层次封闭管理防控体系基本形成，122个小区实现了零发案。2.9万套住房建设进入收尾阶段，完成小区回迁5个，正在实施回迁7个，新增绿化面积50.1公顷，职工群众居住环境得到改善。

精神文明建设

截至2006年底，油田共有二级单位党委77个，三级单位党委350个，有党总支283个，党支部5095个，党小组10455个，党员86975人；各级各类党校83所；各类报刊和内部资料性出版物50份；企业有线电视台(站)25个。有专职政工干部7000多人。基层建设得到不断加强，目前油田已有227个中石化金银牌队和星级站所，占集团公司上游企业基层单位获奖总数的36.8%。胜利油田在发展中，不断加强职工队伍建设，大力加强思想政治工作，精神文明建设取得了显著的成绩。1986年以来，胜利油田连续保持"山东省思想政治工作优秀企业"和"全国思想政治工作先进企业"荣誉称号。进入新世纪以来，胜利油田进一步加强企业文化建设，提炼和形成了"从创业走向创新、从胜利走向胜利"的新时期的胜利精神。并确定了"以人为本，科技领先，效益至上，竞争发展"的经营理念，"打造胜利品牌，实现持续发展"的经营战略，"经济效益最大化，社会效益最优化"的经营宗旨，"诚信规范，科学高效"的经营准则，形成了"创业、创新、竞争、发展"的胜利文化核心内涵。胜利文化建设，集中展示了胜利人新世纪、新时期、新的发展阶段昂扬向上、开拓创新、超越自我的精神风貌。

机构设置

(一)管理局机关处室

党委办公室

党委组织部

党委宣传部(企业文化处)

党委统战部

工会委员会

团委

机关党委(机关管理处)

社会治安综合治理办公室(人民武装部、普法办公室)

局办公室

政策研究室

生产管理部

油气管理处

石油工程技术管理处

基建处

设备管理处

油地工作处(土地管理处)

科技处(技术中心)

经营管理部(改革办公室)

规划计划部

财务资产部

劳动工资处

法律事务处(合同管理处)

技术监督处

审计处

安全环保处

纪委监察处

(二)管理局直属单位、派出机构

信息中心(档案管理中心、档案馆)

卫生管理中心(卫生处、计划生育办公室)

公共事业管理部(房产管理处、住房资金管理中心、经济适用房开发中心、住房交易中心)

财务监控中心

劳动就业服务中心(再就业服务中心)

油田物资稽查大队

审计中心

社会保险管理中心

海上石油工程技术管理检验中心

离退休职工管理中心(老年管理中心、老年工作处、老干部处)

地震气象办公室(地震台、气象台)

定额价格管理中心

西部工作委员会

(三)管理局项目管理机构

胜利油田阿塞拜疆开发项目部

(四)局属经济实体

胜利油田国际经济贸易公司(外事外经处)

石油开发中心(难动用储量开发中心)

胜利油田胜利石化产品销售中心

胜利油田接待旅游公司

胜利油田环发实业总公司

银杏开发中心

(五)管理局控股公司

胜利油田胜利石油化工建设有限责任公司

胜利油田胜利工程建设(集团)有限责任公司

胜利油田胜利工程设计咨询有限责任公司

胜利油田东胜精攻石油开发集团有限公司

胜利油田胜利资产调剂租赁有限责任公司

胜利油田胜利化工有限责任公司

山东胜利药业有限公司

(六)管理局直属处级机构

集体资产管理中心(局属经济实体管理部)

(七)集团公司独立执行机构

胜利海上监督处

(八)二级单位

地球物理勘探开发公司

渤海钻井总公司

黄河钻井总公司

钻井工程技术公司

塔里木胜利钻井公司

地质录井公司

海洋钻井公司

测井公司

井下作业公司

井下作业二公司

井下作业三公司

井下作业四公司

供水公司

电力管理总公司

胜利发电厂

运输总公司

总机械厂

钻井工艺研究院

山东胜利职业学院(胜利石油高级技工学校)

胜利油田职工大学

党　校

教育培训处(中心)

胜利医院

仙河社区管理中心

孤岛社区管理中心

河口社区管理中心

胜北社区管理中心

胜中社区管理中心

胜东社区管理中心

胜南社区管理中心

滨南社区管理中心

临盘社区管理中心

机关车辆管理中心

胜利油田广播电视中心(广播电视管理处)

胜利日报社

文化事业中心

驻北京办事处

济南办事处

青岛疗养院

烟台疗养院

胜大集团总公司

(九)分公司机关处室及直属单位

经理办公室

勘探处

开发处

生产管理部

技术发展处(技术中心)

规划计划处

财务资产处

人力资源处

企业法规处
审计处
监察处
安全环保处
质量技术监督处
油地工作处
勘探项目管理部
开发管理中心
勘探开发监督管理部
财务预算管理中心
销售事业部
ERP 支持中心
财务结算中心
定额价格管理中心
(十)托管单位
大明集团股份有限公司
(十一)分公司二级单位
胜利采油厂
东辛采油厂
现河采油厂
滨南采油厂
纯梁采油厂
临盘采油厂
河口采油厂
孤东采油厂
桩西采油厂
孤岛采油厂
海洋采油厂(港务管理处)
新疆勘探开发中心
油气集输总厂
海洋石油船舶中心
地质科学研究院
采油工艺研究院
物探研究院
技术检测中心
物资供应处
石油化工总厂
经济开发研究院

胜利石油管理局领导成员

(截止时间:2007 年 3 月 31 日)

中共胜利石油管理局委员会

书　记　郭长玉
副书记　王立新
　　李玉卿
　　李忠华
常　委　王立新
　　刘中云
　　郭长玉
　　李玉卿
　　李忠华
　　赵金洲

胜利石油管理局

局　长　王立新
副局长　郭长玉
　　赵金洲
　　李中树
　　宋振国

中共胜利石油管理局纪律检查委员会

书　记　李玉卿

胜利石油管理局工会委员会

主　席　李忠华

胜利油田资深首席高级专家　顾心怿

胜利油田首席高级专家
　　宋国奇　毕义泉　韩来聚
副总工程师　周长江　孙启忠　亓和平
　　王振光　孙殿甲　惠承龙
　　李连江　运华云　王增林
　　张洪山　宋玉龙　王新红
副总地质师　毕义泉　时华星　王端平
　　荣启宏　韩文功　宋国奇
副总经济师　陈兴元　李叶山　崔家泉
　　张卫国　许卫华　邹登礼
　　邱新德　韩希忠　秦建民

副总政工师 魏衍珠 刘建忠
总会计师 宋振国(兼)
总法律顾问 詹回生

胜利油田分公司领导成员

经　理 刘中云
副经理 孙焕泉
张　煜
陈锡坤
张善文
总地质师 张善文
总会计师 陈锡坤(兼)

局机关处室负责人

党委办公室
主　任 魏衍珠(兼)
副主任 李凤来 王爱军 丁东龙
保密办主任 魏衍珠(兼)
副主任 尹兰萍
610办公室主任 王爱军(兼)
信访办公室主任 李凤来(兼)
副主任 孙东升
密码工作领导小组办公室主任 张召欣
党委组织部
部　长 杨昌江
副部长 王勇义 张梅河 杨新忠
张仕江
职称评聘办公室主任 王勇义(兼)
党委宣传部(企业文化处)
部　长 刘建忠(兼)
副部长 李昌民
精神文明建设办公室主任 李玉琢
新闻出版办公室主任 罗焕章
纪委监察处
书　记 李玉卿(副局)
副书记、监察处处长 于锡富
常委、监察处副处长 孙溪尧 张承国
宋耀泽
常委、办公室主任 张承国(兼)
常委、执法监察室主任 李顺祥
常委、信访室主任 张玉钦
案件检查室主任 夏升新
案件审理室主任 谢海星
教育研究室主任 唐建文
监察专员室主任 常成国
党委统战部
部　长 王建刚
工会委员会
主　席 李忠华(副局)
副主席 周洪成 王忠义 刘海章
办公室主任 王如涛
经济事业保险部部长 陈建华
组织民管部部长 吴明凯
劳保部部长 温　伟
女工委员会主任 李　梅
团　委
书　记 宁　龙
副书记 张洪伟
社会治安综合治理办公室(人民武装部、普法办公室)
主　任 贾锡坤
副主任 高明亮 张守仁 亓德兴
王少华 崔乐文 纪少英
杨春东
机关党委(机关管理处)
书　记 王光生
处长、副书记 时学军
常委、纪委书记 任尚敦
副处长 宿铁军
局办公室
主　任 贾文昌
副主任 屈永峰 王西峰 王玉宝

苏立岭 阮德茂 梁海军
油地校结合办主任 贾文昌(兼) 王西峰
王玉宝
副主任 薄传华(兼)
史志编纂办公室主任 贾文昌(兼)

政策研究室

主 任 邹登礼(兼)
副主任 张洪滨 马祥民

生产管理部

主 任 张洪山(兼)
副主任 周林森 刘晓明 燕峒胜
倪承波
主任师 黄象泉 张洪才 于宗吉
孟凡生

油气管理处

处 长 李安夏
副处长 张广卿 马明月
主任地质师 孙 国

石油工程技术管理处

处 长 程华国
副处长 任洪明 曲华铣 韩允祉
张桂林

基建处

处 长 刘绍亮
副处长 肖文功 牛世龙
主任工程师 宋成贵

设备管理处

处 长 亓和平(兼)
副处长 金石璞 刘长儒 王 泉
主任工程师 刘炜光

油地工作处(土地管理处)

处 长 邱新德(兼)
副处长 薄传华 魏增成 刘忠武
徐文晓

省油区工作办公室驻胜利油区工作办公室

副主任 薄传华(兼)
综合处副处长 孙公先

科技处(技术中心)

处 长 王增林(兼)
副处长 陈业泉 陈建平 孙正贵
技术中心副主任 王增林(兼)

经营管理部(改革办公室)

主 任 许卫华(兼)
副主任 张政建 王春云 李太勇
陈 明

规划计划部

主 任 乔恩言
副主任 刘 明 苏金栋

财务资产部

主 任 王光友
副主任 崔树杰 吴方健 何绍恩
王春焱

劳动工资处

处 长 石 峰
副处长 商桂秋 王政忠 王民先

法律事务处(合同管理处)

处 长 殷寿先
副处长 熊汝波 马清彪

审计处

处 长 李新成
副处长 刘奉华 孙格非 李宗杰
副处级审计员 李德胜

技术监督处

处 长 隋新华
副处长 魏增祥 向 浩 王全华

海洋石油作业安全办公室石化分部胜利海上监督处

处 长 魏增祥
副处长 王智晓

安全环保处

副处长 王来忠 成维松 闫毓霞
冯展杭

中石化石油化工安全专业委员会标准化技术委员会

秘书长 杨洪旭

分公司机关职能部门和直属单位负责人

勘探处

处　长　肖焕钦
副处长　吕希学　王志高

开发处

处　长　毕义泉(兼)
副处长　卢广钦　刘建民
主任工程师　刘建民(兼)

规划计划处

处　长　刘会友
副处长　冯来田　李建平　张永辉

财务资产处

处　长　宋道强
副处长　崔树杰　解宝贵　薛德贵　侯增周　冯学会

勘探项目管理部

主　任　宋明水
副主任　刘成斋　李　雪
主任工程师　于敦源
主任地质师　曹忠祥

开发管理中心

主　任　田仲强
副主任　杨权一　张宗檩　杨　军
主任工程师　杨　军(兼)

勘探开发监督管理部

主　任　翟庆龙
副主任　张殿强　张允建　宋浩生　吴柏志

销售事业部

经理、副书记　张卫国(兼)
党委书记　吴宝云
副书记、副经理　闫照志(兼)
副书记、纪委书记、工会主席　金建军
党委委员、副经理　田成贵　丁景山　鞠宇翔
总工程师　张好民

ERP支持中心

主　任　李　琳(兼)
副主任　肖　莉

直属单位负责人

卫生管理中心(卫生处、计划生育办公室)

主　任　李明平
副主任　李玉东　苏凤真

胜利油田疾病预防控制中心

书　记　徐　玮
主　任　方岱山

公共事业管理部(房产管理处、住房资金管理中心)

主　任　马永亮
副主任　田建国　刘瑞祥　李永富

财务监控中心

主　任　崔树杰
副主任　孙新永　王洪华

劳动就业服务中心(再就业服务中心)

主　任　吴长亭
副主任　张佃友　刘玉民

油田物资稽查大队

大队长　陈根田
教导员　孙书明

审计中心

主　任　李新成
副主任　刘奉华　孙格非　李宗杰
胜北审计分处副处级审计员　徐　波
胜东审计分处副处级审计员　李开广　宋德庆

社会保险管理中心

书　记　扈胜信
主任、副书记　冯庆芝
委员、副主任　杜大鹏

信息中心(档案管理中心、档案馆)

主　任　李　琳

副主任 葛庆海 徐杰锋
档案馆馆长 葛庆海(兼)

离退休职工管理中心(老年管理中心、老年工作处、老干部处)

主　任 袁仲胜
副主任 齐洪明 张顺成 郭仁荣 王克孝

海上石油工程技术检验中心

主　任 赵金洲(兼)
副主任 张剑波 粘振龙

定额价格管理中心

主　任 王志刚
副主任 崔桂禄

中石化有限公司石油工程造价管理中心

主　任 全兆松(副局)
副主任兼主任经济师 崔桂禄(兼)
副主任 王志刚(兼)

石油专业工程造价处

处　长 周传甫
副处长 徐瑞坤
地面工程造价处副处长 吴广翔
定额价格处副处长 杨继红 毕　伟
综合处副处长 王　珞 潘立军

局属经济实体负责人

胜利石化产品销售中心

书　记 吴宝云
经　理 闫照志
党委委员、副经理 赵志刚 刘延桢
副经理 刘春杰 王会臣 林　辉

国际经济贸易公司(外事外经处)

经理、副书记 王端平(兼)
党委书记、副经理 孙梦茹
党委副书记、纪委书记、工会主席 唐　军
党委常委、副经理 薛清泉 盛明仁
总地质师 周建宇
总会计师 张向青

工益集团公司

经　理 奚修磊(副处)
副经理 王新华 张云泽

环发实业总公司

经　理 闫洪彬
副经理 李凤恩

接待旅游公司

副经理 潘立忠
胜利宾馆经理 李金山

银杏开发中心

主　任 田常杰(副处)

石油开发(难动用储量开发)中心

党委书记 李振江
经理、副书记 史有刚
党委副书记、纪委书记、工会主席 董金梅
副经理 张继国 王顺华 刘玉山 郭学刚
副经理、总会计师 李俊元

局控股公司负责人

胜利石油化工建设有限责任公司

书记、董事长 崔光明
总经理、副董事长 桑运水
副书记、纪委书记、监事会主席 段云礼
副总经理 丁玉华 秦永远 王希华 孙连芬 臧全斋
工会主席 杜夕虹
总工程师 臧全斋(兼)

胜利工程建设(集团)有限责任公司

书记、董事长 王凤翔
总经理、副董事长 赵风华
副书记、纪委书记、监事会主席 苗发亮
副总经理 张现顺 刘博军 王庆水 杨兴武 安博生 解长信 张建明

工会主席 刘振岱
总会计师 刘博军(兼)
总工程师 王庆水(兼)

胜利工程设计咨询有限责任公司

书记、董事长 李瑞成
总经理、副董事长 冯永训
副书记、纪委书记、监事会主席、工会主席 郭金民(兼)
副总经理 刘 杰 赵 帅 王育明 邹积山 张 建 贾玉德 孙晓春 王利金
纪委书记、监事会主席 郭金民
工会主席 郭金民
总工程师 赵 帅 张 建(兼)

东胜精攻石油开发集团有限公司

董事长 李中树(副局,兼)
书 记 王学春
经 理 曹钧合
副书记、纪委书记 李建民
副经理 王学春(兼) 李晓清 张晓华
工会主席 贾成学
总地质师 李晓清(兼)
总会计师 张殿锋

大明集团股份有限公司

董事长 薛万东(兼)
书记、总裁、副董事长 周长江(兼)
副书记 李宗勤 李长喜
副总裁 李宗勤 姚亦华
纪委书记、工会主席、监事会主席 李长喜

山东胜利药业有限责任公司

董事长 王春淼
副董事长、总经理 李殿宏(副处)
监事会主席 刘玉东

胜利资产调剂租赁有限责任公司

董事长 宋振国(兼)
总经理 苑桂敏
副总经理 李银安 张志坚 杨和平

胜利化工有限责任公司

董事长 孙仿文(兼)
总经理 李新华
副总经理 赵永峰 张玉学
总会计师 薄其安

金润农业发展有限责任公司

董事长 孙奎荣(副局,兼)
总经理 秦韧(副处)
党委书记 郑存虎(副处)

局派出机构负责人

西部工作委员会

书记、主任 张善文(副局,兼)
副书记、纪委书记 刘成贵
常委、副主任 党良昌 张大奋
常委、工会主席 魏祖宽
常 委 刘传虎 杨东福
党群部主任 崔佃明
办公室主任 巩武昌
经营协调部主任 马银芝

集体资产管理中心(局属经济实体管理部)

书记、副主任 徐平厚
主任、副书记 彭成山
党委委员、副主任 王永贵
党委委员、工会主席 宋仁斌
党委委员、主任经济师 周广森
副处级干部 冉向东

驻外项目负责人

阿塞拜疆油田开发项目部

第二负责人 兰永庆
第三负责人 杨振骄

二级单位处级干部名单

地球物理勘探开发公司

书 记 侯有益

经　理　宋玉龙(兼)
副书记　张书欣　叶晓东
纪委书记　张书欣(兼)
副经理　张振宇　丁　伟　宋立兴　于富文　王增明　高光贵　魏福吉
工会主席　叶晓东(兼)

渤海钻井总公司

经　理　魏文忠
副书记　王　军　高相夫
副经理　庞尚利　唐共民　郭义昌　张富新　刘长礼　吕从先　王昭林　薄和秋　江金汉
纪委书记　高相夫(兼)
工会主席　郑爱国
总工程师　薄和秋(兼)
总会计师　汪瑞领
副处级干部　卢雷鸣　荣敦河

钻井一公司

经　理　徐修富

钻井二公司

书　记　刘育才
经　理　王卫彬

钻前公司

书　记　刘宝国
经　理　王克河

固井公司

书　记　张言杰
经　理　张明昌

管具公司

书　记　朱茹元
经　理　张玉英

黄河钻井总公司

书　记　袁建国
经　理　王振光(兼)
副书记、纪委书记　赵西英
副经理　刘吉奎　刘俊成　赵吉平　熊国明　张新旭　曾　光　唐玉明　袁建民
工会主席　王养科
总工程师　张新旭(兼)
副处级干部　居冠军　金同勇　彭久林

钻井三公司

书　记　解学高
经　理　胥恩平

钻井四公司

经　理　赵振华

钻井五公司

经　理　张敬智

固井公司

经　理　曹新华

钻前公司

经　理　崔文国

管具公司

经　理　徐爱民

机械公司

书　记　王景全
经　理　杨忠宇

农副业公司

书　记　宿官礼
经　理　陈崇清

钻井工程技术公司

书　记　李佃鑫
经　理　史建刚
副书记、纪委书记　齐志毅
副经理　田树林　都振川　张必成
工会主席　孙敬军
总工程师　都振川(兼)
总会计师　张必成(兼)
副处级干部　张国峰　李新玉　关增臣　焦和平

塔里木胜利钻井公司

书　记　魏祖宽
经　理　张大奋

副书记、纪委书记、工会主席 胡 罡
副经理 施 进 罗大博 李景华
韦文翔 舒世林 薛洪升
总工程师 韦文翔(兼)

地质录井公司

书 记 赵长贵
经 理 翟慎德
副书记 于书亮 于德河
副经理 孟平安 李联玮 刘其春 刘宗林
纪委书记、工会主席 于德河(兼)

海洋钻井公司

书 记 王光胜
经 理 陈建忠
副书记、纪委书记、工会主席 高庆祥
副经理 王东延 王 魁 王 玲
安长武 符学辉 潘玉存
张金龙
总会计师 符学辉(兼)

测井公司

书 记 陈序三
经 理 董经利
副书记 庞志江 齐殿峰
副经理 梁继德 邵在平 王学元
纪委书记 齐殿峰(兼)
工会主席 庞志江(兼)
总会计师 窦连池
总工程师 李山生 侯庆功

井下作业公司

书 记 张维宗
经 理 彭洪军
副书记 刘洪禄 李生春
副经理 李 云 李学景 刘晋禹
来庆良 李跃海
纪委书记 李生春(兼)
工会主席 高寿华
总地质师 王绍光

井下作业二公司

书 记 赵树洋
经 理 孙永壮
副书记 臧卫宁
副经理 寇永强 何牛仔 马俊生
郭新泉
纪委书记、工会主席 郭玉成

井下作业三公司

书 记 孙浦华
经 理 葛万生
副书记、纪委书记 唐利民
副经理 李 平 刘琮洁 刘恩胜
张洪军
工会主席 盖金春

井下作业四公司

书 记 许同海
经 理 齐传勇
副书记、纪委书记、工会主席 张云明
副经理 刘广东 周新国 张光华
杨勤生
总工程师 陈瑞海

供水公司

书 记 刘长安
经 理 徐金波
副书记、纪委书记 潘清和
副经理 孔令武 曹溪禄 戴显庆
高树福 王季良 于方田
工会主席 范廷水

滨河供水分公司

书 记 祝锡光
经 理 曲明敏

电力管理总公司

书 记 贾志毅
经 理 刘志华
副书记、纪委书记 陈宝寿
副经理 刘 军 石少君 勾松波
胡西平 刘仁臣
工会主席 张玉华

总会计师 胡西平(兼)

胜利发电厂

书　记 李书勤

厂　长 姬广勤

副书记 吴敬民 商兴堂

副厂长 刘豫龙 刘金锋 魏东明 高守营 马玉峰 牛　健

纪委书记、工会主席 商兴堂(兼)

总工程师 马玉峰(兼)

运输总公司

书　记 嵩振亮

经　理 周焕波

副书记、纪委书记、工会主席 王信福

副经理 嵩振亮(兼) 苏文刚 吴荣彪 周登学 姜衍奎 陈瑞喜 匡兆文

总工程师 陈瑞喜(兼)

总会计师 匡兆文(兼)

总机械厂

书　记 王之亮

厂　长 张喜庆

副书记 乔利民 刘德法

副厂长 公维礼 王建松 杨松筠 尹胜利 兰家春

纪委书记 刘德法(兼)

工会主席 耿延成

总经济师 王建松(兼)

钻井工艺研究院

书　记 张云连

院　长 韩来聚

副书记 李安禄 邵雪廷

副院长 张慧峰 李作会 孙东昌 丁希军

纪委书记 邵雪廷(兼)

工会主席 姚军生

总工程师 赵金海

山东胜利职业学院

书　记 徐钦智

院　长 李子俊

副书记 孙正义 赵宪强

副院长 马存栋 范德民 殷树清 廉庆存 丁桂田 乔　军 刘恩辉 单方利 单连金

纪委书记 赵宪强(兼)

工会主席 王志恒

职工大学

书　记 王尔波

校　长 秦建民(兼)

副书记、纪委书记、工会主席 张　荣

副校长 张玉珍 黄金柱 祝庆绩

党校

书记、校长 王立新(正局,兼)

副书记 王晓义

副校长 颜　谱 刑建军 孙志芳 蔡军田

纪委书记、工会主席 王幼民

教育培训处(中心)

副处长 周建林

工会主席 张　欣

胜利医院

书　记 宋吉华

院　长 董继俊

副书记 李相如 董书平

副院长 雷胜利 赵金禄 王鹏霄 康新立 薛　波

纪委书记 董书平(兼)

仙河社区管理中心

书记 苏昭祥

主任 李　涛

副书记、纪委书记、工会主席

李　敏
副主任　苏昭祥(兼)　程守同　刘国增
王金山(副局)

孤岛社区管理中心
书　记　张瑞迎
主　任　崔建生
副书记、纪委书记、工会主席　李瑜昌
副主任　唐进成　王启福　卢　峰　牛振海
总会计师　牛振海(兼)

河口社区管理中心
书　记　刘焕江
主　任　郭跃华
副书记、纪委书记、工会主席　裴金华
副主任　侯宝森　魏吉臣　李　翔　赵钦勇

胜北社区管理中心
书　记　张光廉
主　任　李家森
副书记、纪委书记　王立明
副主任　刘文峰　高爱国　陈梓祥
工会主席　李天祥
总会计师　赵爱梅
副处级干部　王有生

矿建公司
经　理　闫向军

安泰物业公司
经　理　朱培海

胜兴物业公司
经　理　于方洲

景安物业公司
经　理　杨洪金

锦霞物业公司
经　理　肖海山

胜中社区管理中心
书　记　徐向业
主　任　韩希忠(兼)
副书记、纪委书记、工会主席　王福新
副主任　杨国军　霍连永　王长安　李国庆　陈占伟　赵书波
总会计师　孙茂华

物华物业公司
书　记　季茂堂
经　理　郑汝成

玉山物业公司
经　理　赵贵生

胜东社区管理中心
书　记　李景和
主　任　赵良庆
副书记　刘　杰　潘逢勇
副主任　韩　康　刘卫民　蔡　亮　刘冠国
纪委书记、工会主席　潘逢勇
总会计师　陈衍欣

瑞达物业公司
经　理　杨树宝

莱建物业公司
经　理　林相会

教育中心
主　任　刘卫民(兼)

胜南社区管理中心
书　记　盛呈东
主　任　孙怀通
副书记　王保平　辛维江
副主任　庞恩河　梁修云　杨永才　吴继荣　季允俭　金印平　张家通
纪委书记　辛维江(兼)
工会主席　王恩庆

滨南社区管理中心

书 记 徐书孔
主 任 马新江
副书记 顾本彤 李君武
副主任 邢召才 柳跃平 魏代珂 陈炳和 朱吉忠
纪委书记 李君武(兼)
工会主席 张进生

临盘社区管理中心

书 记 张云星(兼)
主 任 刘建国
副书记、纪委书记、工会主席 张希成
副主任 李安友 李宗信

青岛疗养院

书记、院长 王 毅
副院长 庄午晨 孙明学
纪委书记、工会主席 宋昭文

烟台疗养院

书 记 张富强
院 长 刘 平
副院长 张富强(兼) 罗仪田
纪委书记、工会主席 孔令山

驻北京办事处

书记、主任 姜毓敏
副主任 邓国利 张清玉

济南办事处

主 任 施必华
副主任 石冠儒 刘 东

胜大集团总公司

书 记 张学义
经 理 吕建奎
副经理 巩向臣 徐同兴 王汝民 江成国 陈福喜
纪委书记、工会主席 张奉常

胜利日报社

书 记 李尚坤
社 长 李耀光
副社长 王喜春 李 杰
中国石化报社胜利记者站站长 王喜春(兼)
山东人民广播电台驻胜利记者站站长 杨春茂
大众日报社胜利油田记者站站长 葛明军

广播电视中心(广播电视管理处)

书记、主任 邵英功
副书记、纪委书记、工会主席 吕英娟
副主任 吕功德 纪兆逢 冯传俊 谢修强

机关车辆管理中心

书 记 陈清河
主 任 尤作霖
副书记、纪委书记 黄明田
副主任 陈清河(兼) 陈立德 付希君
工会主席 程 涛

文化事业中心

书 记 肖景星
主 任 李慎忠
副主任 窦有奎 朱兰州 罗小平 楚振鲁
工会主席 张继良

局文学艺术界联合会

主 席 李玉卿(副局)
副主席 李慎忠(兼) 楚振鲁(兼)

胜利采油厂

书 记 张良信
厂 长 袁 谋
副厂长 高建刚 连经社 曲晓论 李延明 赵 勇 许士真

纪委书记 宁志华
总工程师 连经社(兼)
总会计师 李延明(兼)

东辛采油厂

书　记 张　立
厂　长 荣启宏(兼)
副书记 姜仁国　刘加顺
副厂长 马代鑫　孙军强　郑力平
卢明昌　史文东　王洪宝
杨　勇
纪委书记 姜仁国(兼)
工会主席 刘加顺(兼)
总经济师 卢明昌(兼)
总地质师 史文东(兼)　王洪宝(兼)
总会计师 王建华

现河采油厂

书　记 齐长兴
厂　长 宋书君
副书记、工会主席 关起彭
副厂长 贺宗泉　崔文俊　马　晖
李博明　王新征　许　星
纪委书记 韩　辉
总地质师 王新征(兼)
总工程师 赵　磊

滨南采油厂

书　记 王新东
厂　长 李洪刚
副书记 范晶章　卞　谦
副厂长 王敦生　朱桂林　沈国华
顾国兴　王兴勤　董显堂
纪委书记 范晶章(兼)
工会主席 卞　谦(兼)
总工程师 朱桂林(兼)
总地质师 沈国华(兼)

纯梁采油厂

书　记 庄建华
厂　长 郭洪金
副书记、纪委书记 朱克军
副厂长 李照水　焦　臻　李道轩
吴致斌　徐　亮
工会主席 张文明
总工程师 吴致斌(兼)
总地质师 李道轩(兼)

临盘采油厂

书　记 张云星
厂　长 陈永红
副书记、纪委书记 孙柏林
副厂长 付金华　李安洪　范凤英
熊　敏　许荣奎　薛立河
工会主席 陈　林
总工程师 范凤英(兼)
总地质师 付金华　熊敏(兼)

河口采油厂

书　记 金同义
厂　长 张本琪
副书记 舒　建　宋文玉
副厂长 高新华　商同林　黄高健
王　辉　崔会然　赵淑萍
黄　翔
纪委书记 舒　建(兼)
工会主席 宋文玉(兼)
总地质师 黄高健(兼)
总会计师 崔会然(兼)
总工程师 黄　翔(兼)

孤岛采油厂

书　记 李世喜
厂　长 张绍东
副书记 王培祥　张德胜
副厂长 陆先亮　冯志强　公维清
申惠民　肖建洪　束青林
李青云
纪委书记 王培祥(兼)

工会主席 张德胜(兼)
总工程师 肖建洪(兼)
总地质师 束青林(兼)
总会计师 李青云(兼)

孤东采油厂

书　记 王东海
厂　长 郭雄华
副书记 白林虎
副厂长 王乐鹏　陈建邦　曾流芳　刘广友
纪委书记 白林虎
工会主席 高曰敏
总地质师 曾流芳(兼)　谭河清
总会计师 张志友

桩西采油厂

书　记 刘明岱
厂　长 缪明才
副书记、纪委书记 李培智
副厂长 郑成山　杨学旺　钱　钦　刘泽俊　高奎成
工会主席 崔华山
总工程师 钱　钦(兼)

海洋采油厂(港务管理处)

书　记 朱庆国
副书记 陈鸿亭　李　鄂
副厂长 李学富　文世鹏　张国明　李　龙　刘新章　鹿洪友　董贤勇
纪委书记 李　鄂
工会主席 王成修
总地质师 鹿洪友(兼)
总会计师 高长忠

新疆勘探开发中心

书　记 杨东福
主　任 刘传虎
副书记、纪委书记、工会主席 罗复兴
副主任 杨东福(兼)　李　涛　杨永军
总地质师 向　奎
总工程师 李长山

油气集输总厂

书　记 张毓华
厂　长 付庆祥
副书记 王其敬　李富林
副厂长 宋宜四　李　敏　徐　川　刘加运　牛爱民　梁义柱　耿良田
纪委书记 王其敬(兼)
工会主席 李富林(兼)
总工程师 宋宜四(兼)
总地质师 李　敏(兼)
总会计师 牛爱民(兼)

石油化工总厂

书　记 闫允生
厂　长 董　伟
副书记、纪委书记 苏冠江
副厂长 李自立　王爱民　陈永生　陶连平　邢少伟
工会主席 马艳杰
总会计师 陈永生(兼)

海洋石油船舶中心

书　记 魏　东
主　任 邱守仁
副书记、纪委书记 胡立怀
副主任 李树清　陈秀林　曲广仁　刘丕荣
工会主席 鞠丕华
总工程师 张久安
总会计师 曲广仁(兼)
海洋应急中心主任 李树清(兼)

物资供应处

书　记 陈　涛

处 长 吴亚东
副书记、纪委书记 栾 强
副处长 王 恒 赵万清 荀光辉
冉志成 王 东 刘玉智
工会主席 任长奇
驻沪联络处主任 荀光辉(兼)
驻济购销办主任 王向东

地质科学研究院

院 长 刘显太
副书记、纪委书记 孙喜新
副院长 李振泉 隋风贵 周建国
张明亮
总工程师 杨耀忠
总地质师 王永诗

采油工艺研究院

书 记 石超英
院 长 王世虎
副书记、纪委书记 李鲁平
副院长 石超英(兼) 汪庐山 仲如水
李希明 王民轩
工会主席 王法昌
财务总监 王丙军

物探研究院

书 记 张海臣
院 长 王延光
副书记、纪委书记 周学邦
副院长 于建国 贺业林 谭明友
单联瑜
工会主席 王 琳
总地质师 王兴谋
总工程师 孟宪军

经济开发研究院

书 记 张东峰
院 长 周 文
副院长 张东峰(兼) 于学智 冯启海

技术检测中心

书 记 王同义
主 任 师祥洪
副书记、纪委书记 尹德法
副主任 龙凤乐 吴金柱 王观军
工会主席 李志成

(袁效军)

(审核 杨昌江)

大 事 记

胜利油田2006年大事记

1月

5日—6日 管理局召开党委全委(扩大)会议,传达中石化集团公司暨股份公司工作会议精神,总结2005年生产经营工作,安排部署2006年油田生产经营任务。

8日 由原胜利油田无杆采油泵公司改制组建的胜利油田胜利泵业有限责任公司挂牌成立。

14日—15日 管理局、分公司召开第五届职工代表大会第四次会议,会议审议并批准了曹耀峰代表管理局、分公司作的工作报告,审议并批准了管理局、分公司2005年财务决算及2006年财务预算安排的报告。审议安全生产和劳动保护工作报告、关于2005年业务招待费使用情况的报告。民主评议管理局和分公司领导班子和领导干部。签订管理局暨分公司2006年度集体合同和内部承包责任书。

19日 油田领导分路走访慰问部分困难职工群众和老党员。

21日 山东省军区副司令员冯祥来、副参谋长聂卫华一行来油田走访慰问。

同日 油地军校迎春茶话会在黄河饭店举行。

23日 油田领导分路走访慰问劳模和生活困难职工。

29日 油田领导集体收看《温家宝和石油工人共度春节》新闻,学习讨论了温家宝总理对石油工业的重要指示精神。

2月

14日 教育部副部长吴启迪一行来油田视察工作。

15日 中石化股份公司验收团来油田,对油田"五项劳动竞赛"活动进行检查验收。

16日 油田召开创建"亲情家庭、亲情楼栋、亲情小区"活动动员会,"三亲情"创建活动正式启动。

3月

1日 管理局工会召开表彰会议,授予岳焕丽等10名员工"十大杰出女职工"称号。

7日—13日 中石化集团公司安全检查组对油田的油气集输场站及管道安全进行专项检查。

8日 油田召开"胜利油田首席高级专家及高级专家聘任大会",顾心怿、宋国奇、张林晔等34位专家被聘任为油田资深首席高级专家、首席高级专家、高级专家。

12日 埕岛中心一号平台——海三站直径457毫米海底输油管线因不法分子打孔盗油造成原油泄漏。事件发生后,油田迅速进行抢险补漏,并成立污染清理队伍,对沿岸和近岸污油进行回收，避免了事态进一步扩大。3月16日凌晨零时17分管线修复完工，3月17日经国家海洋局北海分局批准，海管投入运行。

13日—24日 油田党政领导分5路到各二级单位进行春季大调研。

23日 油田召开调查研究工作会议，会议对2003年以来油田调研工作进行了总结，对下一步调研工作进行了部署。

25日 济南军区司令员范长龙，山东省委常委、省军区政委张秉德一行来到油田视察。

26日 胜利石油管理局、油田分公司与西南石油局、西南分公司在东胜大厦签署合作协议。

27—28日 中国青年报社常务副社长、副总编徐文新来油田调研考察。

4月

5日—6日 中石化股份公司董事，集团公司原党组成员、股份公司高级副总裁牟书令一行到胜利西部探区调研并看望一线职工。

11日 “胜利油田企业文化研究会”正式成立。

14日 油田召开科技创新大会。会议确定“加强勘探开发基础理论研究与具有自主知识产权的核心技术攻关，大力推进自主创新，努力实现油田主体技术的战略接替和跨越式发展”为今后一个时期油田科技工作的重要内容。

19日 油田召开技能人才开发工作会议，明确今后一个时期技能人才队伍建设的思路和方向。会上还对14名中华技能大奖和全国技术能手、120名省部级技术能手、20名油田技能大奖获得者进行了表彰。

21日 油田春季地质论证会开幕。会议于6月2日结束，论证会期间共交流报告35个，落实井位89口，是近20年来最多的一次。

25日 油田召开再就业工作会议，明确当年工作目标：全年为下岗失业人员、待业子女提供就业岗位(含社会就业岗位)8000个以上，稳定再就业18000人以上，再就业率保持在92%以上，实现待业子女就业1500人以上，组织创业培训300人以上。

26日 在北京召开的中华全国总工会庆祝“五一”国际劳动节表彰大会上，滨南社区职工时新春、物探公司职工朱玉雷荣获“全国五一劳动奖章”，黄河钻井总公司荣获“全国五一劳动奖状”。

30日 管理局举办首期内控制度处级干部培训班，专门对机关部门领导、二级单位主要领导进行培训。

5月

4日—5日 中石化集团公司总经理、股份公司董事长陈同海，在集团公司、股份公司领导张耀仓、王志刚、曹耀峰及总部机关部门负责人陪同下在油田调研。调研期间，先后参观了胜利发电厂、胜科1井和石化总厂，并看望一线职工。

9日—12日 中石化集团公司党建调研组来油田调研党建工作。

14日—17日 油田第二批43个油(气)田储量套改成果在成都通过中石化储量套改领导小组专家审查。至此，胜利油田

67个油田2个气田的探明储量套改工作基本完成。

16日 油田重点超深探井车660井试油获高产油气流，标志着车镇凹陷北部陡坡带沙三下深层砂砾岩体勘探取得重大突破。

30日 油田召开第81次岗位责任制大检查活动启动大会。这次岗位责任制大检查活动为期60天，分宣传发动、自查自改、检查验收总结评比3个阶段，7月30日结束。

同日 胜建集团第一工程处在济南被中国市政工程协会授予全国市政金杯大奖，承建的济南市经十路工程获得国家“鲁班奖”。

6月

1日 采油院微生物研究中心研制的油田含油泥砂生物处理装置获国家专利。这项专利技术使处理后的含油泥砂达到国家规定的无害化排放标准，填补了国内含油泥砂生化治理的空白。

5日 油田在乌鲁木齐召开进疆勘探暨新疆勘探开发中心成立10周年庆祝大会。10年来，胜利西部新区实现了重大突破，发现了储量规模超亿吨的整装大油田——永进油田。

8日 集团公司党组成员、副总经理、管理局局长曹耀峰，分公司经理刘中云，副经理张煜等油田有关领导到黄河14千米险工处、新滩油田浮桥、垦东12进海路工程等防汛要害部位实地考察，检查防汛工作。

12日 油田在胜利宾馆召开侦破“3·13”专案总结表彰大会。至此，“3·13”海上盗油案告破，18名犯罪嫌疑人全部抓捕归案。

13日 油田学习中国高技能人才楷模活动动员会在临盘采油厂召开。这次学习活动是按照国家要求，向10名中国高技能人才楷模学习。“铁人式的好工人”、原胜利油田高级技师王为民被确定为中国高技能人才楷模。

20日 在济南举行的山东省首届特种作业人员安全技术大赛上，油田代表队获得团体总分第一名的好成绩。全省17个地市、6家大型企业共有67名电焊工、69名电工参加了比赛，油田参赛选手获得电焊工第一名、第四名、第五名和电工第一名的好成绩。

23日 油田召开庆“七一”表彰大会暨思想作风建设深化年活动经验交流会。

同日 孤岛采油厂等30个单位经山东省文明委批准，荣获2005年度省级文明单位称号。

7月

5日—6日 由国务院国资委纪委、监察局和宣传工作局共同组织的推进中央企业廉洁文化建设研讨暨观摩会议在油田召开，这是国资委组建以来首次召开以廉洁文化建设为主要内容的专题会议。157家中央企业纪委监察部门的负责人、中央纪委有关领导、国资委和山东省纪委领导参加了会议。国务院国资委党委委员、副主任王瑞祥，国资委党委委员、纪委书记贾福兴分别主持会议，王瑞祥作了总结报告。

7日 在集团公司暨股份公司召开的

科技大会上，胜利油田两个项目——“胜利滩海地区油气富集规律及勘探目标研究”和“复杂断块油田提高采收率技术”获得集团公司科技进步一等奖。

12日 油田召开对外投资及多种经营清理整顿大会。会议根据中石化集团公司要求，部署安排油田对外投资及多种经营清理整顿工作。

17日 特大风暴潮突袭胜利油田埕岛海域，96人被困遇险，经抢险单位奋力营救，遇险被困人员全部脱险。

8月

1日 管理局党委、管理局、油田分公司发出向朱玉雷同志学习的通知。朱玉雷现任物探公司设备管理中心副经理兼物探震源队队长，是一名由普通工人逐渐成长起来的具有较强研发能力的地震勘探钻井青年技术专家。

4日—5日 中石化集团公司总经理、股份公司董事长陈同海来油田调研，期间先后到井下作业二公司和钻井五公司30171钻井队施工现场检查指导工作。

8日 集团公司调研组一行17人进驻油田，会同油田有关人员，分成30个专题小组，深入调研资产负债率上升、管理费用、社区补贴等13个影响油田持续稳定发展的问题，为集团公司决策提供依据。

17日 油田召开领导干部会议，要求各单位全力配合集团公司调研组搞好调研，进一步摸清家底，切实谋划好油田改革发展大局。

23日 油田清理整顿工作取得阶段性成果，截至该日，对外投资清理退出18家，另有30家进入清退程序；多种经营清理工作退出20家，有36家已经进入操作程序。

26日 中共中央委员、西藏自治区党委书记张庆黎在东营市委领导的陪同下到油田参观考察。

9月

1日 油田举行推行全面质量管理20周年成果展。

4日 中石化油田企业党委书记研讨会在油田召开，来自中国石化系统的40多家企业参加会议并介绍经验。

15日 由山东省委工作组来油田检查党建工作。

10日—17日 中石化集团公司油田企业安全环保检查团对胜利油田进行检查。检查团重点检查了25个二级单位、45个三级单位的安全环保工作。共查看施工作业现场53个，观看突发性应急预案演习17次。

19日—21日 中石化股份公司高级副总裁兼财务总监戴厚良在油田调研。先后听取了管理局和分公司财务、经济运行情况和地震、勘探、开发专题汇报。期间，戴厚良一行到胜科1井施工现场和有关二级单位检查指导工作。

26日 油田首届“金钥匙”技术竞赛结束。技术竞赛在物探、钻井、录井、测井、采油、作业6个领域展开，25个二级单位5600多名基层专业技术人员参加了竞赛，经过层层选拔，有20人获得一等奖，50人获得二等奖，50人获得三等奖。

28日 油田第五届运动会闭幕。从3月到9月，第五届运动会暨第二届全民体育大会历时7个月时间，圆满完成各项赛事，共决出金牌205枚、银牌197枚、铜牌190枚，有8人打破中石化或胜利油田田径纪录，有59个单位获得录取名次，52个单位获得奖牌。

10月

10日 油田领导和机关职务消费改革启动。职务消费改革主要涉及通讯费、公务用车、压缩管理费和降低接待费等。

同日 油田第14届职业技能竞赛举行开幕式。这次竞赛有25个赛点，有37个工种、1100多名选手参赛，是胜利油田开发以来举办的规模最大、竞赛工种和参赛人员最多的一次比赛。10月16日，油田第14届职业技能竞赛闭幕，共有10个单位荣获优胜单位称号，270人荣获优胜个人称号。

26日 中石化油气田及输油气管道安全防范设施现场观摩交流会在油田召开。

27日 油田老年工作会议在胜利宾馆召开。油田老年工作，本着文化引导、学习导航、以人为本、成果共享的原则，落实政治、生活待遇，老同志老有所为，老有所乐，为油田改革发展稳定作出了应有的贡献。会上胜中社区、桩西采油厂等单位介绍了做好老年工作的经验。

28日 胜利油田在中央党校介绍胜利文化建设的经验。中央党校中直机关分院、国家机关分院部司级领导干部学员，中央党校函授学院、全国党校分院7000多名处级干部学员，通过远程教学听取了胜利文化讲座。

31日 油田举办“名师带高徒”协议签字仪式，6名受聘的“胜利名师”和19名培养对象签订了培养协议。

11月

8日 山东省委副书记高新亭，省委常委、政法委书记闫启俊，省人大常委会副主任莫振奎来油田检查指导工作。

25日 中共中央政治局常委、书记处书记、国家副主席曾庆红来油田视察。在中石化集团公司总经理、股份公司董事长陈同海，山东省委书记张高丽、省长韩寓群，管理局党委书记王立新等领导同志的陪同下，曾庆红副主席参观了渤海钻井40512钻井队施工的垦东斜68井井场和孤东海堤，并听取了油田工作汇报。

27日 油田召开党的十七大和山东省第九次党代会代表推选工作会议。

12月

11日 原石油部老领导、中组部原常务副部长赵宗鼐来油田参观考察。

12日 全国、省人大代表考察团来油田参观考察。考察团由全国人大法律委员会委员、中国政法大学校长徐显明，农工民主党中央委员、中央科技委员会主任、中国科学院高能所研究员黄涛，省政协副主席、山东师范大学副校长、致公党中央常委、省委主委王志民等全国和省人大代表组成。考察期间，代表们参观了东辛厂10队营-28丛式井组和科技展览中心。

◆概况
◆大事记
◆
◆专文
◆工作综述
◆二级单位
◆局属实体　控股公司　改制企业
◆先进集体　先进个人
◆人物
◆文件选辑及索引
◆资料数据

特　载

曹耀峰在胜利石油管理局党委全委(扩大)会议上的报告(摘要)

(2006年1月5日)

一、“十五”成就及2005年油田工作新进展

“十五”时期，是胜利油田历史进程中极不平凡的发展阶段。五年来，我们紧紧围绕“全面提升油田整体发展水平”和“油气当量重上三千万”这一总体思路和目标，深化改革、加快调整、强化创新、加强管理，积极应对国内外市场环境带来的风险和挑战，成功战胜“非典”疫情和风暴潮等自然灾害的侵袭，努力化解历史遗留问题和前进道路上的热点难点问题，辩证认识和妥善处理改革、发展、稳定等方面的关系，圆满完成了“十五”计划任务，油田整体发展水平全面提升，职工群众的生活环境和生活质量有了新的改善和提高，各项事业取得了历史性的成就，在胜利油田发展史上谱写了新的篇章。

——*经济总量与经济运行质量实现“双增长”，油田整体发展水平全面提升。*“十五”期间，分公司完成投资总额508亿元，预计实现销售收入2360亿元，实现税后利润660亿元，实现企业增加值1874亿元；新增探明石油地质储量53646万吨，完成计划的119%；完成原油产量13374万吨，比计划多产油304万吨，完成计划的102%；油田开发水平持续提升，自1997年以来连续9年实现储采平衡，自然递减控制在14.8%以内，综合含水稳定在90%，老区采收率平均每年提高0.35个百分点。目前，分公司资产总量达529.11亿元，比“九五”末增加80.66亿元。

管理局生存发展能力进一步增强。“十五”期间，预计实现销售收入947亿元，其中，2005年销售收入268亿元，比“九五”末增加150亿元；生产经营状况逐年好转，亏损额由2000年的21.5亿元降至2005年的3.9亿元。新的经济增长点逐步壮大，外闯市场驶入快车道，“十五”期间，全油田外部市场实现总收入182亿元，比“九五”增加125亿元。目前，管理局资产总量268亿元。

——*内部改革不断深化，油田经济结构整体趋于优化。*持续推进队伍结构调整。先后实施“协解”、“内退”、改制分流、分离办社会职能等改革举措，职工队伍总量过剩、人员严重富余的矛盾得到有效缓解。全油田正式职工总量由“九五”末的19.5万人减至“十五”末的15.96万人，减幅达18.2%。组织结构进一步优化。通过大力推进内部专业化重组、改制分流、“双压三减”，共减少处级单位和部门39个、科级单位602个、基层小队和班组4068个。产业结构调整取得实质性进展。坚持“有所为有所不为”的方针，通过改制、改组、改造，由过去的“大而全”、“小而全”转变为核心业务比较精干、主营业务比较突出的产业群体，并精心培育和打造了难采储量开发、外闯市场和供发电等“三大亮点”。产权结构调整取得重大进展。通过实施主辅分离、改制分流、移交办社会，国有经济逐步退出非主营业务等措施，先后有25个企业、1.2万多人改制分流，教育、公安系统9400多人移交社会管理。

——*紧紧依靠科技进步和管理创新，油田生产经营管理水平显著提高*。技术创新硕果累累。“十五”期间，共取得科研成果1744项。其中，国家级科技奖励8项，省部级133项。共获得国家专利463项，其中发明专利37项，实用新型专利426项。具有自主知识产权的隐蔽油气藏勘探理论获得国家科技进步一等奖，已开发油田水平井地质设计及薄油层水平井钻井技术等7项技术成果分别获得国家科技进步二等奖；基本形成了具有胜利特色的十大配套技术。科技成果转化率、科技进步贡献率分别达到90%和63%，分别比“九五”末提高5.8%和16.7%；科技增油每年保持在300万吨左右。大力加强“数字油田”信息化建设，ERP成功上线运行，建立了财务管理、成本控制等六大模块，管理效能进一步提升。企业文化建设深入人心，培育形成了“从创业走向创新、从胜利走向胜利”的新时期胜利精神。大力实施品牌经营战略，打造形成了一批专业技术品牌，企业形象和市场美誉度明显提升。节能和环保工作成效显著。“十五”末，全油田企业总耗能量470万吨标准煤，比“九五”末减少144万吨，减少能耗费用支出10亿多元；万元产值综合能耗由“九五”末的6.13吨标煤降到“十五”末的5.72吨标煤，五大系统效率较大幅度提高。

——*职工群众的生活环境和质量有了显著改善和提高*。牢固树立“关爱生命、以人为本”的安全理念，大力推进HSE体系建设和“平安油田”建设，职工群众的安全感普遍增强。大力实施安居工程，2003年以来开工建设住房2.9万多套，达到入住条件的2.1万多套，累计销售住房2.6万多套。职工群众的生活环境有了进一步改善，配套建成了胜利广场、油城广场、体育公园等一批集休闲、娱乐、健身于一体的公益活动场所；国家级、省级、局级文明小区分别达到26个、43个和64个，比“九五”末分别增加11个、8个和5个。职工收入水平进一步提高，消费观念发生明显变化，许多家庭已经享受到“数字生活”带来的便捷和实惠。目前全油田具备收看高清晰数字电视节目条件的家庭达10万户，具备水电气远程抄表条件的6.3万户，职工就医持卡消费占门诊收费额的80%。

——*党的建设和企业思想政治工作成效显著*。坚持和发扬石油石化工业的良好传统，不断加强党的建设和班子建设，各级党政组织和党员干部讲政治、顾大局、守纪律、多奉献，切实履行了国有大企业的政治责任、经济责任和社会责任，应对和处理复杂局势的能力进一步增强。充分发挥企业党组织的政治核心作用，无论体制机制如何改变，坚持党委参与重大决策不改变，坚持党管干部的原则不改变，坚持一个决策中心、一个领导核心不改变，保障了油田改革、发展、稳定的协调推进。适应油田改革发展稳定实际，与时俱进地开展企业思想政治工作，广大干部职工的市场观念、竞争观念、创新观念不断强化，对改革的承受能力不断增强，在市场经济条件下保持了良好的精神状态。

2005年是油田各项工作为“十五”划上圆满句号的一年。在高油价的持续拉动下，经过全体干部职工的共同努力，油田主要生产经营指标再创新水平。全年实现经济总量942亿元，同比增加215.7亿元，其中分公司实现总收入699.6亿元，同比增加183.3亿元；管理局实现总收入267.4亿元，同比增加57.4亿元。实现利润251.1亿元，其中分公司实现税后利润255亿元，同比增加113亿元；管理局亏损3.9亿元，同比减亏3.4亿元。实现增加值682亿元，其中分公司597亿元，管理局85亿元。实现税费258.1亿元，其中分公司实现税费232亿元，管理局实现税费26.1亿元。

(一)大力实施资源战略，油气主业向着既定目标稳健迈进

油气勘探坚持外延扩张与内涵发展并重，资源基础更加稳固，资源序列更加合理。2005年新增预测储量10616万吨，新增控制储量10139万吨，新增探明储量10032万吨，连续三年实现新增三级储量“同时过亿吨”。一批重点探区取得重要突破，车66、丰深1以及西部排2井区、海上胜顺1井都分别获得了具有战略意义的新发现。油田开发工作成效显著。2005年全油田生产原油2694.5万吨，超年计划23.5万吨；生产天然气8.8亿立方米，海外权益油64万吨。特别是难采储量板块增产势头强劲，年产原油163.4万吨，比2004年增产23.7万吨。勘探开发结合更加深入，新区勘探储量动用率和产能建设阵地落实程度进一步提高，其中三年储量动用率由先前的37%提高到目前的65%。油田开发水平进一步提高，年自然递减率14.8%，综合递减率5.6%，含水基本稳定，储采平衡率103%。

(二)以深化结构调整、做精做强主营业务为主线，管理局经济呈现蓬勃生机

认真贯彻国有经济有进有退的战略方针，逐步将优势资源向物探、钻、测、录井及油建等主营业务聚集，管理局综合实力和市场竞争力有了 的提升。全年投资6.6亿元，进行装备更新和改造。到目前，5000米以上深井钻机已达49台，其中“十五”期间更新改造32台。外闯市场持续快速发展，全年创收45亿元。难采储量板块成为管理局减亏增效的主力军，全年预计实现利润13.1亿元，比上年净增利润5.1亿元。电力板块对油田经济的贡献率不断提高，实现内部利润8亿元。热电联供的综合效益开始显现，节约替代原油15万吨，居民住宅供暖成本有了明显下降。集体经济板块运行平稳，预计全年实现销售收入28亿元，实现增加值8亿元，利税总额2.4亿元，其中上交税费1.7亿元。

(三)油田内部改革持续深化，主要改革举措不断向纵深推进

改制分流工作进一步深化，全年共有工程机械总厂、泵公司等8家单位实施改制分流，分流人员7600多人，其中全民工5400多人，集体职工2100多人。以“双压三减”为主的深化劳动人事制度改革取得阶段性成果，处、科两级机构压减幅度24.4%，处级干部压减幅度25.6%，科级干部压减幅度25.2%，一般管理岗位压减幅度25%，管理人员占员工总量的比例由14%降至11%。分配制度改革进一步深化和完善，以构建三支队伍岗位序列为主要目标，并与劳动人事制度改革、职工福利制度改革等同步运行，其激励功能与约束作用得到较好落实。物资供应体制改革全面展开，按照撤站设科成立配送队、组建专业物流公司—组建区域性配送公司—组建油田物资配送公司“三步走”思路，全面实施组织结构调整，目前已有10个二级单位完成撤库设科工作。

(四)坚持继承与创新相结合，油田经营管理水平有了新提高

大力加强“三基”工作，适时开展第80次岗位责任制大检查，基础管理水平进一步提高，安全生产形势进一步好转。ERP成功上线运行，各板块的实际应用全面启动，并建立了油田生产经营管理运行系统，使管理业务进一步透明、规范。全面推行内控制度建设，编制了油田分公司《内部控制手册》，进一步理顺了各职能部门之间的关系。不断加强财务预算管理，强化成本控制，规范资本运作，资产运行质量和资金使用效率有新的提高。高度重视人才队伍建设,全年共引进石油主干专业高校毕业生1017人,其中博士、硕士引进数量均比上年翻了一番,共完成人才培训4.5万多人次。合同、审计、土地、机动装备、技术监督、经营租赁等专项管理工作也都取得新的进展。

(五)坚持以人为本,妥善处理改革发展稳定的关系

提出了建设"负责任、有能力、简而精、大作为"领导班子的奋斗目标,全力打造"堪当重任、精于治企、善驾市场、忠诚奉献"的现代企业领导层。出台了稳定工作、经营业绩、廉政建设、安全生产、重大投资项目决策和大额资金运作等五项问责制度,狠刹"出国、吃喝、红包、攀比、浮漂"等五股歪风,严肃整治"对外乱投资、对外乱担保、乱挤成本和乱花钱"等"四乱"行为,党员干部的作风和形象、党群关系、干群关系有了新的改善和提高。高度关爱弱势群体,积极为职工群众办实事。不断加大就业再就业工作力度,提供就业再就业岗位1.9万多个。发动党员干部职工捐款捐物,设立了胜利油田帮扶救助基金,全年共为6100多名困难职工群众发放各类补助1200多万元。投资1.4亿元对部分净化站进行改造,饮用水质量进一步提高。对12个职工住宅小区实施液化气改天然气工程,大大便利了职工生活。

二、以实现"油气当量重上三千万"目标为统领,努力推动油田发展不断跃上新台阶

与五年前相比,胜利油田无论是总量、结构,还是质量、效益都已发生了重大变化。这既为我们未来发展奠定了良好的基础,也使我们站在了一个新的更高的历史起点上。站在这个新的起点上,客观审视油田面临的形势和发展趋势,对于我们立足当前、开创未来、科学发展具有极为重要的意义。总的来看,当前和今后一个时期,胜利油田面临的仍将是既有重要机遇又有严峻挑战的形势,发展的任务更加繁重,改革的任务更加艰巨,稳定的任务更加复杂。在生产经营方面,近年来,在高油价的持续拉动下,尽管油田经济总量的规模和效益大幅增长,但在高油价的光环下潜伏的问题和矛盾还很多,特别是生产经营成本上升很快,油田核心业务的竞争力、抗风险能力还不够强。管理局经济经过近几年的持续努力,尽管减亏力度持续加大,但产业结构不尽合理,结构调整的任务还很艰巨,资产负债高、富余人员多、社会负担重的压力将更加突出,创新和盈利能力仍然较弱。在深化改革方面,尽管我们花大气力在化解一些深层次矛盾和问题上取得了较大进展,但随着改革的深化,深层次、结构性的问题进一步凸显出来,职工群体结构将更加复杂,思想将更加活跃,维护油田大局稳定面临着更大的压力。在思想观念上,尽管我们初步掌握了科学发展观这个"金钥匙",初步找到了一条科学发展的新路子,但由于计划经济的惯性比较大,在转轨变型时期,部分干部职工群众的思想观念仍然比较滞后,一些与市场经济不适应的、有悖于生产力发展的思想障碍和陈旧理念还不同程度地存在,较为严重地阻碍了油田生产力的发展。站在新起点上,面对新形势、新任务、新挑战,我们必须理性思考,科学筹划,务实创新,超越自我,以科学发展观统揽全局,推动油田各项事业实现又好又快发展。正是基于对油田发展形势的综合判断,基于对科学发展观的科学理解,在全面调研和科学论证的基础上,我们确定了油田当前和今后一个时期的发展思路和目标。

"十一五"期间油田的总体思路主要是:按照科学发展观的要求,在优化结构、提高效益的基础上,今年力争实现"油气当量重上三千万”的目标。在此基础上，在坐稳胜利老区的同时，不断深化老区深层、渤海湾区域和天然气的勘探开发，努力实现“十一五”期间油气生产的持续有效发展。管理局经济要通过调整和优化结构，逐步形成以工程技术服务、难采储量开发、水电能源保障、基地服务等主营业务为主体的集团经济。与此同时，着力自主创新，转变增长方式，提升发展质量，提高资源利用效率。坚持以人为本，把提高职工的生活水平和质量作为油田改革发展的根本目标，让广大职工群众共享油田改革发展成果。

2006年是实施“十一五”规划的开局之年，也是实现油田既定发展目标的决胜之年。在新的一年里，油田发展的指导思想是：以党的十六届五中全会精神为指针，认真落实科学发展观，全面提升油田整体发展水平，力争实现“油气当量重上三千万”发展目标，并以此带动油田各项事业跃上新台阶，为实施“十一五”规划开好头、起好步，为油田持续有效、又快又好发展打下坚实基础。

2006年油田主要生产经营指标是，按国家储量新规范上交探明储量8000万吨；新增原油生产能力290万吨；计划生产原油2724万吨，计划生产天然气8.5亿立方米。按原油销售均价46.7美元/桶计，分公司实现税后利润255.9亿元；管理局经济总量285亿元，总体实现扭亏为盈，实现利润1000万元。分公司油气完全成本912元/吨。

(一)下定决心，加快运行，力争实现“油气当量重上三千万”发展目标

油气资源是实现“油气当量重上三千万”的物质基础和根本保障。2006年，要坚持把油气勘探作为工作中的重中之重，继续按照“立足老区，加快新区，强化天然气勘探，实现稳定发展”的工作思路，着重寻找经济储量，提高储量的可动用程度。老区可动用储量区块要加快评价，难动用储量区块要加强工艺技术攻关；新区以实现突破为目标，重在发现规模储量，以规模储量带动整体勘探效益的提升，努力实现济阳老区与外围新区、石油与天然气储量增长的协调发展。

油田开发工作是实现“油气当量重上三千万”的关键。老油田开发贵在稳产，要继续推进规模化精细油藏描述，加强油田综合治理，加大三次采油工作力度，大力实施优化经营，加大难采储量的开发力度，努力提高采收率，创出特高含水期老油田开发新水平。新区贵在优质高效，要继续推进勘探开发一体化，加强油藏评价，着力优化开发方案，大力推广水平井、欠平衡钻井等高效钻井技术，不断提高储量动用率和产能贡献率。要高度重视天然气的勘探开发，坚持“油气并重”的方针，在抓好浅层亮点气开发的同时，要进一步加大深层天然气勘探开发力度，在一些重点区域尽快取得突破。2006年力争实现“油气当量重上三千万”的工作目标，主要由五部分构成：

一是胜利老区稳定在2640万～2650万吨。这是“油气当量重上3000万”的基础。其中，各采油厂为2393万吨，合作油和清河厂产油量130万～140万吨，难采储量板块113万吨(2003年计划产量)。

二是难采储量板块力争实现增量100万吨。这是“油气当量重上三千万”的增长点。近几年由于加大了工作力度，难采储量板块增产较快，2005年达到163.4万吨，比2003年增产51万吨。下一步，要重点加大垦东12、垦69、樊131、郑411和沾14等新投入区块的勘探开发力度，尽快形成生产能力。对已投入开发的区块，要加大措施，进一步完善井网，细分层系，提高水驱控制程度和水驱动用程度，夯实稳产基础。今年

难采储量板块配产计划190万吨，累计建成生产能力238万吨，产油量奋斗目标213万吨，力争比2003年计划净增100万吨。

三是天然气油当量力争达到100万吨。按照目前资源和开发状况，今年天然气计划产量8.5亿立方米，与10亿立方米的目标有一定差距。但是我们应该看到，目前深层天然气勘探已经见到了良好的苗头，丰深1井通过压裂复试，日产天然气6万余立方米，展示了胜利老区深层天然气勘探开发的广阔前景。今年通过加快工作节奏，天然气深层勘探有望取得重大突破，实现年产天然气10亿立方米的奋斗目标是有可能的。

四是国内外新区产量达到120万～130万吨。全年国外新区可拿到权益油105万吨，其中，阿尔及利亚扎尔则油田95万吨，哈萨克斯坦勘探开发项目和阿塞拜疆开发项目要加快节奏，建设生产能力10万～20万吨，力争当年拿一部分权益油。国内西部新区要以排2井、排8井为主阵地，努力建成20万吨产能，拿到10万～15万吨产量；陕北新区拿到5万吨权益油。今年西部和海外将达到150万吨的生产能力，产油120万～130万吨。

五是政策油20万吨。在高油价拉动下，集团公司今年将进一步提升难采储量原油的开发成本，由过去的23美元/桶提高到40美元/桶，这样采油厂和海上过去不能动用的一部分高成本油井、区块就可以动用起来，经评估，高油价下可动用15个难采区块，地质储量3470万吨，可新建产能43万吨，生产原油20万吨。

(二)积极推进产业结构优化升级，努力提高油田主营业务的创效实力、市场竞争力和抗风险能力

要坚持走新型工业化道路，通过新技术、新装备和信息化手段改造提升传统主营业务。本着先进性、安全性、经济性相统一的原则，钻井系统要以海上、深层、国外及提高安全系数为重点领域和方向，有针对性地进行设备引进和技术改造。初步考虑，今后3年，每年引进和改造钻机15台，共引进和改造钻机45台。海上基础设施和勘探开发装备要根据实际需要进行整体规划，加快更新、改造和升级步伐，为海上安全、稳定、持续生产提供保障。物探、测录井、作业、油建等主营业务，也要瞄准国内外先进水平，以先进理念为统领，加大技术装备的更新改造力度，不断提高产业集聚、规模发展和适应国内外市场竞争需求的能力。要着眼发展，不断加大优良资产向钻测录井的配置，大力提高主营业务的核心竞争力。

要不断加快难采储量开发、供发电和外闯市场等业务板块的发展步伐，努力打造油田经济发展的新支撑。难动用储量开发要紧紧抓住政策、市场机遇，充分发挥体制、机制优势，采取有力措施，扩张产量和规模。发供电系统要不断增强对油田生产的保障力和市场竞争力；胜利电厂要按照一期创优、二期一流、三期加快节奏的思路和要求，加快电厂三期2台60万千瓦机组建设的相关工作力度，进一步扩大热电联供能力，扩大规模和市场占有领域，实现经济效益、安置效益和社会效益的有机统一。外部市场是近几年发展最快和最具活力的经济增长点，要着眼于大项目带动大发展，大发展促成大项目，进一步优化市场选择。国内市场要稳定东部、扩大西部，大力拓展环渤海海上油气田市场，强化国内反承包市场。国际市场要精心运作现有项目，全力争取中石化海外工程项目操作权。物探、钻测录井、作业、油建等主营业务要坚持眼睛向外，一定不要满足于油田内部市场的暂时饱满，而放弃更大的外部市场空间。要强化质量、效益和品牌意识，进一步建立和完善创收目标、资金回收和约束激励机制，加强对外部市场的宏观调控和区域协调、信息共享、人才培训、实施决策等方面的服务，促进油田外部市场由“广种薄收”向“质量效益型”转变。要加强管理，形成合力，不断增强竞争实力和创效能力，在扩大规模、提高质量的基础上，努力实现外部市场创收的新增长。

要加大亏损单位尤其是大额亏损单位的扭亏力度。紧紧围绕扭亏增盈目标，不断加大增收挖潜力度，积极培育新的经济增长点，努力促进存续部分实现扭亏的历史性突破。集团公司明确要求，2006年胜利石油管理局要扭亏为盈，这就迫使我们必须痛下决心，对亏损单位尤其是大额亏损单位亮“黄牌”，甚至“红牌”。亏损单位尤其是大额亏损单位，要把解放思想放在首位，转变经营理念，创新经营管理方式，明晰成本构成，突出重点，选准扭亏突破口，该扶持的扶持，该放弃的放弃，切忌平均用力。暂时做不到止亏的，也必须大幅度减亏，尽最大努力早日扭亏为盈。特别是那些经营不善、管理混乱、连年亏损的单位，要明确减亏指标，落实减亏责任，细化减亏手段，实行限期减亏。对到期完不成减亏指标的单位，要按照“问责制”的要求，必要时通过组织手段严肃处理相关责任人。

三、着力依靠自主创新，积极转变增长方式，全面提高油田经营管理的质量和效益

(一)不断提高自主创新水平，为油田发展提供强力支撑

要加强基础研究和理论创新，持续深化对胜利老区的认识，尽快形成主力油田开发接替技术，加大西部新区研究力度，搞好深浅海、难动用稠油油藏、中深层天然气勘探开发技术储备，不断提高原始创新能力。要加强协同，联合攻关，配套联动，紧紧围绕提高储量动用程度、提高采收率和提高市场竞争力，继续加强老区稳产、国内外新区勘探开发等配套工艺技术的攻关，大力推广应用优质快速钻井技术，加大膨胀管技术、随钻测井、随钻地震技术、连续管钻井技术的跟踪和攻关，不断提高集成创新能力。要突出针对性和适用性，高度重视先进设备和关键技术的引进消化吸收再创新，对一些急需且见效快的先进技术和设备，只要有利于提高效率和效益，有利于增强竞争力的，就要下决心引进，并在更高的起点上再创新。要加强人才队伍建设，结合三支队伍建设，通过多种渠道，着力培养具有扎实专业理论、善于解决实际技术难题的创新人才队伍。要着力加强重大课题的研发管理，引入完善首席专家和项目负责人制，培养一批各专业的科技带头人。要建立和完善以成果转化为导向的评价机制和人才使用机制，畅通人才培养和使用渠道，为油田的持续有效发展提供人才支撑。要进一步加快“数字油田”建设，今年要重点在完善数据源体系、建立经营数据数学模型、加强地质综合研究集成、深化两级生产指挥系统建设和加强数字生活建设等五个方面取得进展和突破，用信息化提升工业化。

(二)坚持优良传统与现代化管理有机结合，依靠科学管理促进经济增长方式加快转变

要坚持“安全第一”的方针，继续搞好第81次岗位责任制大检查，不断提高个人防护意识，切实做到“自身无违章、身边无事故”；要坚持安全生产工作重心下移，深入开展创建安全生产班组活动，打牢安全生产根基。要善于把继承和发扬优良传统与现代管理有机结合起来，突出强化“三基工作”，把着力点放在抓基层、练内功、打基础上，在严、细、实、恒上下功夫，力戒形式主义，反对做表面文章。积极推进基层建设与安全生产的有机统一，基层规范化、标准化管理与继承发扬优良传统的有机统一，夯实油田安全生产和科学发展的基础。

要按照油田第二个“胜利文化建设三年规划”要求，进一步深化企业文化建设。要以基层文化为重点，以品牌建设为龙头，以“胜利品牌提升年”为载体，深化认知认同，狠抓实施执行，创造品牌体系，持续提升胜利文化建设整体水平。要重点抓好“百年创新、百年胜利”共同愿景目标的宣传教育，积极打造以“技术品牌”为核心的胜利品牌，进一步扩大油田的知名度和美誉度。要完善内控制度，强化内部管理，分公司要按照中石化内控制度的建设要求，系统修订完善内部规章制度，提高油田内部管理、监控水平。管理局各单位也要按照集团公司的要求，建立健全企业内控制度，深化财务、会计和审计监督，进一步规范合同管理，真正做到以法治企，从严治内。要加强预算管理和成本控制工作，推行部门业务核算制度，同时要充分利用经营活动分析模块，定期组织召开经营活动分析会，将降本压费的指标落到实处；要紧密联系生产实际，做好油气生产成本定额编制工作，客观反映产量、成本之间的突出问题，最大限度地解决困扰油田多年来投入不足的矛盾。要加大资金集中管理力度，实现油田资金统一调度，保障油田生产经营特别是外部市场和海外项目的正常运行。要积极做好油藏经营管理试点工作，以完善经营运行机制和资源整合为重点，做好单元划分、资源整合与规划，并加强相关工作系统研究与综合配套。

(三)从战略高度抓紧抓实节能降耗工作，努力建设资源节约型、环境友好型企业

坚持源头控制、全程监督，大力推广应用先进工艺技术，努力提高施工作业质量，最大限度减少无功低效作业、无功低效注水。着力提高机采、注水、集输、锅炉和加热炉等五大系统效率，依靠技术改造，合理匹配能力，淘汰落后装备，优化生产运行。加强机采系统提效配套技术系列在油田产能建设、结构升级中的推广应用，进一步降低机采系统的能源消耗；要着力推广高压变频调速和管网调整等节能新技术，努力提高全油田注水系统效率；要大力推广高效加热炉和先进输油技术，不断提高集输系统效率。

大力实施节电、节油、节气、节水、节地、节约原材料工作。强化节水管理，大力推广节水设备、设施和器具的应用，力争工业用水重复利用率要达到80%以上；建立合理的油田内部用水价格体系，切实提高职工生活用水效率，减少水资源浪费。加强现有电网的升级改造，将目前的输配电等级进一步优化，逐步与国内输供电结构接轨，降低输配电环节的消耗；进一步强化用电终端管理，淘汰落后设备，提高系统效率。严格土地保护制度，积极探索集约高效用地的新途径，挖潜盘活存量土地，严格控制增量建设用地，提高土地利用效率。严格建筑节能设计标准，改造建筑采暖供热系统，鼓励使用新型节能材料，努力提高新建建筑的节能标准。

加大燃料结构调整力度。以经济效益为中心，以减少环境污染、提高环境质量为前提，降低自用油消耗，“十一五”末，全油田要形成年替代自用油58万～62万吨的能力，其中管理局替代油33万吨，分公司替代油25万～30万吨。要加快电厂三期工程运作，扩大热电联供。基地中心以电厂三期为依托提高热电联供能力，扩大热电联供范围，最终规划供热面积将达到近2000万平米，范围基本覆盖东青高速公路以西、北二路以南的所有城市用户。外围区域本着集中化、规模化供热原则，实施供热锅炉改烧原煤改造。积极采用新工艺、新技术，改烧水煤浆，开发利用地热能、太阳能新能源替代原油。

高度重视环境保护工作。大力推行清洁生产和HSE管理，减少污染物排放，加强污染和隐患治理，积极开展"三废"综合利用，"三废"综合利用率达到80%以上。搞好污水回收、天然气回收利用、余热利用、固体排放物处置、污油回收利用。"十一五"期间，年均收集轻烃油10万吨，回收污水油和落地油15万吨，回收放空天然气4500万立方米。

四、以更大的决心和气力，进一步深化、完善油田内部改革

改革是发展的动力，只有通过改革才能解决阻碍发展体制机制障碍和相互交织的新老矛盾。经过近几年的不懈探索和实践，油田改革已进入攻坚阶段，涉及到产权调整、利益分配、人员的流动等等，难度越来越大，矛盾和问题也将暴露得越来越多。面对严峻的改革形势和任务，我们一定要解放思想，更新观念，用改革的思路思考和谋划改革问题。一定要坚持改革方向不动摇，坚持改革不后退，下定决心，坚定信心，义无反顾地把改革进行下去。同时，要保持清醒的头脑，对改革的艰巨性、复杂性有充分的认识和准备，站在事关油田发展和职工群众切身利益的高度，缜密思考，精心谋划，统筹协调，妥善实施，积极推进。

要继续加快实施改制分流。改制分流是国企改革的重要措施，也是国家政策和集团公司的要求，必须毫不动摇地推进。按照集团公司要求，油田今年分流全民职工4000人、集体工等其他员工5500人。今年油田改制分流的重点：一是多种经营集体企业，特别是上市托管的集体企业和工程技术服务板块二级单位兴办的集体企业，要积极创造条件尽快实施改制分流；二是局属实体，大部分具备条件的要完成改制分流；三是具备属于国有资产退出业务领域条件的二、三级单位。要继续坚持"一手抓改制，一手抓扶持"的方针，既要积极稳妥地推进改制分流，做到"成熟一个，改制一个"，坚决避免"夹生饭"；又要严格实行部门与改制分流单位对口负责制，认真履行承诺，加强跟踪指导，切实帮助改制企业走稳走好。

要继续进行结构调整和内部重组。针对一年来作业系统暴露出来的矛盾和问题，要进行第二次内部改革，着力加强对现有车辆、修保、人力资源的优化整合，努力提高作业系统竞争实力和创效水平。按照物资供应系统"三步走"改革思路，今年要实施以区域配送为主的第二步改革，通过建立完善配送网络体系，进一步加大物资配送工作力度，缩短供货周期，提高物资配送效率，尽快实施大部分物资品种的配送。难动用储量板块要通过重组、调整产权关系等措施，构建管理局控股的"油公司"体制，促使其发展壮大，在管理局经济发展中发挥更大的支撑作用。海外市场要坚持"统一管理，集中决策，分级运作"的原则，加强规范管理，打造整体合力，进一步提高海外市场竞争能力和创效能力。

要积极稳妥地推进社区改革。社区改革事关油田大局，牵一发而动全身，是油田改革难点、重点所在。要在全面分析、摸清底数的基础上，明确业务归属，分清哪些业务属于政府职能，哪些属于社会服务职能，哪些属于经营职能，继而明晰各职能板块的用工、资产和费用情况，为下步改革作好准备。要实行"暗补变明补"，建立和完善服务收费机制，制定和完善社区服务收费管理办法，积极稳妥地推行社区服务收费工作。要按照企业化经营、社会化服务、市场化运作的原则，逐步实施社区内部整合，为实施专业化管理做好准备，今年初步考虑在热力系统进行改革试点。要充分考虑油田改革给社区带来的人员安置和资金压力，加强对社区进行政策等各方面的扶持力度，尽可能为社区改革创造良好环境和条件。

要进一步创新经营机制。按照“储量、产量、投资、成本、效益”五统一的原则，创新管理经营机制，建立适应经营管理方式转变的新的经营承包模式、指标体系及考核办法，实现产量与成本构成的有机结合和效益的最大化。进一步调整完善考核办法，加大对经营管理者的考核力度。

五、关心职工生活，注意工作方法进一步加强和促进和谐油田建设

(一)深入开展“思想作风建设深化年”活动，大力营造党群、干群和谐友爱的良好氛围

党员干部的作风问题，对企业稳定工作有着重要的影响。油田各级领导干部一定要严格要求自己，谦虚谨慎，艰苦奋斗，廉洁从业，牢固树立党员干部的良好形象，在各个方面起到表率作用，切实维护油田大局稳定。为了达到此目的，今年要在党员干部队伍中，深入扎实地开展“思想作风建设深化年”活动。要求我们油田的每一名党员干部在新的一年里，要坚持群众路线，相信群众，依靠群众，从群众中来，到群众中去；要牢固树立群众观点，一切为了群众，一切依靠群众，全心全意为职工群众办实事；要学会做群众工作，通过宣传、教育、组织，团结带领群众，把广大职工群众的积极性充分调动起来，并合理发挥出来，投身到生机勃勃的改革发展伟大实践中来。要注意维护群众利益，无论干什么事情，都要坚持把绝大多数职工群众的根本利益放在第一位，保护好、维护好、发挥好广大职工群众的积极性。

(二)始终不渝地坚持为职工群众办实事，不断改善职工群众生活环境和质量

油田历来十分关心关注职工群众利益，在力所能及和政策许可的情况下，认真解决职工群众最关心、最直接、最现实的利益问题，坚持为职工群众办实事。在做好往年办的实事扫尾工作的同时，今年要继续为职工群众办好5件实事。①要高度重视和认真负责地做好再就业工作，进一步完善再就业服务体系，加强再就业需求引导，强化市场化就业培训机制建设，拓宽再就业渠道，全年要在油田内外为下岗失业人员和待业子女提供就业和再就业岗位8000个以上。②要切实做好困难群体的帮扶救助工作。进一步加强社会保险、企业帮扶、职工捐助和慈善事业相衔接的帮扶体系建设，逐步实现“困有所帮、难有所助、贫有所济、病有所医”。③继续深入开展平安油田建设，加强社会治安综合治理，加强居民小区治安工作，加强“五位一体”防控体系建设，最大限度地减少和杜绝各类违法犯罪案件发生，保障职工群众生产生活环境安全。④加强城区和居民小区城镇规划及城市绿化，加大对居民小区周边厂区的污染治理，妥善处理好职工住房离油水井和高压管线太近的问题，提高居住环境质量。⑤加大油田水网和净化站系统改造，提高饮用水标准，进一步改善和提高居民饮水质量；加快天然气管网改造，逐步将使用液化气的用户改用天然气。

(三)高度重视稳定工作，把和谐油田建设真正落到实处

当前胜利油田正处在一个“加快发展机遇期和各种矛盾凸显期”相互交织的历史新时期，因此，必须高度重视和努力做好稳定工作。要进一步增强政治敏感性，深入分析和把握稳定工作面临的新形势、新特点，采取强有力的综合措施，确保油田大局保持基本稳定。要进一步完善新形势下的油田稳定工作机制，在全油田形成一个局党委统揽全局，各二级单位协同配合，党团员队伍帮扶结对，百户长为工作骨干的稳定工作格局。要综合运用政治、经济、政策、法律、行政等措施和手段，努力构建稳定工作长效机制，全面落实工作责任制，进一步提高化解矛盾的能力和处理突发事件的能力。要畅通接访渠道，提高接访水平，建立完善领导信访日制度，推行领导下访制度，及时有效地解决职工群众信访中的突出问题。要建立灵敏的信息沟通渠道和协同配合机制，深入分析排查各种不稳定因素，充分发挥各级党政工团和老同志的积极作用，努力把不稳定因素消化在基层，解决在萌芽状态。要建立各种应急预案，一旦发生紧急情况和聚集上访事件，各级领导要靠前指挥，不推不避，积极处理和化解矛盾。

(四)妥善处理各方面的关系，促进油田整体协调、和谐稳定发展

要妥善处理管理局和分公司的关系。根据上级的指示精神，中石化股份公司对油田上市部分的管理由原来的子公司管理变为分公司管理，同时成立胜利油田协调委员会。不管体制机制怎样变化，管理局与分公司是不可分割的整体，相互之间分工合作、互为支撑，同呼吸、共命运。任何时候，都要树立大局观念，坚持“一盘棋”思想，团结共进，协调发展。要妥善处理油地关系。进一步加强油田和地方的协调与联系，坚持互利双赢，共同发展，共同繁荣，同舟共济，齐心协力，互相支持，通力合作，实现油田与地方的和谐发展。

曹耀峰在油田信息暨档案工作会议上的讲话(摘要)

(2006年1月12日)

“十五”以来，胜利油田信息化建设全方位快速推进、蓬勃发展，实现了油田在信息化“十五”规划中提出的建设目标，信息技术在勘探、开发上的应用整体接近国际水平，在管理上的应用达到国内先进企业水平，油田信息化建设的框架已基本形成。五年来，按照油田统一部署，信息化建设取得了一系列重要成果，创造了五大“亮点”。

一是营造了良好的信息化建设环境和氛围。油田高度重视信息化建设，成立了信息化工作领导小组，各级领导思想认识不断提高，专业人员积极参与，建立了一套完整的管理制度，信息化建设组织保障体系、监督考核体系初步形成。二是信息技术全面融入到油田勘探开发、生产运行、经营管理、职工生活的全过程，成为提升油田管理、技术创新和科学决策的重要支撑。信息工作实现了“四个转变”，由技术支持向生产优化、管理优化转变，由传统部门管理向企业统一组织管理转变，由全面覆盖向协同运作转变，由专业级、部门级的纵向应用向企业级的横向集成转变。三是信息队伍初步建立。通过不断适应改革发展形势的要求，信息工作的管理队伍、建设队伍和应用队伍基本建立，形成一套适应油田生产经营管理需要的工作程序和管理模式。四是信息基础能力和信息服务水平进一步提高。通过加强网络、硬件、软件、标准、制度建设,保证了信息化建设的科学、规范,为信息工作的开展打下了坚实基础。五是档案工作形成了优化资源、规范运作、服务创效的档案管理模式,开始由传统管理型向现代管理型转变。

结合近几年信息化建设的实践与体会,对抓好今后的信息化建设,作三个方面的强调。

一、认真分析油田面临的形势,加强对信息化建设必要性和紧迫性的认识

回顾近五年的实践,应该说我们对信息化建设重要性和必要性的认识,已经从感性认知的低级阶段上升到了一个来自亲身实践的较为理性的高级阶段,已经和正在尝到只有信息化才能带来的一些甜头。同时,我们在很多方面与国际先进水平的差距还很明显。因此,我们对已经取得的成绩和进展要有清醒的认识,切不可盲目自满,更不能固步自封,而是要联系石油行业实际,联系内外部环境变化,有的放矢的推进油田信息化建设。

从石油行业发展情况看,随着全球进入高油价时期,各国围绕油气资源的争夺日趋激烈。随着石油市场的开放,我们要直接面对国际石油公司的竞争,谁的成本低,谁的管理水平高,谁就能在市场竞争中处于优势地位,这实质上就是信息技术的竞争,是信息应用水平的竞争。从国内发展的情况看,中国正在"以信息化带动工业化,以工业化促进信息化"道路上稳步前进,企业普遍将信息化建设定为提升核心竞争力、赢得新发展的重要战略。从中石化的要求来看,集团公司作出了以信息化提升石油石化传统产业的重大战略决策,提出在信息化的带动下提高管理和装备水平,健全和完善体制和机制,为发挥后发优势,实现跨越式发展创造有利条件。为适应中国石化改革发展的需要,集团公司正在编制"十一五"发展规划,其中信息化建设部分已经形成了初步框架,总的要求是要实现"五个适应":一是适应中国石化发展战略对信息化提出的更高层次的需要;二是适应中国石化走向国际化对信息化的需要;三是适应提高快速应对市场变化能力对信息化的需要;四是适应中国石化不断提高生产运营水平、降本增效对信息化的需要;五是适应深化体制机制改革对信息化的需要,到2010年上游企业建成"数字油田"基本框架及勘探开发辅助决策支持系统。这对我们的信息化建设提出了更高的要求。

近年来,油田勘探开发领域从胜利走向全国、走向海外,"油气当量重上3000万"的目标正在实现,在高油价的持续拉动下,油田经济总量的规模和效益大幅增长。但在高油价的光环下,潜伏的问题和矛盾也很多,勘探开发、经营管理难度加大,生产经营成本上升很快,职工对生活质量的要求不断提高。这些问题的解决都需要信息技术在发挥后发优势、提高核心技术水平等方面继续发挥重要的支撑作用,尤其是在规模储量发现、难动用储量开发、天然气勘探开发、海上及海外开发等方面要有新的技术突破。

总之,胜利油田正处在一个既有巨大发展潜力又有各种风险和挑战的关键时期,机遇和挑战同在,油田"十一五"的发展任务非常重。信息化建设作为胜利油田发展战略的重要组成部分,要适应油田发展战略对信息化更高层次的需要,进一步提升信息化应用水平,以此为带动,加速以信息化改造石油传统产业进程。

二、理清发展思路,明确今后一个时期信息化建设的任务

在全面分析当前形势的基础上,这次

会议提出了油田“十一五”信息化建设的总体目标，包括建成一个油田数据中心，形成以模型建设为核心的三大应用系统，构筑一个服务优质、健康向上、温馨和谐的社会化信息服务体系，使信息技术在企业层面的应用水平整体达到国际先进水平。要实现“十一五”奋斗目标，我们务必紧紧抓住机遇，抓住影响油田改革发展的关键环节、重点领域和主要矛盾，采取一系列有针对性的有效措施，从方方面面做好各项工作。

一是立足数字油田建设，为油田“立足老区、突破新区、难采增量、油气并重”提供相应的数据、模型和措施支持，为“油气当量重上三千万”成为高效的、科学的、可持续发展的“三千万”提供支撑；二是立足提升油田生产运行水平，实时监控、远程指挥、优化运行、节能降耗，为建设资源节约型、环境友好型企业提供支撑；三是立足经营管理与科研、生产系统融合，对生产经营进行全过程监控和诊断，提升油田运营水平，降本增效，为全面提高油田经营管理质量和效益提供支撑；四是立足数字生活建设，开展网上查询、网上咨询、网上娱乐、网上购物、网上教育，为油田职工创建安康、方便、温馨的生活环境，为建设和谐油田提供支撑。

三、强化保证措施，实现信息化建设的新跨越

2006年是承上启下、为“十一五”奠定基础的一年，因此，全面完成今年各项工作任务非常重要。在这里我再就今年的信息化建设，谈谈应特别注意把握好的几个问题。

首先，要进一步统一思想，切实加强领导。国内外成功的企业信息化经验表明，企业信息化不仅仅是信息技术的应用，更是一种意识、一种管理。近几年，随着信息技术的不断应用并见到初步效果，应该说我们油田对信息化的认知程度是在不断深化的。但与信息化应该发挥的作用相比，认识还需要进一步提高。推行信息化建设，尤其是像ERP这样涉及企业生产经营管理核心内容的大型信息系统的建设，有阻力是难以避免的。这种阻力主要来自认识不统一，观念陈旧、保守。这就要求我们不断地学习和提高认识，把提高和统一认识贯穿信息化建设的全过程。实践表明，只要认识提高了、统一了，特别是各级领导干部的思想认识提高了、统一了，信息化建设就能大踏步地推向前进。

其次，要不断创新，完善制度，保证信息化建设持续发展。信息化建设是不断适应油田不同发展阶段需求，不断求新、创新的过程，随着信息化建设的发展，传统管理制度已经不能适应油田发展的需要。要从业务内容、技术手段、工作方式、管理模式等方面加大研究力度，不断寻找信息化与油田生产经营管理的新的切入点、结合点，突出信息化对企业管理、运作的变革和创新，强化管理，强化应用。建立健全配套制度，在信息化规划、新技术掌握和运用、项目确定和管理、建设和运维、队伍组织等各方面做到严格管理、科学规范。另外，要确保信息化建设的投入。企业信息化是一个高投入、高回报的系统工程，油田要在总体规划的指导下，充分发挥油田和二级单位两个积极性，建立相应的信息化资金投入机制，保证油田信息化建设的持续发展和良性循环。

第三，要立足增效，确保信息技术与专业应用的结合。对信息化建设而言，需求是动力，应用出效益。油田的信息化建设，必须贴近管理和经营的实际需要，与提高管理水平、堵塞漏洞紧密结合，与提升技术水平、提高经济效益紧密结合，与更好把握市场信息和开拓市场紧密结合，扎扎实实地遵循着“建设一应用一提高一再应用一再提高”的过程，逐步发挥信息化的实效。在信息技术快速发展的今天，先进、成熟、适用技术越来越多，信息化建设在考虑系统先进性的同时，不能搞“形象工程”，要避免重建设、轻应用，重硬件、轻软件，重投入、轻维护，导致投资浪费的现象发生。

第四，不断加强信息化队伍建设，全面提高人员素质。信息化专业性强、技术含量高，其建设与应用离不开一大批专门人才。随着信息化建设工作重心的转移，我们的队伍构成、人员素质和国际先进企业，和“数字油田”的建设需求还不匹配。要适应改革发展形势的要求，通过“走出去”、“引进来”、强化培训等措施，进一步提高信息化队伍自身综合素质，提升管理能力和管理水平。要多创造条件，多想点办法，从事业、待遇、感情诸方面多做些工作，做到人尽其才，人尽其用，尽量减少优秀人才的流失。

王立新在胜利石油管理局　胜利油田分公司第五届职工代表大会第五次会议上的工作报告(摘要)

一、2006年油田工作回顾

2006年是实施“十一五”规划的开局之年，也是油田发展、改革、稳定全面协调前进的一年。油田广大干部职工紧紧围绕有效发展、深化改革、强化管理、和谐稳定，同心协力，勤奋工作，圆满完成了各项工作任务，主要生产经营指标再创历史新高，油田整体发展质量、综合经济实力和核心竞争能力得到进一步提升。分公司实现总收入835亿元，同比增加136亿元；实现企业增加值665亿元，同比增加69亿元；实现税费324亿元，同比增加91亿元。管理局实现总收入304亿元，同比增加35亿元；实现企业增加值100亿元，同比增加9.1亿元；实现税费35亿元，同比增加9亿元。

回顾2006年的工作，主要有以下特点：

(一)油气主业持续有效发展。勘探工作上，按照立足老区、加快新区、强化天然气勘探的方针，进一步解放思想，细化部署，取得了民丰地区盐下深层砂砾岩勘探、利津西坡沙四段深层滩坝砂勘探2个新突破；车镇北带、东营北带、博兴洼陷及周缘、牛庄东部斜坡带等7个地区的勘探取得新进展；垦东地区、埕岛地区、大王北油田、临南洼陷构造岩性油藏等8个区块的含油面积进一步扩大。新增储量规模有所扩大、经济可采储量比重有所提高，有7个区块的控制储量超过1000万吨，正理庄油田高89地区探明石油地质储量3689万吨。西部勘探取得重要成果，永3井喜获工业油流，永进油田亿吨级储量规模的轮廓更加清晰。油田资源序列逐步趋于合理。全年新增预测石油地质储量1.23亿吨，新增控制石油地质储量1.06亿吨，新增探明石油地质储量0.91亿吨，新增技术可采储量1783万吨，新发现了胜利油田第74个油田——新北油田，连续4年实现控制、预测储量过亿吨。

开发工作上，正确处理当前与长远、上产与稳产的关系，全面实施“断块、低渗透、海上三大调整，稠油、三采两大接替”开发部署，取得显著成效。坚持勘探开发一体化，在辛176、盐22、王58等地区取得新发现的同时，边勘探、边评价、边建产，建成产能53万吨，全年共新建产能281万吨。大力实施停产井、水井大修、水井专项、水质专项等“四大治理工程”，油田稳产基础得到巩固。全年生产原油2741.5万吨，超年计划2.4万吨；生产天然气8.1亿立方米。综合递减率5.98%，自然递减率14.75%，与去年基本持平；综合含水率90.03%，同比略有下降；连续10年实现储采平衡。

(二)管理局经济获得长足进展。积极实施产业结构调整升级，优化资源配置，在油气核心业务强劲拉动下，管理局生产经营取得可喜成绩。全年实现考核利润1000万元，实现了重组改制以来从吃补贴到扭亏为盈的历史性转变。钻井系统实现收入82亿元，同比增加近16亿元，其经营收入、交井数量、完钻进尺均创历史最好水平。作业系统科学合理组织施工，施工质量进一步提高，施工有效率同比增长2.5个百分点。地面工程建设进展顺利，供水、发供电运行平稳。社区管理水平和服务质量稳步提升，居民满意率进一步提高。外闯市场取得新进展，全年实现收入49.3亿元，占全局总收入的16.2%，同比增长24%；其中国外市场产值8亿元，同比增长10%。“四大创新创效工程”进展顺利。燃料结构调整二期工程取得阶段性成果，已建成2座燃煤锅炉房，替代4座燃油锅炉房、14台锅炉；电厂三期工程前期准备工作基本完成；网电钻机改造工作迈出实质性步伐；原油改质工程已全面启动。

(三)油田改革稳步推进。改制分流取得新进展。全年共有23家企业、142个企业法人实施改制，清理整顿对外投资和多种经营300家，完成了集团公司下达的任务指标。内部结构调整持续推进。以收购方式将管理局难动用储量板块整合到油田分公司，对作业二公司进行了内部结构二次整合试点，完成了胜南社区和纯梁社区的合并重组，停办了油田客运业务，撤销归并了石化产品销售中心，宾馆、招待所的清理工作正在按计划实施。职务消费和福利制度改革迈出实质性步伐。对处级以上干部公务用车进行收费，同时大力压减公务用车；科级以上干部家庭固定电话、移动电话和采暖费用全部个人承担；职工采暖费交纳比例由20%提高到50%；水电气暖价格完全与市场接轨。

(四)经营管理水平进一步提升。以细化成本预算，加强项目运行、过程管理和内部控制为重点，实现了由注重短期投入向注重中长期投入、由注重生产向产量与成本并重、由先干后算向先算后干的转变。全面实行预算管理，规范财务管理与经营活动，设立了ERP控制、内控审批、资金流、考核兑现等四道防线，保障了预算控制目标实现。落实月度经济活动分析会制度，发现和防范潜在经营风险的能力明显增强。加强成本管理，加大长效性投入，抑制短期行为，将成本管理的重心向生产过程控制转移，实现全过程成本控制。对作业、用电、新区产能建设、三次采油、天然气、燃料结构调整等实行项目管理，见到明显效果。管理局内控工作成功试运行，分公司在股份公司内控检查评比中获得上游板块第一名。强化安全管理，提高安全素质，促进安全生产，千人事故死亡率、千台车事故死亡率、环境污染治理率和“三废”综合利用率，均控制在规定指标以内。坚持勤俭办企业，大力压减管理性费用，大力实施节能降耗，粗放式管理方式得到明显转变。油区治安、劳资、审计、合同、设备、基建、土地、外事、定额、计划生育、卫生、培训、老年等各项管理工作都取得了新成绩。

(五)科技创新能力不断增强。全年组织实施各类科研项目430项；申请专利213项，获得授权169项，其中发明专利8项。“海底管道内爬行器及其检测技术”、“正压冲固平台技术”两项国家“863”课题通过专家组验收，达到了国际领先水平；“浅海海底管线电缆检测与维修装置”获得国家发明二等奖；成功完钻了国内第一口鱼骨状分支水平井海上埕北26B-平1井，日产油105吨，是周围直井的3.3倍。“胜利滩海地区油气富集规律及勘探目标研究”等38项成果获得省部级奖励。运用“济阳坳陷隐蔽油藏地质评价和勘探关键技术研究”成果，形成了储层高效识别勘探技术系列，累计探明隐蔽油藏储量1.36亿吨。全年依靠科技进步新增探明储量5049万吨，新增可采储量1512万吨，新增原油302万吨。信息技术应用不断深入，局厂两级生产指挥和生产预警系统逐步推开，ERP系统功能进一步提升。高度重视人才队伍建设，通过多种渠道，采取多种形式，培养和锻炼高层次技术、管理和操作技能人才，初步构建了人才资源体系，为油田发展提供了人才支撑。

(六)领导班子和干部队伍建设得到加强。深入开展“思想作风建设深化年”活动，组织开展“领导干部有正气才更有力量”大讨论，大力开展以“带头为民、增强群众观念，带头改革、真正走群众路线，带头奉献、增强群众感情，带头实干、提高群众工作本领，带头负责、增强执行力”为主要内容的“五个专题”教育和“负责任”教育，出台了思想作风建设“双十”制度、“有正气”标准和廉洁自律三项承诺制度、职务消费改革“十不准”等一系列制度，狠抓执行落实。深入进行反腐倡廉教育，积极开展学习遵守贯彻维护党章活动和“争做廉洁勤政的先进带头人，争创廉政建设信得过先进部门”活动。搭建“三联系”、“三同”等党员干部联系群众的平台，密切了党群、干群关系。通过这些活动和措施，各级领导班子和干部的精神状态进一步改善，责任感和使命感进一步增强，治企能力进一步提升，思想作风明显转变。

(七)企业文化建设、思想政治工作和稳定工作取得新进展。深入贯彻落实胜利文化建设第二个《三年规划》，积极开展“胜利品牌提升年”活动，形成了一批技术品牌和基层文化品牌，胜利品牌的影响力和竞争力进一步提高，胜利文化案例被选入中央党校《现代企业管理》教材。去年7月，国资委在油田召开了推进中央企业廉洁文化建设研讨暨观摩会议。组织开展了“咱们工人有技术才能更有力量”大讨论，运用技能大师到基层传经授艺、创建“青年科技示范园”等形式引领职工学技术、练本领，积极为油田发展作贡献。深入开展社会主义荣辱观教育和创建“亲情家庭、亲情楼栋、亲情小区”及“四进社区”等群众性活动，精神文明建设成效显著。按照“全方位覆盖、全过程管理、全员参与”的创建思路加强基层建设，目前油田已有227个中石化金银牌队和星级站所，占集团公司上游企业基层单位获奖总数的36.8%。坚持为职工群众办实事、办好事，上次职代会提出为职工群众办的实事基本得到落实。本着“群众能受益、企业能承受、政策能许可”的原则，建立了社会保险、企业帮扶、职工捐助和慈善事业相衔接的帮扶体系，全年减免特殊群体的水、电、气、物业、采暖费用1.9亿元，发放各类帮扶资金754万元，发放助学金54万元，累计有19464名协解人员实现了再就业。高度重视“平安油田”建设，与地方政府联手开展了油区秩序“百日整治”活动；社区多层次封闭管理防控体系基本形成，122个小区实现了零发案。2.9万套住房建设进入收尾阶段，完成小区回迁5个，正在实施回迁7个,新增绿化面积50.1公顷,职工群众居住环境得到改善。全面落实稳定工作责任制,逐步形成了全面覆盖、反应灵敏、信息畅通的稳定工作网络体系,及时妥善地处理各种矛盾和问题,保持了油田大局稳定。

回顾过去一年来的工作,我们的基本经验和体会是:必须始终不渝地坚持以科学发展观为指导,努力在转变发展理念、创新发展模式、提升发展质量上下功夫,通过推进油田全面、协调、可持续发展,引领和确保其他工作顺利开展;必须始终不渝地坚持深化油田改革不动摇,坚定改革信念,坚持改革方向,坚定不移地用改革精神和改革思路解决发展中的问题和矛盾;必须始终不渝地坚持把加强管理作为推进油田发展的主题,用管理促创新,用创新促管理,实施科学管理、精细管理,提升油田整体发展水平;必须始终不渝地做好群众工作,牢记群众观点,践行群众路线,维护群众利益,为职工群众服好务,营造和谐向上的良好氛围,创建和谐稳定的内外部环境,为油田改革发展奠定坚实基础;必须始终不渝地坚持“实事求是、把握重点、量力而行、循序渐进”的原则,整体谋划,渐次推进,确保油田各项工作扎实有效进行。

二、油田形势、发展愿景和目标

胜利油田经过40多年勘探开发建设,先后经历了艰苦创业、快速攀升、持续稳定、全面提升等四个阶段。现在我们已经站在一个新的历史起点上,进入了创新发展阶段。当前油田面临的形势可以用“两个前所未有”来概括。即:发展的基础前所未有,困难和挑战前所未有。其阶段性特征是:发展处于负重前行时期,改革处于攻坚啃硬时期,管理处于转轨变型时期,稳定处于复杂敏感时期。其发展态势是:机遇与挑战并存,希望与困难同在,动力和压力共生,总体上是,机遇大于挑战,希望大于困难,动力大于压力。

(一)发展处于负重前行时期。经过40多年勘探开发建设,我们已经打下了进一步发展的基础。特别是2003年初管理局党委全委(扩大)会议作出“油气当量重上3000万”的重大决策以来,经过4年不懈努力,油田资源基础日趋稳固,原油产量稳中有升,油气主业总体发展态势良好,已连续四年新增控制、预测储量超过1亿吨,每年动用储量8000万吨以上,原油产量在2650万吨以上稳步上升,管理局从当初吃补贴24.5亿元到实现利润1000万元。这是我们创新发展的优势所在、希望所在。同时我们还要看到今后创新发展所面临的压力和挑战。从油气主业看,油田已进入隐蔽油气藏、复杂断块油气藏、深层和潜山油气藏勘探阶段,新增探明储量品位下降,动用难度和风险进一步加大,勘探开发成本进一步增高。老油田进入高含水开发后期,持续稳产面临较大压力,采油厂产量逐年递减,三采、稠油、难动用产量占到总产量的三分之一,稳产难度大。从管理局经济构成上看,去年虽然首次实现盈利,但主要是靠难动用储量开发和高油价拉动的。随着难动用储量开发板块划归分公司,管理局发展又将面临新的更大挑战。特别是财务资产状况不佳,负债率居高不下,资金周转困难,主营业务盈利能力较弱,外闯市场效益差等问题,需要我们在今后发展中逐步加以解决。

(二)改革处于攻坚啃硬时期。自1998年石油石化大重组以来,我们按照“体制有序变动、机制加快转换、结构趋向合理、大局保持稳定”的指导方针,先后实施了一系列深化改革、结构调整的重大举措,产业结构、产权结构、组织结构、队伍结构得到优化,活力得到增强。但由于长期的计划经济体制影响，各种矛盾和体制机制性障碍大量存在，产业布局分散、核心竞争力不强、职工队伍总量过剩、办社会负担沉重等矛盾和问题仍没有从根本上得到解决。油田改革已从大的结构调整演变到内部优化整合，从宏观层面推进到岗位和个人微观层面，涉及到每个人的切身利益，对改革的操作性、政策性提出了更高要求。那些容易改、见效快的改革已经基本完成，剩下的都是些难啃的"硬骨头"，但又是油田发展中必须消除的瓶颈和障碍，油田改革已进入攻坚啃硬的"深水区"。

(三)管理处于转轨变型时期。长期以来，油田高度重视管理工作，管理水平始终处于同行业前列。特别是近几年来，油田坚持从自身发展和客观实际出发，严格按照建立现代企业制度的要求，适应市场经济特点，逐步实现了从经营粗放型向集约管理型的过渡转变；坚持摒弃与继承相结合、传统与现代相融合的原则，不断赋予管理工作新的内涵，科学管理、精细管理、高效管理逐步得到实施，油田经济运行质量和综合管理水平得到持续提高。但目前油田整体上仍处于由计划经济体制向市场经济体制转变的时期，双重体制、多种机制和管理模式并存。过去那些与市场经济不相适应的管理思想、管理理念、管理方式和手段需要更新；一些司空见惯、习以为常的"跑冒滴漏"、"低老坏"、铺张浪费等不良现象需要克服；制度落实上失之于宽、失之于软、控制不力、执行不力的现象需要改变。

(四)稳定处于复杂敏感时期。围绕和谐稳定，近几年油田上下做了大量艰苦细致的工作，取得了较好的效果。总体上看，油田形势还是比较稳定的。随着国家经济社会发展进入矛盾多发期，油田已进入改革发展的关键时期。企业结构深刻变动，体制机制深刻变革，思想观念深刻变化，利益格局深刻调整，价值取向趋于多元，不可避免地产生一些不和谐因素。历史遗留问题尚未彻底解决，新的矛盾又在产生，新老矛盾交织，进一步增大了解决的难度。当前和今后一个时期油田稳定工作主要面临两大难题。一是非在职人员多、管理难度大。目前，全油田共有各类非在职人员 14.5 万人，油田不但承担了大量经济负担，而且还要应对可能出现的各种矛盾和问题。二是职工群众日益增长的需求难以完全满足。职工群众反映最多的是住房、就业、收入差距等问题，这些问题有些是历史形成的，有些是政策原因出现的，解决难度很大，容易引发不稳定因素。

我们要辩证地、历史地、实事求是地看待上述形势。既要从胜利油田的角度去认识，又要站在深化国企改革的战略高度去分析；既要承认尊重历史，又要敢于直面现实；既不能置身事外，也不能无所适从；既要看到优势和成绩，更要看到问题和不足。要清醒地认识到，在这样一个时期和阶段，矛盾和困难肯定不少，而且是绕不过、躲不开、回避不了的，必须勇敢面对，积极采取措施解决。要尽可能把困难和问题想得全一点、多一点，甚至大一点、重一点；要深刻剖析问题，分清哪些是主要矛盾和次要矛盾，哪些是矛盾的主要方面和次要方面，弄清矛盾和问题的原因。在此基础上，有针对性地提出解决问题的措施和办法，并且尽可能把问题分析得透彻一些，复杂性考虑得周全一些，政策的连续性科学一些，确保实施过程中协调有序，做到信心坚定、步子稳妥，以高度的责任感、使命感和紧迫感把胜利油田发展改革大业推向前进。

去年下半年以来，在对胜利油田 40 多年勘探开发实践进行历史总结和理性思考，对油田未来发展趋势进行科学预测及判断，对国内外油田开发的历史与现实经验进行广泛借鉴的基础上，油田党委审时度势，与时俱进，十分慎重地提出了“百年创新，百年胜利”的愿景目标。这一愿景目标不是虚无缥缈和遥不可及的超现实主义，也不是一时的头脑发热、心血来潮，而是有科学依据和坚实基础的，是符合油田发展现状和未来发展趋势的，经过油田几代人的不懈努力，是完全可以实现的。

“百年创新，百年胜利”的基本内涵是：按照树立科学发展观和构建和谐社会两大战略思想，依靠体制、机制创新和科技、管理创新，坚定不移地走可持续发展之路，不断提高油田整体竞争力，创建以本土开发为基础，以国内新区为补充，以优势技术、一流人才、先进文化为支撑，具有强劲竞争力、生命力的百年油田，确保胜利油田基业常青。具体构想是：“分三个阶段，实现三个目标”。第一阶段，在“十一五”期间保持“油气硬稳定”，年产量保持在2700万吨左右；第二阶段，到2024年，胜利油田成立60周年的时候，实现“开发60年、探明60亿”，油气生产在较高水平上运行；第三阶段，到2064年，胜利油田成立100周年的时候，实现“持续百年创新、建设百年胜利”，继续保持全国大油田的地位，创造胜利百年辉煌。

“百年创新，百年胜利”愿景目标的提出，不仅对于团结队伍、聚合力量、振奋精神、鼓舞士气，具有十分重要的现实意义；而且对于在市场经济条件下二次创业，再创胜利大业、再展胜利雄风、再铸胜利辉煌，开创胜利油田更加美好的未来，具有十分重要的意义；同时对于保障国家能源安全和集团公司的持续有效发展，也具有十分重要的意义。

实现“百年创新，百年胜利”是一项伟大的系统工程，发展过程长、时间跨度大，需要几代人的不懈努力。要有计划、按步骤、分阶段、有重点地梯次推进。从2007年开始，首先要实现“十一五”期间的阶段性目标。概括地说就是：油气硬稳定，改革大突围，管理上水平，和谐向前进。“油气硬稳定”是创建“百年胜利”的重要基础，“改革大突围”是创建“百年胜利”的必由之路，“管理上水平”是创建“百年胜利”的不懈追求，“和谐向前进”是创建“百年胜利”的根本保障。

油气硬稳定。就是按照中石化集团公司“战略稳定、战略展开、战略研究”三个层次的部署和要求，立足济阳老区、深层和渤海湾，遵循和把握油田开发规律，实施“三大调整，两大接替”，增强老油田稳产基础，大力提升理论和技术自主创新能力，加快研究和形成开发接替技术，努力提高资源利用率、产能接替率和油气采收率，稳步推进油藏经营管理，实现油田持续有效发展，在“十一五”期间坚决实现“油气硬稳定”。年均生产原油保持在2700万吨左右，储采替代率大于或等于1，进而为实现“十二五”乃至“十三五”基本稳定和持续发展奠定坚实基础。

改革大突围。就是坚持国有企业战略性结构调整的大方向不动摇，按照集团公司确定的改革方向、目标和框架，敢于冲破各种僵化思想、狭隘意识和传统保守势力的束缚，敢于冲破各种阻碍生产力发展的体制性、机制性障碍，坚持有进有退、有保有压、有所为有所不为，做大做强核心业务，做精做强主营业务，全面退出非主营业务，努力朝着“一企一制”的目标推进。

管理上水平。就是立足油田改革发展实际，瞄准国际石油行业管理先进水平，按照符合市场经济规律、走新型工业化道路的要求，加大管理创新力度，转变经济增长方式，全面提升工作质量，推进油田管理从资源分散、重复低效的粗放型向优化配置、效率快捷的集约型转变，逐步建立决策科学、有效激励、刚性约束、灵活高效的内部管理流程和现代企业运行机制，有效调动职工的积极性、主动性和创造性，全面实现勤俭办企、科学治企、民主治企、依法治企。

和谐向前进。就是以科学发展观为统领，以构建和谐油田为目标，坚持以人为本，大力加强党的建设、群众工作建设、和谐文化建设，认真履行经济责任、政治责任和社会责任，组织动员各层面的力量，调动一切积极因素，妥善处理各种利益关系，努力化解不和谐因素，全力打造稳定和谐的内外部环境，为促进发展、深化改革提供基础保障。

三、2007年油田工作任务和部署

2007年是实现油田“十一五”阶段性目标任务的关键之年，搞好各项工作至关重要，一定要志在必得，务求必胜。2007年油田工作的指导思想是：以科学发展观和构建和谐社会两大战略思想为指针，认真贯彻落实集团公司工作会议精神，紧紧围绕“百年创新，百年胜利”宏伟愿景，以及“油气硬稳定、改革大突围、管理上水平、和谐向前进”阶段性目标和任务，创新发展，锐意改革，强化管理，构建和谐，努力实现油田又好又快发展，并为今后长远发展打下坚实基础。

2007年油田主要生产经营目标是：①新增探明石油地质储量9000万吨；生产原油2758万吨，天然气8.5亿立方米；新建原油产能397.6万吨，新建天然气产能1.05亿立方米。②油田分公司完全成本1030.89元/吨，实现利润382.8亿元(以进口原油FOB价格53美元/桶计)；管理局补贴控制在22.5亿元以内。

为实现上述目标，要重点做好以下工作。

(一)夯实资源基础，把握开发规律，推动油气主业持续有效发展。要牢固树立油气资源是油田生存之基、发展之本、效益之源的思想，立足老区、加快新区，强化深层、开拓发展，在寻找规模储量、提高储量可动用程度上下功夫。要立足济阳、滩海老区，加快埕岛桩海地区、垦东地区等8个区块的精细评价，努力完成新增探明储量任务。要加大济阳深层、海上辽东东等新区带、新领域、新层系的勘探力度，力争尽快形成现实的资源接替阵地。要坚持实施资源扩张战略，搞好战略储备，重点在国内做好河北承德——滦平盆地、冀蒙张北盆地、晋蒙大同——桑干河盆地等区域的矿权登记工作，为油田发展拓展空间。要加强天然气勘探，力争有新的更大的突破。

在油田开发工作上，要紧紧抓住高油价机遇，依靠政策支持和技术推动，精雕细刻，夯实基础，挖掘潜力，以稳促进。各采油厂要科学实施老区开发调整，夯实稳产基础，努力减缓陆上水驱油田、三次采油产量递减，促进稠油产量持续增长，推动海上产量跨越式发展，确保产量相对稳定，全年生产原油2391万吨。油公司板块要充分发挥体制机制优势，转变产量增长方式，确保新区投入规模，实现产量持续增长，全年产油218万吨。西部新区要加大工作力度，加快工作节奏，全年产油28万吨。要立足高效开发、可持续发展和良性循环，精心运筹，科学调度，均衡生产。努力控制老区产量递减，自然递减率要降低0.3个百分点；最大限度地提高新井贡献率，力争今年新井产量比去年增加10万吨以上，为老区调整赢得时间和空间；加大油井投转注力度，抓好以水井治理为中心的基础工作；向科学技术要产量、要效益，努力提高水平井生产能力，全年新增水平井200口以上，其中分公司150口左右，油公司板块50口左右；加强低能低效区块治理，全年治理60个以上。要坚持从油田实际出发，促进油田开发由生产管理型向经营管理型、效益管理型转变。精心搞好经济评估和科学论证，精心研究编制勘探开发方案，统筹好新区产能建设与老区调整治理的关系，统筹好稠油、海上等重点地区、重点项目与油田整体发展的关系，统筹好长效投入与近期生产的关系，优化工作量与价值量的匹配，努力实现储量、产量、投资、成本、效益“五统一”。

(二)坚持经济总量和发展质量有效统一，不断提升管理局经济的整体实力。钻井系统要进一步树立大局意识，抓好重点区块、重点项目施工，强化生产组织的统一协调，合理部署钻机，加快运行节奏，确保生产建设高效发展。作业系统要继续围绕试油测试、大修侧钻、压裂酸化、稠油注汽、海上生产等五大专业市场，发挥专业优势，与采油单位搞好措施工作量结构调整，搞好作业方案优化及生产过程衔接优化，努力提高作业成功率和生产时效，提高劳动生产率。物探、测井、录井等单位，要积极提高工程技术含量，强化现场管理，依靠技术进步提升整体实力。与此同时，还要进一步增强供水、发供电业务在油田勘探开发建设中的基础保障作用，进一步提升社区等服务系统的服务质量和水平。

要集中资源，整合力量，不断提升油田外闯市场的质量和效益。努力加强外闯市场工作的研究和指导，争取有效益的市场份额，拿到有效益的工作量，彻底扭转目前这种单打独斗、只见工作量不见效益的局面。从今年起，外闯市场的二级单位要实施完全成本核算，在油田和二级单位两个层面建立季度盈亏分析制度。要加强外闯市场的集中统一管理和领导，加强外闯市场的集中统一监管和考核，充分发挥胜利油田物探、钻井、测井、录井、修井和油田地面建设等石油工程技术服务的综合实力和整体优势，紧紧把握石油工程市场将长期受油价拉动保持较为活跃局面的有利时机，集中力量，优化配置，提高效益。遵循市场规律，实施规范管理，力争早日建立起统一管理、集中决策的运作模式。在市场方向选择上，要突出重点，集中精力打歼灭战。国内重点发展新疆和“川气东送”油气勘探开发市场；国外重点发展沙特、埃及、土库曼斯坦和伊朗市场，力争尽快突破尼日利亚和墨西哥市场。通过不懈努力，力争今年外闯市场收入扭亏为盈，成为新的盈利支柱。

要努力在结构优化升级上下功夫，促进优势资源不断向优势产业和主营业务集中。今年要集中力量，着力搞好“四大创新创效工程”。加快实施燃料结构调整二期工程，取消油田基地外围区域燃油锅炉房。加快推进电厂三期工程，增加热电联供能力，提高经济效益。继续推进网电钻机改造，在去年改造的基础上，全面完成27台陆上钻机改造任务。加快实施原油改质工程，提高原油售价。

(三)整体筹划，分步实施，扎实推进油田深化改革调整。集团公司已经给我们确定了做大做强油气核心业务，做精做强石油工程技术服务业务，做专做强供水、发供电等公用工程业务，进一步深化社会化服务系统改革的基本方向、目标和总体框架。我们要坚持国有企业战略性调整大方向不动摇的原则，坚持改革整体性与阶段性协调的原则，坚持积极稳妥、稳定可控的原则，按照集团公司的部署和要求，认真抓落实。

一是要全面完成清理整顿任务。要在去年完成300家的基础上，力争全部完成剩余348家的清理整顿任务。对油田及二、三级单位兴办的55家驻外机构、宾馆、招待所，除按照集团公司要求保留9家外，其余的要分别采取划转移交、转让、改制分流、关停等方式全部退出。

二是要积极推进改制分流。要在条件许可的前提下，把那些属于改制分流范围又基本具备条件的单位和企业尽可能多地纳入今年的改制分流计划，抓住机遇，加快实施。今年计划实行改制分流的国有单位和企业8家，集体企业30家。要重点推动和完成总机械厂等4家整建制二级单位及石油工程、公用工程板块兴办集体企业和社区兴办的多种经营企业的改制分流工作。

三是要加快结构调整步伐。分公司要在推行项目运行的同时，总结油藏经营试点的经验教训，深化认识，提高水平，积极推动。石油工程技术服务板块，要在作业二公司试点基础上，全面启动作业系统内部整合，三级机关由40个压减到25个，后勤辅助单位的部分富余人员要调整充实到一线岗位。油建系统要根据业务变化，完成内部整合与调整工作。钻井系统要制定切实可行的改革调整方案，年内选择一个钻井公司完成试点工作。整合国际工程项目，组建国际石油工程公司。供水、发供电等公用工程板块，要优化供水资源配置，实施电网优化调整，推进热电队伍专业化、一体化管理。社会化服务板块，要在明晰职能、费用和经济关系的基础上，进一步调整小区布局，整合物业、热力公司，组建天然气管理中心，并进行物业公司整合试点和市场化运作试点；整合市政服务、医疗卫生、托幼、学历教育、职工培训、文化宣传资源，积极探索深化改革的途径和办法。

四是要积极推进配套改革。持续推进两级机关改革，理顺治安、消防、地震气象管理体制，促进油田机关管理职能与业务变化相适应和配套联动，精简人员，降低费用，提高效率，改善服务。深化劳动人事制度改革，严格定编定员，推行竞争上岗，显现富余人员，实行总量控制和动态管理，在去年竞聘上岗试点基础上，今年上半年再选择一部分单位试点，下半年全面推开；优化资源配置，严格控制新增用工，研究探索全油田范围内人员统筹配置的途径和办法；建立内部养人机制和劳动力调剂市场，研究制定待岗人员动态管理办法。继续深化分配制度改革，完善三支队伍岗位管理，加大向艰苦一线和专业技术拔尖人才的倾斜力度，提高工资收入中活的部分，增强薪酬激励约束功能；规范集体工、内聘工、企业员工等用工管理。持续推进物资供应管理体制改革，要在近两年“撤改”基础上，对二级单位的配送队伍进行区域整合，组建区域性配送公司，实现区域配送。理顺离退休、内退等人员管理体制，探索建立油田集中管理模式，首先在二级整合相关机构、人员，明晰费用，实现二级层面的集中管理。

(四)创新管理形式和内容，持续提升油田管理水平。要把安全、环保放在更加突出的重要位置。我们从事的是高危行业，在安全和环保上必须严字当头、严格管理。无论是对人的管理，还是对设备和生产的管理，都要按照本质安全的要求，严格落实规章制度，严格遵守操作程序，严格事故处理和责任追究。今年油田安全环保工作要以防范重特大生产安全事故和环境事件为重点，力争实现“六个杜绝”、“七个指标”。即：杜绝重大井喷失控和着火事故，杜绝重大油气着火爆炸事故，杜绝锅炉压力容器爆炸事故，杜绝一次事故死亡3人以上事故，杜绝危险化学品重大泄漏事故，杜绝重特大环境事件。千人事故死亡率不超过0.06，千人事故重伤率不超过0.15，千台车死亡率不超过2；外排工业废水达标率大于95%，油田采油废水回注率大于90%，危险废物无害化处置率为100%，油田钻井、井下作业废液无害化处置率为100%。围绕实现这些目标，要强化监督检查，落实风险管理，加强培训教育，强化安康文化建设，坚持清洁生产。要针对薄弱环节，努力强化井控观念，大力强化海上安保装置完善，确保万无一失。要明确责任，层层落实分解，哪个环节和方面出现问题和事故，就追究哪个人的责任和相关人员的连带责任，绝不姑息和迁就。

以成本控制为主线，全面加强经营管理。今年全油田的财务状况不容乐观。特别是管理局的财务状况，随着难采储量板块划归分公司和土地租金上交，造成盈利水平下降，将面临更大挑战。为此，必须在加强管理、内部挖潜、降本减费上做文章、下功夫。要大幅度压减管理费用，努力降低财务费用，通过结构调整降本增效、燃料结构调整降本增效、网电钻机改造降本增效、原油改质降本增效、落实勤俭办企业各项措施降本增效，采取综合配套措施增收节支，弥补预算缺口，努力实现管理局财务收支平衡。今年在成本管理上，要重点实施“三压五保一加强”措施。“三压”是：压缩管理费用，在去年基础上，今年再压减6000万元；压无功低效，压减无功低效作业、维护费用1亿元；压高能耗项目，节电1亿～1.5亿千瓦·时。“五保”是：保节能降耗项目，保安全隐患治理项目，保三防药剂项目，保正常生产维护项目，保长效投入；“一加强”就是加强人工成本管理。与此同时，要把油田的投资、资产、负债、盈利能力、经营状况等，该甩的都甩下去，通过指标分解，传递压力，激发活力，增强动力。特别是二级单位要细化对三级的考核，实现成本费用压力的有效传递；要落实月度经济活动分析制度，使成本控制更加具有针对性和有效性。要加强资金监管，加速资金周转，加快资金结算，加大资金回笼，降低财务费用，降低债务风险。要盯紧大笔流动资金，跟紧日常资金变动，保证资金急需，确保资金安全。

理顺经济关系，完善内部考核机制。要规范分公司与管理局之间的关联交易，加强施工监督、协调、生产运行和费用结算，提高劳动效率、生产时效和资金运作效率。完善管理局、分公司与二级单位，二级单位之间以及单位内部的成本核算、费用归集、结算方式、价格体系等，明晰各级各单位生产经营状况，实现各级各单位完全成本核算。要针对不同板块、不同单位的定位和改革发展思路，调整考核指标体系，落实降本增效措施，突出和强化“挣钱发工资、盈利有奖金”的经营理念，在划清经营性亏损与政策性亏损的基础上，采取不同的绩效考核和分配办法。要把新老井产量、节能降耗、作业费用、材料费用等与投资、成本指标结合起来，并与相关部门挂起钩来，形成职能部门与责任单位的联动考核。要进一步加大对各级经营者的考核力度，认真落实领导责任追究制，切实做到严考核、硬兑现。

坚持传统与现代、继承与创新相结合，提升油田管理水平。要继承和发扬“三老四严”、“四个一样”等优良传统和作风，继续开展基层创建和岗位责任制大检查活动，不断提高基层基础管理水平。全面推行项目管理，努力提高管理水平和运行效率。严格执行内控制度，规范经营行为，降低财务风险。继续加强信息化建设，充分发挥信息技术集成创新优势。大力加强ERP功能拓展建设，提高信息覆盖范围和服务层次。继续拓展勘探开发辅助决策系统功能，开展采油工艺决策支持系统建设，对专业技术服务领域的生产运行系统进行集成，逐步构建以勘探开发、生产运行、经营管理三大信息系统为主的“大ERP系统”，提高信息化应用水平。

(五)坚持科技兴油，推进科技创新，为

油田发展提供强力支撑。要从基础研究、先导试验、技术攻关、推广应用等方面入手，围绕油田扩大资源、保持稳产、推动持续发展确定科技创新方向和目标。要加强理论创新和基础研究，下大力气解决制约油气勘探开发的地质认识问题、技术瓶颈问题和工艺升级问题。要进一步深化隐蔽油气藏勘探理论、中深层天然气勘探理论和陆相断陷盆地油气成藏理论研究，用理论的突破引领勘探开发实践的突破。要大力发展先进的勘探开发技术，加大科技攻关和先导试验力度，集中力量，优势互补，联合攻关，进一步提高勘探开发能力，把资源优势转化为产能优势，把潜在的生产力转化为现实生产力。要加快成熟适用工艺技术的集成与推广，加强中高渗油藏水驱、埕岛油田高效开发等技术的集成配套，深化复杂结构井技术的攻关与配套，加快引进消化吸收空气钻井、深层钻井、垂直钻井等关键性技术，进一步提升油田主导技术水平。要充分发挥勘探开发一体化、钻井物探一体化及市场调节体制机制优势，增强科技创新的动力和活力，为"油气硬稳定"提供支撑。同时，要完善人才选拔、培养、使用、激励机制，建设经营管理、技术、技能操作三支人才队伍，为油田发展提供人才保证和智力支持。

（六）深入开展"思想作风建设提升年"活动，大力加强各级领导班子和领导干部队伍建设。要以"践行有正气，提升执行力"为主题，深入开展"思想作风建设提升年"活动，推动各级领导班子、领导干部和各级机关人员的思想作风建设再上新水平。总的要求是：政治坚定，提升执行力；制度规范，严格执行力；强化监督，考察执行力；群众公认，评价执行力。各级党组织要进一步增强政治敏锐性和政治鉴别力，严格执行集团公司党组和局党委的各项政策规定，做到有令必行，有禁必止。要严格落实"五项问责制"、党员领导干部思想作风建设和群众工作"双十"制度，探索有利于制度落实的有效运行机制和激励约束机制，维护制度的严肃性和权威性，真正实现用制度管人、用制度管事、用制度管权。要进一步转变管理观念，建立完善结构合理、配置科学、程序严密、制约有效的权力运行机制，明确权力界限，控制用权行为。要着力完善监督运行机制，做到能放权的不收权，能分权的不集权，能公开的不暗箱操作，能引入竞争机制的不垄断，能靠市场解决的不搞行政命令。高度重视企业内审内控队伍建设，有效整合党内监督、专业部门监督、群众监督、舆论监督各方面监督力量，形成监督合力。对发现的问题，必须敢于碰硬，采取硬性的措施和手段，对不听招呼、有令不行、有禁不止、为所欲为的组织和个人，要坚决严惩，绝不姑息。要进一步加强基层党组织建设，确保基层党组织坚强有力，发挥好基层党组织凝聚人心、推动发展、促进和谐的作用。

（七）坚持以人为本，大力加强思想政治工作和群众工作。要把党的十七大精神学习好、宣传好、贯彻好。下半年，党的十七大将要召开，油田上下都要以迎接十七大、宣传十七大、落实十七大为主题，掀起学习宣传和贯彻落实的热潮。要采取多种形式，集中力量加强宣传报道，使十七大精神家喻户晓、深入人心。要搞好形势任务教育，努力营造奋发进取、积极向上的氛围，把职工群众的思考点、关注点、着力点引导到热爱油田、心系发展，立足本职、干好工作，积极为油田发展作贡献上来；引导到拥护和支持油田改革，积极参与油田改革上来；引导到为油田改革发展稳定建言献策、贡献聪明才智上来；引导到服从大局、维护大局、顾全大局上来。要教育和引导职工群众正确理解国家、企业和个人利益的关系，理性对待油田改革发展中出现的问题与矛盾，尊重差异，包容多样，理智理性，保持健康心态。要大力加强基层建设，认真实施好第四个《三年规划》，切实做到全方位覆盖无缝隙、全过程管理无停顿、全员参与无例外，全面提高基层队伍的整体素质和管理水平。要尊重职工群众的首创精神，积极倡导、鼓励和支持职工群众中的革新、创造、发明，大力培育知识工人、首席技师、蓝领专家。要为职工创造公平竞争的机会，搭建展示才华、施展抱负、实现自我价值的平台，使广大职工的创造活动得到支持，创造才能得到发挥，创造成果得到肯定。要落实好职工群众的民主权利，坚持和完善职代会、厂务公开等民主管理制度，加大企业生产经营重大决策、工程招投标、设备采购和涉及职工切身利益事项的公开力度，保证职工群众对重大决策和事项的知情权、参与权、选择权、监督权。

要坚持从实际出发，力所能及地为职工群众办实事、办好事。①本着“政策支持，市场运作，群众受益”的原则，利用国家经济适用房政策，争取地方政府支持，开发建设经济适用房和限价商品房；完善二手房交易市场，规范二手房交易，调整住房公积金使用办法，提高职工购房支付能力。②合理调整小区布局，逐步实施外围小区回迁；积极筹措资金，维修改造部分老区，配套完善新建小区，提高小区整体品位。③积极配合地方政府，推动广利河改造，改善沿河环境。④在医院推行单病种限价治疗，降低油田职工看病和住院费用。⑤继续完善就业、再就业服务体系，加强下岗失业人员就业培训和再就业工作。⑥继续完善社会保险、企业帮扶、职工捐助和慈善事业相衔接的帮扶救助体系，对困难职工的基本生活、子女上学、看病就医等进行帮扶。

(八)建设“和谐文化”，妥善处理多方关系，营造和谐稳定的内外部环境。今年是油田“和谐文化建设年”。要按照建设社会主义核心价值体系的要求，培育干部群众共同遵从的价值观念和道德规范，使“八荣八耻”成为干部群众判断行为得失、确定价值取向、做出道德选择的准绳。要教育干部职工深刻认识和谐油田的建设目标和主要特征，引导大家用发展的思维认识事物，用改革的态度对待问题，用和谐的方式处理问题。要充分发挥和谐文化在油田建设中的整合、调节、融合、规范及趋同作用，把安全文化、社区文化、基层单位“家文化”作为和谐文化建设的重点，创造温馨和谐的人文环境，培育和谐向上的团队精神，努力营造构建和谐人人有责、和谐油田人人有为的局面，共同担负起创建和谐油田的责任。

要妥善处理上市与非上市的关系，构建油田分公司与管理局的和谐。进一步完善关联交易，健全市场定额体系，简化交易程序，提高运行效率，确保定额合理到位。石油工程技术业务要充分发挥自身优势，搞好科技攻关，为油田分公司提供优质技术服务。供水、发供电、社会化服务等业务，要挖潜增效，降本增效，为油田提供优质高效的服务和保障，为增储上产提供有力支持。油田分公司要充分发挥自身的经济优势和市场优势，与管理局共同承担油田改革发展的压力，共同履行应尽的责任义务。要妥善处理油地关系，构建油田与地方的和谐。认真践诺社会责任，以油田发展带动区域经济发展，以地方发展改善油田发展环境。要积极争取地方政府支持，加快油田职工住房建设和环境改造，加快国有资产退出业务和区域经济的融合，加强油田生产建设与地方城镇发展规划、土地利用总体规划的对接。综合运用政治上的对话沟通机制，经济上的互利双赢机制，行政上的联防联治及油地、工农共建机制和法律上的依法维权举措，妥善处理各类矛盾和纠纷，促进油地关系朝着和谐、融洽的方向发展。要妥善处理人与自然的关系，构建人与自然的和谐。认真做好黄河滩涂、自然保护区、海洋、沿海滩涂、东西城区等敏感区域的环境因素识别和风险评估，研究制定自然保护计划，把清洁生产、文明生产落到实处。建立科学、长效的自然保护机制，把对自然的影响减轻到最低限度，为创建百年胜利营造良好的自然环境。

要健全完善维护稳定工作的长效机制，为构建和谐油田提供有力保障。各级党组织要时刻把稳定工作放在心头、抓在手上，重点是要把稳定工作的基础工作抓扎实。要善于抓基层，打牢稳定工作的基础；要善于抓社区，努力加强社区阵地建设，深化主旋律教育，有效抑制消极因素的滋生和蔓延；要善于抓信息，形成上下贯通、反应灵敏的信息网络；要善于疏通、畅通信访绿色通道，畅通领导对话通道，畅通困难帮扶通道，为职工群众提供利益诉求、矛盾调处和权益保障的平台。要坚持解决思想问题与解决实际问题相结合，不断加强帮扶体系建设，在全油田努力形成帮困济贫、相互关爱、共建和谐家园的良好局面，努力形成是非分明、知荣知耻、珍惜和谐的良好氛围，努力形成万众一心、众志成城、共创辉煌的强大力量。

王立新在胜利油田庆“七一”表彰大会暨思想作风建设深化年活动经验交流会上的讲话(摘要)

(2006 年 6 月 23 日)

一、要紧密结合庆祝建党 85 周年，发挥油田党组织的政治优势，努力构建油田党建工作的新格局

今年是建党 85 周年，中央高度重视，专门下发通知，对庆祝和纪念活动提出明确要求。中国共产党不断发展壮大的光辉历程和领导革命、建设与改革的伟大实践表明，我们排除各种艰难困苦、取得一切胜利的重要法宝，就在于与时俱进发展党的先进性，始终保持了党的政治优势。同样，总结回顾油田 40 多年的发展历程和基本经验，最根本的也在于我们始终把重视和加强企业党建作为头等政治任务，坚持发挥政治核心作用不动摇。当前，在经济全球化和国内市场国际化、市场取向改革不断深化、石油石化行业重组调整不断深入的背景条件下，企业党建工作面临一系列新课题。站在巩固党的执政地位和阶级基础的政治高度，审视推进新形势下的油田党建工作，必须立足国企化、适应市场化、瞄准国际化，围绕“三化”定位，创新开展工作。

(一)立足“国企化”，建设把握方向、总揽全局的坚强政治核心。近几年，随着国有企业改革的不断深化，油田的内外部发展环境发生了深刻变化，但作为典型国有企业的性质没有变。典型的国有企业，就要始终坚持党对国有企业的政治领导，保持党组织的政治优势，发挥党委的政治核心作用，切实担负起“三大责任”，确保油田的改革发展始终沿着正确的方向推进。在指导思想上，必须贯彻和落实“四个坚定不移”。一是要坚定不移地贯彻落实党和国家的方针政策及集团公司党组的决策部署。我们想问题、作决策、办事情，都要与国家深化国有企业改革的政策相吻合，与集团公司党组的决策部署保持高度一致，这是国有企业党组织必须具备的政治立场。二是要坚定不移地围绕中心工作、服务中心工作。这是企业党委发挥政治核心作用的出发点和落脚点，党委的工作在任何时候、任何情况下都不能与企业的战略发展目标和生产经营工作脱节、游离。三是要坚定不移地继续深化推进油田改革。牢固树立社会主义改革和发展的基本观点，毫不动摇地坚持改革方向，坚定改革信心，不断增强支持改革、深化改革的自觉性和坚定性。四是要坚定不移地确保油田的长期和谐稳定。通过落实综合配套措施，有针对性地做好维护稳定工作，在处理各种复杂矛盾和现实问题中不断提高驾驭能力和领导水平。在开展党建工作的具体实践中，要做到“七个不动摇”，即坚持党组织是党的执政基础的认识不动摇；坚持党对国有企业的政治领导，充分发挥党组织的政治核心作用的原则不动摇；坚持党管干部、党管人才，始终把党员干部队伍的思想作风建设放在首位的原则不动摇；坚持夯实党的工作基础，“把支部建在连上”的原则不动摇；坚持着眼于党员干部队伍先进性建设，健全党员教育管理的长效机制不动摇；坚持用改革创新精神加强和改进党建工作的原则不动摇；坚持“围绕经济抓党建、抓好党建促经济”的原则不动摇。只有这样，才能保证党组织政治核心作用的充分发挥，才能确保各级班子始终成为油田广大干部职工的“主心骨”和“领头雁”。

(二)适应“市场化”，构筑根基稳固、永葆活力的坚强战斗堡垒。面对日益激烈的市场竞争，面对经济社会的“四个多样化”和人们思想观念的日趋多元化，党组织建设无论在思想、组织、能力、作风等各方面都面临新的挑战和考验，必须在积极应对这种挑战中寻求新的作为。在思想上，要致力于用主流意识统一党员干部队伍思想，永葆先进性。正确把握处理好社会意识多样化和指导思想一元化的关系，党员的主体意识和党组织的共同意志的关系，追求物质利益和发扬无私奉献精神的关系。在组织上，要紧跟市场和队伍变化探索创新党组织设置方式，在拓展领域、强化功能中扩大党建工作覆盖面。坚持“有利于加强改进党的建设、有利于凝聚队伍、有利于市场开拓”的原则，科学合理设置党组织工作机构，不断健全完善基层党组织，确保在开拓市场中党建工作纵向无“断档”，横向无“空白”。在能力上，要进一步强化学习培训和实践锻炼，着力提高开拓市场、驾驭市场的能力。在各类学习培训中，要增加最新的市场经济理论知识和市场开发、管理、营销等专业知识的比重，以适应市场化经营和参与市场竞争的实际需要。要通过落实干部岗位交流、干部挂职等各项措施，积极创造条件，让干部在市场前沿加强实践锻炼，促使干部在实践中感知市场、接触市场，提高驾驭市场的能力。在作风上，要大力倡导艰苦奋斗、艰苦创业精神。市场竞争是残酷的，开拓市场是艰难的，必须始终保持创业奉献的光荣传统，大力弘扬新时期胜利精神，打造一支特别能吃苦、特别能战斗、特别能攻坚的干部职工队伍，以过硬的作风赢得市场、站稳市场。

(三)瞄准“国际化”，锻造开放竞争、开拓创新的党员干部骨干队伍。石油资源作为一种战略资源，一直同政治密不可分，一直与国家安全、经济安全和国防外交紧密相连。一个时期以来，国际敌对势力在利用政治、外交、军事等手段遏制我国经济发展难以奏效的情况下，转而利用高油价、价格联盟等经济手段遏制和冲击我国经济的发展，这种日益复杂的国际形势，使我们实施“走出去”战略、开展国际化经营充满变数和风险。我们必须充分认识国际市场的新形势新特点，着眼于提高企业的核心竞争力，重视加强企业文化建设，注重发挥企业文化在国际市场中的交流融通作用。广大党员干部尤其要带头弘扬“胜利文化”，在开拓国际市场中不断丰富和发展“胜利文化”。树立全球化的经营理念，按照国际化经营的要求，深入学习、借鉴ISO9000、HSE等国际通行的管理标准，遵循国际市场通用规则，提高应对国际市场的综合素质能力。带头塑造和打响胜利品牌，依靠规范的管理、精湛的技术、优质的服务、过硬的作风，提高胜利品牌在国际市场上的知名度、美誉度和诚信度，在国际市场竞争中展现党员干部队伍与时俱进寻求新作为的整体形象。

二、要紧紧围绕油田改革发展稳定大局，落实重点工作目标要求，切实加强思想政治工作

当前，油田既面临着重要的发展机遇，又面临着严峻挑战，发展的任务更加繁重，改革的任务更加艰巨，稳定的形势更加复杂。各级党组织必须发挥思想政治工作传统优势，提升思想政治工作战斗力，统一思想，振奋精神，凝聚力量，为油田各项事业发展提供坚强保障。

(一)要以深化对改革发展稳定的认识为重点，突出加强形势任务教育。最近，《人民日报》、《求实》杂志、《光明日报》连续发表有关深化改革和改革发展稳定关系的文章，强调指出：改革开放是强国之路，是中国特色社会主义发展前进的成功之路，是决定当代中国命运的重大抉择；加快经济社会发展、解决前进中的矛盾和问题，根本出路在于深化改革；改革要取得成功，必须毫不动摇地坚持改革方向，提高改革决策的科学性，增强改革政策的协调性，把握发展的全面性，认识稳定的长期性。核心内涵可以概括为“四全”：改革是全世界的潮流，只有顺应潮流，没有退路；全新的改革，以全新的思维，全新的步骤继续推进改革；全面的改革，既包括经济体制改革，也包括社会、政治、文化一系列的改革；全人民的改革，改革成果要为人民群众共享，吸纳广大群众参与。应该说，这是继今年全国“两会”期间，胡锦涛总书记、温家宝总理公开表态坚持改革方向绝不动摇之后，中央对改革方向的再次集中阐述，对正确认识和处理改革发展稳定关系的深层理性思考。对此，各级党组织和广大党员干部一定要增强政治敏感性和政治辨别力，这不单是政治立场、政治观点、政治态度问题，而是重大现实问题面前的政治考验。要通过广泛深入的形势任务教育，进一步统一深化改革的认识。深化改革是不可动摇的大方向，改革中的问题只有通过改革来解决；不改革，就不能发展，就是死路一条。哪里有改革，哪里就有发展，哪里就有稳定和新气象。要发展就必须改革，要实现长治久安也必须改革。只有真改革才有真发展，只有真改革才有真稳定。今后，按照集团公司的统一部署，油田推进改革的力度、广度、深度都会进一步加大，各种深层次的矛盾和问题还会进一步暴露和显现，我们必须直面改革、正视困难，顶住压力、坚持方向、坚决推进，同时处理好改革发展稳定的关系，努力使各项改革处于可控状态，注重把握改革的时机、节奏和力度，努力做到在稳定中推进改革发展，通过改革发展促进稳定。要进一步坚定加快发展的信心。加快发展是解决油田一切问题的根本途径，要把“聚精会神搞建设，一心一意谋发展”的要求真正落实到油田各级各单位的规划部署、思路措施上，落实到广大干部职工的岗位工作、具体行动上。“重上三千万”是油田对集团公司作出的庄严承诺，是实现油田大发展、提高职工收益和生活水平的根基所在，各单位要动员广大干部职工切实增强责任感和紧迫感，知难而进、迎难而上、众志成城，确保“重上三千万”目标的实现。要进一步强化维护稳定的责任。稳定压倒一切，稳定事关改革发展全局。各级党组织要深入总结油田多年来做稳定工作的经验，深入分析把握稳定工作的新形势、新规律、新特点，完善责任体系，落实责任目标，细化责任措施，加强责任考核，全力维护油田大局稳定。

(二)要以落实81次岗检和基层建设目标要求为重点，进一步夯实油田发展的基础。要结合这次岗位责任制大检查，把安全环保工作放到更加突出的位置抓紧抓好。“安全为天”，我们讲坚持“以人为本”首先要“以人的生命为本”，强调科学发展首先要“安全发展”。要切实强化安全理念教育，增强职工安全意识，认真落实安全责任制，深入查找安全隐患，采取综合配套措施，坚决做到“思想认识上警钟长鸣、制度保证上严密细致、技术支撑上坚强有力、监督检查上严格细致、事故处理上严肃认真”。要更加重视环保工作，按照建设资源节约型、环境友好型社会的要求，把环保工作放到与安全工作等量齐观的位置来对待，从提升管理水平、提高经济效益、履行社会责任、构建和谐油田的现实需要出发，从加强研究、搞好技改、健全制度、保证投入等各方面保障措施入手，努力提高环保工作水平，把环保观念、环保要求渗透和落实到生产经营的每一个环节。要以实现“全方位覆盖、全过程管理、全员参与”为重点，推动油田基层建设再上新台阶。前不久召开的油田基层建设总结表彰暨现场经验交流会，提出了今后一个时期油田基层建设的总体思路。各单位要按照会议提出的“五个全面推进”的要求，继续把基层建设工作向纵深推进。要结合存在的问题抓创建，重点解决好少数单位领导对基层建设重视不够，基层创建发展不平衡，基层文化建设存在表面化现象，个别基层干部作风形象不好等问题。要坚持“以人为本”抓创建，更加注重提高职工队伍的综合素质，更加注重调动干部职工的积极性和创造性，更加注重每一个人的成长进步和全面发展。要突出工作实效抓创建，切忌搞形式主义和花架子。要切实做好非在职人员管理工作。建立非在职人员管理的长效机制，是当前摆在各级党组织面前的一个重大课题，非在职人员数量多、构成复杂、管理难度大，要充分发挥基层组织的优势，本着依法、有理、有情的原则，把这项工作做细、做扎实。

(三)要以深入学习贯彻党章和践行社会主义荣辱观为重点，提高党员干部和广大职工群众思想道德素质。党章是把握党的正确政治方向的根本准则，是坚持从严治党的根本依据，是党员加强党性修养的根本标准，是立党、治党、管党的根本大法。各级党组织要把学习贯彻党章作为当前加强党员干部队伍思想政治建设的重要任务，增强党章意识，强化纪律观念。严格政治纪律，维护党组织的政治权威；严格组织纪律，增强班子的团结统一；严格经济工作纪律，始终保持清正廉洁；严格群众工作纪律，树立党员干部良好形象。同时，广大党员干部特别是各级领导干部要带头践行社会主义荣辱观，把“八荣八耻”的要求融入到自己的世界观、人生观、价值观之中，融入到权力观、地位观、利益观之中，始终保持共产党员的蓬勃朝气、昂扬锐气和浩然正气。各级党组织要通过加强舆论引导、健全完善职业道德规范、落实公民道德公约以及各种群众性精神文明创建活动，大力营造践行社会主义荣辱观的良好氛围。当前，要把推进油田廉洁文化建设作为荣辱观教育的重要内容。廉洁文化是以廉政为思想内涵，以文化为表现形式的一种文化，是廉政建设与文化相结合的产物。廉洁文化具有先进性、传承性、群众性、广泛性、实践性、实效性等鲜明特征,各级党组织要大力加强廉洁文化建设,在深入人心上下功夫,在联系实际上下功夫,在弘扬正气上下功夫。通过各种有效措施,提升党员干部和广大职工群众的思想道德素质,在全油田培育形成与石油优良传统相承接、与新时期胜利精神相统一、与党章要求相符合、与社会主义荣辱观相一致的良好风气。

三、要致力推动思想作风建设深化年活动的深入开展,总结经验,查找不足,进一步加强和改进群众工作

对于思想作风建设深化年活动,李书记已经作了全面总结和部署安排,希望认真贯彻落实。总的要求:要进一步取得深化年活动的实践成果,通过强化责任、弘扬正气、密切干群关系、加强群众工作,把活动成效真正转化为油田加快发展、深化改革、保持稳定的推动力量;要进一步取得深化年活动的制度成果,坚持教育与制度并重、自律与管理相承、集中查纠与常抓严管相结合,形成推动油田思想作风建设和加强群众工作的长效机制;要进一步取得深化年活动的经验成果,把具体经验系统化、感性认识理性化、成功做法制度化,指导和推动思想作风建设的进一步深化。下面,围绕深化年活动的主题要求,就进一步加强群众工作,再强调几点。

(一)客观审视群众工作开展现状,进一步提高做好新形势下群众工作的责任感和紧迫感。加强和改进群众工作是今年局党委作出的一项重大决策,经过半年的运行,总的看各单位对这项工作高度重视,取得了较为明显的成效。但从调研中了解到,我们的工作中仍存在一些问题和差距。在思想层面,个别领导班子没有站在加强党对国有企业政治领导、发展党的先进性建设的高度,没有从维护油田改革发展稳定大局出发,认识新形势下加强群众工作的极端重要性和现实紧迫性,群众工作不力,队伍凝聚力不强;个别领导干部没有认识到群众工作的政治性、政策性、原则性,存在不愿做、不会做、不敢做群众工作的现象。在现实层面,少数单位开展群众工作要求和标准比较低,方式方法陈旧老套,对改革发展过程中的新情况、新问题、新矛盾,缺乏针对性研究和创新性措施。在体制机制层面,少数单位群众工作体制不健全,机制不到位,存在"说起来很重要,做起来没抓手"的问题,群众工作没有真正走上制度化、规范化、系统化轨道。所有这些问题,各单位务必要高度重视,采取有针对性的措施,切实加以解决。

(二)牢牢把握加强群众工作的正确导向,切实把工作重心放到教育、提高、依靠和服务职工群众上。面对当前企业历史积累问题较多、现实利益矛盾凸显、多种利益群体同时存在、职工失衡从众心理突出的客观现实问题,各级党组织要正确把握新形势下群众工作的新特点、新规律,坚持在"用大道理管住小道理"的前提下,运用多种形式,宣传教育群众,引导提高群众,真诚依靠群众,关心服务群众。要把职工群众的智慧和力量切实凝聚到推动油田发展上来。教育引导职工群众深刻理解,原油产量是油田的生存之基、效益之源、利益之根,加快发展是解决油田一切问题的根本途径。只有人人想发展、谋发展,人人立足岗位贡献力量,油田的发展才有最可靠的保障,职工群众的根本利益才能从根本上得到维护。要通过改革实践引导职工群众更新思想观念。目前,部分职工群众在改革上有着一些认识误区,甚至存在抵触情绪,归根到底还是思想观念的差距。解决思想观念问题,仅靠教育不够,必须通过坚定不移地深化改革,加以推动和促进。只有在改革实践的磨砺中,才能促使广大职工群众不断更新观念、提高觉悟、改善素质,自觉做支持改革、拥护改革的促进派。要全面提升职工队伍综合素质。通过深化“咱们工人有技术才更有力量”大讨论、拓展技能人才成长发展空间等措施，不断提高职工群众的职业技能，确保职工队伍在任何复杂形势和竞争环境下，靠得住、有本事、能打赢，这是对职工根本权益的最大维护，也是加强群众工作的根本要求。要继续深入落实依靠和维护方针。按照切合实际、形式活、效果好的要求，不断探索职工参与民主决策、民主管理、民主监督的各种途径和形式，保证职工群众在企业生产经营、深化改革、选人用人等重大决策中，享有充分的知情权、参与权、选择权、监督权，这是最有实效性和说服力的群众工作。要进一步细化落实干部结对帮扶和扶贫济困各项措施。现在，油田整体发展水平持续提升，职工群众收入不断提高，但是也确有一些群众生活相对困难。要不断加强社会保险、企业帮扶、职工捐助和慈善事业相衔接的帮扶体系建设，形成纵横交错、上下联动的困难群体帮扶网络，努力做到“真困难真帮助、特殊困难特殊帮助”，在全油田形成帮困济贫、相互关爱，共建温馨家园、保持和谐稳定的良好局面。

(三)积极探索符合时代要求的群众工作新途径，不断改进创新群众工作的方式方法。做好新形势下的群众工作，必须以与时俱进的精神，根据经济社会变革、油田内外部环境及职工群众状况的变化，深入探索实践群众工作的途径和方法，切实增强群众工作的针对性和实效性。要做到“五个结合”:一是要把解决思想问题和解决实际问题相结合。面对现实矛盾问题，不能笼统地说教，不能无原则地维护，不能简单地办事安抚，更不能不负责任地放任自流。必须把解决思想问题与解决实际问题结合起来，把教育引导与关心服务结合起来，在宣传政策、讲清道理的同时，高度重视并努力解决职工群众的实际困难，使二者相互配合、相互促进、相得益彰。二是要把坚持原则和带着感情做工作相结合。感情决定立场，立场决定态度，态度决定成效，不解决群众感情问题，就谈不上做好群众工作，但同时要把握好不能用感情代替政策，用感情代替原则，在任何时候任何情况下都要坚持在政策和法律范围内开展工作。带着感情是根本，坚持原则是前提，要把两者紧密结合起来，遇到问题把道理、政策、法律对职工群众讲清楚，做到动之以情、晓之以理、明之以法，真正让职工群众心悦诚服。三是要把发扬优良传统与不断开拓创新相结合。一些传统的被实践证明行之有效的群众工作方法，是我们做好新形势下群众工作的“根”和“源”，要继续继承和发扬，同时还要不断进行工作创新。现在，一些单位在群众工作中随大流、跟风走，工作一般化，解决问题缺少招数和办法，这种状况要尽快转变，要主动克服懒惰习气、保守思想和畏惧情绪，着力培养锻炼创新思维、创新精神、创新能力，在不断提高工作的首创性、独立性和前瞻性中推动群众工作深入开展。四是要把宣传发动与示范引导相结合。既要注重在面上营造氛围，全面推进，又要注重培养选树典型，发挥典型的导向、示范和带动作用。五是要把完善领导体制与健全工作机制相结合。要进一步健全完善党委领导、组织部门牵头抓总、各部门齐抓共管、广大职工群众广泛参与的群众工作领导体制。各级党委要把做好群众工作作为重要的政治责任，各部门应根据业务分工明确各自的责任，切实做到把群众工作与业务工作同步部署、同步落实、同步检查。同时，要进一步加强机制和制度建设。在制度建设中，要着力提高制度的科学性，做到于法周延、于事简便；着力加强制度的系统性，使各项制度彼此衔接、相互配套；着力维护制度的权威性，确保各项制度落到实处，充分发挥制度建设对群众工作的保证和促进作用，推动群众工作上台阶上水平。

刘中云在胜利油田技术创新大会上的工作报告(摘要)

(2006年4月14日)

一、“十五”科技工作回顾

“十五”以来,针对油田勘探开发资源接替不足、“三高”矛盾突出、稳产难度增大的严峻形势,油田上下牢固树立“科学技术是第一生产力”的思想,大力实施“科技兴油”战略,加大科技创新力度,勘探开发理论创新成效显著,关键技术取得重大突破,综合配套技术系列进一步发展完善,为推动油田的持续有效发展发挥了重要支撑作用。概括地讲,“十五”期间油田科技成就及工作主要表现在以下几个方面:

(一)基础研究成果突出,勘探开发理论创新取得重要进展

一是形成了陆相断陷盆地隐蔽油气藏勘探理论。针对济阳坳陷进入隐蔽油气藏勘探阶段的实际,对胜利老区陆相断陷盆地隐蔽油气藏形成机制及富集规律等重大理论问题进行了深化研究,形成了以“断—坡控砂”、“复式输导”、“相—势控藏”为核心的陆相断陷盆地隐蔽油气藏勘探理论体系,该理论是继我国陆相生油理论和复式油气聚集带理论之后又一个新的理论创新,对我国东部陆相断陷盆地的勘探具有重要的指导作用。整体达到国际领先水平,该成果获得国家科技进步一等奖。以此理论认识为指导,在陈家庄、王庄—宁海、太平、牛庄等油田共探明石油地质储量3.5亿吨。

二是形成了断陷盆地潜山多样性理论体系。提出了潜山的成因—结构分类方案,揭示了潜山类型的多样性、分带性及时空展布规律;提出了潜山内幕层状油气成藏理论新认识,建立了潜山多样性油气成藏模式。促进了潜山勘探由“单山评价”到“整带勘探”、由“表层找油”到“纵深勘探”、由“单源成藏”到“多源勘探”的跨越。以此为指导,在富台、渤深6、桩海等区取得了潜山油田勘探的重大发现,共探明石油地质储量1亿吨。

三是形成了陆相水驱油藏剩余油富集区理论体系。针对陆相水驱油藏高含水期剩余油整体分散、局部富集的特点,建立了“分割控油、弱驱富集”的剩余油富集理论体系,形成了“断层分割控油、夹层分割控油、优势通道控油”理论,整体达到国际领先水平。该理论体系对有效挖潜剩余油、提高水驱采收率有重要的指导作用。研究期间,该成果在胜利油区的190个开发单元推广应用,累计增油875万吨,增加可采储量4335万吨。

四是低渗透油藏开发基础理论研究取得新进展。为改善低渗透油田开发效果,开展了储层渗流机理及启动压力确定和极限井距确定等多方面研究,独创了“毛细管平衡法”与“压差—流量法”相结合的测定最小启动压力梯度方法,实现了对最小启动压力梯度、临界启动压力梯度的定量描述;首次将室内渗流机理研究成果应用到实际油藏工程设计中,为极限井距的确定奠定了理论基础,有效地指导了低渗透油田的开发。

五是“聚合物加合增效”理论研究取得创新。通过理论和实践研究表明，在聚合物(P)中加入一种或几种特定化学剂(N)，能够产生超加合作用，体系的阻力因子、界面活性大幅度提高，驱油效果远高于单一化学剂。在这一理论认识指导下，筛选多种耐温抗盐聚合物，研制了泡沫复合体系、有机交联体系、二元复合驱体系、预交联增效聚合物驱油体系、CDG等多种驱油体系，在驱油体系及驱油机理研究方面不断取得新进展，为化学驱的扩大应用和提高效率奠定了坚实的理论基础。

(二)技术创新成果显著，6项关键技术取得重大突破

一是地质导向钻井技术取得重大突破。研制了具有自主知识产权的MWD无线随钻测量仪和随钻伽玛、随钻电阻率地质参数测量仪，基本形成了地质导向测量仪器的核心理论和制造技术，构建了集地质、钻井设计施工于一体的三维可视化系统平台，研制了地质导向测量参数随钻解释软件系统，形成了地质导向钻井关键技术，为薄油层、厚油层顶部剩余油等复杂油气藏开发提供了技术保障。应用该技术，成功完成了29口薄油层水平井的工业性试验，使水平井开发的油藏厚度由4米降低到1米以下。

二是欠平衡压力钻井技术取得重大突破。研究成功国内第一个具有动态模拟功能的欠平衡压力钻井设计软件，形成了液相、充气欠平衡钻井技术，自主研制了国内第一台承受静压35兆帕、动压17.5兆帕的旋转防喷导流系统及整套欠平衡钻井装备，达到了国际先进水平。在国内首次利用欠平衡技术开发整体区块，发现了常规技术难以发现的地质储量，增加了衰竭油藏的油井产量，提高了难采储量动用程度。研究期间，共实施欠平衡井58口，累计增油35万吨，增加可采储量1578万吨。

三是Ⅱ类油藏化学驱技术取得重大突破。针对Ⅱ类油藏地层温度和地层水矿化度的特殊性，就适应Ⅱ类油藏聚合物产品及其评价方法的难题，开展化学驱技术攻关，取得重大突破。建立了适用于Ⅱ类油藏的聚合物产品性能评价和表征方法，制定了聚合物产品的技术质量指标；在胜一区开展了Ⅱ类油藏(温度75℃、矿化度12000毫克/升)注聚驱先导试验，目前先导区累计增油61.5万吨，吨聚增油87.9吨，已提高采收率5.65%，预计最终可提高采收率7%。在此基础上，又开展了扩大试验，见到良好效果，目前累计增油44.5万吨，吨聚增油31.3吨，提高采收率2.55%。

四是叠前成像处理技术取得重大突破。研制成功了国内第一套具有自主知识产权的地震叠前成像处理系统——“神通”地震叠前成像软件系统，形成了波动方程叠前深度偏移、积分法叠前深度偏移、波动方程速度分析、交互速度建模、叠前时间偏移等核心技术，总体达到国际先进水平。在国内首次应用波动方程深度偏移技术，完成了埕北30、渤深6等地区共400平方千米的三维地震资料处理，获得了与国外同类软件处理水平总体相当、局部更优的构造图像，为提高复杂地区油气勘探成功率提供了有力支撑。

五是精细地质建模技术取得重大突破。应用并创新发展了高分辨率层序地层学理论和流体流动单元研究方法，形成了一套精细油藏地质建模技术方法和流程。在胜一区注聚试验研究中应用，取得了良好应用效果。同时针对河流相储层，创新形成了“层次分析”与“模式拟合”相结合的储

层构型分析方法和建模技术，有力地指导了孤岛油田及相似油田的精细储层研究。精细地质建模技术上的突破，为油田开发后期提高采收率提供了可靠基础。

六是分层注水技术取得重大突破。形成了锚定补偿式分层注水、分层注水分层防砂一体化、薄夹层细分注水、滩海油田分层注水、缩颈井分层注水和测试调配等工艺技术，形成了注入水质改性工艺技术，从而在提高注水管柱寿命和细分注水技术方面取得重大突破。在胜坨、东辛、河口等注水区块集中实施，恢复水驱储量2982万吨，效果显著。

(三)技术集成硕果累累，发展形成了10项配套技术系列

一是形成了较为完善的复杂隐蔽油气藏勘探配套技术系列。在砂岩岩性油气藏勘探方面，形成了以河道砂体描述、砂砾岩体描述、浊积岩体描述、滩坝砂体描述等4项技术为核心的配套技术系列；在潜山油气藏综合勘探方面，形成了以叠前深度偏移技术、叠前时间偏移技术和海量并行连片处理解释技术等为核心的配套技术系列。以上技术整体达到国际领先水平，成为中国石化的核心技术之一。“十五”期间，油田以该技术系列为支撑，针对复杂隐蔽圈闭为主要勘探目标，累计钻探井593口，平均探井成功率达77%，探明和控制隐蔽油气藏石油地质储量7.2亿吨。

二是发展完善了高含水油田提高采收率综合配套技术系列。在高含水主力油田和复杂断块油田的剩余油分布、潜力评价与挖潜技术方面开展攻关研究，针对高含水主力油田，形成了一套具有中国陆相河流——三角洲沉积特色的油藏精细描述、剩余油分布监测和挖潜等工业化配套新技术，在胜利油田开展了六期精细油藏描述研究，覆盖储量20.37亿吨，累计增加可采储量6000万吨。针对胜利复杂断块油田，形成了低级序断层描述与组合、开发层系细分、复杂结构井挖潜和细分层注水等提高采收率配套工艺技术，应用59个区块，覆盖地质储量37994万吨，平均提高采收率3.7%，增加可采储量1403万吨。

三是发展完善了三次采油提高采收率配套技术系列。在系统优化Ⅰ类油藏三次采油配套技术的基础上，针对Ⅱ类油藏配套完善了聚合物驱油技术，并初步形成了针对Ⅲ类高温高盐油藏的耐温抗盐驱油体系、适应Ⅳ类大孔道油藏的强化泡沫驱油体系和适应Ⅰ、Ⅱ类聚合物驱后的二元复合驱油体系。在孤东七区西Ng54-61开展的二元复合驱先导试验，取得明显降水增油效果，试验区日产油水平由34吨上升到135吨，综合含水下降8.2%，累积增油3.4万吨，提高采收率1.23%。截至2005年底，共投入化学驱单元29个，动用地质储量3.12亿吨，2005年增油169万吨，“十五”期间累计增油750万吨。

四是初步形成了稠油、超稠油开采配套技术系列。集成配套了油层保护、高效化学剂解堵、高效降黏、大斜度深层稠油压裂、完井、防砂、防偏磨等工艺技术，超稠油油藏开采、深层稠油海油陆采、敏感性稠油油藏开采等技术取得突破，使黏度小于100000毫帕·秒的难动用稠油储量实现了工业化开采。在单6东、桩139、郑王庄应用，共动用难采稠油储量3011万吨，建产能81.7万吨。

五是形成了较为完善的滩海石油工程技术系列。形成了桶形基础平台负压沉贯、正压冲固平台、海洋平台结构实时监测与检测成像等技术，实现了8000吨以上大型平台陆地整体预制及海上整体安装；建造

了我国第一艘滩浅海油田铺管敷缆船和浅海破冰型三用工作船，建成了我国第一条滩海油田海底单壁输油管道；在注海水水质处理方面，形成了连续提升一电解杀菌一压力沉降一多介质精细过滤一超重力场脱氧一分层防砂注水等配套技术。同时，在油藏工程、井下安全、滩海道路等方面也形成了具有胜利滩海特点的系列技术。

六是发展完善了地球物理勘探配套技术系列。山地地震采集、高分辨率地震、高精度三维地震、连片处理解释、测井约束反演、地震属性储层预测等技术系列进一步完善。自主研发与引进技术配套的重磁电震联合反演技术，在国内首次实现了重磁电震联合反演，复杂地质目标勘探的手段更加完善。拥有发明专利的多级延迟震源技术，在官1井高精度三维地震采集中取得明显效果，为王古1古潜山油藏获得工业油流发挥了关键作用。

七是发展完善了采油工程技术系列。发展完善了分层注水工艺技术，分注工艺井层段合格率由48.5%提高到78.5%；发展了以区块深部堵水调剖为中心的控水稳油技术，年均增油20万吨；完善了单层、多层挤压砾石充填防砂工艺技术，实现了不同渗透率级差油层的有效防砂，平均防砂有效期由310天延长到720天；配套形成了系列化防偏磨技术，平均延长油井免修期3～6个月；完善了套损井治理配套工艺技术，共治理套损井1200口，恢复日产能2975吨，恢复日注水能力2.8万立方米；发展了低渗透砂岩薄层、双重介质储层压裂和大规模压裂等油层改造主导技术，使空气渗透率(1～10)× 10^{-3} 平方微米的特低渗透储量得到了进一步的探明和经济动用。

八是发展完善了油田地面工艺技术系列。完善并形成了老油田技术改造与节能降耗技术，三次采油地面配注及采出液处理技术，油田污水处理与回注技术，稠油、难动用区块开发地面关键技术，环境保护等特色技术和专有技术，达到国内领先水平。建成了孤四区提高系统效率示范区，对10余个区域油田的注、采、输系统实施了工艺改造，使胜利油田地面系统效率提高了0.5个百分点以上，年节能60万吨标煤。实现了注聚设备国产化和系列化，地面装备与能力不断提高。三次采油采出液处理方面，开发出不同类型的化学药剂，配套研究开发了用于含聚采出液处理的高频脉冲电脱水器、含聚稠油三相分离器等高效处理设备，并在现场进行了推广应用。油田污水处理与回注技术不断完善，污水水质达标率从40%提高到70%。

九是发展完善了测录井技术系列。测井方面，引进国外先进的成像测井系统，开发了具有国际先进水平的SL-6000高分辨率多任务测井系统，提高了数据采集的丰度和精度；形成了储层评价、固井质量评价、产能预测等技术，在单井精细解释、多井对比分析、剩余油饱和度等综合评价方面取得重要进展；开发了大孔径高孔密射孔技术系列，实现了由简单射孔到适应不同地层和井况进行优化射孔、效能射孔的转变。录井方面，研制开发了具有自主知识产权的SRP-2000型综合录井仪、气测录井仪、SLXL-2小型录井仪、快速色谱仪等仪器设备，整体技术指标达到或超过进口录井设备，形成了录井资料综合解释与评价技术，实现了录井资料采集、现场施工实时监控以及数据远程传输一体化。

十是发展完善了计算机应用与信息技术系列。地震处理计算系统升级改造，实现了微机集群系统在地震处理中规模应用，

整体运算速度由原来的340亿次/秒提高到5万亿次/秒以上,使叠前成像处理规模应用成为现实,连片资料处理规模能力达到5000平方千米;地震资料处理能力大幅度提高,三维地震资料年处理能力由“九五”末的3000平方千米提高到“十五”末的10000平方千米。勘探、开发等数据库建设取得新进展,自主研制开发的勘探开发源头采集系统,勘探、开发数据综合查询系统,以及勘探井位部署辅助系统在应用中见到效果。油田勘探开发研究等主体领域信息化应用接近国际先进水平,生产管理和经营的信息化应用达到国内同行业先进水平。

同时,油田机修、运输、多元经济、文教卫生等系统的科技进步工作得到进一步加强,也取得一批实用性较强的科技成果;油田科协、石油学会、SPE胜利分部等,密切联系广大科技人员,普及科普知识,组织学术交流,在油田科技创新中发挥了中间纽带作用,为油田科技进步作出了积极贡献。

(四)形成了与油田发展相适应的科技创新体系

——*科技资源更加优化*。为适应物探技术处理解释一体化趋势,将原计算中心与原物探公司研究所合并重组,成立了物探研究院,增强了油田地震处理解释和地球物理科技攻关能力。为强化基础研究,加强了实验室建设。2001年,油田确定了26个重点实验室,并配套了实验室管理制度和投入机制,油田科研环境得到进一步改善。地科院、采油院、钻井院、设计院、物探公司等单位根据自身实际,不断优化重组内部技术研发结构,改革内部用人及分配机制,增强了凝聚力,有效发挥了技术骨干的带头作用。各级各单位着眼油田生产建设需要,贴近生产、贴近实用、贴近成果转化,优化科研组织构架,突出科技攻关效能。经过多年的努力,进一步发展完善了以科学技术委员会为科技工作决策层、以地科院等研究院所为科技攻关主力层、以生产单位研究所为新技术推广应用层的胜利油田科技创新体系,有力地支撑了油田的科技进步。

——*科研管理制度进一步完善*。“十五”以来,坚持规范管理,创新跨越,进一步规范科研管理运行机制,突出了从科技立项、过程管理、经费控制、成果评定验收及授奖等各个环节管理制度的修订完善。试行科研项目招投标制度,完善项目长负责制,对部分项目实行了科研合同制及经费有偿使用等办法,提高了科研管理工作水平。进一步建立、完善和形成了科研项目管理办法等12项行之有效的科技管理制度,配套形成了科技项目立项等16项科技工作程序,保证了科研攻关的顺利实施。

——*产学研联合更加紧密*。针对油田勘探开发的难题,积极与国内外科研机构进行交流合作,集智攻关,提高油田综合研究能力和水平。“十五”以来,与中国石油大学建立了校企合作委员会,组建了“提高采收率研究中心”、“油藏综合地球物理研究中心”;与中国海洋大学建立了“微生物采油技术联合研究中心”;引进组织国内外专家成立产学研联合小组,针对油田确立的“油藏综合地球物理”项目进行攻关,加强技术合作与交流,取得明显进展。截至目前,油田分别与中科院、浙江大学、上海交大等50多所重点院校、科研机构建立了科技协作关系,建立了10多个联合实验室、研究中心、校董会和校企合作委员会,进一步扩展了油田科技创新的视野,增强了油田产学研能力。

——科技人才队伍不断壮大，素质进一步提高。科技人才队伍素质稳步提高，高层次专家队伍进一步壮大，科技人才结构趋向合理。目前油田有中国工程院院士1人、国家突出贡献专家6人、省部级专家36人、享受政府特贴专家128人。按照油田三支队伍建设需要，今年2月份，油田聘任资深首席高级专家1人、首席高级专家3人、高级专家30人，专业技术人员序列进一步完善。结合油田科研和生产实际，采取多种形式，选送优秀青年技术骨干带课题攻读硕士、博士，先后与20多所重点大学建立了高层次人才培养基地，共培养硕士研究生1000多人、博士近100人。自1998年设立博士后科研工作站以来，先后引进国内外博士后共120人，促进了油田的技术创新。

"十五"期间，油田共承担国家级课题20项、集团公司课题166项、实施油田课题1557项。共有1744项成果获得局级以上奖励，其中国家级8项、省部级133项、局级1603项。获得专利权463件，其中发明专利37件、实用新型专利426件。"十五"以来油田承担的高级别科研项目、获奖成果的数量、获奖级别均创历史新高。科技增油每年保持在300万吨左右，新增探明储量4000万吨以上，为油田的持续有效发展提供了强有力的科技支撑。

以上成绩的取得，得益于管理局党委、管理局和分公司的正确领导，得益于油田各级党政组织的大力支持，得益于广大科研工作者的不懈努力。在此，我代表管理局党委、管理局和分公司，向关心支持和参与科技工作的各级领导表示衷心感谢！向全油田广大科技工作者表示亲切问候和崇高敬意！

二、当前和今后一个时期科技工作的主要任务

今后一个时期油田科技工作的总体思路是：紧紧围绕胜利油田的整体发展目标，加强勘探开发基础理论研究与具有自主知识产权的核心技术攻关，加强多学科综合技术的配套集成，加快科技成果转化和产业化步伐，大力推进自主创新，努力实现油田主体技术的战略接替和跨越式发展，提高油田的科技创新能力与核心竞争力，为胜利油田实现又快又好发展提供强有力的科技支撑。

当前和今后一个时期，要重点抓好以下几个方面的工作：

(一)加强5项基础研究，提高勘探开发水平

一是陆相断陷盆地油气成藏定量评价研究。

二是陆相扭张断陷盆地形成机制及成油条件研究。

三是中高渗透砂岩高含水油藏优势流场及调剖基础研究。

四是低渗透油气藏渗流机理深化研究。

五是微生物驱油技术应用基础研究。

(二)开展10项重点技术攻关，发展完善勘探开发技术系列

一是深层油气勘探技术研究。

二是油藏综合地球物理技术研究。

三是地层油藏勘探技术研究。

四是复杂油气藏开发技术研究。

五是高温高盐三类油藏化学驱技术研究。

六是主力油田注水开发关键技术研究。

七是石油工程关键技术研究。

八是海上油田安全保障及高效开发技

术研究。

九是地面工程关键技术研究。

十是勘探开发辅助决策技术研究。

(三)攻关5项储备技术，为油田持续发展提供支撑

一是聚合物驱后提高采收率技术。

二是难动用稠油油藏开发技术。

三是深层天然气开发技术。

四是连续管钻井技术。

五是超万道地震技术。

(四)加强5项先导试验，为油田开发提供技术储备

一是胶态分散凝胶(CDG)驱油先导试验。

二是聚合物驱后二元复合驱提高采收率先导试验。

三是热采稠油油藏进一步提高采收率先导试验。

四是微生物驱油技术先导试验。

五是低渗透油藏注气开发先导试验。

三、加强科技工作的意见

(一)进一步认识形势、提高认识，把增强油田自主创新能力作为科技工作的重要方向

一是大力提高油田优势领域的原始创新能力。

二是大力提高重点领域的集成创新能力。

三是大力提高关键技术和装备的引进消化吸收再创新能力。

(二)进一步建立和完善与油田自主创新相适应的科技管理体系

一是继续完善油田科技创新体系，满足油田不断发展的需要。

二是加强重点实验室建设，努力构筑基础研究平台。

三是加强科技合作，提高创新能力。

四是加强知识产权管理。

(三)高度重视科技创新人才队伍建设

郭长玉在油田再就业工作会议上的讲话(摘要)

(2006年4月25日)

2005年，油田的再就业工作取得了重大进展，再就业率达到了92%，实现了再就业工作“三年规划”的预期目标，使有就业愿望和就业能力的协解人员基本上实现了再就业，为维护油田大局稳定作出了积极贡献。主要体现在三个方面：

*一是各级领导、各级组织对再就业工作重视程度进一步提高。*目前，再就业问题，已成为影响和制约油田当前改革、发展和稳定的大问题。要把这个问题处理好，在现有的政策、条件下，最根本的办法就是再就业。油田各级领导从实践“三个代表”重要思想的高度，从构建和谐油田、和谐社会的高度，充分认识再就业工作的重要性。去年，在不到2个月的时间内，油田先后两次召开再就业工作会议，安排部署再就业工作，并提出了让有就业愿望和就业能力的下岗失业人员全部实现再就业的目标要求。油田各单位讲政治、顾大局，切实把再就业工作当作“一把手”工程来对待，高度

重视并强化再就业工作。广大党员干部不讲条件、不讲客观,进家入户宣传政策、提供服务,为他们办实事、解难事,从而确保了再就业工作目标的实现,保持了油田大局的基本稳定。

二是再就业工作取得了突破性进展。油建、运输等生产经营相对困难的单位,由于资金紧张,用工岗位少,是油田再就业工作的重点和难点单位。为了确保油田再就业工作的整体推进,全面完成再就业工作目标任务,油田加大了对困难单位的帮扶力度,筹措资金,对16个费用紧张单位进行了扶持。同时,加强了二级单位之间的横向联合、岗位共享,胜东、胜中、河口等社区发扬团结协作、全局一盘棋的奉献精神,向辖区内主营单位提供了大量就业岗位。通过采取多种措施,去年生产经营困难单位的4128名失业人员实现了再就业,突破了再就业工作的难关,保证了全局再就业工作的均衡发展。

三是大张旗鼓地宣传再就业工作,舆论氛围进一步浓厚。以往再就业工作的宣传,仅限于失业人员中自主创业典型的宣传,对再就业工作的总体情况,特别是各单位内部就业所做的大量工作,油田上下采取多种形式,宣传报道了再就业工作情况。一段时间内油田电视台天天有再就业的声音,报纸上天天有再就业的消息。特别是通过对部分二级主要领导进行专访,报道再就业工作开展情况、结对帮扶情况、走访慰问情况等,营造了良好的舆论氛围,有力地推动了再就业工作地开展。

在看到取得成绩的同时,我们必须保持清醒的头脑,充分认识到再就业工作的长期性、艰巨性、复杂性。就再就业工作来讲,目前仍存在不少问题:照顾性安置成份多、内部岗位不足,部分人员保证不了每月120小时的工作时间,保证不了基本的工资收入;管理工作跟不上,出现了出工不出力,甚至替岗、卖岗、只领钱不上岗等情况;结对帮扶工作不够一贯,针对性不强,动态掌握不及时;支持自主创业方面的措施不具体,操作性不强等等。这些都需要我们进一步研究解决。

关于2006年的再就业工作,提四点要求:

第一,各级领导要继续高度重视再就业工作。再就业工作涉及到广大失业人员的切身利益,也与广大职工群众密切相关,是一项政策性很强、关系重大的系统工程,绝不是简单的安置上岗问题。油田的稳定与否,不仅是企业自身的事情,它关系到当地社会的稳定,更谈不上发展。随着改革的深入,社会的利益群体也在分化,改革初期各方面普遍受益的局面发生变化,一些长期积累的深层次矛盾和问题逐渐显现出来,所面临的情况可能更复杂,矛盾可能更尖锐,任务可能更艰巨。各级党政组织要一如既往地高度重视再就业工作,把做好再就业工作放到以人为本、科学发展观的高度来认识,放到创建和谐油田、和谐社会,共享改革成果的高度来认识。

第二,提高再就业质量,建立再就业稳定工作的长效机制。构建和谐社会,对劳资工作来说,就是构建和谐的劳资关系。那么作为再就业工作来说,就是提高再就业工作质量,巩固再就业的稳定性。目前,由于受政策、时间、条件等因素的限制,应急的、短期的措施和办法考虑比较多,长期的、稳定的治本之策比较少。当前,解决失业人员的稳定问题,真正能够起长期作用的就是再就业工作。有的单位之所以稳定,主要是做了一些实事，让失业人员有盼头。各个单位要不断创造条件，使内部再就业由照顾性安置发展到需求性使用，由内部安置转移到外部就业、自主创业上来。随着油田改革的深入，改制分流的逐步推进，油田再就业的压力将越来越大，现在可以照顾性安置，到时候照顾也照顾不过来了，人员大量扎堆，无事可干，无事就会生非。一定要认识到这个问题的严重性和紧迫性。从长远看，外部就业和自主创业是大方向，国务院2005年36号文件出台了一些新的扶持政策，现在是自主创业一个新的机遇期，我们应当高度重视，花心思、花气力、花本钱去研究，去推进。

第三，工作重心、工作重点要转移到加强管理、细化服务、掌握动态上来。从目前来看，油田内部大规模提供就业岗位、进行集中安置的再就业工作阶段性任务已经基本完成。这样大的一个群体，短期内如此大批量地集中安置，势必存在许多隐患，管理不好会引发诸多问题。现在有些已经出现，有些还是苗头，所以管理工作必须跟上，否则好事办不好。油田内部再就业的，要严格按照非全日制用工进行管理和使用，保证工作时间、工资标准、工伤保险落实到位，杜绝替岗、卖岗，特别是不上班就领工资的情况发生。外部就业和自主创业的，要加大力度进行扶持和巩固。结对帮扶工作要细化，要把重点放到帮助失业人员解决思想问题上来。要时刻关注失业人员的思想动态，发现问题及时研究解决，不要疏忽大意、积结矛盾和怨气，最后酿成不良后果。

第四，加强队伍建设，提升工作水平。新时期的再就业服务工作，对工作人员的素质和能力提出了新的更高的要求。首先，要带着感情，换位思考做工作。设身处地地为失业人员着想，实实在在地为失业人员解决困难，提供服务。其次，要提高服务本领。增强创新意识、创新能力，以创新求发展，以创新求得突破。同时要善于总结经验，寻找好的工作方式和方法。三要改进工作作风。要克服畏难情绪，深入到失业人员中去，与失业人员交朋友，倾听他们的心声和呼声，不要怕接触，不要回避矛盾。

◆概况
◆大事记
◆特载
◆
◆工作综述
◆二级单位
◆局属实体　控股公司　改制企业
◆先进集体　先进个人
◆人物
◆文件选辑及索引
◆资料数据

专　文

2006年春季油田领导调研活动综合报告

局政策研究室

一、各单位工作部署中呈现出的新特点

(一)以科学发展观为指导,实现近期目标和长远发展相结合,积极筹划油田实现又快又好发展

分公司各单位着眼对事业负责、对油田负责,准确定位,勇担责任,明确思路,既为油田决胜三千万作好充分的现实准备,也为油田实现又快又好发展作好长远谋划,以此支持油田总体目标的实现。各采油厂对油田下达的产量任务指标细化分解,逐一落实,确保全年任务的完成。滨南、河口、海洋等上产单位,突出一个"快"字,从年初开始 行动起来,加大老区稳产和新区勘探开发力度,双管齐下,上产会战和管理挖潜同步并行,力争尽可能早地踏上年计划水平,把握原油生产的主动权。孤岛、胜采、东辛、孤东等稳产单位,近年来面对储量局限、成本投入不足等压力,千方百计挖潜力,确保完成原油生产任务,并抓住产量结构调整的时机,着眼于更长期的稳产、增产,做好技术储备和资源储备,努力实现长期良性发展。胜利采油厂坚持"胜坨底下找胜坨",在禁区、盲区、高勘探程度区深挖细找。"十五"期间,发现千万吨级整装优质油藏坨142断块,探明地质储量1000多万吨,累计产油170多万吨,实现了油气当量连续五年保持在300万吨以上。今年他们提出,"十一五"期间打造精细勘探、油藏研究、井网优化、三次采油等八个精品工程,确保2006年生产原油289.5万吨,"十一五"期间年油气当量保持在280万吨。现河采油厂经过多年努力,较好地完成了原油产量"以稀补稠"的结构调整,2005年圆满完成各项生产经营任务。临盘采油厂在继"十五"五年大调整之后,又提出"十一五"期间实施"五年再调整"的思路,做好细化、深化文章,力争年产量继续稳定在160万吨。西部新区和海外勘探开发区块,发挥机制优势,按照既定工作部署,精心运筹,确保完成年度任务目标。科研单位以油田决胜三千万为己任,瞄准勘探开发难题,加强科研攻关,加快成果转化;同时把增强自主创新能力,增强核心竞争力,作为长远发展的立身之本,几大科研院所都结合自身实际提出了创建国内一流、国际知名院所的奋斗目标和相应措施。

管理局各单位坚持服务油田勘探开发需要和增强市场竞争能力并重,市场生存意识和市场生存能力显著增强。物化探、钻测录、作业等石油工程技术服务业务,受近年来"油气当量重上三千万"的拉动,迎来了工作量的高峰,经济总量等指标创历史最好水平。在这种情况下,始终保持清醒认识,坚持打造核心竞争力的目标不松懈,提升服务质量和水平的要求不降低,外闯市场的方向不改变、队伍不减少和市场份额不丢失。新成立的三个作业公司,积极实现由甲方向乙方的角色转换,由生产型单位向经营型企业的转变,运作一年来,没有因为隶属关系上的分开影响油田增储上产的大局,顶着定额不到位造成亏损的压力,服

从油田增储上产的根本利益，承担了繁重的工作量。同时，难采储量开发、发供电和外闯市场等板块，立足于谋划更大发展，继续担当拉动管理局减亏的重任。特别是难动用储量板块在去年快速发展的基础上，今年又提出经济总量和效益双跨越的思路。经营困难单位面对管理局整体扭亏压力，自觉奋进，想办法，定措施，增强能力，减少亏损。各社区在承担了油田改制分流等负担后，尽快理顺单位和人员的管理，努力提升社区服务质量，努力提升社区发展能力，强化经营，减少支出，增加收入，不断拓展市场空间，积极寻求发展出路。

(二)油田整体性改革有序推进，自主性改革积极活跃

各单位按照油田整体改革部署，积极推进各项改革。“双压三减”继续扩大改革成果，分配制度改革进展顺利，以技术技能专家队伍建设为重点的三支队伍建设实现突破，物资供应在新体制下运行良好，教育和公安系统移交基本到位，各单位对改制分流的认识进一步提高，改制的范围开始从效益较好的单位转向效益较差的单位，产权归属从以国有为主转向集体经济。同时，各单位着眼于增强活力，提高运行效率的内部改革也比较活跃，成为油田整体改革的有益补充和完善。胜利油建为增强市场开拓能力，在目标预测、职能运作、绩效评估、激励约束等四个方面建立相应体系，规范引导市场运行，今年将设立市场开发基金，重点对市场开发进行必要的基础性投入。供水公司创新经营管理模式，对供水的引蓄水、水处理、销售等主要环节实行内部模拟市场运作，完善内部市场指标体系，建立监督仲裁机制，使内部模拟市场运作显性化。

(三)节约能源、保护环境、重视安全生产已成为各单位的自觉行动

调研中感到，在工作部署中，各单位普遍重视节约、环保和安全生产，将其与履行经济责任、政治责任和社会责任联系起来，作为强化管理的重要内容和措施。在节约型企业建设方面，各单位不再停留在一般性号召上，而是作为一种贯彻工作始终的理念，审视工作流程，深挖细找各个环节和领域的潜力，并结合单位实际提出了节约油区、节约社区、节约单位、节约机关的思路和具体办法。在环保方面，面对国家政策变化带来的压力和负担，各单位能够主动适应，正确认识，将环保投入作为应承担的责任和义务，认真查找生产环节、生产领域存在的隐患和问题，既提出治理办法，又制定预防措施。大力实施清洁生产，积极建设绿色社区、绿色电厂、绿色油区。安全生产方面，经过前两年以安全为主题的岗位责任制大检查和安全问责制的实施，油田上下重视安全，关爱生命，关爱健康的意识更加浓厚，各单位由过去的“藏”隐患、掩盖隐患转到主动查找隐患、消除隐患上来。

(四)把握油田稳定工作规律，稳定工作格局基本形成

经过近几年稳定工作实践，特别是妥善处置“11 ·29”事件以来，油田各单位对稳定工作有了一些实质性认识，把握了一些基本规律，油田稳定工作的长效机制已初步形成。建立健全了自上而下的信息通道和工作体系，进一步丰富了经济、政治、行政、法律等多种工作手段，形成了困难帮扶—沟通化解—信息预警—紧急稳控的稳定工作程序。油田上下对稳定工作的长期性、艰巨性、复杂性有了正确认识，坚持日常管理与应急稳控并重，重视政策出台与推进策略，强调油田上下保持步调一致，不自行其是、自以为是。把做好稳定工作与各利益群体共享油田改革发展成果紧密联系起来，把为职工群众办实事、解难事、做好事，作为做好稳定工作的基础和根本措施。帮扶措施更具体，更具有操作性，胜利采油厂提出温暖工程、救助工程和再就业工程，为职工群众解决实际问题，进行困难帮助。沟通化解渠道多元化、广覆盖，大部分二级单位都设立了网上厂长(经理)、书记信箱和领导干部定期接访制度，及时听取意见和建议。地质录井提出“双进三联三帮”活动，要求广大党员干部进家庭、进基层，联系基层队、联系困难户、联系协解职工，帮助解决生活困难、帮助解决生产困难、帮助弱势群体达到最低生活保障线。

(五)以做好群众工作为核心内容的“思想作风建设深化年”活动得到认真贯彻落实

各单位把做好新形势下的群众工作作为驾驭全局、提升生产经营管理能力、转变干部思想作风的根本来抓，把处理好党群关系、干群关系作为群众工作的基点，把聚民智、聚民力、聚民心作为思想政治工作的根本目的。在群众工作的部署上，组织安排比较到位，针对油田各群体的具体情况推出许多新形式、新举措，特别是注重了群众工作中的全员、全方位互动。在党员干部中继续开展“负责任”和“党员干部有正气才能更有力量”大讨论活动，建立沟通渠道，打造对话平台，以挂职锻炼、三联系等有效形式，增进机关与基层、干部与群众、上级与下级以及与非在职群体的相互了解和理解。胜中社区在党员干部中开展了“三比三查”活动，比学习、比正气、比责任，查作风转变是否到位、查群众工作是否扎实、查制度建设是否完善。河口社区建立群众工作考评机制和群众工作监督机制，推行“下级评上级、群众评干部、基层评机关”，让职工群众参与对干部的考评。

二、目前影响和制约油田改革发展稳定的主要矛盾和问题

(一)油田稳产基础脆弱的问题日益突出

近年来，油田在夯实发展基础方面做了大量卓有成效的工作，见到实实在在的效果，连续第九年实现了年度储采平衡，剩余可采储量的储采比达到10，原油年产量连续保持稳中有升的良好态势。但与油田决胜三千万和更长期的稳产需求相比，仍然存在一些问题。一是整装主力油田的稳产难度越来越大。在油田整体储采平衡的情况下，胜坨、孤岛、孤东、埕东几个整装油田储采失衡的问题十分突出，其总产量占胜利油田的38.7%，“十五”期间的储采平衡系数只有0.7，剩余油采油速度高达17.6%，控制递减和稳产的难度很大。以上几个整装油田是胜利老区稳产的根基，它们产量如果不稳定，将直接影响油田的长远发展。二是产量结构不合理的问题应引起重视。近年来油田原油上产很大比重是靠三采和稠油，2005年油田三采、稠油的产油量达到568万吨，占到总产量的23.6%。孤岛采油厂三采和稠油产量占到该厂总产量的80%。它们的特点是上得快，降得也快，三采后期转水驱还缺乏相应有效的接替技术，而稠油的低产期过长等，这些都不利于油田的良性高效开发。另外，高成本油占油田总产量的比重过大，三采、稠油、海上、难动用储量的产量占油田总产量的34%以上，加重了油田成本压力。三是基础设施较差的问题依然突出。受投资和成本局限，油田维护简单再生产的工作量连年不足，导致停产停注井、套损井增多，影响到资源的动用程度。分公司到2005年底，停产前日产油大于0.5吨的油井就有1300多口，三年未动管柱的水井2400多口，未治理的套损井2732口，损失水驱储量9000多万吨，可采储量损失2500多万吨，相当于浪费了油田一年增加的可采储量。造成这一问题的原因可以从两个方面分析，一方面，近几年中石化对油田总投资基本不变与油田实际需求之间有较大差距，难以满足油田开发越到后期维护工作量越大的需要。另一方面，油田层面也存在投资结构不合理的问题，撒胡椒面式的投资方式是想照顾到各个方面，但难以集中力量重点治理，导致诸如基础设施差等一些倾向性比较明显的问题积淀成影响全油田稳产的大问题。

(二)管理局主营业务盈利空间变小、能力变弱

重组改制以来，管理局结构调整、管理创新、培育经济增长点，几年间经济总量增长100多个亿，从过去年亏损24.9亿元到今年要上交1000万元利润。可以说，正处在一个发展的转折点上。客观地说，管理局经济总量增长和效益的提高，在很大程度上是靠油气主业的拉动形成的。但管理局所倚重的钻井、作业等石油工程技术服务等主营核心业务工作量达到顶峰的同时，却面临经济效益变差的现实。2005年，渤海、黄河两个钻井公司工作量达到了近10年来的最高水平，但利润率却在降低。海洋钻井在胜利内部的工作量基本不挣钱，所交资产收益主要靠外部市场创收。新成立的三个作业公司在扣除一定因素影响后，仍然亏损3个多亿。从最直接和最大的影响因素分析，主要是关联交易问题。目前关联交易，仍是管理局与分公司之间经济关系的重要体现点和利益分割点，其中人为因素比较多。一是定额偏低。钻井行业仍然沿用1997—1998年间的定额标准，虽然近几年预算定额也做过相应调整，但调整幅度不到位。对新成立的三个作业公司的作业定额工时取值过高，定额基数项目不全，一些费用没有包含进去。二是结算滞后。从油田来看，今年1—2月份关联交易额度达到十几亿元，而结算到位的只有几百万元。由于结算滞后，增加了双方的财务费用，影响了经济运行情况的真实反映，增加了事中控制的难度，导致了年底结算时矛盾集中暴露出来。

管理局除了难采储量和发供电板块外，其他经营性单位要么不盈利，要么长期亏损，难以形成自我积累。同时油田还要为那些属于改制分流范围而又长期亏损的单位创造改制条件，需要油田持续补贴。此外，管理局还要背负油田整体改革成本和稳定成本，增加了经营压力。

(三)油田安全环保面临巨大压力，勘探开发遇到城镇化建设新挑战

随着建设资源节约型、环境友好型社会的推开，国家和各级地方政府对安全环保提出了更高的要求，相应处罚力度也在不断加大，油田安全生产和环境保护面临许多新压力，需要进行专题研究。在安全生产上，对主观人为因素造成的事故，可以通过加强管理、教育和培训减少或杜绝，但设施、设备存在安全隐患等客观问题，则需要硬投入、大投入才能解决。按照中石化隐患治理要求，目前胜利油田急需治理的常压储罐、封堵废气井、海上平台检测维修以及海油陆采井台加固等需要大量的投入，但从调研情况看，受资金限制，隐患治理进度缓慢，不达标、超期服役、带病“上岗”的设施、设备在各单位不同程度地存在着，特别是海上安全生产形势更为严峻。现在海上油田勘探开发在用平台设计使用年限为15年，目前使用超过12年的已经占到不小比例，进入使用末期。环境保护方面，对油田作业活动形成的油泥砂、污水排放等处理标准要求提高，处罚力度加大，既增加了油田的工作环节，也加重了成本负担和投入压力。随着地方城镇化建设和新农村建设进程加快，对油田生产生活环境也提出了更高的要求，受到的各方面影响也越来越多，需要重新审视新形势下的“地上地下”关系，协调好各方利益关系。

(四)社区生存发展问题应引起重视，民生问题依然是影响稳定的主要因素

随着油田福利由暗补变明补和社区管理服务货币化进程的加快，职工群众对社区服务质量和水平的要求也将具体化、明确化，社区通过提供服务从职工群众手里挣钱、拿钱的难度在增加。同时，社区还要继续承担油田改制分流以及相关改革所遗留下的人员管理、企业经营以及稳定工作，压力也在与日俱增，其管理幅度、掌控能力面临新的考验。社区成立之初的管理、服务、创收并存的运行模式受到挑战，应及早明确定位，考虑出路与方向。

民生问题仍然是凝聚人心、化解矛盾、做好稳定工作的重要方面。近几年油田每年都要为职工群众办实事，特别是针对弱势群体出台的一系列政策，使民生问题得到重视和初步解决。但从调研情况看，职工住房和就业再就业仍是热点问题。住房上，油田三年建成2.8万套住房后，又产生了新的无房户。而二手房交易过程中，受非规范性因素和大环境影响致使房价上涨过快，对此，职工普遍都有反映。特别是一线和居住偏远的职工在其中利益受损，心理不平衡。用基层职工的话说就是：辛辛苦苦攒了一辈子钱，买套房子就全用光了。就业和再就业方面，存在着一边缺员，一边富余，一边有大量职工子女无法就业的结构性矛盾，主要是因为人员进出机制没有很好建立起来。同时，协解人员再就业和子女就业方面存在的一些短期行为，也形成了因人设岗、人为挤岗、在岗无工作可做的负面现象。

三、近年来油田改革发展稳定环境发生的一些变化

对油田的形势，在党委扩大会和职代会上已经作出判断。这里主要是在调研中形成了一些对形势认识的再细化和再思考。

(一)发展方面的变化

主要从三个方面来看：一是从国家层面看，行政方略和行政思路在发生着变化和调整，按照科学发展观的要求，建设节约型社会、创新型国家、构建和谐社会，实现又快又好发展成为经济社会发展的主旋律，以人为本、关注民生的导向十分明确。与之相适应的经济社会方方面面发生的变化，使油田改革发展受到影响，社会责任进一步加大。二是从中石化层面看，资源战略调整的思路框架基本形成，一个时期内东部老区将不再是“热点”。中石化提出“东部三年硬稳定，五年基本稳定”的思路，这段时间也是中石化对西部新区，南方海相、天然气以及海外实现战略突破和产量接替的预期。从近年来的运作看，中石化对此抱有坚定的信心和极高的期望值。越是在期望目标若即若离、若隐若现、即将实现的时刻，东部老区的压力也就越大，产量紧张、投资紧张、成本紧张、效益紧张的弦绷得就越紧。近几年在高油价下，油田自觉加压，尽可能多地增加产量，通过积极争取，中石化也给了一个难采储量开发政策，但近期内很难争取到补历史欠账的集中专项投入。三是从油田层面看，经过前几年的准备，今年实现三千万的目标还是有现实基础的。但由于西部新区和海外与当初设想有一定差距，加大了老区的压力。受此影响，油田经过连续3年上产，前几年战略调整所积蓄的力量也将消耗殆尽。管理局经营目标由亏损24.9亿元到上交1000万元利润，但面临的不确定因素和现实的压力都比较大。石油工程技术板块、难采储量板块都可能面临中石化的政策调整风险，油田外闯市场尚未形成规模效益等，这些都可能随时影响管理局的经营状况。假如难采储量政策一朝改变，其他板块再没有大改观，管理局将重新跌入亏损的境地。

(二)改革方面的变化

主要表现在四个方面：一是改革重心下移。前几年油田的改革基本上是由中石化统一推出，在集团公司范围内同时展开的，今年中石化决心剖析胜利石油管理局的生产经营状况，根据石油石化的行业特点分别采取不同的改革策略，这标志着中石化改革的方向将有所调整，改革的重心开始下移。油田根据自身特殊性，可以确立自己的改革重点和方式，改革自主权有增大趋势。二是改革进入深层和浅层并行推进的阶段。以近几年的改制分流、产权变更及今年以来中石化要约收购上市子公司为标志，中石化改革步入深水区。同时在油田层面，以建立机制为主要内容的配套、完善改革仍将持续进行，以适应前几年体制改革带来的变化。三是分公司与管理局“和而不同”的特征明显。从中石化、中石油整体思路看，上市、非上市和谐发展趋势明显，分开分立尚待时日。但是经过近几年的改革运行，分公司与管理局运行模式上形成了较为明显的分化特征，分公司生产型企业的特征愈发明显，其压力主要是来自股份公司的计划任务，管理局经营型企业的特征突显出来，其压力主要是来自广泛意义上的市场竞争。从油田层面讲，今后对二者的经营策略、管理方式、改革方向都要有所侧重、有所不同。四是在处理管理局与分公司关系上，宏观调控仍在发挥重要作用。经过几年运行，上市和非上市之间虽然建立了甲、乙方关系，但并不是完全意义的市场关系，而是行政控制下的有限市场行为，分公司与管理局之间行政调控仍发挥着主导作用。这在井下重组改革中表现较为明显，井下作业明明知道是亏损，但为了油田增储上产大局，也要不讲条件、不讲价钱地干下去。

(三)稳定方面的变化

以“11 · 29”事件得到较好处置为标志，以油田系统解决家属、协解人员问题政策的出台和实施为基础，油田稳定工作已进入一个转折时期。目前，家属、协解人员等问题虽暂时得到缓解，但并未从根本上消除这些群体中的不稳定因素，随着内外部环境的变化，仍有可能发生周期性波动。今后还要面对一些新的问题：一是油田各类群体更加分化。随着改制分流、移交办社会等一系列改革措施的推进，油田又增加了一些在职但不属于油田管理的群体，他们生活居住在油田小区内，油田改革政策的出台必然受到影响，但油田对他们缺乏有效的行政约束手段，出现的问题难以预料。二是高智商、高层次人员开始介入不稳定群体的核心。过去家属问题主要是由自己组织，到了协解人员问题集中暴露的时候，就有极少数曾经在机关工作过的人员介入、发动、策划。随着各方面政策的出台，利益调整涉及面扩大，使一些过去曾担任领导职务的人，甚至是一些在重要岗位上的领导干部，也借“同情”之名，发泄对社会的不满，直接参与、组织、领导相关群体的不稳定活动，增加了工作难度。三是油田稳定工作的重心由关注、关心向强化管理转移。许多政策措施到位后，油田再在政策上放宽的空间更小了，要抓稳定工作，必须从加强管理、宣传教育等方面的手段入手，使各类群体特别是非在职群体的活动在油田掌控之内。四是开始注重使用社会职能、社会力量解决稳定这一社会性问题。在处置“11 · 29”事件中动用警力及相关问题争取地方支持，都是一些成功的探索和尝试。

四、调研中形成的几点思考和建议

(一)进一步把决胜三千万和“百年胜利,百年创新”的目标,有机地统一到又快又好发展的总要求上来

任何事物的发展都是量和质的有机统一。实现又快又好发展,是科学发展观的根本要求,既有量的规定,也有质的要求。对油田来讲,油气当量重上三千万就是量的规定和阶段性目标,高质量、高效益、可持续发展,就是“百年胜利,百年创新”质的追求和长远目标。2003年以来,在为油气当量重上三千万的准备过程中,油田各方面的力量凝聚到一起,汇聚到一块,心无旁骛地瞄准既定目标奋进。在此目标带动下,石油工程技术服务等相关板块工作量趋于饱满,难采储量板块实现跨越式发展,勘探开发一体化进程加快,分公司与管理局科技联合攻关成效显著,对于油田在各方面压力比较大的情况下实现协调发展、平稳运行发挥了重要作用。从今年来看,决胜三千万不能松劲,这是胜利油田对集团公司做出的承诺,是对广大干部职工渴盼油田大发展的实践,也是在国家需要油、集团公司需要油的情况下对胜利油田的考验。决胜的目标不能变,气不能泄,劲不能散。要以此加强形势任务教育,进一步把思想干劲凝聚到实现这一目标上来。重上三千万目标实现之后,从明年开始,油田要在又快又好发展和“百年胜利,百年创新”的整体发展思路下,尽快确立近期的阶段性目标,以此聚人心、聚众力,带动油田发展。

(二)适应分公司和管理局发展方面的新特点,调整发展策略

从目前看,集团公司对油田的政策不会有太大的变化,油田现存的许多问题还是要立足于现有框架,通过油田内部的统筹协调,自求平衡,进行自主解决。一是发挥好关联交易作用。要立足于解决油田运行中的现实问题,在油田可调控的范围内,科学合理地调整定额和关联交易额度,主要是解决管理局主营业务盈利空间变小、盈利能力变差的问题,确保上市、非上市共同发展。二是积极优化分公司产量、投资、成本结构。在产量结构上,要做好储量、技术准备以弥补三采、稠油等产量递减。尽快落实海上辽东东区块的储量状况,在条件相对成熟、储量相对落实的情况下,力争形成较为整装的产量接替阵地。从实现长远发展出发,结合油田勘探开发状况,要做好胜坨、孤岛等几个大油田的战略调整,延长其开发寿命。在投资结构上,要做好统筹规划,按年度、分轻重缓急地集中解决设备老化、安全隐患、稳产基础脆弱等问题。要重点解决那些制约当前的瓶颈性问题和影响油田长远发展的基础性问题,使有限投资发挥更大效益。在成本结构上,要细分成本构成,按照不同的原油产量构成配置成本,使成本的投入和使用更加科学合理。三是管理局要突出主营业务竞争力建设。在加大发供电、难采储量开发和外部市场工作力度的同时,应加大对主营业务的装备配置、技术更新力度,增强其盈利能力。另外,为拓宽自行解决诸如就业、再就业问题的空间,应尽早考虑、选择合适的时机和方式,利用现有资源和当地各种优惠政策,运用市场机制招商引资,上新项目、新产业,扩大管理局经济规模。

(三)要适时调整经营机制和运行机制,强化油田监控能力

近年来,随着管理局和分公司经营定位的进一步明确,各自运行机制上不适应的问题开始暴露出来,表现最为突出的就是,经营问责难以落实。因此,有必要根据油田实际情况,转变经营机制,强化监督约束。一是要转变现有经营机制。根据管理局、分公司各自特点和业务性质,确定更有

针对性的经营模式，设立经营责任底限，增强单位之间的可比性。二是增强经营政策的权威性。对那些完不成任务指标和出现问题的，要严格落实经营问责制。三是加强经济活动分析。要实施过程控制，对那些影响全局的重要项目实行自上而下专项控制，避免问题集中暴露在年底。要增强各级机关的管理能力，对面上情况要实施动态控制，使单位之间的生产经营情况能够比较真实地反映出来。四是加强领导班子履职期间的过程监督与控制。避免和杜绝主要领导离任之时就是矛盾暴露之日的不正常现象，促进事业健康发展。

(四)要重视节能、环保和安全生产

节能、环保和安全生产，是油田营造良好发展环境的必然要求，必须引起高度重视。节约发展上，关键是把建设节约型企业的各项部署落实下去，油田有关部门要做好监督检查。环境保护上，要加强源头治理，加强科技进步，实施产学研结合，优化生产流程，优化施工设计，改进技术路线，实施清洁生产。安全生产上，要做好宏观筹划，对重大隐患治理，如海上问题等，形成专题向集团公司反映，以求尽快系统解决。

(五)要深化工作措施，做好稳定工作

要有长期作战的思想准备，把稳定基础工作和预防性工作做扎实。一是要尽快建立管理机构，强化对非在职群体的日常管理。反思近几年做稳定工作的经验和教训，对一些不稳定活动情况不明、信息不灵，最根本的就是缺乏日常管理与控制。因此，对这部分人还是要管起来。从目前情况看，可以将非在职人员的社会化属性根据居住地划分区域，实行集中管理。逐步由过去的单位管理为主过渡到区域管理为主。可以考虑以社区为主、相关单位参与的形式组建日常管理机构。要强化对高层次、高智商非在职人员的组织管理，从积极的方面引导他们发挥作用。同时，也要发挥好住宅小区的沟通和引导平台作用。二是要尽快建立与在职但不属于油田人员的沟通、协调机制，理顺关系。要建立与地方党委、政府日常沟通渠道，取得社会支持。三是强化对专业职能部门的问责。对那些在研究出台政策过程中，因考虑不周、不负责任引发问题的，要追究专业职能部门责任，以增强其责任心。

(六)要把“思想作风建设深化年”活动和做好群众工作的部署落到实处，务求见到实实在在的效果

一是要把“思想作风建设深化年”活动的工作措施深化、细化，有些方面要有量化要求，增强工作标准的可操作性。二是要练就做好群众工作的基本功。各级领导干部要把带着感情做群众工作作为提高能力、做出业绩、增强人格魅力的重要途径。要建立做好群众工作的体制和机制，特别要在领导班子和干部考核中，明确职工群众参与的措施和办法，增强各级领导干部对职工群众负责的意识和自觉性。三是要加强领导干部做好群众工作的教育和培训。要把具备做群众工作能力，作为新干部上岗和考核干部的重要尺度。针对部分干部中存在的不会做、害怕做群众工作的问题，在干部培训中增加群众工作内容，重点让有做群众工作实践经验的同志现身说法，传授方法和艺术，提高各级领导做好群众工作的能力。

立足现实　着眼未来　分步实施　梯次推进

把“百年创新，百年胜利”的宏伟愿景变成具体实践

“百年创新，百年胜利”课题组

无论是一个国家、一个民族，还是一个企业，总是在不断追求，总是向着更高的目标前进。40多年来，胜利油田历届领导班子始终把“创业、创新、发展”作为一种坚定信念，矢志不渝地坚持着，作为一种不懈追求，一以贯之地努力着，作为一种伟大实践，锲而不舍地施行着。从“华北石油勘探开发会战”到“建设第二个大庆”；从“27281工程”到“三大目标”，可以说，一部胜利油田发展史，就是朝着一个个新的更高的目标不断奋斗、前进的历史，就是油田广大干部职工前赴后继、继往开来、不断自我超越的历史。

目前，胜利油田已进入一个新的历史发展阶段。站在新的起点上，胜利油田今后的路该怎么走，该朝着什么方向发展?这一重大课题已迫切地摆在我们面前。在对胜利油田过去历史、现实状况和发展前景进行全面分析、科学预测的基础上，油田领导提出了“百年创新，百年胜利”的发展愿景。根据油田领导的要求，由政策研究室牵头，会同经济开发研究院、党校等单位，聘请有关专家教授作为顾问，组成联合课题组，围绕“百年创新，百年胜利”进行了专题研究。

“百年创新，百年胜利”愿景是在对胜利油田40多年勘探开发实践的历史总结和理性思考，对胜利油田勘探开发现状的科学分析和对未来发展前景的科学预测及判断，对国内外油田开发的历史与现实经验广泛借鉴后提出的。它不是虚无缥缈和遥不可及的超现实主义，也不是一时的头脑发热、心血来潮，而是有科学依据和坚实基础的，是符合油田发展现状和未来发展趋势的，经过油田上下的不懈努力也是完全可以实现的。“百年创新，百年胜利”愿景的提出和实践，对于团结队伍、聚合力量、振奋精神、鼓舞志气，具有十分重要的意义和作用；对于统一职工心智、激发工作热情、发挥巨大潜能，再创胜利大业、再铸胜利辉煌，具有十分重要的意义和作用；对于国家兴旺、民族振兴和集团公司的发展也具有重要的现实意义和历史意义。

实施“百年创新，百年胜利”是维护国家石油战略安全的需要。石油作为一种战略资源，直接关系到一个国家的经济和战略安全，是国家安全的重要组成部分。从中东地区军事冲突到拉美产油国政治动荡，从俄罗斯安大线之争到春晓油气田争端等等，其背后无不透出“石油纷争”的味道。随着伊拉克战后美国对中东石油的进一步控制，导致国际石油资源的配置流向出现新的变化，直接影响到国际石油市场的供求关系和油价的持续走高，进而对包括我国在内的一些主要石油进口国的经济发展和能源安全构成威胁和挑战。在这种情况下，作为中国第二大油田实施“百年创新，百年胜利”，对于维护国家石油战略安全无疑是非常重要的，也是非常需要的。

实施“百年创新，百年胜利”是国民经济发展的需要。随着国民经济的持续高速增长，对能源的需求越来越大，石油消费量持续上升，而资源制约趋于严重，对外依存

度不断增加，2005年，我国原油产量1.81亿吨，仅占国内原油需求量的55.4%。今后能源紧张的矛盾还将更加突出，对石油的依赖度和敏感度也将越来越高。以目前我国每天进口200万桶石油计算，如果国际油价每桶上涨5美元，那么我国每天就要多支付1000万美元，直接导致国内生产总值下降0.4～0.5个百分点。由此可见，无论是保障国家能源战略安全，还是保障国民经济安全发展，都需要大力发展石油能源产业，都需要把胜利油田开发好、建设好，努力延长油田开采寿命，并尽可能地多找储量、多产原油，这也是胜利人义不容辞的神圣使命。

实施“百年创新，百年胜利”是集团公司整体发展的需要。集团公司把“建成具有较强国际竞争力的跨国公司”作为战略发展目标，明确指出资源战略始终是第一战略。在资源战略总体布局上，把东部地区继续作为原油生产的主力和持续发展的基础。胜利油田原油产量占中石化的68.6%，占中石化东部产量的78.0%，从一定意义上说，“稳定东部”关键在胜利，胜利稳则东部稳，这是不争的事实。按照集团公司2005年炼油能力1.49亿吨计算，原油自给率仅为26.4%，所需的原油大部分需要进口，严重影响了炼化企业的经济效益，需要大力实施资源战略，进一步提高原油自给能力。胜利油田在集团公司的地位决定了自身应承担更多和更大的责任。

实施“百年创新，百年胜利”是油田自身生存发展的需要。保持油气稳定生产更是胜利油田生存发展的内在需求。离开了油气稳定生产，油田发展就会遇到许多制约、面临更多困难，不论是分公司还是管理局，发展将难以为继，改革将难以推进，稳定将难以保障。只有保持油田的持续稳定发展，才能使老一辈创下的基业得以继续发展，实现基业长青，才能续写新的历史篇章，才能使油田广大职工的利益有根本保障，才能福祉子孙后代。

实施“百年创新，百年胜利”是区域经济长久繁荣和社会稳定的需要。胜利油田在为国家和集团公司作出重大贡献的同时，为山东省和东营市的发展也作出了重大贡献。油田的销售收入在省市GDP构成中占有相当大的比重，每年上缴的各种税费是省市两级财政的重要来源。同时，还对地方经济发展给予了很大支援。无论是从油地经济互利互惠、互相依存来讲，还是从拉动地方经济发展、促进和保持一方社会稳定来讲，也需要我们把胜利油田发展好，尽到应有的责任。

国内外油气田勘探开发建设的历史进程和实践经验，也为我们建设百年胜利提供了成功范例。纵观国内外油气田勘探开发建设的实践，充分证明一个油田从投入生产到开发结束，一般都要经历一个漫长的时间，到目前为止，还没有一个特大型的油田完全枯竭。如前苏联的巴库油田，一直被石油企业视为油尽城亡的前车之鉴。1871年打成第一口油井，在此后相当长的时间内一直是苏联最大的油田，1940年原油产量2200万吨达到顶峰，到二十世纪八九十年代，巴库油田陆地油层基本采尽。随着油气勘察从陆上向海上的转移，特别是里海海区丰富的石油资源，使巴库油田又重新焕发了生机。我国陆上最早发现和开发的延长油田，1907年打成“中国陆上第一口油井”，开发已近百年，仍然具有持续发展的潜力和活力。1939年投入开发的玉门油田，在经历了长时期的发展后产量持续下滑，近年在酒泉盆地取得了重大突破，原油产量开始逐年回升。作为中国第二大油田的胜利油田，秉承创新精神，借鉴国内外的成功经验，挖掘并发挥自身潜力和比较优势，完全可以把“百年创新，百年胜利”的愿景变为现实。

“百年创新，百年胜利”的基本内涵是：按照党和国家树立科学发展观、构建和谐社会的战略部署，依靠体制、机制创新和科技、管理创新，坚定不移地走可持续发展之路，不断提高油田整体竞争力。具体构想是：“分成三个阶段，实现三个目标”。第一阶段，在“十一五”期间保持油气硬稳定，年产量保持在2700万吨左右，实现近期发展目标；第二阶段，到2024年，胜利油田成立60周年的时候，实现“会战60年、探明60亿”，油气生产在较高水平上运行，实现中期发展目标；第三阶段，到2064年，胜利油田成立100周年的时候，实现“持续百年创新、寻找百个油田、落实百亿储量、建设百年胜利”，油气生产仍保持较高水平，继续保持全国大油田的地位，实现远期发展目标。

实现“百年创新，百年胜利”是一项伟大的系统工程，发展过程长、时间跨度大，需要妥善处理稳定与发展、近期与长远的关系，需要几代人坚持不懈的努力。在具体实施过程中，需要有计划、按步骤、分阶段、有重点地梯次推进，近期首先要实现“十一五”期间的阶段性发展目标，概括地说就是——油气硬稳定、改革大突围、管理上水平、和谐向前进。油气硬稳定，是创建“百年胜利”的重要基础；改革大突围，是创建“百年胜利”的必由之路；管理上水平，是创建“百年胜利”的重要内涵；和谐向前进，是创建“百年油田”的根本途径。

一、油气硬稳定

油气硬稳定就是坚持发展不动摇，咬定发展不放松，始终不渝地把发展作为胜利油田工作的主旋律。胜利油田勘探开发建设40多年来，先后经历了艰苦创业发展阶段、快速攀升发展阶段、持续稳定发展阶段和提升整体发展水平阶段。今后，将进入创新发展阶段。就目前来讲，当务之急，就是确保“十一五”期间“油气硬稳定”目标的实现。

油气硬稳定——就是按照中石化集团公司“战略稳定、战略展开、战略研究”三个层次的战略部署和要求，立足济阳老区、深层和渤海湾，在“十一五”期间坚决实现油气硬稳定，使储采替代率大于或等于1，年均探明可采储量保持在2700万吨以上，年均生产原油保持在2700万吨左右，进而为实现“十二五”乃至“十三五”基本稳定和持续发展奠定坚实基础。

客观地审视当前面临的形势，我们认为：实现油气硬稳定，希望与困难并存，但总体上仍然是希望大于困难，机遇大于挑战。

(一)从资源上看，资源储备丰富但品位较低，尽管勘探开发难度较大，但总体上看较为充足的资源量为实现“油气硬稳定”提供了坚实保障

一是勘探面积及资源量持续增加。近年来，我们积极“走出去”扩张阵地，东西兼顾，海陆并进，全方位甩开勘探，使胜利油田在勘探地盘和资源量上都有了新的增长。截至目前，取得国内探矿权面积17.3万平方千米，是“九五”末的3.2倍；仅济阳坳陷及滩海地区资源量就达102.6亿吨，加上昌潍、临清、胶莱三个坳陷，山东探区总资源量108.6亿吨，再加上辽东东，胜利油田东部总资源量达124.4亿吨。探矿权域和资源总量的增长为油气硬稳定及今后的长远发展提供了支持。二是胜利老区仍有较大潜力。从资源序列上看，济阳坳陷资源序列中控制、预测储量比例较大，表明胜利油田探明储量增长有可靠的和现实的资源保障。目前，胜利油田主阵地济阳坳陷及滩海地区平均石油探明程度43.59%、剩余石油资源丰度每平方千米19.41万吨，其潜力不能说不大。三是深层潜力巨大。在国外，深层油气储量已成为一些老油田油气发现的重要组成部分，美国深层发现油气田的平均储量超过中浅层的平均储量，前苏联地区深层与中浅层平均油气储量基本相等。而济阳坳陷作为胜利油田含油气最丰富的第三系裂陷盆地，深层也应该有较好的勘探前景，专家预测，济阳深层的石油资源量估计应超过10亿吨。四是天然气勘探处于突破前沿。长期以来，胜利油田勘探都是以油为主，天然气一直处于配角地位，发现的多为浅层气，产量基本上仅仅维持“烧火做饭”，目前济阳坳陷天然气探明程度仅为3.03%。地质专家分析，济阳坳陷深部目的层上部发育了较厚的盐膏层，像一床厚厚的“被子”，有大气藏的可能性非常大，现在天然气勘探已经被放在了前所未有的高度，实现新的发现和突破应当大有希望。五是海上前景良好。海上是胜利油田重要产量后备阵地，随着我们对海上油气资源勘探规律的把握及成熟运用，在辽东东地区实现突破只是个时间问题。而且海上一旦实现突破，一般规模都比较大。因此，立足辽东，不断向深海进军，油田的发展空间将日益广阔。

但是，我们必须清醒地看到，油田稳定发展虽具备一定资源基础，但结构性矛盾突出，勘探开发难度加大。胜利油田的主阵地济阳坳陷已进入隐蔽油气藏、复杂断块油气藏、深层和潜山油气藏勘探阶段，勘探难度越来越大。特别是以地层油气藏和岩性油气藏等为主的隐蔽油气藏，其形成机制、控制因素和分布规律十分复杂，尽管隐蔽油气藏勘探理论及配套技术不断发展完善，但新的问题和难点依然考验着我们。近些年油田上报探明储量区块越来越多、规模越来越小、品位越来越差。“十五”期间，特低渗透、敏感性稠油、复杂潜山油藏的储量比例从“九五”的53%上升到69%，埋深3000米以上的中深层储量占23%，是“九五”的2.1倍。新发现储量有1/3位于自然保护区、城区和滩海等复杂地表区。低品位储量成为产能建设的主要阵地，认识难度加大、技术要求高，开发风险大、投入高的特点日趋突出。

鉴于上述情况，今后勘探上要继续扩大地盘，多拿储量，特别是多拿优质经济可采储量。油气勘探的量与质是一个有机统一体。从油田目前的情况看，没有量的增长，就没有质的提升，量是基础，质是升华，二者相辅相成、缺一不可。勘探上要坚持量质并举，双轮互动。当前和今后一个时期，应按照“立足老区、加快新区，强化深层、开拓发展”的思路，本着“着重寻找规模储量、提高储量可动用性、强调勘探开发结合”的原则，正确处理近期与长远、稳定与发展、抓整与拾零的关系，以总体勘探效益最大化为目标，全方位甩开勘探，努力寻找大场面，实现新突破。一是继续大力实施“走出去”战略。在现有勘探区域基础上，加强战略选区研究，既要扩大国内新区，做好河北承德—滦平盆地、冀蒙张北盆地、冀蒙张家口盆地、晋蒙大同—桑干河盆地等国内新区矿权登记工作，还要努力向海外扩张，努力扩大资源勘探空间。二是加强新区、深层和海上研究。新的区域和层系往往孕育着新的希望和发现。应在深入研究、科学分析、全面论证的基础上，运用新思路、新观念、新理论、新技术，好中选优，重点突破，努力探寻新发现、新场面，努力寻找新的优质可采储量和新的战略接替阵地。三是夯实老区资源基础。经过40多年勘探，胜利老区仍存在着勘探层系上的不均衡、勘探区域的不均衡、勘探圈闭类型的不均衡，这些不均衡的存在意味着勘探潜力所在。应坚持以经济效益为中心，以寻找具有商业经济开采价值的油气储量为目的，加强中长期勘探计划和勘探目标的风险分析和经济评价，不断丰富完善隐蔽油气藏成藏理论、多样性潜山成藏理论，用不断创新的理论指导勘探实践。由于深层和外围的突破及资源接替尚需时日，"十一五"期间，油气勘探仍应以济阳老区为主，重点是抓好东营缓坡带这个1亿吨储量阵地和辽东东、东营北带盐上、车镇北带、垦东地区等4个5000万吨阵地，以及其他3000万吨阵地和1000万吨阵地。

(二)从开发上看，地上地下矛盾比较突出，但随着技术进步和管理水平的提高，实现稳产的基础仍较为坚实

提高采收率是开发工作的重心所在，目前胜利老区的采收率为28.8%，仍有70%多的原油滞留地下，提高采收率的空间和潜力很大。"十五"期间，胜利油田动用储量的采收率每年都提高0.3个百分点，使我们在综合含水超过90%、可采储量采出程度和剩余可采储量采油速度均高出行业公认稳产界限的情况下，原油产量不降反升，从2000年的2676万吨上升到2005年的2695万吨。随着勘探开发技术的不断进步，陆上深层、海上新区不断实现突破，低品位复杂油藏开发技术的攻关配套能力明显提高，为加快资源转化提供了有力支撑。如二元驱、泡沫驱、耐温抗盐聚合物驱等先导试验展示了良好的应用前景，目前可推广的资源量10.8亿吨，预计增加可采储量4800万吨，为"十一五"油田产量接替提供了重要的技术方向和阵地。三采、稠油、难采板块已成为一支不可或缺的产量新军，2005年产油723.3万吨，而且前景看好。

不能否认，目前油田开发上的问题仍很突出。新区开发储量品位明显变差，新区产能建设难度越来越大。目前落实的未动用储量是多年来差中选优、逐年筛选剩余的难采储量，其中约有84%的储量为低渗透、稠油、海上等油藏类型，动用风险大、成本高。老区开发难度日益加大。老油田已整体进入特高含水阶段，综合含水90%以上，可采储量采出程度达80%，整装油田在"九五"末含水已达93.4%，可采储量采出程度达84.1%。目前，主力油田、主力层系的井网基本到位，挖潜对象已转向非主力层、薄差层和零散砂体，潜力区规模小、分布零散，剩余油认识难度大。三采、稠油、难动用所占产量比重较大，占2005年油田总产量的27.3%。这部分产量技术含量高、成本高，稳产难度大，经不起风吹草动，一旦出现下滑，就难以遏制。老油田维护投入长效机制没有建立起来，油田维护简单再生产的资金来源没有从根本上得到解决。

为了确保"油气硬稳定"，今后开发上应坚持新区、老区产量互动，深层、海上并进，努力拓展发展空间。准确把握油田开发规律，积极推进油藏经营管理，以提高资源利用效率和效益、增加经济可采储量为中心，强化创新、优化结构、多元接替，保持油田稳定发展。"十一五"期间，低渗透油藏要努力实现产量稳中略升，断块油藏、三次采油要努力减缓递减，整装水驱油藏要努力控制产量递减，努力实现产量稳定。首先，努力保持老区产量稳定。加大水井专项治理、水质改造、注水地面工程改造等工作力度，特别是更新井、大修和扶停井力度，改善注水效果，力争"十一五"期间注水合格率由目前的64.1%提高到70.0%，水质达标率由71.2%提高到75.0%。加强长停井治理，提高油水井利用率，力争"十一五"期间油水井利用率由目前的77.8%提高到85%。开展低效井单元专项治理，进一步夯实稳产基础。加大老区综合调整力度，注重区块整体调整与零散挖潜、更新侧钻井挖潜相结合，加大整体、零散、更新完善调整和水平井挖潜力度等。通过扎实有效的工作，努力减缓递减，保持老区稳定生产。其次，确保新区产能建设每年达到150万吨左右。超前准备产能阵地，超前开展技术攻关试验，加快储量向产能的转化，力争将区域探明储量的五年动用率从“十五”期间的55%提高到65%。每年动用区域勘探新发现的各级储量5500万～6000万吨，新建产能96万～105万吨；强化滚动勘探，充分发挥其补充产能阵地、优化产能构成、提高投资效益的重要作用，每年动用滚动储量2400万～2600万吨，新建产能48万～52万吨。同时，进一步增强低品位储量开发技术攻关配套能力，“十一五”期间动用低品位储量1.2亿吨，新建产能115万～135万吨。其三，认真落实“三大调整、两大接替”开发部署。采取进攻性措施，加大油藏调整力度，优化产量结构，控制产量递减，夯实稳产基础，保持良性发展。断块油藏要加强注采完善、提高水驱动用程度为主的开发调整，努力减缓产量递减；低渗透油藏要强化储量动用、井网加密及开发技术配套为主的新区产能建设和老区调整，提高储量动用程度和采收率，继续保持产量稳中有升的态势；埕岛油田要加快储量动用、井网加密及细分层系为主的综合调整，力争“十一五”期间形成重要产量阵地。热采和稠油板块，要通过超稠油资源动用、已开发油藏井网加密、转驱和低效水驱稠油转热采等措施，确保产量稳中有升，实现阵地接替；三次采油板块，要通过扩大规模和先导试验，加快形成系列化学驱接替技术，稳定三采增油量，努力减缓三采区块整体产量递减，实现产量接替。

（三）从科技进步上看，尽管有很多理论、技术难题亟待攻关，但不断创新的新理论、新技术已经和正在成为推动油田实现“油气硬稳定”的杀手锏

资源有限，科技无限。科技进步始终是支撑油田持续发展的根本动力。油田面临的资源问题、产量接替矛盾归根到底要依靠技术进步来解决。在胜利油田这个“地质大观园”里，尤其需要用科学技术的“金钥匙”开启“自由王国”之门。多年来，我们大力实施“科技兴油”战略，从复式油气聚集理论，到岩性油藏、断陷盆地直至隐蔽油藏勘探理论的初步形成，从水驱技术的配套完善到聚驱技术的推广应用，每一次认识的深化、理论的创新和技术的进步，都带来了资源储量的增长和油田采收率的提高。化学驱油、水平井、超稠油开发、特殊油藏开发等技术，仅2005年就增油550万吨，占到油田当年产量的20%左右。二元复合驱油技术、泡沫复合驱油技术、高温高盐化学驱技术三个先导试验，被称为提高油田采收率的“杀手锏”，成功推广可以提高采收率7至8个百分点，增加可采储量4800万吨，接近油田两年的产量，相当于新发现了一个孤东或孤岛油田。虽然原油不可能100%采出，但依靠现有常规技术，能使油田动用储量采收率提高到30%左右。如果依靠化学驱油、微生物驱油等高新技术，采收率有望超过40%。

同时我们也应看到，胜利油田所辖探区地质情况复杂，对其油气成藏规律的认识还非常有限，需要我们进一步深化探索。即使在断陷盆地油气成藏理论发源地的济阳坳陷老区，仍然存在许多未知领域，如中生界、上古生界构造、储层及成藏问题等。由于勘探对象日益复杂，勘探难度越来越大，现有的勘探技术还不能满足实际需要，许多已有的技术还有待完善，针对潜山、稠油、岩性、低渗透等油藏的关键技术尚有待攻关。尽管油田开发主导技术系列日趋完善，但还不能完全适应油田开发实际和趋势的需要，三采接替技术和开发后期提高采收率技术尚处于攻关阶段，胜利油田的持续稳定发展需要更新更高更完备的技术支撑。

针对上述情况，一方面，着力提高原始创新和集成创新能力，尽快形成一批能够有效找到并合理开发各类复杂油藏的“杀手锏”。应坚持不懈地加强理论创新和基础研究，下大气力解决制约油气勘探开发的地质认识问题、技术瓶颈问题和工艺不足问题，为油田进一步扩大资源、夯实稳产基础提供强有力的理论技术支撑。“十一五”期间，要进一步深化“隐蔽油气藏勘探理论”研究，发展并形成“陆相断陷盆地油气成藏理论”，初步形成“中深层天然气勘探理论”，力争尽快形成指导东部主力油田新时期新阶段持续稳产的理论体系；积极开展油藏数值模拟和物理模拟、剩余油分布规律研究，进一步加大先导试验力度，扩大先导试验范围，尽快形成合理的技术接替系列；重点抓好以剩余油的定量描述与检测技术为核心的提高老油田高含水状态下的采收率问题，努力破解复杂地表、地层条件下的地震资料采集难题，尽快掌握深层优快钻井和完井等关键技术，进一步发展完善适应油田现阶段生产特点的勘探开发技术系列。另一方面，着力提高引进、消化吸收再创新能力，努力提高勘探开发工程技术水平。近年来，工程技术服务板块为油田勘探开发提供了强力支持，但随着勘探开发战场的扩大和难度的增大，在一定程度上，我们的石油工程技术由于储备不足，已落后于勘探开发实践，在某些领域甚至制约了储量与产量的增长。应加大力度，加快节奏，不仅要引进消化吸收再创新，还要大力实施自主创新，力争在制约发展的关键装备、关键技术等方面实现大的提升，成为推动油气勘探开发实践的主动力。相信通过上述工作，实现油气硬稳定是完全可能的。

二、改革大突围

坚持锐意改革、不断创新，是胜利油田从胜利走向胜利的动力和活力之源。自1998年石油石化大的体制改革以来，胜利油田先后实施了油气核心业务上市，协议解除劳动合同、改制分流、移交办社会、精干主营业务，内部专业化重组等一系列改革举措，产业结构、产权结构、组织结构、队伍结构得到优化，活力显著增强。但也应该清醒地看到，仍有一些历史的、现实的矛盾与问题制约和阻碍着油田的健康发展，影响着油田的市场化改革进程。在今年中石化调研组的报告中，把胜利油田面临的矛盾和问题归纳为八个方面：难动用储量开发的利润掩盖了管理局母公司的亏损状况；产业散，战线长，摊子大，资产状况差；社会化负担沉重，补贴数额大；整体负债沉重；观念滞后，改革力度小；管理粗放，管理性费用居高不下；用工总量大，富余人员多；内部经济关系不完善，成本控制的责任落实不到位等。以上问题大多数是对管理局的，有些也是包括分公司在内普遍存在的。而这些矛盾和问题的解决，有相当一部分在现有体制下、仅依靠油田自身力量或单一措施，是难以解决的。只有全面冲破现有体制机制乃至思维模式的束缚和包围，建立新体制、新机制，才有可能得以解决。从改革的趋势来看，从油田大的体制演变到内部优化整合，已逐步从宏观层面推进到岗位和个人的微观层面，涉及到每个人的切身利益，对改革的操作性、政策性都提出了更高的要求。从改革的进程来看，那些显而易见、容易改、见效快的改革已经基本完成，剩下的都是多年积淀的“顽疾”和难啃的“硬骨头”，但又是油田发展中必须消除的瓶颈性障碍。此外，旧的矛盾尚未完全消除，新的矛盾又要产生的情况与之相杂糅，也进一步增加了问题的复杂程度和改革的难度。

因此，无论从改革的深度、改革的难度，还是油田的现实状况看，油田改革可以说已经进入攻坚啃硬的“深水区”。如果说，过去的改革有些还是基于原有体制条件下“量”的精简和变化，那么，今后的改革将以市场经济为取向，更多地集中于冲破原有体制机制束缚的“质”的变化，改革的力度、深化的程度、推进的节奏都将是前所未有的。如果把今后的改革比喻为油田战略调整的“大突围”行动，那么这场“大突围”行动的核心任务就是，对旧有体制的突围，对旧有机制的突围，对旧有思维模式的突围。从一定意义上说，也是胜利油田破壳而出、进而求活的突围。突围之后，完全建立与市场经济要求相适应的新体制、新机制和新的思维模式，以此促进胜利油田的长远发展和健康发展。

改革大突围——就是始终坚持国有企业战略性结构调整的改革大方向不动摇，按照集团公司确定的改革目标，敢于冲破各种僵化思想、狭隘意识和传统保守势力的土围子，敢于冲破各种束缚生产力发展的机制性、体制性障碍，坚持有进有退、有所为有所不为，做精做强主营业务，全面退出非主营业务，努力朝着“一企一制”的目标推进。

(一)“改革大突围”的基本方向和基本原则

——坚持国有企业战略性调整的大方向。这是国有企业改革调整不容置疑的既定方针，应坚定不移、义无反顾地坚持。具体到我们胜利油田，就是坚持中石化集团公司确定的改革思路、目标、方向，服从中石化改革大局，并以此统一思想，达成共识。以集团公司的要求统领改革，各级领导干部率先垂范、身先士卒；以马克思主义认识论、实践论引领改革，坚持群众路线、尊重民意，按照市场化的方向和要求实施油田改革。

——坚持整体规划、分步实施的原则。改革是一项兴利除弊、长期、复杂的系统工程，不可能一蹴而就、一劳永逸。总体规划方案确定之后，需要细化措施，明确每个阶段的突破重点，确定不同行业的突破重点，有条不紊、有序推进，真正把规划方案落到实处。

——坚持实践推动的原则。实践是检验真理的惟一标准。在改革程度进一步深化、改革力度不断加大、改革节奏逐步加快的情况下，不可预见、不可确定的因素必定增加，坚持实践推动也就更具有现实意义。具体到今后的改革，就是在推进过程中，坚持实践—认识—再实践，及时校正改革操作过程中的偏差，及时化解改革推进过程中的矛盾和问题。

——坚持积极稳妥的原则。推进改革的过程，也是一个协调各方利益、形成合力、共同发展的过程，应按照集团公司“方向要明确，步骤要稳妥”的要求，注重改革实施方案的科学性和协调性，把改革的难度、调整的力度、和谐的程度有机统一起来，既与集团公司整体改革保持一致，又确保油田改革平稳协调推进。

(二)“改革大突围”的总体目标

近期目标：按照集团公司的改革部署，在2～3年时间内，遵循油气生产、石油工程、公用工程、社会化服务等业务特点，实施分开运行、分开管理、分开考核，为适应中石化集团公司进一步改革创造条件，作好准备。

长期目标：就是在逐步推进改革的基础上，建立以相应业务为核心、以现代企业制度为标志，主营业务突出、核心竞争力明显增强的“一企一制”的专业公司，形成各业务之间相对独立，相互依托、相互促进、共同发展的新格局。

——油气生产业务。按照油藏经营管理要求，适度整合现有资源，精干油气生产核心业务，逐步建立完善以油藏经营为核心的生产管理模式，实现资源开发、成本投入、利润产出最大化。

——石油工程业务。按照做精做强、不断提高市场竞争力的思路，通过优化调整组织结构、队伍结构和改善装备技术水平，逐步形成核心业务精干突出，适应胜利油区和国内外市场需要，能够自主经营、自负盈亏、自我约束、自我发展的地区性石油工程技术服务公司。

——公用工程业务。按照做精做专供水、供发电等公用工程的思路，通过整合资源、调整结构，使其成为服务油田生产经营的重要保障手段和经济支柱。

——基地服务业务。在进一步明晰职能、明晰费用及来源、完善收费制度的基础上，通过移交办社会职能，物业、热力业务实现专业化管理、企业化经营，托幼、医疗、培训以及文化宣传系统资源优化和重组整合，建立"养人机制"等措施，稳妥推进社会化服务系统改革，为胜利油田改革发展提供后勤服务和保障。两年内完成清理整顿对外投资和多种经营任务，2008年完成改制分流任务，2～3年的时间，基本完成社区物业、热力专业化管理和企业化经营。在此基础上，组建地区性石油工程公司、公用工程公司和基地服务中心，尚未完成的改革任务，由基地服务中心推进持续改革。

(三)"改革大突围"的实施步骤

一是全面退出非主营业务。非主营业务是历史形成的，对于促进和保障油田生产经营起到了重要作用。随着社会发展和改革的深化，在油田内外部经济社会环境日益成熟情况下，退出这部分业务已成为胜利油田进一步推进改革的前提条件，也是突出核心竞争力的必由之路。对于退出非主营业务，集团公司已有了比较明确的部署和要求，重点集中在对外投资和多种经营的清理整顿，主辅分离、改制分流和清理退出驻外机构、宾馆以及二级单位招待所业务等方面。应当引起高度重视和注意的是，在以上三个方面，胜利油田纳入范畴的企业、单位以及人员数量规模都占到了集团公司上游企业的一半以上，是集团公司关注的大头。集团公司寄希望于胜利油田趟出路子、探索出经验，从而对整个中石化上游企业形成示范效应。从时间安排上看，主要集中在2008年以前。对于胜利油田来讲，时间紧迫，任务繁重，而且只能成功、不能失败，压力相当大。对于退出非主营业务，油田既应当抓住政策机遇积极推进，也应当慎重操作稳妥实施。

二是以结构调整为主线，精简机构，整合资源，显现真实能力。从油田的现实状况看，今后调整的任务仍相当繁重。重点是根据各业务板块特点，在资源整合的基础上，打造相对独立的生产经营和服务主体，对油气生产、石油工程、公用工程、基地服务业务明确分工，"桥归桥，路归路"，"挣钱"与"花钱"体现到明处，改变混杂在一起的局面，增强透明度，促进业务管理水平和竞争能力的提高。

——油气生产业务。整合油气生产辅助业务，实行内部专业化管理，进一步精干油气生产主业；压扁管理层次，降低管理费用；在孤岛采油厂试点的基础上，着手推行油藏经营管理，做到"任务明确、责权对等"；在完善油藏经营管理的基础上，"十一五"末，形成"油公司"管理模式的初步框架。

——石油工程业务。以做精做强为方向，根据油田内外部市场工作量预测，进一步精干队伍结构，确定合理的队伍规模，实行定编定员，充分显现富余人员。积极推进钻井公司内部整合，压扁管理层次，压减管理机构和人员；实施钻井公司内部生产主体、生产辅助、生活服务专业化管理。优化作业公司资源配置，精简机构，理顺特车、准备等辅助生产单位的管理体制；对油建系统进行内部整合重组。在调整优化基础上，进一步增强各系统的生存发展能力，逐步打造成自负盈亏、自我发展的生产经营主体。

——公用工程业务。主要是供水、发供电业务，以做精做专为方向，重点是优化资源配置，积极实施电网升级改造，降低损耗，提高效益；同时将社区内水电设施划转供水公司和供电公司，理顺关系，提高服务和经营管理水平。

——基地服务业务。这块业务是油田改革发展的基本依托和生产生活的基本保障。但这块业务比较繁杂，改革推进的难度最大，持续的时间也应当是最长的，应以加强管理、明晰经济关系、定员定费管理、减少费用支出、提高运行效率、确保服务质量为根本要求。进一步整合油田社区，由10个压减为7个；调整小区布局，对27个居民小区实施回迁和移交。整合物业、热力公司，组建天然气管理中心，实施物业、热力及民用天然气专业化管理，加快燃料结构调整步伐，为热力改革创造条件。理顺市政服务职能，实行专项定费管理，创造条件进行移交。进一步整合医疗卫生、托幼、学历教育、职工培训、文化宣传资源，根据国家政策，分别采取改制分流、移交、停办、整合集中等措施，进行处置，减少管理幅度，降低非生产性支出，提高资源运营效益。

三是加强管理，完善配套改革措施。配套改革是对一项或几项主要改革措施的辅助和补充，对于改革的整体推动具有十分重要的作用。从当前和今后的改革形势看，应主要做好以下几个方面的配套改革。

——理顺离退休、内退等特殊群体的管理体制。这是油田突出核心竞争力，使各业务板块真正实现轻装上阵的保障性措施。全油田现有内部退养人员1.3万人，离退休职工3.9万人。今明两年，应首先在各二级单位整合相关机构、人员，明晰费用，实现二级层面的集中管理；第二步，在明晰费用来源，理顺经济关系的基础上，整合全油田离退休、内退等人员的管理资源，将各二级单位的管理机构及所管理的人员剥离出来，实现全油田集中管理，从而使各二级单位能够集中精力，专心致志地面向市场竞争发展。

——深化劳动人事制度改革。①深化分配制度改革，调整完善激励约束机制，加大向一线生产单位一线生产岗位的倾斜力度；加大“活工资”力度，搞活内部分配；严格定员与工资总额、劳务费总额挂钩机制，加强人工成本管理。②完善竞争上岗机制，严格定编定员，显现富余人员，实行总量控制和人员动态管理。③优化资源配置，严格控制新增用工，研究解决油田用工一线、二线、三线有序流动办法，尽快恢复建立钻井作业施工系统、采油系统、辅助生产系统、后勤服务系统人员安置链，实现全油田范围内人员统筹配置。④加强劳动用工总量控制和管理。⑤建立内部养人机制。根据国家和集团公司规定，研究制定内部养人办法。⑥规范集体工、内聘工、企业员工等用工管理，消除油田用工存在的法律隐患。

——持续推进两级机关改革。从实际出发，根据实际情况的变化，使油田的“上层建筑”与“经济基础”相适应和配套而动，增强上下左右的协调性。当前已经明确的油田机关调整内容，应尽快实施到位。地震气象业务应尽快与当地政府协商移交，若无法移交，则予以撤销。油区治安保卫、油区消防、油区护矿、油区物资稽查等业务应进行资源整合,撤销相关部门。将胜利广场、油城广场等文化体育场所划归社区作为市政管理。

——进一步推进职务消费和福利制度改革。①压减各级机关公务用车,适当调整定向用车个人交费标准并确保费用交纳到位。②改革费用减免办法,由暗补改为明补。将离退休、内退职工物业采暖费用,家属、协解人员水、电、气和物业、采暖费用,由定额减免的暗补改为按规定收费、定额报销或定额明补(发卡)、据实交费的办法,增强节约意识,减少浪费。

——深化物资供应管理体制改革。在近两年"撤改"基础上,今明两年应对各二级单位的配送队(公司)在全油田范围内进行整合,组建区域性配送公司;在此基础上对区域性配送公司进行整合,打破区域和单位界限,组建全油田大的物流公司,按市场化运作,打造"胜利物流"品牌。

——进一步理顺内部经济关系。①进一步规范上市与存续的关联交易,修订完善关联交易定额价格体系,完善施工监督、协调、生产运行、费用结算等约束机制,提高施工和服务质量及生产时效,提高施工单位资金运作效率。②理顺改制分流企业与油田的关系,认真落实市场扶持协议,支持改制企业发展。③完善油田与二级单位、二级单位之间及单位内部相互之间的成本核算、费用归集、结算方式、价格体系,实现完全成本核算;明晰各单位生产经营实际状况,为油田内部重组、整合和专业化管理等改革创造条件。④理顺物业公司与水、电、气等专业化公司的经济关系,相关设施移交专业化公司,由专业化公司负责相关设施的维护,并采取委托物业公司收费的管理办法,实现收费到户。

——完善内部考核机制。树立"发展靠积累、投资讲回报、岗位靠竞争、收入凭贡献"的思想观念,针对不同板块、不同单位的定位和改革发展思路,调整考核指标体系,落实降本增效措施,确保预算指标的完成;树立"挣钱发工资、盈利有奖金"的经营理念,通过完善指标体系、细化收支预算、严格奖惩等措施,在划清经营性亏损与政策性亏损界限的基础上,采取不同的绩效分配办法,实施内部经营承包;在传递油田生产经营压力与合理确定考核基数的前提下,严格油田各级预算管理体系和运作机制,消除"伸手要钱"和"宽松给钱"的机制弊端;建立投资回报机制。进一步深化和完善领导干部经营业绩追究制度,完善各级领导班子考核机制,从经济、组织等方面落实领导责任追究制,做到严考核、硬兑现,确保内部经营机制落实到位。同时,加大对二级单位的监控力度,完善监督约束机制,确保政令畅通。

三、管理上水平

管理是企业永恒的主题,是企业生存发展须臾不可离开的主线。长期以来,油田始终高度重视管理工作,管理水平始终处于同行业前列。特别是近几年来,油田坚持从自身发展和客观实际出发,严格按照建立现代企业制度的要求,适应市场经济特点,逐步实现了从经营粗放型向集约管理型的过渡转变;坚持"摒弃与继承相结合,传统与现代相融合"的原则,不断赋予管理工作新的内涵,系统化、规范化、标准化的管理体系基本形成;科学管理、精细管理、高效管理逐步根植于职工思想之中、体现于业务流程之中、落实于环节操作之中,油田经济运行质量和综合管理水平得到持续提高。但应看到,随着时代的发展与进步,原有的一些管理思想、理念、方式和手段等与现阶段的要求已不适应,并逐步暴露出一些矛盾和问题,如管理过程中失之于宽、失之于软,重制度建设、轻落实执行的现象比较突出;“跑冒滴漏”、“低老坏”等不良现象依然存在;主动运用市场、经济和法律手段进行自我调整的积极性不够,科学管理、民主管理、依法管理的意识不够强;管理方式和管理手段比较单一,靠长官意志和行政命令实现内部控制的色彩依然比较浓厚等,这些问题如不加以解决,势必会对油田的长期发展造成负面影响。

管理上水平——就是立足油田改革发展实际,瞄准国际石油行业管理先进水平,按照“符合市场经济规律、走新型工业化道路”的要求,推进油田管理从资源分散、重复低效的粗放型向优化配置、效率快捷的集约型转变,逐步建立决策科学、有效激励、刚性约束、灵活高效的内部管理流程和现代企业运行机制,有效调动员工的积极性和主动性,全面实现勤俭办企、科学治企、民主治企、依法治企。

今后一个时期,应重点从以下几个方面入手,切实加强和改善管理工作。

(一)以成本控制为主线,全面加强财务管理,进一步提升油田经济运行水平

近年来,油田积极推广全面预算管理,深化经济活动分析,严格规范资金用途,实施全方位、全过程和全员目标成本管理,使投资和成本得到有效控制,初步建立了符合油田实际要求的财务资产管理体制和运行机制,有力地促进了油田经济运行水平的提高。但对于油田财务工作来说,随着集团公司对财务管理的进一步加强,预算压缩、资金短缺等矛盾变得更加突出,需要眼睛向内,按照“预算做细、成本抓实、投资把严、规范运作”的思路,全面加强财务预算、成本费用控制和优化投资,规范财务管理和经营行为。进一步完善成本管理运行机制,在全油田建立全员、全要素、全过程、全方位的预算管理体系,实现由注重短期投入向中长期投入转变,由注重生产向产量与成本并重转变,由先干后算向先算后干转变。全面开展经济活动分析,做到月度重点分析,季度全面分析,实现以月保季、以季保年,强化成本过程管理和动态控制。全面推行项目管理,根据责任分工和业务关联程度成立项目组,把有限的人力、物力、财力集中起来,把纵横向关系协调起来,提高资金运作水平和使用效率。严格执行经营承包责任制,建立奖罚分明的激励约束机制,做到严考核、硬兑现。同时,应紧密结合油田生产经营实际,系统修订完善内控制度,建立健全事前防范、事中监控、事后监督、出事问责的有效监管机制,切实做到企业一切行为都有制可循、有法可依,一切不规范行为都有人管、有人问、有人查。实施科学管理、精细管理和严格管理,向管理要质量、要效率、要效益,进一步提升油田整体管理水平。

(二)以“三基”工作为载体,促进基层建设和安全环保水平的提高

通过落实岗位责任制、强化监督检查、定期开展岗位责任制大检查和基层验收,油田基础管理水平显著提升,安全环保水平明显提高。但仍然存在着有章不循、有制不遵的情况,安全环保事故时有发生,基层建设总体水平还需要进一步提高。应持续开展以“达标、创优、争强、夺牌”为载体的基层创建活动和岗位责任制大检查,进一步加强基层建设,创新活动载体,强化考核激励。大力实施HSE管理,严格落实领导干部安全责任制和责任追究制度,完善安全生产制度,严格规程操作,特别是要严格落实关键装置和要害部位的专项安全管理制度,确保责任到人,工作到位。加强基层职工队伍的安全教育和监督管理,狠反“三违”,夯实“三基”,促进班组管理标准化、规范化,筑牢安全生产根基。高度重视和努力做好环保工作,坚决纠正和摒弃“重生产轻环保”、“先污染后治理”等落后观念和不良习惯，从思想观念、工作制度、执行力度、责任追究等方面入手，因地制宜，标本兼治，努力创建绿色生态环保油田。

(三)重视节能降耗，建设资源节约型企业

创建资源节约型、环境友好型企业，不仅是“百年创新，百年胜利”的客观要求和应有之义，更是“功在千秋，利在当代，造福一方，惠及子孙”的好事善事。应坚持“开发与节约并重、节约优先”的方针，以“减量化、再利用、资源化”为目标，加强企业“增量”部分的源头控制，加大“存量”部分的改造力度，注重内涵发展，努力转变经济增长方式。以合理开发资源、资源高效利用和循环利用为核心，走低投入、高产出，低消耗、高效率，可循环、少排放的新型发展道路。大力推广利用节油、节电、节水、节地、“三废”综合利用、再生资源回收利用和可再生能源等新技术、新工艺、新材料，加快科技成果转化，加快节能降耗技术改造，不断提高科技进步在资源节约中的贡献率。健全和完善各项规章制度，强化生产的全过程受控管理，特别是加强重点耗能单位、系统、装置和设备的检测、控制，把资源节约的要求落实到每一个环节、每一道工序和每一个职工。建立节能监督评价体系和指标考核机制，层层落实，人人参与，务求实效。

(四)树立勤俭办企业的理念，努力压减各类费用

目前，在我们油田还或多或少地存在着管理粗放、大手大脚、铺张浪费的现象，个别地方甚至表现得相当严重，对此应引起高度重视，并予以坚决和彻底纠正。首先，应牢固树立勤俭办企业的理念，精打细算，减少浪费，降低成本，提高效益，坚决杜绝管理粗放、大手大脚、铺张浪费的“败家子”行为。其次，应以强化管理入手，建立健全规章制度，真抓实干，把精细管理、严格管理落到实处。其三，应付诸实际行动。在压减各级机关公务用车，推进职务消费和福利制度改革，清理退出驻外机构、宾馆和二级招待所的同时，对全油田二、三级机关办公场所、办公设施配备、办公场所费用及来源等进行详细调查摸底，制定办公配置标准和调整方案，提出整合与合理配置办公资源的办法，压减办公费用和两级机关管理费用。

(五)加快信息化建设，提高现代化管理水平

信息化水平是衡量一个企业现代化管理程度的重要标志。近年来，油田大力实施“数字化油田”建设，采用国内外成熟的先进技术，建设了覆盖全油田的信息网络，从根本上改造了传统的经营管理方式和生产运行体系，信息技术在管理上的应用已达到国内先进水平。但由于点多、面广、线长，油田的信息化整体应用程度还比较低。下步，应重点加强边远矿区的信息化建设，不断扩大共享信息和数据网络覆盖范围，实现油田各单位、各系统、各层面间的信息互补和数据传输，使各项生产管理行为更加及时、快捷、高效。从业务内容、技术手段、工作方式、管理模式等方面加强研究，积极探寻信息化与油田生产经营管理新的切入点和结合点，以信息技术带动管理流程的再造与提升。加强ERP功能研究、业务连续性建设和各系统模块的对接，逐步构建以勘探开发、生产指挥、经营管理三大信息系统为主，多系统协调运行的“大ERP系统”，促进油田信息化管理水平的提升。

四、和谐向前进

创造和谐的环境是促进油田各项工作胜利前进的基础。总体上看，胜利油田还是比较和谐的。但是我们应该看到，由于油田正处于改革发展的关键时期，企业结构深刻变动，体制机制深刻变革，思想观念深刻变化，利益格局深刻调整，价值取向趋于多元，在给油田发展带来巨大活力的同时，也不可避免地产生一些不和谐因素。当前和今后一个时期，应以创建“和谐油田”为目标，统筹兼顾，突出重点，推动油田各项事业和谐前进。

和谐向前进——就是以科学发展观为统领，以构建和谐油田为目标，坚持以人为本，认真履行政治责任、经济责任和社会责任，组织动员各层面的力量，调动一切积极因素，妥善处理各种关系，努力化解一切不和谐因素，全力打造稳定和谐的内外部环境，为深化改革、促进发展提供保证。

(一)加强党的建设，发挥企业党组织的政治核心作用，保障和谐向前进

当前和今后一个时期，是油田改革发展的关键阶段，企业结构、体制机制、利益格局、职工思想观念将发生深刻变化，改革发展任务十分繁重，稳定局面比较复杂，实现和谐向前进，离不开各级党组织政治核心作用的发挥和广大党员先锋模范作用的引领。

加强各级领导班子建设，用和谐的班子带出和谐的队伍。以先进性建设为核心，大力加强党的建设和各级领导班子建设，着力建设和谐的班子，用班子的和谐促进职工队伍的和谐；着力提高各级班子和领导干部促进科学发展的能力、协调利益关系的能力、拒腐防变的能力和驾驭全局的能力。同时，积极探索建立反映“企业和谐度”的量化指标体系，把和谐油田建设作为对领导干部业绩考核的重要方面，促使各级班子和领导干部思想到位、工作到位，更加适应和谐向前进的要求，切实担负起构建和谐油田的责任。

加强党员队伍建设，用党员的先锋模范作用在职工群众中营造和谐氛围。基层的和谐、职工群众的和谐是油田和谐的基础。离开了基层和职工群众的和谐，和谐油田建设及和谐向前进就成了无源之水、无本之木。要抓住基层和谐和职工群众和谐这两个重点，教育和引导广大党员把保持党员先进性、发挥先锋模范作用与促进基层及职工群众的和谐结合起来，激励广大党员在构建和谐油田中尽好职责、发挥好作用，使每个党员都能够自觉地成为和谐油田建设的宣传动员者、组织参与者，用实际行动在职工群众中努力营造和谐、和睦的良好氛围。

加强作风建设，用优良的党风促进和谐的民风。优良的党风是建立融洽的党群、干群关系和促进和谐民风的前提。应把改进党员干部思想作风、加强党员领导干部思想作风建设作为减少不和谐因素，促进油田和谐稳定的工作切入点，唱响“领导干部有正气才更有力量”主旋律。应完善干部调查研究、基层蹲点、挂职锻炼等工作制度，提高各级干部深入群众、服务群众、教育群众的能力和水平，进一步密切党员与群众的感情和联系。同时，应下大气力解决好部分党员干部中存在的“不适应、不符合、不扎实”的问题。

(二)坚持以人为本，努力做好群众工作，推动和谐向前进

和谐向前进的主体是人，职工群众是建设和谐油田的主力军。应把维护职工利益作为构建和谐的切入点，把提升职工素质作为促进和谐的支撑点，把化解各种矛盾、协调各方利益作为构建和谐的着力点，充分调动和发挥职工群众推动构建和谐、实现和谐向前进的积极性、主动性和创造性。

加强对职工群众的思想教育。思想是行动的先导，思想上的不和谐是最本质的不和谐。在加大力度，进一步深化改革的形势下，由于油田部分职工思想观念比较陈旧，对改革的承受能力比较脆弱，再加上传统观念和计划经济管理模式的影响，很容易这也不顺眼，那也看不惯，甚至出现一些不和谐的“杂音”或举动。这些都是在所难免的，对此应有充分的思想准备。应加大宣传教育力度，畅通民情民意倾诉渠道，倾听群众反映，了解群众意愿，掌握群众心态，做好上级政策和相关法律法规的宣传解释，耐心细致地为群众解疑释惑，尽最大努力赢得群众的理解和支持。教育和引导职工群众理性对待油田改革发展中出现的问题与矛盾，最大限度地克制和避免不冷静、不理智的行为。采取典型示范、现场对话、心理咨询等办法，减轻部分职工的心理负担和压力，克服消极心态，保持身心健康。

协调和维护好职工群众利益。利益和谐是最大的和谐，大多数不和谐都是由利益不和谐引起的。对于胜利油田这样一个企业功能与社会功能兼备，政治责任、经济责任和社会责任共担的国有企业来讲，决定了我们在想问题、办事情时，既要注重效率和效益，不断提高经济运行质量，又要兼顾公平，注意平衡，照顾大多数人的利益，促进整体和谐。这就要求我们，一方面积极探索“能上能下、能进能出”、“岗位靠竞争、收入凭贡献”的机制，为每个职工创造公平的竞争机会和舞台，最大限度发挥他们的能力，挖掘他们的潜力，实现职工自我价值与企业发展目标的协调统一。另一方面，在注重效率、承认合理差距的前提下，建立和完善利益相对均衡和协调机制，协调好各方面的利益关系，尽量保证油田经济效益与职工收入同步增长，避免出现大的利益失衡。

关心和解决职工群众的实际困难及问题。近几年，随着改革的持续深化，除在岗职工之外，油田出现了协解人员、家属、内退职工、离退休职工、改制分流人员等“五大群体”，共17万多人，占油田各类人员总数的57.7%。这些群体的存在，既客观反映着油田发展的历史积累问题，又集中体现出油田改革的现实利益矛盾，不同群体和各种利益矛盾的交织、凸显、碰撞，是目前产生不和谐问题的主要原因。应从实际出发，加强非在职群体的管理与服务，从源头上减少和避免不和谐因素。对于家属和协解群体来说，长远之计和终极目标是移交社会管理。但在现阶段国家保障机制不够完善，家属和协解群体难以移交社会管理的情况下，应本着“尊重历史、尊重现实”的原则，尽快建立健全与之相适应的管理体系和机构，切实把该管的管起来。对下岗失业人员，应重点加强就业培训，拓宽就业渠道，完善再就业服务体系，切实解决好就业问题。对于弱势困难群体，应坚持“真困难、真帮助”，形成社会保险、企业帮扶、职工捐助和慈善事业相衔接的帮扶救助体系，逐步实现“困有所帮、难有所助、贫有所济、病有所医”，从根本上保持和维护稳定和谐的良好局面。

(三)持续加强企业文化建设，营造和谐向上的文化氛围，加快和谐向前进

加强企业文化建设，既是构建和谐油田的重要内容，又是构建和谐油田的重要动力。在把握社会主义核心价值体系基本内容的基础上，应坚持把胜利文化核心内涵、价值理念与时代精神结合起来，积极培育“和谐文化”，建立和发展以和谐为核心的价值体系，大力倡导和谐的理念，引导职工群众用和谐的思想方法来思考和解决问题，在全油田形成崇尚和谐的价值取向和文化导向。在初步构建起框架体系的基础上，继续完善、丰富和发展“胜利文化”，把文化理念融入到具体的规章制度中，引导和规范职工行为，提升全员对胜利文化核心内涵和价值理念的认知认同，真正使胜利文化的核心内涵入脑入心。在地处偏僻，环境艰苦的一线基层单位，应大力推进“家文化”建设，创造温馨和谐的人文环境，增强基层职工以岗为家、以站为家、以队为家的归属感。继续加强“品牌文化”建设，塑造一批素质过硬、敢打必胜、信誉很高的胜利名牌队伍，全面提升油田市场竞争力。充分发挥“全国企业文化基地”的品牌效应，大力宣传油田先进典型和先进事迹，扩大油田的知名度和美誉度，增强职工群众的荣誉感和自豪感。

(四)妥善处理多方关系，营造良好的发展环境，促进和谐向前进

胜利油田点多、线长、面广，不仅生存发展环境复杂，而且面临的各种关系也比较复杂。这就需要我们妥善处理好多方关系，营造良好的发展环境，在更高的层面上实现和谐。

构建油田分公司与石油工程技术、公用工程、基地服务等业务板块的和谐。从油田发展历史上看，石油工程技术、公用工程、基地服务等业务板块都是伴随胜利油田发展壮大起来的，与油田有着千丝万缕的联系。从业务关系上看，各业务板块和油田分公司一样，是胜利油田这个整体的重要组成部分，休戚与共，唇齿相依。应从大局出发，搞好相互间的合作与互补。石油工程技术服务板块应充分发挥自身优势，搞好科技攻关，有效解决关键性技术难题，为油田分公司提供优质的技术服务；公用工程和基地服务板块应大力挖掘潜力，减少消耗，降低成本，提供优质高效的服务和保障，为油田增储上产提供有力支持。对关联交易中存在的交易程序繁杂、结算周期过长、定额不够合理等矛盾和问题，应探索运用科学的定价方法，建立完善的市场定额体系，确保关联交易价格合理，提高油田分公司和各业务板块的市场竞争力和生存发展能力，增强和促进油田分公司与各业务板块间的和谐。

构建油田与地方之间的和谐。构建油地之间的和谐关系，对于促进双方共同繁荣和发展至关重要。应继续坚持“油地结合、优势互补、互惠互利、共同发展”方针，在认真践诺社会责任、支持地方经济建设和新农村建设的基础上，积极争取地方政策支持，加快国有资产退出业务与区域经济的融合，推动区域经济和谐发展。同时，应突出加强油田生产建设、发展规划与地方土地利用总体规划、城镇建设发展规划的对接，减少城镇化建设对油田生产造成的不利影响。对地方利益格局多元化带来的油地矛盾和纠纷，应综合运用政治上的对话沟通机制、经济上的互利双赢战略、行政上的联防联治防控体系，以及法律上的依法维权举措，妥善处理，促进油地关系朝着和谐、融洽的方向发展。

构建人与自然的和谐。近年来，随着国家和地方政府对环境保护重视程度的不断提高，先后出台了一系列新的环保政策和法规标准，并不断加大环保处罚力度和执法力度，对油田环境保护工作提出了一系列更高、更细、更严的要求。在这种情况下，油田上下应从思想观念、工作机制、执行力度等方面入手，坚决克服和纠正重生产轻环保、先污染后治理的落后观念和不良习惯，大力实施环保工作一把手工程，加强环境污染事件问责。继续完善 HSE 管理体系和应急救援管理体系，做好黄河滩涂、自然保护区、海洋、沿海滩涂、东西城区等环境敏感区域的环境因素识别和风险评估，研究制定环保治理计划和事故应急预案，建立科学长效的环保管理机制，把对环境的影响减少到最低程度，为创建百年胜利创造良好的自然环境。

◆概况
◆大事记
◆特载
◆专文
◆
◆二级单位
◆局属实体　控股公司　改制企业
◆先进集体　先进个人
◆人物
◆文件选辑及索引
◆资料数据

工作综述

经营决策

【工作思路】 以科学发展观和构建和谐社会两大战略思想为指针，认真贯彻落实中石化集团公司工作会议精神，紧紧围绕“百年创新，百年胜利”宏伟愿景，以及“油气硬稳定、改革大突围、管理上水平、和谐向前进”阶段性目标和任务，创新发展，锐意改革，强化管理，构建和谐，努力实现油田又好又快发展，并为今后长远发展打下坚实基础。

【主要生产经营指标】 ①新增探明石油地质储量9000万吨；生产原油2758万吨，天然气8.5亿立方米；新建原油产能397.6万吨，新建天然气产能1.05亿立方米。②油田分公司完全成本1030.89元/吨，实现利润382.8亿元(以进口原油FOB价格53美元/桶计)；管理局补贴控制在22.5亿元以内。

【工作部署】 一是夯实资源基础，把握开发规律，促进油气主业的持续有效发展。牢固树立油气资源是油田生存之基、发展之本、效益之源的思想，立足老区、加快新区，强化深层、开拓发展，在寻找规模储量、提高储量可动用程度上下功夫。天然气勘探实现新的突破。各采油厂科学实施老区开发调整，夯实稳产基础，努力减缓陆上水驱油田、三次采油产量递减，促进稠油产量持续增长，海上产量实现大幅度增长。油公司板块充分发挥体制机制优势，转变产量增长方式，确保新区投入规模，实现产量持续增长。西部新区加大工作力度，加快工作节奏。立足高效开发、可持续发展和良性循环，精心运筹，科学调度，均衡生产。坚持从油田实际出发，促进油田开发由生产管理型向经营管理型、效益管理型转变。精心搞好经济评估和科学论证，精心研究编制勘探开发方案，统筹好新区产能建设与老区调整治理的关系，统筹好稠油、海上等重点地区、重点项目与油田整体发展的关系，统筹好长效投入与近期生产的关系，优化工作量与价值量的匹配，实现储量、产量、投资、成本、效益“五统一”。

二是坚持经济总量和发展质量有效统一，不断提升管理局经济的整体实力。钻井系统强化大局意识，狠抓重点区块、重点项目施工，注重生产组织的统一协调，合理部署钻机，加快运行节奏，确保生产建设的高效运行。作业系统发挥专业优势，强化措施工作量结构调整、作业方案优化及生产过程衔接优化，努力提高作业成功率和生产时效，提高劳动生产率。物探、测井、录井等单位积极提高工程技术含量，强化现场管理，依靠技术进步提升整体实力。与此同时，进一步增强供水、发供电业务在油田勘探开发建设中的基础保障作用，进一步提升社区等服务系统的服务质量和水平。集中资源，整合力量，不断提升油田外闯市场的质量和效益。在市场方向选择方面，突出重点，集中精力打歼灭战。加强对外闯市场工作的研究和指导，实施集中统一管理和领导，积极争取有效益的市场份额，扭转单打独斗、只见工作量不见效益的局面，使外部市场成为新的盈利支柱。在结构优化升级上下功夫，促进优势资源不断向优势产业和主营业务的集中。集中力量，着力搞好“四大创新创效工程”。加快实施燃料结构调整二期工程，取消油田基地外围区域燃油锅炉房。加快推进电厂三期工程，增加热电联供能力。

三是整体筹划，分步实施，扎实推进油田深化改革调整。主要分为四个方面：①扎实推进剩余348家对外投资和多种企业的清理整顿任务。对油田及二、三级单位兴办的55家驻外机构、宾馆、招待所，除按照集团公司要求保留9家外，其余的分别采取划转移交、转让、改制分流、关停等方式全部退出。②积极推进改制分流。把属于改制分流范围又基本具备条件的单位和企业尽可能多地纳入改制分流计划。重点推动总机械厂等4家整建制二级单位及石油工程、公用工程板块兴办集体企业和社区兴办的多种经营企业的改制分流工作。③加快结构调整步伐。分公司在推行项目运行的同时，总结油藏经营试点的经验教训，深化认识，提高水平，积极推动。石油工程技术服务板块，全面启动作业系统内部整合，三级机关由40个压减到25个，后勤辅助单位的部分富余人员调整充实到一线岗位。油建系统根据业务变化，完成内部整合与调整工作。钻井系统制定切实可行的改革调整方案，试点工作已经完成。整合国际工程项目，组建国际石油工程公司。供水、发供电等公用工程板块，优化供水资源配置，实施电网优化调整，推进热电队伍专业化、一体化管理。社会化服务板块，进一步调整小区布局，整合物业、热力公司，组建天然气管理中心，并进行物业公司整合试点和市场化运作试点；整合市政服务、医疗卫生、托幼、学历教育、职工培训、文化宣传资源，积极探索深化改革的途径和办法。④积极推进配套改革。持续推进两级机关改革，理顺治安、消防、地震气象管理体制，促进油田机关管理职能与业务变化相适应和配套联动，精简人员，降低费用，提高效率，改善服务。深化劳动人事制度改革，严格定编定员，推行竞争上岗，显现富余人员，实行总量控制和动态管理；优化资源配置，严格控制新增用工；建立内部养人机制和劳动力调剂市场。继续深化分配制度改革，完善三支队伍岗位管理，加大向艰苦一线和专业技术拔尖人才的倾斜力度，增强薪酬激励约束功能；规范集体工、内聘工、企业员工等用工管理。持续推进物资供应管理体制改革，在近两年“撤改”基础上，对二级单位的配送队伍进行区域整合，组建区域性配送公司，实现区域配送。理顺离退休、内退等人员管理体制，探索建立油田集中管理模式，首先在二级整合相关机构、人员，明晰费用，实现二级层面的集中管理。

四是创新管理形式和内容，持续提升油田管理水平。把安全、环保放在更加突出的重要位置。强化监督检查，落实风险管理，加强培训教育，强化安康文化建设，坚持清洁生产。努力强化井控观念，大力强化海上安保装置完善，确保万无一失。以成本控制为主线，全面加强经营管理。大幅度压减管理费用、努力降低财务费用，通过各项措施降本增效，采取综合配套措施增收节支，弥补预算缺口，努力实现管理局财务收支平衡。加强资金监管，加速资金周转，加快资金结算，加大资金回笼，降低财务费用，降低债务风险。理顺经济关系，完善内部考核机制。规范分公司与管理局之间的关联交易，加强施工监督、协调、生产运行和费用结算，提高劳动效率、生产时效和资金运作效率。把新老井产量、节能降耗、作业费用、材料费用等与投资、成本指标结合起来，并与相关部门挂起钩来，形成职能部门与责任单位的联动考核。进一步加大对各级经营者的考核力度，认真落实领导责任追究制，切实做到严考核、硬兑现。全面推行项目管理，努力提高管理水平和运行效率。严格执行内控制度，规范经营行为，降低财务风险。继续加强信息化建设，充分发挥信息技术集成创新优势。大力加强ERP功能拓展建设，扩展信息覆盖范围和提高服务层次。

五是坚持科技兴油，推进科技创新，为油田发展提供强力支撑。从基础研究、先导试验、技术攻关、推广应用等方面入手，围绕油田扩大资源、保持稳产、推动持续发展确定科技创新方向和目标。加强理论创新和基础研究，下大力气解决制约油气勘探开发的地质认识问题、技术瓶颈问题和工艺升级问题。进一步深化隐蔽油气藏勘探理论、中深层天然气勘探理论和陆相断陷盆地油气成藏理论研究，用理论的突破引领勘探开发实践的突破。大力发展先进的勘探开发技术，加大科技攻关和先导试验力度，进一步提高勘探开发能力，把资源优势转化为产能优势，把潜在的生产力转化为现实生产力。加快成熟适用工艺技术的集成与推广，加强中高渗油藏水驱、埕岛油田高效开发等技术的集成配套，深化复杂结构井技术的攻关与配套，加快引进消化吸收空气钻井、深层钻井、垂直钻井等关键性技术，进一步提升油田主导技术水平。充分发挥勘探开发一体化、钻井物探一体化及市场调节体制机制优势，增强科技创新的动力和活力，为“油气硬稳定”提供支撑。同时，完善人才选拔、培养、使用、激励机制，建设经营管理、技术、技能操作三支人才队伍，为油田发展提供人才保证和智力支持。

六是深入开展“思想作风建设提升年”活动，大力加强各级领导班子和领导干部队伍建设。以“践行有正气，提升执行力”为主题，深入开展“思想作风建设提升年”活动，推动各级领导班子、领导干部和各级机关人员的思想作风建设再上新水平。严格落实“五项问责制”、党员领导干部思想作风建设和群众工作“双十”制度，探索有利于制度落实的有效运行机制和激励约束机制，维护制度的严肃性和权威性，真正实现用制度管人、用制度管事、用制度管权。着力完善监督运行机制，高度重视企业内审内控队伍建设，有效整合党内监督、专业部门监督、群众监督、舆论监督各方面监督力量，形成监督合力。进一步加强基层党组织建设，确保基层党组织坚强有力，发挥基层党组织凝聚人心、推动发展、促进和谐的作用。

七是坚持以人为本，大力加强思想政治工作和群众工作。学习好、宣传好、贯彻好党的十七大精神。采取多种形式，集中力量进行宣传报道。搞好形势任务教育，努力营造奋发进取、积极向上的氛围，把职工群众的思考点、关注点、着力点引导到热爱油田、心系发展，立足本职、干好工作，积极为油田发展作贡献上来。大力加强基层建设，认真实施第四个三年规划，切实做到全方位覆盖无缝隙、全过程管理无停顿、全员参与无例外，全面提高基层队伍的整体素质和管理水平。尊重职工群众的首创精神，大力培育知识工人、首席技师、蓝领专家。落实职工群众的民主权利，坚持和完善职代会、厂务公开等民主管理制度，加大企业生产经营重大决策、工程招投标、设备采购和涉及职工切身利益事项的公开力度。坚持从实际出发，力所能及地为职工群众办实事、办好事。①本着“政策支持，市场运作，群众受益”的原则，利用国家经济适用房政策，争取地方政府支持，开发建设经济适用房和限价商品房；完善二手房交易市场，规范二手房交易，调整住房公积金使用办法，提高职工购房支付能力。②合理调整小区布局，逐步实施外围小区回迁；积极筹措资金，维修改造部分老区，配套完善新建小区，提高小区整体品位。③积极配合地方政府，推动广利河改造，改善沿河环境。④在医院推行单病种限价治疗，降低油田职工看病和住院费用。⑤继续完善就业、再就业服务体系，加强下岗失业人员就业培训和再就业工作。⑥继续完善社会保险、企业帮扶、职工捐助和慈善事业相衔接的帮扶救助体系，对困难职工的基本生活、子女上学、看病就医等进行帮扶。

八是建设“和谐文化”，妥善处理多方关系，营造和谐稳定的内外部环境。充分发挥和谐文化在油田建设中的整合、调节、融合、规范及趋同作用，把安全文化、社区文化、基层单位“家文化”作为和谐文化建设的重点，创造温馨和谐的人文环境，培育和谐向上的团队精神，努力营造构建和谐人人有责、和谐油田人人有为的局面，共同担负起创建和谐油田的责任。进一步完善关联交易，健全市场定额体系，简化交易程序，提高运行效率，确保定额合理到位。石油工程技术业务充分发挥自身优势，搞好科技攻关，为油田分公司提供优质技术服务。供水、发供电、社会化服务等业务，挖潜增效，降本增效，为油田提供优质高效的服务和保障，为增储上产提供有力支持。油田分公司充分发挥自身的经济优势和市场优势，与管理局共同承担油田改革发展的压力，共同履行应尽的责任义务。妥善处理油地关系，构建油田与地方的和谐。认真践诺社会责任，以油田发展带动区域经济发展，以地方发展改善油田发展环境。不断加强帮扶体系建设，在全油田形成帮困济贫、相互关爱、共建和谐家园的良好局面，形成是非分明、知荣知耻、珍惜和谐的良好氛围，形成万众一心、众志成城、共创辉煌的强大力量。

（商　珂）

（审核　邹登礼）

油　气　生　产

油 气 勘 探

【综述】　胜利山东探区已取得探矿权面积48926.496平方千米。到2006年底，共完成二维地震240554.8千米、三维地震23596.86平方千米，完钻探井6111口，进尺1556.739万米；发现胜坨、孤岛等73个油气田，累计探明石油地质储量46.1179亿吨，石油技术可采储量12.1898亿吨；累计探明天然气地质储量2213.04亿立方米(其中气层气404.60亿立方米)，技术可采储量721.13亿立方米，石油探明程度为42.5%。累计生产原油8.8亿吨。

1996年，胜利油田开始在新疆塔里木盆地和田区块开始勘探工作，已取得探矿权面积32873.55平方千米。和田区块共完成二维地震7466.634千米，完钻探井3口，进尺2.46万米。1998年底开始在合肥盆地开展油气勘探工作，已取得探矿权6528.14平方千米，完成二维地震3374.75千米，完钻探井1口，进尺0.52万米。2001年开始参与新疆准噶尔盆地的勘探工作，到2006年底，探矿权面积49221.23平方千米，共完成二维地震16861.68千米，三维地震2370.35平方千米，完钻探井42口，进尺14.39万米。2002年开始在宁夏中卫探区开始勘探工作，面积3380.44平方千米。

2002年底开始在辽东湾海域开展油气勘探工作,已取得探矿权面积5691.233平方千米,到2006年底,完成二维地震874千米,三维地震695.7平方千米,完钻探井3口,进尺0.43万米,发现胜顺油田。截至2006年底,胜利油田拥有自主勘探操作权的地区面积61572.321平方千米。

2006年,完成二维地震采集521.48千米,完成三维地震采集999.86平方千米(满次面积)。VSP测井2口。完钻区带探井111口,进尺31.96万米。电测解释有油气层井71口,仅见油气显示井22口,下油层套管井64口。试油交井83口,交层125层,新获工业油气流井58口64层,其中当年完钻井获工业油气流井43口48层。2006年共预探圈闭24个,测井解释见油气层圈闭13个,仅见油气显示圈闭7个,下油层套管圈闭11个。

野外地质勘察

2006年新发现第74个油气田——新北油田。按照储量新规范向国土资源部提交24个油田新增含油面积153.13平方千米,新增探明石油地质储量9178.65万吨,新增探明石油技术可采储量1783.35万吨。2个油田新增含气面积15.75平方千米,新增探明天然气地质储量15.77亿立方米,新增天然气可采储量8.85亿立方米;7个油田新增控制储量含油面积155.81平方千米,控制石油地质储量10581.39万吨;4个油田新增预测储量含油面积250.37平方千米,预测石油地质储量12293.91万吨。截至2006年底,胜利油田(山东探区、辽东凹陷)共发现油气田74个(包括八面河油田),其中天然气田2个。有探明石油地质储量的油田69个,有探明天然气地质储量的油气田35个,有控制石油地质储量的油田41个。

截至2006年底,累计探明含油面积2536.56平方千米,石油地质储量461179.71万吨(新储量规范),石油可采储量121898.53万吨,溶解气地质储量1808.44亿立方米,溶解气可采储量524.13亿立方米;控制含油面积658.52平方千米,石油地质储量61760.03万吨;预测含油面积1133.53平方千米,石油地质储量93276.28万吨。探明天然气含气面积260.56平方千米,天然气地质储量404.60亿立方米,天然气可采储量197.00亿立方米;控制含气面积8.4平方千米,天然气地质储量68.00亿立方米;预测含气面积219.50平方千米,天然气地质储量209.98亿立方米。

【民丰地区盐下深层砂砾岩体勘探取得重要突破】 民丰地区沙四下亚段发育间歇性盐湖沉积,形成一套分布稳定的盐膏层,分隔了沙四上—沙三段和沙四下两套砂砾岩体储层。以往由于三维地震、储层改造技术工艺的制约,盐下深层砂砾岩体勘探程度较低。2005年研究认为丰深1井沙四下暗色泥岩可能是一套新的有效烃源岩，预示民丰地区盐上和盐下可形成上下两套相对独立的含油气系统。对丰深1井进行老井复查，获得日产油81.7吨、气114653立方米的高产工业油气流。随后，按照"预探突破、解剖类型和落实规模三步走"的勘探思路，针对盐下深层相继部署丰深2、3、4等井。其中位于丰深1与丰8井之间鞍部的丰深3井电测解释沙四段3507～4887.8米见气层20层50.7米、差气层4层19.4米；对4740.47～4846.75米进行中途测试，在未采取压裂措施的情况下，6毫米油嘴求产，油压4.3兆帕，日产气2.64万立方米。根据电性对比，丰深3井储层物性要比丰深1井差，而丰深1井2000年测试时，日产气仅为1982立方米。丰深1井以西的丰深4井电测解释沙四上3767.3～3914.3米见油层2层2.3米、气层3层6.9米，沙四下4282.3～4566.1米见气层9层25.3米、差气层7层20.5米。对丰深2井沙四下亚段三套盐膏层段岩芯样品的分析表明，该区第一套盐膏层暗色泥岩有机碳含量0.73%～2.63%、氯仿沥青"A"含量0.3%～0.9%、Ro为0.93～1.0，是一套成熟度较高的优质烃源岩；平面上分布比较稳定，厚度200米左右。根据追踪描述，东营凹陷盐膏层段暗色泥岩展布面积达890平方千米，具有下步继续深化勘探的资源基础。民丰地区盐下深层砂砾岩体勘探取得重要突破，一是证实了沙四段盐下暗色泥岩是一套新的有效烃源岩，二是证实了4700米以下深部砂砾岩体储层，同样具有形成高产的物性条件，三是证实了盐下深层砂砾岩体油气藏具有叠合连片的展布特征。

【利津西坡沙四段深层滩坝砂体勘探取得突破】 该带位于利津洼陷西南乔庄和小营油田的结合部。由于沙四段埋深较大(一般超过3300米)，受勘探工艺条件的限制，以往在该区部署的梁205等探井仅获得低产油流，未形成规模储量。近几年通过试油技术攻关，多口探井在3300米以下滩坝砂体油层获得工业油流，提升了深层滩坝砂体的勘探价值。2006年在乔庄和小营油田结合部的北部较深部位部署梁75井，完钻电测解释沙三中油层1层1.3米、沙四段3413.8～3563.2米井段见油层10层21.2米，试油射开沙四段3413.8～3447.3米井段，采取压裂措施，日产油17.2立方米。对梁103井复查并对沙四段3524.5～3531.9米井段压裂试油，日产油10.78吨。另外，利津洼陷西坡滨680井电测解释沙三段油层1层0.7米、沙四段3592.6～3688.8米见油层11层23.6米，对沙四段3610.7～3644.0米采取压裂措施后，日产油10.3立方米。梁75等井的钻探成功，打破了以往滩坝砂体油藏受埋深限制的勘探思维禁区，证实了3500米以下深层滩坝砂体仍具有较好的储集物性，并能获得高产工业油流，拓宽了该类油藏的勘探领域。2006年新增梁75块预测储量3594.40万吨。

【车镇北带沙三段砂砾岩扇体勘探取得新发现】 车镇凹陷大王北洼陷西部勘探程度较低。为了探索该区沙河街组砂砾岩体含油气情况，2005年部署的车66井钻探成功。为整体评价车66扇体，2006年相继部署车660、车661、车662、车663、车73等5口探井。其中车660井电测解释沙三段4076.0～4321.5米见油层15层53.8米，试油射开沙三段4231.1～4253.8米油层3层14.8米，日产油193吨、天然气42928立方米。车662井电测解释沙三段3379.0～3759.6米见油层4层6.9米、沙四段3880.5～3972.0米见差油层6层20.6米。车663井电测解释沙三下3883.7～4173.7米见油层1层2.7米、差油层5层11.3米、泥岩裂缝储层3层29.2米，对4063.5～4119.7米井段酸化施工，日产油

5.06立方米、水1.27立方米。车73井在沙三段3913～4553.5米井段电测解释差油层9层21.6米。通过对车66井区的钻探，发现套尔河次洼沙三、四段发育良好的烃源岩，沙三下存在压力封存箱，可自成体系；证实了车镇北带深层砾岩体油藏不含水的早期部署观点；车663等井的钻探也展现出碳酸盐砾岩体储层具有物性复杂、变化大的特点。2006年新增车66井区控制储量1108.04万吨，车73井区预测储量2700.94万吨。

【东营北带盐上砂砾岩体勘探取得新发现】

东营北带砂砾岩扇体是油气勘探的重点。随着三维地震、储层改造技术工艺的进步，扇根侧向封堵的近岸水下扇体及砂砾岩前方的浊积扇体等成为近期勘探的主要目标。2006年，盐22、坨174、坨764、坨765、永920和永929等井相继取得成功。盐22井钻遇沙四段油层1层9米、油水同层1层3.7米，对两层试油，5毫米油嘴放喷，分别日产油11.9吨、气2091立方米和油16.5吨、气2414立方米。坨764井钻遇沙四下深水浊积扇体油藏，电测解释沙四段油层6层71.8米，对4344～4352米井段压裂试油，日产油3.7吨；射开3947.5～3970.0米井段油层1层22.5米，压裂后日产油15.45吨、水8.2立方米。永920井在沙四段3054.7～3567.0米井段电测解释油层11层122.7米，上油层下油水同层1层41.1米、油水同层1层38.7米、含油水层6层141.8米；对3423.6～3453.2米含油水层段试油，压裂后日产油25.11立方米、气1719立方米、水1.79立方米；射开3196.0～3210.0米油层2层12.0米，压裂后日产油12.44吨、水2.4立方米。永929井电测解释沙四段油层5层14.3米、油水同层1层22.2米。坨174井钻遇沙四段油层7层23.1米，差油层10层29.6米、油水同层1层6.1米；纯上亚段白云岩中途测试日产油18.7吨，纯下亚段两层砂砾岩油层压裂试油分别日产油15.2吨和9.57吨。坨765井钻遇沙四段油层1层38.0米，中途测试，日产油70.09吨、气20327立方米。老井坨147井于沙四段重新压裂试油获得日产21.3吨的高产工业油流。2006年盐22、永920井区新增控制储量2625.12万吨，坨764块新增预测储量2478.80万吨。

【博兴洼陷及其周缘滩坝体砂勘探取得新发现】 继高89井发现沙四段滩坝砂体新的含油层系以来，2006年，相继完钻樊141、樊142、樊143、樊144、樊145、樊146、樊147、樊149、樊150、高901、高899等井，均在沙四段钻遇油层。其中，樊141井试油射开沙四段油层7层10.7米，压裂后日产油23.7吨、气1332立方米、水0.98立方米。樊142井电测解释油层7层18.5米，试油日产油21.13吨。樊143井电测解释沙三中油层1层4.7米、沙三下油层3层2.8米、沙四段油层12层21.5米、孔店组油层8层25.2米，压裂后，日产油37.86吨。樊144井电测解释沙三中油层3层15.7米、沙四段油层8层34.6米，对沙四段1层13.3米压裂试油，日产油26.04吨。樊145井射开沙四段油层4层10.8米，日产油43.67立方米、气1543立方米。樊146井电测解释沙三下油层1层6.3米、沙四段油层2层9.3米，压裂后，日产油11.9吨。樊147井电测解释沙四段油层3层8.8米，泵抽日产油8.8立方米。樊149井电测解释沙四段油层2层2.8米，压裂后，泵抽日产油9.3吨。高901井电测解释沙一段油层1层1.7米、油水同层1层2.0米，沙二段油层1层1.8米，沙三段油水同层1层10.5米，沙四段油层9层18.2米。高899井电测解释沙四段油层7层16.2米，压裂后，日产油21.38立方米。2006年，高89块新增探明储量 3689.49 万吨，成为 2006 年胜利油田最大的整装探明区块。高 89 块东部小营—纯化断裂鼻状构造带勘探也获得了新发现。纯 111 井电测解释沙四段油层 1 层 4.7 米、油水同层 1 层 3.0 米，射开油层 1 层 4.4 米，压裂后日产油 25.7 立方米、气 517 立方米、水 4.04 立方米。2006 年，纯斜 103、博 901 块新增控制储量 1874.92 万吨。

【永进油田亿吨级储量规模得到进一步落实】 为明确油藏类型及主控因素，尽快整体控制和局部探明永进油田，扩大油气规模，2005 — 2006 年部署实施了预探井永 3、永 8、永 9 井，主要目的是预探西山窑组储层发育情况及含油气性，同时兼顾评价白垩系吐谷鲁群含油气性。永 3 井白垩系吐谷鲁群、侏罗系西山窑组及三工河组电测解释油气层 2 层 11.4 米、差油层 2 层 3.8 米、含油水层 3 层 16.7 米，对侏罗系西山窑组油层的 5609.6 ～ 5619.9 米井段试油，日产油 34.24 立方米，日产气 6776 立方米。永 3 块上报控制含油面积 146.93 平方千米，新增石油控制地质储量 3143.51 万吨。2006 年，胜利新疆探区发现春光油田，并上报排 2 区块新近系沙湾组探明含油面积 8.40 平方千米，新增探明石油地质储量 647.51 万吨，技术可采储量 323.76 万吨；新近系沙湾组二段控制含油面积 13.19 平方千米，新增石油控制地质储量 998.64 万吨。

【牛庄洼陷东部斜坡带勘探取得新发现】 2005 年以来，东营缓坡带沙四段浊积岩油藏逐渐成为近期勘探重点。2006 年部署辛 176、辛斜 177、王 585、王 587、王 588 等井获得成功。辛 176 井电测解释沙四段见油层 3 层 27.7 米，测试日产油 364 立方米、天然气 11160 立方米。王 585 井电测解释沙四段见油层 3 层 5.2 米，试油射开油层 3 层 5.2 米，日产油 9.06 吨、气 1055 立方米。王 587 井电测解释沙四段见油层 3 层 11.4 米，试油射开油层 1 层 3.5 米，日产油 24.8 吨。王 588 井电测解释沙四段见油层 2 层 9.1 米、油水同层 1 层 2.7 米，试油日产油 22.5 吨、气 2574 立方米。研究表明沙四段浊积岩发育规模要大于沙三段浊积岩，同时具有较高的自然产能。2006 年，该区新增控制储量 1147.93 万吨。

【基山砂体西翼勘探取得新发现】 “十五”以来，针对基山砂体开展了卓有成效的勘探工作。2006 年部署田 301、田斜 302、田 303 等井取得成功。田 301 井电测解释沙二段见油层 1 层 5.2 米、油水同层 1 层 8.8 米，沙三段见油层 2 层 15 米、差油层 4 层 6.7 米；试油射开沙三段油层 1 层 11.9 米，压裂后日产油 19.5 吨；沙二段油水同层 1 层 8.1 米，试油日产油 12.2 吨。田斜 302 井电测解释东营组见油层 1 层 0.5 米、油水同层 3 层 5.5 米，沙一段油水同层 1 层 5.0 米，沙二段油层 2 层 9.9 米、油水同层 1 层 1.4 米，沙三上油层 3 层 24.5 米、油水同层 1 层 1.0 米；射开沙三段油层 2 层 21.5 米，压裂后日产油 8.04 吨。田 303 井电测解释沙三段见油层 7 层 19.4 米、油水同层 3 层 9.0 米，射开油层 2 层、油水同层 1 层共 3 层 8.9 米，压裂后，日产油 6.04 吨。这批探井的成功，证实了田 3 区块是东营组、沙一段、沙二段和沙三段等多套层系含油的有利油气富集区，成为较为现实的储量目标。田 301 块探明储量规模在 500 万吨以上。

【利津洼陷东坡沙三中浊积砂体勘探取得新发现】 2006 年通过强化成藏研究，在利津洼陷东坡史 108 井西部低勘探程度区部署史 12 井获得成功，电测解释沙三中见油层 6 层 22.8 米、油水同层 3 层 16.2 米，试油日产油 1.38 立方米，展示了利津洼陷东坡较好的勘探前景。在中央隆起带西段部署的史 13 井电测解释沙三下见油层 1 层 1.2 米，沙四段见油层 3 层 3.4 米、泥岩裂缝储层1层19.4米，进一步拓展了东营凹陷浊积砂体油藏的勘探空间。

【红柳油田东北部勘探取得新发现】 垦东斜641井位于孤东、红柳鼻状构造鞍部，该井电测解释馆陶组油层2层16.5米，试油1层6.5米，日产油10.7吨、水1.2立方米。随后，在垦东641砂体低部位钻探垦东642井又获得成功，电测解释明化镇组见气层1层2.0米，馆陶组见油层3层20.4米、油水同层2层10.6米，馆陶组试油，日产油10.26立方米。这两口井的成功，证实了孤东、红柳鼻状构造鞍部岩性油藏发育，两油田含油面积逐渐呈迭合连片的趋势。

【垦东地区含油面积进一步扩大】 垦东北部自垦东34块突破后，2006年继续向东甩开，部署垦东48、垦东481、垦东47井均获成功。垦东48井在馆陶组电测解释油层3层15.7米，试油两层分别获得日产油47.6吨和油57.1吨、气75049立方米。垦东481井电测解释馆上段见气层2层4.4米、油层6层17.3米、油水同层3层26.7米，测试分获日产油71.7吨、气2043立方米和油83.4吨、气85902立方米。垦东47井电测解释馆上段见油层2层13.9米、气层3层7.3米，馆下段见油层5层12.8米、油水同层3层9.6米，试油射开馆上段油层1层7.5米，日产油61.17吨、气30272立方米。2006年新增垦东48块控制储量1550.22万吨。垦东34块的垦东344井馆陶组钻遇油层2层12米，试油日产油102吨、气9580立方米。2006年新增垦东34块探明储量688.3万吨，探明胜利油田“十一五”期间第一个新油气田——新北油田。垦东主体垦东192、垦东斜110、垦东111等井获得成功。其中，垦东192井电测解释馆陶组见油层3层9.0米、油水同层2层6.0米，试油射开油层1层4.3米，日产油8.55吨、水0.98立方米。

【埕岛地区含油面积进一步扩大】 为进一步扩大埕岛主体周围馆陶组含油范围，2006年钻探埕北701、埕北273、埕北34等井获得成功。埕北701井电测解释馆上段见油层1层8.7米、油水同层1层6.4米，试油射开馆上段油层1层6.0米，日产油53.5吨。埕北34井电测解释油层1层4米、上油层下油水同层1层12.5米，试油日产油30吨。埕北273井电测解释馆陶组见油层3层14.4米。

【大王北油田含油范围不断扩大】 2006年加强大王北油田综合地质研究，钻探的大373井电测解释沙一段见油层7层10.5米，沙二段见油层3层7.2米，试油射开沙二段油层1层4.1米，日产油6.63吨。大斜364井试油射开沙二段油层2层5.8米，日产油4.87吨。经老井复查，大51井射开沙二段油水同层3层5.3米，压裂后日产油7.41吨、水9.04立方米。2006年，大373块新增控制储量720.57万吨。

【营子街地区浊积砂体含油范围不断扩大】

临南洼陷双丰扇三角洲前缘发育一系列浊积砂体，可形成上倾尖灭、断层岩性油藏。2006年继续扩大该区含油气规模，部署街201、街203、街207、街208井获得成功。其中街201井电测解释沙三上见油层2层10.5米、油水同层1层1.5米，压裂试油日产油7.5立方米。街207井在沙三上钻遇油层3层15.7米，试油5毫米油嘴放喷，日产油32.19吨，日产气1515立方米。街203井侧钻后电测解释沙三上见油层13层25.1米、油水同层2层7.8米。街208井钻遇来自北部盘河三角洲的浊积砂体，电测解释沙三上见油层3层15.7米。街斜2块探明储量规模在400万吨以上。

【东营南坡沙四下含油范围继续扩大】 沙四下亚段红层是缓坡带勘探程度较低的层系，2006年部署王66、王661、官126、官

127、官 14 等 5 口探井取得成功。王 66 井电测解释油层 10 层 22.1 米，试油两层分别获得日产 12.1 吨和 8.7 吨的工业油流。官 126 井电测解释油层 3 层 8.5 米，压裂后日产油 11.9 吨、水 0.47 立方米。官 127 井沙四段电测解释油层 1 层 1.2 米、油水同层 1 层 3.9 米，试油日产油 8.37 吨、水 6.42 立方米。王 661 井电测解释沙四段见油层 9 层 20.0 米。官 14 井在沙四段钻遇油层 4 层 4.4 米，对沙四纯上亚段 2072.9 ～ 2174.8 米井段中途测试，日产油 19.4 吨。

【孤北洼陷带及周缘含油范围不断扩大】 孤北洼陷带及周缘在沙四段、沙二段、东营组、馆上段等层段均见油气显示或获工业油流。2006 年，部署桩斜 147、桩 853、桩 603 及桩 835 等井获得成功，其中桩斜 147 井电测解释沙一段见油层 1 层 9.5 米，沙三段见油层 1 层 9.7 米；沙三段试油，日产油 29 吨、气 1094 立方米。桩 853 井电测解释沙四段油层 3 层 28.4 米，油水同层 1 层 11.4 米；沙四段试油，日产油 11.2 吨、水 1.14 立方米。桩 835 井电测解释沙四段见油层 3 层 8.7 米，试油射开油层 1 层 4.8 米，日产油 21.3 吨、气 1074 立方米。孤北 38 井电测解释沙三段见油层 2 层 17.0 米，试油日产油 7.31 立方米、气 2745 立方米。这批探井的成功，表明孤北洼陷带岩性油藏已成为近期油田增储上产的现实阵地。

【陈家庄凸起西段含油面积扩大】 陈家庄凸起西段沙一段、东营组、馆下段，地层由北、西、东三个方向向岭 1 高点超覆。2006 年为落实储量规模，继续钻探陈 225、陈 226、邵 203、邵 205 等 4 口探井获得成功。其中陈 225 井电测解释东营组见油层 1 层 3.0 米，试油获日产油 5.3 立方米、水 5.99 立方米。邵 203 井沙一段电测解释见油层 1 层 1.6 米、上油层下油水同层 1 层 6.4 米，试油获日产油 7.52 吨、气 4962 立方米。邵 205 试油射开沙一段油水同层 2 层 2.3 米，日产油 3.27 吨、水 5.50 立方米。2006 年，陈 22 块、邵 203 块新增探明储量 230.92 万吨。

【垦西地区含油面积扩大】 垦西地区沙河街组沉积时期发育数量众多的水下扇及滑塌浊积扇，极易形成岩性上倾尖灭、构造—岩性油藏。2006 年钻探垦 630、垦 631 和垦 761 井获得成功，其中垦 630 井电测解释沙一段见油层 1 层 4.4 米，沙二段见油水同层 3 层 16.2 米，沙四段见油层 3 层 29.3 米。垦 761 井电测解释沙三段见油层 8 层 46.5 米、油水同层 1 层 4.7 米，沙四段见油层 5 层 12.8 米、油水同层 2 层 4.8 米。

（李传华）

（审核　肖焕钦　吕希学）

油气田开发

【综述】 截至 2006 年底，胜利油区探明油田 70 个，探明含油面积 2544.96 平方千米，探明石油地质储量 461827.22 万吨。其中 2006 年新增探明石油地质储量 10339.03 万吨。胜利东部油区探明油田 69 个，探明含油面积 2536.56 平方千米，探明地质储量 461179.71 万吨。全年新增探明含油面积 130.44 平方千米，探明地质储量 9691.52 万吨。胜利西部油区新增探明油田 1 个(春光油田)，探明含油面积 8.4 平方千米，探明地质储量 647.51 万吨。

投入开发油田 70 个，动用含油面积 2064.92 平方千米，动用地质储量 399070.52 万吨，动用程度 86.4%。全年新增动用石油地质储量 11616.59 万吨。油区现井网和工艺条件下标定技术可采储量 114229.38 万吨，采收率 28.6%。累计产油 88037.26 万吨，地质储量采出程度 22.58%，可采储量采出程度 79.2%，剩余可采储量 26192.12 万吨。

胜利东部油区投入开发油田 69 个，动

用含油面积2056.52平方千米，动用地质储量398423.01万吨，全年新增动用石油地质储量10969.08万吨。现井网和工艺条件下标定技术可采储量113905.62万吨，采收率28.6%。累计产油88019.58万吨，剩余可采储量25886.04万吨。胜利西部油区2006年投入开发油田1个(春光油田)，动用含油面积8.4平方千米，动用地质储量647.51万吨，现井网和工艺条件下标定技术可采储量323.76万吨，采收率50%。

胜利油区按开发方式可分为常规开采、稠油热采和三次采油化学驱三种方式。常规开发油藏动用储量332457万吨，占83.7%，年产油2158.7万吨，占油区产量的78.8%；稠油热采油藏动用储量30246万吨，占7.6%，年产油241.6万吨，占油区产量的8.8%；三次采油化学驱覆盖储量34459万吨，年产油341.3万吨，年增油169.8万吨，占油区产量的12.4%。

截至2006年底，胜利油区探明天然气(溶解气+气层气)地质储量2213.1亿立方米，其中气层气探明储量404.60亿立方米，占18.3%，溶解气探明储量1808.49亿立方米，占81.7%。气层气动用地质储量337.68亿立方米，动用程度83.5%，标定可采储量197.94亿立方米，标定采收率48.9%，累积工业产气量108.88亿立方米，地质储量采出程度32.2%，可采储量采出程度67.4%。溶解气动用储量1566.88亿立方米，标定可采储量484.87亿立方米，标定采收率30.9%，累积工业产气量401.6亿立方米，地质储量采出程度25.6%，可采储量采出程度82.7%。

油气田生产现状。截至2006年底，胜利油区油井总数21741口，开井16921口，油井利用率77.8%，日产油水平75356吨，单井日产油水平4.5吨，综合含水90.03%。年产油2741.55万吨，采油速度0.71%，剩余可采储量采油速度9.6%。注水井总数7008口，开井5199口，水井利用率74.2%，日注水平588734立方米，单井日注水量113.2立方米，年注水21706.5万立方米，累计注采比0.79。

东部油区油井总数21698口，开油井16879口，油井利用率77.8%，日产油水平74333吨，单井日产油水平4.4吨，综合含水90.15%。西部油区油井总数43口，开油井42口，日产油水平1023吨，单井日产油水平24.4吨，综合含水0.59%。

2006年12月，胜利东部投产气井350口，开井88口，日产气能力57.91万立方米，日产气水平37.34万立方米。供气区投产气井279口，开井78口，日产气能力51.41万立方米，日产气水平30.84万立方米，平均单井日产气能力0.58万立方米；非供气区投产气井71口，开井10口，日产气能力6.5万立方米，日产气水平6.5万立方米，平均单井日产气能力0.65万立方米。

油气开发生产指标及工作量完成情况。①油气生产、油田注水。全年生产原油2741.55万吨(东部2726.11万吨，西部15.44万吨)，完成年计划的100.09%，较上年增产47万吨。全年完成天然气工业产量8.01亿立方米，完成年计划的100.13%。其中气层气产量0.95亿立方米，溶解气产量7.06亿立方米。全年注水21707万立方米。②新建(增)原油生产能力、天然气生产能力。胜利油区2006年底核定原油生产能力2722.06万吨，比上年增加67.56万吨。2006年新建(增)原油生产能力385.07万吨，其中新区新建产能176.29万吨，低品位储量开发新建产能28.34万吨，老区新增产能180.44万吨(老油田开发调整新增产能153.34万吨，三次采油新增产能27.1万吨)；年度核减原油生产能力315.52万吨。胜利油田分公司主体(采油厂)2006年底核定原油生产能力2391.36万吨,比上年减少8.14万吨。2006年新建(增)原油生产能力290.74万吨,其中新区新建产能113.4万吨,低品位储量开发新建产能27.19万吨,老区新增产能150.15万吨(其中老油田开发调整新增产能123.05万吨,三次采油新增产能27.1万吨);年度核减原油生产能力298.88万吨。分公司全年新建(增)天然气产能0.36亿立方米,其中新区新建天然气产能0.21亿立方米,老区新增天然气产能0.15亿立方米。③滚动勘探。分公司全年完钻滚动探井69口,钻井进尺17.4万米。探明含油面积35.81平方千米,地质储量2669.55万吨,超年计划669.55万吨。④开发钻井。分公司主体(采油厂)完钻开发井1052口(不含侧钻井),钻井进尺234.53万米。其中,新区产能钻井347口,钻井进尺76.03万米;油藏评价井55口,钻井进尺14.8万米;老油田综合调整钻井372口,钻井进尺76.93万米;零散调整钻井82口,钻井进尺17.88万米;更新井62口,钻井进尺12.21万米。低品位储量油藏评价井13口,钻井进尺3.67万米;低品位储量开发井121口,钻井进尺33.01万米。侧钻井78口。胜利西部油区完钻开发井46口,钻井进尺4.97万米。其中,油藏评价井7口,钻井进尺0.79万米;新区产能井39口,钻井进尺4.18万米。天然气开发钻井16口,其中,新区产能钻井10口,钻井进尺1.31万米,老区调整钻井6口,钻井进尺0.72万米。侧钻井3口。⑤新井投产、投注。油区投产新井1710口,12月开井1622口,日产油水平9412吨,平均单井日产油水平5.8吨,综合含水66.3%,新井年产油196.6万吨,平均单井年产油1150吨。与2005年对比,投产井数增加68口,新井年产油增加9.2万吨。分公司主体(采油厂)投产新井1159口,12月开井1094口,日产油水平6987吨,平均单井日产油水平6.4吨,综合含水70.3%,新井年产油139.7万吨,平均单井年产油1205吨。与2005年对比,投产井数增加4口,新井年产油减少9.2万吨。东部油区共投转注水井345口,同比增加60口,12月开井327口,增加日注水平24919立方米,年增加注水量551万立方米。⑥增产、增注措施。全年实施油井措施5217井次,措施有效率70.7%,年增油237.5万吨。与2005年对比,工作量增加739井次,措施有效率降低0.5个百分点,措施年增油多2.1万吨。其中分公司主体(采油厂)实施油井措施4533井次,有效率72.5%,年增油215.1万吨。与2005年对比,油井措施工作量增加591井次,措施有效率提高0.4个百分点,措施年增油多6.8万吨。全年实施水井增注措施665井次,措施有效率76.2%,措施年增注619.5万立方米。与2005年对比,工作量增加118井次,措施有效率提高6.2个百分点,措施年增注多308.3万立方米。⑦主要开发技术指标。油区自然递减率14.75%,与2005年基本持平;综合递减5.98%,比2005年上升0.07个百分

稠油热采

点。其中分公司主体(采油厂)自然递减14.65%,综合递减率5.65%,同比分别下降0.19、0.51个百分点。2006年12月,油区综合含水90.03%,比2005年12月下降0.2个百分点。2006年,胜利油区新增可采储量3278.35万吨,连续第10年实现年度储采平衡。其中新区新增动用储量11616.59万吨,新增可采储量2146.35万吨;老区增加可采储量1132万吨。老区新增可采储量中常规开发油藏增加可采储量698万吨,三次采油化学驱项目增加可采储量116万吨,稠油热采油藏增加可采储量318万吨。2006年,抽油机井平均免修期517天,同比延长10天;电泵井平均免修期588天,同比延长48天。机采系统效率26.2%,同比提高0.6个百分点;注水系统效率53.5%,同比提高2.5个百分点。污水水质综合符合率73.2%,同比提高0.7个百分点。

【新区、老区产能建设及低品位储量开发】

①新区产能建设。2006年分公司主体(采油厂)在陈373、埕北26、辛176、高891等44个区块上进行新区产能建设,动用地质储量5919万吨,建成产能113.4万吨。针对动用储量品位低、地面条件复杂、技术要求高、开发风险大的形势,围绕提高资源动用率、产能达标率,强化勘探开发在井位部署、资料录取、效益评价方面的结合,优化勘探部署,加快资源有效动用。在东营北带、牛庄东部斜坡带等勘探重点地区,超前开展开发技术经济政策研究和工艺攻关试验,将辛176、盐22、垦东641等当年高效勘探区块及时纳入产能建设。以效益为中心,完善油藏与工程一体化设计、一体化部署实施的运行机制,针对滩海、低渗透、深层砂砾岩油藏储量控制程度低,投资风险大,工程造价高的情况,狠抓油藏、工艺、工程方案整体优化,采取滚动实施、分期建设的方式,合理控制投资、降低开发风险。加大复杂油藏开发技术攻关配套力度,应用鱼骨状水平井技术、敏感性稠油开发技术、特低渗透油藏大型压裂技术,提高了产能达标率和投资效益。在海上埕岛油田埕北26块成功投产了国内第一口拥有自主知识产权的四分支鱼骨状分支水平井埕北26B-支平1井。在项目优选难度越来越大的情况下,有效扩大了产能规模,保障了部署实施进度和投资效益。截至2006年底,完钻新井347口,钻井进尺74.06万米。投产新井278口,12月日产油能力2676吨,平均单井日产油10.9吨,新井年产油37.9万吨。西部春光油田排2区块按照油藏经营管理模式组织西部产能建设,形成了以项目部为管理层,研究院为技术支持层,新疆勘探开发中心为操作层的三级管理机制,通过招标方式确定施工队伍,在保证质量的前提下,加强投资优化控制,实现了产能建设的优质高效,建成产能25万吨,形成了胜利油田产量接替的新场面。截至2006年底,排2区块动用地质储量648万吨,日油能力875吨,平均单井日油26.5吨,新井年产油14.8万吨。②低品位储量开发。充分利用股份公司低品位储量开发的相关政策,按照地面可操作、工艺能配套、油价40美元/桶评价有效益、产能有规模等标准对未开发储量逐块筛选评价。优选动用了19个低品位储量区块,建成产能27.2万吨。③老区综合调整。2006年,面对老油田整体进入特高含水阶段,剩余潜力的类型和规模发生显著变化,井网、注水等制约稳产基础的矛盾进一步凸现的形势,围绕精细有效挖潜,巩固稳产基础、提高采收率,创新思路,加大调整治理力度。在调整挖潜思路上,深化开发调整技术经济政策论证,优化调整规模和调整方式,针对剩余潜力分布特点,优化工作量结构,由区块整体调整转向整体调整与井组挖潜相结

合，调整对象由整装、断块油藏转向稠油、低渗透油藏；突出注采井网恢复完善，新水井占到新井工作量的34%；强调地下地面的一体化治理，以广利油田为代表，统筹安排剩余油挖潜、井网恢复、井筒和注水系统改造、水质处理等配套措施，提高对油藏的整体调控能力。全年整体调整36个单元，新钻井372口，新增产能99万吨；投产高效零散调整井82口井，单井日油11.1吨，新增产能24万吨。

【专项治理工程】 2006年，分公司把强化注水油田稳产基础放在突出位置，以注采井网恢复、水质达标、分注治理、水井大修为重点，开展了停产井治理、水井大修、水井专项治理、水质专项治理等"四大专项治理工程"，着力解决制约注水开发效果的一些长期性问题。治理工程按照分公司、采油厂两级项目组运行，成立了专家组，负责治理方案审查、技术优选和现场施工指导。突出油藏、工程和效益评价的结合，专项工程治理与区块注采调整的结合，加强修井工艺及不同类型油藏注水工艺配套，建立起开发管理、计划财务、作业监督、采油工艺、物资供应"五位一体"的质量监督保障体系，确保四大工程规范高效运行。全年治理460口井，综合修复成功率85.4%，年增油9万吨，恢复剩余可采储量117万吨。大修水井400口，综合修复成功率82.8%，配合调剖、增注等综合治理措施，增加日注水4.25万立方米，恢复可采储量827万吨。在67个区块(单元)上治理注水井1100口，更换防腐油管216万米。重点应用锚定补偿式和分层防砂分层注水一体化分层注水管柱、封隔器在线验封等多项先进工艺技术，保障了治理效果。治理单元水井开井率提高1.8%，分注率提高10.5%，层段合格率提高22.1%，增加水驱控制储量2195万吨，自然递减下降0.9%。水质专项治理方面，重点治理设备老化严重、含聚污水及外排污水工程改造等10座污水站和满足低渗透油田注水需要的5座精细水处理站，设计规模12.6万立方米/日。预计改造后，水质符合率由65.7%提高到90%。

【三次采油】 截至2006年底，胜利油田实施三次采油化学驱项目32个(年内新投两个)，覆盖储量34459万吨。除5个项目结束外，正实施化学驱项目27个，覆盖储量32129万吨。其中，后续注水项目11个，储量15714万吨，占48.9%，正注项目16个，储量16415万吨，占51.1%。27个项目共有油井2229口，12月份开井1943口，日油水平9489吨，综合含水93.0%。其中，11个后续水驱单元日油水平3897吨，占41.1%；16个正注单元日油水平5592吨，占58.9%。2006年，三次采油按照细化管理、提高效果，加快接替、持续发展的思路开展工作。分公司成立了"三次采油项目管理组"，进一步规范药剂采购管理，狠抓注入质量监督和项目过程管理，加快了三采项目现场实施进度，在保证注入黏度的基础上，合理控制干粉用量。在聚合物驱技术经济政策界限研究和潜力评价基础上，积极扩大注聚规模，加强新投项目聚合物用量、段塞尺寸和注入浓度的优化设计，延长了孤岛西区南、胜一区、孤东六区三个项目的注聚段塞，提高了增油效果；细化项目注采管理，及时跟踪调整，后续水驱单元产量递减趋势控制在方案设计指标以内，化学驱年增油量基本稳定。截至2006年底，24个见效项目统计见效油井1463口(年内新增116口)，日增油水平4553吨，年增油169.8万吨，累积增油1280.9万吨。年注干粉40448吨。化学驱项目平均提高采收率3.73个百分点，吨干粉平均增油41.5吨。

(胡　渤)

(审核　毕义泉)

石油工程技术

【综述】 2006年，石油工程技术系统(包括钻井、井下作业、勘探三个板块)年经济总量达152.76亿元。钻井板块内外市场总工作量创历史最高水平，交井1889口，钻井进尺434.6万米，分别比上年增长13.8%和21%；主业实现收入96.58亿元，提高了29.6%。完成定向井638口，其中水平井132口。勘探板块(包括物探公司、录井公司、测井公司)实现收入15.88亿元。井下作业板块(四个作业公司)共交合格作业井22304口。其中：措施工作量7219口，维护工作量11366口，新井投产1230口，大修工作量716口，侧钻工作量74口，试油工作量108口，稠油注气120口，酸化作业施工62口，压裂作业施工525口，地层测试190层。2006年工作量比上年增加1449口，总收入40.30亿元，较上年增收5.76亿元，实际减亏6021万元，经营状况较上年有所好转。

强化管理、监督职能，加强井控工作。全年检查井控190多队(次)，检测钻、修井架260多台(套)，保证了大型设备的本质安全化。对在油田内外部市场施工的44支钻井队，进行细致严格的现场检查验收，颁发临时施工资质，切实加强了对无资质钻井队的管理工作。加强对非主体单位井下作业队伍的管理，确定48支作业队伍取得临时资质，基本消除了非主体作业队市场混乱的现象。

细化措施，强化监督，企业管理水平得到有力提升。"三基"工作得到加强，企业管理的科学化、规范化水平有新提高。积极探索"异体监督"等行之有效的安全管理办法，落实安全责任，加强隐患治理和应急预案演练，杜绝了重特大安全事故的发生。

加强施工现场管理，各项技术指标有所提高。钻机月速同比增加273米/台月，提高7.27个百分点；机械钻速每小时增加0.34米，提高1.8个百分点；探井油气层发现率99.92%，较上年提高5%；作业一次成功率提高0.7%，作业综合返修率控制降低1.1%，无污染作业率提高3.1%。

【推进改革】 石油工程系统涉及改制分流人员约7800人，2006年完成改制分流3630人。物探公司对三产企业实行清理注销措施，测井公司清理注销三产单位3家。各单位按照油田清理对外投资工作的要求，对涉外投资全部进行了清理整顿。积极关心支持改制企业，建立稳定的关联交易，使改制企业保持良好的发展势头。内部改革稳步推进，工程运输公司在册职工2459人划转到黄河、渤海两家钻井总公司。作业二公司进行二次整合试点，新组建综合三大队，减少三级机构1个、四级机构6个，实行干部竞聘上岗。

【技术进步】 钻井技术进步明显。一是重点技术攻关和试验进展顺利。"旋转导向钻井系统关键技术研究"等国家863课题，达到国际领先水平，"实体膨胀套管技术研究与应用"等集团公司项目，通过现场应用已成为成熟技术。二是生产施工中创出多项新纪录。其中，塔深1井成功实现6865米井深侧钻，再次创出亚洲套管开窗侧钻最深纪录；普光11井完钻井深6130米，采用旋转尾管固井工艺，固井长度达到2885米，在中石化创该工艺固井最长纪录；成功完钻了国内第一口鱼骨状分支水平井CB26B-支P1井，在10米的油层内钻了4个分支，水平段总长度918米，日产油105吨，是周围直井的3.3倍。在油田内部完成各类定向井500口以上，创历史最高纪录。三是设备更新改造力度加大，重点抓好网电钻机改造项目，已改造的2台钻机运行平稳、安全可靠。四是积极引进新技术新工艺，在川东北地区实验运用了空气钻井技术,上部地层机械钻速普遍提高10倍左右。

勘探技术在实际应用中不断向前迈进。物探公司运用“网毯式油气成藏理论”和相干分析、测井约束反演等多种技术,使得物探技术不断提高与完善;高精度三维地震采集技术,在胜利探区及川东北山区成功推广应用;承担的国家“863”项目《滩浅海地区高精度地震勘探技术研究》,形成了七项关键技术,开发了具有自主知识产权的处理软件系统和多波多分量处理软件包,总体达到国际领先水平。测井公司坚持科技领先,近几年已经发展成为国内规模最大、综合服务能力最强,集研究—制造—销售—服务于一体的专业化技术服务公司,去年有13项技术获得国家专利。录井公司的钻井泥浆红外气体检测仪、石油钻井信息掌上监控系统、钻井泥浆防抽器获国家实用新型专利,钻井便携红外录井仪取得国家发明专利。全年共研制生产各类型仪器40台,全部淘汰了882气测仪,装备结构明显优化。

井下作业技术形成独特优势。井下作业公司着力开展水平井、定向井大修、热化学复合酸化技术研究与应用等5项重点科技攻关项目,并以此带动市场开拓,取得了许多新纪录。如:修井深度达7000米;试油作业井深达7000米,井斜91度;地层测试井深达7000米,井斜67度,其中裸眼内测试井深达6735米;攻克了川东北井深、高压和高含硫化氢气井的试气技术难关。其他三个作业公司也大力发展各具特色的修井技术,积极引进套管内膨胀管补贴工艺,重点探索区域作业工艺模式,不仅在机械捞砂、油井防砂、管杆防偏磨等方面形成成熟技术,在复杂井施工等方面都取得新突破。作业二公司蓄能作业机获得国家发明专利,作业三公司两个项目获得国家专利。各公司加大装备投入,主要修井设备技术状况有明显改善,提升了施工的装备技术实力。在梁46-侧6井创出了侧钻井最深、周期最短的新纪录;在4口井的大型压裂施工中,先后刷新了胜利油田单井压裂施工最高压力、加砂量、施工排量等施工新纪录。

【奋勇开拓外部市场】 积极主动走出去开拓市场,全系统共有7000多名职工,在国内进入18个省市自治区,在国外进入亚洲、非洲、美洲的14个国家和地区,市场规模、经济总量都有一定增长,石油工程系统外部市场收入38.83亿元,同比增长40%,占总收入的25%;占管理局外部市场收入49.3亿元的78%。钻井板块有65支钻井队以及一批钻前、管具、固井、定向井、泥浆等后勤队伍进入外部市场。钻井板块、勘探板块、井下作业板块外部市场实现收入分别达到30.68亿元、4.95亿元、3.2亿元。经过近几年的调整,外部市场的分布格局已经形成,综合竞争实力有了较大提高。

【队伍建设】 经营管理、专业技术、操作技能三支队伍建设取得新进展。各单位重视人才引进工作,积极创造吸引人才的良好环境,搭建人才引进平台,人才引进数量多、质量高。各单位通过选拔、评聘“首席专家”、“技能大师”等活动,掀起了“学比赶超”的热潮;培训工作较之以往力度更大,将油田内部培训和外部培训有机结合起来,共培训56000多人次。各单位注重培训的针对性和实效性,积极举办形式多样的岗位练兵,如“金钥匙技术竞赛”、“井控安全电视竞赛”、“职工技术比武”等,积极创建学习型企业,争做知识型职工,提高了员工综合素质。管理局有关部门加强协调和管理,重视专业队伍的资质建设,按照新的钻井队资质标准,对管理局153支钻井队进行中石化资质申报,并积极配合做好验收工作。目前管理局共有639支专业队伍取得了中石化的资质。认真开展“企业文化深化年”活动,积极培育各具特色的企业文化,激发广大干部职工的凝聚力和向心力,使"胜利石油工程品牌"叫得越来越响。

(张万军)

(审核 程华国)

难采储量开发

【综述】 2006年是管理局难动用板块改革调整力度比较大的一年。年初将工益公司重组到石油开发中心,将胜大公司重组到东胜公司。2006年底,东胜、胜大、中胜、开发中心等4个油公司的管理局股份被中国石化股份公司收购,至此难采储量开发板块整体纳入股份公司管理。截至2006年年底,难采板块现有员工7173人,其中正式职工2030人。难采开发板块工区内探明含油面积473.9平方千米,探明储量4.5亿吨(套改后),可采储量5962万吨,采收率13.3%。上报动用地质储量2.32亿吨,未开发储量2.18亿吨。未开发储量中,实际已动用0.36亿吨,落实未动用储量0.79亿吨,待评价储量1.03亿吨。油公司区块分散在胜利油区的41个油田,其中低渗透、稠油储量占80%,储量小于100万吨的区块个数占50%,工区面积小于5平方千米的区块个数超过40个,其中滨661、纯37、高35、高54等块工区面积不足1平方千米。2006年12月,板块油井总数2292口,开井1848口,日产油水平5770吨,平均单井日产液10.3吨,平均单井日产油3.1吨,综合含水68.7%,地质储量采油速度0.68%,采出程度5.7%,可采储量采出程度38.0%。注水井总数153口,水井开井122口,日注水平4696立方米,月注采比0.24,累计注采比0.14。难采板块累计上报动用储量23222万吨,核定原油生产能力189.2万吨,比上年增加42.6万吨,其中新区新建能力33.4万吨,老区新增能力16.1万吨,合计新建(增)生产能力49.5万吨,本年度核减原油生产能力6.9万吨。2006年,东胜(含中胜)、大明、鲁胜和石油开发中心等4个公司资产总额114.55亿元,负债总额46.64亿元,资产负债率40.71%。平均单位完全成本1327元/吨,利润33.25亿元。上缴税金(含特别收益金)24.65亿元,其中上缴中央财政19.56亿元,上缴山东省财政1.47亿元,上缴油公司注册纳税地财政收入5.9亿元。油公司属地纳税对于拉动地方经济总量增长,增加地方财政收入发挥了重要作用。

【油气开发成效显著】 2006年,板块原油生产计划190万吨,实际产油201.2万吨,超产10.12万吨,其中新井产油32.65万吨,老井措施增油14.75万吨。2006年计划注水工作量为127万立方米,实际完成155.25万立方米,完成计划的122.2%,平均日注水4253立方米。自然递减17.3%,比2005年增加1.3%;综合递减9.6%,比2005年增加3.3%;油井开井率77.6%,与2005年持平;综合含水68.7%,比2005年上升0.4%。全年计划钻井497口,其中新区227口,老区228口,油藏评价43口。实际完钻井449口,进尺100.64万米,投产新井451口,年产油32.65万吨。其中新区钻井143口,进尺32.13万米,投产新井154口,年产油12.18万吨;老区调整钻井224口,进尺48.75万米,投产新井237口,年产油16.77万吨。开发准备与油藏评价井47口,投产新井42口,年产油2.85万吨。滚动井47口,进尺8.39万米。全年投转注井22口,新增注水储量226万吨,增加日注水量840立方米,年注水17.44万立方米。全年实施油井增产措施503井次,有效392井次,措施有效率77.9%,年增油量14.75万吨,平均单井年措施增油293吨。措施工作量较2005年增加85井次,措施有效率提高4.5个百分点,年措施增油多0.75万吨。

(柳兴邦 刘玉生)

(审核 李安夏)

基 本 建 设

【综述】 2006年，油田基建系统严格执行基建程序，积极推行项目管理，狠抓质量责任制的落实，圆满完成年度各项生产建设任务。全年在44个区块新建产能113万吨。实施单项工程188项，完工124项，其中油田级以上工程140项，完工91项。工程投资1000万元以上的重点项目44项，完成27项。完成注聚工程8项，建成海上平台6座，海底管线9条共17.84千米，海底电缆5条共12.5千米。

重点工程建设进展顺利。集团公司级重点工程项目顺利投产。10月份，101油库迁建工程和油田第一座大型采修一体化平台——CB26井组平台相继完工投产。陈373区块产能地面工程主体部分基本完工。胜南纯梁锅炉房等集中供热项目完工投产。桩古46海堤基本完成了加固施工，提高了海堤抵御风暴潮的能力。东营原油库扩建工程、15万吨催化重整改造工程、东辛110千伏输变电工程、孤东北大堤防护加固工程等4项工程竣工通过验收。油田级重点工程按计划完成。东营压气站——北尚阀组输气管线、埕岛中心一号一中心二号复线等一大批油田重点工程建成投产，为保油上产发挥了重要作用。KD12区块产能建设地面工程进展顺利，目前已有10余口油井投产。对11座污水站实施技术改造，其中3座建成投产。全年建成油泥砂储存场19座，解决了大量油泥砂的一次处理问题。孤岛联合站煤代油一期工程于10月20日投产，实现年替代原油能力0.95万吨。孤东三、四区注聚工程、孤岛中一区注聚工程建成投产，可提高采收率6.1%。220千伏新孤变工程按期投产，缓解了滨海地区电网过载的压力。

不断强化建设市场管理。坚持以队伍准入管理为切入点，认真执行质量、安全、廉政建设一票否决制度，严格准入资格及复审资格审查，对进入油田的施工企业从施工质量、施工进度、安全文明施工、社会信誉、廉政建设等方面进行综合考核，淘汰19家质量差、社会信誉低的不合格施工企业，提高了准入队伍的整体素 ，确保了油田建设市场的健康发展。房屋建筑工程按照地方政府法规进入地方有形建筑市场公开进行招标投标活动，油建工程按照关联交易要求在油田内部施工企业之间开展规范、有序的招投标活动，共完成油田矿建工

新建成的临淄原油库

程招标 56 项，招标金额 2.89 亿元，通过招标节约建设资金 378 万元；油建工程招标 114 项，招标金额 11.97 亿元，通过招标节约资金 675 万元。

工程质量明显提高。组织开展第 29 次基建工程质量大检查，共抽查 26 个建设单位的 123 个单项工程，没有发现重大质量隐患和重大质量问题，工程质量整体上处于受控状态。油建工程共抽查 629 个分项工程，合格分项 627 个，其中优良分项 277 个，分项工程合格率 99.7%，优良率 44.0%，分别比上年提高和降低了 2.3 和 0.6 个百分点，整体质量水平与上年基本持平，设备安装、管线连接等重要部位质量状况良好。矿建工程抽检分项工程 146 项，合格分项 142 项，其中优质分项 58 个，合格率 97.3%，优质率 39.7%，检查没有发现严重质量缺陷，矿建工程总体质量保持较高水平。从工程质量核定情况看，油建工程合格率 100%，优良率 43.5%，油田级以上油建工程合格率 100%，优良率 61.7%，全面实现年度质量目标。全年获得詹天佑土木工程大奖 1 项，中国建筑钢结构金奖 1 项，中石化优质工程奖 2 项，山东省建筑工程泰山杯(省优质工程)奖 2 项。

公用设施建设进展顺利。矿区公用工程完工 19945 平方米。胜南纯梁集中供热工程、锦霞锅炉房扩建工程、作业三公司供热改造工程等集中供热项目顺利完工投产。6908 套新建住宅及 10 个新建小区配套完工，达到入住条件；33 项住宅小区配套改造工程和油田系统配套改造工程完工投产，改善了职工居住、生活环境。完成了 3 座水库、7 座变电站、128 台变压器、152 台卧式设备等生产设施的抗震加固，达到了抗震设防标准。完成景安、颐园等 7 个小区天然气改造工程的竣工验收。基地集中供热东主干线、测井锦绣家园供热支线、电厂供热首站及厂内管线改造工程，涉及锦绣家园等居民小区冬季采暖问题，各参建单位通力协作，精心施工，提前 12 天建成投产。

【外部市场开拓】 基建系统各企业开拓外部市场能力进一步提升，全年完成外部市场施工产值 21.51 亿元。其中，工程设计咨询公司实现外部市场收入 2.91 亿元，占其总收入的 65.5%。胜利油建公司完成外部市场施工产值 6.6 亿元，占公司施工总产值的 43.3%。胜建集团全年外部市场承揽工作量 12 亿元，占公司施工总产值的 64.3%。

【工程预结算】 基建系统各单位以提高工作质量为宗旨，以提高工程预结算准确率，公正合理地确定工程造价，最终提升经济效益为目的，认真执行工程造价政策和有关规定，严格遵循基建工程预结算流程，实施投资全过程控制，有效地控制了投资。2006 年共审查竣工结算 602 项，审查总额 10.82 亿元，审核调减 3273.95 万元，有力地促进了工程造价管理工作。

【科技进步】 基建系统共承担局级以上科研课题 49 项(其中国家级 7 项，集团公司级 11 项)，全部完成进度计划。全年共有 9 项课题通过集团公司科技成果验收，4 项成果达到国际先进水平，3 项成果达到国内领先水平；22 项成果获局科技进步奖。其中国家“863”项目“海洋平台结构实时监测与检测成像技术”顺利通过专家组验收；“海底管道固定施工技术及装置”等两项成果获国家发明专利，“浅海海底管道悬空段安全技术研究与应用”、“油田含油污泥无害化处理与应用技术研究”等 4 项成果获中石化科技进步二等奖，“浅海新型单立柱支撑平台研制”等 3 项成果获得集团公司科技进步三等奖，“自流平免振捣混凝土研究应用”获山东省建筑业技术创新二等奖。基建系统施工工法管理工作，取得一批成果。去年有2项被评为国家级工法，有3项被评为集团公司级工法，有20项被评为局级工法。基建系统群众性合理化建议和技术改进活动，成效显著。全年完成合理化建议和技术改进成果265项，创经济效益1226万元。

（秦志铭）

（审核人　刘绍亮）

生 产 管 理

生产运行管理

【钻井、产能建设的组织运行】 2006年，在油价高位运行的推动下，油田加大了新井钻探工作力度，进一步深化了难动用储量区块的开采，全年钻井施工总量大幅增长。生产管理部门合理安排和调整钻机，努力保证勘探开发之间、不同区域之间以及不同时间段的钻机配置平衡。其中，在位探井钻机始终保持在20台以上，充分保证了勘探工作的顺利实施；全年钻井工作量饱满，没有出现明显的施工淡季；井位审批、设计审核及时跟上，油地协调工作克服种种困难加强保障，保证了钻机运行衔接平稳，满足了油气勘探和产能建设的需要。钻井全年交井1878口、进尺433.39万米，分别完成年计划的114.51%、123.83%，比上年增长10.34%和19.06%，工作量创出“孤东会战”以来最高水平。产能建设项目进一步强化组织领导和运行衔接，定期召开运行会、办公会，发挥了协调工作、督促进度、优化方案、强化实施的积极作用，产能建设区块的钻井施工、流程配套和开井投产等环节衔接更加紧凑，工作效率和质量有所提高。重点建设项目陈373、大37以及西部排2等区块，均按计划顺利实施。其中，排2产能建设项目实现了当年发现、当年滚动、当年建成产能的高效开发，建成年产原油15万吨的生产能力，产油15.1万吨。钻井运行中，生产管理部门坚持以经济效益为中心，对1000多口井严格设计审查把关，优化井深结构，节约钻井投资6000万元。针对进口套管价格比国产的高一倍多的情况，在保证套管质量、井下安全的前提下，不断提高国产套管使用比例，重点对海上、盐家等区块以及水平井进行了改国产套管设计，节约投资1.2亿元。

【产量运行】 针对2006年原油生产起步爬坡的困难形势，油田成功组织了“元月份作业会战”和“40天原油上产”两次大规模上产活动。在油田领导的带领下，机关各生产处室组成工作组，多次深入产量被动单位现场办公，协助各单位查摆问题、找准症结、制定措施、加强工作。根据欠产单位的生产实际，优先协调解决生产困难和矛盾，较好地支持了欠产单位的原油生产工作。各开发单位通过抢上作业工作量、扶停产井、强化群挖群管等措施，使原油产量在较短时间内达到计划水平，油田如期实现年中“双过半”工作目标。在狠抓增油上产的同时，油田以夯实稳产基础为目标，集中精力开展了大量长效进攻性工作，长停井治理、水井治理、水井大修和水质治理等四大专项治理工程全面铺开，成效显著。全年共修复停产油井455口，恢复剩余地质储量732.9万吨，可采储量104.7万吨；完成水井专项治理1100口，更换防腐油管216万米，改善了52个区块的注采关系，全油田水井开井数、分注井数、分注率、层段合格率等指标均大幅度增长；全年完成水井大修400口，比上年增加250口以上，增加日注水3.64万立方米，恢复剩余水驱控制储量1959万吨；对11座污水站实施了水质改造，水质符合率由71.2%提高到76%以上。全年生产原油2741.55万吨，比年度调整计划超产2.45万吨，比上年增产47万吨，达到近年来最好水平。

【作业生产运行】 油田以优化作业运行、提高作业质量、降低作业成本为目标，成立作业管理项目组，全面加强作业生产管理。项目组在广泛调研的基础上，制定各项管理制度和办法，开展“优质优价结算”试点，优化措施设计，加强作业监督，深入开展作业生产分析，在控制低效、无功作业和多轮次作业井方面，见到了明显成效。作业工作量结构不断优化，油井维护工作量同比减少167井次，多轮次作业井同比减少651口，作业施工有效率提高1.1个百分点，作业成本得到了有效控制。针对部分采油厂阶段性上产需要，生产管理部门及时调整各区域作业力量，强化队伍运行，积极协调作业与开发单位间的关系，保证了全年作业施工平稳运行。各作业公司围绕增油上产，配合采油厂组织小范围作业会战14次，为油田开发生产作出了应有贡献。

【天然气管理】 对天然气产能建设重点组织，积极督促建设单位提前做好油地关系、钻前施工、地面流程设计，保证了天然气产能建设项目顺利实施；加强老气井挖潜治理的组织工作，相应完善了地面流程，16口气井重新恢复生产；认真抓好输气管网深穿改造工程的组织运行，对工程进度加强督促与监控，及时协调解决施工过程中的困难，3条管线年底前完工投产。针对冬季供气压力，做好天然气开源节流工作，加开天然气井，关停小化肥、小发电和轻烃装置，限制汽车加气量。在气温低，伴生气量减少，海上输油管线故障影响天然气外输的不利情况下，圆满完成了向齐鲁石化的供气任务。

【生产保障工作运行】 圆满完成防凌、防汛、防涝和海堤管理、引蓄水等重点工作任务，有计划、分步骤实施净化站和供水管网改造工程，供水水质进一步改善。组织电力管理总公司加强电网日常维护管理，实施春秋两季电网检修，消除了大量安全隐患，电网安全运行能力有了新的提高。油田成立用电管理与整治项目组，充分挖掘管理潜力，以农电治理为突破口，以工艺节电为重点，与电加热、电泵优化等专家组密切配合，加大用电管理力度，限制油田电量成本的增长。在生产规模逐年扩大、开井数增加近1000口、用电量需求增加的复杂形势下，经过项目组的艰苦努力，电量上升的势头得到有效控制，用电量逐月下降，同比节约电量3000万千瓦·时。积极筹措资金，组织好局管公路和油区进井路维修，确保了钻机搬迁和单井拉油等重点工作顺利进行。认真做好原油和危险品拉运车辆的管理，提高了运输车辆的安全生产水平。

【生产信息化与队伍建设】 与局信息中心配合，成功研发“厂级生产指挥系统”，提高了生产管理工作效率；“生产调度管理信息系统”在中石化上游企业全面推开，应用水平进一步提高；研发油田生产数据预警分析系统，已进入运行阶段。全年举办培训班6期，培训生产管理人员200多人，促进了生产管理人员业务能力的提高。全年评选出油田生产管理先进单位39个，生产管理先进个人299名。生产管理部获得2006年度油田“文明处室”荣誉称号。

【应急事件处理】 重视突发事件预防工

作，严格按照各种预案认真落实预防准备措施，突发事件明显下降。针对上半年原油外输阵发性高含水对外销造成影响的问题，生产管理部连续下发调度令，及时要求相关采油厂加强监控。采油厂生产管理部门认真落实，跟踪记录，汇报每天的原油含水数据，在短时间内使原油外销恢复正常。为确保海上及滩涂施工安全，各级生产管理部门密切关注气象变化，及时根据气象情况发出撤离人员设备指令，制定应急防范措施，组织抢险队伍，准备抢险设备、物资等工作。成功组织“7·17海上抢险”、“3·12海管破裂抢险”、调水调沙抢险、防台风和防风暴潮等工作，将损失控制在最低程度。制定《胜利油田海上施工作业及船舶抛锚管理规定》，对涉海生产单位的施工行为加强规范。

（张越胜）

（审核　张洪山）

设备管理

【综述】 2006年，油田设备管理工作坚持把实现经济效益最大化和安全优质运行作为根本出发点，紧紧依靠科技进步，强化基础工作，不断探索设备管理新方法新途径，圆满完成年初制定的各项工作目标。油田荣获第七届全国设备管理优秀单位、中石化集团公司设备管理先进集体、山东省设备管理优秀单位等荣誉称号。截至2006年底，油田拥有主要生产设备46614台，设备资产原值150.10亿元，净值60.16亿元，新度系数0.40，其中分公司主要生产设备30652台，设备资产原值67.50亿元，净值26.41亿元，新度系数0.39；管理局共有主要生产设备15962台，设备资产原值82.60亿元，净值33.76亿元，新度系数0.421。全油田设备综合完好率99.2%，综合利用率75.16%，故障停机率0.03%，大型以上设备责任事故发生率为0。

装备技术水平和使用效益显著提高。认真开展各类设备现状调研，编制了年度非安装设备的更新计划。加强对设备更新投资的监督审批管理，对大型设备和资金额度较大的设备采购项目实行招议标。全年油田非安装设备完成计划内投资和融资58104万元，其中管理局完成投资48372万元，有限公司完成投资9732万元。与上年相比分别增加13353万元和6407万元。组织网电钻机改造试验和改造方案编制，充分考虑管理局钻井板块发展要求，与钻机的隐患治理、钻井装备“十一五”规划紧密结合，使方案更加贴近油田生产和发展实际。组织水龙带洗井车、捞油车等新装备的方案论证和推广应用工作。加强设备的安全管理，努力降低和消除老旧设备的故障隐患，开展超期服役和报废留用设备专项治理。对油田在用公务用车进行摸底调查，基本掌握了油田公务用车的数量、分布状况、费用消耗、相关人员情况。

设备的运行效益和可靠性显著提高。加强设备的使用管理，确保不因设备原因而影响原油生产。认真贯彻执行《设备维修管理规定》，抓好设备维修管理工作。本着“应修必修，修必修好”的原则，根据季节变换适时组织设备整修，确保了生产设备的正常运行。抓好设备润滑和油水管理，保障设备可靠运行。继续加强设备状态检测和故障诊断工作，提高设备运行状况的预知水平。开展形式多样的升级达标活动，提升现场管理的整体水平。临盘采油厂、现河采油厂、纯梁采油厂、海洋船舶中心晋升为山东省设备管理一级企业，海洋钻井公司晋升为设备管理二级企业，局车辆管理中心晋升为三级企业。截至2006年底，油田获山东省设备管理一级设备管理单位20个，二级设备管理单位 14 个,三级设备管理单位 6 个。

管理者、操作人员素质显著提高。修订完善设备管理制度和标准,保证设备管理工作有章可循。采取灵活多样的形式,做好设备管理人员的培训与交流。开展管理成果评选征集活动,大力选拔高水平人才,全年全系统征集管理成果论文 169 篇,其中 19 篇在《中国设备工程》上发表,20 篇在《胜利油田职工大学学报》上发表。油田有 10 人被评为全国设备专家,43 人被评为山东省设备专家。

【扎实开展设备检查活动】 为了提高设备运行质量,精心准备,严密组织,从 3 月份开始认真做好迎接总公司设备大检查准备工作。组织了钻井、开发、作业等 7 大路预检,检查二级单位 43 个,三级单位 177 个。各二级单位深入进行自查整改,如实记录和反映存在的问题。总公司检查团通过对油田 17 个二级单位、40 个基层单位的检查验收,对油田设备管理工作给予充分肯定。9 月 6 日—11 月 20 日,70 多名油田设备专家组成检查团,对勘探、钻井、开发、井下作业、海洋、生产保障、社区等单位设备管理工作进行了年审检查,重点加强了新疆、四川等外部施工队伍的年审检查工作,促进了外部市场设备管理工作。继续坚持行之有效的现场监督检查和不定期地开展设备管理现场督察,保证了现场设备管理始终处于受控状态,加强了各单位现场设备管理工作。

(高守华)

(审核　亓和平)

安全生产

【综述】 认真贯彻落实科学发展观以及党中央、国务院和集团公司关于加强安全生产工作的指示精神,牢固树立"以人为本"和"安全发展"的思想,认真开展争创"安全先进班组"、第 81 次岗位责任制大检查等活动,大力推进 HSE 管理体系,强化"三基"工作,突出抓好要害部位和采油、钻井、作业等关键生产环节的安全管理,积极开展安全隐患治理工作,实现了安全生产形势总体平稳。全年油田没有发生大的生产事故和人身伤亡事故。

【主题活动】 开展各项安全生产活动,营造良好安全生产工作氛围。开展以"我的安全我负责,他人的安全我尽责"为主题的争创"安全先进班组"活动,发动职工参与"生命之歌大家唱"、"安全故事人人讲"、"安全监督我来当"、"标准作业我操作"、"安康知识我掌握"、"应急处理我会做"六项"安全健康行动",促进了职工队伍安全素质和班组安全管理水平的提高。开展以"安全发展、国泰民安"为主题的"安全生产月"活动,宣传安全环保方针政策,积极营造安全发展氛围。油田选派代表队参加山东省特种作业人员安全技术大赛,获得电工、电焊工单项以及团体第一名。开展以"推进 HSE 管理体系,夯实安全环保基础"为主题的第 81 次岗位责任制大检查活动,全面落实领导层、决策层、执行层的安全生产责任,促进了油田安全生产管理水平的提升。

【基础管理】 不断完善安全生产规章制度,推进 HSE 管理体系,夯实安全生产基础。在以安全生产责任制、问责制为核心的制度体系的基础上,修订《川渝地区安全生产管理规定》、《涉海单位防风(风暴潮)特别管理规定》、《放射性同位素与射线装置安全和防护管理规定》等八项安全管理制度。先后组织生产经营单位主要负责人安全培训、安全生产管理人员安全培训、硫化氢防护培训、应急预案编制培训、特种作业人员培训、海上作业人员培训、井控培训等

303期培训班，培训人员21378人次，提高了安全环保专业人员和岗位操作人员的业务技术素质。对油田原突发公共事件总体应急预案进行修订完善，建立起包括1个总体应急预案和井喷失控、火灾爆炸、海滩防潮等19个专项预案在内的新预案体系。加强预案演练，增强应对突发事件的能力。深入推进HSE管理体系，组织编制113个基层队种的HSE检查表，在钻井、作业、采油、物探、测井、录井等单位推行岗位作业HSE指导卡，开展HSE管理体系监督审核，促进了安全环保管理的科学化、系统化和规范化。

【关键环节与要害部位管理】 突出抓好关键生产环节和要害部位的安全监督管理。组织编写《钻井井控简明教材》、《井下作业井控简明教材》以及《井喷事故案例》，开展井控知识竞赛活动，加强井控安全意识与技能培训。在各作业公司建立井控培训和应急演练中心，配备了应急抢喷工具车。各作业公司定期开展井喷应急演练和井口抢喷演习，提高了职工的井控技能。加强油气水井安全管理。组织编写《游梁式抽油机井地面标准化操作手册》、《抽油机人身伤害事故汇编》，开展游梁式抽油机井地面标准化操作安全知识竞赛和“反三违、坚决杜绝对抽油机不停机操作”活动，在抽油机要害部位安装了警示标志，通过多种举措保障采油采气生产安全。加强关键装置、重点要害部位以及直接作业环节的现场安全监督管理。开展关键装置风险评估，系统分析安全技术状况。落实领导干部承包关键装置、要害部位制度，局、处级领导干部定期到承包单位进行安全检查督导。加强对直接作业环节的监督管理，落实作业前审批和现场监护制度，保障了现场施工作业安全。全年油田一级动火45次，没有发生任何大小事故。

【专业安全管理】 加强海上安全管理。突出抓好平台拖航、设备吊装、动火作业等重点施工作业和大风、冰期等特殊天气条件下施工作业的安全监控。深刻吸取“3·12”海底管道漏油事件教训，加快海上隐患治理步伐，争取资金6222万元，对海管

逃生演练

立管悬空、平台靠船排隐患、平台地面流程老化腐蚀等问题优先进行了治理。各部门及各涉海单位认真抓好各项措施的落实，确保了海上安全生产总体平稳。加强交通安全管理。加强大客车、危化品运输和特种车辆管理力度，组织开展“交通安全长周期竞赛”和交通安全夜查整治等活动。狠抓运输车队日常管理，认真落实各级管理人员及驾驶员的安全责任，组织协调车辆和驾驶员年审工作，提升了交通安全管理水平。加强消防安全管理。消防支队组织消防专项治理活动11次，发现火灾隐患和问题1983个，消除了一大批火灾隐患。完成灭火救援预案698份，组织演练712单位(次)，提高了对重点单位的消防保卫能力。

开展“119”消防宣传、消防宣传“进社区、进学校、进企业、进家庭”和平安油田创建活动,增强了全员消防意识。加强危险化学品管理。加大了危险化学品生产、经营、储存、运输、使用和处置的监管力度,组织了三次危化品专项检查,督促整改问题200多个。建立健全了油田放射源管理台账,积极配合省、市开展了多次放射源检查,进一步规范了放射源的管理。

【监督检查与隐患治理】 对油田重点生产作业现场、安全生产关键装置和要害部位开展专家型、动态的安全督察,坚持抓检查与抓整改相结合,对查出的问题及时进行通报,督促相关单位举一反三,落实问题整改期限、整改措施和负责人。油田安全监察支队对生产作业现场开展日常安全督察,督促整改问题700多个。组织开展危险化学品、井控、滩海陆岸、锅炉启运、民用气等专项检查12次,查出各类问题1300多个。坚持“科技兴安”与治理隐患相结合,不断加大安全投入力度,补还安全欠账,改善安全条件,促进了油田本质防护能力和职工劳动条件的改善。2006年,油田共完成集团公司批复的隐患治理项目15项,涉及资金8190万元,其中油田自筹资金2575万元;完成安全技术措施项目700余项,涉及资金2.406亿元。

(李宏江)

(审核　王来忠)

环境保护

【综述】 2006年是国家“十一五”规划实施的第一年,也是国务院提出实现节能减排工作目标的重要一年。油田各级环保工作部门大力实施环保一把手工程,落实环保目标责任制;严格规范建设项目环境管理,不断强化生产现场监督检查;全力推进重点污染治理攻坚,全面提升污染治理水平;全面推行清洁生产和“三废”综合利用工作;强化海上环保管理和污染治理。基本实现了年初确定的总体环保工作目标,采油污水回注率92%,外排污水达标率98%,当年产生的危险废物处置贮存率100%,当年新钻井废弃泥浆全部进行无害化治理。

【环保基础工作】 加大环境宣传力度,在《胜利日报》及胜利电视台开展“创建环境友好型企业”环保征文及电视新闻评比活动,宣传报道各单位在环境保护工作中取得的突出成绩和成功经验。开展了创建绿色社区和环保志愿者活动。“六五”世界环境日期间,刘中云经理发表了《人人参与,创建环境友好型企业》的署名文章。通过组织开展形式多样的环保宣传活动,提高了领导干部和职工群众的环保意识。

加强了内部排污计费管理,提高了各级各部门对内部排污计费工作的认识,转变了干部职工的污染治理思路和观念,争取地方政府的排污费返还资金,支持了26个重点污染治理项目的实施,实现了以收促治。组织2005年排污费返还和剩余资金治理项目的实施,促进了主要生产单位的污染治理。

结合与东营市政府签订的《胜利石油管理局“十一五”主要污染物总量削减目标责任书》,制定了《胜利油田“十一五”期间主要污染物排放总量削减目标计划》,将污染物排放总量控制目标分解到40个二级单位,各二级单位按年度逐级分解到了各个点源,做到了污染物排放浓度和排放总量同时达标。对2005年下发的146份排污许可证进行了年审,对污染物排放量变化大的单位进行了变更,新办理13份排污许可证。

调整全年监测计划,将工作重点转移到重点污染源监测、污染治理效果监测方面。加强了对油泥砂、泥浆固化、作业废液、采油废水四类重点污染源治理效果的监测，组织完成了10个采油厂150余口井的泥浆固化处理效果监测。组织局环境监测总站及各二级环境监测站按时完成了各项环境监测任务，全年总监测数据量51900多项次，出据各类监测报告700余份。

【建设项目环保管理】 严格执行建设项目环境影响评价和“三同时”管理制度，对在建工程和新投产的建设项目，跟踪检查环境影响评价文件要求和环境保护行政主管部门审批意见的落实情况，确保建设项目环保“三同时”落实到位。组织完成了92个建设项目环评文件的预审和报批工作，建设项目环评和“三同时”工作不断加强。推进建设项目环评预审汇签制度，从严把关，使提出的污染防治措施和环评结论更加科学、准确；对在建工程和新投产的建设项目进行跟踪检查，使环境影响评价文件中所提出的环境保护对策和措施在项目建设中真正得到落实。进一步规范了油田产能建设项目的环保管理，各采油厂及石油开发中心、鲁胜油公司的产能建设项目环境影响报告书分别通过了地方环境保护行政主管部门组织的评审。做好了石油化工总厂胜利高硫高酸原油处理工程、管理局供热燃料结构调整二期工程等重点建设工程的环境影响评价工作。

【生产现场环保监督检查】 对油田30多个陆上主要生产单位的生产现场进行了环保监督检查。共检查遭不法分子破坏的采油、作业、钻井现场以及管线穿孔等现场18000多处，检查出污染面积60多万平方米，下发《胜利油田生产现场环保监督检查整改通知单》100余份，全部要求限期清理和治理。

【污染治理】 建成了23座油泥砂贮存场，形成45600立方米约70000吨的贮存能力。通过油泥砂掺煤焚烧、固化焚烧、洗砂、生物修复等具体治理措施，实现了对油泥砂的无害化处置。建成了10座钻井作业废液回收处理站，保证了不能进干线废液的治理。完成了3000多口泥浆池治理工作，特别是敏感地区和新井全部治理完成。完成了桩西污水处理扩建工程和孤东污水治理工程。

【“三废”综合利用和清洁生产】 加大对重点申报项目的投入，“三废”综合利用认定工作实现了零的突破，5个“三废”综合利用项目顺利通过了山东省的认定，实现减免税3000多万元。稳步实施清洁生产推行工作，对油田主要生产单位的清洁生产推行情况进行督检，胜利采油厂、桩西采油厂通过了中石化集团公司清洁生产审核验收，物探公司、胜利水泥厂通过了山东省清洁生产审核。

【放射源管理】 组织制定了《胜利油田放射性同位素与射线装置安全和防护管理规定》，开展了放射性污染源申报登记，建立健全了胜利油田放射源台账。积极配合山东省及东营市开展了多次放射源的检查，对查出的问题下发了限期整改通知书，进一步规范了放射源的管理。

（高　鹏）

（审核　闫毓霞）

油区管理、土地管理及工农工作

【综述】 以服务基层为宗旨，以保油上产为中心，加强油地共建，及时协调处理生产建设中出现的各种油地关系，规范用地管理，适时开展油区整治，有效地维护了油田利益。2006年，协调处理比较复杂的油地关系190多起，完成1906宗7978亩土地的征用工作，存量土地办证32宗21000亩，开展春季、秋季“严打”攻势和“打黑除恶”专项整治行动，见到明显成效。

【油地协调】 积极协调解决油田生产建设出现的各种油地关系，为油田产能建设提供可靠保障。积极协调处理生产施工过程中出现的各种工农矛盾和问题，对车66、辛176、垦东12、陈373、大37、101油库迁建等重点产能建设区块和重点工程提前介入，全程跟踪服务，确保了重点产能建设的顺利进行。协调解决了城市建设、自然环境保护与油田开发建设之间存在的矛盾，先后与东营市城市执法局等有关单位签署了《关于胜利油田在东营市境内城市规划区中钻井作业和管线敷设规划管理服务协议》、《关于垦东12区块开发有关问题的协议》。

坚持依法维权，竭力维护油田利益。利用桩古46海堤加固工程的公益性地位，积极与省政府及地方有关部门协商，使该项工程的经营性用海使用金减少了113.3万元。针对垦东地区滩海养殖补偿价位过高等问题，组织专家组对该区域的海产养殖与海洋资源评估和补偿价格进行了认定，将原来的6000元/亩养殖用海补偿价降至4000元/亩，按已办理的海域使用面积1175.34亩计算，减少支出2350.06万元。

强化内部监控，严格控制工农费用支出。对工农费用施行了分级审批制度，全年共审核工农费用结算单据2.8万多份，工农费用8.9亿多元，审减定额内未包含的科目或与现场情况不符的款项1000多万元，有效控制了工农费用的支出。

加强油地共建，谋求和谐发展。本着“油地结合、优势互补、互惠互利、共同发展”的方针，在国家政策法规允许的前提下，与地方共建油区道路51条共337.4千米，不仅方便了油田生产，节省了征地资金投入，也带动了地方经济发展。

【土地管理】 从严从紧控制土地增量，依法管好存量土地。严格控制建设用地指标，坚持按计划依法用地，按标准用地。2006年，在年度同比多完钻200多口井，土地补偿标准提高和土地管理日趋严格的形势下，通过加大工作协调力度，强化土地征管措施，油田新增建设用地1814宗，面积7691.6亩，其中耕地5674.74亩，未利用土地2016.84亩，确保了油田勘探开发建设的顺利进行；为履行耕地“占补平衡”义务，启动了孤东586公顷盐碱地开发项目和委托地方政府造地项目，彻底解决了多年来制约油田土地无法正常报批的“瓶颈”问题。坚持以证管地，注重土地权属管理，全年存量土地办证32宗21121.24亩。协调处理了油田在八分场地区使用的约3000亩土地的确权登记问题。

做好存量土地的清理清查和调整移交工作。对东胜公司、石油开发中心、胜大油公司、中胜油公司等4家油公司的1415宗7715亩用地情况进行了清理清查。对全局400多家多种经营单位的70730亩土地进行了核查。完成了纯梁社区多种经营单位14宗1400亩土地和原工程运输公司撤销后的17宗1010余亩土地移交事宜。

【油区管理】 加大油区整治力度，促进“和谐油区”建设。以创建“和谐油区”为工作重点，紧紧围绕保油上产开展油区整治。针对不同时期的油区治安形势，适时组织了春季、秋季、冬季“严打”攻势和“打黑除恶”专项行动，重点打击了哄抢、破坏、盗窃油田物资和原油的违法犯罪行为。全年组织取缔活动2150次，治理重点区块58个，取缔土炼油炉71座，非法小化工26处，非法收油点89处；卡除窃电点1763处，窃气点2514处；收缴各类电力线95200米，各类管线88960米；查处非法外运车辆1096部，截获油品和油田物资5370吨。

加强护矿队伍建设，做好物资稽查工

作。加强以物资稽查大队为龙头，厂、矿、队三级巡逻队伍为骨干的油区治安防范网络建设。建立点守、面巡、重点区域设伏的稽查巡逻机制。物资稽查大队全年检查拉运油田物资油品的车辆25765台次，查处有问题车249辆，查获盗油车210辆，抓获不法分子77人，查处涉油事件133起，取缔"三小一点"11处，查获原油1880多吨。

加强落地油、自用油、单井、边远井以及废旧物资的规范管理。严格执行内部管理制度，加大落地原油、自用油监管力度，全局自行回收落地原油16000多吨，办理自用油1200多吨。对单井、边远井管理实行问责制，进一步规范单井倒油"三联单、三过磅、一跟一收一停放"和"三勤"、"两核对"制度，实现了对倒油车辆的全过程、全方位监控。组织专门力量对油田1472口生产单井，430部内部倒油车辆进行了全面检查。废旧物资管理从验货、发放《准运证》和稽查等环节严格把关，对东营市境内的119家废旧物资站点进行检查，与符合规定的89个站点签订了协议，对违规收购点加大处罚力度。全年查验废旧物资3.9万吨，办理有色金属547.5吨，验收清罐油1124吨，查处非法收购站点19家。

(范齐军　沈　军)

(审核　邱新德)

水电管理

【电力管理】 全油田现有变电所186座，总容量为392.153万千伏安，现有6～220千伏输配电线路1241条，总长度为11335.7千米。2006年全油田总用电量66.55亿千瓦·时，全油田最高负荷95.5万千瓦。胜利发电厂发电量62.48亿千瓦·时，供电量58.64亿千瓦·时，厂用电率6.15%(一、二期工程平均)，供电煤耗337克/千瓦·时，完成供热量367.09万吉焦。春季电网检修变电站168座，其中大修24座，常规检修144座，检修线路565条、4840千米，37890杆基，处理各类缺陷5355处；各采油厂检修线路400余条，检修配电变压器7000余台。秋季电网检修、清扫变电站72座，检修线路224条、2347千米，对220千伏线路高频保护进行了完善。胜利发电厂机组完成计划内检修8次，其中，3#机组大修历时52天，完成检修项目966项。全年非计划停机3次，同比减少28次，连续安全生产时间突破600天，创历史最好纪录。调整局部电网结构和优化油田电网运行方式，加大平衡发、供、用电工作的管理力度，外购电量与去年同比减少1.1亿千瓦·时。完成钻机用电网供电的规划、汇编及设计实施工作，制定了《胜利油田钻机用电网供电管理规定》。12项电力系统科技项目获得山东省及管理局科技进步奖励，其中《水煤浆高效流化——悬浮燃烧技术研究》获山东省科技进步成果二等奖，两个项目获局科技进步一等奖，六个项目获局科技进步二等奖，三个项目获局科技进步一等奖。

完成了220千伏新孤变扩建、110千伏海五联输变电工程、草桥变配电线路优化调整等电力工程。完成了110千伏海港简易站的全部土建、安装、调试任务，完成了郑王变2#主变的事故大修及恢复送电工作、110千伏电厂变2#主变10千伏母线改造以及锦华新区上电等项施工任务。完成了300多项电力线路、站内构架杆塔加固、补强及变电站房屋漏雨处理等工作。实施北区电网升压涉及的110千伏坨三、辛七、辛八和110千伏仙河输变电工程的相关工作。完成了基地"西电东送"工程项目，对城中、城南变出口线路进行调整改造，提高了城区供电的可靠性。积极做好网电钻机改造的供电工作，保质、保量、如期完成了电网改造任务。

油田成立用电管理与整治项目组，在优化用电结构、实施线路改造、整治用电环境等方面，见到明显成效。实施了农电治理的一期线路改造工作。第一期电网综合治理的28条线路中，有16条已正式完成，年节电1500万千瓦·时。制定电网综合治理二期35混供线路的改造计划，并下发各采油厂执行。油田各单位通过实施农电治理、短线路改造工程，优化高耗电设备运行，改进机电系统效率，加强内部用电节电管理等有效手段，实现了控制电量增长的目标。分公司用电量比去年同期减少3000万千瓦·时。

2006年，全油田拥有净化站10座，在用7座，地下水源1座，设计日供水能力96.5万立方米。拥有水库17座，设计总库容3.76亿立方米。供水管网总长3011千米，其中主干输水管线(直径200毫米以上)891千米，各种生产设备1100台(套)。污水处理厂1座，设计日处理能力10万立方米，建设中污水厂1座，设计日处理能力3万立方米。

【用水管理】 全年完成引水总量为2.64亿立方米，完成供水量为1.30亿立方米，出厂水的水质综合合格率为99.6%，销售水量为9092万立方米。管理局和分公司用水量为8066万立方米，工业水重复利用率63.4%。实施黄河治理工程10项，投资1500万元。油地共建水利工程完成武家大沟综合治理工程，治理河道长度31.9千米，疏浚土方180万立方米，完成投资1300万元；与东营区共同出资对四干渠进行了渠道衬砌，治理河道25千米，油田出资200万元；完成新立河32千米河道治污、防洪排涝改造工程，油田投资500万元。投资3886万元对供水公司65.5千米供水管线进行改造，投资320万元对孤岛等3个社区供水管网进行改造。完成河口净化站、耿井净化站、辛安净化站的工艺改造，提高了出水水质。建立管理局水质报告制度，供水公司每月末向生产管理部报告当月水质检测结果，水质情况同时在局网公布。组织实施了供水管网检修工作，共完成管网施工项目18项，水厂检修项目11项，净化站管线加药疏通、阀门维修、水泵盘根更换等检修项目54项。按照省水利厅的文件要求，科学合理测算河道维护费，2006年，油田交纳河道维护费4955万元，比2005年增加775万元，增长18.5%。

【防汛管理】 结合油田实际，适应防汛工作要求，对全局的黄河防汛、防风暴潮、油区社区防汛排涝和水库防洪工作进行全面部署。对黄河调水调沙期间油田负责的6处控导工程险情及时抢护，耗用石料10500立方米，合金笼2万平方米，土方1.65万立方米，编织袋3.1万条。召开油田的防凌会议，安排部署冬季黄河防凌工作。绘制黄河防洪工程图，完善油田供水系统图和排水及防护系统图，建成坨82、西河口、小垦利、清三、孤东浮桥等五处水位自动测报传输系统，为油田生产管理和防汛抢险指挥提供准确的资料和信息保障。以油区排涝骨干工程治理为重点，全年实施重点治理项目13个，投资1000万元。截至2006年底，共治理河道43.4千米，解决了部分油区的排水问题。实施了桩古46海堤隐患治理和桩106海堤水毁修复两项工程建设。其中，桩古46海堤隐患治理工程全长7.5千米，总部批复投资1.72亿元。2006年计划下达7000万元，完成了1千米管桩段和3千米堤脚加固段的施工，2007年继续对剩余工程和3千米丁坝群进行施工。

(李建军　杨建民　邹　兵)

(审核　张洪山)

经 营 管 理

管理局规划计划管理

【综述】 管理局规划计划管理工作，紧紧围绕促进油田持续有效发展这一中心任务，严格执行投资管理程序，规范运做，重点强化燃料结构调整、电网结构调整、装备更新改造、油气勘探开发服务保障、安全隐患治理、社区配套设施建设、支持改制分流等六个方面的工作，全年完成投资16.29亿元，为油田的持续有效发展作出了新的贡献。

强化基础工作，积极建章立制，坚持做到“各项工作制度化，规范运作程序化”。针对项目管理环节中出现的问题，在严格执行《管理局资本性支出管理规定》的基础上，组织编制《重大项目及大额资金运作管理规定》，完善各项规章制度，规范工作程序，避免重复建设和低效投入。加强工程施工监督管理工作，按照“谁出资、谁委托”的原则，出台《关于管理局资本性支出项目委托监理管理的详细规定》，严格实行监理质量检查和按时报送监理报表制度，确保工程质量和投资规模不超。加强项目的概算、预算和结算管理工作，编制下达《胜利石油管理局投资项目工程概算管理办法》，进一步加强项目概算、预算和结算的管理工作。凡是准备列入计划的项目都要完成(概)预算审查，从源头上防止高估冒算和各类搭车行为。为规范生产经营计划管理，印发了《胜利石油管理局生产经营计划管理办法》。进一步加强自用油管理和供暖管理，在油田管辖区域内实行采暖管理许可证年审制度，出台了《胜利石油管理局集中供热接入管理暂行办法》，从源头把关节能降耗。积极参与内控管理，组织修订《投资管理内控制度》和《物资管理内控制度》，为细化管理奠定基础。

加强队伍教育培训，提高队伍整体素质。严格规范业务行为，确立了“为领导决策当好参谋助手，为群众排忧解难多办实事，依靠廉政促勤政，依靠勤政树形象，争创五型机关”的工作思路。努力营造争先创优的工作氛围，提高了全局规划计划管理水平。认真抓好队伍建设，努力提升团队学习力。坚持学习形式的多样化，注重搞好复合型人才培养，要求每个干部多深入基层进行实际调研和学习交流，深入研究思考，在探索实践中提升个人学习力。2006年，有1人通过国际注册项目管理师(PMP)考试，59人通过中国项目管理师(CPMP)考试，有1人参加国际化经营培训，组织两期计划科长和分管领导培训会议。坚持“三超前”原则，做到重点工作超前谋划、热点难点超前预测、既定工作超前运行，努力建设负责任团队。对职工群众普遍关心的热点难点问题，主动发现，深入研究。确保油田生产和生活配套设施投入，努力改善社区和城区面貌，职工居住环境、生活质量明显提高。

加强投资项目前期工作，规范运行程序。按照“程序不能逾越，节奏可以加快”的原则，严格执行限额以上项目由总部进行评估、决策的规定，加大项目前期工作力度，提高项目运行效率，基本实现了“当年项目当年完成批复，明年项目今年可研上报完成”的工作目标。从二级单位上报的数百个项目中筛选出符合集团公司投资方向的项目进行评估论证，最终上报总部重点项目53个，集团公司已批复或下达计划的项目41个，进入审批程序的项目12个。电厂三期、电厂脱硫改造等项目编制完成，陆续上报集团公司。

【专业规划编制】 在认真组织调研和充分论证的基础上，组织编制《燃料结构调整规划》、《社区老区改造规划》、《油田部分偏远小区回迁规划》、《网电钻机改造规划》、《钻机三年滚动改造规划》、《作业装备配备规划》、《供水管网改造规划》和《电网结构升级改造规划》等，为今后的分年度实施打下良好基础。电厂三期工程前期工作进展顺利，集团公司已经批复，项目部正式成立并加紧开展工作。

【燃料结构调整】 围绕建设节约型企业，降低采暖运行费用，继续抓好燃料结构调整改造工作。截至2006年底，共完成1160万平方米供热面积的燃料结构调整工作，形成1300多万平方米的替代油供暖能力。全年投资1.6亿元，完工项目累计完成2.6亿元，完成了基地热电联供二期工程扩建、纯梁集中供热锅炉房等4个项目的建设，调整采暖面积109万平方米，已形成替代燃油能力2.06万吨，当年节代原油1万吨。

【电网结构调整】 实施电网结构调整，降低网损，提高电网运行效率。油田外部电网负荷转入油网工程已经完成；北区电网13座变电站升压改造的初步设计总部已经批复，列入首批实施的坨三、辛七、辛八等3座变电站已经开工建设。

【装备更新改造】 按照总部核定专业队伍规划，加大装备更新改造力度，提高了工程板块的总体技术水平。投资7.85亿元，配备2台万米超深钻机、4台气体钻机、4台70D钻机、1套滩海地震设备和配套的钻井技术设备，组织完成了12台网电钻机改造工作。投资0.9亿元建成投产了井下作业四号平台。投资1.4亿元，更新陆上修井机、特车等作业设备88台(套)。

【生产、采暖用油管理】 以节能降耗为核心，加强自用原油管理，以供暖面积、钻探工作量、设备能耗指标等为依据，深入调查、严格审核各单位用油计划。根据气候变化规律，合理核定供暖燃料能耗指标，使各锅炉房根据气温变化情况及时调节供暖温度，在保证供暖质量的前提下，努力降低原油消耗量。实行采暖许可证管理制度，不断更新完善采供暖信息数据库，严格控制采暖面积，严禁无证采暖。截至2006年底，累计办理采暖许可证358个，办证面积1977万平方米。2006年采暖用油15.5万吨，比上年同期节油1.1万吨。

(张立华)

(审核　乔恩言)

分公司规划计划管理

【综述】 紧紧围绕分公司全年生产经营任务，强化方案优化和经济技术论证，加强项目投资管理，统筹实施油气生产经营建设计划，为分公司完成全年生产任务计划作出了积极贡献。全年委托70个项目进行评估咨询，涉及总投资25亿元，其中评估项目20个，经济评价项目50个，共核减投资2.34亿元。

认真做好统筹协调和综合平衡工作。根据分公司全年生产经营计划，及时跟踪生产经营运行情况，统筹兼顾，科学部署，合理安排，切实做好生产经营综合发展计划的编制和下达。深入开展生产经营活动分析，加强与总部有关部门的沟通协调，及时协调解决生产经营过程中遇到的问题，保障了分公司生产经营目标的实现。

加强项目前期运行工作。坚持产能项目运行月度例会制度，掌握产能项目的运行动态，对方案较确定的产能区块及时办理立项手续，根据效益原则提出缓建和调整建议。加强以评估、评价为主的项目方案审查工作，严格执行先评估、后决策的管理制度，技术上可行、经济上有效益的项目方可决策。组织开展老油田维持简单再生产投入分析、滩海油田防护适应性分析等方面的研究工作，为有针对性地进行优化部署提供了决策依据。全年投资项目在上半年基本完成了前期工作，满足了项目评估的需要。

不断深化项目管理。进一步规范项目管理体系，编制下发《胜利油田分公司油气田开发投资项目管理程序及实施办法》、《胜利油田分公司侧钻井管理办法》、《侧钻井管理办法》等项目管理制度。全力深化ERP系统运行工作，要求所有项目必须按标准业务流程运作，有效避免了计划外项目；项目预算在系统中被锁定，加强了建设单位投资控制意识和行为。继续强化项目的过程管理，通过优化设计、优化施工和加强招投标管理等工作，不仅保证了工程的施工质量和进度，而且节约了大量投资；委托有资质的监理部门进行项目监理，工程质量和资料管理明显改进。全年90%以上的项目实行了项目管理，对2005年签订承包合同的24个承包项目实行严考核、硬兑现，对未完成承包指标的5个项目沉没风险抵押金。

优化钻井设计，努力降低钻井成本。制定《胜利油田分公司钻井工程投资管理实施细则》，对地质设计、工程设计、施工监督、设计变更、预算审查及测、录井设计审查等提出了具体要求。重点对钻井工程设计进行优化，推广使用小管径表层套管和国产技术套管，全年节约投资3700万元。

【专项工作】 在燃料结构调整方面，按照“依靠技术进步节能，实施结构调整增效，综合治理和强化管理降耗”的原则，积极开展燃料结构调整工作。截至2006年底，坨六站水煤浆代油项目、孤岛煤代油项目东部3座站完工投产，其他项目正在按计划抓紧施工。燃料结构调整工作取得较好成效，全年节代原油2万多吨。特别是煤代油和水煤浆代油采用BOT运营模式，降低了投资风险，盘活了存续存量资产，实现了社会化、专业化管理和服务。在水质专项治理工程方面，完成了第一批和第二批共16个污水处理项目的前期工作，总部下达投资5790万元。其中，樊41污水生化处理工程和孤五污水站含聚污水处理技术试验工程完工投产，其他项目正在开工准备。在油田设施迁建方面，对2005年前及以前未结算，2006年度预计完成的设施迁建工程项目进行清理，认真落实工作量和费用。开展集输系统能耗检测分析工作，完成了10个联合站的现场能耗检测以及单项分析报告和总体成果报告。编制完成了《埕岛油田海上老区整体规划方案》，2007年第一期实验区块项目已向总部申报。

（张奎昌）

（审核　刘会友）

管理局财务资产管理

【综述】 管理局实现总收入306亿元，总支出312亿元，扣除集团公司考核因素后，实现盈利1021万元，控制在集团公司下达的预算指标之内。全年固定资产总投资57.11亿元，实现各种税费35.42亿元。年末资产总额284.11亿元，资产负债率79.74%，比2005年下降0.53个百分点。管理局与油田分公司关联交易结算总额为

283.18亿元，其中，管理局关联交易卖出195.2亿元，关联交易买入87.98亿元。

【改革与清理整顿工作】 3月份开始，配合并参与集团公司对胜利油田深化改革调研，组织财务专题分析，形成7分册、10余项专题报告，基本摸清了家底，理清了思路。坚持“先易后难，逐级突破”的原则，强化组织领导，完善运行机制，稳妥推进清理整顿工作。2006年完成清理整顿对外投资和多种经营300家，超额完成了集团公司下达的年度清理整顿工作任务。

【内控工作】 按照集团公司的统一部署和要求，全面推行内控制度。3月份与财务监控中心等相关处室组织召开油田内控工作启动大会，对油田内控工作进行部署安排。9月份，内控制度实施细则开始试行。开发应用内控网上签批系统，抓住关键控制点，合理授权，充分发挥了内控制度在控制风险方面的作用。集中举办了多期处级干部、业务骨干培训班。年底，标志着管理局“家规、家法”的内控制度初步建立，内控氛围初步形成，为规范经营行为、防范经营风险，提供了制度保障。

【资金管理】 面对资金异常紧张的局面，重点加强存货和应收款项的管理。启动“网上银行”，加强资金的集中管理，实现资金拨付网络化，规范付款程序，减少财务费用。加强与金融机构和股份公司合作，多元化、多渠道、多方式筹集资金。一是充分利用集团公司发行短期金融债券的有利时机，积极向集团公司申请，与金融机构结合，共置换管理局长短期借款14亿元，年节约财务费用4000多万元。二是积极与技工贸、东胜公司等单位合作，共委托贷入资金2亿元，节约财务费用1000万元。三是主动与股份公司协调、配合，对关联交易执行情况和资金结算情况进行清理，保证了关联交易资金的足额、及时流入，全年共取得关联交易资金129.84亿元。开展应收款项专项清理工作，制定《胜利石油管理局债权债务管理暂行办法》，对货币资金、贷款规模、应收款项及存货实行限额管理。

【成本预算管理】 建立适合管理局特色的预算管理体系，运用部门业务预算和完善的承包体系确保全年整体预算的全面完成。将资金、成本、物资、往来款项、资产等多项指标与预算结合，形成合力，注重过程控制和全员参与，全面预算管理在各级层面逐渐形成。加强对二级单位“六费指标”的监控与考核力度，指标层层分解，压力层层传递。严格预算考核兑现，维护预算的严肃性和权威性，确保全年生产经营指标任务全面完成。通过燃料结构调整、机构整合，通讯费、用车制度改革等措施，降低非生产性支出和费用补贴。完善大额成本管理信息系统，完善修理费用的管理程序，按季批复各单位维修计划。加强对科研经费、教育经费、福利费、老年活动经费等专项费用的管理，完善审批流程，确保专项费用效益。明晰管理费用核算范围，压缩管理性费用。制定《胜利石油管理局外部市场财务管理办法》，进一步规范外部市场的管理。从3月份起，组织开展经济活动分析活动，分析会除对管理局整体的财务状况、预算执行情况进行分析外，重点对管理费支出、投资情况、关联交易结算、外部市场、资金状况等进行专题分析，进一步加强了预算控制。积极探索理顺关联交易的思路和方法，严格把握政策，加快关联交易结算，提高关联交易结算率。

【资产管理】 树立资产管理的效益观，以提高资产使用效率为工作重点，采取招投标方式，对账销案存以及其他资产进行处置，提高资产处置效益。遵循“公开、公平、公正、价格优先”的原则，对全局废旧资产每月组织集中上网竞卖。全年完成处置总额2700万元，其中调剂会处置1088万元，评估底价818万元，调剂会处置较评估底价增幅33%。加大对账销案存固定资产的处置力度，采取“分散管理、统一估价、网上公告、集中处置”的方式进行清理处置。每月组织一次废旧资产调剂会，采用公开投标的形式进行竞价出售。组织对机关用车进行压减，压减公务用车160台，将13个试点单位的790辆公务用车压减404台。集中力量组织清理“账销案存”资产，共清理和处置账销案存资产19.97亿元，处置收入1.75亿元，销案率达99.5%，基本完成管理局账销案存资产的清理处置工作，进一步提高了资产质量。树立资产管理风险观念，制定保险投保流程和索赔流程，确保了财务风险的有效转移。

【海外项目管理】 加强与规范境外承包工程的财务管理，提出规范管理的意见和建议。初步完成成立国际经贸公司有关境外承包工程财务管理的规划工作。继续加强境外承包工程外汇资金管理，收回境外资金2091万美元。按照集团公司统一要求完成移交项目划转，减少外汇贷款资金占用，收回应收资金，取得委托管理净收入1765万元。完成2005年境外承包工程贷款贴息、海外项目前期费用和专项资金补贴申报。完成集团公司有关外汇资金内控制度工作。完成境外投资清理整顿申报工作，完成加拿大、秘鲁公司、阿塞拜疆、吉尔吉斯项目投资清理工作。

【会计核算】 一是组织《中国石油化工集团公司会计核算办法》研讨活动，下发《胜利石油管理局新准则衔接转换指导意见》，做好新准则的培训、转换测试、会计信息系统调整等相关工作，为2007年新旧会计准则的转换实施奠定了基础。二是组织《企业会计准则》业务培训。全年共组织了11期新会计准则培训班，并有针对性地组织了内控制度、税收筹划、资金风险控制、保险代理等培训班，财会人员综合素质进一步提高。三是组织会计基础资料展评，夯实会计核算基础工作。

(项继云)

(审核　孙新永)

分公司财务资产管理

【综述】 分公司全年实现利润421.98亿元，其中油田板块(含鲁胜油公司)实现利润423.63亿元，较年度考核指标373.95亿元增加49.68亿元，炼油板块账面亏损1.65亿元，剔除总部考核单列的客观性、政策性因素后，两个板块均完成股份公司下达的利润指标。油田板块实现油气商品量2399.18万吨，按照股份公司规定的吨桶比折合16511.02万桶，油气生产总成本200.24亿元，其中现金操作成本136.35亿元，单位现金操作成本82.58元/桶。油气完全成本合计250.95亿元，油气单位完全成本1045.97元/吨。炼油板块全年加工原料油159.66万吨，其中原油159.51万吨，综合商品收率89.41%，轻质油收率73.75%，完全费用4.20亿元，吨油完全费用263.32元/吨，现金操作成本3.18亿元，单位现金成本199.37元/吨，完成中石化股份公司下达的指标。

全年实现税费324.11亿元，其中增值税102.99亿元，消费税2.10亿元，资源税5.14亿元，企业所得税140.04亿元，矿产资源补偿费7.66亿元，石油特别收益金52.11亿元，其他税费14.07亿元；上缴税费305.34亿元，年末欠交各种税费56.27亿元。

截至2006年底，分公司资产总额622.69亿元，其中流动资产47.72亿元，固定资产572.30亿元，其他资产2.67亿元。

负债总额174.94亿元，其中流动负债200.59亿元，内部拨入款-32.26亿元，长期负债6.61亿元。股东权益427.88亿元，少数股东权益19.87亿元。

【成本预算管理】 坚持从创新理念、理顺体制、完善手段、强化运行等方面入手，围绕勘探开发生产，扎实推进全面预算管理。按照业务量与价值量配比的原则，最大限度地实行零基预算，努力减少无功低效支出。促进了预算管理向规范化、精细化方向发展，全面预算管理体制基本建立并逐步完善。积极争取总部支持，安排水井大修、偏磨井治理等长效投入，稳产基础进一步夯实。细化成本分析，严格考核，成本管理工作成效明显。以经济活动分析会为载体，加强财务与生产的结合，认真进行各项单耗指标的纵横向对比分析及重点费用的跟踪分析工作，密切关注工作量与价值量的配比情况，不断揭示成本项目的升降原因，及时发现生产经营过程中存在的矛盾和问题，制定措施，优化改进，经济运行质量不断提高。实行"月考核、季兑现"办法，积极推行预算超支单位汇报制度，不断加大考核力度，分公司各单位成本意识普遍加强。

【资金管理】 为提高资金使用效率，合理调度、安排资金支出，结合财务预算和投资预算，制定完善了分公司资金预算管理办法，逐步摸索建立了较为完善的资金预算管理体制。把油气货款的回收放在资金管理的首要位置，全年回笼货币资金1079亿元，应收账款回收率100.42%，应收款较年初下降4.52亿元，当年营业收入没有出现不良欠款，确保了资金的安全与效益。强化资金月度考核，充分调动二级单位加强资金管理的积极性，资金限额管理办法得到有效实施，减少了资金占用。合理调度资金，提前归还分割贷款、协定存款，通过与供应商建立战略伙伴关系及实施预付货款管理等办法，降低了采购成本，提高了资金使用效益。

【资产管理】 修订完善了《胜利油田分公司固定资产管理暂行办法》，组织开展资产清查工作，全年通过资产清查共计上报股份公司呆坏账32435万元，股份公司批复报废固定资产净值16142万元。召开4次报废资产处置竞卖会和多次专项报废资产招标会，清理报废资产2687项，取得清理收入1179万元。确定统一的保险投保范围，规范投保险种和费率，加大保险索赔力度，促进了财产保险工作投保标的的科学化、险种配置的合理化、投保费率的优惠化。

【税务管理】 共实现税前报废固定资产扣除2.41亿元，技术改造项目国产设备投资抵免所得税1940万元，减免资源税710万元，落实1.57亿元技术开发费并得到主管税务机关的确认。资源综合利用"三废"项目的评定及减免税工作实现突破，分公司申请上报的四个"三废"资源综合利用项目全部通过省经贸委的审定，实现了自油田上市以来"三废"资源综合利用项目评定上"零"的突破。在稽查方面，组织开展了涉税业务的自查、互查工作，及时发现问题，避免涉税风险。

【会计基础工作】 为规范报表合并及会计档案管理，出台了分公司《合并会计报表编制方案》、《会计凭证归档工作规范》，会计基础工作得到进一步加强。联合ERP支持中心、计划、供应、销售等部门成立数据转换工作小组，研究、制定分公司数据转换方案和转换办法，确保了新会计准则的平稳过渡和顺利实施。

【内控工作】 按照"授权有度、风险受控、操作规范、程序透明"的原则，不断修订完善内控手册实施细则，细化业务流程，建立健全各项配套制度，狠抓流程和控制点的执行。针对内控流程点多面广、管理复杂的实际，坚持以“抓管理、堵漏洞、促规范、提效益”为指导思想，以“管理受控、操作简便”为原则，着力突出成本预算审批、投资决策程序、物资采购管理、现金流支付、关联交易结算“五条主线”，努力做到关口前移、过程控制、加强管理，严把内控风险点和控制点。在股份公司内控综合量化评分中，取得了油田板块各企业总分第一的好成绩。

【ERP 及信息化建设】 坚持“整体规划、完善功能、扩大应用”的工作思路，建立 ERP 关键用户、骨干用户、最终用户三级支持保障体系，初步形成油田经营管理信息化应用框架。挖掘 ERP 系统功能，在服务合同、结算流程、财务稽核、投资统计、物资质检等方面优化系统功能。将《资产辅助管理信息系统》、《税务综合管理平台》和《成本预算管理系统》整合为《财务资产综合业务系统》，作为 ERP 的辅助系统，并将其所有与 ERP 相关的流程都通过接口与 ERP 的流程串接，保证工作流的连续和数据的一致。《工程劳务网上结算系统》在持续优化的基础上，与《石油工程造价管理信息系统》进行对接，实现所有结算业务在线操作。

（郝继开）

（审核　宋道强）

劳动工资管理

【综述】 紧紧围绕油田改革发展稳定大局，以技能人才开发建设和人力资源优化配置为主线，以强化管理、狠抓落实为手段，劳资工作取得新进展。油田被评为国家技能人才培育突出贡献奖、山东省劳动保障宣传工作先进单位、山东省劳动保障学会先进会员单位、胜利油田中小学移交工作先进单位，劳动工资处被评为油田文明建设先进处室、油田廉洁勤政信得过部门，劳动工资处党支部被评为油田先进基层党组织。

不断加大技能人才开发力度。有 2 人被授予全国技术能手，8 人被授予山东省首席技师称号，26 人被授予集团公司技术能手，148 人被授予胜利油田技术能手。一是召开技能人才开发工作会议，出台技能人才队伍建设政策和文件，举办技能人才创新成果展览，确立“十一五”技能人才培养目标，进一步激发了技能人才创新创效积极性。二是建立完善高技能岗位序列。截至 2006 年底，共聘任首席技师 37 名，主任技师 188 名，责任技师 680 名，各类能工巧匠 1461 名，初步建立了较为完备的高技能岗位序列；有 18 个二级单位成立技师分会，会员人数达 2574 人。三是开展学习中国高技能人才楷模和高技能人才宣传月活动，促进了油田高技能人才队伍建设。四是开展技能大师授艺解难到基层活动。共组织 7 个组 30 名油田首席技能大师、技能大师及高级技师，先后深入到 27 个二级单位的 100 多个基层队，与基层职工进行面对面的授艺和交流，解决生产难题 150 多个，交流创新成果 250 多项。五是不断加强职业技能鉴定工作。进一步规范职业技能鉴定机构的质量管理和鉴定行为，对 1230 名鉴定工作人员进行培训。组织完成 167 个工种 25248 人的职业技能鉴定工作。组织开展油田技师考评工作，有 34 个工种、1183 人参加考评，90 人取得高级技师资格。六是举办油田第 14 届职业技能竞赛，共有 53 家单位、37 个工种、1100 多名选手参加竞赛，有 10 个二级单位和 270 名选手获得优胜。组织 10 名钻井工和 12 名采油工选手参加中央企业职工技能大赛，在石油钻井工、采油工两个工种中取得 4 银、2 铜和团体总分第三名的好成绩。七是加大高技能人才培训力度。油田层面举办各类培训班330期，培训技能操作人员1.6万人，培训高级工7725人次，培训技师1180人次。

强化人力资源的优化配置。一是对油田目前队伍现状进行了全面摸底。从管理局“十五”用工总量变化情况、“十五”减员分流情况、五类用工结构情况、人工成本及内部分配有关情况等几个方面，进行了数据统计和对照，摸清了队伍的总体状况。二是按照“先进合理”的原则，对管理局进行了全面的定员测算。收集劳动定员标准28项，测算管理局主体队伍定员总量为75600人，其中基本岗位57408人、普通岗位18282人，普通岗位占全部定员的24%。通过定员测算，明确了主业定员，提高了用工水平，为精干主业队伍奠定了基础。三是针对用工总量富余、人员结构性富余和缺员并存、内部分配关系调整不到位、劳动关系不规范等问题，分别提出了以建立持续减员机制、总量控制机制、竞争上岗机制、激励约束机制、优化配置机制、内部安置(养人)机制为内容的相应意见和建议，明确了下一步人事制度改革的步骤、内容和目标。认真剖析队伍结构，分析用工管理存在的深层次矛盾和问题，形成了人力资源专题调研报告和相关专题，对加强管理局用工控制、用工管理、薪酬分配等工作提出了意见和建议。

加强队伍建设。以短训班为主要形式，以劳资科长，二、三级劳资业务人员为主要对象，举办了3期综合业务培训班和人力资源信息管理研究生班，培训200多人，提高了劳资人员的整体素质。组织举办劳资理论研讨会，收到论文118篇，从中选出了50篇优秀论文和54篇发表论文。

【清理整顿、改制分流工作运行平稳】 认真做好拟改制单位补偿补助的核算、解除劳动合同协议的签订以及改制单位留在管理局管理的特殊群体费用预留的测算等工作。对已批复改制实施方案的单位，认真组织进行劳动合同的解除工作；对涉及的特殊群体，积极协调有关部门和有关社区，做好交接工作。坚持公平公正地执行政策，切实做好一人一事的工作，确保了减员分流工作的稳妥实施。

【内部结构调整工作】 参与实施了胜南社区与纯梁社区合并，工程运输公司拆分并入渤海钻井总公司、黄河钻井总公司，调整理顺油区护卫队伍机构，调整理顺离退休人员管理等各项体制改革。在作业二公司和车管中心推行内部结构调整和竞聘上岗试点，作业二公司三级单位由9个调整为6个，四级单位撤并22个，管理岗位减少76人。车管中心停运车辆160台，分流转岗人员84名。

【劳动力管理】 对劳动合同数据库进行全面的核对清理，做到人、合同书、数据库三对口。及时办理日常劳动合同解除、终止手续，及时调整维护数据，使其切合实际、完整统一。及时为改制企业办理解除劳动合同手续，规范劳动关系。截至2006年底，油田签订劳动合同总计为165990人。严格按照新的规定程序办理工伤认定和劳动能力鉴定，全年报市局认定工伤200人，工伤劳动能力鉴定270余人。向山东省劳动保障厅申请组织非工伤劳动能力鉴定40人，因单位改制组织进行非工伤劳动能力鉴定25人。顺利完成改革中各类人员的划转调整工作，将胜大集团301名工人移交东胜公司；将工程运输公司802名工人划转到渤海钻井总公司，1197名工人划转黄河钻井总公司；将运输总公司客运公司503名工人分流安置到26个二级单位；将局机关车管中心68名工人分流安置到12个二级单位。按照“双控一放”的原则，继续做好劳动力日常流动工作，全年共办理日常流动 400 余人，其中调出油田 8 人。积极与地方民政部门联系，认真审查档案，严格按计划接收退役军人并进行安置，374 名退役士兵按计划配置到钻井、作业、物探公司岗位。

【劳动保障监督检查】 根据山东省劳动和社会保障厅的文件精神，认真组织 200 多家单位开展年检申报工作，分 13 片集中对胜利油田 200 多家 2005 年度年检单位年检手册填写情况进行了集中审核。及时调查处理 7 起举报投诉个案。

（俞庆国）

（审核　石　峰）

法律事务与合同管理

【综述】 强化基础工作，保证了合同的依法签订和顺利履行。加强合同管理的制度建设、合同谈判、合同审查、示范文本推行、日常监督等基础工作。按照合同条款完备、规定明确、详细具体、符合实际、操作性强的原则要求，编制、推行钻井工程施工合同等 10 类合同文本，满足了签订油田勘探开发合同的需要。不断改进和完善生产经营监督信息系统、工程劳务结算系统和 ERP 中的 SAP 系统，大力推进合同管理的信息化建设，提高了工作效率。加大合同全过程、全方位管理力度，严格落实合同签订申请表制度和合同签约人负责制。在订立合同前，会同合同经办单位认真做好合同签订依据、对方法律资质、对方资信情况和履约能力等事前审查工作，加大了对合同内容的审查力度。在合同履行阶段，重点抓重大合同履行报告制度的落实。对滨南采油厂湿蒸汽发生器维修等 95 个重大项目实施重大合同履行报告制度，基本掌握了重大、重要合同的履行情况，及时协调解决履行过程中出现的问题，保证了油田重点项目的顺利运行。在合同结算中，严格落实合同结算报告单制度，合同的预付款、进度款、结算款都要填制合同履行结算报告单。全年油田共签订各类合同 70725 份，总标的额 536.18 亿元。其中分公司签订合同 44334 份，标的额 318.78 亿元；管理局签订合同 26391 份，标的额 217.40 亿元。通过采取合同谈判、降低资质取费、招投标、合同结算审查、合同争议处理等方式，共节约资金、挽回经济损失 1.56 亿元。积极参加招投标、项目评审、合同谈判、履行验收等工作，努力为油田生产经营服务。以参加联席会议、项目论证、招投标、商务谈判、合同验收等多种形式参加生产经营活动 9600 多项，进一步发挥了法律事务工作的职能作用。

全面加强涉外合同管理。全过程参与涉外合同的考察、谈判、审查和签约，保证合同的依法签订和顺利履行。从合同谈判、审查，直到最后的签约，每个环节都严格把关，全力做好资信调查、审查合同条款、拟订谈判方案及其他相关工作，充分发挥了合同管理工作的职能作用。共签订涉外合同 40 份，总标的额 10071 万元。积极参与涉外项目的协调、管理和处置工作。处理了吉尔吉斯项目资金渠道问题、阿塞拜疆项目转让、里海石油工程公司注销、管理局海外石油勘探开发项目移交等工作，对加强海外项目的管理和维护正常的生产经营活动发挥了作用。牵头组织了国内陆上和海上石油区块合作产品分成和提高采收率 4 个合同示范文本的编制工作。

不断强化公司事务管理。及时完成了企业年检工作，在认真做好管理局、分公司及所属单位年检工作的基础上，开展了对冠胜利油田名称企业的年检前置审批工作，共审查办理前置审批 1135 家，其中国有企业及分支 30 家，集体企业及分支 451 家，公司法人及分支 649 家，其他类企业 5

家，整改问题364处，提供咨询600余次。按照中石化股份公司将胜利油田有限公司改制为分公司的要求，对胜利油田有限公司进行了工商注销及分公司的设立登记。对原胜利油田有限公司所属的21家分公司，分别进行了工商注销、设立及有关内容的变更登记。对新开办的企业，严格审批程序，共审查办理设立登记69家，其中协解人员申办27家。积极参与改制分流、清理整顿等工作，保障油田改革的依法进行，参与完成无杆泵公司等11家企业的改制分流工作，分流人员7057人;编发《清理整顿对外投资和多种经营法律法规文件汇编》和《清理整顿对外投资和多种经营操作程序和法律文本》，确保国有产权转让工作符合国家法律要求，有13家企业的国有股权到交易所挂牌交易，完成交割10家。

坚持两手维权，及时妥善地处理各类法律纠纷。在处理经济、民事纠纷、行政争议时，坚持做到该起诉的案件依法起诉，该应诉的案件必须在法定期限内应诉。在参与诉讼过程中，做到证据确实充分，工作扎实细致，案情分析严谨、法律依据可靠，取得较好的处理结果。共处理经济、民事纠纷和行政争议170起，涉案金额6.05亿元，挽回和避免经济损失4.22亿元。处理油田内部纠纷7起，涉案金额561.4万元，挽回和避免经济损失28.1万元。针对侵害油田生产设施日益严重的问题，对油田分公司所属12家主要生产单位的输油管道、输气管道、油区污水管道、注水管道和井场设施被侵害情况进行调查，送达告知函41份、告知书1225份。利用调解、仲裁、诉讼等多种手段，认真做好稳定工作，及时解决了劳动争议、工资纠纷等方面的问题。做好宣传、解释、教育和引导工作，积极参与处理集体上访等工作，发挥了法律事务机构的作用。积极参加账销案存清理工作，妥善解决历史遗留问题。加大清理不良资产工作的力度，多次对二级单位采取走下去请上来的方式进行督导，明确责任人，共收回不良债权5090.1万元，比上年增长了200%。

深入开展法律宣传培训工作。全油田共举办各类培训班29期，培训人员1365人次。其中，油田组织法律事务知识培训班2期，培训103人次;二级单位举办27期，培训1262人次。组织211名2005年度注册企业法律顾问进行培训考试，办理了由省国资委统一印制的企业法律顾问继续教育证书。

【招标投标管理】 管理局和分公司成立招标投标管理委员会和招投标管理办公室，全面负责油田的招投标管理工作。油田从加强制度建设、机构建设等基础工作入手，建立了适应油田工作实际的招标投标工作管理制度和管理机构，制定了《胜利油田招标投标管理办法》和《胜利油田招标投标管理办法实施细则》。从投标项目申请、招标文件制作、投标书发放、评标会议组织实施到评标结果审查，油田坚持对招标活动实施全过程跟踪、全方位监控，实施全程管理，发现问题及时进行纠正和处理，对管理局和分公司组织的招标活动，全部做到了现场监控，推动油田招标投标管理工作逐步走向规范化。全年完成招标额7.6亿元，节约资金6298万元。

(张崇玉)

(审核　殷寿先)

市场管理

【综述】 加大市场管理工作创新力度，强化市场管理制度建设，落实“同等优先、长期优先”政策，着力推进外部市场创收由总量型向质量效益型的转变。内部市场管理方面，继续加大油田内部市场规范管理力度，重点清理整顿技术服务队伍和产品市场中的各种不规范行为，促进了油田内部市场的规范。全年共取消违反油田市场管理规定的557家队伍的油田市场准入资格。结合内部重组、改制分流情况，研究制定市场管理办法和有关扶持政策。

【内部市场管理】 强化油田市场准入管理，规范、完善内部市场准入机制。按照油田市场管理规定，做好了油田队伍准入及复审工作。对井下作业市场、运输市场、技术服务市场，以及油田A类产品、橡胶制品、甲醛产品等专项市场进行专项检查和清理整顿，净化油田市场秩序，严肃市场纪律，取消了557家违规及超期队伍油田市场准入资格。按照中石化股份公司要求，组织中石化市场准入和复审工作，282支胜利油田队伍取得中石化股份公司油田勘探开发工程技术服务市场准入资格，93支队伍到期复审合格。

【外部市场开拓】 进一步完善外部市场考核办法和激励政策，增强各单位拓展外部市场的积极性。在开拓外部市场主攻方向、区域市场优化、市场有进有退、资源合理配置、以大项目带动发展以及采取多种措施提高收现率等方面进行积极探索和创新，外闯市场持续快速发展，成为油田最具活力的经济增长点。全年油田有23家二级单位，715支队伍，13764人次，进入国内26省市、144个地区、31个油田和伊朗、埃及、南韩等14个国家以及马来西亚云顶公司、美国泛华、EDC和杜邦公司等4个国内反承包市场。在外部市场承揽项目1418个，累计合同额72.04亿元，与上年基本持平；完成价值工作量67亿元，同比增长7%；实现收入65.99亿元，同比增长6%；现金收入54.6亿元，同比增长6%；油田外部市场应收账款收现率81.49%，同比基本持平，外部市场各项指标均超额完成年度计划。

（陈晓军）

（审核　刘广法）

油气销售及炼油化工

【综述】 全年外销原油2627.57万吨，较上年增加56.28万吨；配置商品率95.84%，较上年增加0.41个百分点。全年生产天然气8.01亿立方米，完成年度计划的94%；供气区交气4.85亿立方米，完成年度计划4.64亿立方米的105%。全年销售天然气4.44亿立方米，较上年4.39亿立方米增加1.09%，完成年度计划的108%；商品率55%，较上年增加5个百分点。

【销售管理】 上半年原油价格一路走高，地方炼厂因效益下滑接油积极性不高，原油外销出现很大困难，油田及时向总部反映情况，提出建议，调整配置计划。上半年股份公司下达调整原油配置计划调度令11份，增加配置量13.3万吨。加大汽车拉油协调力度，在东营原油库每天增加运油罐车90辆，拉油量由原来每天不足2000吨增加到4000吨，原油外销库存得到控制，外销任务得以完成。

积极组织协调西部原油东运工作。为了西部原油顺利东运，经过与当地铁路部门多次谈判，达成运输协议。全年共销售西部原油15.11万吨，其中销新疆独山子石化3.01万吨，外运12.1万吨(西安分公司10.29万吨，洛阳分公司1.81万吨)。

开展天然气系统、产气单位和天然气用户用气情况大调研活动，认真评价、分析天然气生产和销售运行情况，制定天然气产销平衡措施，强化管网改造运行力度，增加集气量，减少损失。全年改造天然气管线7条，KD34地区外输管线改造工程于11月3日已经顺利投产，保证了每天15万立方米上岸天然气全部外输。陈气12—陈气11输气管线改造工程于12月18日完工投产。推价收费工作成效显著,全年增收天然气费5080万元。生活用气价格全部到位,执行每立方米1.078元;油田轻烃生产、小发电所用天然气价格,由原来的每立方米0.48元上调到1.078元;地方小化用气价格在进入冬季后由原来的每立方米0.581元提高到0.726元,超计划部分执行山东省物价局新确定的每立方米1.024元的到位价。

【炼油化工】 石化总厂全年加工原油159.66万吨,完成年度预算的106.44%;综合商品收率89.41%,轻质油收率73.75%,加工损失0.86%,吨油完全费用263.32元,实现利润-16474万元,比年度预算减亏26474万元。

【炼油化工管理】 石化总厂完成7项管理局节能"四新"技术项目的推广应用,实施电脱盐二级超声波破乳项目、第一循环水隔油池改造等18项技改技措项目,综合能耗同比下降2.08千克标油/吨。围绕减损降耗、节能挖潜,大力开展群众性质量管理活动,共取得QC成果20项,创造经济效益227万元。实施废碱水处理设施改造、沥青池作污水氧化塘改造、酸水汽提装置改造等,污水处理率100%。石化股份计[2006]151号批复胜利原油改质项目,投资34.9亿元,建设600万吨/年原油加氢改质装置及其配套工程。项目于10月18日正式启动。

【轻烃生产】 原油稳定装置稳定原油1308万吨,比上年增加1.9%;处理天然气3.34亿立方米,比上年下降3.17%。生产轻烃11.54万吨,完成年计划的117.7%。其中生产混合烃2.98万吨,稳定轻烃8.56万吨。气体处理装置开工率97.1%,原油稳定装置开工率97.4%,产品质量合格率100%,C_3^+收率79.3%。

【轻烃生产管理】 膜分离轻烃回收产业化项目进展顺利,1万立方米/日小型工业装置试验取得日增产0.45吨、收率提高20%以上的效果。自动切水装置在轻烃生产中的推广应用取得新的进展,投产后产品损耗率下降2%以上。海五联改造方案通过审查并完成立项。协调完成义和集油站、胜采坨一、坨三、现河郝现、东辛广利压缩机工艺改造工作等6项技改项目,投产后日增轻烃30吨以上,同时消除了安全隐患。

【油气集输】 全年管道交原油2287万吨,其中油气集输总厂交管道储运分公司1588万吨,交齐鲁分公司374万吨;滨南采油厂交管道储运分公司80万吨;临盘采油厂交济南炼油厂245万吨(含转输管道储运分公司原油68万吨)。油田输油输差损耗0.24%,比国家规定指标0.35%降低了0.11个百分点。外销原油含水0.62%,比计划指标1.0%降低了0.38个百分点。供齐鲁分公司原油硫含量1.67%,控制在股份公司年初要求的1.6%～1.8%之间。

【油气集输管理】 101油库迁建工程于10月23日完工投产,11月2日老库外输泵停运,11月3日站外及站内管线完成清水扫线工作,老库进入善后处置程序。全年更换原油流量计19台,其中内部交接流量计更换17台,外销流量计更换2台。全年对油田外销管道储运分公司、齐鲁分公司及济南分公司的原油流量计进行周期标定4次。积极开展科技攻关,大力推广科技成果,解决生产难题。科研项目《外销站体积管运行状态监控系统》通过专家组测试。

(任　涛)

(审核　张卫国)

跨国经营

【综述】 2006年,海外工程项目新签合同额9420万美元,完成合同额9208万美元,与上年相比分别增加1875万美元和1931万美元。境内对外合作项目生产原油62.8万吨，各项目累计投入6000多万美元，油田各单位累计反承包合同额为2.4亿人民币，进出口贸易额2384万美元，接待了来自美国、英国、沙特、委内瑞拉等10多个国家或地区的代表团58个，263人次，公派出国团组196个，1307人次。

境内对外合作项目运行平稳。加强对合作项目的管理，积极协调解决项目运行中发生的问题。认真研究合同条款的具体内容，全面掌握项目运行动态。积极与合作项目的外国合同者进行协调，及时解决了原油产量调整、收取石油特别收益金和胜利油价调整带来的有关问题，确保了各个项目的顺利实施。截至2006年底，油田各单位累计反承包合同额16亿元人民币，合作项目累计生产原油361万吨，中方获得原油185万吨。与美国BJ石油服务公司合作的单井改造增产项目，全年完成作业量115口井，创历年最高水平。截至2006年底，双方合作施工已达652口井，累计生产原油37万吨。

贸易工作在困难中实现新发展。2006年，受胜利油田计划引进项目由中石化集团公司国际事业中心集中采购，油田不再代理改制企业进口工作等因素影响，油田一般贸易进出口业务减少，进出口工作面临严峻挑战的复杂形势，油田及时调整思路，转变观念，加大工作力度，实现了贸易工作的新进展。全年新签进口合同20个369万美元，执行合同28个580万美元；新签一般贸易出口合同5个60万美元。

涉外事务管理再上新台阶。积极配合外事外经贸活动，做好外事联络和外事接待工作，接待了来自美国、英国、沙特、委内瑞拉等10多个国家或地区的代表团58个、263人次，接待了非洲一行26人、沙特阿美石油公司高级副总裁、阿曼油气部勘探局局长和苏丹能矿部官员等。截至2006年底，油田已与近50个国家和地区的数百家公司、社团及有关政府部门建立了友好合作关系。坚持急事急办、特事特办的原则，做好出国管理工作，保证了海外项目的正常开展。坚持"四严"工作方针，做好公派出国管理工作，杜绝了无实质性内容的各种出访团组。护照管理实行专人负责制，出国手续办理实行出国专办员制度，提高了办事效率。

稳妥实施改革。进一步健全公司内部机构和组织，成立9个部室和3个工程公司，召开了公司工会第一次会员大会，选举产生了工会委员会。严格按照干部聘任程序，聘任了16名科级干部和3名副总师。改革领导职务消费办法，对处级以上干部公务用车进行了收费，科级以上干部家庭固定电话和移动电话费用全部由个人承担。按照集团公司统一要求，对21个境外机构进行了清理整顿和规范，注销了12个海外办事处和海外公司，优化了海外机构设置。

企业管理水平不断提升。继续清理、修改、建立公司各项规章制度，继续夯实基础，提高公司管理水平。制定实施了劳动工作制度、出差管理规定等多项管理办法。按照油田内控制度实施要求，再造代理业务内控流程，制定公司内控细则。完善公司有关法律事务管理和合同管理等方面的规章制度，建立了公司法律文件存档制度。规范车辆管理，保证了公司公务用车。狠抓制度落实，确保了全年安全生产。提高服务质量，树立了良好窗口形象。

思想政治工作扎实深入。以"坚持以人为本，做好群众工作"为主题，认真开展"思想作风建设深化年"活动。大力加强领导班子和党员干部队伍建设，进一步深化"负责任"教育，在党员中开展了学党章维护党章活动。针对职工关心的有关企业发展、领导干部职务消费改革等热点难点问题，认真听取群众意见，密切了党群干群关系，提升了公司的凝聚力、向心力和战斗力。加大再就业工作力度，开展送温暖工程，帮助协解人员实现就业，落实家属工作新政策，搞好离退休职工服务，积极构建和谐稳定的企业环境。

【油田海外工程技术服务项目取得新进展】

公司把大力开拓海外工程市场，加强海外工程技术服务项目管理作为工作重点。确定了管理局海外工程服务项目统一管理的机制和模式，编制了 2007 — 2010 年油田海外工程技术服务发展规划，明确了今后一个时期海外工程技术服务的指导思想、目标任务和具体措施，为进一步拓展海外工程技术服务市场、提高管理水平奠定了基础。继续与各二级单位合作，协助外闯市场单位理顺关系、疏通渠道，为实施"走出去"战略提供服务支持。在稳住原市场份额的基础上，积极开拓新市场和拓宽新的市场领域，伊朗海外市场有了突破性发展，先后签订了物探、钻井、固井、测井、泥浆等多个工程技术服务项目，土库曼斯坦修井作业市场持续发展，埃及市场稳中有进，哈萨克斯坦钻井项目、沙特物探二维地震项目和钻井项目新签合同，成功进入韩国和俄罗斯市场。油田海外市场开始由"广种薄收型"向"质量效益型"转变，全年新签合同 33 个，新签海外工程技术服务合同额创历史新高。

【切实做好勘探开发项目的移交、转让工作】 顾全大局，认真执行集团公司关于收回海外勘探项目管理权的决定，与组织、劳资、财务、审计、法律事务等部门协调配合，切实做好海外勘探开发项目的移交工作，顺利完成了各项目部人员借聘、资料交接、财务审计、合同主体变更等工作。认真工作，扎实推进阿塞拜疆和吉尔吉斯斯坦两个项目的转让工作。

（贾瑞法）

（审核　王端平）

石油工程造价管理

【综述】 2006 年，石油工程造价管理系统紧紧围绕油田中心工作，深入调研，认真分析，强化管理，推动石油工程造价管理工作取得了新成绩。油气开采成本定额编制工作顺利完成并通过评审，井下作业工程定额取得新进展，工程造价得到有效控制，队伍建设得到加强，信息化平台构建形成，基础管理逐步完善。

定额编制和管理不断取得新进展。在编制油气开采成本定额方面，开展并完成基础定额编制，重点解决了电费、作业费、人工费、管理费、制造费等占生产成本比重大的问题。重新核实了采油采气、驱油物注入、油气集输三大生产系统 43 个采油厂 800 多个开发管理单元的井站类别及井站关联关系，建立了井站关联关系基础数据库，绘制了井站关联关系图，明确了股份公司油气生产关联网络。完成了 2004 — 2005 年工作量参数的测算、对比、分析，完善了基础定额。在编制川东北石油专业工程定额方面，完成了钻井作业钻时、人员工资标准、钻头泥浆费用标准、空气钻井相关标准、钻后废弃物的治理等 30 多项定额标准的编制工作。在井下作业工程定额方面，第一阶段主要是根据各油田试行情况制定了调研方案，第二阶段是根据方案组织各油田采集、填报基础数据，第三阶段是重点剖析了胜利油田作业二公司。此外，围绕石油工程投资估算指标、东部油区钻测录工程定额调整、胜利浅海石油专用基建工程定额进行了调研。

预结算管理成效显著。组织审核工程

结算295.42亿元,其中钻井工程153.68亿元,测井工程8.40亿元,录井工程5.74亿元,试油工程5.79亿元,物探工程20.64亿元,井下作业工程60.64亿元,地面工程40.52亿元。组织对各油田上报的停产井工程预结算进行审核,共完成918口井结算审查,结算总额6.41亿元。配合股份公司发展计划部和油田事业部,参与审查龙深1井、塔深1井、利深1井等19口重点井的投资审查工作,审查总额9.18亿元。

进一步加强石油工程造价分析工作。针对石油专业工程和石油地面工程的不同特点,有重点地加强了造价分析工作。石油专业工程造价分析侧重11个难点,包括东部油区钻井工程中井身结构、套管头、钻机选型,西部油区穿盐井等内容,组织各油田开展专项课题分析,寻求有效控制造价的途径。地面工程造价以单项工程分析为重点,充分利用现有信息资源,注重控制过程的分析,深化定额和清单计价在实际操作中的认识,逐步形成常规化、规范化的造价分析。

从业人员素质实现新提升。做好了石油工程造价从业人员的资质换证工作,全系统共有持证人员近3000人。开展专项业务素质培训,全年培训2000多人次。

【价格管理】 主要是物资供应价格和主材预算价格的调整。物资供应价格实行最高限价制度,对主材预算价格实行动态管理,建立采购价格信息交流渠道,根据成品油采购价格的变动情况,及时调整了油田成品油预算价格。全年根据市场价格,调整成品油价格两次,调整专用管价格一次。配合东营市物价部门对油田医疗机构和电力企业进行各种专项价格检查。

【信息化建设】 对现有业务管理软件进行全面升级,将石油专业工程和地面工程造价管理,构建统一到以项目管理为主线的软件平台上。配套开发油气开采成本定额软件,形成了基础定额、预算定额和各油田、各开发管理单元基本信息的基础数据库,包含预算参数采集、成本预算、成本查询、对比分析、系统管理、定额管理、价格管理等七大功能模块。

(李如才)

(审核 王 璐)

信息化建设

【综述】 2006年,油田信息化建设紧紧围绕改革稳定发展的中心工作,按照"数据集成、系统整合、功能提升"的工作思路,扎实开展"信息增效年"活动,各项工作在"十一五"的开局之年取得了新进展。

勘探开发系统集成应用、资源集中配置取得突破。开发辅助决策系统通过总部验收。开发辅助决策子系统建设目标是通过对已开发油田的信息进行归纳整理,集成不同油藏的开发实例,实现信息的直观展示。通过规律总结和知识提取,形成不同油藏的规律和开发方法,优化开发方案,辅助开发决策,并实现网上协同工作,提高工作效率。2006年形成了水驱砂岩油藏的实例建设模板,完成了配套软件系统的研发,基于源头数据补充了开发调整、措施方案及开发成果等文档、成果信息。完成了10个油田、10个典型区块的实例录入,实现了检索查询;新区开发方案设计功能投入试运行,初步实现了新区油藏工程、采油工艺、地面工程设计的网上流转;老区开发评价分析方面,建立了分析评价研究的指标体系,实现了层系井网调整、注采调整、开发方式转换、综合挖潜措施研究等业务分析和对油藏开发的综合经济评价。对"九五"以来油田组织的6轮精细油藏描述涉及的135个开发单元的地质模型进行了搜集整理。

软硬件资源配置得到持续优化。通过

对国内外石油公司信息化建设的跟踪研究，制定了油田软硬件装备配置方案，纳入了油田“十一五”信息规划。按照部署，油田将建成以三维地震资料大连片、叠前属性处理，地震资料解释为主的资料处理解释中心；以油藏描述和油藏模拟及剩余油研究为主的地质综合研究中心；以井筒、地面、采油工艺为主的生产工艺技术中心；以ERP应用为主的经营管理中心。按照规划要求，2006年进一步优化了软硬件资源配置，开展了大型软件的网上浮动共享试点。硬件资源配置方面：一是着手实施了地震资料处理系统的微机集群扩展，系统升级后节点数将达到2000个，地震资料处理速度将达到每秒30万亿次，可以将国际先进的处理方法纳入常规处理，满足隐蔽油藏勘探的需要。二是精细油藏描述微机集群系统2006年正式投入使用，水驱数值模拟最大应用网格节点数达到了百万，实现了整装大型油藏的整体建模、整体模拟，提高工作效率5倍以上。三是对超期运行的解释服务器、工作站进行了更新，缓解了地震资料解释和油藏描述、地质建模等科研生产过程中硬件资源不足的矛盾。软件资源配置方面：按照“集中配置、浮动共享”的配置思路，组织了对大型主流软件的更新、升级和增加用户数量，初步实现了以大型油藏数值模拟软件为主的网上应用管理系统，配套了相应的管理办法。系统实现了本地、浮动两种方式的许可证管理，服务器软硬件资源的远程在线监控，油藏数值模拟的作业发送、作业控制、结果回收和信息在线查询。目前系统已投入应用，完成了7个区块的油藏模拟工作，共提交作业230余个。有针对性地引进了部分特色软件，丰富完善了砂砾岩体、滩坝砂体储层描述技术系列，为实现深层砂砾岩体勘探的突破创造了技术条件。

搭建了油田生产指挥系统平台，初步实现了生产信息的集成和综合展示。2006年，建设了油田生产指挥信息系统，结合各专业生产特点和需求，建设了采油、作业、物探、钻井、录井等二级生产指挥系统。目前，局级生产指挥系统已推广运行，二级生产指挥系统已开发完成，并投入了试运行。生产指挥系统通过生产过程实时监测、信息集成展示、指标对比等功能，实现了电网、水网、站库、集输管线等重点生产环节由人工巡检向远程实时监测的转变；生产信息由人工统计、逐级报送向一次录入、自动汇总的转变；信息获取由分部门提供、分界面查询向统一界面、授权共享的转变；生产分析由单一指标向指标关联对比、阶段对比的转变。采油厂还实现了非正常生产井的查询、作业进度跟踪和作业前后效果对比，新井运行从发坐标直到投产及开井后生产动态等全过程的网上管理。在8个采油厂治安环境较为复杂的重点井区开展

井场的任何角落尽收眼底

了井群视频监控工作，共发现各类违法事件240余起，监控井区管线、设备破坏现象减少一半以上。

加快推进基层队信息化建设，提高基层队管理水平。在基层队积极推进源头数据采集工作，解决了过去多部门提交、多系统应用造成的数据多次录入、标准不统一的问题，实现了源头数据一次录入、全局共享的格局。全面推广了面向基层和各级管理需要的电子报表系统，实现了采油厂生产管理113种报表的自动生成、网上传输，生产管理分析图件网上自动绘制。为提高基层管理水平，开发了基层生产分析功能，实现了常规开发图件和生产分析曲线的自动生成，技术人员从繁重的资料收集整理、图件绘制工作中摆脱出来，可以将主要精力投入到生产分析、开发研究中。

管理与应用并举，确保了ERP系统的稳定运行。2006年，胜利油田ERP项目顺利通过了总部专家组的验收，进入全面应用阶段。重点从健全体系、规范制度、提升功能、拓展应用等方面开展工作。一是强化ERP支持保障体系，建立了关键用户、骨干用户、最终用户三级体系，进一步细化了相关管理制度及规范，加大了对二级单位的监控和考核力度。二是整合了财务稽核系统，将稽核相关业务信息集成到ERP系统统一平台上来，在ERP系统内完成财务稽核和付款复核工作。三是在项目管理模块增加了投资统计实物量指标录入功能，实现了投资统计实物量指标录入和投资统计报表数据的汇总与上报。四是实施了物资报表优化及质检模块，取消ERP与三流合一系统质检接口，在ERP系统中实现了物资质检功能。五是完善了用户权限管理，取消不必要的节点，为部门人员的轮岗打好基础。六是开展了合同管理业务单轨运行方案、ERP系统容灾及业务连续性方案设计，为继续进行系统整合及优化打好基础。

职工培训形式日益先进，“数字生活”更加丰富多彩。按照建立“三支队伍”的整体部署，油田编制了采油、井下作业、钻井、汽车驾驶、集输等5个操作工种的标准操作示范视频讲座。大力开展远程教育，目前已拥有管理类讲座400多件，录制外聘专家讲座100多件。讲座资源实现了网上共享，使职工技能培训和继续教育打破了时间和空间的限制。胜利油田数字图书馆正式投入运行，实现了电子期刊、图书全天候网上查询和浏览，服务空间延伸到偏远小区、井队，解决了职工借阅受时间和地域限制的问题。从10月1日投产到年底，访问量3.6万人次，全文下载近万次。继续拓展了“440”物业报修服务系统和持卡就医应用范围，将系统与房产等基本信息结合，实现了对住户的准确定位。继续为油田各级卫生院、卫生所安装社会保障卡系统，目前油田44家一级以上医院、110多个卫生所、37家药店全部实现了持卡结算，持卡人员达到33万人。门诊持卡就医消费额由71%提高到2006年的90%，职工住院持卡登记结算率达到了100%。参保职工住院人次下降了3.2%，有效控制了医疗统筹金的增长。

健全了勘探开发数据源头采集体系，数据中心建设全面启动。2006年继续拓展了源头数据采集范围，完善了源头数据采集管理机制，建成了除图形、文档以外的油田勘探开发数据采集、管理体系，并全面启动了具有国际先进水平的企业级数据中心建设。在数据采集体系建设上，一是实现了钻井、测井、录井、作业、用电等数据的全面、规范采集，规范了勘探开发井号，保证每一口井的数据完整统一归集，方便了检索应用。二是形成了源头数据采集管理机制，建立了源头标准维护体系，实现了标准修订的申请、汇总、论证、发布的标准维护机制。建立了数据采集计划考核体系，对各单位数据采集任务月初下达计划，月底总结、通报。初步建立起了数据质量审核机制,采取系统审核与专家审核相结合的方法对数据质量进行审核,每周发布数据质量检查公报,明确整改内容,落实整改责任。在数据中心建设上,从2003年进行前期探索,经过技术攻关、调研分析和前期实施,基本明确了数据中心建设的范围、主要工作内容和技术路线。2006年主要开展了勘探开发数据标准和国际标准的对比分析工作,以形成方便应用、统一科学的数据存储管理标准。

加强了综合统计和专题调研工作。注重对多种信息资源的综合加工与挖掘,充分利用报纸、电视、网络等媒体,把形式多样的统计产品展现在各级领导及公众面前。定期发布《生产经营公报及主要指标完成情况》,全面反映油田及各单位工作最新进展。编制了《胜利油田"十五"统计提要》等统计资料。广泛收集大型石油公司及石油行业主要生产经营管理指标,把握石油行业生产管理、技术创新、改革发展动态,指导油田生产管理。贴近油田工作的重点,紧扣油田发展的热点,开展了24个专题调研,征集各二级单位上报的调研分析文章261篇,为领导决策提供了辅助依据。

强化了信息工作的组织领导和规范管理。对油田信息化领导小组和ERP项目管理领导小组进行了调整,明确了信息工作由党政领导齐抓共管,强化了月度运行。对胜利油田信息与计算机应用专业标准化委员会进行了调整,调整后的信标委成员涵盖了油田所有专业领域。按照油田发展整体部署,制定并下发了《胜利油田"十一五"信息化规划》,明确了"十一五"信息化建设指导思想、原则,确定了信息化建设的总体目标为"建成一个中心、构筑三个平台、开展八项工程、形成四个体系",落实了信息化建设主要内容及实施步骤,制定了保障措施。以内控制度实施为契机,强化了信息化管理工作。通过内控制度实施,进一步强化了信息化项目管理,形成了信息化项目从立项—建设—验收—应用—后评估整个项目管理的标准规范,提出了外部信息实现统一归口管理、统一信息平台共享的要求。按照内控要求,油田连续下发了9个信息化管理办法,涉及信息系统管理、信息安全培训、ERP权限管理等多个方面。组织了信息创新增效竞赛活动,对"十五"以来油田信息化建设成果进行了展示和交流。组织了信息中心主任座谈会、信息化应用研讨会等,强化信息化管理与应用交流。组织了网站评比、学术研讨等活动,提高职工参与程度。2006年,油田统一设计和组织实施了全局一体的办公自动化系统,系统功能全面涵盖了行政、党务的办公业务及各二级办公的核心业务,增加了公文流转和电子印章功能。

【勘探辅助决策系统建设初见成效】 勘探辅助决策系统建设目标是充分利用丰富的数据资源和专家知识,建立协同工作环境,直观展示地面和地下地质信息,实现井位论证现场基础资料及研究成果的综合展示和探井生产的实时监控,为井位部署、方案优化提供决策支持。项目于2005年启动,计划3年完成,2006年重点进行了井位部署功能模块的开发和应用,组织了数据加载与数据补充,实现了油田地震工区的一次覆盖。系统应用实现了各类数据由事前准备向论证现场远程实时调用的转变,信息由分系统调用、多界面查询向集中调用、统一界面查询的转变,由纸介质挂图向相关电子图件综合对比展示的转变。系统可直接读取坐标、层位、深度数据,快速落实井位,自动生成井位部署任务书。在2006年油田秋季勘探地质论证会上,利用该系统对惠民地区进行勘探论证,共提出近350个井位目标。

(董　炎)

(审核　李　琳)

企业内部改革

【改制分流】 2006年，油田改制分流工作难度不断增大，既抓推进也抓扶持，统筹兼顾，克服困难，狠抓落实，使油田改制分流工作取得新进展。全年共有无杆泵公司、胜大园林公司、孤岛金岛公司、桩西北方公司、井下方圆公司、胜兴集团公司等23家企业完成改制分流，共涉及多种经营多级法人和投资项目142个，分流人员11226人，其中全民职工3500人，集体职工7726人。

【清理整顿】 2006年，根据集团公司的要求，油田对对外投资项目和多种经营集体企业进行清理整顿。通过改制分流、转让出售、移交划转、清算和内部整合等方式，全年共完成对外投资及多种经营单位清理整顿任务300家，其中对外投资90家，改制分流142家，多种经营68家。

【职务消费和福利制度改革】 按照集团公司关于职务消费和福利制度改革指导意见及要求，本着勤俭办企业的经营理念，油田先后实施处级领导人员用车缴费，公务用车压减，通讯费、物业管理费、采暖费改革等工作，制定出台《胜利石油管理局暨胜利油田分公司部分职务消费和福利制度改革实施办法》、《胜利油田压减公务用车实施方案》、《油田机关用车管理办法》、《胜利油田通讯费用改革指导意见》、《胜利油田特殊岗位管理人员移动电话管理办法》、《关于调整部分处级人员用车缴费标准的通知》等相关规定。按照市场化、社会化、货币化的改革方向，进一步规范职务消费，积极推进福利待遇改革，结合分配制度改革，将部分职务消费和福利待遇实行货币化后纳入工资体系，建立完善收费机制，向有偿服务和个人缴费转变，逐步实现消费方式货币化、消费行为个体化、消费途径市场化。

（陈晓军）

（审核　刘广法）

科学技术

【综述】 2006年，油田科技工作认真贯彻落实中石化和油田科技大会精神，紧紧围绕“油气硬稳定”，积极组织基础研究和接替技术攻关，加大新技术的推广应用和产业化步伐，全面完成了各项工作任务和目标，为提升油田整体发展水平提供了强力的科技支撑。截至2006年底，油田有地质科学研究院、物探研究院、钻井工艺研究院、采油工艺研究院、胜利油田胜利工程设计咨询有限责任公司、测井研究所和钻井工程技术公司7个集团公司重点研究院所。油田从事科技活动人员7062名，其中具有高中级技术职称3817名。油田重点实验室30个，其中7个为中石化集团公司重点实验室。投入专项经费1000万元，用于基础课题的研究以及实验室的建设与维护，依托重点实验室开展基础研究课题25项。

2006年，油田共承担和组织实施各类

自主开发的勘探开发决策支持系统

科技项目430项，其中国家级3项，集团公司级58项，油田级369项。本着强化主业、突出重点的原则，重点组织了事关油田发展的重大项目的技术攻关，确保了国家和集团公司级项目的正常运行，有些项目取得了明显进展。在中石化对油田承担的27个集团公司级项目检查中，优秀项目17个、良好项目9个，优良率96%。全年有45项成果通过中石化验收及鉴定，其中“油藏综合地球物理技术”、“胜利滩海油田调剖技术研究”等10项成果达到国际领先水平；“注聚采出液低温生化复合破乳技术研究”等24项成果达到国际先进水平。

新技术推广应用和产业化取得新成绩。以增储、增油、降本、增效为目标，大力集成并推广应用“胜利滩海地区油气富集规律及勘探目标”、“胜利复杂断块油田提高采收率技术”、“水平井、侧钻水平井技术”等新理论、新技术，取得了显著成效。全年依靠科技进步新增探明储量5049万吨，新增可采储量1512万吨，新增原油产量302.27万吨，为油田的持续稳定发展作出了积极的贡献。

加强科技管理制度建设。一是强化项目的过程管理，提高了项目的运行水平。科技管理人员深入到相关研究单位调查研究，并向油田业务领导和专家广泛征求意见，再组织科技委专家组立项论证，保证了项目的准确性、可行性。坚持对已立项项目实行全面的过程管理。科技管理人员与项目组充分融合，对研究内容、指标、目标进一步细化、落实，基本做到了工作到室，任务、指标到人。坚持对到期的项目进行全面整理，倒记时对每个项目逐一进行检查和督促，保证了项目验收、评定鉴定的质量。二是组织了油田“十一五”及中长期科技发展战略研究，为科技工作指明了方向。确定了科技发展的思路和目标，提出了重点组织实施“13111”科技创新工程。2006年组织召开了技术创新大会，确定并组织实施“5155”科技创新工程。三是配套提升研究手段，创建了一批高水平的重点实验室。加强基础研究，配套提升研究手段，油田经过层层筛选，2006年命名了“油藏综合地球物理实验室”、“欠平衡压力钻井实验室”、“高温高压射孔效能实验室”、“滩海工程模拟实验室”等30个重点实验室。

全年油田投入科研经费10800万元，科技先导试验费2500万元，产业化经费2500万元。科技装备和条件得到有效改善，保障了科研攻关的需要。全年取得科技奖励成果408项，其中国家级1项，省部级38项，油田级369项。“浅海海底管线电缆检测与维修装置”获得国家科技发明二等奖。申请国家专利213件，其中发明专利30件，实用新型专利183件；获得专利权169件，其中发明专利8件。

【济阳坳陷隐蔽油藏地质评价和勘探关键技术】 深化了济阳坳陷隐蔽油藏分布特

征及富集规律认识，建立了陆相断陷盆地隐蔽油藏成藏评价模式，形成了针对主要类型隐蔽油藏圈闭及储层高效识别的勘探技术系列，有效指导了济阳坳陷的隐蔽油藏勘探，研究期间共探明隐蔽油藏储量1.36亿吨。

【极端微生物石油开采技术】 建立了T-RFLP和DGGE两种油藏微生物生态分析技术和一套微生物驱物模体系；对罗801区块微生物驱油现场试验方案进行了调整，累积增油6.23万吨，比水驱提高采收率2.7个百分点，微生物提高采收率的应用效果初步体现。单12区块的内源微生物驱油3口油井增油达4230吨。

【海底管道内爬行器及其检测技术】 研制成功国内第一套海底油气管道超声和漏磁在线检测装置，及国际上首套用于油气管道的实时定位检测装置，并最终形成了一套海底管道检测系统工程样机及其研制、试验及定标的开发系统。课题研究形成的技术及成果拥有自主知识产权，达到了国际领先水平。利用海底管道内爬行器及其检测技术，可实现海底管道在线检测，确保安全运行。9月通过了国家“863”专家组验收。

【油藏综合地球物理技术】 在高精度井地联合采集、3DVSP、井间地震、多尺度资料联合解释、匹配油藏建模等技术研究方面取得重大突破，形成了油藏综合地球物理技术系列，整体达到国际领先水平，为老油田提高采收率提供了新的技术支撑。在垦71试验区投入生产应用并取得显著效果，其中在新区块新层系新增探明石油地质储量462万吨，比原储量增加36%；根据油藏地球物理建模模拟结果，可在老区新增探明石油地质储量413万吨，比原储量增加32%；新建产能15万吨，提高采收率5%。

【孤东油田七区西南Ng54-61层二元复合驱油先导试验】 深化了表面活性剂对油相的适应性研究，开展了活性剂在地层中的吸附损耗研究，确定了试验区油藏条件下界面张力界限，改进并完善了数模软件，指导矿场调整。进行了矿场实施与跟踪调整，试验区综合含水从试验前的98.0%下降至85.9%，日产油从40吨上升至197吨，累积增油8.1万吨，提高采收率2.92%。

【埕东油田西区泡沫复合驱油先导试验】 利用长细管模型探索研究了泡沫在孔隙介质中的运移特点和封堵压力的形成及变化情况，研究了泡沫在多孔介质中的稳定性和运移规律及其在地层中的吸附规律，对开发动态进行了实时跟踪分析，并比较了等成本聚合物驱和泡沫驱的开发效果。中心井见到初步效果，日产油从试验前的4.5吨上升到2006年的12.7吨。试验区井组平均压力比试验前上升4.5兆帕。

【胜坨油田坨11南Es28高温高盐聚合物驱油先导试验】 对室内交联剂进行了改进，改进后的交联剂气味降低，且成胶性能稳定，目前完成了中试并开始工业化生产。利用长细管模型研究了交联体系在多孔介质中经剪切后的动态交联规律。坨11南高温高盐油藏有机交联和耐温抗盐聚合物驱试验的注入质量明显改善，其中交联试验区注入压力上升2.2兆帕以上，含水初步呈现下降趋势。

【郑408块敏感性稠油油藏火烧驱油先导试验】 完成了三维火烧驱油模拟系统关键试验装置的设计、制造，利用CMG软件对现场动态进行了跟踪分析，完成了郑408-试1井换管作业施工，恢复了注气通道，完成了郑408-G8井生产监测管柱作业施工和四维地震监测火烧前缘方案设计，开展了火烧驱油注气井安全评估和技术研究工作。截至2006年底，郑408块火烧驱油试验注气速度提高到1500立方米/时，注气压力21.8兆帕，累计注气1765万立方米，试验井组累产油2.29万吨，阶段气油比772立方米/吨。

【鱼骨状分支水平井技术】 利用钻井地质导向技术、无固相泥浆、裸眼完井防砂一体化等技术，在海上埕北26块成功完钻了国内第一口完全依靠自有技术设计施工的鱼骨状分支水平井CB26B-支P1井。该井在10米的油层内钻了4个分支，水平段总长度918米。11月1日，5毫米油嘴试抽，日产油105吨，是周围直井的3.3倍。CB26B-支P1井的成功实施，标志着胜利油田完全依靠自身技术力量在水平分支井开发技术方面取得了突破，为油田增产增效提供了新的技术手段，在胜利油田开发史上具有里程碑式的意义。

【HDPE内衬耐磨防腐油管】 产业化项目HDPE内衬耐磨防腐油管实现自主生产，HDPE内衬油管技术已完成配方及生产设备的开发、配套，经检测达到进口产品的性能指标。10月，两条HDPE管生产线在总机厂正式投产，年产能力可达40万米。全年共生产HDPE内衬防腐耐磨油管30万米，在东辛、现河、胜利、临盘等7个采油厂下井220口，预计可延长生产周期3倍以上。HDPE内衬防腐耐磨油管的产业化，为胜利油田偏磨井治理技术探索了一条新的途径。

【水下声学定位应答器】 水下声学定位应答器研发成功，并取得完全自主知识产权，进入产业化生产阶段。第一批生产的100个，用于龙口海上地震勘探施工，性能指标达到或优于国外同类产品，生产成本仅为美国产品的1/2。第二批500个正在紧张的生产制造之中。主机及整套定位系统将于2007年上半年全部研制完成。

【埕岛油田海底外输原油管线泄漏定位报警系统】 5月12日完成现场施工，定位误差为±200米，灵敏度为2%，反应时间小于2分钟，实现了管道泄漏实时监测报警，增强了海上监控防范力度。

【胜利石油磺酸盐产业化项目】 2万吨/年石油磺酸盐产业化示范工程建成投产，其产品质量经检测达到标准要求，已批量用于孤东七区二元复合驱、稠油注蒸气吞吐和低渗透油田改善注水效果试验，效果显著。

【浅海海底管线电缆检测与维修装置】 “浅海海底管线电缆检测与维修装置”是胜利石油管理局承担完成的国家“九五”期间“863”海洋领域的重点项目。历经7年，具有我国独立的知识产权，获国家发明专利2项，实用新型专利2项。它与胜利石油管理局已研制的滩海铺管敷缆船及正在研制的“十五”期间863项目“海底管道内爬行器及其检测技术”一起，形成了较为完整的海底管线、电缆的施工、检测及维修体系。该项目属国际首创，技术领先，项目总体研究成果达到国际领先水平，获得2006年度国家科技发明二等奖。

(侯树杰)

(审核　王增林)

生产经营监督

纪检监察

【综述】 各级纪检监察部门以查处经济案件维护企业利益，治理“乱投资、乱准入、乱担保、乱设账”，规范生产经营秩序为重点，加大查办案件力度，集中力量严肃查处集资参股、对外乱投资、倒卖生产原料、隐瞒截留收入、虚列生产成本乱设账等多起违纪违法案件，实现了办案工作“两高两低”的新突破。自办大要案数量历年最高，共自办大要案29件，同比上升61%；收缴违纪款项历年最高，共收缴违纪款项4000多万元；职务犯罪案件数量历年最低，由于做到早发现、快查处，及时掌握办案主动权，发生职务犯罪案件数量同比下降29.2%；群众反映领导干部问题的信访举报数量历年最低，信访举报数量同比下降33.4%，涉及处、科级干部的信访举报分别下降了27.8%和46.7%。坚持对重大典型案件及时剖析，分析案发规律和诱发案件的深层次原因，提出源头治理措施和建议，局纪委、监察处先后向油田领导提交案件综合分析报告3份，向有关职能部门和单位下达监察建议书6件次，促进建章立制10项。局纪委、监察处荣获中央企业纪检监察系统先进集体、中石化集团公司纪检监察工作先进单位、油田文明建设先进机关处室等荣誉称号。油田共有16名纪检监察干部分别被集团公司党组授予“纪检监察系统石化忠诚卫士”和纪检监察先进工作者。

进一步强化监督检查和专项治理工作。对各单位贯彻落实党风廉政建设责任制、重要节日期间党风廉政建设工作开展监督检查，促进了反腐倡廉各项任务的认真落实。围绕推进领导干部职务消费改革，以党委文件形式严明了领导干部职务消费改革纪律。坚持开展对重大项目招投标监督工作，明确了监督事项和工作规范。加强对安全生产情况的监督检查，对在安全生产事故中负有主要责任的党员和领导干部，进行了责任追究。针对油田井下作业市场施工队伍混乱问题，开展专项治理活动。通过组织相关单位党政主要领导签订承诺书，组织相关职能部门对作业市场进行拉网式检查，清理无资质的外部施工队伍，重新公布作业市场准入名单，完善管理规定等，有效规范了井下作业市场秩序。在油田工程建设、物资采购、产品销售、医疗卫生等重点领域，开展治理商业贿赂专项工作，纠正不正之风、落实厂务公开制度，加强监督检查。组织学习有关法律法规，使领导干部和重点领域、要害岗位从业人员普遍受到教育，增强了依法经营意识；建立完善重点业务领域防范不正当交易行为制度规范，对存在的问题进行了认真查纠和整改。油田各单位通过严格内控制度实施，积极运用ERP管理系统、电子商务等现代信息化手段，规范经营管理行为，监督制约权力使用，促进了生产经营管理的规范有序运行。开展网上民主评议行风和评选“行风建设十佳单位”、“行风建设示范窗口”活动，及时向有关单位和部门反馈群众意见和建议，监督整改落实，促进窗口行业单位行风建设。

7月5日—7日，国务院国资委在胜利油田召开了“推进中央企业廉洁文化建设研讨观摩会议”。中央纪委、国务院国资委、中石化集团公司、山东省纪委的有关领导，156家中央企业和中石化所属单位代表共计225人出席会议。管理局党委、纪委以此为契机，全面部署，精心组织，大力加强廉洁文化建设，初步构建形成具有胜利油田特色的廉洁文化体系。建立教育基地和示范点，丰富廉洁文化建设形式和内容。2006年，油田各级党委、纪委加强组织领导，利用“大宣教”工作格局，形成以深入开展“双争”活动为主线，统领党风廉政教育工作，促进领导干部廉洁自律、履行党风廉政建设职责的新格局。采取无记名投票、公示等形式，组织评选“廉洁勤政先进带头人”，处级干部91名、科级干部1145名；“廉政建设信得过先进部门”，机关处室6个，二级科室312个。重点选树了一批“一把手”廉洁勤政的先进典型。通过在《胜利日报》开辟专版集中连续报道，在有线电视连续展播廉政典型事迹专题片，在油田局域网主页专题宣传学习典型先进事迹，充分发挥了“双争”活动对领导干部的激励约束和示范导向作用。

【信访举报和案件查办】 注重发挥信访举报的案源主渠道和预警防范作用，认真调查处理职工群众反映的热点问题。制定实施《纪检监察部门实施信访双向承诺工作暂行办法》，规范信访举报受理程序，增进举报人与受理部门互信，减少了重复和越级信访，维护了干群关系和谐与油田大局稳定。全年共受理群众信访举报333件次，比上年减少167件次，下降33.4%。其中，涉及处级干部96件次，科级干部122件次，分别比上年减少37件次和107件次，下降27.8%和46.7%。全年共初核各类违纪线索112件，立案75件，结案85件(其中清理遗留案件12件)，结案率97.3%。共查办大案48件、要案11件。处分78人，涉及处级干部11人，科级干部28人，其他人员39人；党纪处分40人，政纪处分54人，党纪政纪双重处分16人。组织处理19人，刑事处理12人。加强案件审理工作，坚持开展案件协审指导和执纪检查，案件审理覆盖率、正确率和处分执行到位率均为100%，确保了办案质量。

【监督检查】 配合油田压减各级管理费用、公务用车和通讯费等改革方案实施，局党委提出领导干部职务消费改革十条纪律。局纪委及时查纠个别单位领导干部套取资金作为招待费使用，擅自更换超标准公务用车等问题，对主要责任人给予严肃处理。抓好对有关单位和职能部门重点工作的监督。局纪委参加对14个副处级领导职位进行公开选聘的监督工作。针对专项资金管理和使用中存在的不规范问题，开展专项治理活动。制定《专项资金监督管理暂行办法》，建立专项资金定期备案制度，并组织相关部门负责人签订专项资金管理使用承诺书，把专项资金管理和使用纳入了制度化、规范化轨道。针对私设“小金库”问题，开展专项治理活动，共查处私设“小金库”40个，收缴违纪资金52.5万元。各单位党政主要领导对清理“小金库”作出承诺，分管领导和职能部门向局纪委、监察处进行了专题汇报。继续纠正医药购销中的不正之风，组织胜利医院和各社区医院开展药品竞价采购工作，先后对7大类1702个品种的常用药品进行竞价采购，节约采购金额762.27万元，可让利患者662.98万元。继续治理幼儿园违规收费，推行收费审批备案等4项制度，严肃查纠6类不符合规定的收费行为，实现了全年无违规收费信访举报。

【效能监察】 共立项效能监察项目355个，其中油田立项及督办实施重点项目12个，二级立项116个，三级立项227个。避免经济损失1.27亿元，挽回经济损失9000余万元，增创效益9363万元，提出改进管理建议463条，促进建章立制459项3556条。继续开展清理不良资产、呆坏账效能监察，2006年实现清理处置收入7450.38万元，已累计清理新旧制度资产损失24.87亿元，实现清理处置收入2.25亿元。深入开展轻烃生产销售管理效能监察，严格监督检查重点业务环节，理清产权关系、销售渠道和资源费收取渠道，建立完善管理制度，减少效益流失点，查改各类问题161个，挽回经济损失123万元，增加轻烃产量7258吨。制定《效能监察项目管理系统管理暂行办法》、《招标投标监督工作规范(试行)》，完善效能监察操作规程和成果评审办法。组织编印效能监察《工作手册》和《培训教材》，结合贯彻《中央企业效能监察暂行办法》，加强了效能监察业务学习和培训。

【廉洁文化建设】 在局党委党校建立党风廉政教育基地，作为对党员干部进行党员先进性教育、优良传统教育、廉洁从业教育、党纪法规教育的主要场所。教育基地建成后，有来自全国各地的222批9466人次参观学习。在河口采油厂、孤岛采油厂、现河采油厂、黄河钻井总公司、胜中社区、仙河社区等单位建立廉洁文化示范点，以点带面，营造了浓厚的廉洁文化氛围。局纪委会同油田普法办、机关党委与山东省鲁中监狱协商，设立"胜利油田警示教育基地"，通过"参观一次监狱、听一次服刑人员忏悔演讲"活动，强化对党员干部的廉洁自律教育，先后组织49批4128名处科级干部和重点岗位工作人员到鲁中监狱接受警示教育。大力弘扬廉洁理念，把"廉洁树胜利形象，勤政促油田发展"确立为胜利油田廉洁理念，组织设计了廉洁文化标识。通过在报纸、电视、网络设立专题专栏，组织领导干部电视访谈，为领导干部统一制作"廉政铭志牌"，创作和传唱廉政歌曲，举办反腐倡廉专题文艺演出，组织廉洁文化展板评比等形式，大力宣传和弘扬廉洁理念。围绕推动廉洁文化进社区、进家庭、进基层、进机关，在有关社区和其他部分二级单位，建设了一批各具特色的廉洁文化广场和"街、廊、亭、室"，形成了寓教于乐的廉洁文化景观；打造了以报纸、电视、网络等为媒介的廉洁文化传播平台；通过举办反腐倡廉广场文艺演出、歌咏比赛、书画漫画作品展，采取为基层送廉政党课、廉政教育书籍，巡回播放警示教育片，征集廉政小故事，编印廉洁文化手册，组织党员干部廉政心得笔记展评，开展"读书思廉"、"亲情促廉、家庭助廉"活动等措施，使廉洁文化深入社区、家庭、机关和基层。

【党风廉政建设】 坚持抓好对新提拔处科级干部的廉政教育。局纪委和组织部共同召开新任处级干部廉政教育大会，125名新任处级干部及其配偶共同参加大会，通过聆听教育报告、观看警示教育录像片，干部与配偶代表谈认识等，增强了廉政意识。将党风廉政教育作为各类干部培训学习教育的重要内容，先后为处科级和基层干部学员上党风廉政教育课26场次。坚持利用影视教育资料，强化警示教育。分层次组织油田党政领导班子成员、处科级干部和重要岗位工作人员12500多人次，集中观看《石化反腐警示录(第二部)》、《忏悔录》等电教片，举办预防职务犯罪讲座、党纪条规知识竞赛等60余场次。创新制度建设，加快构建惩防腐败体系。制定施行《处级领导班子和处级领导干部廉洁自律承诺制度》，组织领导班子和领导干部进行廉洁自律承诺，共有72个二级领导班子、50个机关处室部门和直属单位、850多名处级干部，945个三级领导班子、6321名科级干部签订了廉政建设承诺书。围绕贯彻落实《实施纲要》，制定具体实施办法，召开部门联席会议，将2007年底以前需要完成的48项制度建设任务，分解落实到17个责任处室和单位。通过加强组织协调，制定完善了《胜利油田重大决策、重要人事任免、重大项目投资和大额度资金运作内容、程序及责任追究办法》、《胜利油田损害职工群众利益行为责任追究办法》等21项制度。

【队伍建设】 在纪检监察干部中深入开展"做党的忠诚卫士，当群众的贴心人"主题实践活动。制定实施《关于加强油田纪检监察队伍自身建设的意见》、《油田纪委常委党风建设分片联系工作意见》、《管理局、分公司兼职纪检监察员工作规则》等自身建设三项制度，与现河采油厂采油五队等生产一线基层队党支部开展"联手、联建、联创"活动，在广大纪检监察干部中深入开展"三联系"、"三进门"活动和争做"十佳优秀纪检监察干部"活动，进一步加强思想作风建设，促进了部门作风转变和干部队伍整体素质提高。充实纪检监察力量，全年局纪委、监察处新提拔处级干部4名，提拔调整科级干部7名，并安排3名基层科级干部到局纪委、监察处进行为期一年的挂职锻炼。加强油田纪检监察监督网建设，聘任28名油田兼职纪检监察员，参与了重大案件查处、效能监察等工作。坚持开展业务培训和理论研讨，先后举办2期业务培训班，培训纪检监察干部99人次。选送50人次参加上级部门举办的培训班，选派20多人到国资委纪委、集团公司纪检组监察局进行实践锻炼，促进了干部履职能力提高。坚持开展理论研讨和课题调研活动，完成理论研究成果139个，评选优秀研究课题70项，有20余篇经验和理论课题参加上级部门组织的课题研讨和交流。

（熊志防）

（审核　于锡富）

审 计 工 作

【综述】 油田审计工作创始于1984年5月，一直实行两级审计管理体制。管理局、分公司设审计处，作为管理局、分公司审计工作的主管机构，下设5个审计分处(审计中心)，作为一级审计力量，负责对油田二级单位及局属经济实体和控股公司进行审计监督。管理局、分公司现有55个二级单位设立了审计机构，作为二级审计力量，负责对三级单位及所属的多种经营实体进行审计监督。截至2006底，油田共有审计人员237人，其中一级审计共配备审计人员76人，二级审计共配备审计人员161人。

加强制度建设。油田建立完善了26项规章制度，主要包括4项审计业务技术规范、11项综合事务管理制度、9项审计业务综合管理办法等，印发了《地面设施维修工程结算审计管理办法》等多项业务管理制度，初步形成了一套体系完整、结构严谨、内容全面、切实可行的胜利油田内审规章制度体系。

强化审计业务培训。全年安排41名审计业务骨干参加了上级部门和审计协会组织的各类业务培训班8期。围绕审计人员ERP环境下的审计能力建设和油田生产工艺流程等两个重点，自办生产工艺流程等培训班4期，参加培训人员270人次。

荣获多项荣誉和奖励。在集团公司2005年度优秀审计项目评选中有7个项目获奖，其中一等奖2个、二等奖2个、三等奖3个，获奖数量占中石化集团公司优秀项目总数的五分之一。有24篇审计专业论文(课题)荣获省部级以上奖励，其中，在全国审计理论研讨会上作大会交流1篇并编入优秀论文集；荣获全国内部审计理论研讨二等奖、优秀奖各1篇，其中1篇作会议交流；荣获中国内审协会石油石化协作组内审理论研讨会一等奖1篇并作会议交流；在集团公司2006年度优秀审计论文评选中获奖7篇，其中一等奖3篇，二等奖3篇，三等奖1篇，获奖数量占整个集团公司优秀审计论文总数的四分之一；在山东省内部审计师协会2006年度优秀审计论文评选中获奖13篇，其中一等奖3篇，占全省的四分之一，二等奖5篇，三等奖5篇。

【审计监督】 以开展"审计工作规范年"活动为动力，以承包经营审计为主线，以专项审计调查和重大投资项目审计为重点，积极探索和推进管理与效益审计，全面审计与突出重点相结合，强化监督与优化服务相促进，全面完成了年度工作目标和领导交办的工作任务。全年开展各类审计项目176项，其中财务审计9项，经济效益审计42项，经济责任审计64项，内部控制评审

8项，专项审计20项，审计调查11项，建设项目审计10项，其他审计项目6项，其他工作6项，审出各类违纪违规问题金额62405万元，促进增收节支金额51436万元，审计下属单位825个(次)，对所属单位审计覆盖率100%，全年提出并被采纳的审计建议344条，有部分审计报告中审计部门认定的数据成为领导决策的重要依据，一些审计报告中提出的审计建议直接被领导或管理部门采纳，转化为领导决策或管理制度等，在促进油田各单位加强管理、规范经营、提高效益、党风廉政建设等方面发挥了重要作用。

【内部承包经营审计】 按照“内部承包经营不经审计，不予考核兑现”的要求，继续深入开展内部承包经营审计。其中一级审计部门组织对油田80个二级单位、局属经济实体及控股公司等进行了内部承包经营审计，为内部承包兑现提供依据。共查出私设账外账、“小金库”，乱挤乱摊成本，截留转移收入，无计划购置固定资产等违纪违规问题2.05亿元，取得促进增收节支金额1.7亿元。部分二级单位如物探公司、供水公司等对所属三级单位进行承包经营审计，实现了对下属单位的动态监控。

【专项审计和审计调查】 油田按照贴近经营、突出重点、服务管理的审计理念，组织开展了以强化管理与提高效益为目的的专项审计和审计调查33项，主要有：油田境外项目对外创收管理与效益专项审计调查、多种经营企业专项审计调查 钻井录井、油田地面建设、供电、运输等单位成本费用情况专项审计调查等。

【厂长(经理)任期经济责任审计】 油田审计部门坚持“积极稳妥、量力而行、提高质量、防范风险”的原则，把经济责任审计和改制企业审计有机结合起来，进一步拓展了审计领域和范围。全年共组织对64名处、科级厂长(经理)进行了经济责任审计。通过经济责任审计，揭示了企业在会计信息、经营管理、重大决策、内部控制等方面存在的问题，明确了领导人员任职期间的经济责任，为考核任用干部提供了重要的审计参考依据。

【工程项目投资审计】 油田深入开展了输变电工程竣工结算审计、油田基地集中供热(一期)工程竣工决算审计、王庄油田郑41块产能建设地面工程竣工决算审计等投资审计项目。全年共审计各类工程约8000项，审计资金70多亿元，工程预结算审减造价4874万元，调减建设成本16061万元，为规范项目运作、强化工程建设管理、堵塞漏洞、节约投资和成本发挥了重要作用。

【组织审计专业培训】 中国石化ERP系统环境下的辅助审计信息系统(AIS)，于2006年8月28日在胜利油田分公司ERP系统中正式上线。8月22日—9月5日，中国石化辅助审计信息系统(AIS)项目组对油田组织了集中培训。截至2006年底，全油田共有104名审计人员取得AIS上岗操作证书，并配备BASIS模块关键用户8人。

(戚桂军)

(审核　刘奉华)

技术监督

【综述】 以“纪念胜利油田推行全面质量管理二十周年”为契机，利用“胜利油田推行全面质量管理二十周年优秀成果展”，在“胜利信息网”开辟纪念专栏等多种形式，集中展示油田质量工作优秀成果，交流质量管理成功经验。全面质量管理基本知识更加普及，又有9400余人取得全国统考合格证书，总数达到96400人，全员综合质量素质进一步提高;群众性质量改进、质量攻关活动广泛深入,全油田共成立QC小组3120个,参加活动人数29870人次,取得成果2378项,创直接经济效益8000多万元,荣获全国优秀成果9项,荣获山东省、石油工业优秀成果36项,继续保持全国油田企业领先水平;深入开展争创"用户满意"活动,引导各单位提高质量水平、服务能力,荣获山东省和石油工业用户满意企业、产品、工程、服务等13项;大力推进实施先进质量管理模式,黄河钻井总公司固井公司作为油田实施卓越绩效管理试点单位,率先成功导入卓越绩效管理模式,从"大质量"观和"追求卓越质量经营绩效"的角度,对公司发展战略、社会责任、组织管理、人才培养及工程质量等要素进行客观评价,积极采取改进和创新措施,初步实现了由优秀到卓越的跨越,荣获"全国实施卓越绩效模式先进企业",在全国追求卓越大会上受到了表彰。

标准化工作扎实深入。根据油田改革和标准化工作发展的需要,对油田各专业标准化委员会进行了调整和充实,为标准化工作的深入开展提供组织保障,新增加了物业管理与服务专业标准化委员会,标准化工作覆盖范围进一步拓宽。组织制定和修订油田企业标准135项,对442项油田企业标准进行复审,提高了标准的系统性、配套性,保持了标准的先进性、适用性,特别是增补完成了《油气水井大修小修作业质量验收规范》、《油气水井小修转大修技术条件》、《驱油用聚丙烯酰胺》等8项重点标准的制定和修订,满足了油田勘探开发、经营管理的急需。研究开发的"胜利油田标准查询系统",实现了标准全文的网上查询,为油田各单位查找使用标准提供了方便。油田层面举办了《天然气井工程安全技术规范》、《空气钻井安全技术规范》、《川东北天然气井钻井与井下作业工程安全技术规范》等重点标准的宣贯培训,二级单位组织了78项重点标准的宣贯培训。各单位注重加强标准的配备、宣贯、实施工作,与加强"三基"工作有机结合,在基层建设"达标、创优、争强、夺牌"活动中突出和强化标准化工作,逐步实现了"按标准组织生产,按标准规范操作,按标准评价质量,按标准进行考核"的良性循环。

计量管理和技术水平进一步提高。计量检测体系日趋完善,计量检测能力日益增强,18项最高计量标准、213项次级计量标准顺利通过国家、山东省和油田考核,原油天然气流量、可燃气体报警器、自动化仪表、民用水电气表等38个项目通过山东省强检授权审核。计量器具监督管理不断加强,研究制定《原油交接站点计量器具选型配备规范》,组织开展可燃气体、有毒有害气体报警器和工业电能计量装置技术选型和市场整治,进一步落实了计量器具使用许可制度,计量器具流转程序得到有效规范。共完成计量器具检定校准和监督抽查35万多台(件),现场计量器具的准确性、可靠性得到有效保证。重点加强了地质化验、工艺检测、油气交接等计量数据管理,5个重点实验室通过了国家计量认证和实验室认可,10个基层检测实验室通过了油田计量认可。围绕油气生产和贸易交接计量开展技术研究及推广应用取得重要成果,标准体积管清洗维护技术进一步完善,确保了原油外销计量的准确可靠;高压电能在线校准技术、矿区计量自动化仪表现场校验技术研究取得突破性进展,提高了现场校准维护能力和技术水平;注重钻井、测井、地质录井等石油专用计量校准技术研究,建立了相应校准技术规范,为石油专用计量检测水平的提高奠定了基础;具有国内领先水平的新型井下拉力表在全油田范围内得到更为广泛应用，为提高施工质量、保障安全生产提供了可靠保证。

海上监督管理取得新的进展。随着油田海上油气勘探开发生产规模的不断扩大，特别是将“海油陆采”开采方式纳入海上管理之后，海上设施设备数量不断增加，为规范海上设施设备检验管理，研究制定了油田《海上石油生产设施和专业设备检验管理办法》，明确了管理职责、管理程序、管理内容和要求，重点加强检验机构、检验合同管理和检验过程、检验结果监督。组织进行了海上石油专业设备检验专项检查和调研，制定了《海上专业设备目录标准》，首次组织开展了海上井口装置、抗冰隔水管、船用焊条等海上专用产品质量监督抽查。完成了《埕岛油田老区调整开发方案》中《现有设施适应性检测评估方案》的编制，确定了检测对象、检测项目、检测技术及评估标准等内容。

【产品质量监督抽检】 强化从源头抓起的管理机制，将物资质量监督控制的重心不断向供方管理延伸。对申请进入油田市场的企业和产品实施执行标准确认、企业标准水平确认和产品质量认可管理，通过对79家企业的238项标准、316项产品进行严格审查，基本保证了进入油田市场的产品在技术上、质量上满足油田使用要求；组织开展石油钻采设备配件和井口装置专项质量整顿，对590多家供货企业的生产工艺装备、检验检测手段、人员技术力量、质量管理体系、过程控制能力、产品质量水平逐一进行现场考查和评价，将质量保证能力差、产品质量水平低的148家企业、356项产品清除出了油田物资资源市场；在物资采购招标、合同签订过程中，严格供方质量资质审查，为物资质量整体水平的提高打下良好基础。

坚持开展物资质量监督抽查，采取多项措施，继续加大现场用料监督力度，运用产品质量监督管理信息系统，加快抽样、检验、处理等相关信息的传递和反馈速度，有效地防止了不合格产品投入使用。全年对150多种重点物资实施局级质量监督抽检2396批次，综合合格率为85%，查出的367批次不合格物资通过采取退货、换货、整改、降价、索赔等措施，为油田减少直接经济损失1485万元。局级质量监督抽查制度的实施，促进了物资供应部门和各使用单位不断加强物资质量检验把关，共清查处理不合格物资434批次，价值4674万元，更重要的是避免了因使用不合格产品而给油田造成更大的经济损失。

在油田“三次采油”项目运行管理过程中，注重加强对在用聚丙烯酰胺干粉及工业甲醛、交联剂、表面活性剂等助剂的质量控制，定期组织进行质量统检和评价，修订完善了《三次采油直达料管理规定》，促进了“三次采油”用料质量水平的不断提高，监督抽检合格率达到了88%，其中工业甲醛合格率由0上升到了80%。

【创建节约型油田呈现良好开局】 制定《胜利油田关于创建资源节约型、环境友好型企业的意见》，明确创建节约型油田的指导思想、基本原则、目标任务、重点工作和配套措施。组织开展《油田企业能源综合利用评价及对策研究》，初步建立《胜利油田节能指标考核体系》，首次将主要耗能指标纳入了生产经营承包合同。组织开展分公司节能工作大调查、机采系统效率检测、中央空调耗能状况调查、节能型加热炉市场整顿等专项活动，分析油田主要系统用能及设备、系统效率现状，解剖“十五”期间资源节约及“四新”项目推广应用典型案例，为进一步挖掘节能降耗潜力、明确节能降耗主攻方向提供依据；开展节约型社区、节约型采油厂创建示范活动，在胜南社区聚华小区建立节约型社区示范区初具轮廓；继续实施节能技术改造及先导性试验，油田共投入资金4916万元，实施节能技术改造和先导试验80多项，预计年节能价值2000万元，平均投资回收期2.45年；按照每耗1吨标煤投入20元的要求，各二级单位共从成本中列支1.05亿元，推广应用节能“四新”项目200余项，预计年节能价值4500万元，项目投资回收期约2.3年。2006年，油田总能耗量为492万吨标煤，万元产值综合能耗为5.61吨标煤。

（王　波）

（审核　隋新华）

海上安全监督

【综述】 胜利海上监督处主要职责是：根据国家安全生产监督管理总局海洋石油作业安全办公室的授权，监督管理中石化集团公司暨股份公司独资、合资经营企业在中国所属海域和内陆水域的石油作业安全活动。

安全生产许可证工作进展有序。2006年，针对34家已取得安全生产许可证的海(水)上石油作业单位或生产设施，制定监督检查计划，重点检查胜利油田、江苏油田、上海海洋石油局及其所属单位。组织14个已取证单位的安全生产许可证变更申请和1个新取证单位的申请审查。

开展海洋石油设施的备案及备案检查。组织对海洋采油厂新建CB32A等11座平台和KD34-东三联等4条海底管线的备案审核，制定现场检查计划，检查设施的作业计划及安全措施的落实情况，对安全措施落实不到位的，责令生产单位限期进行整改，并按照《海洋石油安全生产规定》的要求进行投产前备案。组织对胜利海洋钻井公司的8座钻井平台、胜利井下作业公司的4座作业平台、上海海洋石油局勘探二号钻井平台变更作业区域前进行备案检查，共发出备忘录13份。组织对胜利油田11条守护船、1条起重船、1条铺管船、3条物探船进行作业前检查。

组织海洋石油生产设施日常监督检查。全年共检查海上油气生产设施55座，其中有人值守采油平台8座、无人值守平台31座、滩海陆岸石油设施16座。对有人值守平台的安全管理制度建设、安全管理体系运行、安全设施的配备、人员的教育培训、应急预案及其演练等进行了严格检查。对于无人值守的采油平台，着重对设施的本质安全及设施的管理情况进行了检查。对滩海陆岸石油设施的救生设施配备、人员培训、交通工具配备要求、应急撤离等进行检查。组织对管道储运公司所建的杭州湾三条海底管线和岙山—镇海海底管线进行现场监督检查，并就设施的安全管理、应急预案和年度检验工作进行指导，提出安全建议11条，下发了检查备忘录。

开展安全生产培训监督检查。在出海作业人员安全救生培训方面，针对培训中心在海上逃生实操过程中存在的问题，组织编写海上逃生实操规范要求，包括实操顺序、实操内容、具体要求等，应用于教学实践，全年监督出海石油作业人员“四小证”培训33期，培训人员2026人；出海石油作业人员“四小证”复训班7期，复训人员341人。举办《海洋石油安全生产规定》培训班，中石化集团公司和股份公司所属从事海(水)上石油作业人员及有关中介机构主要负责人118人参加学习。举办海(水)上石油作业单位主要负责人和安全管理人员安全资格培训班，82人参加培训并取得安全资格证书。举办海(水)上石油作业单位主要负责人和安全管理人员安全资格再培训班，60多人参加再培训，考试合格。

【强化海洋石油建设项目“三同时”监督检查】 对于新建、改建、扩建项目,及时督促建设单位在项目的可行性研究阶段或总体方案编制阶段进行安全预评价工作,并对经过评审后的安全预评价报告及时督促其备案。先后监督KD12滩海陆岸油田、KD341区块、CB26、CB351区块等新改扩建项目的安全预评价的备案工作。加强海上工程作业现场的监督检查,组织对胜利海洋采油厂CB26平台吊装等8项重点现场进行监督,对KD48等13座设施的施工建设进行现场监督,对中国船级社青岛分社、中石化海上石油工程技术检验中心等中介机构的现场检验进行监督检查。

(孙友春)

(审核　魏增祥)

财务监控管理

【综述】 财务监控中心为油田机关直属单位,成立于1995年12月,同时使用“胜利石油管理局财务结算中心”、“胜利油田分公司财务结算中心”名称。“胜利石油管理局内控制度办公室”、“胜利油田分公司内控制度办公室”、“胜利油田关联交易结算领导小组办公室”也设在财务监控中心。主要承担胜利油田内控管理、关联交易结算管理、财务稽核、财务结算、资金管理等工作职能。

中心机关设综合科、稽核管理科、信息管理科、分公司内控制度办公室、管理局内控制度办公室5个科(室)。中心下设监督稽核一站、监督稽核二站、监督稽核三站、监督稽核四站、监督稽核五站和外部市场监督稽核站、财务结算一站、财务结算二站和新疆结算站9个科级单位。中心在册职工83人,女职工41人。现有党员34人。处级干部3人,科级干部25人,其中女科级干部7人。硕士研究生学历5人,大学学历45人,大专学历22人。高级职称7人,中级职称71人,初级以下职称5人。注册会计师4人,注册税务师2人。

分公司内控工作。广泛深入开展宣传教育和培训工作,全年共举办培训班32期,培训人员6000多人次。建章立制,强化责任,明确授权,逐项细化和逐级落实《内控手册》内容。每月组织召开一次月度例会,分析内控工作运行情况,及时发现问题,解决问题。组织编制和修订《胜利油田分公司内部控制手册实施细则》及《胜利油田分公司权限指引实施细则》。组织开发、优化、完善了内控网上签批系统,尤其是对重点物资采购,加大招投标监管力度,逐步减少中间商环节,强化合同签订审核,从供应商类别、采购类型、采购方式、价格依据、供应商性质等方面进行重点监控,实现了采购业务的公开、透明。一季度建成“油田客户、供应商管理系统”,客户、供应商的信用管理均被纳入内控的日常管理之中。组织开展分公司内控制度执行情况的自查评价工作,在股份公司检查中得到88.25分(满分90分),在油田企业中名列首位。针对调研和检查中提出的问题,多次组织召开专题会议,认真分析和研究问题,责成相关部门和单位限期整改。主动加强与上级业务部门和兄弟单位的交流与沟通,及时反映分公司在执行内控制度方面的难点和实际情况。

管理局内控工作。组织制定内控工作计划,确保内控工作有序开展。组织开展内控制度宣传、培训,营造良好环境,举办培训班9期,培训1300人次;在《胜利日报》和《胜利财会》增设内控专版和专栏进行宣传。按照销售、资金、采购、成本、投资、会计、检评7个业务成立测试小组,从石油工程、生产辅助、社区文教、控股子公司4个板块中选择有代表性的单位,对集团公司规定的17个业务流程进行全面的符合性穿行测试，针对发现问题提出解决方案。组织编制内控实施细则，在集团公司17个流程的基础上，优化、细化、再造为47个流程细则，共涉及控制点1796个。做好规章制度的清理工作，初步梳理相关规章制度316个。开发、完善了“内控管理网上签批系统”，实现限额以上相关业务的网上申请、签阅、审批等，规范了生产经营事项的过程管理和监督控制。组织内控责任部门多次召开专题会议，明确责任部门，深入开展调研和督导活动，促进《内控制度》的全面、有效实施。

关联交易结算工作。2006年9月成立油田关联交易结算运行工作领导小组，办公室设在财务监控中心，强化关联交易的日常协调。为了加快关联交易进度，关联交易结算办公室多次组织有关部门召开工程劳务网上结算系统流程优化会议，对流程节点进行优化删减，减少内部流转环节，减少数据的重复录入，提高了结算实效。多次召集有关单位召开协调会，协调解决作业劳务工序签认、井下作业质量保修期等争议问题，积极督导二级单位加快结算速度。按旬对关联交易结算数据进行汇总，分析整理结算过程中存在的主要问题并提出建议，以《关联交易旬报》的形式上报油田领导，包括分析整理重要问题30多项，提出建议20多条。参与制定《井下作业管理暂行规定》、《胜利油田关联交易结算管理暂行规定》、《油建工程结算实施办法》和《钻井工程结算实施办法》，进一步明确责任，规范程序，逐步将油田关联交易结算工作推向正规化、规范化，逐步提高了油田关联交易结算的及时性和结算率，确保了关联交易双方关系明晰、结算顺畅，保障了管理局资金正常运行和分公司会计信息的及时准确。截至2006年底，管理局各施工单位为分公司施工的钻井、测井、录井、井下作业、地面建设、物探采集等工程，完成结算98.83亿元。

加强资金管理工作。一是加强资金结算的集中管理，实现资金业务的集中审查、统一支付。全年共办理结算业务21万多笔，其中分公司7万多笔，管理局二级单位10万多笔，子公司4万笔；收入总额198.2亿元，其中管理局二级单位114.4亿元，子公司83.8亿；支出总额412.7亿元，其中分公司215.9亿元，管理局二级单位114.3亿元，子公司82.5亿元。二是组织开展银行账户调查工作，共调查银行账户413个，其中管理局二级单位185个，控股子公司228个。管理局二级单位开设的银行账户中二级本部128个，所属单位36个，外部市场21个；基本账户46个，一般账户75个，专用账户51个，临时账户13个。管理局控股子公司开设的银行账户中本部81个，下属公司146个。三是加强货币资金的收支两条线管理。为加强货币资金管理，整合资金资源，提高货款回笼速度和资金使用效率，组织起草、制定了《胜利石油管理局收支两条线资金管理暂行办法》，建立主控账户和分子账户管理体系，明确划分收支账户，通过银企互联系统，对各单位银行账户资金实施收支两条线管理。

【财务稽核工作】 全年共稽核业务11万笔，其中分公司6万笔，管理局二级单位5万笔；资金额167.92亿元，其中分公司104.70亿元，管理局二级单位63.22亿元。全年组织开展或与部门联合开展井下作业市场专项监察、运费结算专项检查、胜利油建有限公司的专项稽核、驻疆单位的专项稽核等4次较大规模的专项稽核工作。发现的主要问题有，违反油田物资统购政策进行采购、不执行油田作业费定额、无投资计划、转移收入、签订虚假合同、会计基础工作薄弱等问题。各驻疆单位的财务管理相对比较薄弱，某些方面管理不到位、经营风险及财务风险较高。其中渤海钻井新疆分公司签订虚假合同、银行存款管理混乱；胜利油建公司业务结算不签订合同、不以发票为入账依据；塔里木胜利钻井公司原材料账实不符，以劳务费、慰问费形式给职工发放现金，超计划投资；胜北社区胜北医院与其实体单位共用资产、人员兼职、混业经营等问题至为突出。财务监控中心采取措施，要求被稽核单位对稽核的问题进行整改，并向油田领导进行了反映。

（姜　平）

（审核　崔树杰）

海上石油工程技术检验

【综述】 海上石油工程技术检验中心(简称“海检中心”)是管理局直属单位，主要职能是依据政府主管部门的授权，从事滩浅海及滩海陆岸石油天然气生产设施的发证检验和海洋石油天然气专业设备检验检测等工作，并接受政府主管部门的监督。下设综合管理科、审图科、检验一科、检验二科、检验三科等5个科室，有职工19人。海检中心拥有国家安全生产监督管理总局颁发的“滩海、陆岸石油天然气生产设施发证检验机构资质”及“海洋石油天然气专业设备检验检测机构资质”，是目前国内石油石化行业惟一一家拥有发证检验资质的机构。

不断完善标准体系。组织编写了《浅海石油设施检验规定》，成为海检中心开展检验工作的主要规范。配置了一系列与滩浅海石油设施相关的国家法规、国家标准、行业标准、企业标准、船级社规范等法规标准，其中国家标准2409条，石油行业标准2073条，船舶标准2130条，其他行业标准419条，企业标准481条，中国船级社规范规则39部，国外规范标准44部，法律法规320条。完成了《海底脐带缆安装指南》、《滩海陆岸石油设施安全规则》、《滩海陆岸石油设施建造与检验技术规范》、《滩海陆岸石油设施检验技术规范》、《滩海陆岸石油设施安全规则》、《滩海石油建设工程安全规则》、《海上油气管道设计、建造、操作和维护的推荐做法——极限状态设计法》、《弃置平台管理规定》等8项标准的翻译、修订任务。

增强技术装备能力。海检中心有15人获得DNV颁发的渗透检测国际Ⅱ级检验师证书，14人获得DNV颁发的磁粉检测国际Ⅱ级检验师证书，8人获得DNV颁发的射线检测评片国际Ⅱ级检验师证书，7人获得DNV颁发的超声检测理论国际Ⅱ级检验师证书，18人获得DNV规范通用理解合格证书，19人具有海上“五小证”合格证书，14人获得国家质量工程师证书，有7人获得国家监理工程师证书，有5人参加DNV定量风险评估工程和专业化软件培训，具备了定量风险评估资格。配置国际通用结构分析软件ANSYS(美国)和定量风险评估软件NEPTUNE(挪威船级社)。配备了17台(套)先进的便携式检验设备，可以进行超声探伤检测、涂层测厚等现场检验和测试。

加强业务培训。根据学习计划，采取分阶段、集体学习与自学相结合的方式，系统学习有关标准。加大对法规标准的宣贯力度，以油田涉海单位相关人员为培训对象，10月份举办油田涉海单位滩浅海相关法规标准培训班，引导培训人员学习滩浅海法规标准。海检中心还为8个分部下发了相应的资质确认证书。

强化内部管理。以升格和取证为契机，完善内部管理制度，制定了《海上石油工程技术检验管理体系运行实施办法》、《海上专业设备检验控制程序》等管理制度，并严格付诸实施，提高了海检中心的管理水平。

不断拓宽业务范围。主要包括:①海上及滩海陆岸油气生产设施的发证检验。②海上移动式油气生产设施上油气工艺系统如钻井系统、修井系统、井下作业系统和油气集输系统等专业系统的发证检验。③海上及滩海陆岸油气生产设施石油专用设备的认可检验。④海上及滩海陆岸石油生产设施的结构及石油天然气专业设备的无损检测和评估,消防器材检验,安全报警系统、控制系统的测试和调试,电气系统检验。

注重科研工作。海检中心联合青岛安全工程研究院,承担的《海上石油工程风险评估技术研究》科研项目通过技术鉴定。组织技术人员参加2006年度石油天然气滩海技术交流年会,提交论文6篇。在《海洋工程》等学术期刊上10多篇技术论文。

【检验项目】 2006年检验的油田内部市场工程项目:①石油开发中心KD12区块1#进海路及海油陆采平台。②石油开发中心KD12区块2#进海路。③石油开发中心KD12区块3#进海路。④石油开发中心KD18—KD121给水及原油外输管线。⑤桩西、河口、孤东等采油厂滩海陆岸油田设施年度检验。⑥海洋采油厂西区电力自动化改造。⑦胜利油田海上石油产品质量抽检。⑧海洋采油厂KD47单井平台。⑨海洋采油厂埕北油田固定式采油平台年度检验(与CCS联合完成)。⑩桩西采油厂老河口油田163海油陆采平台。⑪海洋采油厂CB244-CB11G海底输油管线。⑫海洋采油厂ZH10单井平台改造。⑬海洋采油厂CB301单井平台改造。⑭海洋采油厂中心一号-CB11M海底注水管线。2006年检验的油田外部市场工程项目:①辽河油田海南8号人工岛建造工程。②辽河油田海南24号导管架平台建造工程。③中油海洋工程公司61号平台油气工艺系统年度检验。④中油海洋工程公司82号平台试油模块年度检验。⑤大港油田庄海4X1海上人工井场岛体工程。⑥大港油田庄海4X1海上人工井场井口槽工程。⑦大港油田庄海4X1海上人工井场进海路管线。⑧冀东油田南堡油田西线进海路及1号人工端岛工程。⑨江苏油田新杨1、新杨8、新杨11、高6-6平台。通过以上检验项目,不仅创造出了较好的经济效益,促进了油田海上油气安全生产,而且在外部市场上树立了"中石化海检"品牌。

【中国石化海上石油工程技术检验中心成立】 4月29日,经过中国石油化工股份有限公司批准,中国石化海上石油工程技术检验中心在胜利油田正式成立,标志着中国海洋石油领域海上平台、海底管线等油气生产设施的检验工作迈上新台阶,对于加强中国石化海上安全管理,全面提高海上安全管理水平意义重大。

(李巨川)

(审核　张剑波)

集 体 经 济

【综述】 2006年,全局集体经济板块共有法人企业90家,资产总额37.6亿元,其中集体经济企业资产27.2亿元,股份制经济企业资产为10.4亿元,负债31.8亿元。全年集体经济实现生产经营总值19.68亿元,实现经营销售收入19.67亿元,实现利税0.85亿元,其中利润0.17亿元,企业增加值4.46亿元。全局集体企业从业人员7045人,其中国有职工3238人,集体职工1115人,其他职工2692人。新增就业人员

49人,其中国有职工8人,新分配大专以上毕业生9人。

继续抓好市场营销工作,积极开拓社会市场。重点组织部分油田企业参加2006年中国东西部结合交易会、2006年东营经济技术贸易合作洽谈会·产销洽谈会,努力引导多种经营企业开拓市场发展空间。

切实做好家属管理工作,确保油田大局稳定。坚持通过座谈会、电视访谈等形式强化政策宣传,规范和落实家属管理政策;积极协调有关部门保证退养家属的利息差按时发放;妥善做好家属稳定工作,对上访家属解惑释疑,超前化解影响家属稳定的矛盾。

加强禽流感等重大动物疫病的防控工作。安排部署全局重大动物疫病防控工作,组建和完善相关机构,制定防控措施,层层实行责任制,加大防控工作力度。强化公共卫生和饮食卫生管理,坚持疫情报告制度和疫情监测制度,确保油田职工群众健康安全。

发挥好东营市开发区胜利油田工业园办公室的作用,努力为油田集体企业打造发展平台,加强园区内企业建设的督导和推进工作,积极开展招商引资,协调企业入园洽谈,推进优惠政策落实,为企业发展搞好服务。

继续组织集体企业科研攻关、科研试验、新技术推广等工作,汽油抗爆剂项目实现产业化,暗管改碱工程系统技术的示范效应得到了国家、省有关部门的重视。

【积极配合推进油田清理整顿对外投资和多种经营工作】 对原多种经营贷款、家属管理等问题提出可操作性的意见和建议,鼓励企业进行体制、机制创新,建立适应市场经济要求的规范的现代企业制度,在增强企业生机和活力上下功夫,落实油田对已改制企业的各项措施和政策,促进已改制企业的持续健康发展。截至2006年底,华滨实业总公司、兴达公司、金岛公司、桩西农工商公司、胜兴集团等集体企业完成了改制分流工作。

(文福生)

(审核 彭成山)

行 政 管 理

局办公室工作

【综述】 2006年,局办公室紧紧围绕油田有效发展、深化改革、强化管理、和谐稳定的主题,积极适应形势变化,不断创新思路和举措,较好地发挥了职能作用,整体工作水平进一步提升,被评为2006年度胜利油田文明建设先进处室和廉政建设信得过先进部门。

【信息调研】 信息调研工作更加贴近领导决策需求和生产经营、改革发展实际,信息质量、数量同步提高,调研深度、广度逐步扩大。局办公室组织各二级单位办公室围绕油田生产经营、改革发展、管理创新、科技进步等工作,积极搜集各方面信息,努力挖掘深层次问题,为领导了解情况、科学决策提供了优质服务。各二级单位全年上报各类信息845条,局办公室编发《信息摘要》77期201条。以专题信息为主导的信息上报工作取得较好成绩,全年向集团公司办公厅、山东省政府办公厅报送信息

213条，采用167条，继续在集团公司所属单位中保持领先地位。调研工作的方式方法更加灵活多样，专题调研进一步细化深化，联合调研进行了有益尝试，调研成果的深度、广度逐步扩大。各单位办公室全年撰写各类调研报告225篇，报送53篇，《调查研究》和《参阅文件》编发29篇，为服务领导决策提供了较有价值的参考依据。

【督察工作】 坚持实事求是、求真务实的工作作风，不断加大工作力度，积极履行工作职能，使督察工作在保证决策部署落实到位、推动各项工作更加务实高效方面发挥了积极的作用。紧紧围绕油田中心工作，对重大决策、重要工作部署、重要会议议定事项等进行全力督察，确保了各项重点工作的顺利推进；认真按照"抓重点、带一般，抓关键、促全面"的工作思路，以点带面、整体推进，确保督察工作取得实效，有力推动了各项工作的协调发展。2006年，各二级办公室共立项督察2952项，办结2844项，局办公室编发《督察通报》8期，领导办公会督察专报16期，较好地发挥了督察工作的促进作用。

【公文制发】 积极适应变化，适时调整思路，严格执行公文限时办理等规章制度，严把公文起草关、审核关、审签关、复核关、校印关，公文制发的效率、质量和管理水平进一步提高，确保了油田政令畅通。针对油田出台规范性文件较多的实际情况，重点在规范性文件的时间连贯性、操作可行性及与上级政策的符合性等方面下功夫，有效提升了规范性文件制发质量。积极推进电子印章系统的开发应用，实现了电子公文的网上传输。编辑完成《胜利管理公报》总第七期，收录各类管理规定42份，方便了各级领导查阅，较好地宣传了中石化和油田的政策、规章。

【文书处理】 紧盯文书工作科学化、规范化、高效化发展方向，坚持以"规范程序、创新手段、主动服务、提高效率"为主线，不断改进方式方法，规范处理程序，提高了办文质量和效率。全年处理来自中共中央、国务院、山东省政府、集团公司、有关地市和单位各类文件、信函近400号。认真做好请示类公文处理工作，加强跟踪落实和汇总归纳，提高了办理时效。全年处理二级单位、机关处室请示报告400余份。

【人大政协联络】 坚持为代表提供优质服务的理念，积极做好各级人大代表与人大的联络工作，组织东营市和东营区驻胜利油田代表参加了东营市、东营区人大会议，组织全国、省、市、区人大代表进行集中视察活动。全年办理人大代表提案2份、政协建议5份，答复满意率为100%。

【值班接待】 不断加强制度建设，完善工作规范，增强精细意识，提高服务质量，较好地完成了全年各项任务。值班接待规范化建设迈上新台阶，建立了"一周一大事"和"一周一总结"制度，按时编制《油田每周重点工作》供领导参阅；对值班、接待工作的各项业务规范进行了修订完善；认真执行公务接待审批制度，严格控制接待标准，值班接待服务质量实现新提高。全年接待集团公司、山东省及有关地市、学校、企业调研和来访活动350多次，接待人员2500多人次，较好完成国家领导人、中石化及山东省领导到油田调研视察的接待工作；通知安排各类会议280多个，圆满完成了"中石化油气田及输油管道安全防范设施现场观摩交流会"、"山东省胜利油区工作会议"和油田大型会议的筹备服务工作；充分发挥应急指挥职能，建立健全突发事件应急预案和处理机制，联合相关部门，为较好完成"3·12海上溢油"等突发事件的处置提供了有力的服务保障。

【史志编研】 加大国务院《地方志工作条

例》、《山东省地方史志工作条例》宣贯力度，严格执行《胜利油田志书编纂管理暂行规定》，通过强化史志编修工作指导，加强志书编纂过程控制，推动油田史志工作向编修(续修)程序化、出版正规化、管理规范化、工作日常化稳步迈进。2006年，《胜利油田钻井泥浆公司志》正式出版，《石化总厂志》、《工程机械总厂志》、《渤海钻井总公司志》、《胜利油田共青团志》等正在编纂。在加强志书编纂业务指导和管理工作的同时，根据中石化集团公司、省史志办等部门的要求，做好了油田史志资料的编纂、提供和对外宣传工作。史志资料编纂提供方面，《当代中国的石油工业》(续卷，1986—2005)胜利油田部分送审稿已经修改完善，《中国油气田开发志》胜利油区油气田篇编写业已启动，《山东省志·大事记(1986—2005)》胜利油田部分资料已经上报，同时完成了《东营区志(1998—2005)》石油篇的组稿、审稿任务，搜集整理了《胜利油田2006年大事记》等油田内部资料；对外宣传方面，完成了《2006中国海洋年鉴》、《山东年鉴》、《东营年鉴》、《东营区年鉴》、《中国石油石化工程建设年鉴》、《中国石化"十五"重点工程建设画刊》等刊物的组稿任务，为省委党史研究室《中国共产党山东省省管企业及中央驻鲁企业组织史资料》提供了油田相关基础资料。

【油地结合】 坚持从油地共建美好家园的大局出发，以促进区域经济社会发展为目标，共同协商，团结协作，强化措施，积极帮扶，为密切油地关系、推动欠发达乡镇经济社会发展作出了积极贡献。2006年，油田15个二级单位帮扶东营市三县两区的15个乡镇，帮扶期为两年。油田各帮扶单位分别派出1名科级干部到被帮扶乡镇挂职党委副书记，协调开展帮扶乡镇工作。全年共实施帮扶项目18个，油田投资(含物料、机械折款)1371万元。油田帮扶单位还充分发挥人才、技术等方面优势，积极开展智力帮扶，通过采取外出参观学习、就地办班等形式，培训当地农民千余人。继续把帮扶油区农村特困群众安居工程作为油田帮扶乡镇工作的重点，提前部署，超前运作，合理安排建设计划和布局，努力协调帮扶资金，严格监管工程标准和质量，及时解决工程中存在的实际困难。经过油地双方的共同努力，油田15个帮扶单位共计投入建设资金1022万元，帮扶建设安居房500套，有效解决了油区部分特困群众的住房问题，改善了他们的居住生活环境。

【综合协调】 按照油田相关规定，组织实施油田机关通讯费改革，制定办公电话、公费移动电话的配备标准和管理制度，共清理停用办公电话201部，公费住宅电话改自费1151部，公费移动电话改自费298部，圆满完成了油田机关通讯费改革任务。主动配合，积极参与公务用车、宾馆(招待所)清理整顿，规范办公用房，压缩管理费用等改革工作，严格执行油田相关政策，充分发挥综合协调作用，为各项改革的顺利推进作出了积极的贡献。切实加强办公室系统业务建设和队伍建设，开展了理论研讨、论文征集和优秀信息、优秀调研报告评比活动，举办了办公室主任培训班、电子公文传输培训班，对网上办公信息系统进行了优化升级并全面开通使用。

(赵文清)

(审核　贾文昌)

政策研究

【概述】 2006年，政策研究室紧紧围绕油田中心工作，服务领导决策，团结协作，扎实工作，较好地完成了各项工作任务，在文秘、调研、编辑、信息等方面都取得了新进展，各项工作迈上新台阶。全年完成文字工作量300万字，其中文秘材料97篇、52万字，调研成果11项、53万字，编辑工作量95万字，编辑《胜利通讯》12期，文字工作量50万字。

【文秘工作】 坚持服务宗旨，精心铸造品牌，文秘工作为油田领导服务的层次、质量和覆盖面都有了新的突破。始终保持高密度、高强度的运行节奏，坚持文字水平的高质量和高水平，受到油田党政主要领导的高度评价和充分肯定。在时间紧、任务重、人手少的情况下，全年共起草各类文稿97篇、近52万字，其中领导讲话及工作汇报等文秘材料49篇，改制分流材料20篇，调研报告7篇，修改稿件15篇，其他文稿6篇。在保持较高强度文秘工作运行态势的同时，较好地完成了油田领导春季大调研和油田调研会分配的各项任务，撰写了一批质量较高、影响力较大的调研成果，《论和谐油田建设》印发《领导参阅》，并获得2006年局思想政治工作创新成果一等奖。

【调研工作】 调研工作坚持想大局、谋发展，突出计划性、主动性和实效性。全年共撰写起草调研报告、文秘材料等89篇，共53万字。完成调研材料53篇，包括春季油田领导大调研、油田调研工作会议、社区改革发展论坛、集团公司解剖管理局调研以及承担的研究课题共完成29万字。组织协调春季领导大调研，从日程安排、分路报告的起草、综合报告的形成、问题汇总等方面入手，都保证了有序运行，保质保量。组织召开油田调研会，撰写调研主报告，提出了今后两年"三项基本建设工程和四项重点工作"的基本任务，推动调研工作进入新阶段。

【编辑工作】 以"争创油田一流刊物、企业一流年鉴"为目标，不断改进年鉴编辑方法，提高年鉴编辑水平，努力改革、大胆创新，增强了年鉴文章的系统性和条理性，方便了读者的阅读和查阅，全年《胜利油田年鉴》编辑文字95万字，为中国年鉴、中石化年鉴、东营市年鉴提供资料16万字，提供照片50多幅。袖珍年鉴和油田年鉴均提前出版，大年鉴评比获中石化特等奖。全年编辑《胜利通讯》12期，收纳文章(照片)196篇(幅)，编辑文字工作量50万字，在刊物印刷、外部形象上，又上了一个新的台阶。组织召开首次"油田年鉴撰稿人工作会议"，59个机关部门、直属和控股企业、派出机构，60个二级单位，119名撰稿人参加会议，会议效果良好，得到了与会同志的一致好评，进一步规范了年鉴稿件的编辑工作。成功举办"中石化企业年鉴协作组工作"会议，受到了与会同志的高度评价。

胜利油田调查研究工作会议

【综合信息工作】 信息工作全年搜集外部信息20余条，分别报送中石油、中石化和省委省政府资料信息13项，刊出《领导参阅》9期。创新性地组织筹划并举办了第二期文秘研修班，加大对文秘人员的培训力度，培养胜利油田文秘工作后备人才，提高胜利油田文秘工作的整体水平。以"走进基层，走进群众”为主题,组织协调政策研究室与现河采油厂采油四矿采油十五队的“三联系”活动,紧密结合油田生产实际,积极服务于油田生产大局稳定,并积极开展丰富多彩的支部活动,收到了良好效果。

【举办胜利油田社区改革发展论坛】 2006年8月,政策研究室在胜利油田高级人才培训中心举办胜利油田社区改革发展论坛,胜利油田9家社区和油田公共事业部在论坛上发言,集团公司和油田有关领导到会讲话。与会代表分别从物业管理、卫生医疗等不同侧面、不同角度对胜利油田社区改革发展的形势、任务、出路进行了认真分析,并提出了加快推进社区系统改革发展的建议和意见,对于深化认识、统一思想、完善措施,加快推进油田社区改革发挥了重要作用。

(商　珂)

(审核　邹登礼)

档案管理

【综述】 截至2006年底,油田有专业档案人员362人,兼职档案人员958人,有二级档案科(室)60个。建成了以油田档案馆为中心,二级档案科(室)为纽带,三级档案资料室为基础的管理网络。档案部门共接收档案1408370卷(件),排架长度10.49万米,声像档案7498盘(张),底图179.68万张,照片档案14.84万张,另有大量缩微胶片及光盘等电子档案。形成以油气勘探、开发档案为主体,管理、科研、基建、产品、会计、职工等门类齐全,设施先进,库藏丰富,科学效能的档案体系。档案的归档率、完整率、准确率均达国家规定标准。

油田档案馆严格按照《中华人民共和国档案法》、《山东省档案条例》及《中国石化集团档案管理办法》的有关要求,结合油田实际,在继续做好档案收集、归档、借阅利用的同时,根据国家档案局《全国档案信息化建设实施纲要》和山东省档案局《山东省档案信息化建设实施方案》的要求,着重加大档案信息化建设力度,大力推进油田数字档案馆建设步伐,注重以档案信息资源建设为核心,以扩大档案信息资源开发利用为目的,实现了档案资源数字化、档案管理规范化和档案利用网络化。截至2006年底,完成《数字档案馆建设—档案管理信息系统》的项目方案需求、设计、专家论证、招标及研发,并通过了中期验收,为实现全油田档案信息化奠定了基础。

【档案队伍建设】 油田各级档案部门通过在职学习和集中培训、脱产学习及外出培训等方式,多途径、多层次地培养各类档案人员,提高了档案人员的业务水平。2006年9月,油田档案馆举办数字档案馆培训班,对油田档案部门负责人及业务骨干进行培训。选派人员参加国家档案局、山东省及中石化集团公司举办的各类培训班学习。2006年6月,油田档案学会召开第19次学术研讨会,组织部分业务骨干实地参观革命圣地延安和长庆油田档案馆,开阔了工作思路,增强了业务交流,提高了做好本职工作的素质和能力。

【档案服务利用】 围绕油田改革发展大局和生产建设中心,开发利用档案信息资源,在全方位服务油田改革发展、勘探开发、经营管理等各项工作中作出了积极贡献。提供全方位档案信息服务。全年各级档案部门共提供档案借阅利用51273人次、124842卷(件)次。获山东省开发利用档案信息资源成果奖一等奖4项,二等奖27项,三等奖15项,档案管理中心被评为2006年度“山东省开发利用档案信息资源成果奖先进集体”。

(孟宪波)

(审核　葛庆海)

党群工作

党委办公室工作

【综述】 局党委办公室结合思想作风建设深化年活动,紧紧围绕油田中心工作,认真落实局党委总体工作部署,充分发挥参谋助手、综合协调、督促检查三大职能作用,进一步增强服务意识,提高服务能力,促进了党委办公系统整体工作水平的提高。

【参谋服务作用】 切实强化文秘服务和信息调研工作,为党委决策提供有效参考。坚持把"以文辅政、强文立室"作为党委办公室服务决策、树立形象的重要途径和手段,进一步强化文字综合、调查研究工作,努力办好《胜利党办通讯》、《党委决策参考》和《党委督查》,提升服务党委决策水平。文秘工作方面,起草局党委扩大会、"七一"党建会、五届五次职代会等油田一系列重要会议和重大活动领导讲话及各类综合性文字材料100余篇。积极开展调研工作,完成《清理整顿井下作业市场刻不容缓》、《关于管理局与分公司关联交易结算采用商业汇票的建议》、《进一步精简压缩会议的建议》等多篇有份量的调研报告和工作建议。强化党委督察工作,组织开展群众工作、落实《加强信访工作的实施意见》等多项督察活动,促进了党委重大决策在基层的贯彻落实。公文处理和刊物编辑方面,制发党委文件145个,制定《胜利油田党的机关公文处理暂行规定》,实现所有党群文件的网上传输,出版发行《胜利党办通讯》6期。

【协调服务】 进一步提高综合协调能力,充分调动各方面积极性,为党委日常工作的高效运转服务。坚持服务为本的工作理念,主动、热情、及时、规范、高效地为领导服务,为部门服务,为基层和职工群众服务;坚持主动超前的工作原则,从工作需要、部门需要、基层需要出发,事前主动联络沟通,事中周密统筹运作,事后及时反馈,确保超前谋划,有序进行,无缝衔接;坚持优质高效的工作标准,努力实现综合协调工作规范化、制度化、科学化;坚持顺畅协调的工作方法,注重处理好牵头与服务的关系,对上与对下的关系,原则性与灵活性的关系,整合凝聚各方面力量,共同做好综合协调工作。全年共组织会务47次,其中包括参与全国企业反邪教工作现场经验交流会、国务院国资委推进中央企业廉政文化建设研讨及观摩会议的会务接待工作,主办中石化油田企业党委书记研讨会,接待上级来宾34批、390多人次,办理来文来电200多个,安排接待车辆3415车台班。机要工作渠道畅通、管理到位,全年收发和处理各类电报585份、办理5227份次。

【公文管理】 严细规范公文处理和文件管理工作,提高了办文水平。一是严格公文制发。坚持按照少而精、切实解决实际问题的原则下发文件,进一步精简会议、文件和简化负责同志公务活动及接待。二是严格公文报送范围。未经授权,机关各部门不向基层单位行文,也不能要求基层单位报文。三是严格规范公文的处理程序。严格按照发文程序办理,部门起草完毕并经主管领导审核后,送办公室进行校核、呈签。四是严格文稿审核。严格按照要求对文稿的政治方向、政策法规、程序、文字、格式进行审核。进一步完善落实《公文管理规定》、《公文收发制度》、《公文借阅制度》、《公文清退销毁制度》等文件管理制度，将2003年以来网络文件全部改为PDF格式，提高文件管理工作水平和利用效率，加快了公文管理信息化建设步伐。接收中央、省委文件174份，集团公司文件44份。

【维护稳定工作】 努力做好信访和法轮功处理工作，积极维护油田大局稳定。在信访工作方面，深入开展“双教育、双规范”活动，建立信访工作新秩序。加强信访干部队伍建设，提高信访干部素质。加强信访督察督办工作，提高信访结案率。加强信访工作信息化建设，提高信访工作效率。全年接待职工群众来访2148起、8779人次，其中集体访326起、6670人次，受理来信257件，协调组织召开信访稳定例会60次，部分群体性问题得到妥善解决。在防范和处理邪教工作方面，按照“打为龙头，防为关键；转为根本，加大宣传；强化基础，提升水平；完善责任，确保稳定”的思路。加强责任落实，毫不放松地抓好防范控制工作；突出依法打击龙头地位，做到以打促防、以打促转、以打促稳；加大网上深挖打击力度，坚决遏制法轮功网上非法活动猖獗势头；建立教育转化有效工作机制，推进教育转化工作进一步深入；加大对党员干部宣传力度，强化对防范处理邪教工作重要性的认识；进一步加强理论研究和成果转化，为斗争推进提供理论支持；加大工作力度，严防其他邪教和有害气功组织滋生蔓延。

【自身建设】 高度重视自身建设，推动党委办公系统工作再上新台阶。紧紧围绕办公室自身建设中的薄弱环节，着眼于建设一支高素质的干部队伍，着眼于牢固树立党委办公系统的良好形象，重点加强机制建设、能力建设和作风建设。办公室党支部与现河采油4队党支部结成联系对子，组织人员参加信访干部培训班5次，培训信访干部50余人；举办局党委办公系统公文处理培训班，培训学员45人；获得局级以上优秀成果奖7项，集体荣誉6项次，个人荣誉9人次。

（刘安新）

（审核　魏衍珠）

组织工作

【综述】 坚持组织配置与市场选人相结合，认真抓好各级领导班子的组织建设。加大择优配置、竞争选人力度，保证了各级领导班子精干高效。全年调整处级班子81个，任免处级干部258人，其中新提局副总师1人、正处16人、副处44人，到龄退二线37人。新提二级副总师102人、副科180人、正科270人，到龄退职163人。在干部调整中注重优化班子结构，处、科级干部中40岁以下、全日制大学以上学历、高级职称的比例，连续三年持续提升。分别储备处、科级后备干部1080人、7000余人，其中35岁以下、本科以上、高级职称、女干部的比例有所提升。完成103名干部挂职工作，一律实行“平挂”或“低挂”，创新了培训与挂职相结合、油田内与油田外培训相结合的办班模式，提高了青干班培养效果。严格落实干部考核监督制度，年度测评处级领导班子84个，处级领导干部837人。加大公开招聘干部力度，对14个副处级职位进行了公开招聘，局机关16个处室进人52人，全部通过公开招聘，为油田大规模开展公开竞聘工作，积累了经验。加大竞聘上岗力度，二级新提副总师102人，全部通过竞聘上岗。加大干部交流力度，有计划地交流处级干部111人、科级干部800余人，为今后推进交流正常化、规范化趟出了路子。完成处级干部薪酬管理改革，首次对油田主业处级干部的薪酬实行集中管理，为下一步强化绩效考核创造了条件。

强化党建制度落实。围绕如何建立保持先进性长效机制，开展党建制度执行情况大检查，试行党的代表大会常任制、全委会制度、党政正职向党委会报告工作制度等7个制度，促进了油田党建工作的制度化、规范化、科学化。认真执行党的代表大会制度，有12个二级单位党委、195个三级单位党委(总支)、1100个党支部进行了改选换届。各级党组织分别召开统一改革思想专题民主生活会，召开率达到100%。全年新建二级党委4个、三级党委(总支)15个、党支部103个。认真落实“送党课进基层”、创建“五好党支部”等工作，分板块召开党建座谈会，研究制定有针对性的措施；针对外闯市场队伍、非在职党员群体的特点，探索了支部建在项目上、楼栋里等新做法，进一步深化了党员教育管理。抓好党支部书记素质提升工作，党支部书记35岁以下所占比例较上年提高1个百分点，大专以上学历提高3个百分点；油田层面调训党支部书记300多名，二级层面培训2000多人次。培训入党积极分子185期近8000名。试行“双推双评”制度，发展党员2650名，其中生产和工作一线党员占75%。针对非在职党员管理的薄弱环节，采取了教育管理与关心帮助相结合的措施，在职党员与协解人员和家属党员结成专人联系对子7019对，局处两级党委走访慰问老党员和困难党员1470名。认真开展学习遵守贯彻维护党章活动，6.3万名党员参与党章知识竞赛等各类活动。完成先进性教育活动群众满意度测评工作，很满意、满意和基本满意之和为100%。

扎实推进人才工作。建立配套的专业技术岗位序列，全油田共设置专业技术岗位1.7万个，竞聘上岗0.9万多人；明确了岗位职责、任职条件和任期，规范了相应的岗位职权，配套了薪酬体系，畅通了“三条线成才、互动协调发展”的通道，有效调动了人才积极性。坚持“抓两头带中间”，进一步完善选拔、竞聘、激励等程序和机制，保证了各类高层次专家人才的质量；开展见习生论文答辩竞赛、金钥匙竞赛及优青评选等活动，加强了基层人才队伍建设。深化引才引智工作，引进毕业生804人，其中博士生11人、硕士生181人。组织外语及专业技术资格和执(职)业资格考试1万余人，办理资格证书7000余人。发挥人才市场主导作用，组织公开招聘、借聘600多人次，促进了人才流动。配合做好改制分流、清理整顿等工作，移交干部2300余人。推进深度培训，进一步提升人才素质能力。召开油田培训工作会议，全面启动和推进了深度培训工作。对高层次人才推行个性化施培，培训处级干部及专家50多期2000多人次；紧跟国内外管理和技术前沿，培训

高度重视专家队伍建设

骨干人才10余期2000多人次；适应"走出去"战略需要，培训外向型人才12期400多人次；突出提高任职能力，培训科级干部、专业技术人员44期2000多人次。油田层面共完成培训项目300多个，培训2万多人次；二级层面完成培训4万余人次，同时实施培训监控机制，狠抓培训管理，严肃学习纪律，较好地实现了广度和深度、数量和质量的统一。

加强自身建设。局党委组织部人人签订廉洁自律承诺书。开展"周末三同进基层"活动，先后有30批60人次到25个基层队"同吃、同住、同劳动"。落实组织部领导、科室长联系困难党员制度，结成26个帮扶对子。举办组织员、统计员、档案员培训班3期，重点培训具体业务。积极参与《中石化人事管理》撰稿工作，促进了勤思考、善总结。信息统计、档案管理等工作常抓不懈，被评为山东省党内统计工作先进单位。维护组织人事、党建等网站信息6万多条。突出导向作用，编发《组工通讯》26期。完成《组织人事文件汇编》、《2006年组织人事工作经验材料汇编》、《油田党组织史资料》，强化了基础资料管理。

【深入开展思想作风建设深化年活动】 根据油田党员干部思想作风建设实际，深入开展思想作风建设深化年活动。活动中，通过建立有效的组织运行机制，强化正面宣传和实施典型带动，注重长效机制建设，不间断狠抓问题查纠，深入开展学习贯彻党章，实施"负责任"教育，组织"有正气"大讨论，召开专题民主生活会等措施，保证了作风建设的深入深化。二级单位领导班子思想作风建设满意度从年初的90%提高到年底的99%，管理局党委在集团公司党建会议上作典型发言，受到上级部门的高度评价。

【博士后工作质量稳步提升】 为了进一步提升油田博士后工作质量，油田博士后工作站坚持从完善制度、优化机制、强化考核等多种途径来加强和改善博士后管理工作。一是通过修订完善《博士后工作管理暂行办法》、《博士后中期评估细则》等5个管理规定，建立博士后课题研究预警机制，开发博士后工作管理信息系统，使博士后管理工作日趋科学化、规范化、标准化。二是通过加大聘请油田外专家担任评委的力度，帮助博士后开拓思路，分析创新点、特色水平，帮助研究分析项目进展中潜在的技术难题，帮助博士后管理部门把关，对课题完成质量和进度做出实事求是的评定。全年共有25名博士后接受了中期考核，优秀率80%，22名博士后出站答辩工作，优秀率为90%，2名博士后出站后留油田工作。2006年，油田博士后工作申请国家博士后科学研究基金二等3项，山东省博士后科学研究基金13项，其中二等3项、三等10项。

（袁效军）

（审核　杨昌江）

宣传工作

【综述】 2006年，油田宣传战线围绕局党委开展的"思想作风建设深化年"主题活动，认真抓好"三个代表"重要思想和十六届五中、六中全会精神的学习教育，搞好局处两级中心组学习的组织服务和检查督导。全年组织局中心组集中学习20次，主要学习了中央、山东省和集团公司有关重要会议精神、重要文件及领导讲话，组织观看了《党章》专家讲座、《石化反腐警示录》、《居安思危》等辅导录像。抽查18个二级单位党委中心组的学习情况，并对检查情况发布通报，反馈问题，督促整改，进一步规范了各单位的党委中心组学习。纯梁采油厂党委学习中心组被评为山东省"先进县级党委(党组)理论学习中心组”。结合纪念建党 85 周年,突出思想作风建设、群众工作、学习党章等主题,组织开展油田第 14 次党员教育电视专题片展播评比活动。协同局党校组织学习党章巡回报告,选派 8 名教师分路到 66 个二级单位进行巡回演讲。充分发挥各二级单位基层党校的主阵地作用,不断加强党员教育工作。以评选省先进基层党校为契机,组织党课观摩和座谈交流,有效提高了基层党校工作水平。黄河钻井总公司和现河采油厂被评为山东省党员教育先进工作单位,孤岛采油厂党校、胜利油建公司党校和滨南采油厂党校被评为山东省先进基层党校,渤海钻井总公司 70525SL 钻井队等 6 家基层单位的党员活动室被评为山东省先进党员活动室。

广泛开展社会主义荣辱观教育实践活动。在胜利日报、胜利电视台分别开设“树立社会主义荣辱观”栏目,刊登、播发相关稿件 1900 多篇(条),制作并播出电视公益广告 2700 多条次。扎实开展文明单位、文明社区、文明窗口、文明职工等群众性精神文明创建活动,促进了油田文明建设水平的整体提升。评比表彰 2005 年度油田文明建设先进单位 48 个,文明建设先进处室 15 个,评选表彰了十佳文明窗口和十佳文明新事。胜利石油管理局和黄河钻井总公司被评为全国精神文明建设工作先进单位,测井公司等 30 个单位被评为山东省省级文明单位。精心组织“感动胜利”人物和事件评选活动,大力选树宣传发生在职工群众身边的典型事迹和先进个人,在全油田倡导学习实践社会主义荣辱观新风尚。年底评出 17 个“感动胜利”人物和事件。认真贯彻中央文明办《关于深入学习实践社会主义荣辱观,扎实推进科教文体法律卫生“四进社区”活动的通知》精神,以宣贯“八荣八耻”为主线,积极举办各类文艺展演,开展法律咨询、法制讲座、法律知识竞赛等普法活动以及“三亲情”、“社区大舞台、亲情大联欢”等群众性文体活动,组织大中型医院和疾病预防控制、健康教育、妇幼保健机构的专家定期下社区巡回服务,进一步提高了职工群众的精神文化生活质量。在山东省第三届“四进社区”文艺展演中,由局文明办选送的秧歌《胜利欢歌》荣获银奖。仙河社区被评为全省先进文化社区。对油田 40 年来勘探开发、生产经营、后勤保障、文化建设等各个方面的工作进行全面回顾,编写了《从胜利走向胜利的胜利油田》,充分展示了胜利人艰苦创业的伟大历程和取得的辉煌成就。

加强思想观念和形势任务教育。着力强化科学发展观的教育,充分利用报纸、电视、网络等阵地,加强策划,配合联动,深入宣传党的十六届五中全会精神,教育引导干部群众牢固树立和认真落实科学发展观。着力强化“重上三千万”发展目标的教育,编发专题形势任务教育报告材料,组织新闻媒体开设“聚焦三千万”等专栏,重点宣传“重上三千万”的意义、有利条件和现实压力,进一步坚定了职工群众的信心和决心。着力强化深化改革、加强管理的教育,紧跟油田改革进程,通过刊发系列评论员文章、报道改制企业新气象新变化、宣传油田加强管理及推进职务消费改革的措施和成效等,引导职工群众深刻认识深化改革对推动油田持续稳定发展的重要意义,切实增强对改革的心理承受力。着力强化转变观念的教育,采取编发《宣传教育提纲》、创办“政策理论精品超市网站”等方式,传递政策,透视形势,加强宣传,引导职工群众解放思想,转变观念。开设“社会化就业天地宽”栏目、召开专题事迹报告会等形式,集中宣传报道高岩、李强等多名油田自主创业个人典型的先进事迹，在油田上下产生强烈反响。着力强化典型宣传，下发了《2006年度油田典型宣传工作方案》，对新形势下典型宣传工作的程序、方式方法和重点内容作了详细规定。围绕生产建设、外部市场等重点工作，选树宣传了朱玉雷、王永诗、程鹏海、周飞等一大批先进典型。特别是密切配合新华社、《人民日报》、中央电视台等中央新闻媒体，对新时期产业工人的重点典型朱玉雷同志的先进事迹进行大力宣传报道，精心编印了《知识型工人的优秀代表——朱玉雷》一书，树立起了新时期知识型石油工人的良好形象。

【新闻宣传、新闻管理和新闻出版管理】 紧紧围绕油田改革发展稳定形势，重点搞好"油气当量重上三千万"、"思想作风建设深化年"、"社会主义荣辱观教育实践"、胜利文化、安全生产、和谐油田、节约型企业等方面的宣传报道工作，为促进油田持续健康发展营造了良好舆论氛围。加强新闻管理，编辑出版了《新闻宣传工作手册》，起草了《胜利油田突发和群体性事件宣传报道预案》，编发了多期《新闻宣传信息》，保证了油田新闻宣传工作基调准确，导向有力。加强新闻出版管理，以"规范发展年"活动为有效载体，在认真抓好油田报刊、印刷企业和记者证年审工作的基础上，举办印刷企业负责人法律法规培训班，印发《关于清理整顿油田内部资料性报刊的通知》，进一步规范了内部资料性报刊管理工作。

【政研工作】 认真抓好7个分片政研会的研讨活动。3月上旬组织召开各片二级宣传科长座谈会，对全局政研工作进行安排部署。宣传部各科室分头参与各片研讨活动，不断加强对各片研讨活动的组织运行，提高了研讨质量。采用集体攻关的方式进行阶段性重点课题研究，形成了《新形势下思想政治工作供求关系实际情况的研究》课题成果。严格按照年初课题立项、年中督导检查、年底申报评选的步骤程序，加强思想政治工作创新活动的项目管理，年底评选表彰65项创新奖、97个优秀研究成果、47个先进单位和352名优秀工作者。

（周文欣）

（审核　刘建忠）

胜利文化建设

【综述】 胜利文化建设以"胜利品牌提升年"为载体，深入研究，扎实推动，呈现出整体推动、蓬勃发展的新局面。胜利发电厂荣获2006年度全国企业文化优秀奖，渤海钻井总公司、海洋钻井公司、现河采油厂被评为全国企业文化建设先进单位，黄河钻井总公司被确定为第二批山东省企业文化建设示范单位，胜利发电厂和海洋采油厂荣获2006年度山东省企业文化创新成果奖。

落实建设规划，宣传共同愿景。围绕《2006—2008年胜利文化建设规划》的宣贯实施，油田各级领导干部大力倡导并带头实践，发挥了主导作用。企业文化职能部门分解任务，落实措施，进行组织、综合、协调和指导。围绕"百年创新，百年胜利"的共同愿景，报纸、电视等油田主要新闻媒体刊发特约评论员文章，组织专题论述，形成较强的舆论声势，增强了广大干部职工的认知度和认同感，坚定了改革发展的信念和信心。

成立油田企业文化研究会，取得一批创新研究成果。年初成立胜利油田企业文化研究会，35个二级单位成立研究分会，其主要任务就是深化理论研究，丰富和发展胜利文化体系。油田理论工作者把企业文化作为重要研究课题，取得了一批有分量的创新研究成果。油田企业文化研究会加大对制度文化创新的研究力度，形成了

《胜利特色制度文化》初步成果。

胜利文化体系进一步丰富发展。胜利子系统文化研究与建设不断丰富内涵，扩展影响，以“廉洁树胜利形象，勤政促油田发展”为核心理念的胜利廉洁文化，在营造良好氛围、健全廉洁制度方面取得显著成效。2006年7月，国务院国资委在胜利油田召开中央企业廉洁文化研讨暨观摩会议，与会代表对胜利廉洁文化给予高度评价。胜利子文化从“点高面低”到“点高面广”的整体推进，使油田文化建设保持良好的发展势头。

大力加强胜利品牌建设。胜利油田2005年8月被授予全国企业文化示范基地后，全国各地包括大庆油田、辽河油田、中原油田、神华集团、上海浦东新区企业工委、云南农垦集团等许多企业先后来胜利油田参观考察和交流。油田积极组织参加全国企业文化年会和高层论坛，6月参加全国思想政治工作研究会主办的第三届中国企业文化论坛，10—11月参加中国企业文化促进会、中国企业文化研究会、中国企联举办的全国企业文化年会，展示了胜利文化和品牌建设成果，扩大了胜利油田的影响力和胜利文化的美誉度。

基层家文化建设取得重要进展。以基层家文化建设为切入点和重要抓手，大力加强基层的软硬件建设，创建温馨和谐的人文环境，营造健康向上的文化氛围。组织开展“基层文化标志性格言警句”征集和展示活动，总结提炼有个性特点的基层团队精神和生产管理理念。12月13日，油田在现河采油厂召开基层家文化现场经验交流会，表彰了30个基层文化品牌和12个文化活动品牌。这些品牌反映了油田基层家文化建设和群众文化具有较高水平，是职工群众创造和共享的优秀文化成果。

召开“家文化”建设现场会

【胜利文化进入中央党校课堂】 胜利文化的经验做法，得到了中央党校的高度重视。胜利油田与中央党校经济部组成了胜利文化研究课题组，形成了研究成果，编入了全国党校系统经济管理学系列教材《现代企业管理》，同时编辑出版了《传承与创新：胜利油田企业文化研究》一书。10月28日，中央党校函授学院和全国党校分院通过现场和远程教学，组织七千多名学员，听取了胜利文化建设的做法和经验。

（邹笃锋）

（审核　刘建忠）

基层建设

【综述】 2006年，油田基层建设工作围绕夯实“三基”、提升“三力”、实现“三化”这条主线，纵深推进“达标、创优、争强、夺牌”活动，基层创建氛围日益浓厚，基层创建广度日益拓宽，创建质量日益提高，圆满完成了油田第三个基层建设三年规划确定的各项目标任务。

创新实施基层创建“三全”工作思路。一是推进落实了基层创建的“全方位覆盖”。纳入基层创建范围的单位由原来的59个二级单位、

3213个基层单位，扩大到75个二级单位(部门、经济实体)、3710个基层单位，队种也由原先的61个拓展到86个；重新制定25个新纳入队种的经济技术标准，完善实施包括达标、创优、争强、夺牌“四个层次”的基本条件，Ⅰ类、Ⅱ类、Ⅲ类“三个档次”的经济技术标准，实现了与中石化金银牌队创建评选的全面对接。二是以加密检查、加密考核为重点，推进落实基层创建的“全过程管理”。基层单位基本做到班组周查，站队月查，三级单位每季度检查一次，二级每半年检查一次，油田每年集中考核验收一次。每次检查都有检查记录和问题的整改记录，并依据考核结果严格奖惩兑现。三是积极推进基层创建的“全员参与”。引导和督促各单位根据队伍管理实际，积极建立协解、家属、内退、离退休等五大群体的责任承包网络、亲情网络和舆情网络，探索创新非在职人员教育、管理、服务的有效做法，努力做好非在职党员的教育管理，协解人员的再就业和困难群体帮扶等重点工作，为维护油田大局稳定作出了积极贡献。

认真组织完成油田基层建设年度考核验收。10月10日，局基层建设办公室从37个机关处室、直属单位和5个二级单位共抽调115名同志，分系统组成12个考核验收团，由油田领导任团长，油田副总师任副团长，相关处室牵头组织，对推荐的名牌队、行业一强和优秀队进行了为期1个月的考核验收。

完善推行基层考评动态管理机制。落实“两级管理，严把三关”措施，建立实施“量化考核排序，末位警示淘汰”的优胜劣汰机制，把压力和动力传递到每个基层队，解决了“能上不能下，一评定终身”的问题。全年共有96个基层队进入更高一个层次，有30多个基层队降到下一个层次，使先进队始终感到了危机和压力，其他队看到了竞争发展的空间，激发和保护了基层的创建热情，呈现出了有排头就站，有红旗就扛，有名牌就夺的高昂创建热情。截至2006年底，有3290个基层队跨入达标队行列，涌现出675个优秀队、287个行业一强和281个名牌队，基层创建形成了以油田基层建设“六面红旗”、“十佳示范队”、“标杆队”为先导，梯次攀升、和谐共进、活力四射的生动局面。

积极开展“五项劳动竞赛”活动。油田专门成立了“五项劳动竞赛”活动领导小组和办公室，并且层层健全组织机构，制定目标要求，逐级落实责任，形成了上下联动、同步推进的管理网络。局党委制定下发了《关于组织开展“五项劳动竞赛”活动，进一步加强油田“三基”工作的通知》，从日常创建、标准条件、考评办法等方面，将油田基层创建与中石化“五项劳动竞赛”接轨运行。油田先后组织完成了“五项劳动竞赛”预验收，顺利通过了中石化红旗(优胜)采油(气)厂、金银牌队和星级站所的考核验收，掀起了争金夺银、争强夺牌的创建热潮。分公司涌现出了5个红旗采油厂，6个优胜采油(气)厂，50个金牌队、五星级站所，67个银牌队、四星级站所；管理局涌现出了49个金牌队和61个银牌队。获奖数量在中石化上游板块遥遥领先，在中石化金银牌队总结表彰会上，管理局和分公司双双荣获“优秀组织单位”称号，并分别作了典型经验介绍。油田独具特色的“五个一”基层创建管理体系，受到中石化领导和与会人员的高度评价。

全面提升基层干部“五种能力”。6月12日—7月3日，在局党校举办第六期基层干部培训班，参训学员70人。通过研讨交流、封闭式培训、现场演练、深度汇谈、学习参观等形式，基层干部开阔了视野，提高了素质和能力。在高培中心举办10期基层干部任职能力培训班，培训学员618人。各级党政组织通过开展“思想作风建设深化年”活动，引导基层干部积极转变工作作风，提高组织管理能力；采取在先进队中优先提拔优秀干部、规定名牌队正职干部享受副科级待遇等激励措施，激励基层干部立足岗位，干事创业。通过强化培训、实践锻炼，基层干部的能力素质明显提高，基层班子的年龄、文化、专业结构逐步优化，创造力、凝聚力和战斗力显著增强。在油田1243个名牌队、行业一强和优秀队中，大专以上学历的基层干部占73%以上，35岁以下的基层干部占80%以上，基层班子的年龄结构和文化结构进一步优化。基层班子的群众信任度96%以上，优秀率82%以上。

狠抓职工队伍素质建设。油田围绕全面实施岗位化管理的目标，以优化提升职工队伍整体素质为着力点，自上而下完善和明晰了经营管理、专业技术、技能操作三支队伍岗位序列，搭建起各类人才施展才华的平台，初步形成了“纵向畅通、横向贯通”的各类人才合理流动和快速成长的通道，变管理岗位“一枝独秀”为三支队伍全面发展。各级各单位创新培训形式，初步构建了网络培训体系，健全完善了岗位练兵基地，积极开展“时事直通车”、“今天我来当老师”、“科技快餐”、“案例分析”、“经验场景教学”等一系列形式多样的互动式培训方法，提高了培训效果。不少职工达到“一岗多能”、“一人多证”，涌现出了一批高素质、高层次、复合型的专业技术人才。截至2006底，有中华技能大奖2人，全国技术能手13人，中石化和山东省技术能手156人，油田技术能手919人，油田技能大奖获得者20人，山东省突出贡献技师5人，山东省首席技师12人。在油田技术工人中，有中级工45193人，高级工53227人，技师3966人，高级技师523人，形成了一支专业工种配备齐全、结构层次合理、整体技能素质较高的技术工人队伍，营造了“想干有责任、会干有技术、巧干有绝活、实干有贡献”的氛围。

【团队文化建设】 各单位大力弘扬实践新时期的胜利精神，逐步形成了全新的理念体系、行为规范和企业形象。基层单位瞄准“百年创新，百年胜利”的愿景目标，立足于提升团队核心竞争力，探索出富有操作性、实践性和体现时代特点及自身优势的团队文化，形成了“雁行文化”、“钻头文化”、“家文化”、“乙方文化”、“水滴文化”、“飞雁滩文化”、“北极村文化”等一系列独具浓郁行业、地域和个性特色的文化链；培植形成了“王岗家文化”、“水滴文化”、“显微文化”、“蜜蜂文化”、“中枢文化”、“芦湖同舟文化”等较高知名度和影响力的“基层文化品牌”。12月13日，油田在现河采油厂二矿采油4队召开基层家文化建设现场经验交流会，系统总结基层文化建设经验，安排部署下步基层文化建设任务，并对30个个性鲜明、特点突出的基层文化品牌和12个文化活动品牌进行了命名表彰。依靠先进文化的引领和推进，基层的创效活力显著增强，层管理水平得到有效提升。外闯市场队伍以文化建设推进理念创新，以新理念引导创新实践，以创新实践打造品牌工程、品牌项目、品牌产品、品牌服务，形成品牌集群。依靠品牌拓展市场，赢得了良好的经济和社会效益。

【基层信息化建设】 5月24日，油田在孤岛采油厂召开油田基层建设总结表彰暨现场经验交流会，学习观摩孤岛采油201队、108队和103队，分系统、分层次推广了孤岛采油厂、井下作业三公司河口作业大队、胜采22队、胜中社区雅苑物业站等单位基层信息化建设的成型模式和先进经验。基层信息化建设的深入开展，优化了基层创建过程，提升了基层管理水平。外部施工队伍利用网络的互通互联和卫星传输系统，逐步实现了办公零距离；采油系统通过对信息化综合系统进行二次开发，初步建立起集网络分析、应用与共享为一体的信息化系统；科研系统建立相关数据库和计算机工作站，综合研究水平显著提升；社区物业系统逐步建立智能监控、远程抄表、电子巡更等智能化系统。

（陈　刚　牛汝东）

（审核　刘建忠）

统战工作

【综述】 2006年，油田统战工作坚持以邓小平理论和“三个代表”重要思想为指导，全面贯彻落实科学发展观，以建设和谐油田为目标，围绕中心，服务大局，团结一切可以团结的力量，调动一切可以调动的积极因素，全面推进新世纪新阶段油田统一战线领域的各项工作，在正确处理政党关系、民族关系、宗教关系、阶层关系和海内外同胞关系等方面做了大量工作，为增强企业凝聚力，促进油田持续有效发展作出了新的贡献。截至2006年底，胜利油田共有统战成员25000多人。大专以上党外知识分子(不含改制单位)15049人，其中管理局9510人，分公司5539人。党外知识分子中有处级干部9名、科级283名，高级职称1160人、教授级高工2人。有民盟、民革、农工党、民建、九三学社、民进、致公党等7个民主党派，10个基层支部，3个小组，成员130人。归侨侨眷和台胞台属1500多人，其中归侨28人，侨眷、港澳眷属550人，台胞16人，台属940人。有26个少数民族共3680人，其中回族1980人，满族881人；处级少数民族干部9人，科级68人。有基督教、天主教、佛教、伊斯兰教等4种宗教，依法登记宗教活动场所19处，信教群众约5000人。油田共有各级政协委员118人，其中全国政协委员1人，山东省政协委员4人，市级政协委员53人，区(县)级政协委员60人。

重视统战理论调研与信息宣传工作。为进一步提高统战干部的政治、业务和理论水平，在油田党校举办统战理论骨干培训班，重点学习领会党的十六届六中全会精神和第二十次全国统战工作会议精神。为准确把握新时期油田统战领域的新问题、新情况，在全油田开展了党外知识分子、民主党派、民族宗教、侨务对台等四个方面的调查研究工作，形成了一批具有较强思想性、理论性、指导性、实效性的调研文章。其中，《做好新世纪新阶段企业宗教工作的调研与思考》荣获全省统战理论调研宣传“四新工程”三等奖，《创办社会主义学院，壮大统战工作阵地》荣获管理局思想政治工作创新奖二等奖，《着眼实现“百年创新，百年胜利”共同愿景，扎实做好新世纪新阶段的企业统战工作》荣获管理局思想政治工作优秀研究成果一等奖。《油区宗教发展蔓延态势不能轻视不容忽视》等6篇调研报告，以统战要情形式上报局党委和油田统一战线工作领导小组，为局党委正确决策提供了真实依据，得到了局党委领导的充分肯定。全年在《山东统一战线》以及油田统战网页上刊发各类信息100多条，有效指导了油田的统战工作，提高了油田统战工作的社会影响力。12月，按照省委统战部的要求，在全局组织开展了统一战线知识竞赛活动，广泛动员各级统战干部、基层职工和统战成员参与竞赛答题，共回收答卷22000多份，荣获“全省统一战线知识竞赛优秀组织奖”称号。2006年，获得全省统战宣传工作二等奖、山东省涉台宣传报道工作先进单位等荣誉称号，首次荣获全省统战系统先进集体称号。

不断强化对党外知识分子工作和党外干部的管理。为提高党外知识分子的思想水平和理论素养，先后8次组织情况通报会、征求意见会、学习会、座谈会，共有300多人参加。为发挥党外知识分子在油田生产经营建设中的重要智力支持和技术支撑作用，开展"建功立业"活动，鼓励他们立足岗位，发挥技术优势，开展科技创新，增强企业自主创新能力，取得良好的经济效益和社会效益。探索党外知识分子工作新思路，开展党外知识分子工作领域5个文件落实情况和党外知识分子成长规律调研。12月28日，在山东省委召开的全省统战工作会议上，局党委分管领导作了《着眼实现"百年创新，百年胜利"共同愿景，扎实做好新世纪新阶段的企业统战工作》的典型发言。积极配合各级组织部门，认真做好党外代表人士的培养、选拔和使用工作。党外干部的政治安排、实职安排力度进一步加大。6月份局党委提拔任用3名党外干部，其中1名担任油田副总工程师，两名提拔到处级领导岗位担任实职。

为提高党派成员的思想觉悟和政治素质，11月份举办了民主党派、无党派人士培训班。为确保各民主党派的整体素质水平稳步上升，积极帮助各民主党派严把政治关，严格民主党派的组织发展程序，共吸收12名优秀知识分子加入党派组织。为加强油田党委对民主党派组织的政治指导和管理作用，8月份协助民盟东营市委成立胜利油田胜东支部。为更好地发挥各民主党派和各级政协委员的参政议政、建言献策作用，认真落实情况通报制度，两次向全国、省、市、区四级驻油田的党外人大代表和政协委员通报油田改革发展情况，切实把党派成员、政协委员的思想和行为统一到局党委、管理局的总体部署上来。各级政协委员在企业改制、油地资源互补共享、油区治安治理、物业收费等方面，提出了100多条有价值的意见和建议，得到了各级党政组织的重视和采纳。

【民族宗教工作】 积极开展党的民族、宗教政策宣传教育，努力增强法制观念和守法意识。认真组织开展"民族团结进步宣传月"活动。与地方政府配合，举办宗教界代表人士培训班，宣传学习《宗教事务条例》，使党的宗教政策和法律法规深入人心。认真落实党的民族政策，为少数民族职工群众服好务、做实事。经严格审查，为99名参加高考和中考的少数民族考生办理身份认定手续，维护了少数民族的合法权益。在穆斯林职工群众的重要节日——开斋节之际，代表局党委捐赠人民币6000元，受到少数民族同胞的热烈欢迎。全年为油田少数民族职工家属落实节假日休息、解决纠纷以及制止不尊重民族风俗习惯的事件10余起，进一步巩固了平等、团结、互助、和谐的社会主义民族关系。依法加强对油区宗教事务的管理。2月份对部分进行非法宗教聚集宣传活动的信徒，给予严肃的批评教育，及时制止了不良影响的进一步扩大。6月份配合地方政府对河口区一处非法宗教聚会点进行了清理整顿，维护了油田宗教和睦、社会和谐的大好局面。

【侨务对台工作】 抓住中秋节、春节等时机，利用座谈会、组织参观考察等形式，做好与侨台属职工群众的联谊工作，不断加强情感沟通和思想交流。春节前夕，向全油田1500多名"三胞"眷属发放纪念品，对50多名重点人士实行上门走访慰问。认真落实《侨法》，努力协调有关单位和部门，对归侨侨眷、台胞台属在住房、就业、子女升学等方面予以适当照顾。全年解决侨台属子女就业、水电气暖补贴、住房、医疗等问题10多件次，其中上半年重点处理了涉及油田30多位侨台属的集资办公司问题。配合油田外拓市场战略的实施，积极开展对外交流交往工作，以油田的名义向100多名海外和港澳台代表人士邮寄贺年卡和年画，赢得了海外侨胞和港澳台同胞对油田的信赖和支持。

（王增光）

（审核　王建刚）

信访工作

【综述】 2006年，局信访办共接待职工群众来访2185起9154人次，受理来信236件。总体上看，全局信访总量大幅攀升的势头减缓，信访突出问题和群体性事件得到有效遏制，职工群众上访行为进一步规范，油田信访形势整体出现好转。一是重点群体集体访下降。协解、家属、离退休等群体到管理局机关集体上访的次数明显减少。二是大规模集体访下降。三是信访秩序有所好转。大部分信访群众能够按照《信访条例》规定到指定地点反映问题，并遵守接待场所的秩序，管理局机关周边秩序明显好转。特别是7月13日滨海公安机关依法对少数非法持有、传播国家机密人员采取措施后，各单位抓住有利时机，对各群体重点人员加大教育力度，局机关信访秩序有了较大改观。“畅通、有序、务实、高效”的信访工作新秩序正在建立。

强化了排查调处工作。各单位按照“调防结合、以防为主”的原则，定期排查梳理各类信访问题，及时调处化解，很多问题在基层得到妥善处理。定期排查和重要时期、重大节日开展专项排查相结合，建立稳定工作台账，做到有关人员基本情况、思想状况、生活状况、经济状况、补偿金数等“五清楚”。对排查出的问题，依政策可以解决的，积极协调解决；对一时无法解决的，向上访人解释清楚，避免矛盾激化；对家庭困难确需帮助的，按照有关程序提出申请，各级党政组织、工会、共青团积极援助。

信息工作得到进一步加强。一是制定有效机制，规范信息工作。油田信访部门进一步细化工作措施，提高了信访信息质量。重点二级单位实行每日信息“零报告”制度；信访办每日向分管领导汇报重点访和重点信息，每周汇总周信访信息，报党委常委参阅。逐步形成较为完备的信访信息体系，为领导决策提供有力依据。二是培养信息员队伍。增强各级党委信息员的责任感、政治敏锐性和工作积极性，深挖、细找各类涉及信访稳定工作的信息，增强信息的时效性。全年各级信息员上报稳定信息1000余条，局信访办整理信息快报143期，周信访信息48期，提前预知大规模集体上访5起，为预防群体性突发事件抢得先机。

信访干部素质显著提升。油田各级信访部门深入开展思想作风建设深化年活动，有力提升了信访干部队伍的能力素质和作风形象。各二级单位坚持“用事业留人，用感情留人，用适当待遇留人”的原则，选拔调整了一批年富力强的中青年信访干部，进一步优化了队伍结构，涌现出一批群众信任、领导放心的优秀信访干部。各级信访部门采取召开座谈会、考察学习等方式，加强业务交流，相互促进，共同提高。局信访办有计划地强化基层信访干部的学习培训，促进了信访干部业务水平和综合素质的提高。

【开展“双教育双规范”活动】 认真组织开展“双教育双规范”活动，一方面教育信访干部依法行政，规范接防行为，让信访干部学会接访，另一方面教育职工群众遵纪守法，规范职工群众信访行为，让职工群众学会上访，少走弯路。“双教育双规范”活动的开展，进一步拉近了基层干群关系，使大部分初信初访在基层得到妥善处理。

【群体性事件处置】 针对突发群体性事件逐年增加的实际,局信访办制定接访、对话等工作预案,从现场接谈、疏导,到事件的协调处置,形成了较为规范的运作程序。信访办同志不顾个人安危,先后在现场接待处理家属、协解人员、大中专毕业生、农民工、社区居民等多个群体集体上访,较好地控制了局势、避免了事态升级。在敏感日、特殊时期,信访部门坚守岗位,及时掌握信息,超前介入。特别是今年全国"两会"期间,信访办工作人员参与油田工作组进京值班,出色完成了各项任务,受到山东省委省政府领导的表扬。

(朱　泉)

(审核　李凤来)

保密工作

【综述】 制定了管理局"五五"保密法制宣传教育规划,对油田"五五"保密普法工作进行规划部署。开展多种形式的教育活动,巩固"四五"保密法制宣传教育成果,增强了广大职工特别是领导干部、重点涉密人员、专兼职保密干部的保密观念,为油田改革稳定发展创造了良好的保密工作环境。

认真做好"三密"文件管理工作。全年办理上级来文200多件5000多份,办理部门来文近百件。完成了2005年度文件的立卷归档工作,全部回收了2005年下发的中央、省委文件和各种会议印发的秘密、机密级材料,完成省委办公厅对2005年中央、省委文件的检查、验收、清退、上缴、销毁任务。

组织开展计算机网络信息安全保密检查。11—12月,油田保密办联合局信息中心、安全处、滨海公安局等单位组成检查组,在全油田范围内组织开展计算机网络信息安全保密大检查。检查内容侧重于计算机保密管理,信息保密制度建设、上网信息发布审批、技术防范措施的落实以及信息资源、项目、信息化基础设施管理等。特别是对涉密人员和网管人员的教育培训管理,对涉密计算机、涉密软盘、光盘、U盘等磁介质的管理,各种技术防范措施落实情况进行督导检查。对检查出来的问题,责令限期整改,并列入下次检查的重点。通过检查,提高了广大涉密人员和计算机操作人员的信息安全保密意识,促进了油田计算机网络的安全运行。

【建立开通胜利石油管理局党群处室电子公文传输系统】 6月,根据局领导批示,由局保密办牵头,信息中心配合,重点解决了局域网内电子印章的安全保密问题,为油田7家党群处室统一建立了电子公文传输平台,并积极为其进行培训和提供服务。全年利用网络制发各类文件160份,二级单位均可直接打印、办理、存档,有效降低了办公成本,提高了工作效率。

(邹旭鹏)

(审核　尹兰萍)

工会工作

【综述】 2006年,胜利油田各级工会组织围绕企业改革发展稳定的中心工作,认真履行工会各项职责,在推动企业改革,调动职工积极性、创造性和实现企业生产经营目标中发挥了重要作用。

创建劳动关系和谐企业取得实效。一是推进企业民主建设,落实好职工的民主参与权。各级各单位都按规定程序召开职代会,畅通职工源头参与企业管理的主渠道。加大厂务公开力度,规范厂务公开的质量标准,职工代表对厂务公开工作的满意和基本满意率达到98.9%。有30个二级单位被评为油田厂务公开工作先进单位。对30多家单位改制过程进行监督，促进了改制分流工作的稳步推进。举办职工代表培训班，提升了职工代表参政议政能力。二是完善协调劳动关系机制。二级工会自查与联合检查相结合，检查督促法律法规执行情况，维护了职工合法权益。积极推动油田各行业、各系统完善集体合同制度，把职工最关心的内容作为集体合同的重点，促进了职工队伍稳定。全局职工集体合同签订率100%，改制企业集体合同签订率98%。全年工会系统共接待职工家属来信来访5000多件，其中局工会处理职工来信来电来访238件，劳动争议和劳动法律监督案件结案率98%。三是注重维护女职工的合法权益和特殊利益。开展法律法规宣传，增强女职工依法维护的意识和能力。油田92%以上的女职工参与了开展女职工权益保障知识答题和女职工法律法规知识竞赛系列活动。发挥局处两级女职工法律咨询服务网络的作用，提供法律援助、解答问题300余人次。开展女职工劳动保护检查，落实女职工"五期"保健制度，督促各单位对孕期不适应原岗位的女工进行工作调整。油田有3个二级单位被评为"山东省劳动关系和谐企业"。

帮扶救助工作实现了多层次、多渠道、规范化。一是开展对各类困难群体的帮扶救助。全年两级工会支付帮扶资金2684万元，送温暖基金496万元，互助互济金276万元。局工会为32名考取大学的低保户子女发放助学金14.9万元，二级单位工会为356名特困生发放助学金49万元。节日走访、慰问困难职工10287人，发放慰问金及慰问品折款1600多万元。走访慰问残疾人3332人次，发放慰问金和慰问品折款135.7万元。二是积极争取政策帮扶。成立山东省慈善总会胜利油田分会，拓宽了帮扶救助渠道。全局有低保户1524户，供养3036人，初步实现了属地化管理。落实了低保家庭子女义务教育和高中阶段"两免一补"政策，为68名学生减免了学杂费。养老保险与地方接轨，不同群体可自由选择。三是职工互助保险工作。为3742名出险职工赔付427.9万元，建立了职工互助保险会员特困互助救助制度，救助15人，支付救助金7.9万元。在医疗救助方面，有31.1万名在职和退休职工以及协解人员、退养家属参加了医疗救助活动，全年为5681名符合标准的患病职工、家属发放救助金1229.3万元。

【职工技术创新工程】 一是组织开展各项技术比赛活动。开展"技能大师传经到基层"活动，组织油田首席技能大师、技能大师和二级单位主管技师、责任技师，深入基层单位210场次，为基层岗位工人提供技术咨询、座谈交流，解决技术难题2112项，参与基层技术创新活动120场次，举办讲座52场次。局工会与局团委共同组织创新成果展示、青工技能对抗赛、导师带徒、青工网上技能拉力赛等活动。同局劳资处等有关部门共同开展专业培训和业余培训1.7万人次，举办油田第14届职业技能竞赛，有37个工种1200名选手参加。在全国石油石化行业技能比赛中，获得了石油钻井工和采油工2个团体总分第三名和12块个人奖牌；在山东省职业技能比赛中，获得2个个人第一名、2个团体第二名、1个团体第三名的好成绩，3人获得山东省技术能手称号、4人晋升技师，综合成绩居全省第一名。

二是组织开展群众性技术创新、节约创效竞赛活动。各级工会组织开展不同类型的竞赛37场次，创造指标18项。围绕油田稳产上产工作，在油田开发系统组织开展了"精细过程管理，培养稳升井组、长寿井"及"争当基层管理十大能手"活动，激发了职工节能降耗的积极性。全年油田职工岗位技术创新成果 11300 项，其中注册成果 1959 项，创效 1.25 亿元，围绕节能降耗、开源节流立项 4810 个，累计节约费用 4170 多万元。

三是发掘广大女职工技术创新热情。在女工中开展“学楷模，争当技术能手”活动，选树了一批立足岗位、无私奉献、创新进取的女职工先进典型，评选了“十大杰出女职工”，组织了“学习高技能人才楷模，争当有技术女职工”座谈会、基层女干部经验交流会和优秀女性人才发展论坛系列活动。邀请中国高技能人才楷模、辽河油田“油井女杰”束滨霞事迹报告团来油田作报告，推动了女职工技术创新活动的深入。全年有 2 个集体分别荣获全国“三八”红旗集体、全国女职工建功立业标兵岗荣誉称号，1 名个人被评为山东省十佳女职工建功立业标兵，涌现出省部级先进集体 15 个、先进个人 11 名。

四是宣传劳模，进一步弘扬胜利精神。在胜利电视台设立劳模电视演讲，举办“学习中国高技能人才楷模，弘扬劳动模范时代精神”座谈会，组织弘扬“八荣八耻”社会主义荣辱观劳动模范事迹巡回演讲。在中央电视台“劳动之歌”栏目对全国“五一”劳动奖章获得者朱玉雷的事迹进行了宣传，人民日报、新华社等 20 多家媒体也相继进行了报道。组织全国劳模陈景世、全国“五一”劳动奖章获得者时新春到中石化西南局作劳模事迹报告，提高了胜利油田的声誉。全年有 1 个集体、2 名个人荣获全国“五一”劳动奖状和奖章，2 个集体、18 名个人荣获“富民兴鲁”劳动奖状和奖章。

【“三亲情”创建活动】 管理局工会牵头与党委宣传部、局团委、综治办、老年管理中心等 9 个部门联合在全油田组织开展了“亲情家庭、亲情楼栋、亲情小区”创建活动。一是以社区为重点，努力打造和谐社区。以社区为主，主营单位为辅，联合成立活动领导小组，统一思想，统一目标；建立联席会议制度，定期通报情况；在人力、财力、物力上给予大力支持，确保了“三亲情”活动的顺利开展。二是以小区亲情文化为核心，积极营造亲情氛围。坚持以健康向上的文体活动占领社区文化阵地，先后组织了“情满油田爱在身边——‘三亲情’演讲会”、“‘三亲情’文化下基层”和“‘三亲情’书画巡回展”以及“社区大舞台，亲情大联欢”、“亲情服务一条街”等系列活动，深入居民小区开展各种便民服务、医疗服务，组织开展各种活动 25 场次。组织开展“三亲情”自编自演文艺调演和亲情故事征文，收到亲情故事 150 多篇、文艺节目 50 多个，在全局组织巡回演出、演讲 24 场；评选出精品亲情故事 122 篇并汇编成书《有什么比亲情更美好——胜利油田“三亲情”故事精品选》，营造了良好的舆论氛围。三是调动职工参与热情，广泛开展亲情创建活动。深入居民小区，深入职工群众，开展多种形式的亲情创建活动，调动职工家属等各个群体参与的积极性。举办了以家庭为单位的文化、体育、厨艺、才艺比赛等 800 多场次；举办“邻里节”，召开邻里座谈会，交换亲情联系卡，开展书画、摄影、戏剧、音乐联谊等活动 580 余场次；组织评选“百户亲情家庭”、争当好媳妇、好婆婆、好家长、好儿女等活动。通过居民自编自演文艺节目，评选尊老敬老好儿女、文明家庭、携手帮扶特困户等活动，倡导树立相识、相知、相信、相亲、相助的亲情关系。表彰“三亲情”创建活动优秀组织单位 40 个，“亲情小区”10 个，“亲情楼栋”100 个，“亲情家庭”100 个，“尊老敬老好儿女”97 个。

（王劲松）

（审核　周洪成）

共青团工作

【综述】 2006年，油田各级团组织大力加强共青团服务能力建设和青年文化建设，在服务油田生产经营建设、改革发展稳定大局和青年成长成才中实现了共青团工作的新发展。继续扎实推进"青年科技示范园"、"青年文明号"、"青春创业行动"等主题活动，在促进老区稳产增产、拓展外部市场份额、激发青年创业热情等方面取得明显成效。在继续深入开展好青年志愿者"三下基层"、"四进社区"、"情暖家庭"等活动的基础上，重点扎实开展"社区大舞台、亲情大联欢"文化系列活动，针对协解群体中具有自主创业愿望人员深入实施"阳光导航"创业行动，营造了浓厚的亲情和谐氛围。继续深入推进"青工技能振兴"计划，广泛开展以青工网上技能拉力赛、创新创效成果大赛、青工油水井分析比赛、钻井系统青工技能对抗赛、"导师带徒"活动推进大会、"十佳青年技术工人"评选等为主要内容的油田第三届"青工技能月"活动，积极实施青年职业生涯导航活动，广泛开展"十大外闯市场青年先锋"、"西部青年创业奖章"等优秀青年人才评选活动，为优秀青年人才施展才华搭建了平台。扎实开展"争四好、创特色、夺红旗"、团干部"三走三同三学习"活动，举办基层团干部风采大赛、"十佳共青团干部"、"十佳百优共青团员"评选等活动，进一步激发团员青年脚踏实地、干事创业、奋发有为的热情。全年有11个青年先进集体和个人获得国家级表彰奖励，93个青年先进集体和个人获得省部级表彰奖励。油田被授予全国青工技能振兴计划优秀组织单位、全国增强共青团员意识主题教育活动先进单位荣誉称号，《胜利青年》被评为全国企业报刊优秀奖(集体)特等奖，局团委连续第10年荣获山东省红旗团委称号。海洋采油厂刘兴奎荣获全国杰出青年岗位能手称号，现河采油厂协解青工姜卫杰荣获中国最具创业潜能青年奖，现河采油厂侯春梅当选第17届山东省十大杰出青年，胜利工程设计咨询公司赵帅当选首届山东省设计业十大杰出青年，孤岛采油厂张博当选山东省高校毕业生十大成功创业者。8月11日—8月14日，中国青年报以《深度切入》、《播种事业》、《赢得青年》、《发展持续》为题，连续刊发4篇关于胜利油田共青团工作的系列报道，对油田共青团工作给予了充分肯定。

【创建"青年科技示范园"】 紧紧围绕实现"油气硬稳定"目标，将创建活动与"精细过程管理，培养稳升井组和长寿井"活动有机结合，组织开展创建"青年科技示范园"活动。针对滩海油田高效开发建成的河口采油厂104队青年科技示范园，标志着"青年科技示范园"创建活动步入了良性发展轨道。"青年科技示范园"创建工作被正式纳入油田基层建设目标评价体系。

【"青年文明号"创建活动】 紧紧围绕油田"走出去"战略实施进程，外闯市场单位团组织不断拓展活动领域，强化活动过程的管理和监督，激发了青年在外部市场建功成才的热情。继黄河固井巴州分公司后，西部市场又有黄河钻井总公司50783钻井队、塔里木胜利钻井公司70121钻井队等2家基层单位荣获全国青年文明号。截至2006年底，共培养全国青年文明号10个，省级青年文明号54个，局级青年文明号178个。

【青春创业行动】 2005年以来，针对社区系统成本费用大幅压缩的实际，在油田后勤辅助和社区系统开展以"市场冲浪"、"青春弄潮"为主要内容的"青春创业行动"。先后创办河口社区"第一印象"广告影像制作中心、"小白鸽"医学美容中心、孤岛社区

"团馨服务车"、滨南社区"新春"花卉等一批青春创业项目，增强了社区系统广大青年的市场意识和效益观念。

【青年文化建设】 坚持"以服务塑造文化，以文化引领青年"，按照青年文化"源于生产生活，服务生产生活；来自团员青年，引领团员青年"的原则，大力加强胜利青年文化建设，努力以健康向上、丰富多彩的青年文化吸引青年、活跃青年、凝聚青年，积极引导青年"珍爱青春、热爱胜利、关爱社会，在快乐与奉献中实现人生价值"，做油田改革发展稳定大局的坚定维护者和积极推动者。一是举办油田青工践行"八荣八耻"演讲会，以青年身边生动感人事例诠释社会主义荣辱观，增强了青工以实际行动践行社会主义荣辱观，维护油田大局稳定的责任感和使命感。二是建设青年文化网，开展青年散文创作大赛和摄影作品大赛，创建青年志愿者艺术团和多个青年兴趣协会，

青年志愿者"三下基层"活动

不断丰富青年的业余文化生活。三是认真总结提炼并积极推广孤岛采油厂201队"雁行文化"、河口采油厂维修2队"流动文化"和桩西采油厂桩二1队"形象文化"等青年文化，不断增强胜利青年文化在基层团员青年中的影响力和感召力。

【青年志愿者活动】 按照局党委"构建和谐油田"和开展"亲情家庭、亲情楼栋、亲情小区"创建活动的总体要求，在继续深入开展好青年志愿者"三下基层"、"四进社区"、"情暖家庭"等活动的基础上，重点推进"社区大舞台、亲情大联欢"活动，吸引广大社区居民积极参与到文明、健康、向上的活动中来。全年先后在胜中社区东利小区、雅苑小区和胜东社区锦华小区举办"社区大舞台、亲情大联欢"活动13场次，参与社区居民上万人次，营造了浓厚的亲情和谐氛围。

【阳光工程】 继续扎实推进"阳光助学计划"，积极实施"阳光家教"，评选"希望之星"，全年共募集助学资金30余万元，救助油田贫困生300余名，为85名青少年提供了"阳光家教"服务，开通了"阳光热线"并接待咨询1000余人次，组织专家到各社区举办"阳光热线"专题讲座10场。在协解人员中实施"阳光导航"行动，通过开展创业培训、搭建交流平台、扶持创业项目、培养创业典型等措施，从多方面关心协解创业人员的生存与发展，努力以服务支持创业，以创业带动就业，以就业促进和谐。联合局再就业服务中心成功举办"阳光导航"创业培训班3期，培训内容在传统的SYB(创办你的企业)培训基础上增设了职业生涯规划、阳光心灵导航、创业培训座谈会、创业优惠政策讲座等内容，培训协解创业人员110名。在《胜利日报》开设"青春创业"专版，在胜利电视台

《新视点》栏目开播阳光创业访谈节目，在局域网上开通“阳光导航”网站，积极搭建创业政策咨询、创业信息交流和创业经验共享的新平台，吸引更多协解人员走上创业之路。积极扶持创业项目，努力帮助协解创业人员拓展业务，先后举办“阳光导航”创业项目推介展6期，扶持协解人员创业项目27个。定期举办“阳光导航”创业沙龙，积极与济南、淄博等周边地区的创业企业、青年开展活动交流，努力提升广大创业青年的自主创业能力。帮助19名协解人员、协解人员子女实现再就业。

【青工技能振兴计划】 与局工会、局劳资处等单位联合举办“学楷模、兴技能”青工技能月活动。举办涵盖采油工、石油钻井工等7个工种的青工网上技能拉力赛活动，28万人次参加答题。举行青工创新创效成果大赛，积极推介勘探、测井录井、石油开采开发等青工创新成果。举行开发系统青工油水井分析比赛，提升了青工对油水井的分析和管理水平。举行钻井系统青工技能对抗赛，提升了钻井系统青工的整体技能水平特别是井控安全技能。举行“导师带徒”活动推进大会，邀请中国高技能人才楷模许振超现场指导，总结推广“导师带徒”经验做法，创新带徒载体、丰富带徒内涵。开展油田第二届“十佳青年技术工人”评选活动，积极为优秀青工技能人才脱颖而出搭建平台。

【青年职业生涯导航活动】 依托胜利青年职业指导中心，重点开展“职业生涯导航”活动，先后在待业子女较多的运输总公司、油建公司等单位开展了以职业生涯规划、创业技能培训、职业测评分析、一对一辅导、职业咨询等为内容的指导培训，帮助他们科学理性地选择和设计职业生涯，促进了待业子女择业、就业观念的转变。胜利青年职业指导中心进行青年职业生涯测评26期817余人次，进行职业生涯培训2087多人次。

(王振江)

(审核　宁　龙)

广播电视管理

【综述】 2006年，广播电视系统紧紧围绕油田中心工作，牢牢把握正确的舆论导向，在电视宣传、网络建设、经营管理、提升队伍素质等方面都取得新成就，为油田改革稳定发展营造了良好的舆论环境。

强化措施，突出重点，确保了网络安全。牢固树立“阵地意识”，始终把播出安全、网络安全放在重要位置，完善安全播出保障机制，建立播出报告单制度，重要活动、重要节目、敏感时期，为防范非法信号插播，广电处及时下发文件通知，要求各级负责同志到岗到位、带头值班，实现了舆论导向和安全播出“两个确保”，保证了党中央、山东省和油田党委的声音及时安全地传到千家万户，保证了政令畅通、网络畅通。

有线数字电视、广播发展迅速，功能完善。胜利油田有线网络改造工程基本完工。油田15万有线电视用户基本完成数字化改造。优化调整数字电视系统，开通了120套数字电视节目。

牢牢把握住了正确的舆论导向。以深化学习“三个代表”重要思想为主线，扎实做好各项主题宣传活动。认真筛选、引进、管理各类电视节目，全年审查、引进电视连续剧、故事片等8000多部(集)，审查引进专题片400多部。油田广播电视中心全年采编、制作、播出新闻5000多条，采制、播出专题200多部，排演、制播文艺晚会20多场。全年在中央台、山东台、中石化播出稿件近200篇，在中石化播出专题40多部，编辑、出版电视周报52期。加强与东营市广播电视系统的交流，与东营电视台双向交流新闻稿300多条，每天向东营人民广播电台送10～20条油田新闻。由于把关严格、及时准确，做到了引进精品和创造精品的统一，导向正确和艺术繁荣的统一。

队伍素质显著提高。认真开展业务技术培训工作，组织油田电视台记者和各二级单位通讯员以及管理、技术人员进行数字电视培训工作，邀请有关专家授课10余次。组织了新闻从业人员职业资格培训考试。组织油田广播电视单位的技术和播出人员统一参加了国家广电总局组织的安全播出培训。评选表彰管理局优秀电视专题作品40件，优秀电视新闻作品64件。

【依法加强广播电视社会管理和行业管理工作】 认真开展专项整治非法生产销售安装卫星电视接收设施和境外卫星电视节目收转管理工作。加强对非法销售、使用卫星电视地面接收设施的管理，建立接收卫星电视许可证制度，对办理许可证的卫星地面站，全部签署《卫星电视广播地面接收管理目标责任书》，定期对油区有卫星接收许可证的基层单位和三星级以上涉外宾馆进行检查，基本杜绝了非法接收境外信号的现象。坚决贯彻国家广电总局和省局指示精神，对电视广告播放按照《广告法》进行严格管理；按照中国石化党组[2005]109号文件《关于加强和改进企业媒体工作的意见》以及山东省广电局鲁广社发[2005]35号文件《关于印发〈山东省企(事)业广播电视站管理办法〉的通知》，撤销了二级单位电视台(站)的呼号。

(李佐恩)

(审核　邵英功)

机关党委工作

【综述】 现有职工43人，设办公室、组织科、宣传科(团委、统战)、纪委(监察科)、工会(计划生育办公室)、劳资培训科、行政科、保卫科(社会治安综合治理委员会办公室)、广场管理办公室等9个机关科室。

组织建设扎实推进。全年换届改选党支部(党总支)17个，表彰先进党支部28个、优秀共产党员129名、优秀党务工作者22名、优秀党员责任区6个，走访慰问50年以上党龄的老党员以及内退、协解党员160多名。对机关2006年党员发展对象进行了集中培训，全年共发展党员54名，转正73名。在机关实行公开招聘制度，为机关16个部门招聘52名工作人员，在9个处室竞聘上岗副总师16名；聘任(解聘)科级干部182名，选派41名年轻干部到基层挂职锻炼，选送35名科级干部参加青干班培训深造。全年培训730余人次，组织3批54名专家及科级干部参加健康疗养，组织1200多名机关科级及中级以上职称干部进行健康查体。

党风廉政建设扎实深入。以“读书思廉”为主题开展纪检监察工作，组织11批800余名党员干部参观油田党风廉政教育基地，组织7批900余名科级以上干部到“鲁中监狱”举办警示教育报告会。继续开展“读文章，思廉政，塑形象”教育活动，每月印发1篇廉政文章，并将廉政文章汇编成册下发到全局科级以上干部。加大案件查办力度，全年处分党员干部4名。

机关工会工作富有成效。为每名机关职工购买发放《问题背后的问题》2000余册，举办了篮球、乒乓球、羽毛球、拔河比赛和广播体操比赛等大型文体活动，组织

400余名女职工进行健康查体，组织160余人进行外出健康疗养。加大走访慰问力度，给患重大疾病的在职职工、遗属户等发放各种困难补助金10万余元，为女职工发放健康、生活用品10万多元，组织机关职工为困难群体和残疾人捐款185万元。加强职工健康教育，不定期邀请专家举办健康知识讲座。以“情暖外闯路”活动为载体，继续实施“油田机关青年服务工程”。全年转入劳动合同79份，转出306份，终止劳动合同21人，解除劳动合同25人，续签合同1531人，劳动合同鉴证3062份。全年组织20人参加高级工培训和技能鉴定工作，组织4个工种57人参加了油田机关第五届职业技能比赛。

安全、基建、水电管理工作得到加强。坚持每月安全检查制度，认真开展“安全生产月”活动，全年组织了3次较大规模的安全检查。为3000余名职工发放了防暑降温用品，完成了670余名职工驾照年审工作。全年共实施维修改造工程10项，总投资1100余万元，重点完成机关制冷机房冷却塔改造工程、疾病预防控制中心3栋楼改造工程和机关大院7个大门加固工程。认真开展机关水电效能监察活动，全年挽回水电费损失65.09万余元。加强两个广场的管理，全年共接待国家及山东省各级领导参观视察20多批150余人次，电子大屏幕播出400多个小时，观众近20万人。

【油田机关思想作风建设深化年活动】 机关共有51个处室、直属单位党支部与64个基层党支部结成了共建单位，161名在职领导干部与164个非在职困难职工或闯外部市场职工家庭架起了连心桥，208名在职党员与220名家属、协解党员结成了帮扶对子。

【退养家属管理工作】 对机关49个处室、直属单位的家属情况进行摸底，为机关484名家属办理水电气暖及物业费减免证，做好退养家属一次性退养金补息差及困难生活补助费的发放工作，为384名退养家属发放退养金补息差及困难生活补助费70多万元。

（杜 军）

（审核 王光生）

民兵工作

【综述】 2006年，油田民兵工作紧紧围绕油田改革稳定发展大局，大力抓好民兵组织建设，搞好民兵组织整顿，加强国防教育，强化军事训练，不断提高人武干部和基干民兵思想政治素质和军事技术素质，提高应急队伍快速反应能力，较好地发挥了民兵在抢险救灾、处置突发事件、保护油田安全、维护社会稳定中的作用。

积极开展国防教育。抓好以民兵预备役人员“四个教育”、基干民兵“四课”教育为内容的政治教育，受教育面98%以上。完善国防教育体系，形成了集中教育与经常性教育相结合、普及教育与重点教育相结合、理论教育与行为教育相结合，上下贯通、形式多样、左右协调的国防教育体系网络。全局有100多名处以上领导干部和800多名二级机关科室长参加“军事日”活动，油田人武部被山东省国防动员委员会授予“关心国防建设十佳单位”。

认真做好征兵工作。以提高新兵质量为核心，加大政审力度，逐级落实责任制，严把上站体检关，各级兵役机关认真履行职责，充分发挥职能作用。深入教育、广泛发动适龄青年，应征报名率96%以上。征兵期间，各级人武部认真执行廉洁征兵“八不准”和征兵工作有关规定，坚持依法征兵、廉洁征兵，杜绝了“条子兵”，“关系兵”，保质保量完成了征兵任务。

深入开展“双拥共建”工作。在民兵和预备役人员中开展“双拥共建”活动，走访慰问13个驻军单位，送慰问品折合人民币50多万元，接收安置300多名退伍战士，为退伍老兵发放生活保障金20多万元，为义务兵发放优待金22万元，全局36个拥军优属活动小组利用重大节日开展“送温暖、送爱心”活动。黄河钻井总公司人武部被山东省军区评为“双拥模范单位”。

扎实推进基层建设。对民兵编组进行调整，集合点验到点率100%，达到了组织健全、编组合理、干部齐强、制度落实、资料完善的整组要求，广大民兵在建设平安东营、维护油区治安、维护社会稳定和抢险救灾中发挥了突击队作用，成为一支关键时刻能够拉得出、用得上、起作用的队伍。

【军事工作】 坚持以新时期军事战略方针为指导，以反“台独”军事斗争准备为牵引，以提高训练质量为核心，把专武干部、民兵干部、作战分队、勤务保障分队、民兵应急分队作为训练重点，超额完成全年训练任务，合格率100%。6月，参加省军区组织的37高炮战术演练；9月，参加潍北高炮实弹射击，成绩名列全省第一。坚持控制数量、减化程序、突出重点、保证质量的原则，聘请部队军事教官120人，开训学校12所，圆满完成了6121人的学生军训任务。严格出入库登记，实现24小时严管、360度监控，人防、物防、机防全到位，武器装备管理实现安全无事故。局民兵装备仓库被山东省军区评为武器装备管理先进单位。

(赵兴国)

(审核　贾锡坤)

普法工作

【综述】 2006年，局综治(普法)办紧紧围绕油田中心工作，认真落实科学发展观，深入学习宣传与油田生产经营管理密切相关的法律法规和以内控制度为核心的企业规章制度，加大知识产权保护、环境保护等法律法规的宣传力度，把依法治企理念渗透到油田生产经营、改革发展的各个环节中，推动了油田各项工作的规范化和法治化进程。启动“五五”普法工作，制定《胜利油田关于开展法制宣传教育第五个五年规划和2006—2010年依法治企规划》，对油田“五五”普法工作作出全面部署；积极参与山东省与中石化集团公司组织的《石油与天然气管道保护条例》宣传月，组织开展“12·4”法制宣传日活动，制作悬挂横幅370多条，宣传板1600多块，印发宣传材料60000份；征订并发放“五五”普法教材3万多册，为干部职工学习法律知识奠定基础；加强对普法骨干的业务培训，培训基层普法宣讲员50余人。

【在鲁中监狱设立“胜利油田警示教育基地”】 为丰富普法形式，开发预警资源，拓宽教育领域，提高普法效果，4月26日，局综治(普法)办与局纪委联合在山东省鲁中监狱设立“胜利油田警示教育基地”。截至2006年底，有5000多名科级以上党员干部到警示教育基地接受法制教育，增强了领导干部遵纪守法、拒腐防变的能力。

【建立法律咨询服务网络，为职工群众提供法律帮助】 5月，局综治(普法)办设立“148”法律服务热线，帮助油田职工解决生活中遇到的各种法律问题。通过解答法律咨询，普及了法律常识，化解了矛盾纠纷，促进了油田稳定。

(刘永平)

(审核　贾锡坤)

老年管理工作

【综述】 油田现有离退休、内退职工50933人，其中离休干部700人，退休干部12039人，退休工人27156人，内退职工11038人。设老年工作科50个，三级老年工作站340个，四级老年工作岗341个；专职老年工作人员1752人，兼职工作人员500人；有老年活动室238处，总面积19万平方米；成立老年大学52所，累计毕业学员16万人次。

老年党组织建设逐步加强。全油田有离退休职工党员2.2万人，建立老年基层党委15个，党总支54个，党支部618个，党小组2321个，保证了每个离退休职工党员全部生活在组织之中。全年举办离退休职工党员培训班424期，培训离退休职工党员2.4万人次。开展“双学双建”活动，组织离退休职工学习党的十六届五中、六中全会精神，学习“三个代表”重要思想，学习“八荣八耻”社会主义荣辱观和《党章》，举办离退休职工形势任务报告会347场次，老同志受教育面达到4.9万人次。2万多名老同志参加中组部老干部局等四部门联合举办的“纪念建党85周年党史党建知识竞赛”。

两项待遇进一步落实。保证每年两次以上向离退休职工通报生产经营建设情况，重要会议和重大活动邀请老同志参加，每年组织一次离休干部参观生产建设新成绩，重大节日走访慰问离退休干部和特困离退休职工，共走访慰问老同志1.2万人次，组织召开座谈会、情况通报会1191场次，组织离退休职工外出考察4366人次。离退休老同志的采暖费、物业费实行了减免，养老金和住房补贴基数进行了调整，60岁以上的老同志优待证给予免费办理，实行了免费乘车，免费挂号就医。分12条线路为离退休人员安排健康疗养，为近3万名离退休职工进行健康查体，为3100多名离退休老同志送

获第六届老年合唱节金奖

去生日祝福，为1000多名离退休老同志发放困难补助，为4200多名家庭有困难的离退休老同志实施困难帮扶。7000多名离退休老同志被聘为党风廉政、社会治安、小区管理等方面的监督员，1200多名离退休老同志参加“五老报告团”、“老年帮教团”开展关心下一代工作，6000多名离退休老同志参与“三自管理和服务”，600多名离退休老同志参加技术“传帮带”，900多名离退休老同志参与生产建设和科研开发，为油田生产建设提合理化建议316条，采用上百条。

老年文化阵地建设取得新进展。深入开展“示范老年活动室”创建活动。8月，有15家老年活动室荣获省级“示范老干部活动室”称号。局老年大学不断扩大教学规模、改善办学条件、提高办学质量，局老年大学和孤东、孤岛两所分校被山东省委老干部局、山东省老年大学协会评为省级老年大学示范校，8所二级老年大学分校被评为局级“老年大学示范校”。油田成立145个老年体育协会和近千个老年文体分

会，举办局级以上比赛20多场次，二、三级单位的各种友谊赛、邀请赛上千场次，近万名离退休职工参与其中。186个老年代表队的1683名老同志参加油田五运会。在山东省首届老年人运动会上，胜利油田代表团以599分的总成绩名列全省之首。在全国首届中国门球球王争霸赛中，油田获得此次比赛的全部3项冠军。在第八届中国老年合唱节上，油田老年合唱团摘得金奖。“枫叶正红”和“老年天地”专栏开办3年以来，深受广大老同志喜爱。局老年管理中心对胜利老年信息网进行了3次网页更新。“枫叶正红”已播出节目132期，“老年天地”发专版63期，局域网和局老年管理中心主页发表信息2000多条。

老年工作队伍建设成效显著。举办老年管理、信息写作、文体工作等业务知识培训班300多期，把老年工作的形势任务、政策法规、工作方法、技能技巧、写作知识等内容带入课堂。4月，举办四期老年工作科长、书记业务知识培训班，山东省委老干部局、省老龄委有关部门的领导亲自为培训班授课，全局130多名二级老年部门负责同志参加了培训。组织5次老年工作调研活动，老年工作中存在的问题得到及时妥善解决。《加强老年文化建设，全面提升老年工作水平》等一批理论文章，在中石化“鲁豫片区”离退休工作研讨会和山东省委老干部系统理论研讨会上进行了交流。修订完善了《胜利石油管理局老年工作考核标准》、《创建省级老年大学示范校试行办法》，对全局老年工作进行了一次检查考核。油田老年公寓全年接待住所疗养的离退休职工2000多人。干休所实施“每月六个一、半年三个一、全年两个一”的服务举措，荣获“胜利油田名牌基层单位”荣誉称号。

(李先娥)

(审核　袁仲胜)

公益事业

社会保障

【综述】 局社会保险管理中心主要承担全油田26.4万名参保人员的社会保险管理业务。下设28个社会保险事务所，有职工186人。

参保职工的社会保险待遇得到有效保障。全年应收各类基金33.19亿元，实收32.84亿元，基金征缴率98%。共支付各项费用30.22亿元，其中支付参保人员医疗、工伤、生育保险待遇6.52亿元，上交山东省养老、失业基金23.7亿元。参保人员各项保险待遇兑现率100%。全油田41408名离退休人员的基本养老金和企业补贴按时足额发放，门诊报销、结算364万人次，35014人次享受了医疗统筹金，8475名工伤职工享受到工伤保险待遇，1495名工伤职工参加了康复疗养，5376名职工享受到生育保险待遇，520名失业人员享受了失业保险待遇。

业务范围不断扩大。顺利启动49745名退养家属医疗费的报销、结算和医疗救助业务，按时启动家属持卡消费业务。建成全局在职职工养老保险数据库，油田荣获山东省直管企业养老保险数据采集先进单位。完成2000多人的退休申报工作。养老金计发办法改革工作顺利启动，完成2002年以后退休的7300名退休人员退休证的办理、发放工作，对全局4万名离退休人员进行资格认证，荣获山东省直管企业离退休人员资格认证先进单位。扎实开展医疗保险基金支付专项检查工作，通过了省市社保部门的验收，并对油田多层次的医疗保险体系、运行机制、管理措施和运行效果给予充分肯定，为油田医疗保险独立运行创造了良好的环境。及时完成协解人员的缴费工作，为18605名协解人员接续了医疗保险，为13114名协解人员接续了养老保险。

社会保险业务管理实现新进展。进一步完善医疗保险管理的约束激励机制，医院住院系统与医保系统成功对接，局内住院全部纳入医保系统结算，利用信息手段加强参保人员住院医疗费管理，住院费用首次实现零增长。贯彻新的养老金计发办法，全面做好养老保险准备工作。工伤保险改变了职业病住院费结算办法，由原来的统一结算改为先由个人现金结算再到保险所报销的办法，加大了工伤医疗费的控制力度。生育保险在28个保险所全面实施了生育津贴的社会化发放，有效地避免了生育津贴的拖欠、扣减、挪用现象。在10个医疗单位实行住院生育医疗费的定额结算，取得了费用控制和提高保障水平的双重功效。

【社会保险信息系统建设日臻完善】 进一步优化和完善社会保险信息系统，住院登记、医疗费用和出院结算信息等实现了及时上传、查询和统计。参保职工在油田定点医院持卡住院登记、结算率达到100%。社保卡应用环境得到优化。完成了与3个一级以上医院、10个卫生所、5个药店的联网。改造了社会保障卡换卡业务流程，实现了按月补卡，全年补办社会保障卡、退养家属门诊卡1.5万张。持卡消费达到全部门诊医疗费的90%以上，既减轻了医疗费报销的工作量，又方便了职工的就医用药。

【大力实施“访千家暖万人工程”】 深入开展“访千家暖万人”工程，为参保职工办实事，做好事。积极向山东省争取政策，失业保险待遇由过去的每人每月291.5元提高到每人每月310元，达到了全省最高水平。各基层保险所进家入户，为体弱多病、行动不便等特殊参保人员送待遇、送服务、送温暖。特别是为全油田336名1—4级工伤职工开展了上门查体服务。4月份专门组织力量分成7个走访慰问小组，历经18个省44个地市，到省外工亡职工遗属家中进行走访慰问，走访217户，召开慰问座谈会31次。油田信息网、电视台、胜利日报、中国社会劳动保障报等宣传媒体，及时进行了宣传，累计报道268次。

【基本养老保险金调整】 在全局相关部门和二级单位的密切配合下，及时开展退休人员基本养老金调整工作。符合2005年调整待遇退休人数为37400人，符合2006年调整待遇人数为40566人。调整待遇前全局退休人员月人均养老金1433元，调整待遇后全局退休人员月人均养老金1684元，月人均增加养老金251元，月增加养老金最高额520.7元。

（任立松）

（审核　冯庆芝）

劳动就业与再就业工作

【综述】 局劳动就业服务中心(再就业服务中心)实行一套机构，两块牌子，下设资源管理科、就业训练科、职业介绍科、再就业服务科、实体用工管理科和劳务输出办公室6个科室，主要承担油田职工子女就业服务、下岗失业人员再就业服务和实体用工管理3项主要工作内容。待业子女就业工作方面，油田在9个社区均设立了劳动就业服务站，配备了专职工作人员30多人。下岗失业人员再就业服务工作方面，油田各二级单位设立再就业服务中心，专(兼)职工作人员近300人，再就业服务体系日趋完善。实体用工管理方面，油田多种经营系统用工总量4.5万多人。全年油田内部新增再就业2090人，内部再就业人数达到17509人，社会就业1948人，合计再就业人数19457人，再就业率95.8%。从4月1日开始，油田内部再就业人员小时最低工资标准由3.9元提高到4.9元，最低月收入达到588元，平均月收入为607元，全油田年支付再就业人员工资性费用1.27亿元。10月1日起，油田根据《东营市人民政府关于调整全市最低工资标准的通知》精神，非全日制用工小时工资标准调整为每小时5.6元，以工作时间每月满120小时计算，内部再就业人员最低月收入达到672元。待业子女就业工作方面，全年劳动力市场计划提供就业岗位8000个以上，实现待业子女就业1500人以上。截至2006年底，油田劳动力市场挖掘和提供就业岗位13118个，发布各类招聘信息50次，举办招聘会35次，开展职业指导3300余人次，实现待业子女就业2686人(其中油田内2481人，社会就业205人)。

【再就业工作】 为了实现“两个确保”，全年再就业岗位需要增加2200个。在开发岗位方面，加大清退外雇工、家属工工作力度，层层下达任务指标，努力挖掘内部潜力。特别对零就业家庭、一户两代、夫妻双方、抚养未成年子女的单亲家庭等困难人员实行优先安置，确保了有就业愿望和就业能力人员全部实现再就业。协解人员基本实现再就业之后，将规范用工管理作为工作重点，将签订劳动合同、执行工作时间、缴纳工伤保险、规范考勤及工资发放等列为各单位目标责任承包书。建立不规范用工举报制度、随机抽查制度、月度工作通报制度和情况交流制度，坚持月通报、季检查、年考核。召开工作交流会和现场会，逐步形成和推广了服务要细化、管理要靠近、制度加人性化的管理思路与模式。努力营造良好氛围，继续推进社会就业，全年开展创业培训424人，搭建起了与“协解”人员互动、交流的平台。与东营市劳动局建立定期联系交流工作制度，争取地方劳动部门在优惠政策、公益岗位、开放市场等方面的支持和帮助。大力开展宣传工作，营造社会就业氛围，积极配合地方政府做好新一轮再就业优惠政策的宣传和落实。先后宣传报道自主创业典型30多个，在协解人员中选树4名自主创业者参加“东营市创业十杰”评选活动，参加山东省“创建充分就业和谐社区”评选活动。对特殊困难人员实施特殊帮助，对遭遇重大疾病、意外伤害、单亲带子女、双协解等特殊困难人员，尽一切所能进行特殊帮助，全年油田各级组织共走访慰问协解人员8600多人次，发放帮扶资金及实物折款450多万元。

【待业子女就业工作】 充分发挥社区就业服务平台作用，与社区劳动就业服务站签订工作目标责任书，将挖掘就业岗位、开展就业指导、帮助重点困难子女就业等工作进行量化，并将各站工作进展情况每月通报交流，对增强各社区工作责任感，调动工作主动性发挥了作用。油田两级就业服务部门坚持“走出去，请进来”，与区域内地方企业建立用工联系，走访地方企业110多家，其中建立用工长期合作的12家。坚持每月10日、20日、30日定期举办招聘市场，尽可能多地提供就业岗位。启动跨地区以及境外输出工作，先后到广州、潍坊、济南等地进行联系，积极探索开展境外输出，实现了油田待业子女赴国外就业零的突破。认真开展就业形势宣传,促进就业观念转变,8月份分别在油田9个社区举办“毕业生就业形势教育及就业指导报告会”,对应届毕业生进行集中宣讲、现场答疑,帮助待业子女和家长认清就业形势,多渠道就业。选树子女社会就业典型20多个,并与宣传部、电视台共同举办子女社会就业事迹演讲会,编写子女社会就业宣传丛书《放飞心中的梦想》,收到较好的效果。坚持做好油田特困家庭子女就业帮扶工作。以社区为单位,将辖区内的困难家庭和零就业子女家庭子女作为重点帮扶对象,坚持上门走访,掌握就业需求与愿望,全年从全局1400多户局级特困户中核对出特困家庭待业子女28人,推荐20多名特困和零就业家庭子女实现临时就业。

【实体用工管理工作】 认真做好实体用工统计报表工作,按时完成多种经营企业集团的劳动工资各类统计报表收集、汇总、上报工作。截至2006年底,多种经营单位人员总数为45140人,其中正式工7652人、集体工2230人、内聘工21447人(输出主业17961)、合同工1356人、企业员工10906人、临时工1549人。进一步做好劳动合同管理工作,定期组织召开劳动合同季度例会,及时收集劳动合同统计报表及数据库,按时上报多种经营企业集团劳动合同统计月报;及时发放劳动合同文本、劳动合同续订书和终止(解除)劳动合同证明书,适时组织劳动合同鉴证,监督指导整体划转单位非正式职工改签劳动合同。全年组织鉴证劳动合同9781人,续订劳动合同7590人,终止(解除)劳动合同220人。组织技能鉴定和工伤鉴定,组织多种经营企业集团开展初、中、高三个级别技能鉴定529人,组织工伤人员参加劳动能力鉴定。及时公布多种经营企业员工、合同工工资水平,为用工单位员工、合同工缴纳住房公积金提供了依据。积极配合做好改制分流工作中进出“中心”人员的有关服务工作,全年组织改制企业与社区及有关单位移交协解人员1533人,进中心82人,出中心73人。主动到改制企业进行走访,发放用工服务联系卡,为用工需要和子女就业搭建新的桥梁,全年为改制企业发布用工岗位230余个,推荐子女就业120人。

【就业服务“六比六看”竞赛活动】 为有效缓解油田内部用工需求少,大部分子女在油田就业期望大的压力,局就业服务中心认真组织开展“就业服务‘六比六看’竞赛”活动。主要内容是:比服务态度,看工作细节;比走访效果,看寻找就业岗位;比个性服务,看“一对一”指导;比困难帮助,看实际行动;比就业引导,看宣传力度;比基础工作,看动态情况掌握。各社区劳动就业服务站以“求职者满意是我们永远的追求”为服务理念,建立实施“零投诉”服务制度,服务态度和工作积极性明显提高。

(曹美灵)

(审核 吴长亭)

教育培训

【综述】 油田中小学移交后,管理局教育培训处(中心)和东营市胜利教育管理中心实行两套机构一套班子管理体制。教育培训处(中心)现设有综合管理科、干部培训科、工人培训科、职业教育管理科、学前教育管理科5个科室,以及生活服务站、基建维修站、离退休职工管理中心3个直属单位,6所直属幼儿园。用工总量419人,其中正式职工411人,其他用工8人,在园幼儿2247人。2006年,处(中心)党政领导班子带领全体干部职工,适应企业重组改制新形势,凝心聚力、扎实工作,全力打造“胜利教育品牌”,实现了油田教育培训事业的新发展。教培处荣获第二届中国企业教育先进单位百强荣誉称号,第一实验幼儿园、第三实验幼儿园、机关第四幼儿园分别通过了名牌基层队、标杆队和管理局行业一强检查验收。机关第四幼儿园通过了省级示范幼儿园的复查验收。

【学前教育】 召开全局学前教育工作年会,强化常规管理,托幼系统整体管理水平进一步提升。认真贯彻教育部、公安部等10部委颁布的《中小学幼儿园安全管理办法》,广泛开展幼儿安全教育活动,提高了幼儿安全防范、自我保护意识,培养了幼儿自我防护能力。积极与公安部门联系,为幼儿园聘请法制副园长,加强对各幼儿园安全防范能力的指导,确保了托幼系统全年安全平稳。开展学前科管理人员与幼儿园结对子活动,加强对幼儿园工作的指导。重视加强教职工队伍建设。通过内培外送,着力提高职工队伍的整体素质,组织三批骨干教师到先进地区考察学习。举办幼教系统"特色办园"报告会和专题研讨会,园长和教师开阔了视野,拓展了思路。举办以"幼儿园区角活动"为主题的全局示范园开放周活动。组织管理局优质课比赛,推荐部分优秀教师参加山东省优质课评选。发挥教科研先导作用,积极参加国家级课题研究,承担的5项课题被批准为山东省"十一五"立项课题;举办"畅想未来"幼儿美术作品展示活动,通过开展形式多样的教学活动,全局保教质量进一步提高。3所幼儿园通过省级示范幼儿园的复查验收,5所幼儿园通过了局级示范幼儿园达标验收。加快托幼系统资源整合,根据居民区域变化,适时做好幼儿园布局调整,撤并了2所幼儿园。鼓励幼儿园在深化办园体制改革、提高生存能力方面进行改革尝试,开展外创市场、降本增效活动,增强了办园活力。以庆"六一"活动为契机,在电视台开展幼儿教育专题片展示活动,加大学前教育宣传力度,提高了学前教育的知名度。

【职业教育】 积极探索油田职业教育改革发展之路,明确了油田职业教育办学方向。适度确定普通高中和职业教育招生规模,引导初中毕业生合理分流。加强学生德育教育,引导学生树立正确的择业观、价值观。强化安全意识,加强在校学生管理。针对职业教育特点,抓好职业学校的教学和教研工作,教学秩序明显好转。引进先进的教学模式,改进教学方法,加强实践教学,重视学生实际操作能力的培养,提高了学生就业能力。各职业学校加大招生力度,全年油田各类普通全日制职业学校招生4740人,其中山东胜利职业学院招生2735人,石油大学胜利学院招生1903人,高级技工学校招生102人。开展研究生教育、成人学历教育、高等职业教育、中等职业教育培养培训工作,13000余人接受不同程度职业培训与指导,拓宽了办学渠道。认真做好初中毕业未升入高中学生的免费就业技能培训工作,满足了职工子女接受职业教育的内在需求。积极做好全年职业中专、高级技校学生毕业验证工作,为职业中专225名学生、高级技校210名学生毕业生验发了毕业证。

【成人教育】 组织召开成人学历教育工作会议,出台加强和规范成人学历教育的制度和措施,成人教育管理得到加强,进一步落实教学计划、规范课堂教学、加强考试考核监管,推动了油田职业教育与成人学历教育事业的健康发展。组织4588人次自学考试,为187人办理了毕业证书,完成了2237人的成人高考报名考试工作,录取1785人。强化学历认证制度,对2500人的合格毕业证书出具学历认定证明。

【职工培训】 召开管理局职工培训工作会议,进一步明确了职工培训工作重点。印发《关于进一步加强油田职工培训实施过程管理的规定》,修订《胜利油田职工培训项目实施审查表》,起草《在职研究生培养过程质量管理暂行办法和研究生培养过程质量监控评估标准》,强化了培训管理。重视改进基层培训工作方法,加大了技能人才培养培训力度,组织开展形式多样的安全知识竞赛活动,编写方便实用的培训教材,强化安全规范化操作培训,全年安全规范操作培训 33500 人次。开展油田西部市场职工培训调研,举办技能操作人员常规培训,技师、高级技师考前培训,高级工、技能操作人员骨干培训。全年油田层面举办各类培训班 214 期,培训各类技能人员 12000 人次,操作人员综合素质得到进一步提升。组织硕士、博士研究生考前辅导,268 名职工参加了硕士、博士研究生学习,举办了国际化经营人才培训和海外项目经理能力等 130 余期,培训处级及以上干部 1300 人次,高层次专业技术干部 5887 人次,对外合作人才 540 人次,科级干部及基层专业技术干部 11000 人次,管理干部和专业技术干部整体素质进一步提高。继续加大 ISO10015 国际培训质量管理标准推广力度,组织开展油田基层培训示范基地创建活动,首次对技能人才培训项目进行招标试点,开展职工培训精品项目评选工作,进一步完善职工培训考核激励机制,提高了培训质量。全面启动培训师职业资格鉴定申报工作,加强成人教育教学规律研究,组织开展优秀教育教学论文评选活动,教职工整体素质进一步提升。

【社会化服务板块改革调研】 根据管理局的统一部署,牵头组织了全局托幼系统调研,熟悉了情况,摸清了家底,对其改革的可行性进行了深刻分析,提出了学前教育改革发展的思路,为领导决策提供了依据。积极参与职业教育、职工培训工作调研,对职业教育和职工培训的资源整合、发展方向提出了建议。

(李其军　胡凌存)

(审核　金家民　周建林)

医疗卫生

【综述】 全局共有注册医疗机构 161 所,其中三级医院 1 所,二级医院 8 所,一级医院 25 所,地市级疾病预防控制中心 1 所,疗养院 2 所,基层卫生所(室)126 所。共有职工 5260 人,其中卫生技术人员 3931 人。实有开放床位 3592 张,其中职业病床 20 张。卫生系统固定资产原值 53267 万元,固定资产净值 38548 万元。各级医疗机构共完成门急诊 260 多万人次,出院病人 5 万多人次,比上年分别增加 12% 和 10%。床位利用率 70% 以上,治愈好转率 85%,职工群众对卫生行业满意率 95% 以上,传染病发病率 15.5/万,职业病发病率 0.5 ‰。

医疗质量不断提高。深入开展医院管理年和医疗质量管理效益年活动,对二级以上医院的服务质量和 8 种重大疾病的诊疗信息进行公示,规范医疗服务。在二级医院选定 20 个单病种,三级医院选定 50 个单病种进行限价。加强医院信息化建设,对 HIS 原有功能进行优化并推行应用。积极开展效能监察工作,节约采购资金 2000 余万元。

加快发展社区卫生服务。成立以分管局长为组长的油田社区卫生服务领导小组,健全和完善双层社区卫生服务体系,社区卫生服务人口覆盖率 80% 以上,居民到社区卫生服务机构首诊就诊率 60% 以上。全面开展"六位一体"的社区卫生服务,为职工查体 10 万人次以上,举办健康知识讲座 100 多次,培训偏远基层小队"小药箱"兼职卫生员 600 多人。

大力开展疾病控制工作。开展 HIV 抗

体监测9万多人次，各种疾病普查6万多人次，预防接种30多万人次，确保了油田无大的疫病暴发流行。油田疾控中心荣获国家建设项目职业病危害评价甲级资质。开展河口采油厂泡沫复合驱油先导试验地面工程等8个项目的职业病危害评价。大力创建职业卫生示范企业，纯梁采油厂被评为国家级职业卫生企业，胜利发电厂等4家单位被评为全省首批职业卫生示范企业。

预防保健工作取得突出成绩。有3家单位通过山东省A级食堂达标验收，集中式供水出厂水平均合格率97.6%，末梢水平均合格率98.8%，桶装饮用水平均合格率88%，桶装饮用纯净水平均合格率83%，饮用天然矿泉水平均合格率67%，食品餐饮具平均合格率98.6%，公共场所公用物品平均合格率95.4%，无集体食物中毒事故的发生。对全局32家具有“母婴保健专项技术执业许可证”的医疗机构进行复审，对200余名从事母婴保健的服务人员进行了培训考核，促进了母婴保健专项技术服务的规范化。继续抓好预防接种，全局各种法定疫苗接种率达95%。

爱国卫生工作再创佳绩。有4个单位成为省级卫生先进单位，4个单位成为省级卫生示范单位，22个单位成为卫生红旗单位，36个单位达到卫生先进单位标准，卫生先进单位达到了85.7%。油田40多个单位在油田局域网上开设了健康教育网页或专栏。环境卫生“五化一体”逐步提高。全年清理绿化区130万平方米，清理乱堆乱放1700多处，清理乱贴乱画4000多处，疏通下水道3500多处，油田环境卫生继续改善。四害密度控制在国家标准范围内，全油田未发生虫媒疾病流行。

【注重行风建设】 各医疗机构认真落实八项承诺服务，积极进行规范治疗。坚持价格收费公示制度，尊重患者的选择权、知情权和监督权。严格实行住院费用“一日清单制”，不分解收费、不超标收费、不自立项目收费，较好地维护了患者利益。深入开展治理商业贿赂工作，及时研究解决苗头性和倾向性问题，与药品供应商签订廉政公约或廉政协议书，对用量较大的药品普遍进行竞价采购，大幅度地降低了药品采购价格，预防了商业贿赂现象的发生，油田医药系统无商业贿赂案件发生。

(段延安)

(审核　李明平)

人口和计划生育

【综述】 2006年全局总人口432818人，其中已婚育龄妇女99588人，政策出生2616孩，男孩1397人，女孩1219人，其中独生子女2504孩，经申请审批照顾生育112孩；男女性别比为114.6。人口自然增长率控制在5.14‰，综合节育率98%，女性初婚晚婚率95.4%，独生子女父母领取《独生子女父母光荣证》领证率控制在100%，政策生育率100%。被山东省计生委授予先进集体荣誉称号，被国家计生委授予男性健康先进集体。

人口和计划生育工作得到进一步重视。各级党政领导把人口与计划生育工作作为一项战略任务，坚持人口计生工作与生产任务的同步落实，全面完成了人口与计划生育目标。一是组织网络建设更为稳定。在油田深化改革、精减人员的形势下，油田各级人口计生委与领导小组仍然得到不断调整与充实，各级计划生育办公室虽然与其他机构合并，但仍独立行使工作职责。3月22日召开油田人口和计划生育工作网络会议，表彰计划生育工作先进集体和先进个人。物探公司计生协、孤岛社区管理中心计生协被山东省计生协授予全省计划生育协会先进集体；刘玉善等24名同志被山东省计生协授予全省计划生育协会先进工作者和先进志愿者；胜利采油厂等30个单位、测井公司等40个单位、塔里木钻井公司等8个单位、孙莉等181位同志先后被管理局授予人口和计划生育工作红旗单位、先进单位、达标单位和先进个人荣誉称号。二是计划生育经费投入到位。管理局各二级单位按总人口人均10元的标准划拨了计划生育事业经费，用于人口与计划生育的宣传、培训、服务等。三是人口与计生目标管理更加突出。对人口与计划生育目标责任进行微调，局党委书记王立新同志代表管理局和分公司与各二级党政主要领导签订了人口计生责任书，年终进行了检查验收，合格率为100%。

人口和计划生育依法管理水平不断提高。3月份调整胜利石油管理局病残儿医学鉴定小组，并对全局申报的32名病残儿进行医学鉴定，其中有22名病残儿父母获得再生育的批准申请；认真解答人民群众来信来访、电话咨询，配合东营市计生委认真调查匿名举报，保护了群众的合法生育权益；收集清理管理局计生办历年形成的文件、二孩审批资料2765份，提高了文件的利用率；油田特殊人群的计划生育属地管理工作业已起步。

人口和计划生育宣传教育业务培训循序渐进。各级计生委发挥网络优势和宣传教育阵地优势，利用世界人口日、中国人口日和节假日、庆典日，开展晚婚晚育、少生优生、男女平等专题宣传教育活动。5月22日—26日举办计划生育干部业务培训班，230人听取山东省计生委、山东省计生协、解放军总医院等有关领导、专家的业务讲座。11月22日召开计划生育协会发展理论研讨会，钻井技术公司、胜利采油厂、石油开发中心、胜利油建公司作了发言，评出一等奖10篇、二等奖20篇、三等奖30篇。

人口和计划生育优质服务落实到位。将原计生服务站闲置的计生宣传品发放到各二级单位，闲置的并还可以使用的医疗设备、早教器材移交管理局妇幼保健院；避孕节育药具的领取、保管、发放由过去的服务站负责收归局计生办技术指导科全面具体负责实施。全年共发放避孕套1300箱，为已婚育龄妇女进行环情、孕情及妇科病查体63947人。7月11日，管理局计生委与计生协在物探公司召开胜利油田计划生育协会服务行动拓展年活动暨纪念“7·11”世界人口日“关爱女孩，行动起来”现场动员会。下发了协会服务行动拓展年活动规划，物探公司计生委介绍了开展协会服务工作的经验，确立黄河钻井总公司、胜利采油厂、井下作业公司、仙河社区为试点单位。10月18日，召开胜利油田计划生育协会第三次会员代表大会暨先进表彰会议，管理局党委副书记、工会主席、计划生育协会会长李忠华同志作了重要讲话；局计生办李明平主任作题为《认真落实科学发展观，不断开创计划生育协会工作新局面》的报告；大会产生了新一届理事会理事、常务理事、副会长、会长和秘书长；会议通过了《胜利油田计划生育协会章程》，表彰计划生育协会基层先进单位166个、计划生育协会先进工作者131名、计划生育协会先进志愿者204名。

（刘彦忠）

（审核　李明平）

住房建设与管理

【综述】 2006年，油田公共事业系统坚持以“三个代表”重要思想和科学发展观为指针，以改善和提高职工群众生活条件和环境为目标，不断加快职工住房建设，进一步加强房产管理工作，较好地满足了职工家属的居住生活需求。截至2006年底，“2.8万套职工住房工程”历时三年半基本完成，油田共有职工住房186790套，建筑总面积约1361万平方米。

新房销售和二手房交易工作进展顺利。新房销售涉及5个社区5984套住房，局领导多次组织有关部门和单位对房源矛盾相对集中的区域进行调查研究、征求意见、审定方案、加强督导，协调各方达成一致，较好地平衡了区域矛盾。各社区结合区域建房进度，积极会同辖区各单位认真做好各项前期工作，同时按照公开、公平、公正的原则，做到房源、方案及销售对象、资格、结果“五公开”，加大纪检监察和职工民主监督力度，保证了新房销售平稳运行，至年底新建住房全部销售完毕。针对二手房交易量逐年增长的实际，房产部门不断强化服务意识，在已经形成的发布信息、法规咨询、档案审核、办理过户、资料存档、公积金支取、贷款等“一站式”服务的基础上，进一步完善服务措施，优化办事程序，改善服务质量，加强窗口文明建设，为职工办理交易提供了便利。积极协调政府有关部门，继续实施交易税费减免政策，降低了交易成本。油田住房交易市场启动以来累计完成二手房交易25676套。

房产管理工作取得阶段性成果。进一步加强房改政策研究，按照逐步改善职工住房条件，建立符合油田实际和市场化要求的住房体制的原则，拟定了住房开发建设、销售、管理以及住房交易、住房公积金管理等方面的相关政策。根据油田生产生活资源调整部署的总体框架，对回购二手房、边远零散小区住房再利用等政策进行研究论证，为油田住房制度改革平稳过渡奠定基础。开发研制公共事业综合管理计算机信息系统，提高了工作信息化管理水平，保证了基础信息采集、处理、传输的规范管理和数据信息共享。职工个人住房产权证办理工作进展顺利，除龙口、纯梁等区域办证事宜暂未与地方有关部门达成协议外，全局住房办证工作基本完成。

住房资金管理工作逐步完善。认真贯彻落实国务院《住房公积金管理条例》，不断完善公积金缴存、催交、考核制度，加大监管力度，依法提高公积金归集率，保证住房公积金足额归集，全年完成归集8.75亿元，归集率99%。进一步规范公积金使用提取和住房贷款办理审批程序，采取简化流程、上门服务、“一站式”办理等措施，向2239名职工发放住房公积金贷款1.41亿元，累计贷款额突破5亿元。

【经济适用房开发建设】 克服时间紧、任务重、点多面广、资金紧张等困难，积极协调理顺各方关系，先后解决了兴河南区规划许可证办理以及许多项目在迁建补偿、水土保持费、市政配套费、人防费、墙改费、环保测评、工农关系等问题，同时争取到省经济适用房建设指标30万平方米，节省各项行政事业收费1500万元。强化质量管理，建立健全“机关职能部门、社区、房开公司、监理单位、施工企业”构成的质量管理保证体系，加强施工过程、建材进场、竣工验收、售后保修、物业介入等全方位管理与控制，提高了工程质量和建设水平。不断强化建设资金管理，建立健全了各项财务制度，规范会计核算，坚持多级审核审批制度，实行统筹预算，总体安排，严格按施工合同、工程进度和有关规定及时拨付工程款项，资金管理工作顺利通过专项审计。加强和规范工程预结算编制，对主要工作量和投资调整及时跟踪审核，将工程造价控制贯穿于住房建设的各个阶段，合理降低了工程造价，有效控制了建房成本。至 2006 年底，29351 套住房主体及配套建设基本完成，实现入住或竣工验收 28363 套。

(刘学坤)

(审核　马永亮)

社区管理

【综述】 截至 2006 年底，全局有仙河、孤岛、河口、胜中、胜东、胜北、胜南、滨南、临盘和龙口基地 10 个社区，29 个物业管理公司，101 个物业管理站，保洁总面积 2134 万平方米，绿化总面积 796 万平方米，住宅小区 158 个，职工住户 175565 户，常驻人口约 47.8 万人。管理上采取区域管理与系统管理相结合的模式，各社区横向上对所辖范围实行区域化管理、专业化服务，纵向上对口接受机关业务部门的指导和监督。经过多年的改革发展，社区逐步形成了包括住宅建设、物业管理、供暖管理、学前教育、医疗卫生、市政管理、多种经营等业务为主的管理服务体系，为改善和提高职工生活水平 维护社会和谐稳定，促进黄河三角洲经济发展发挥了作用。

强化小区管理与服务工作，居民满意率保持较高水平。以精心打造环境优美、秩序优良、关系和谐的温馨小区为目标，开展“创和谐环境，建温馨家园”活动，促进了社区与居民之间、邻里之间关系的和谐。管理局安排投资 6000 万元实施部分小区基础设施维修改造，440 服务、环境卫生、治安、医疗、水电气、冬季供暖等管理工作不断加强，物业管理服务水平有效提升。文明小区创建工作成效显著，胜中玉景花园、河口河阳小区、临盘广悦、宏宇等 4 个小区晋级为管理局达标小区，胜北胜荣小区通过了“国家级”文明小区验收。截至 2006 年底，全局共有全国物业管理优秀示范小区 26 个、省级优秀小区 44 个、局级优秀小区 62 个，创优率 84%，全局社区管理和服务综合考核满意率 90% 以上。

绿化建设工作成效显著。积极配合市政绿化建设，高质量、高标准地实施了东青高速公路绿化工程油田段的建设和日常管理，青垦路、辛博路等重点干线公路绿化工程组织协调进展顺利。美国白蛾等林木病虫害综合防治成效显著，无公害防治率 80% 以上。扎实开展创建花园式单位和绿化先进单位活动，有 46 个二级单位或住宅小区分别获得省、市级绿化先进单位、花园式单位或花园式小区称号。大力开展造林绿化义务植树活动，义务植树 33.6 万株，义务植树尽责率达 92.6%。油田年新增绿化面积 50 多公顷，建成区绿化覆盖率 26.2%、人均公共绿地面积 10.1 平方米，管理局被授予全国造林绿化先进集体荣誉称号。

【经营管理工作】 不断加快社区结构整合步伐，对胜南、纯梁两个社区实施了合并重组。“双压三减”稳步推进，完成了管理局下达的压减指标，先后两次调整改革分配制度，理顺了分配关系。社区服务收费改革稳步推进，水电气收费价格与市场完全接轨，物业费实现全额收取，采暖费交纳比例，科级以上干部全部个人承担，一般职工由 20% 提高到 50%，同时对相关计量器具、线路、管网进行综合整治，加强收费管理制度建设，逐步建立了良好的服务收费秩序。职务消费改革扎实推进，取消了科级以上干部住宅和移动电话费定额报销待遇，公务用车合计压减 206 部，压缩社区二三级机关办公经费 20%。

(刘学坤)

(审核　马永亮)

公安保卫

【综述】 山东省滨海公安局是省公安厅的直属局，受省公安厅和胜利石油管理局党委、胜利石油管理局双重领导，行使市地级公安机关的职权和管理局机关处室职能，按照管理局二级单位模式管理，全面负责油田生产区、办公区、生活区的治安保卫工作。下设25个职能部门和直属单位、8个公安分局、43个派出所，有正式公安民警1184名。同时统一领导和管理着油田70多个保卫科1300多名保卫干部，22个消防中队1000多名消防队员，26个护卫大(中)队2900多名护卫队员，180个专职巡逻队伍3100多名巡逻队员，以及1.2万人的群防群治队伍。2006年，滨海公安机关和油田保卫部门抓住开展“基层基础建设年”有利时机，突出维护稳定、“严打”整治、“三基”建设和队伍正规化四个重点，创平安，保稳定，促和谐，为油田改革稳定发展创造了良好的社会治安环境。

全力维护油田社会政治稳定。牢固树立信息主导警务工作理念，不断规范情报信息报送、处理、研判和反馈工作，及时获取大量有价值的信息。认真开展矛盾纠纷大排查，积极协助油田做好“11·29”事件后协解人员的教育转化工作。有针对性地修定完善了应急处置预案，重点加强对特殊时期和敏感问题的控制，组织和保持一支专门队伍做好执勤备勤工作。对部分协解人员、改制单位职工到管理局聚集上访活动和油地工农纠纷，加强信息控制和重点监控，维护现场秩序，防止矛盾激化和事态扩大。加强公安信访工作，处结群众来信来访197件次，处结率98%，实现了无重大信访积案，确保了连续多年未发生涉法进京上访事件。圆满完成35批次130名省部级以上领导的警卫，10余次重要会议及56场次大型活动的安全保卫任务。严厉打击“法轮功”邪教组织非法活动，及时破获“法轮功”案件15起，捣毁制作传播“法轮功”宣传品的地下窝点6处，查缴各类宣传品1.5万多份，抓获处理违法犯罪人员20名，其中劳教4名，积极配合党政组织做好“法轮功”重点人员的教育转化和控制工作，杜绝了外出滋事和在内部非法聚集。加强对敌对分子、暴力恐怖分子和有害功法组织的调查控制，牢牢把握了斗争的主动权。

深化“严打”整治斗争，不断增强打击实效。组织开展40天油区破案会战、春季油区治安专项整治、滨海油区治安秩序整治和油区治安秩序“百日整治”行动，认真开展“打黑除恶”、打击“两抢一盗”等专项行动，努力做到命案必破、涉油必打、团伙必摧、贩毒必惩，及时侦破了党和国家领导人关注的“3·13”特大破坏海底输油管道盗油案，打掉了30多个在输油管线上打孔盗油及破坏电力设施特大犯罪团伙，破案800余起；9起命案全部告破，破案率100%。全年共破获各类刑事案件3700起，其中现案1657起，生产区刑事案件2182起，打掉犯罪团伙223个成员769名，追回各类网上逃犯174名，依法刑事处理犯罪嫌疑人1543名，其中逮捕669名、移诉846名、劳教28名，缴获赃款及赃物折款1447.7余万元。破获经济犯罪案件6起，抓获犯罪嫌疑人6名，为油田挽回经济损失427余万元。集中整治“四窃”问题突出的油区区块1190个，取缔窃气、窃电点1889个，收缴各类管线28.5万米，拔掉钉子户75个，实现日增天然气726万立方米、日节电1890千瓦·时，保障了油田正常的生产生活秩序，全年刑事案件总量同比下降19%，生产区刑事案件同比下降20%，油田治安形势有所好转。

严格治安行政管理，改善服务措施，管理服务水平不断提高。认真学习和充分运用《治安管理处罚法》，共查处行政案件1338起，其中治安案件1175起，治安处罚1619人，特别是对生产区治安案件的查处力度明显增强，共查处636起，创历史新高。加强对枪支弹药、管制刀具和爆炸剧毒危险物品的经常性管理，开展为期4个月的集中整治专项行动，收缴枪支66支、弩1把、各类子弹558发、雷管8875枚、导火索40米、黑火药3.35千克、53式回声弹6097发，对一大批枪支弹药、爆炸和剧毒放射物品集中销毁，消除了隐患。坚持扫黄除丑不放松，采取治安清查、明察暗访等办法，查处案件30起，处罚违法人员144名，查缴冰毒1037.3克。集中整治校园周边秩序，全部选派法制副校长或辅导员，派驻保安员21名，整改隐患320余个，确保了校园安全。加强公共信息网络安全监察工作，共接警50起，抓获违法犯罪人员13名，维护了网络安全秩序。加强公安消防工作，严格"源头"监管，杜绝"先天性"火灾隐患；深入开展安全检查和专项治理，共检查重点单位1066个，下发法律文书315份，消除火险隐患1379处；狠抓消防宣传、业务培训和岗位练兵，举办各类培训班213期，参加全国多种形式消防队伍建设现场会和油田职业技能竞赛；加强战备执勤训练，组织灭火演练174次，扑救火灾72起，抢救保护物资价值8573万元，杜绝了重特大火灾事故。

以派出所建设为着力点，强力推进基层工作，一线所队实力不断增强。坚持精简机关，充实基层，各分局机构由原来10个减为8个，充实一线所队102人。新招9名民警全部分配到基层。分局一线警力741人，占分局总警力90.4%，派出所320人，占40%。狠抓保障建设，积极争取油田各单位支持，新建、改建12个派出所、9个刑警中队办公用房和2座刑侦办公楼，完成26个派出所建筑外观标识建设，派出所办公用房2万余平方米，比上年增加6000平方米；购置汽车47辆、电脑267台、单兵装备509套。认真开展派出所等级评定，2个被省厅命名为二级所，1个被评定为三级所。推进责任区刑警中队建设，16个中队全部达到三级以上标准。继续加强护卫、巡逻队伍建设，坚持重点守卫和治安巡逻并举。不断规范110报警服务工作，全年共接警1.86万多次，先期处置刑事、治安案件和灾害事故1.62万多起，抓获违法犯罪现行272名，救助危困群众337人次，缴获原油等生产物资270多吨、盗油机动车28辆。

以治安防控体系建设为落脚点，大力夯实基础工作，治安防控能力进一步增强。大力构筑"三防"结合、专群结合的立体防范网，全油田可防性案件同比下降27%，职工群众安全感及对社会治安满意率大幅上升。健全完善群防群治组织，建立起了由各分局直接指挥的700多人的专职巡逻队伍和8000多人的兼职巡逻力量，形成了"以公安为龙头，护卫队为骨干，巡逻队、治保会等群防群治力量为补充"的治安人防体系。不断深化警务区战略，积极协调房屋、资金，设立警务区81个、警务室83个，配备警力195人，初步形成了"网格化"警力布局。督促油田在社区、庭院式单位建起围墙、院落，实行封闭式管理；在油区对生产设施采取加固、深埋、改进等措施，推广应用油井防盗锁(帽)、瞭望塔等物防设施和滨南采油厂油区"九子防范法"，巩固了防范效果。督促油田加大技防设施投入，重点推进了油田治安动态监控系统建设，在全油田建立监控中心424个，安装视频摄像头3878个，并逐步实现与公安指挥监控系统的联网。

加强基础管理和信息化建设。集中开展租赁房屋和暂住人员清理整顿，健全完善“以房管人”实有人口管理机制，登记租赁房屋5662户、暂住人口23694人。加强对刑释解教等高危人群管理，列管重点人口302人，控制率达95%以上。加强对油田1871个公共场所、210个特种行业管理。利用刑事技术、阵地控制等刑侦基础业务破案2084起，占破案总数56.4%。开通“网上办案”系统，实现材料网上办理和传输；基层所队公安信息、通讯网络和局指挥大厅工程建设顺利完成；加强机要室建设，新系统安装到位、安全运转。

以队伍正规化建设为抓手，全面落实管理监督措施，队伍整体素质有了新提高。大力推进队伍正规化建设，实现7个分局正规化达标。加强思想政治工作，认真开展社会主义荣辱观、社会主义法制理念教育活动，提高了民警的政治素质和理论水平。深化岗位练兵和教育培训，以“三个熟练四个会”为主要内容，突出抓好一线民警的基本功训练，积极开展刑案现场勘查模拟测试、派出所和巡警系统大比武、命案卷宗评比等活动；举办各类培训班74期，培训民警2094人次，提高了民警的业务技能和实战水平。坚决贯彻“五条禁令”，大力开展“三项排查”、“三个治理”，增强了党员民警的责任意识和自律能力。规范内务管理，加强养成教育，完成办公室门牌、民警胸牌、宣传牌及警用车辆外观制式统一。加强法制工作，推行警务公开，强化执法监督，共审核案件2000余起，及时纠正问题600余个；组织开展2次执法质量考评，整改问题400余个，实现无刑事错案、行政败诉案和行政复议撤销案，维护了社会公平正义。认真落实从优待警措施，组织民警健康查体，实行健康保险和年休假制度，建立帮扶特困民警家庭的慰问基金。深入开展“创满意”和立功创模活动，大力宣传公安工作和队伍建设成果，在市地级以上新闻单位发稿1290篇(条)，其中被中央、省级新闻单位采用419篇(条)，被齐鲁警务网、油田信息网采用679条；共有18个集体、39名民警受到省部级以上表彰，有52个集体、188名民警被记功和嘉奖，有97个集体、530人次受到市地级表彰。滨海局被山东省表彰为“文明建设单位”，被省厅表彰为“全省公安机关密码工作部门苦练基本功考核成绩优秀单位”，被油田荣记集体一等功并授予“党风廉政教育工作先进单位”、“宣传工作先进单位”、“人口和计划生育先进单位”荣誉称号。

【“3·13”特大破坏海底输油管道盗油案】 3月13日，海洋采油厂海底输油管线被打孔盗油，造成182口油井停产，原油停输108小时30分，影响原油产量1.65万吨，部分海域被污染，间接损失无法估量。案件发生后，滨海公安局迅速成立“3·13”案件专案组，全面开展各项侦查调查工作。经过滨海公安机关全体参战干警15天的昼夜奋战，一举将河北省黄骅市无业人员王玉江，无棣县农民张宝臣、杨寿水、刘林斌等18名犯罪嫌疑人抓获归案，案件成功告破。山东省公安厅为“3·13”专案组记集体一等功。

【“4·30”特大贩毒案】 5月，基地分局会同滨海局刑侦支队组织60余名精干力量，经过缜密侦查，一举摧毁了省厅督办的以于辉、曲涛、孙秋良、王凤礼为首的特大贩卖冰毒案，抓获涉毒人员37名，依法逮捕7名，治安处罚24名，当场缴获冰毒1037.3克，缴获仿六四式手枪1支、子弹3

发、收缴毒资2.8万余元。该团伙先后从深圳贩卖冰毒4125克、摇头丸100粒、K粉1125克。这是近年来侦破的一起贩卖、缴获毒品数量最大、抓获涉毒人员最多的贩毒团伙案，省厅专门发来贺电，中央电视台作了专题报道。

（徐建峰）

（审核　金云鸿）

社会治安综合治理

【综述】 2006年，胜利油田全面实现了社会治安综合治理暨平安油田建设的总体目标，全油田90%的基层单位未发生刑事犯罪案件，90%的二级单位未发生在全省造成重大影响的人员伤亡和巨额财产损失恶性案件、重大恶性治安案件、涉黑涉恶团伙犯罪案件和大规模群体性事件，90%的二级单位分别建成为平安油区、平安社区、平安单位，职工群众对社会治安的满意率90%以上。

加强治安防控体系建设。坚持“打防结合、预防为主”的方针，健全完善专群结合的治安巡逻防范网络，克服各种困难，加大物防、技防资金投入，加强对采油井站生产设施的保护。截至2006年底，整个胜利油区专职巡逻护卫队达到110支4100人，配备了巡逻车辆、防刺服、防刺鞋、夜视仪等装备。各油区有兼职巡逻队210支2300人。油区公安机关派出所与巡逻护卫队合署办公，刑侦队伍、巡警队伍、护卫队伍、联防队伍、群防队伍、稽查队伍各司其职。对野外设备器材采取了加固、打牢、深埋等措施。11352口油气井、1206.6千米输油输气管线、10211台变压器，全部安装了防盗设施，野外设备器材物防覆盖率100%。生产、办公区的378个要害重点部位“三防”覆盖率100%。各采油厂、集输厂制定实施了在主要输油管线上安装管道泄漏报警装置，给容易被盗油井安装防盗装置，油区布建瞭望塔，夜间巡井挂牌，为原油运输车辆安装卫星定位系统，在油区主要路口建设警务室、检查站等行之有效的措施，成效显著。

进一步充实完善住宅小区“五位一体”和封闭管理的治安防控体系。107个家委会配备齐全，设立警务区34个，配备干警52人。治安巡逻队、百户治保员、门卫人员得到充实，达到3442人，占总居民户数的2%。各居民区安装电子感应设施，使进出车辆与高速路口一样，得到了监控和管制。全局原有小区楼宇单元防盗门安装率100%。各社区深入开展争创“零发案小区”、“星级家委会”、“红旗巡逻队”、“优秀治保员”、“红旗门卫”等活动，调动了治保人员积极性。社区形成“五位一体”配套联动、多层次封闭管理的防控体系。截至2006年底，全油田188个住宅小区中有126个实现零发案，零发案率67%。

认真排查整治油区治安。坚持“综治出效益”的原则，把油区治安秩序建设作为维护油区正常生产的重大举措，纳入油田发展总体规划，与油气生产同部署、同考核、同表彰。综治、公安、油地等部门协同作战，集中力量，统一行动，重点整治“三小一点”和盗窃油、气、水、电现象。对油区秩序混乱地区和突出治安问题，每月进行重点排查，每季进行全面排查，每半年进行情况汇总。抓住油区周边地方党委、政府重视油区治安的有利时机，主动与东营、济南、德州、滨州、淄博等市地政府部门联系，与济南军区生产基地、边防武警支队等军警单位联系，坚持油地联手，制定协调机制，内外配合，以打开路，联手整治，组织整治活动2287余次，整治油区混乱区块1264个，查验各类车35550余部，查处非法外运车辆712余部，截获油品和油田物资5681余宗，收缴电线电缆11万余米，收缴管线74万米，取缔土炼油炉69座、非法小化工12处、非法收油点94处，取缔窃气、窃电点8100余处，验证外运废旧物资车辆4146余部。施行油区涉油案件举报、抓获奖励政策，广泛发动基层职工群众和油区村民检举揭发涉油犯罪。油田的报刊、电视、信息网等新闻媒体，坚持办好油区治安秩序综治宣传专栏、专题、专网，提高油区治安秩序综治工作在群众中的知晓度，提高了群众参与油区治安秩序综治工作的积极性。

做好政治稳定工作。油田政治稳定工作机制健全，定期组织矛盾纠纷排查，实行台账管理。在发挥公安、综治、信访信息预警机制作用的同时，建立了稳定工作联控机制，综合运用政治、经济、法律、行政措施和手段，充分发挥行政调解、人民调解的作用，疏导、调处和化解矛盾纠纷，防止矛盾激化。组建600人的特勤大队，特勤大队每天出动100～200人，备勤220天。截至2006年底，出动人员33000人次，车辆648台次，配合公安机关处理上访事件120起，促进了油田政治稳定和油区治安。

夯实基层基础工作。坚持重心下移，广泛深入开展平安建设活动，推动综合治理措施落实。综治保卫队伍建设以提高综合素质为目标，重点抓好思想政治建设、业务能力建设和领导班子建设。各级党委重视和加强综治委(办)建设，进一步明确综治委(办)的地位和职能，选好配好二三级综治保卫干部。以基层党支部建设为核心，加强治保、调解、普法、帮教、巡逻等基层综治组织建设。家委会依法按期改选换届，在群防群治工作中发挥了组织、检查、监督作用。坚持抓好综治保卫干部培训，大力提高工作能力和水平。加强对护矿巡逻队员和一线职工的教育管理，引导他们严格依照法律法规开展工作，当好油田卫士。

【深入开展“严打”整治斗争】 面对油区日益严峻的治安形势，油田组织开展了打击“两抢一盗”刑事犯罪的专项斗争，先后组织了冬季严打整治集中行动、40天保油上产会战、春季油区治安专项整治、滨海油区治安秩序整治、“打黑除恶”等专项行动。先后侦破了公安部、山东省关注的“3·13”破坏海底输油管道案、“4·30”贩毒案等一批影响大、危害大的案件，辖区内6起命案全部告破。破获各类刑事案件3649起，其中生产区刑事案件2190起，依法打击处理犯罪嫌疑人1460名，移诉802名、逮捕636名、劳教22名，缴获赃款及赃物折款1465余万元。油田范围内案件大幅上升的趋势被扼制，刑事案件立案总量较大幅度下降。全年立各类刑事案件3763起，同比下降27%，打掉犯罪团伙210个，抓获团伙成员743名。油田生产区刑事立案1759起，同比下降21%，其中抢劫油田生产器材案件99起，同比下降58%；持械暴力抢劫原油案件67起，同比下降20%；破坏输油管线案件591起，同比下降10%；破坏井口、盗窃高架油罐原油案件578起，同比下降12%；盗窃破坏电力设施案件491起，同比下降28%。社区及社会面案件共立案2004起，同比下降31%，其中立杀人案5起，同比下降50%；故意伤害案42起，同比下降4%；盗窃案件1376起，同比下降41%。充分运用治安处罚手段，加大对治安案件尤其是油田生产区案件的查处力度，查处行政案件1184起，其中治安案件1023起，治安处罚1407人。加强爆炸剧毒危险物品管理，收缴废旧测试弹260发、雷管950枚，销毁闲置剧毒化学品43.6千克。加大禁毒工作力度，大力开展禁毒宣传教育，抓获涉毒违法犯罪人员37名，缴获冰毒1037.3克。深入开展春季防火检查等专项治理活动，消除火险隐患2850多处。强化灭火演练和战备执勤，出动火警470余次，抢救保护物资价值4100多万元，杜绝了群死群伤等重大恶性火灾事故。

(宋慧敏)

(审核　贾锡坤)

防空工作

【综述】 人防组织指挥和通信警报建设稳步发展。胜利油田人防指挥所工程开工建设。防空警报设备设施全部实现了社会化管理，10月29日成功进行了胜利油田第九次防空警报试鸣。人防工程建设与管理成效显著。胜利油田1120人防工程已进入施工阶段，建设面积23300平方米，地下2层，包括油田人防指挥所和战备车库、物资掩蔽部，投资预算9900万元，预计2007年底竣工并投入使用。胜利广场人防工程平战结合“三个效益”显著，年收使用费128万元；维护老工程建筑面积1461平方米，达到了以用促管的目的。人防政策性收费足额收取。全年共收取人防费430余万元，为人防建设提供了支持。深入开展人防宣传教育工作。举办《人防法》颁布10周年纪念宣传活动，充分运用网络、电视、报纸等媒体，宣传人防法律法规、政策性文件及重要经济目标防护知识，组织纪念《人民防空法》颁布10周年网上答题活动，1000多人在网上参加了防空知识竞赛。“准军事化”人防建设迈出新步伐。根据《人防机关“准军事化”标准》和《人防机关“准军事化”建设纲要》，加强思想素质和业务素质教育，队伍建设取得显著成效。

【人防科研取得突破】 跨区域特大型重要经济目标防护课题由国家人民防空办公室委托胜利油田完成。课题以重要经济目标整体防护和系统防护为切入点，对油田防空防灾防重大安全生产事故一体化建设具有较强的现实意义和指导意义。课题的开展为国家在重要经济目标防护的立法方面提供理论和实际依据，对其他大型重点经济目标防护也有较好的借鉴作用。

(许传国)

(审核　贾锡坤)

◆概况
◆大事记
◆特载
◆专文
◆工作综述
◆
◆局属实体　控股公司　改制企业
◆先进集体　先进个人
◆人物
◆文件选辑及索引
◆资料数据

二 级 单 位

地球物理勘探开发公司

【概述】 地球物理勘探开发公司是胜利石油管理局下属的二级单位，位于东营市牛庄镇，所属第一大队位于德州市。总占地面积888.3万平方米。自1971年成立以来，先后在国内多个地区进行过地震作业，具有较强的科研攻关实力和施工作业能力。截至2006年底，公司有员工3222人，其中正式职工2665人(含内退190人)，其中博士研究生13人，硕士研究生8人，大学546人；教授级高工4人，高级职称132人，中级技术职称475人，另有高级技师9人，技师73人。下设18个机关科室，7个直属科级单位，辖12个三级单位，48个四级单位。共有施工队伍18个，其中甲级地震队10个，乙级地震队8个。资产总额为7.778亿元，其中流动资产1.758亿元，固定资产5.935亿元。拥有地震仪器、测量设备、钻井设备等各类地震生产装备115台(套)。2006年，公司总收入为6.47亿元，实现外部市场创收额3.08亿元，资产收益率为6.34%。

放线工在黑池梁悬崖放线

市场开拓取得新进展。胜利探区地震生产任务优质高效完成，共完成二维地震521.48千米、三维地震947.81平方千米，7.7万炮的工作量。国内勘探市场得到进一步拓展，全年共中标了10个地震采集项目，完成二维地震2950.18千米、三维地震363.99平方千米，8.1万炮的合同工作量。国内市场中，西部市场领域不断扩大，在巩固西指市场的同时，挺进延长油田，开辟了西北市场；南方市场继续保持领先地位，优质高效地完成了松潘二维、黑池梁构造三维与镇巴灰岩攻关3个地震采集项目，并中标贵州黔中凯里二维与巴中地区元坝三维二期地震采集项目；东北市场开拓力度进一步加大，承担了辽河三维采集项目，并成立了东北项目部，为开拓东北市场奠定了基础。另外，跨行业勘探取得新进展，重新涉足煤田勘探领域，并在龙口项目中创造了公司7年来海上地震生产最高日纪录。国际勘探市场向纵深发展。以沙特项目四方联合体之一的名义完成了沙特鲁卜哈力沙漠B区块1个二维与2个三维的地震勘探项目，并中标了沙特阿美公司二维与伊朗泽罗依三维采集项目。

地震技术水平不断提高。高精度、复杂地表采集与滩浅海勘探等核心技术得到进一步完善与发展，为胜利油田储量与产量的稳定增长起到了重要的技术支撑作用，成为公司外拓市场的有力技术利器。山地地震勘探技术通过胶莱、黑池梁与镇巴项目攻关得到进一步丰富发展。海上煤田地震勘探采集技术不断成熟，形成了一整套现代海上煤田地震勘探采集技术系列。在技术研究和新产品开发上取得新突破，Seisway软件顺利通过集团公司专家验收，其整体技术达到国际先进水平;以多波、压裂监测与RVSP技术为代表的开发技术研究与应用取得长足进展;多项技术产品的开发取得新突破,其中新型浅层地震仪完成了开发工作,水下声学定位系统被评为国家重点新产品。

人才队伍建设硕果累累。颁布实施了《物探公司专家竞聘办法》,畅通了专业技术人才成长通道。积极探索实施重大项目人才公开招聘制度,搭建起优秀人才脱颖而出的发展平台。以高层次复合型人才建设和技能人才队伍建设为重点,积极开展全员大规模培训,全年共举办各类培训班117期,培训学员10856人次,其中,培训干部1257人次、工人1419人次,输入性员工及季节工8180人次,大大提高了公司队伍的整体素质。截至2006年底,公司共拥有集团公司学术带头人4人,局级专家、技术带头人、青年学术带头人17人,高素质队经理近20名,高级技师11名、技师77名。2006年,涌现出以油田地球物理勘探高级专家吕公河、“全国五一劳动奖章”获得者朱玉雷、油田技能大师姚光凯为代表的一大批杰出人才。

清理整顿工作取得阶段性成果。按照管理局的安排,2006年,完成了公司所属13家多种经营企业的清理整顿工作,对多种经营单位的人员和资产进行了摸底清查,共注销8家企业,安置富余人员(正式职工)14名。

思想政治工作得到扎实开展。“思想作风建设深化年”活动在全公司范围内得到积极开展,各级领导班子和党员干部的责任感和使命感进一步增强,干部队伍的思想作风明显改进。群众工作有效开展,大力实施了“阳光工程”,深入开展了“三进入三身边”活动,积极为职工排忧解难,有效地促进了公司的和谐稳定。积极构建长效稳定机制,初步形成了全面覆盖、反应灵敏、信息畅通的稳定工作网络体系,及时妥善处理各种矛盾和问题,有力地保障了公司大局稳定。基层建设取得新进展,共涌现出中石化金银牌队7支,管理局“名牌基层队、行业一强和优秀基层队”19支。

(李湘艳)

【Seisway软件顺利通过集团公司科技部验收】 作为中石化首家具有自主版权的地震采集软件,该软件已完成8个主要功能模块的设计,并进行了技术推广与应用,取得了良好的经济效益与社会效益。该项目已完成国家著作权登记,通过了山东省软件评测中心和中石化专家组织的测试,并获得局科技进步一等奖。12月,顺利通过集团公司科技部组织的专家验收,一致认为其整体技术达到国际先进水平。

(李湘艳)

【中标2项海外勘探项目】 2006年,物探公司中标沙特阿美二维与伊朗泽罗依三维勘探项目。两个项目的甲方均为国际特大型石油公司,沙特阿美公司为世界最大的石油生产公司和世界第六大石油炼制商,也是中东地区最大的石油公司。伊朗项目甲方为南伊朗油田公司,南伊朗油田为伊朗目前最大的油田,隶属于伊朗国家石油公司。上述2个公司对承包商的审查和管理都极为严格。从初期的进入市场发展到与国际特大型石油公司合作,标志着公司国际化市场战略取得了初步成功,并正向纵深化发展。

(李湘艳)

(审核 宋玉龙)

渤海钻井总公司

【概述】 渤海钻井总公司位于东营市河口

区渤海路 75 号，组建于 1997 年 5 月。公司机关设 17 个职能科室，7 个直属科级单位，下设 2 个副处级单位、8 个三级单位和 9 个科级单位。截至 2006 年底，用工总量 8452 人，其中正式职工 5891 人，集体职工 206 人，内聘工 499 人；有各类专业技术人员 1259 人，其中高级技术职称 71 人，中级技术职称 468 人，初级职称 598 人；拥有固定资产原值 8.51 亿元，净值 4.37 亿元；拥有 70D、50D 及 50L、ZJ45、大庆型、ZJ30L 等各类钻机 61 部，设备新度系数为 0.49。

市场开拓进一步拓展。2006 年，公司市场开拓力度不断加大，呈现出国内、海外两个市场开发齐头并进的良好局面。国内市场开发在稳定新疆、四川、东北市场的基础上，进军了海南和川东北市场。海外市场共运作 5 个项目，动用钻机 6 台，产值 2.21 亿元，海外市场的市场份额和盈利水平得到了提升。其中，埃及市场产值达 4400 万元，阿尔及利亚市场收入 3266 万元，蒙古市场产值比 2005 年增加 3656.72 万元。在阿塞拜疆、哈萨克斯坦进行固井施工 42 口，创产值 1465 万元。中标并施工 3 口国际反承包井，创产值 5975 万元。

科研与推广取得新成绩。开展了 6 项局级和 15 项公司级重点科研项目研究。其中，“组合式套管悬空内插座”等三个项目获得国家专利。新技术、新工艺的应用推广见到良好效果，在桩 129-斜 14 井，应用“密度大位移钻井技术”，仅用 58 天 4 小时钻完井深 4250 米，最大位移 2323.99 米，创大位移井钻井速度新高。应用推广了 PDC 钻头、新型防塌钻井液体系、潜山漏失钻井技术、欠平衡钻井技术等新技术和新工艺，实现了钻井速度、质量和效益的同步提高，特别是中深井钻井速度明显提高。中深井全年共完成 227 口，比 2005 年多交井 99 口，平均机械钻速提高 2.08 米/时。

安全管理力度不断加大。建立完善了科以上干部安全承包责任制，修订了考核办法。实行三级监控模式，建立了覆盖各生产单元的安全管理网络。开展了“百日安全无事故”竞赛和第 81 次岗位责任制大检查活动，覆盖面达到 100%。举办了安全生产继续教育和安全资格培训班，332 人参加了培训。建立了特种设备档案，对部分大型设备进行了更新改造，更新 ZJ70DB 等 4 种类型钻机 5 台，改造大庆Ⅱ型钻机井架 5 套，对所有井架底座进行了跟踪检测，装备的安全性能得到改善。加强安康文化建设，深化“家队安全共保”活动和“工友亲情、相互关爱、团队互动、保障安全”活动，增强了职工安全责任、执行力、岗位标准等安全意识。

队伍素质得到提升。以“三支队伍”建设为主线，大力开展岗位素质达标升级工作，促进了各类人才的成长，提升了队伍整体素质。举办各类培训班 50 期，通过培训，井队长及主要技术岗位人员全部实现了持证上岗。公司高级工以上技术工人比 2005 年增加 216 名，局级以上技术能手达到 47 名，公司级技术能手达到 401 名，技能人才岗位达标率 56.12%，比上年提高 11%，高技能人才数量少、专业面窄、起点低的状况明显改观。与此同时，在公司范围内广泛开展创建学习型企业、争当学习型职工和群众性岗位练兵、技术比武、导师带徒等活动，为广大干部职工营造持续学习的浓厚氛围。广泛开展群众性创新创效和小发明等活动，涌现了一批优秀创新成果。其中，《高架油罐升降辅助装置》、《钻机爬坡链条伸缩式护罩》等 13 项优秀创新成果参加了油田技能人才创新成果展。

内部改革稳步推进。按照管理局对外投资和多种经营清理整顿工作的部署，对 20 家多种经营实体进行了清理整顿。对所属多种经营企业进行广泛调研,制定有针对性的改制措施。及时出台有关规定,从产品、项目和市场等方面,规范和扶持多种经营企业发展,为加快改制创造了必要条件。管具劳动服务公司和海胜集团顺利完成了改制工作。其他多种经营企业改制工作按计划稳步推进。

(姜静静)

【生产经营创历史新高】 全年共交井765口,总进尺167.78万米,比2005年多33.75万米。其中,胜利油区钻井进尺144万米,比2005年增加21.95万米。全年主业收入30.40亿元,比上年增加7.02亿元,完成年度经营承包任务。

(姜静静)

【获得多项荣誉称号】 公司被评为全国"企业文化建设优秀单位"、"中国知名企业",被山东省评为"四五"普法依法治理先进单位、"理论教育先进单位"、"劳动保护先进单位"和"用户满意企业",被中石化命名为"石油工业用户满意服务"单位。钻前安装一队的"塔雁"文化荣获"胜利基层文化品牌"称号。史国栋被评为"感动胜利"人物。边伟建获得中央企业职业竞赛银牌。

(姜静静)

【承钻成功中石化第一口纯空气钻井和氮气钻井——大邑1井】 该井由公司70691队承钻。大邑1井的成功完钻,标志着中石化在西南地区实施空气钻井和氮气钻井技术首获成功。大邑1井于2月12日4时20分实现二开,二开井段692米至2800米,全部采用空气钻井技术。在四开井段4652.26米至4775.56米采用了氮气钻井新技术。实施空气钻井和氮气钻井技术,可极大地提高机械钻速,大大缩短钻井周期,降低钻井成本,有效避免钻井复杂事故,有利于保护油气层。

(姜静静)

【超高压井固井技术达到国际先进水平】 公司承担的阿塞拜疆Karabagil(卡拉巴格里)油田超高压井固井技术研究,通过技术成果评定,研究成果达到国际先进水平。研制的自动灌浆浮箍、剪销式注水泥前隔离塞和水泥塞定位器等超高压井固井设备,被申请为国家专利产品。三个专利产品的开发,填补了国内该项领域产品的空白。

(姜静静)

【普光11井创中石化工艺固井最长纪录】 由公司承钻的普光11井采用旋转尾管固井工艺,固井长度达到2885米,创中石化该工艺固井最长纪录。

(姜静静)

(审核　魏文忠)

黄河钻井总公司

【概述】 黄河钻井总公司隶属于胜利石油管理局,机关驻地位于东营市东营区西四路565号,全公司占地2804公顷,是一个集钻井施工作业、后勤辅助生产、农工贸经营于一体的集团化、专业化陆上石油钻井公司。公司成立于1997年5月15日,原名钻井集团二公司,1998年1月27日更名为黄河钻井总公司。主要经营业务是为油田提供钻井施工服务,作业区域约2.6万平方千米,分布在山东省境内的东营、滨州、淄博、潍坊、德州5个地市的28个县区。

2006年,黄河钻井总公司坚持以科学发展观为统领,求真务实,创新进取,各项工作取得优异成绩,综合经济实力和核心竞争力进一步增强。

生产经营再创历史新成绩。全年共开钻963口,交井968口,钻井进尺230.8万米,同比增加34.5万米,其中,油田内部市场交井860口,钻井进尺205.5万米;外部市场交井108口,钻井进尺25.3万米。经济总量达到55亿元,同比增加12.4亿元,增长29.1%,其中主业收入43.9亿元,多种经营产值11.1亿元。全年有26支钻井队进入外部市场,完成钻井进尺25.3万米,实现创收9.27亿元,同比分别增加2.3万米和3.26亿元。

企业管理水平不断提高。按照中石化和油田的部署,全面推行内控制度,建立完善了《钻井劳务结算管理办法》等制度,实施了物资供应、专项费用预计划管理模式,坚持月度经营分析会和经济合同集体会签制度,实现了经营管理的精细化、规范化,经济运行质量不断提高,全年上交资产收益、管理费用等共计1.7亿多元,圆满完成管理局下达的经营承包任务。加大安全管理力度,全年累计安全监督检查1145队次,查改各类问题5304个,处理违章肇事者及事故责任人227人。认真做好环境监测和排污总量的控制工作,投资建成了3座钻井液回收站,对259口井进行了钻井废弃物无害化处理,实现了清洁生产目标。公司连续9年被评为油田安全生产与环境保护先进单位,被山东省评为职业卫生示范企业。

坚持经济效益最大化的原则,对鄂尔多斯市场进行了有效整合,集中优势力量巩固四川、江苏、内蒙古等国内市场以及伊朗、哈萨克斯坦、沙特等国际市场,外部市场布局更加合理。采取有力措施规范外部市场管理,对川东北市场实行了"一体化"管理,组建了川东北钻井公司,并且制定了不同市场区块的考核管理办法,对提高外部市场的经济运行质量起到了有力推动作用。

核心竞争力实现新提升。按照"打造胜利钻井品牌,创建知名钻井公司"目标,牢固树立科学技术是第一生产力的指导思想,大力强化科技创新,全年开展了28项科研项目研究,共有15项成果获得国家专利,5项成果获得局科技进步奖。特别是着重强化了空气钻井、复杂地层深井钻井等工艺技术的攻关,取得较好效果。在平均井深增加235米的情况下,全年平均机械钻速19.88米/时,平均钻机月速4008米/台月,平均建井周期19天16小时,固井优质率81.79%,取心收获率96.97%,各项经济技术指标继续保持国内石油钻井行业的领先水平。加快装备更新改造步伐,全年配套7000米钻机2台,4000米钻机3台,竞争实力显著增强。按照创建节约型企业的要求,进行了2台钻机的网电改造,利用工业电网提供动力,有效降低了综合能耗。

"三支队伍"建设继续保持高水平。全年引进55名本科毕业生,并且引进了3名工程专业硕士研究生,引进人才的数量和质量都有新的提升。按照"公开、平等、竞争、择优"原则,有2名同志被聘为油田高级专家,评聘公司级首席专家3人,专家7人,首席技师2人,主任技师12人,责任技师113人,高级技师35人,技师161人,为专业技术和技能人才的成长发展搭建了平台。全年培训员工11286人次,并广泛开展岗位练兵、技术比武等活动,提高了职工队伍整体素质,在油田首届"金钥匙"技术竞赛、第14届职业技能竞赛以及中央企业职业技能大赛中,都取得较好成绩。

深化内部改革取得新进展。根据中石化和管理局清理整顿多种经营和对外投资的总体要求,明确计划进度,落实责任分工,顺利完成了胜华集团公司和3个钻井公司的32家多种经营企业的改制,共分流职工

2313名，目前已完成了36家企业、包括662名正式职工在内的2965名职工改制工作，成立了7个有限责任公司。胜油固井、胜油钻采年产值分别达到3.1亿元和1.65亿元，同比分别增加1.43亿元和0.4亿元，发展活力明显增强。在内部调整方面，进行了物资供应体制改革，成立了综合公司和川东北钻井公司。按照管理局要求，深化职务消费和福利制度改革都取得了新进展。

党的建设和思想政治工作取得新成绩。扎实开展"思想作风建设深化年"主题活动，认真学习遵守贯彻维护党章，积极践行"八荣八耻"社会主义荣辱观，深化"负责任"教育，不断加强党的建设和领导班子建设，形成了心齐气顺、风正劲足的和谐氛围。以"达标、创优、争强、夺名牌"活动为载体，努力推进基层建设的标准化、规范化，先后涌现出中石化金牌队8个，银牌队5个，管理局名牌队13个，行业一强12个，优秀基层队38个，全面完成了基层建设三年规划目标任务。继续深化提升"两深入、两心系"活动，不断增强职工队伍的凝聚力和战斗力。全年公司两级机关共走访慰问基层队434队次，职工家庭4271户次，慰问住院职工家属493人次。建立健全"扶贫帮困"、"济困助学"机制，累计发放困难补助、大病救助金、助学金等180余万元。大力实施就业和再就业工程，千方百计安排281名职工子女就业。2006年，公司荣获"山东省企业文化建设示范单位"、"山东省劳动关系和谐企业"、"全国学习型组织建设特别贡献单位"和"全国五一劳动奖状"等多项荣誉。

(蒋晓波)

【空气钻井技术试验成功】

空气钻井是指钻井过程中循环介质为空气，常用于二开钻井后易漏失层和低压、低渗油气层的施工。2006年1月1日—21日，由中石化南方分公司牵头，西南石油大学、胜利石油管理局钻井研究院、中国石油四川石油管理局钻井工艺研究院、新疆石油管理局钻井工艺研究院等单位的专业技术人员组成了课题组，在川东北地区黄河钻井四公司70159钻井队施工的老君1井二开钻进过程中，首次在中石化系统成功进行了空气钻井技术试验。到2006年1月21日，由于全烃值上升，井底发生爆炸，空气钻井结束，转换成泥浆钻进。钻井井段762～3253.7米，井径314毫米，钻井时间22天，平均机械钻速11.37米/时。与设计工期相比，在该井段空气钻井节约生产工期约110天。空气钻井技术实施的成功，大大降低了钻井施工综合成本，成功解决了川东北地区机械钻速低、易漏失等技术难题，标志着对付复杂地层的深井钻井技术取得了跨越式突破。

(蒋晓波)

【进军沙特钻井市场】 2006年6月21日，黄河钻井总公司在上海港举行赴沙特钻机

赴沙特钻机启运仪式

启运仪式，标志着公司代表中石化国际工程公司赴沙特钻井施工项目正式实施。为了保证该项目的顺利进行，黄河钻井总公司分别成立了商务报关、设备配套、人员培训三个小组，在最短的时间内，组织了最优秀的队伍，配套了最先进的装备。公司将以此为契机，打出胜利钻井品牌，进一步做大中东、中亚市场。

（蒋晓波）

（审核　王振光）

钻井工程技术公司

【概述】 钻井工程技术公司成立于1997年5月，是一家集钻井高新技术研究与技术服务为一体的高科技专业化公司，主要为国内外油田勘探开发提供定向井、水平井等特殊工艺井以及优质钻井液的科研攻关和现场技术服务，并面向油田钻井系统和全国石油系统提供钻井专业技术培训和多种安全资质培训。公司位于钻井路8号，下设定向井公司、泥浆公司、钻井职工培训中心3个三级单位，3个科级单位，4个直属科级单位，现有职工1173人。目前拥有以LWD、MWD为代表的各类专业化仪器设备213台(套)，可同时为70台钻机提供定向井、水平井和泥浆现场技术服务，已经具备年完成定向井700口，水平井200口，泥浆技术服务井150口的技术服务能力。钻井职工培训中心是石油系统综合实力较强的高新技术培训基地。

生产经营再创新纪录。2006年，公司各类定向井年施工总量首次突破600口大关，水平井总量首次突破100口大关。在油田内部市场完成各类定向井550口，其中水平井67口，同比增长20%；油田外部市场完成各类定向井88口，其中水平井65口，同比增长31%。全年完成泥浆技术服务井35口，其中深探井28口，增加了项目“含金量”，重晶石粉供井24.3万吨，同比增长53%；外部市场完成泥浆技术服务井25口，同比增长14%，创历史最高水平。培训中心全年办班413期，培训学员16809人，同比增长7%。公司全年主业创收2.9亿元，实现内部利润1590万元(含资产收益费1530万元)，多种经营收入1640万元，实现利税175万元。

市场开拓实现新进展。定向井市场占有率稳定在70%以上。泥浆市场重点加大对深探井、海上探井、海油陆采井方面的工作力度，成功中标车660、王587、渤深8、桩斜149等28口重点深探井的泥浆技术服务，在油田重点勘探区块取得新突破。在泥浆传统服务项目方面，重晶石粉供井再创历史新高。培训中心成功举办了三期涉外石油施工人员培训班。在西部市场，以巴州分公司基地为依托，完成了一大批重点项目的施工任务。6月份，管理局领导到巴州检查工作，对西部工作予以高度评价。冀东和鄂尔多斯市场全年完成各类定向井33口，成为公司创收的重要组成部分。国际市场，由定向井公司提供技术服务的萨哈林南阿雅什1号井已顺利交井，在俄罗斯石油市场取得阶段性胜利。泥浆公司在伊朗和哈萨克斯坦完成3口技术服务井，同时，首次以“大包井”方式进入伊朗市场，在技术服务项目上取得突破。培训中心“中石化胜利川东北工区培训基地”在四川达州挂牌成立，成为外部市场开辟的又一培训基地。

技术进步取得新成果。2006年承担局级重点科研攻关项目5项，集团公司项目3项，局重点实验室项目2项，产业化项目1项，博士后项目1项。在科研成果评定验收中，有9个项目获局级科技进步奖，其中

《正电性钻井液完井液的推广应用》获局科技进步一等奖。在仪器装备方面，通过各种投资和融资渠道积极筹措资金5000多万元，重点引进一批现场急需的仪器、装备和配件，缓解了仪器制约发展的问题。同时，注重盘活现有资源，加快进口仪器的国产化改造步伐，使其发挥更大功效。自筹资金与相关科研单位合作，开展抗高温仪器项目研究，高温电子多点测斜仪已能够满足深井高温的要求，高温有线随钻测斜仪已通过了地面高温试验，在环境温度180℃的情况下可正常工作24小时以上。

坚持深化改革，发展活力又有新提升。一是改制分流工作有序进行。坚持发展和改制"两手抓"的指导思想。9月初，对所属4家多种经营企业进行了认真调研，制定出改制分流时间表和工作计划。为确保2007年7月前完成4家单位的改制分流工作打下了基础。二是职务消费改革稳步实施。公司积极响应油田深化职务消费和福利制度改革工作，完成了公务用车改革和通讯费改革。

企业文化建设成效显著。一是以"家文化"建设为载体，营造"干群一心谋发展"的良好氛围。定向一队凝练出"定向人生，爱队如家"的团队精神，依靠"家有魂、家有情、家有规、家有名"四大家训，营造出融洽、和谐、奋进的"一队家文化"，增强了一线队伍的凝聚力和战斗力，在油田基层文化建设现场经验交流会上，定向一队作为钻井系统惟一一家油田基层文化建设品牌单位在会上作了经验介绍。巴州分公司从"面向未来，建设西部一流'兵站'；以人为本，让职工享受家一样的温馨；潜移默化，让职工感受西域'兵站'文化"三个方面入手，积极探索外部市场"家文化"建设的新路子，取得了较好效果。二是发挥先进典型的导向、示范和带动作用。选树以中石化金、银牌基层队定向二队、定向一队等为代表的一批先进集体，以朱允清为代表的一批先进个人。4月份，定向二队在集团公司非上市企业金银牌队总结表彰会上，作了《与时俱进、持续超越、努力建设国际一流的定向井技术服务队伍》的大会发言，展示了"胜利钻井技术"的品牌形象。培训中心外闯市场感动胜利的"十朵姊妹花"被山东省授予"女职工先进集体"。

（齐兰英）

【西部塔河南4井创水平井钻井施工最新纪录】 钻井工程技术公司提供水平井技术服务、华北西部钻井公司60816钻井队承钻的THN4H井，从造斜到完钻仅用12天10小时，创塔河油田同类型水平井斜井段钻井速度最短纪录，标志着我局在高新钻井技术领域又创新高。THN4H井是中石化华北西部公司增储上产井，在充分提高钻井速度的同时，井眼曲率和平滑度高质量都达到了甲方的要求，为华北西部公司增储上产作出了贡献，为该地区水平井钻井技术的进一步成熟和发展提供了依据。

（齐兰英）

【新型钻井液体系成功研制】 由公司承担的中石化西指"和田1井小井眼高温高密度高含钙盐水浸钻井液处理技术"研究课题，通过室内实验，并在和田1井施工中成功应用，顺利钻穿113.5米的高含钙盐水层，成功破解了"高钙盐水浸"这一世界级钻井技术难题。这一新型钻井液体系的成功应用，为含高钙盐水地层的钻井施工提供更为可靠的技术保障。

（齐兰英）

【TK1102CH短半径水平井再创新指标】 由钻井工程技术公司提供定向、测量技术服务的 TK1102CH 井是中石化西北分公司的一口重点评价井，也是西部油田最深的一口开窗侧钻短半径水平井。该井是西部油田第一次采用斜向器进行开窗侧钻施工的短半径水平井，该井的顺利完钻，创出开窗侧钻短半径水平井开窗井深最深的国内新纪录。

（齐兰英）

（审核　李佃鑫）

塔里木胜利钻井公司

【概述】　塔里木胜利钻井公司有职工 857 人，其中正式职工 439 人。公司机关设职能科室 9 个，下辖 17 个三级单位。拥有 ZJ70D 型、ZJ70LDB 型、F320 型、C-2-Ⅱ型等 4 种类型钻机 13 台(套)，具有钻探浅井、深井、丛式井、定向井、水平井、探井、套管开窗井等各类井型的能力。

2006 年，公司动用钻机 13 台，开钻 27 口，完井 27 口，完成钻井进尺 13.53 万米，同比增加钻井进尺 2.33 万米；钻机月速 1334 米/台月，同比提高了 271 米/台月；平均机械钻速 5.51 米/时，同比提高了 1.39 米/时；事故和复杂，同比分别下降了 4.73% 和 3.95%；平均钻井周期 103.5 天、平均建井周期 116.58 天，同比分别下降了 24.33 天和 22.34 天；井身、固井、井口质量合格率均为 100%。全年实现收入 3.56 亿元，实现内部考核利润 470.82 万元，同比分别增加了 7800 万元和 50 万元。

【钻井生产创出多项佳绩】　2006 年，塔里木胜利钻井公司多个钻井队钻井生产创出佳绩。70121 队承钻的塔中 83 井获良好油气显示，成为塔里木油田三个重大发现之一。60798 队承钻的塔中 244 井获得工业油气流，对于扩大塔中 24 圈闭油藏规模的勘探具有重要意义。60800 队成功完钻的塔中地区首口超薄油藏水平井——塔中 24-1H 井，为塔中地区超薄油藏的开发提供了宝贵经验。同时，因该队在塔中 16 — 17 等水平井施工中的突出业绩，荣获了中石油集团公司“水平井优秀施工奖”。70799 队施工的轮古 9-2 井，创造钻进速度和施工质量的多项纪录，多次获得甲方表扬。70118 队承钻的英买 322 井，创造该地区直井段下复合套管的成功纪录。70123 队施工的英买 7-2H 井，成功地开创了大井眼、斜井段下复合套管的先河。2006 年，公司钻井队在多次劳动竞赛中获奖，其中，70122 队、70118 队和 70121 队先后共 4 次获得“钻井杯”和“速度杯”，为公司赢得了荣誉，树立了胜利钻井品牌。

（冯玉刚）

【精神文明建设取得丰硕成果】　2006 年，塔里木胜利钻井公司涌现出大批先进集体和先进个人，精神文明建设取得了丰硕成果：公司先后荣获山东省和塔里木油田文明单位称号，荣获中石化西部指挥部思想政治工作先进单位称号，连续在塔里木油田精神文明考核中获得乙方第一名；70121 队被授予“全国青年文明号”称号；有 4 支钻井队被授予“山东省青年文明号”；70118 队被授予山东省“青年安全示范岗”；70121 队获中石化“金牌钻井队”称号；70123 队获中石化“银牌钻井队”称号；有 9 支井队分别获得胜利油田“名牌基层队”、“行业一强”、“优秀基层队”称号；涌现出了大批先进个人，杨森、宫艳波、孙曰强等 3 人荣获管理局“劳动模范”，李作秋荣获管理局“十大外闯市场青年先锋”，倪合合荣获管理局“西部青年创业奖章”。

（冯玉刚）

（审核　张大奋）

海洋钻井公司

【概述】 海洋钻井公司位于东营市东营区莱州湾海港路5号，占地面积5280亩。截至2006年底，公司有13个机关科室，5个直属科级单位，13个三级单位，1个多种经营实体。用工总量2010人，主体用工1743人，多种经营用工367人。干部494人，专业技术人员197人，其中高级职称59人，中级职称233人。高级技师13人，技师42人，高级工385人，中级工536人。拥有八条钻井平台(座底式3条，自升式5条)，作业水深2～40米，最大钻井能力9000米。固定资产原值8.06亿元，其中主要生产设备原值7.02亿元。

全年开钻62口，交井62口，完成钻井进尺151997米，完成生产经营总值12.31亿元，利税1.17亿，比上年多开钻5口，多交井4口，多打进尺14188米，生产经营总值增加2.43亿元。2006年开钻口数、进尺总数、经营总值均创历史最好水平。

市场开拓。全年共有6条钻井平台在冀东、大港、辽河市场、国内反承包市场、国际市场共打井23口，完成钻井进尺6.84万米，占公司进尺总数的44.97%；创收7.87亿元，占公司经济总量的63.9%。

内部管理。深入扎实地推行体系化管理。确立了“安全第一，预防为主；以人为本，关爱生命；持续改进，不断提高”的安康文化理念，编制了安康文化手册。加强异体监督管理，实行安全监督年终述职制度，严格实施双月综合检查，完善考核办法，拉大各平台“三标”奖励幅度，加大违章指标的考核比例，做到了安全监控横向到边、纵向到底。加强了以财务管理为核心的内控制度建设。完善经营承包、考核奖惩及定额体系。对平台经理效益工资分配、平台万米进尺奖、总包制施工平台钻井进尺奖励标准、辅助生产单位各项成本及劳务指标体系等，全部进行了细化和完善。制定了内控制度实施细则，出台实施了日常业务报销、施工结算、项目招投标等管理规定，建立了设备修理考核制度，完善了设备修理程序，对平台坞修项目首次进行了公开招投标，公司经营管理工作逐步向精细化、程序化、规范化运作方向迈进。

科技创新。成功完成了国内第一口具有完全自主知识产权的鱼骨状分支水平井——CB26B-支P1井。先后完成了南堡4-1井等5口五段制高难度定向井的施工。套管钻井技术再次在海上得到成功应用，创出了机械钻速高达64.4米/时的新纪录。推广应用改性天然高分子钻井液体系和甲酸盐—正电聚醇钻井液体系，取得了良好效果。在KD104井配合低密度水泥浆固井技术，采用了甲基葡萄糖甙钻井液体系，破解了埕岛油田垦东地区油层污染的难题。克服地层复杂、裸眼段长、井眼轨迹不易控制等困难，在大港油田海上最深的预探井——张海19井施工中，从开隔水开始，仅用50.26天完钻，68.79天交井，创造了大港海上深井施工的最快速度。

装备建设。投入资金5045万元，对胜利二号平台进行了大规模改造，使其钻井能力由4500米提高到了7000米，并具备了施工丛式开发井组的能力。对胜利三号、六号、九号平台实施了大规模维修，有效提高了平台的装备水平和安全系数。

思想政治工作。以“五点五线创五优”活动为主线，深化推行“负责尽职承诺”制度和“一线工作法”，积极开展“服务创新型机关”建设。深化运行政工管理体系，以“科室抓点，典型挂靠”和课题研究活动为载体，加大了思想政治工作与生产经营的融合。积极倡导廉洁文化，大力加强党风廉政建设，在全公司营造了气正风清的良好氛围。深化实施企业文化建设，公司被全国企业文化研究会评为“企业文化建设先进单位”。开展“三争一优两创”劳动竞赛，成功举办了“弘扬正气，激情创业”辩论赛，积极参加管理局青工网上技能拉力赛、“金钥匙”技术竞赛等活动并取得了好成绩。大力加强基层建设，涌现出集团公司金牌队1个、银牌队2个，管理局名牌队4个、行业一强3个、优秀基层队5个；落实班组长的责权利，开展了安全先进班组暨班组建设现场会，独具特色的班组建设活动不仅把管理落实到了具体岗位上，而且还激发了班组人员的积极性和创造性，提高了队伍的凝聚力和战斗力。加强“和谐公司”建设，认真做好群众工作，真心实意为职工群众办好事、办实事，做到了“真困难真帮助，特殊困难特殊帮助”。

(王祥晶　李道静)

【圆满完成中石化首口鱼骨状分支水平井】 2006年10月28日，由海洋钻井公司胜利六号平台承钻的中石化第一口鱼骨状分支水平井——CB26B-P1井顺利完钻。该井由1个主井眼和4个分支井眼组成，呈鱼骨状分布，主井段井深为1810米，4个分支井中最大井斜达95.1度，最大水平位移为700.62米。该井从开钻到完钻仅用15.56天，井身质量、完井质量合格率均为100%。该井的顺利完井填补了中石化鱼骨状分支水平井技术空白，也为提高采收率和水平井施工水平提供了宝贵经验。

(王祥晶　李道静)

【海上重点井组——CB26A井施工创多项纪录】 由胜利九号平台承钻的油田海上重点井组——CB26A于9月18日顺利交井。该井组共有9口井，井组的施工创多项新纪录：CB26A-5井井深2203.48米，表层套管下深1201米，最大井斜61.80度，创中石化海上定向井表层套管最深、表层井斜最大两项新纪录；CB26A-8井，井深1755米，井斜44.3度，建井周期仅为5.96天，创海上单井建井周期最短纪录；CB26A井组钻井总进尺为17292米，历时88天，创海上丛式井组施工周期最短新纪录。

(王祥晶　李道静)

【国际市场开拓实现零的突破】 2006年，由胜利七号平台承钻的韩国西海2-2区块Magpie井，历时4个多月，圆满完成了该井的钻井及试油作业。这是公司第一次承揽的国外海上钻井作业项目，也由此实现了在国际市场开拓上零的突破。

(王祥晶　李道静)

(审核　陈建忠)

地质录井公司

【概述】 地质录井公司位于东营区乐园路1号，成立于1995年，占地面积110175.79平方米。公司下属11个机关科室，12个三(科)级单位，各类专业队伍128个；基层党委6个，党支部31个，党员547名。公司现有职工1552人，其中干部610人。有各类专业技术人员622人，其中高级职称52人，中级职称246人，初级职称276人，技术人员占职工总数的40%以上，是一个知识分子相对集中的单位。公司拥有固定资产原值15929万元，净值7202万元。公司现有大型综合录井仪54台，其中Advantage综合录井仪12台，ALS-2综合录井仪12台，公司自行研制生产的SRP-2000综合录井仪17台。有自行研制开发的小型录井仪103台。辅助生产设备有地化录井仪15台，定量荧光分析仪18台，PK分析仪3台，色谱(水分析)仪2台，各种型号的井位测量仪26台套(其中GPS4台)，气相色谱仪5台，油藏描述工作站3台以及其他分析化验设备，技术构成居国内同行业前列。

2006年，完成地质设计1801口，准确率、及时率100%；初测井位1678口，复测井位1497口，准确率、及时率100%。全年内外市场完成录井1519口，其中探井148口，三项卡准率100%；上交资料及时率、合格率100%；探井油气层发现率99.92%，同比提高5%，实现了录井技术服务零投诉的好成绩。主业实现劳务收入26020万元，同比增加1989万元，增长8.28%；实现利润981万元，同比增长36.25%；上缴资产收益1520万元，净资产收益率13.65%，主业全员劳动生产率达到19.05万元/人年，主要经济技术指标均创历史最好水平。

服务领域进一步扩大。全年有34支队伍在外部市场提供服务，较上年增加10支。在国内市场有21支队伍，较上年增长8支；国际市场有13支队伍，较上年增加2支。在外部市场主要取得了“四个突破，一个提高”的好成绩。一是卫星传输服务在海上、国内外市场实现重大突破，一举获得了中石化国际勘探公司和中石化国内重点探井两个项目，拉长了公司的产业链。经过激烈的市场竞争，取得了上海平湖项目A11、A12井的录井、传输工程，首次在距陆地360千米的海上进行数据传送，实现了海洋传输“零”的突破。二是在煤层气市场实现“零”的突破。首次在煤层气市场提供了小型录井仪和综合录井仪服务。三是市场服务主体范围有新的突破。公司首次进入民营企业服务领域，录井市场呈现多元化的良好发展趋势。四是测量市场有新突破。在站稳新疆、哈萨克斯坦和外蒙古井位测量市场的同时，新开辟了吉尔吉斯、浙江井位测量以及地方芒硝矿、盐矿测量、地形测量等市场。五是市场竞争能力有新提高。中标腰深1井、元1井、建深1井等一批重点探井，特别是在腰深1井首次成功实施了欠平衡钻井条件下的录井施工。SL222录井队被授予“中国石化松南深层腰深1井天然气勘探重大突破”先进单位。有8支队伍取得中石化股份公司市场准入证，取得准入证的队伍总数达到34支。

核心技术能力不断增强。全年组织开展集团公司、局级和公司级课题23项，完成集团公司课题1项、局级课题2项和公司级课题8项，SLSP-2K快速色谱仪研制成果获中石化科技进步三等奖，录井中心数据库开发与应用、气测录井仪研制等5项研究成果分获管理局科技进步、科技成果推广二、三等奖。钻井泥浆红外气体检测仪、石油钻井信息掌上监控系统、钻井泥浆防抽器获国家实用新型专利，钻井便携红外录井仪已通过国家专利局预审。

企业管理水平不断提高。一是贯彻“流程再造，岗位重塑，建章立制，规范管理”的管理思路，运用ISO9000思想和PDCA循环方法，组织了制度建设工作，对公司各层面管理制度进行了梳理、修订和完善，建立完善了四大类94项制度。二是规范经营管理行为，提高经济运行质量。全面试行内控制度，建立健全了收入、支出、管理和监督评价4类13个实施细则，形成了“授权有度、风险受控、操作规范、程序透明”的内控制度体系。认真做好审计和效能监察工作，节挽资金283万元。加强合同管理，坚持万元以上经济合同集体评审制度，全年合同履约率100%，公司被授予2006年度“山东省重合同守信用企业”称号。三是ISO9001质量体系得到持续有效运行，顺利通过了第二方和第三方年度监督审核。进一步完善录井技术标准体系。广泛开展管理创新、合理化建议评选活动，评出优秀管理创新成果12项，企业管理合理化建议优秀成果18项，有9项成果分获管理局二、三等奖。积极组织开展群众性技术改进及合理化建议活动，全年取得QC活动成果32项，创直接经济效益156万元。四是全面完成了安全生产各项工作目标，实现了安全生产“八连冠”。全年组织各类安全资质取证培训85期，1316人次取得了相应的资质证书，一线生产人员取证率达到98%，有效地提高了职工的安全防范能力。

职工队伍综合素质有新提升。着眼于长远发展，建立了人才培养机制，加大了外向型和高层次人才培养力度。强化人力资源引进工作，2006年从高校引进了本科生16人；民主选拔了2名首席专家、2名副总师和6名管理人员，选拔推荐了油田“十佳技术员”、油田技能大师和油田高级专家，一批优秀人才脱颖而出。继续加强职业技能鉴定工作，共进行初、中、高级技能鉴定118人，进一步提高了技能操作人员的技术水平。大力开展岗位技能培训，为公司持续发展提供了人才保证。全年共组织各类培训班215期，有2855人接受了培训，其中送外培训1589人次。

党建和思想政治工作取得显著成绩。深入开展“思想作风建设深化年”活动，认真学习遵守贯彻维护党章，积极践行“八荣八耻”社会主义荣辱观，广大党员干部的党章意识、责任意识、荣辱意识、正气意识进一步增强。认真落实稳定工作预警机制和“六个到位”的工作措施，积极做好各个群体的稳定工作，实现了稳定工作的“三无”目标，营造了公司稳定和谐的良好局面。以“达标、创优、争强、夺牌”活动为载体，全面推进基层建设工作，基层建设创出佳绩，全年共组织申报名牌基层队3个、行业一强2个、优秀基层队3个、达标基层队2个。在中石化“五项劳动竞赛”活动的考核验收中，有6支队伍获得中石化金牌录井队，5支队伍获得中石化银牌录井队，获得金银牌的录井队伍总数在中石化录井系统中名列前茅。高度重视群众工作，一是积极做好就业和再就业工作，新安置协解人员就业15人，146人实现了再就业，有就业愿望的协解人员再就业率达到100%。二是切实关心职工群众身体健康，为1798名在职职工、退休职工、协解人员进行了全员健康查体，为658名女工、家属等进行了女工查体，为1108人次在职职工注射了乙肝疫苗。全年共安排职工疗养145人。三是积极开展“送温暖”工程，为68人办理困难补助，为11人办理职工互助互济补助，为11人发放医疗救助金，为5名患重大疾病职工办理医疗补助。2006年，公司荣获油田文明建设先进单位、思想政治工作先进单位和基层建设先进单位等多项荣誉称号。

（罗雅君）

（审核　翟慎德）

测井公司

【概述】　测井公司位于东营市东营区北二路418号，前身是胜利油田测井总站，1984年更名为测井公司。主要为胜利油田勘探开发提供测井、射孔、取心及资料解释技术服务，承担测井、射孔技术研发和仪器制造任务。机关设14个职能科室，下设8个三级单位，7个科级单位。有95个野外施工小队，其中测井队65个，射孔队30个。2006年用工总量2570人，其中正式职工2341人，集体职工58人，劳动合同工171人。有各类专业技术人员602人，75%的技能操作人员达到中级工以上水平。具有教授级职称2人,高级技术职称167人,中级技术职称的358人。共有主要生产设备331台(套),其中测井专用设备111台(套)。拥有固定资产原值4.1亿元,净值1.3亿元。

2006年完成各类测井、射孔、井壁取心10321口,资料解释1780口,分别比2005年增长14.1%和12.8%,是历年来完成工作量最多的一年。主营业务实现劳务收入6.81亿元,同比增长18%,其中外部创收1.34亿元,同比增长36%;集体企业完成产值2.48亿元,同比增长19.8%。公司总产值首次突破9亿元,主营业务实现利润5839万元,超交利润1659万元,集体企业实现利润985万元,经济总量和经济效益再创历史新高。

施工服务能力有了新提升。组织编写了《测井辅助设备操作指南》,实施了野外生产许可制度,明确了野外施工队人员、装备、仪器、管理制度、操作规程、辅助器材和应急设施的配备标准,92个野外施工队通过考核全部取得《生产许可证》。全年完成5000米以上深井、高温井施工38口,并创造了连续20口5500米以上水平井施工一次成功的新纪录。

主营业务收入进一步提高。2006年,在胜利油区关联交易实现劳务收入4.1亿元,同比增长5%;反承包业务实现产值1567万元;油公司服务实现产值1.2亿元,为年计划的200%。在外部市场,完成测井、射孔施工517口井,实现收入1.2亿元。其中,承揽的中石化西部新区和西北局水平井施工任务分别达到该地区50%和60%的测井工作量,收入突破5300万元;冀东油田施工项目创收3300万元;南方项目组实现收入1530万元;完成杜邦1井的全套施工项目,实现劳务收入1305万元。

企业管理不断加强。强化财务资产管理,同6家主要生产单位签订了资产经营承包合同;结合全面预算管理,进行了收入、成本目标的层层分解;落实经济分析会制度和内部控制制度,按季度对成本和费用进行综合分析和控制,对主要生产单位进行了经营承包考核,实现了经营管理的有效控制,确保了公司经济的平稳运行。加强物资采购管理,入库物资质检率、合格率和计量率均达到100%。以"三化三零"为目标,强化设备管理,连续8年荣获"山东省设备管理先进单位"称号。质量管理体系通过复评审核,计量管理体系通过认证,被管理局授予"技术监督先进单位"。

科技创新能力进一步增强。2006年,科技攻关取得显著成果:多极子阵列声波、高分辨率阵列感应等重大攻关项目取得突破性进展;强聚焦双侧向测井仪研制等3项成果通过集团公司技术成果鉴定;140毫米大孔径深穿透射孔新技术推广等5项成果获管理局科技进步奖;SL-6000型测井系统、生产测井动态模拟实验室获集团公司科技进步奖;13项技术获得国家专利;实施科技增效项目17项,增加产值3340万元。科研仪器研制工作再上新水平,超高温下井仪器研制完成样机并通过上井试验。共生产SL-6000型地面系统11套,各种下井仪器326支。

持续开展人才开发和职工培训工作。多渠道开展人才开发工作,举办了第四届"人才节",评选表彰了"十佳人才"和优秀青年人才。开展了导师带徒活动和三、四级后备干部选拔考试工作,营造了人才能够脱颖而出的良好氛围。大力开展职工培训工作,组织了11个工种300余名职工参加油田技能鉴定,99名工人取得中高级职业资格,两人获"管理局技术能手"称号,5人获"管理局优秀青年知识分子"称号。在完成95项培训项目,培训职工4197人次的基础上,确定SL-6000型测井系统操作维修工程师培训等5项重点，其中，SL-6000型测井系统操作维修工程师培训等3个项目分别被评为油田优秀培训项目和精品培训项目，被管理局授予“职工培训工作先进单位”称号。

深入开展新形势下的思想政治工作。组织开展了“思想作风建设深化年”活动，促进了各级干部思想作风的转变。在科级干部中开展了“加强理论学习，查找存在问题，落实整改措施，全面提高素质”活动，党员、干部的责任感和紧迫感进一步增强。大力加强党的建设，健全基层党组织，配强各级领导班子，完善各开展“咱们工人有技术才能更有力量”大讨论、“导师带徒”等活动，调动了广大职工立足岗位自学成才、创新创效的积极性。2006年，公司党委被评为山东省先进基层党组织，公司再次被推荐为省级文明单位。

（孙培忠）

【举办第四届“人才节”】 9月下旬至10月，测井公司举办了第四届“人才节”。第四届“人才节”结合油田开展的“金钥匙”技术竞赛活动，先后组织开展了岗位练兵和技术比武活动，召开人才工作座谈会，举办青工创新创效成果大赛和测井实用英语比赛，评选2005届优秀见习生和优秀见习指导老师，评选2006年度公司十佳人才和27名优秀青年人才，聘任公司首批29名导师，启动“导师带徒”活动等。通过活动的开展，发现和培养了各个岗位上的优秀人才，调动了广大干部职工学技术、学业务、比贡献的积极性，进一步营造了“尊重知识、尊重人才、尊重劳动、尊重创造”的良好氛围。

（孙培忠）

测井公司第四届人才节表彰大会

【研制成功超高温测井系列下井仪器】 结合油气勘探开发中深井、超深井日益增多的实际，适应国内测井行业对超高温常规测井系列下井仪器的需求，仅用3个月的时间，于2006年12月研制成功具有自主知识产权、先进实用的超高温测井满贯系列下井仪器，并顺利完成了上井试验。

该技术将填补国内石油测井行业超高温满贯系列下井仪器研制领域的技术和产品空白，进一步拓展了SL-6000型高分辨率多任务测井系统的功能，使国产测井装备逐步达到国际先进技术水平，为国内测井公司具备国际市场服务能力提供有力的技术支持。该仪器的研制成功，实现了重要测井装备的国产化，有效降低了国内测井公司测井仪器采购、施工和维修成本，经济效益十分显著。

（孙培忠）

【完成中国陆上第一深井——塔深1井测井任务】 塔深1井是中石化西北分公司部署的一口中国陆上最深的重点探井。该井在钻进过程中出现掉钻具现象，在6860米进行侧钻，造成测井施工难度增大，在其他测井队伍无力承接该井的测井任务情况下，由胜利测井公司组织施工。经过25小时的施工作业，优质完成了对该井7358米的中间测井施工任务。该井是继2003年12月成功完成中4井(7220米)测井施工后，创造的一项新的超深井施工新纪录。

(孙培忠)

(审核　王新刚)

井下作业公司

【概述】 胜利油田井下作业公司成立于1965年11月21日，占地1672.67亩。现有职工5455人，具有专业技术职称的人员1187人，党员2762人，拥有固定资产2.67亿元，净值1.24亿元，拥有主要生产设备552台(套)。2006年，面对成本大幅度上涨、内外部市场竞争加剧等一系列困难和挑战，公司深化改革，细化管理，积极开拓市场，全年实现销售收入16亿元，年增长速度25%，创历史最好水平，超额完成管理局下达的各项承包任务。公司党委被评为中石化先进基层党组织；公司第18年被评为管理局文明单位，第16年被评为山东省文明建设单位。

勘探开发。勘探工作针对超深探井、高温高压井增多，认真抓好施工质量和措施研究，全面推行精细化施工，取全取准每一项资料，不断提高服务水平；加强老井复查工作，制定重新认识和油层改造等措施，确保实现优质勘探，先后在辛176、车660、坨147等探井试油中，获得了高产工业油气流，在东营北带、东营南坡和车镇北带等重点探区见到了良好的油气显示。全年完成试油105口205层，地层测试183层，在57口63层中试出工业油气流，累计日增油1553吨，天然气26436立方米。开发工作充分发挥队伍、装备和技术优势，自觉加压，超前运筹，积极组织开展大修、压裂、注汽、海上作业等上产会战，全年实现大修侧钻井356口、稠油热采120口、作业井545口，作业总交井1126口，压裂酸化防砂960井次，生产二氧化碳2.6万吨。

疑难区块开发。大力推广应用新工艺、新方法，开展新技术的攻关与试验，加大各区块储量动用程度。在老区产能建设上，通过注蒸汽热采、水平井开发等技术，使胜二区东二段和郑六块等低品位稠油油层相继开发。在新区产能建设上，加强地质资料研究，立足采油工艺技术的创新，突出成熟工艺技术的推广，强化技术的综合集成与整体实施；打新井增加产能，全年共完钻新井38口，新建产能8.6万吨，完成了35万吨的原油生产任务，为油田增储上产作出了贡献。

市场开拓。大力实施市场扩张战略，在稳固原有市场的基础上，重新进入了大港修井市场，扩大了蒙古国、土库曼斯坦市场，新拓展了中石化广东老井试气市场、中石油浙江试油和浅井钻井市场、云顶和杜邦公司的大修反承包市场。全年对外创收4.4亿元，同比增加1.78亿元。为加强市场管理，公司领导在调查研究、走访慰问的基础上，及时采取应对措施，消除存在的问题。在川东北市场成立川东北市场领导小组，增加管理人员，充实一线力量；在新疆市场将试油与大修统一管理，全力打造胜利井下的品牌优势；在国外市场，合理调整境外人员薪酬标准，完善激励机制，加强设备更新配套，激发了参战人员的工作热情。在川东北市场，公司以新技术破解高压高含硫气井测试难题，安全优质地完成多口中石化重点探井的试气任务，7个层的无阻流量超过百万立方米；在大港、辽河、冀东海上市场，施工队伍以严细认真的工作作风，圆满地完成了施工任务，并在冀东南堡2-3井试出了高产工业油气流；在鄂尔多斯，公司的试气队伍在甲方综合考评中名列首位，被授予“专业优胜奖”。

改革工作。将生活服务中心、供应站等单位合并重组，成立综合服务大队，对部分科室进行了撤并；按照管理局改制分流的统一部署，完成山东胜利方圆实业集团有限公司的改制工作。2006年，方圆集团实现生产经营总值5亿元，销售收入4.4亿元。

企业管理。深化内部经营承包责任制，全面开展经营活动分析，强化成本过程管理和动态控制，提升了经济运行质量。加强内控制度建设，对现行的各项规章制度进行修订完善，制定出内控制度的业务流程，提高了整体管理水平。加强QHSE体系的运行，重点加强施工现场的监督检查、指导和考核，落实岗位质量责任，推进质量管理的持续改进。加大现场检查和考核，坚持入库检验制度，扩大检验范围，全年施工一次成功率、工序全优率等主要质量指标均保持在高水平，被中国质量协会评为“2006年度石油工业优秀会员单位”。以开展第81次岗位责任制大检查为契机，严格落实安全职责，不断提高领导安全制度的执行力；广泛开展“争创安全先进班组”活动，组织职工积极参与“六项安全健康活动”、防喷应急演练、二层平台逃生演练等，提高了职工安全操作技能；制定《安全事故问责制》，对发生的安全事故，不遮丑、不护短，召开现场会，分析找原因，认真汲取教训，严肃追究责任。大力推进环境污染防治和清洁生产，加大资金投入，更新配备新型环保设施，开展形式多样的环保宣传教育，提高了全员的环保意识和现场管理水平。强化基建及物资采购管理，严格执行大宗物资和基建工程维修公开招议标制度，全年组织各类物资采购招议标56次，招议标金额5000多万元。加强基建工程质量和进度的监管，全年监理工程质量合格率100%，促进了基建管理水平的提高。

队伍建设。在操作技能人才队伍建设上，组织开展“咱们工人有技术才能更有力量”大讨论，举办第11届职业技能竞赛，扎实推进“导师带徒”活动，广泛开展岗位练兵及技术比武，提升了职工的技术素质。在专业技术人才队伍建设上，重新设置岗位序列，本着公平、公正、公开的原则，按照个人申请、组织推荐、答辩考核等组织程序，聘任了3名首席专家和6名专家，初步建立起人才发展的渠道。在管理人才队伍建设上，以党校为基地，以强化任职能力培训为重点，拓展管理人员视野，增强了驾驭市场和应对复杂局面的能力。

科技创新。从理顺科技创新体制入手，加强对科研单位的考核，对科研单位下达为前线技术服务、解决实际难题的量化指标；加强对新技术、新工艺应用的考核，加快科技向生产力的转化；完善激励机制，制定实施《井下作业公司科技成果奖励办法》，召开科技创新大会，拿出百万元重奖科技创新成果，激发了科技人员的创新热情。注重科技人员的培养，广大科技人员积极开展科技攻关，有1项成果获得局科技进步二等奖，1项成果获得局情报调研二等奖，4项成果获得局科技进步三等奖；8项成果获得国家专利。在储层改造、深井试油、深井压裂、疑难水井大修等关键技术上取得突破，其中针对浅层稠油出砂严重、敏感性强等特点研发的TSOP压裂防砂技术，不但扭转了金9和林东馆3等区块多年来难以动用的被动局面，而且有效解决了埕岛油田高速采油造成的出砂难题。

装备配套。按照自我积累、自我发展的思路，深入调研论证，及时调整设备的更新配套计划，加强关键装置的配套，先后购置了测试工具、地面测试流程，以及高温高压配套工具，提高了深井试油水平。针对压裂、酸化规模大，修井难度大的实际，更新配套了部分大吨位深井修井机、新型压裂车组、液氮泵车、二氧化碳增压泵、注蒸气锅炉、700型防砂车组等关键装备，提高了设备新度系数。装备的改善和技术的突破，促进了公司施工能力的提高，施工队伍创出多项油田施工纪录，侧钻技术创出了公司3000米以上深井侧钻周期的最短纪录，大修技术创出东营地区大修打捞的最深井纪录，压裂施工多次刷新单井压裂施工压力、加砂量、施工排量的最高纪录。

思想作风建设。以党的十六届五中、六中全会精神为指针，紧紧抓住“负责任、强能力、正作风”这个关键点，以开展“五树、五戒、三提高”活动为载体，开展“负责任教育”和“党员干部有正气才更有力量”活动，努力培养求真务实、团结奋进的进取意识。党委一班人认真调查研究，出思路、出办法，大胆管理，敢于负责，创造性地开展工作。在重大决策上，充分发扬民主，鼓励大家各抒己见，畅所欲言，努力营造一种和谐、顺畅的工作氛围，提升了领导班子的决策力。努力提高工作效率，缩短会议时间，压缩会议规模，使各级领导从文山会海中解脱出来，集中精力投入生产经营。坚持重心下移，公司领导用一个多月的时间，深入基层开展大调研活动，摸实情，抓实事，查找管理中的薄弱环节。开展“二、三级机关作风整顿”活动，建设“为民、务实、高效、清廉”的机关，使机关干部的组织纪律观念、责任服务意识明显增强，思想工作作风得到明显转变。

基层建设。明确工作标准，强化工作督导和考核奖惩，重点强化各级领导的执行力，对发生安全、质量事故的三级单位领导班子，及时进行帮助指导，解剖思想，查找问题，分析原因，制定改进措施，促进作风转变，形成了履职尽责、敬业勤勉的从政氛围。狠抓领导干部下基层和干部跟班劳动制度的落实，各前线大队领导班子成员和大队机关干部实行定期下基层制度，与职工同吃、同住、同劳动，帮助基层解决实际问题，了解职工的思想动态，各级领导干部的工作作风有了明显的转变。积极参与管理局“达标、创优、争强、夺牌”和集团公司“金银牌队”创建活动，有11个队被评为管理局名牌基层队，10个队被评为局行业一强基层队，34个队被评为局优秀基层队；有6个队被命名为中石化金牌队，5个队命名为银牌队；创出历年评比最好水平。

（王玉明）

【山东胜利方圆实业集团有限公司成立】 8月19日，山东胜利方圆实业集团有限公司成立大会在井下公司礼堂举行，东营市市委副书记张传堂，市委常委、秘书长周燕明，东营市人大党组书记、副主任姜振邦，副主任王洪胜、副主任刘庆华，东营市副市长田振玉、副市长李金昆，东营市政协副主席王福昌，济南军区东营军分区参谋长秦永奎，胜利石油管理局党委书记王立新，东营市副市长、管理局副局长李中树，管理局副局长宋振国，管理局副总师、经营管理部主任许卫华，以及东营市有关部门、三县两区、油田有关处室和二级单位的领导、井下作业公司、山东胜利方圆实业集团有限公司的干部职工代表，共1200多人参加了成立大会。

（王玉明）

（审核　彭洪军）

井下作业二公司

【概述】 井下作业二公司组建于2004年6

月29日，位于东营市北二路230号。主要承担着胜利、东辛、现河三家采油厂的作业修井任务。公司下设9个职能部室，2个直属科级单位，6个三级单位，134个四级单位(其中作业队90个)。共有职工4278人，其中女职工459人。具有大专以上学历749人，中级以上技术职称247人。拥有各类设备715台，固定资产原值3.43亿元，净值1.73亿元。

2006年，井下作业二公司坚持科学发展观，生产经营、改革发展等工作取得新成绩，被评为管理局文明建设先进单位。①作业施工质量进一步提高。2006年，公司全面落实质量管理技术负责制，加强无效井控制，作业一次合格率达到99.4%，比去年同期提高了0.5%，作业施工全优率达到98.7%，比去年同期提高了2.9%。②内部改革稳步推进。2006年，公司被确定为改革试点单位，在上级领导和相关部室的指导下，经过几个月的实践，实现了各项工作的稳步推进。机构整合工作圆满完成，减少三级机构3个，减少四级机构12个；科级干部由23人压缩到15人，机关人员由78人压缩到60人；基层队管理干部由113人压缩为77人。人员、队伍结构调整工作取得初步成效，科学定编定员，实施竞聘上岗，显现富余人员工作按计划完成。③安全环保工作扎实有效。按照"完善制度、练好功夫、打好基础、落实问责"的总体要求，以"争创安全先进班组"活动为主线，深入开展了"第81次岗位责任制大检查"等安全活动；全面推行QHSE管理体系，加强隐患治理工作，强制停用和封存通井机、修井机等超期服役设备87台；高度重视井控工作，加大井控设施配套，组织各级抢喷演练；制作《井控知识培训》教学片，修订完善了各级应急预案，有力地保证了安全生产。环保工作深入推行清洁生产，无污染作业率达到98%，作业废液、油泥沙处置率、建设项目"三同时"执行率均达到100%。④科技工作再创佳绩。广泛开展技术攻关和科技推广活动，不断完善常规作业技术，推广应用快速修井技术，引进掌握封堵工艺技术，有力地提高了作业施工质量和速度。科技成果研究取得新进步，《提高复合鱼顶打捞一次成功率》获得2006年度石油工业质量管理成果一等奖和最佳技术含量奖；《油管远红外预热冲刷清洗技术》等多项科研项目在局科技项目评审中获奖；开发研制的LTHS60型混砂车，填补了公司防砂作业项目的空白。⑤职工队伍素质有了明显提升。深入开展"咱们工人有技术才能更有力量"大讨论、"导师带徒"、"高技能人才授艺解难到基层"等活动，极大地促进了职工职业技能素质的提高。加强校企联合，建立胜利油田学习中心教学点，98名职工参加了首批井下作业专业的学历教育。强化技能鉴定工作，职工的初、中、高级和技师鉴定合格率均高出油田总体平均水平。公司作为作业系统的惟一代表参加了管理局技能人才创新成果展览，受到集团公司、管理局领导的一致好评。⑥基层建设取得丰硕成果。一是加强基层基础建设，完成作业大队食堂、澡堂、更衣房的改造，为作业队值班房进行了冰箱、微波炉等生活用品配置，极大改善了基层的生产生活条件。二是加强基层队伍建设，队伍的整体素质得到提高，先进基层队的数量进一步扩大，名牌基层队达到10个，行业一强队8个，优秀基层队25个。三是加强基层文化建设，在全公司提出了建设"先锋文化"，涌现出了各具特色的基层文化品牌，其中，"天正工作室"文化成为管理局党委第一批命名表彰的文化品牌。

（刘贤刚）

【公司被评为山东省设备管理标杆单位】 2006年12月15日，山东省企业设备管理评审检查团对井下作业二公司进行了设备管理升级检查验收。公司顺利通过了检查验收，被评为山东省设备管理标杆单位。

（刘贤刚）

【成功进入冀东油田作业市场】 2006年12月14日，公司举行欢送会，为首批赴冀东油田施工将士送行，标志着公司成功进入冀东油田作业市场，这是公司继吉尔吉斯项目以后开拓外部市场又迈出新的一步。

（刘贤刚）

（审核 孙永壮）

井下作业三公司

【概述】 井下作业三公司是在油田井下作业系统专业化重组改革中，由孤东、河口、孤岛、桩西等四家采油厂的作业系统剥离整合而成的一家石油工程技术服务公司。至年底，公司有职工5155人，其中干部1044人，党员1683人。公司下设二级机关1个，三级单位15个，四级单位146个，其中作业队91个，占四级单位总数的62.33%。拥有固定资产原值5.7549亿元，净值2.6487亿元，各类主要生产设备788台，其中修井机27台，通井机187台，水泥车等设备71台，其他各类生产及辅助车辆503台。施工区域主要分布在利津、河口、无棣、沾化、军马场等四县一区一场约10000方千米的范围内，所服务的四个采油厂原油年产量近1000万吨。公司可为油田提供勘探试油、油水井大(小)修、套管内侧钻、油井防砂、油层改造、地层测试等石油工程技术服务。

2006年，全年实现收入9.3402亿元，投入成本10.7782亿元。

加强生产组织运行，保油上产和创效能力明显增强。按照“公司调控、三级运行、属地施工、内部放活”的生产运行方式，统筹处理内部生产与外部施工、整体作业与区域施工、陆地作业与滩海施工、常规作业与四次会战的关系，扩充一线人员，挖掘队伍潜力，月均作业动力增开到152台，同比提高11.8%；全年交井8139口，同比多交井600口，生产能力提高8%，在保障区域近1000万吨原油产量完成的同时，为外拓市场提供了作业动力支持。坚持先内后外、平衡调配、综合利用，挖掘内部车辆潜力，全年出车71133台次，内部车辆出勤率和利用率分别达到73.2%和65.6%，同比提高0.78%和3.7%；优化准备服务业务，全年立放井架16876部，收送油管杆1432万米、抽油泵9087台，修复油管杆457万米，为作业生产提供了有力保障。落实胜油局市发〔2006〕1号文件规定，构建作业、特车、准备板块利益共同体，加大内部市场保护力度，扼制外来队伍无序膨胀，内部作业市场占有率提高到81.6%，同比提高1.1%。在此基础上，利用富余力量，力拓石油开发中心、东胜公司、大明公司等外围市场，马来西亚云顶公司反承包市场，新疆勘探开发中心、中石油冀东油田等外部市场，累计交井682口，实现产值5700万元。贯彻QHSE管理体系，健全质量管理制度，作业有效率、作业一次成功率、资料全准率分别达95.98%、99.62%、99.33%。广泛开展QC活动，53项成果获公司奖励，5项成果分获管理局一、二等奖，1项成果获国家优秀QC成果奖。

强化成本内部控制，经济效益稳步提高。本着“增收与节支并举，开源与节流并重”的原则，统筹区域和板块差别，制定经营规划，划切经营指标，签订承包合同，传递了责任和压力。配套建立经营考核机制，对作业大队主要考核利润和责任成本指标，对特车大队和准备大队主要考核劳务收入和责任成本指标，同时分别考核复合管理指标，调动了各单位的创效积极性，全年作业、特车、准备板块分别实现收入89669万元、9999万元和7862万元，同比提高19.2%、23.7%和6.7%。坚持"无效不投入、投入必产出"的成本控制原则，制定实施内控制度，以成本过程管理为手段，成本费用要素为控制对象，落实责任，强化预核算，推进了成本精细化管理。贯彻勤俭办企业的要求，落实职务消费和福利制度改革部署，取消干部家庭固定电话费用补贴，压减移动电话费用补贴人员数量，全面完成局下达的压缩110万元管理费的任务。实施公司所属四号桩区域、孤东区域及孤岛区域各单位采暖燃料结构调整，采暖面积和采暖期费用大幅降低。强化经济合同管理，公司获东营市"守合同重信用企业"称号。加快"三流合一"建设步伐，实行招标采购，降低采购成本，优化库存结构，采购质量不断提高。

工程服务能力进一步增强。组建修井工艺技术中心，落实工艺技术管理办法，科技创新能力不断增强。承担《滩海油田清洁修井配套研究》等2项局级项目研究，开展《HK-3型抢喷装置的改进》等5项公司科研项目攻关，引进应用套管补贴等高附加值修井技术，命名"陈凡奎电缆防喷器"，10项技术成果申报国家专利，3项国家专利获得授权，3项成果分获局科技进步一、三等奖，创出了"国内小修作业水平井水平段冲砂长度"等两项中国企业新纪录。落实设备管理制度，加强维护保养，整改存在问题，顺利通过集团公司检查验收。制定人才开发规划，推进经营人才、技术人才和技能人才队伍建设，引进高校毕业生10名，选聘公司首席技师2名，首席专家1名、专家8名，副总师5名，培养集团公司技术能手1人、油田技术能手4人。组建培训基地，成立技师协会，开展技能培训、技能鉴定、岗位练兵和技术比武活动，举办培训班42期，培训学员2236人次，特殊工种培训取证2145人次，5人分获油田"金钥匙"竞赛一、二、三等奖，7人在油田第14届职业技能竞赛中获得名次。

构建安全环保长效机制见到效果。加强以QHSE、硫化氢防护、井控和滩海作业"四小证"培训为主的安全技能培训，实现了特殊工种持证上岗。深入开展第81次岗位责任制大检查和"学标准、贯制度、严责任、促安全"等活动，召开"反'三违'、严制度、促安全"工作大会，推进安全先进班组建设，落实QHSE管理体系，推进了作业现场和后勤场站标准化施工。配套建设以"井控培训应急中心、六个抢喷点"在内的应急管理体系，为作业现场配备全封封井器，为大修队安装二层平台逃逸装置，改造井场低压照明线路，改建渤南热水点和孤东热水点，改善后勤场站工作环境和安全设施，本质化安全水平大幅提高。执行作业环保交接制度和无污染作业法，推广多功能循环冲砂池等清洁生产产品和车载式螺杆泵等污油污水回收装置，落实作业现场铺垫防渗膜等措施，集中回收、定点存放作业油泥砂和废液，实现了清洁生产。

思想政治工作得到加强和改进。开展思想政治工作进现场、进公寓、进车厢活动，宣贯十六届六中全会精神、集团公司、管理局改革发展精神和外闯市场队伍先进经验，增强了职工的市场意识、竞争意识、效益意识和发展意识。以"思想作风建设深化年"活动为主线，学习遵守贯彻维护党章，举办科级干部任职能力培训班，深化"负责任"教育，制定实施党员领导干部思想作风建设和加强群众工作二十项制度，加强党风廉政建设和效能监察工作，查纠存在问题，做好群众工作，确保了各级班子负责任、有能力、讲正气、大作为。召开基层建设现场推进会，推进基层经营创效、开拓市场和独立作战能力建设，创出中石化金牌队5个、银牌队7个，申报局名牌基层队12个、局行业一强11个、局优秀基层队25个。落实职工代表大会、厂务公开等制度，开展“咱们工人有技术才能更有力量”大讨论活动和技能大师授艺解难到基层活动，召开职工群众技术创新推进会、先进典型事迹报告会，组织庆“十一”文艺汇演，开展青工网上技能拉力赛，激发了队伍的积极性、创造性。成立企业文化研究分会，印制《企业视觉识别系统》，加大文化在基层的执行落地力度，征集公司发展愿景，总结推广作业519队责任文化、作业207队质量成本全控文化、作业103队安全文化，发挥了文化建设对公司发展的推进作用。落实困难群体帮扶措施，开展走访慰问等送温暖活动，组织职工健康查体和疗养，建设作业三、六大队办公区域，改造部分作业大队公寓、食堂、洗衣房、浴室和各准备大队油管厂，建设“铁军人家”，加强公共事业管理，职工生活环境有了新改善。落实稳定工作领导责任制，畅通信访渠道，加强职工思想动态分析，超前把握和化解各类矛盾，保持了大局稳定。

(董军强)

(审核　葛万生)

井下作业四公司

【概述】　胜利石油管理局井下作业四公司位于滨州市渤海五路695号，成立于2004年6月29日。至年底，公司共有职工3612人，设9个机关科室和2个机关直属部门，8个三级单位，85个基层单位。主要作业区域横跨德州、济南、滨州、淄博、东营等5个市14个县，面积8550平方千米，拥有固定资产3.06亿元，资产净值1.5亿元，拥有主要生产设备750多台(套)。

2006年，实现作业交井5459口，总收入6.13亿元。

经营管理。一是大力创建节约型企业。广泛开展“降本节支献百计”活动，发动职工，集思广益，节能降耗。严格审批审查制度，建立风险预测机制，减少无效支出。加强物资供应管理，降低材料消耗。优化资产结构，提高资产利用率，有效降低维修费用。大力推进职务消费和福利制度改革，降低非生产性成本。二是建立多项工作制度，转变机关工作作风，提高二、三级机关办事效率。三是强化财务管理。完善财务管理体系，突出财务管理在企业管理中的主线地位，充分发挥财务的预测、分析、控制、考核作用。四是注重提升制度执行力。

科技工作。一是坚持重点突破，着力提高引进消化再创新能力。重点攻克了管杆在线测长技术和稠油井高压一次性填充防砂工艺工具配套技术等管理局立项项目，加强对套损井倒套换套、打通道、小套管固井等工艺技术的补充完善和二次创新，使其更加成熟和具备竞争力。二是积极培养创新型人才队伍，加强培训工作力度，开展各种类型的培训班，充分发挥三个区域培训基地的作用，提高各类人才的整体素质，建立起适应公司发展的人才梯队。三是完善科技创新体制机制建设，深化激励制度改革，激发了科技人员和工人技师创新潜能。

质量管理。深入推进QHSE管理体系建设，认真开展体系内审工作，切实提高体系的执行力和权威性。不断深化“井下空间无限，品质铸就永恒”的公司理念，以大修井、大型工艺措施井施工为重点，加强现场指导和质量把关，逐步建立起“地质工程业务尖子、基层技术骨干、一线操作人员”三位一体的方案分析体系，保证了施工方案综合分析和工艺措施的优化组合。2006年，公司作业一次合格率、作业有效率、作业全优率、资料全准率分别同比提高0.8%、0.1%、0.3%、0.1%。

思想政治工作。深入开展“思想作风建设深化年”活动，大力建设有正气、有能力的各级领导班子。深入开展“转观念、强素质、聚合力、促发展”主题活动，不断加强企业思想政治工作与生产经营的结合。大力加强基层建设工作力度，全年共涌现出6个名牌队、9个行业一强队、19个优秀基层队。滨南作业七队被国资委评为“先进学习型组织”。2006年，公司被评为山东省设备管理先进单位，管理局文明建设先进单位、基层建设先进单位、宣传工作先进单位和统战工作先进单位。

（李新华　李　生）

【电子搭铁控制开关获国家专利】 由井下作业四公司技术人员研制成功的作业机、汽车多功能电子搭铁控制开关，获国家发明专利。电子搭铁控制开关的主要功能是，发生起动失控故障时，自动切断总电源；熄火停用时，在未关掉用电电器或未断开电源搭铁开关一段时间后，自动切断总电源；需要开起车辆或故障消除时，复位自动通电，可顺利起动车辆，起到保护蓄电池和起动机的作用。该项专利克服了现有机械式搭铁开关和电磁式搭铁开关的缺陷，具有自动化程度高、安全可靠等特点。

（李新华　李　生）

（审核　齐传勇）

供水公司

【概述】 供水公司成立于1983年9月13日，主要业务内容有黄河引水、沉沙蓄水、净化处理、管网巡修、销售服务、污水处理、水文地质勘察、水土资源开发利用等，担负着油田工业、生活用水及东营市、滨州市部分区域用水的供水任务。

公司机关驻地位于东营市东营区北二路681号，占地面积52172平方米。2006年，有职工2598人，其中各类专业技术干部586人，包括高级职称79人，中级技术职称255人，各类供水生产和相应的配套辅助生产、服务队伍配套齐全，技术过硬。公司党委下设2个基层党委，13个党总支，98个党支部，共产党员1272人。公司机关设14个科室，下设三级单位11个、科级单位10个。

至2006年底，公司拥有各种主要生产设备1100台(套)，供水主管线总长度891千米；在用水厂7座，地下水源1座，设计日供水能力96.5万立方米；水库17座，设计总库容3.76亿立方米；污水处理厂1座，日处理污水能力10万吨；固定资产原值9.96亿元，净值5.16亿元。

2006年共完成供水量1.30亿立方米，水质综合合格率99.65%，实现总收入4.31亿元，在圆满完成管理局下达的收支平衡经营承包任务的基础上，超额上缴利润1080万元。

2006年，公司坚持深入调研，明确发展思路，确保了供水事业沿着正确方向稳步前进。围绕设施改造、精细管理、优质服务、人才培养和提升效益等工作重点，制定《供水优化运行系统调整规划》、《胜利油田水质发展规划》等一系列规划，确立了“坚持精细管理，实施结构调整，建设安全供水、经济供水、和谐供水”工作思路。积极开展供水专题调研，查找问题，了解区域供水市场信息，谋划新的发展战略，形成专题调研报告13个，确立了公司打造区域水业龙头的工作目标和发展方向。

生产管理。公司坚持“以销定产、以产控蓄”的运行策略，加强生产运行的动态监测和调控，优化流程调整，高效合理运行，既保障了用户的正常用水，又降低了生产费用。2006年比2003年减少引水7399万立方米，动力费、药剂费、设备维护费大幅度下降。

经营管理。推行内部模拟市场化运作，明晰责任指标，严格考核兑现，层层传递压力，构建公司宏观调控、项目组专项监控、基层细化严控的经营管理新模式。坚持完善月度经营分析和季度考核制度，建立完善内控运行体系和管理制度，成本控制更加严细。强化合同管理，突出管理审计和效益审计，加大废旧资产处置和固定资产租赁收入管理，大力实施科技节能改造及各项降本减费措施，成本得到了有效控制。

销售和服务。公司建立起以销售为中心、监察为保障的运行管理机制，细化销售服务、用水监察治理业务管理，推行水量、水费双考核，层层分解指标，对销售指标进度坚持跟踪分析，加大检漏设备投入和监测检漏力度；在加大管网巡修力度的同时，与地方政府联合成立水源保护和用水执法大队，取得水源保护和用水管理执法权，加大用水治理力度，挽回经济损失437.28万元。全年销售水量13005万立方米，产销差率为18%。在窗口服务方面，成立客户服务中心，完善客户服务运行机制，细化程序，规范标准，向社会公布服务承诺标准和违章用水有奖举报办法，聘请了用户监督员，对供水的服务进行监督，赢得了用户的理解和信任。

科技创新。全年组织科研立项11项，5项被列入管理局重点科技项目。《山东省城市供水藻类污染特征及水厂除藻工艺的研究与工程示范》课题通过了山东省建设厅鉴定并取得重大突破，其中有6项研究成果填补了国内空白，整体上达到国际先进水平，公司被评为山东省藻类污染控制项目先进单位。公司自行研制并生产使用了高锰酸钾复合药剂，为改善水质发挥了重要作用。先后对耿井、辛安、河口水厂工艺进行了改造，改造后的出厂水浊度都在1NTU以下，综合水质指标基本达到新的水质标准要求；2006年改造管网63.7千米，改造后比2005年减少漏损水量338.6万立方米，减少了二次污染。制定实施《供水公司水质管理办法》、《水质异常处理程序》和安全供水应急预案，及时掌握原水、净化水、管网水水质情况，加强监测。兴建水质监测站13个，对出厂水及用户管网末端进行水质实时在线监控；在全省同行业首家推行管网水质公告系统，在西三区建立了油田第一块水质实时公告栏，主动接收用户监督。

制度建设。编制实施了公司内控制度实施细则，建立内部管理制度161项，修订管理标准程序79项，形成了用制度管人、管事的局面。2006年，公司签订各类成本合同365份，组织招标25次，全年审核施工单位工程项目上报资金1.44亿元，审定结算1.1亿元，审减额度3400万元。

基层建设。公司制定企业文化建设规划，构建起胜利供水物质和观念形态文化、制度行为文化框架。选树品牌，争创名牌，形成了五大基层文化品牌，推动公司基层整体工作向和谐有序、标准化管理、亲情服务、持续学习、生态环保方向发展。2006年，共涌现出管理局优秀基层队15个、行业一强6个、名牌基层队6个，公司被评为管理局基层建设先进单位。

思想政治工作。以扎实开展“负责任”大讨论和“思想作风建设深化年”等活动为载体，加强党员干部的教育与管理，密切党群、干群关系，党员干部的工作、生活和思想作风有了明显转变。扎实推行民主管理，落实厂务公开措施，广泛开展群众性经济创新劳动竞赛，激发职工的创新创效热情。以开展“平安供水”建设为载体，通过强化社会治安综合治理和信访工作，为职工群众办实事、办好事，努力改善基层单位的办公条件、环境绿化美化、乘车条件，坚持“量体裁衣和特事特办”的原则，加大对特困职工和下岗失业生活困难人员的经济救助力度，有力地维护了公司的大局稳定和队伍稳定。

（温子旭）

【成立供水企业水源保护和用水治理联合执法行政机构】 为进一步加强水源保护，规范用水秩序，供水公司先后于6月份、9月份与东营市水利局、行政执法局分别成立了水源保护大队和用水行政执法大队，将水源保护、用水秩序治理等方面内容纳入“地方行政法规”，取得了依法管水的“尚方宝剑”，成为了山东省首家依靠政府法规依法自主管水的供水企业。

（温子旭）

【编制山东省首家区域供水水质发展规划】 3月份至11月份，公司组织编制完成了《胜利油田水质发展规划》(2006—2015)，11月份通过了胜利油田组织的由国家建设部、山东省建设厅以及油田和东营市领导和专家组成的验收团的规划审查。《规划》立足油田供水现状，全方位分析了当前黄河取水和自来水工艺存在的问题，提出了强化常规工艺改造与深度处理相结合的规划方案和针对性措施，力争通过优化水源运行、改造工艺和供水管网，使供水水质达到国家新颁布的水质标准要求。《胜利油田水质发展规划》是山东省第一家供水企业水质达标规划，并作为样板在省内水处理行业推广。

（温子旭）

【参与完成的《城市供水藻类污染控制研究》课题有六项成果填补国内空白】 供水公司作为主要参加单位参与完成的由山东省城镇供水协会组织的《城市供水藻类污染控制研究》课题通过山东省科技厅组织的技术鉴定。鉴定专家组一致认为：该课题在六个方面的研究成果在国内尚属首次，填补了国内空白，研究成果达到国际先进水平。该课题的研究，为消除藻污染，提高城市供水水质、确保饮水安全，提供了技术支持。

（温子旭）

（审核　徐金波）

电力管理总公司

【概述】 胜利石油管理局电力管理总公司前身是成立于1983年9月的供电公司，1992年12月更名为电力管理总公司。主要担负着胜利油田电网的调度、运行维护管理、用电管理、电力工程建设、活动发电及油田电力涉外业务等任务。

公司下设机关科室16个，直属科级及科级单位10个，三级单位12个，多种经营单位6个。截至2006年底，有在册职工4927人，其中各类专业技术人员1100人；管辖220千伏～350千伏变电站173座，总容量432万千伏安。拥有自备发电厂1座，总装机容量27万千瓦。电网覆盖东营、滨州、淄博3个市、12个县(区)和80多个乡镇，工作区域3.2万平方千米。公司管理的电网为全国大型企业电网之一。

2006年，电力管理总公司生产经营等各项工作均取得新的业绩。①完成了多项电力工程建设任务。完成了220千伏新孤变扩建、110千伏海五联输变电工程、110千伏海港简易变、草桥变配电线路优化调整等电力工程。完成了电力线路、杆塔加固、补强及变电站房屋漏雨处理等维修项目300多项。实施了北区电网升压改造工作。完成了基地"西电东送"工程项目,对城中、城南变出口线路进行了调整改造,提高了城区供电的可靠性。②运行维护和用电管理继续保持高水平。加大了电网检修规模和设备的维修、试验、消缺等力度,检修质量明显提高,全年电网运行平稳,没有发生大面积停电事故,电网事故较2005年下降幅度达30.2%。依靠科技提高供电管理水平,加大科技项目规范化管理和创新力度,共有6项科技成果获得管理局科技进步奖,是自1997年以来获局级科技奖数量最多、等级最高的一年。完善用电管理监督约束机制,深化"服务作风零距离、服务质量零缺陷、服务纪律零违纪"载体活动,实施"卓越绩效"管理和信誉等级客户制度,电力市场进一步巩固和扩大,内部电费回收率达到100%。③内部改革不断深化。职务消费和福利制度改革迈出实质性步伐,取消了副处级以下干部定向用车,在压减公务用车数量、降低费用的基础上,改革公务用车管理办法,实行了"集中管理、统一调配"的管理模式。对外投资和多种经营清理整顿成效显著,全年完成4项对外投资项目的清理整顿,完成7家多种经营企业的改革工作。深化完善内部分配制度改革,建立完善职工绩效考核评价体系,将效益工资全部纳入岗点分配,强化了薪酬的激励与约束作用。④企业管理水平不断提高。进一步完善财务预算管理体系,实行财务预算执行预警制度,实施了总公司内控制度实施细则,做好经济活动分析工作,确保了各项预算指标的顺利完成。重新修订完善了公司基建维修管理办法,进一步明确了基建管理程序和管理责任,严把工程质量控制,工程合格率100%,优良率57%,在管理局第29次工程质量检查中名列前茅。深化"安康文化"建设,强化以安全生产为重点的基础管理工作,实现了全年安全生产,公司被评为油田安全生产优胜单位。积极开展经济技术创新竞赛活动,全年取得63项创新成果,职工队伍创新创效能力显著提高。公司被评为山东省"管理创新十佳企业",连续五年被评为管理局创新创效金奖单位。⑤企业文化建设取得新成绩。以"基层品牌文化建设年"活动为载体,分层次打造基层"家文化"品牌,不断丰富胜利电力文化内涵。南区供电公司变电运行八队的"小站家文化"被命名为油田基层文化品牌。积极开展文明创建活动,公司获得山东省"职工代表大会优秀星单位"称号,再次被评为省级文明单位和油田文明建设先进单位。⑥群众工作扎实有效。坚持领导接访日制度,认真开展结对帮扶和"三联系"活动。做好下岗失业人员再就业工作,2006年实现再就业227人。同时,本着"群众能受益、企业能承受、政策能许可"的原则,对困难职工实施了一系列救助措施,有力地保证了职工队伍的稳定。2006年,公司被评为山东省"劳动关系和谐企业"。

(孙清珍)

【总收入创历史最好水平】 2006年,通过加大电费回收工作,基本完成地方及油田三产的电费回收,回收率达到99.2%。实现地方及油田三产电费收入3.2亿元,首次突破3亿元,使得公司实现总收入30.68亿元,首次突破30亿元,创历史最好水平。

(孙清珍)

【获得山东省"管理创新十佳企业"荣誉称号】 2006年12月30日,在山东省企业管理创新工作交流会上，电力管理总公司荣膺山东省“管理创新十佳企业”称号，成为油田首家荣获该项奖的企业，公司经理刘志华同时获得山东省“十佳经营管理者”荣誉称号。

（孙清珍）

【220千伏新孤变电站改扩建工程投产】 2006年8月8日，新孤变电站扩建工程顺利投产。新孤变电站位于仙河镇以北3千米处，投产于1989年12月，是胜利油田三个主要枢纽变电站之一。随着油田开发规模的不断扩大和居民生活水平的提高，用电负荷不断增长，原有的两台主变压器已无法满足滨海地区电力负荷需要。扩建工程始于2006年3月，新扩建的第三台主变压器为9万千伏安。工程投产后，使油田电网220千伏系统结构进一步完善，供电能力进一步增强，滨海地区的电力供需矛盾得到有效缓解。

（孙清珍）

【基层建设创出佳绩】 2006年，公司基层建设创出佳绩，涌现出1个油田基层建设标杆队、6个油田名牌队、12个油田行业一强、23个油田优秀基层队；有4个基层队取得中石化金牌队荣誉称号，5个基层队取得中石化银牌队荣誉称号。

（孙清珍）

（审核　陈宝寿）

胜利发电厂

【概述】 胜利发电厂位于东营市东营区南二路1502号，占地面积4418亩，始建于1988年3月，是胜利油田的自备电厂，担负着胜利油田生产、生活的发电和集中供热任务。一期工程装机为2×20万千瓦。二期工程装机为2×30万千瓦热电联供机组，2001年6月26日正式开工建设，2004年4月竣工投产。

胜利发电厂下设10个科室，6个机关直属单位，10个三级单位，4个多种经营实体。全厂各类用工总量为2369人，其中正式职工1939人。正式职工中有干部748人，有各类专业技术人员489人，其中教授级高级技术职称3人，高级技术职称86人，中级技术职称240人。拥有固定资产原值31.02亿元，净值22.04亿元。有大型设备94台，设备一类率99%。

2006年完成供电量58.17亿千瓦·时，超承包指标5.17亿千瓦·时；全年对外供热367万吉焦，同比增加31万吉焦。全年实现销售收入19.0579亿元，完成预算收入的112.24%。实现利润2.6424亿元，完成预算利润的118.71%，超预算利润4164万元。

安全生产基础进一步夯实。认真组织季节性安全检查，聘请中电联安评专家组进行全方位安全性评价，发现并整改问题和隐患438项，促进了安全生产各项措施的落实。以争创安全先进班组为重点，扎实开展第81次岗位责任制大检查，促进了安全生产责任制的逐级落实。安全生产创历史最好纪录。截至2006年12月31日，实现连续安全生产675天。

设备管理水平进一步提升。开展“三零三化”活动，推行目标巡检制，加强消缺率考核，实现了设备缺陷全过程管理。加强检修管理，组织机组计划检修8次，检修天数达135天，有重点地解决了设备存在的问题。强化检修过程控制，实行《修后设备品质再鉴定制度》、《机组大修“零非停”抵押金制度》，提高了检修质量。积极开展防磨防爆工作，锅炉部加强设备检查和消缺，全年未发生“四管”泄漏。设备利用小时数6007.44小时,保持了省级“设备管理一级企业”称号。

经济运行质量进一步提高。加强精细管理,万元以上的维修项目全部纳入计划管理,维修费用得到较好控制。严格预算管理,利用全面预算管理信息系统,建立了责、权、利相结合的成本运行机制。深入开展“查隐患、堵漏洞、挖潜力、增效益”活动,广泛降本增效,节支挖潜,实现了“人均节约2000元”的目标。加强生产技术经济指标的对标分析和过程控制,通过技改、小指标竞赛等措施,充分挖掘节能潜力,实现供电煤耗345.65克/千瓦·时。加大灰场水回收力度,节水效果明显,全厂发电水耗35.01立方米/万千瓦·时,同比节水39.4万立方米。物资管理体系进一步完善,全年采购资金周转天数59天,采购物资质检合格率99.6%。

扎实开展创一流电厂活动,企业整体素质得到提升。开展创一流电厂活动,组织人员先后赴北仑电厂、十里泉电厂、盘山电厂学习取经。邀请中电联专家帮助查找问题,对照先进找差距,抓整改,加快了创建工作步伐。对全厂制度、标准进行修订,加强班组建设,推行定置管理,加大生产现场治理力度,促进了各项管理水平的提高。积极开展“对标、追标、创标”工作,各项指标达到国家一流水平,部分指标达到国际一流水平。

科技工作和人才队伍建设取得新成绩。开展科技革新活动,实施科技提案54条,解决了许多生产实际问题。发布QC优秀成果16项,创效300万元。加快“数字电厂”建设,开发了多项实用性软件,提高了管理效率。加大优秀人才选拔力度,公开竞聘选拔各类人才29名。召开了电厂第三届科技大会,加大科技工作先进个人奖励力度,激励职工立足岗位成才。坚持重点培训和自主培训相结合,全年办班49项,培训5645人次。注重技能型人才培养,全年共有351人参加了职业技能鉴定,目前已有技师25名、高级工557名,队伍结构得到进一步优化。

基层建设和群众工作水平有新提高。开展“咱们工人有技术才能更有力量”大讨论、青工技能对抗赛、群众性创新创效等活动,征集合理化建议500余条。基层建设不断涌现新亮点,创建管理局名牌基层队4个,行业一强2个,优秀基层队8个。积极开展送温暖工程,为84户困难家庭发放补助7.02万元,为5名职工发放大病救助金5.5万元。建立了具有电厂特色的疗养制度,全年有361名生产一线职工享受了疗养待遇。

(宋凌云)

【二期工程顺利通过国家一流火电企业验收】 1月19日,中电联考评验收组依照原国家电力公司一流火力发电厂规定中必备条件、考核内容及评分规定的要求,对胜利发电厂创建国家一流工作进行全面考评。经过两天的考评验收,验收组一致认为,胜利发电厂已经具备一流火力发电厂的必备条件,六项考核内容得分为安全管理94分、文明生产95分、设备管理95分、节能管理93分、技术进步与环境保护96分、经营管理96分,总分为569分,符合一流发电厂的标准要求,予以验收通过。

(宋凌云)

【企业文化建设获2006年度全国企业文化优秀奖】 胜利发电厂在创造社会财富的同时,也创造了丰富的精神财富,构建了以“忠诚敬业　卓越创新”企业价值观为核心的“全胜文化”理论体系,建成了品牌视觉识别系统,形成了具有自身鲜明特色的"全胜"文化。企业文化建设取得阶段性成果,荣获"2006年度全国企业文化优秀奖"、"全国企业文化建设优秀单位奖"、"2006年度山东省企业文化建设创新成果奖"称号。

(宋凌云)

【坨六站水煤浆代油工程成功点炉投产】 8月22日,由电厂投资建设并负责运行的胜利采油厂坨六站水煤浆代油工程胜利竣工投产。该工程是胜利电厂首次按照BO模式(我建设我经营模式)运作的项目,工程总投资392.48万元,设计年燃用水煤浆5781吨,节油量高达每年2656吨原油。坨六站水煤浆代油工程成功投产,标志着胜利油田燃料结构调整"十一五"规划拉开序幕,也标志着水煤浆在工业应用上有了新的突破和发展。

(宋凌云)

(审核　姬广勤)

运输总公司

【概述】 运输总公司创建于1963年,是油田惟一具有国家一级道路货物运输企业资质认证的大型专业汽车运输公司。2003年2月,管理局对运输总公司重组调整。重组后,运输总公司积极引入现代物流理念,不断加快向现代物流企业转型步伐,逐步发展成为一个集货运、危险品运输、小车运输、工程施工于一体,车辆修保、设备租赁、房地产开发、机械制造、化工、建材、商贸、节能环保设备生产等全面发展的综合性企业。

运输总公司机关设8部1室,下设货运、小车运输、油气运输、工程施工4个主业生产单位;老年中心、财资中心、生活中心、武保综治4个直属科级单位;1个多种经营实体——盛运集团。现有职工1473人(含内部退养198人)。其中:主体人员861人,多种经营企业612人。另有非在职人员2599人(协解人员664人,离退休职工772人,家属1163人)。共有生产车辆477台,其中:油气罐车93台,原油罐车60台,小型车辆142台,卡车、自卸车182台。拥有国有资产原值15248万元,净值9622万元。集体资产原值7286万元,净值4291万元。

2006年实现经济总量46151万元,比重组初13382万元增加32769万元,增长2.44倍。其中,主体产业实现收入22535万元,同比增收989万元;多元经济实现收入23616万元,同比增收1455万元。完成了管理局下达的限亏1000万元的经营目标。

市场开拓稳步推进。按照"内部市场靠服务、外部市场靠竞争"的市场开发策略,发挥胜利运输品牌安全、诚信的优势,外部市场份额不断扩大,形成了以东营为基地,以新疆、四川、广州、湖南、莒县等相对固定市场为平台,辐射全国的市场网络。2006年实现外部创收9632万元,同比增收1991万元。西部新疆市场已形成跨跃南北疆,集物流配送、井队搬迁、工程安装、商贸旅游、化工及天然气生产与销售等为一体的综合性产业基地。2004年实现收入815万元,2005年实现收入1207万元,2006年实现收入3398万元。西南市场抓住集团公司加快在四川勘探步伐的机遇,与中石化西南石油管理局签订了设备租赁和成品油配送协议,实现租赁收入1508万元;承担了西南局成品油配送任务,并初步达成了全面接管西南局运输公司的意向。鲁南市场克服油品批零倒挂,油价上涨,油源紧张等不利因素,调整营销策略,加强资金的收支管理,努力降低经营风险,油品销售稳步发展。重油深加工项目和储油基地建设进展顺利，为实现储、运、购、销一体化奠定了基础。2006年实现收入2395万元，同比增收1275万元。

核心竞争力进一步提升。发挥专业运输优势，利用油田改革政策和已经形成的市场规模效应，持续做专做精成品油、原油、危险化学品、厢式货车等特色运输。承担了西南局成品油配送任务，实现了外部市场零的突破；原油运输以24小时全天候服务，得到了用户单位的充分认可，业务规模不断扩大；危险化学品运输已正式开展了氯气拉运业务。坚持以现代物流理念引领实践，以科学的物流发展规划指导实践，在总公司形成了物流发展的氛围，物流产业规模不断扩大，奠定了大发展的基础。承担了中国石油石化企业物流师职业资格培训，与国内知名物流企业、研究机构和专家学者建立了良好的合作关系，形成了总公司物流咨询、管理和策划团队。确定了总公司的物流发展规划。总公司盛运物流网络辐射新疆、广州、重庆、湖南、西安、四川等全国20多个省、市、自治区，已成为东营市重点扶持物流企业。2006年，盛运物流公司实现收入1500万元，利润150万元。

改革工作扎实深入。按照清退程序，分步骤、有计划、积极稳妥地开展清理整顿工作。已有17家多种经营企业进行了工商注销，超额完成了管理局下达的14家的清理整顿任务。顺利完成了客运公司的改革调整工作，分流人员573人，有效缓解了总公司人员富余的压力，为2007年整体改制创造了条件。内部结构调整步伐明显加快，对总公司范围内的所有产业进行了梳理，将长期亏损的生态环境公司并入物业公司，重组了骏马公司、机械工程公司；对总公司所有设备逐一进行效益分析，适时改组设备结构，对低效无效设备86台进行处置，减亏94.6万元。

思想政治工作成效显著。用职工群众的满意度检验思想作风建设深化年活动的成效，激励了党员干部提升能力、转作风、树形象，在总公司形成了“在团结干事中彰显正气，在敢于负责中弘扬正气，在发展业绩中体现正气”的浓厚氛围。坚持厂务公开制度，大力加强基层建设，强化基础工作，队伍整体素质和基层建设水平有了新的提高。涌现出2个名牌基层队，2个“行业一强”，9个优秀基层队，12个基层队跨入达标队行列。认真做好稳定工作，严格落实目标责任制和责任追究制度，强化各级干部的稳定责任，确保了大局稳定。用发展成果惠及职工群众，使职工群众的物质、文化、生活等条件得到了较大的改善。认真做好帮贫扶困工作，力所能及地帮助职工群众解决各类实际困难。全年共发放困难救助金20万元。

（肖　军）

【盛运物流配送中心开工奠基】 9月8日，运输总公司投资兴建的盛运物流配送中心开工奠基。管理局和东营市的有关领导出席了奠基仪式。运输总公司按照“跳出运输，发展运输”的总体思路，加快由传统运输向现代物流企业转型的步伐。截至年底，运输总公司物流网络已辐射到新疆、广州等20多个省市自治区，服务客户有海尔、可口可乐、庆铃等国内外知名公司，初步形成了仓储、配送、国际货代、流通加工、物流设计等综合物流发展能力。

（肖　军）

（审核　周焕波）

总机械厂

【概述】 总机械厂始建于1964年，位于东营市东营区西四路458号，隶属于胜利石油管理局，是生产石油钻采设备的综合性机械制造厂。下设16个三级单位，10个四级单位，其中：生产经营单位13个，科研、销售、辅助生产单位6个，后勤服务单位2个，多种经营单位5个;机关科室9个(政工科室3个，生产科室6个)，4个机关直属单位。截至2006年底，用工总量为1486人。其中正式职工1338人，集体职工49人，劳动合同工99人；直接生产人员为989人(女性318人)，非直接生产人员为175人(女性64人)，多种经营人员为202人(女性117人)，内退职工为120人(女性38人)；正式职工中干部为331人，工人为1007人；女性为536人。资产总额4.58亿元，其中：流动资产合计2.53亿元，固定资产合计2.05亿元。负债总额2.51亿元。

销售工作取得辉煌成绩。2006年实现账面销售收入5.32亿元，完成年度计划的97.57%。其中，胜利市场实现账面销售收入3.21亿元；国内市场实现账面收入1.32亿元；国际市场实现账面收入7,932万元。

生产总量创历史新水平。全年完成实物工作量7.34万吨，完成产值7.12亿元，完成年计划的97.6%，分别比去年增长7626吨和1.25亿元。

科技工作和重点项目建设取得新成绩。2006年科技攻关实现两大突破、完成四项重要科技成果、三项重点阶段成果和两项节约挖潜工艺。两个突破：一是采气井口完成70兆帕密封试验，在阀板阀座加工制造工艺上实现突破，为开发采气井口装置提供了工艺保证；二是钻杆端部加厚工艺实现突破，解决了钻杆制造成形中端部内加厚的工艺瓶颈问题。四项成果：一是API抽油机产品出口。2006年完成17多种API抽油机再设计、试制，出口160多台；二是HDPE管国产化。完成配方研究、成型设备制造，生产HDPE管5万米，内衬防腐耐磨油管下井33万米；三是形成套管生产工艺及配套技术。生产套管1000多吨，并完成相关配套工艺设备研制；四是完成HDPE配套抽油泵研制。设计API第二系列抽油泵，从泵筒冷拔模具开始，到珩磨工艺、电镀工艺、柱塞喷焊工艺，全新的工艺装备设计，为推广HDPE管起到积极作用。三项阶段性成果：一是冷拔管生产技术。年产5万吨冷拔管重点项目，已进入全面安装调试阶段；二是井控试验检测设备，部分设备已完成安装；三是无功换抽油机技术引进，2006年完成现场试验及样机试制准备。两项节约挖潜工艺：一是J55油管免全长热处理工艺，其各项性能指标均达到API标准要求，大大降低了能源消耗，2006年生产4182吨，节约成本40万元；二是油管外加厚一次成型工艺，提高油管加厚效率，为进行镦机改造，实现一端一台镦机两端同时加厚提供了工艺保证。

质量管理得到加强。强化内部审核，完善质量管理体系，顺利通过了ISO9001质量管理体系和五项API会标许可证年度审核；2006年总机械厂被评为胜利油田用户满意企业，同时被管理局推荐为石油工业用户满意企业，油(套)管、抽油泵、油管及接箍产品被评为胜利油田用户满意产品，抽油泵产品被管理局推荐为石油工业用户满意产品，三采中心的自动化室被评为局级用户满意服务明星班组。长柱塞注采泵的研制与开发获2006年度石油工业质量管理小组成果一等奖、最佳技术含量奖、国家优秀奖。

（刘海波）

【企业改制分流工作启动运行】 按照管理局改革的总体安排，总机械厂年内进行企业改制分流的准备和报批，2006年8月1

日，召开了全厂改制工作动员大会，并成立了改制工作领导小组和八个专业组，标志着总机械厂的改制工作正式启动。通过层层召开座谈会、下发改制工作简报等形式对全厂职工就改制分流的意义、形势、任务、政策进行了宣传教育，使全厂职工认清了改制形势，在此基础上，采取调查问卷的形式就改制分流进行了民意调查，在91%的职工同意总机械厂改制分流的情况下，向管理局提出了改制申请。通过上下结合、反复酝酿、广泛征求职工意见，制定了《总机械厂改制分流初步方案》，经职代会审议通过，并于2006年12月31日上报管理局。

（刘海波）

（审核　张喜庆）

钻井工艺研究院

【概述】 钻井工艺研究院始建于1973年8月，管理局骨干科研单位、中国石化集团公司重点研究院，主要担负着石油钻井、石油滩海工程新工艺、新技术、新装备的研究开发应用和技术服务，具有API、ISO9001和HSE认证资格。有正式职工919人，下设18个科级单位、3个四级单位、8个机关部室。固定资产原值29231万元，净值19368万元。

科技创新硕果累累。全年开展局级以上科研项目48项，提交成果20项，成果率41.7%。承担集团公司先导试验、管理局新技术推广、专利实施、情报调研、博士后等项目24项。“海底管道内爬行器及其检测技术”工程样机达到了实际工程应用的要求；“正压冲固平台技术”依托工程CB152平台海上安装成功；“低渗透衰竭油藏泡沫钻井技术”顺利完成国内第一口低密度氮气泡沫可循环钻井液钻井现场试验；“随钻伽马、电阻率刻度装置及传递方法研究”制造了第一口随钻伽马刻度井和随钻电阻率刻度井。“东营凹陷深层钻井配套技术研究”在中石化重点探井胜科1井解决了超深探井盐膏层安全钻进及盐下深层井壁稳定等一批世界级难题；“鱼骨状分支井技术研究”圆满完成中石化第一口鱼骨状分支水平井现场试验，日产原油为邻井的3倍以上；针对“川气东送”工程承担了8项集团公司重点先导试验课题，在钻井工程设计、特殊工艺井技术、钻井标准、提高钻速、防斜纠斜、提高井筒质量和延长气井生产寿命、数据采集和远传等多方面提供技术支撑，成为引领川东北钻井科技发展的生力军。全年有50项科研成果通过验收、鉴定或评定，其中30项达到国际领先或国际先进水平。共有43项成果获奖，其中集团公司技术发明奖2项，占2006年集团公司技术发明奖的50%。申请国家专利32项，获得授权专利36项，其中有5项为发明专利，获授权专利总数及发明专利总数均为建院以来最多的一年。

成果转化持续加速，技术应用再创佳绩。完成钻井工程设计1665口井，编制20个区块钻井工程方案；完成各类技术服务857井次；生产各类钻头1526只。经济收入首次突破3亿元，达到35145万元，与上年同比增加35.7%。在开拓外部市场方面继续保持强盛的发展势头，在国内，西北、东北、华北、西南、中原等地区全面开花；在国外，哈萨克斯坦市场份额继续膨胀，俄罗斯市场实现了良好开端，中东市场取得了新的进展。全年外部市场收入首次突破亿元大关，达到10751万元，与上年同比增加43.5%，给管理局上缴外部市场利润361万元。

企业管理更加规范，运行机制进一步理顺。科研项目实行量化考核，重点项目重点督导,重大项目挂牌管理。委托中国石油大学举办计算机和石油工程两个硕士研究生班,引进高校毕业生 20 人,从油田内引进人才 10 人,并对各种用工全部依法签订劳动合同。进一步完善内部经营目标责任制,对机关部门实行双向承包。建立完善内部控制体系,试运行了内控制度。针对境外市场制定 5 个管理办法,市场开拓逐步走向规范化。全年采购物资 2.84 亿元,平均库存 8.7 万元,资金周转天数 0.11 天,各项指标再创历史最好水平。

坚持以人为本,加大人才培养力度。组织编制《钻井院厂务公开民主监督管理实施程序》,促进民主监督的规范化、程序化。实施"三不变、三优先"的人才培养政策,开展院内培训 2849 人次,送外培训 292 人次,见到了明显效果:1 人被聘为油田首席高级专家,3 人被聘为油田高级专家,2 人被聘为油田"名师",5 人被评为油田优秀青年知识分子。积极开展职业技能鉴定,全年有 35 人获高级工职业资格,59 人获中级工职业资格。

(师　捷)

【中石化第一口鱼骨状分支水平井 CB26B-P1 井顺利完钻】 10 月 26 日,由钻井院承担定向和测量技术服务、海洋钻井公司胜利六号钻井平台承钻的中石化第一口鱼骨状分支水平井 CB26B-P1 井顺利完钻。该井设计 1 个主井眼和 4 分支井眼,4 个分支井眼与主井眼之间成鱼骨状分布。该井的顺利完钻,标志着钻井院定向技术水平上了一个新台阶,同时为胜利油田增产增效提供了新的技术手段,在中石化发展史上具有重要意义。

(胡先锋)

【国产膨胀管首次完成百米井段套管补贴施工】 继成功实施 2 口井膨胀管补贴施工后,钻井院于 7 月 25 日在梁 38-1 井进行了长井段的套管补贴施工,补贴长度达 101.03 米,共有 12 个膨胀螺纹。这是国产膨胀管技术第一次在超过百米井段套管补贴中的成功应用,标志着钻井院实体膨胀管套管补贴技术已完全成熟,同时标志着该院实体膨胀管技术继续在国内位居前列。

(胡先锋)

(审核　韩来聚)

山东胜利职业学院

【概述】 山东胜利职业学院是经山东省人民政府批准,于 2003 年 6 月 18 日正式挂牌成立的一所专科层次的全日制普通高等学校,位于山东省东营市东营区北二路 233 号,隶属胜利石油管理局,实行山东省教育厅与胜利石油管理局双重领导,以胜利石油管理局为主的管理体制。

学院设有 10 个机关职能部门,7 个直属科级单位,13 个科级单位,及建设工程分院、交通工程分院、医疗卫生分院等 3 个三级单位。共有 4 个本科专业、24 个普通高职专业、13 个高职专业、15 个五年一贯制高职专业、5 个高级技工专业;同时,3 所分院兼办中职教育。至年底,有各类全日制在校生 8131 人;有在岗职工 867 人,内退职工 97 人,协解职工 155 人,离退休职工 398 人,家属 474 人;有教师 342 人,其中,具有教授、副教授及其他高级职称的 109 人。

学院建有综合性专业实验室 171 个,拥有专业实验实训设备 2600 余台(套),总价值 5410 万元。拥有现代化微机室、多媒体教室、视听语音室 50 多个,教学用微机 1383 台。

圆满完成了各项教学任务。顺利完成了石油工程、石油储运、自动化、机械制造等专业10多门课程统编教材的开发任务,及《机械设计基础》、《高等数学》等2门精品课程的建设工作,其中的《机械设计基础》被评为山东省精品课程。全面推行一书多证制度,积极组织学生参加各类社会取证,先后组织学生参加山东省计算机文化基础取证考试2000多人次,参加山东省计算机应用能力考试近3000人次,参加各工种技能鉴定考试近1000人次,组织近2000名学生参加了全国大学生英语四、六级考试,组织2000余名学生参加了普通话水平测试,组织近600名学生参加了全国计算机制图员、绘图师与建模师考试。另外,组织学生参加了"山东省计算机技能大赛"、"山东省高职高专实用英语口语大赛"等,均获优异成绩。

成人教育与职业培训工作力度不断加大。2006年,成人教育工作先后完成了与武汉理工大学、四川大学联办网络教育535门课程的教学任务,组织了7次考试和338名学员的毕业辅导和毕业答辩工作;与大连理工大学联合举办软件工程硕士研究生教育,录取学员93人;录取武汉理工大学现代远程教育2006级学员124人;启动了与中国石油大学联合举办的"课程学习"教育工作,首批招收7个专业99名学员。职业培训工作先后承担了中石化集团公司、管理局、东营市及油田和地方企事业单位的各类培训任务25项;启动了山东省劳动保障厅金蓝领培训项目;承办了"中央企业职工职业技能竞赛"钻井工、采油工两个工种胜利油田参赛选手的选拔、培训任务等,全年共完成与油田主营业务有关的培训4000余人次,较好地发挥了油田职业技能培训基地的作用。

教科研工作取得新进步。2006年,学院共承担了局级以上教科研课题20多项,其中,1项省级课题通过鉴定并申报省级优秀科研成果,2项省级课题完成鉴定初审工作,3项省职教学课题已完成研究,8项石油大学高职学院课题通过专家组评审,2项局级科技课题完成科研攻关。此外,还完成6项"山东省职业教育与成人教育'十一五'规划研究课题"和1项省教育厅教改课题的开题研究工作。组织了2项中国高等教育学会科研课题、2项局科技项目和14项院级科研课题的立项工作。

学生工作不断加强。学生管理工作积极借鉴和引进先进的学生管理理念,大胆探索新形势下学生教育、管理的新途径、新方法。认真抓好各项学生管理制度的贯彻落实,有效杜绝了重大学生事故的发生。组织了"第三届大学生文化艺术节"、学生排球赛、学生篮球赛等文体活动,促进了学生综合素质的提高。不断规范和完善济困助学体系,初步形成了以"奖、助、勤、减、免"为主要形式的特困生多元资助体系。2006年,学院共为87名学生减免了学费,为117名学生进行了困难补助,为200多名学生提供了勤工助学岗位,较好地解决了特困学生的生活、学习问题,为学生安心学习创造了条件。

管理水平进一步提高。完成了《山东胜利职业学院"十一五"建设与发展规划》、《山东胜利职业学院"十一五"专业建设规划》、《山东胜利职业学院"十一五"师资队伍建设规划》等规划、计划的编制工作,明确了"十一五"期间学院改革发展的指导思想和工作思路。认真做好内部分配制度改革的后续工作,制定出台了教学、机关、后勤各板块绩效考核与岗点工资分配办法,保证了岗效薪点工资制在全院的有序运行。完成了内部控制制度的制定工作,为下一步的规范管理打下了良好的基础。按照管理局的部署和要求,通过内部挖掘岗位和到社区联系岗位，对 130 余名协解人员进行了安置。认真开展了以“推进 HSE 管理体系，夯实安全环保基础”为主题的第 81 次岗位责任制大检查活动，促进了学院安全管理水平的提高。

思想政治工作得到扎实开展。以“思想作风建设深化年”活动为主线，扎扎实实开展思想政治工作，使党的建设、领导班子建设、职工队伍建设、校园文化建设、基层创建、后勤服务、社会治安综合治理、工青妇工作、老年工作、计划生育等均取得了较好成绩，多项工作保持油田的先进水平。特别是在思想作风建设深化年活动中，通过强化“负责任”教育，各级领导班子团结协作，勤勉尽责，形成了“要负责任、能负责任、敢负责任、愿负责任”的坚强集体；通过知识竞赛、民主生活会、党课等形式，在党员干部中认真开展了“学习遵守贯彻维护党章”和“党员干部有正气才更有力量”大讨论活动，党员干部的党性修养进一步提高；通过加强群众工作，始终突出“坚持以人为本，做好群众工作”这个主题，为群众办实事、办好事，党群干群关系更加密切；通过加强制度建设，强化党风廉政教育，进一步促进了作风建设长效机制的健全完善；通过将思想作风建设深化年活动与教育教学工作实践相结合，与高职高专人才培养工作水平评估工作相结合，与第 81 次岗位责任制大检查活动相结合，有力地推动了学院各项工作的全面开展，进一步调动了广大教职工的工作积极性，维护和发展了全院的稳定团结。

（杨　峰）

（李子俊）

职工大学

【概述】 胜利油田职工大学（胜利油田高级人才培训中心）位于山东省东营市济南路 169 号，是胜利石油管理局和胜利油田分公司的高层次人才综合培训基地，是中石化集团油气勘探开发继续教育基地、高级技师培训基地、油气勘探开发环境保护培训基地和石油工程监督培训中心，是石油石化国际项目管理师培训认证中心和国际财务管理师石油石化培训考试中心。截至 2006 年底，有教职工 386 人，其中，具有高级职称教师 137 人，中级职称 118 人。设有 23 个职能部门，其中有培训管理部等 12 个综合及专业培训部门。建有远程教育中心和校园信息网，建有 40 ～ 380 人的各种规格的多媒体教室 32 个，培训专用微机 745 台，图书馆藏书近 20 万册；培训公寓可同时容纳 500 人住宿，7 个不同规模的培训餐厅可同时容纳 1000 名学员就餐。拥有固定资产原值 5525 多万元，净值 3420 多万元，其中教学仪器设备原值 1966 多万元，净值 1280 万元。

2006 年，共举办培训班 60 期，培训学员 30000 余人次；职业教育在校生 700 余人，继续教育在校注册生 7000 余人，社会效益和经济效益取得了双丰收，各项办学指标再创历史新高。

培训工作在创新中实现新发展。结合油田“深度培训年”的要求，开发培育了一批精品培训项目。从项目的研发、设计、实施、评估和推广等核心环节着手，优化设计，精心运作管理，形成了一批品牌培训项目。按照 ISO10015 标准，实现培训管理流程再造，使培训项目的管理走向规范化、程序化、科学化。高技能人才的培养再上新台阶。承担了高级技师、钻井技能拔尖人才、高技能人才理论提高培训。培训资质申办工作迈出了可喜的步伐。取得了国家安全培训二级资质，完成了会计从业资格网络化考试考点申办与测试工作。实施“走出去”战略，有效服务油田生产前线，为中石化“川气东送”建设工程举办了3期7个班次4个专业的石油工程监督班，培训学员332人，取证217人。在大牛地油气田前线培训石油工程监督72人。为油田二级单位举办定单式培训班32个，培训学员2200人次。知识整合优势进一步发挥，举办了系列高层次专题讲座，聘请了郎咸平、徐飞、吕巍、顾心怿、郑其绪等著名专家学者来校讲学，促进了油田学习型组织和学习型团队的建设。

师资队伍建设成效明显。继续实施“名师名校”工程，进一步加大了教师“推优促转”的工作力度，70%的教师能够承担培训课程，其中30%成为培训主讲教师。教师全面转向培训师，所有教师均取得了国际、国家或山东省培训师资质。注重青年教师的培养，注重内训外培的针对性和实用性，不断创新教研活动内容，深化完善教师绩效考核管理制度，形成了一支理念超前、业务过硬、授课效果好、较好适应培训工作需求的师资队伍。

职业教育和继续教育稳步发展。职业教育在校生754人，继续教育稳定在7000人以上，形成了以中国石油大学、山东大学为主体，以中国地质大学、中国人民大学等高校为补充的合作办学格局。积极服务于油田生产经营与改革发展，为油田举办了钻井、井下、采油、储运等专业的高技能人才专业理论提高班。创新学生管理，强化教学质量，开展了社会主义荣辱观教育，组织了丰富多彩的校园系列文体活动，具有胜利职大特色的办学模式日趋完善。

思想政治工作得到深入开展。深入开展“思想作风建设深化年”活动，组织“党员干部有正气才更有力量”大讨论，使讲正气、树正气、弘扬正气成为领导干部的追求和行动，开展社会主义荣辱观教育、深化反腐倡廉教育和“双争”活动，加强廉洁文化建设。强化学习型团队创建，促进职工队伍整体素质的提高，开展了以“创新、创优、创效”为主题的“百日竞赛”活动，通过赛质量、赛服务、提效率、比贡献，促进了各项工作的全面提升。强化群众工作，健全帮扶制度，建立帮扶责任区，加大对各类困难群体的帮扶救助力度，共为油田慈善分会捐款45575元，为困难学生捐款11920元。

（王　怡）

【举办中石化勘探开发工程总监培训班】 4月10日，中石化勘探开发工程总监培训班在职工大学举行。这次培训目的主要是学习国内外先进的石油工程监督体制、机制和工作经验，提高石油工程监督管理工作水平，进一步推动石油工程监督管理工作健康、稳定发展。学员来自中石化各油田的勘探开发工程监理部，共26人，时间15天。中石化油田事业部副主任张勇、油田分公司副经理张煜出席开学典礼并讲话。

（王　怡）

【荣获全国首届学校文化建设金奖】 5月14日—16日，在沈阳召开的全国首届学校文化建设高层论坛暨颁奖大会上，职工大学荣获全国首届学校文化建设金奖，管理局副总师、校长秦建民同志荣获全国首届学校文化管理示范校长荣誉称号。

（王　怡）

【秦建民同志被中国职协授予“2005学习型组织中国年度人物奖”】 管理局副总经济师、职工大学校长秦建民荣获“2005学习型组织中国年度人物奖”，全国政协副主席张怀西为其颁奖。秦建民校长以“学习型组织与知识管理”为主题在大会上作了典型发言，介绍了胜利油田高级人才培训中心围绕中石化集团公司和胜利油田的生产建设扎扎实实做好高层次管理人才、专业技术人才、国际化经营人才和高技能人才的培养情况，全面阐述了学校以知识整合为着力点，以打造创新学习型团队为载体，以创新培训理念、管理模式，实施“名师名校”工程，努力建设一流高层次人才综合培训基地为目标的办学理念和创新实践。

(王　怡)

【取得国家二级安全培训机构资质】 12月20日，国家安监局专家到职工大学进行二级安全培训机构资质评估。国家安监局的专家组织的评估团认真听取了工作汇报，查看了大量资料，参观了图书馆、远程教育中心、高培楼等教学场所，钻井和井下作业技能仿真训练室，培训公寓、学员餐厅和学员文体活动中心等设施。评估团对职工大学的办学条件、办学实力给予了充分肯定。国家二级安全培训机构资质的取得为中石化、胜利油田培养合格的安全生产管理队伍奠定了坚实的基础。

(王　怡)

(审核　秦建民)

党　校

【概述】 中共胜利石油管理局党校(以下简称党校)位于东营市北二路212号，校园占地210亩，固定资产3902万元，建筑面积34649平方米，藏书20万余册，杂志500多种。党校实行党委负责制，下设教学第一、教学第二、机关、后勤、老年、车队6个党支部。有26个科室，其中机关科室5个，教学科研及业务科室21个。现有在职正式职工290人、集体职工1人，校企员工26人，其中干部183人、工人108人，正高级职称6人、副高级职称53人、中级职称91人、初级职称39人。离退休职工166人。党校连续多年保持着局“文明建设先进单位”和“教育先进单位”称号。2004至2006年，连续三年荣获山东省“文明单位”荣誉称号。2006年荣获省级荣誉称号1项，省委党校系统荣誉称号3项，局级荣誉称号15项。

创新教学思路，圆满完成教学任务。校内完成44类53期班次，校外完成92类182期班次，听课者达25200人次。其中，处级干部思想作风建设培训班3期，处级领导干部十六届六中全会精神学习班4期，青年干部培训班2期，优秀基层支部书记班6期，工会干部岗位培训班2期，油田二级单位副总师培训班1期。承担了“学习遵守贯彻维护党章”等全局性宣教活动，共计宣讲228场次，覆盖油田66个二级单位，受众达14350人。配合油田组织部开展“送党课下基层”活动，遍及海上平台、飞雁滩等40余个基层单位，讲授党课54场次，受众2930余人次。围绕“提升培训质量，推进教学品牌建设”的工作思路，加强教学精细化管理，提高教师队伍内在素质，教学质量得以改进，主体班次授课优秀率保持在90%以上。继续完善和实施“模块教学”体系，认真做好专题储备和班次储备，在主体班次引进了“项目管理制度”，由专职教师负责班前调研、课题论证、教学组织等教学活动。鼓励教师加强业务学习，有在读研究生13人，全年选送36人次外出进修。开展“函授学员服务年”活动，荣获“省委党校先进学区”称号。加强对二级党校的业务指导工作，积极组织各项业务活动，荣获省委党校“业务指导工作先进单位”荣誉称号。

科研水平进一步提高，形成浓厚的学术氛围。继续贯彻“抓大抓实抓联”的工作思路，发表论文209篇，其中国家级刊物1

篇，核心期刊7篇，出版专著12部。有8项科研成果获得局级、省级奖励。其中，《试论领导干部的荣辱观建设》获山东省领导科学学会优秀论文一等奖，《胜利油田坚持以人为本构建和谐企业问题研究》被评为山东省委党校系统优秀调研项目。认真组织教师参加“学习遵守贯彻维护党章”、“学习胡锦涛‘七一’讲话精神”以及“纪念长征胜利70周年”等征文活动。学报质量显著提高，在人大报刊资料全文转载排行榜中，学报在全国党校、行政学院期刊中名列第25位，索引条数名列第8，在近3000余种刊物中脱颖而出。

加强管理，提高服务水平。以“责任无零点，工作无盲区”作为安全工作的指导思想，强化组织领导，严抓责任落实，夯实安全基础，实现全年安全生产无事故。财务工作严格内控，强化监督，校工会秉承服务群众宗旨，积极推进各项工作。加大对校园安全的资金投入，实现了全方位摄像监控。进一步完善基础设施，完成党风廉政教育基地、车队综合楼、校园西南景观区以及老年活动中心的修建工程，荣获东营市“花园式单位”和油田“绿化先进单位”称号。

加强思想政治工作，提高队伍的凝聚力。领导班子成员率先垂范，坚持每周一次的中心组学习制度，加强政治理论学习。强化廉政建设，贯彻落实《实施纲要》，开展“党员干部有正气才更有力量”的大讨论活动。以人为本，做好群众工作。从做好走访慰问、组织健康查体、帮助子女就业等实际问题入手，为职工群众排忧解难。积极开展工间操、老年运动会、元旦联欢会等群众性的文体娱乐活动，活跃职工文化生活。

加强思想政治工作，提高队伍的凝聚力。领导班子成员率先垂范，坚持每周一次的中心组学习制度，加强政治理论学习。强化廉政建设，贯彻落实《实施纲要》，开展“党员干部有正气才更有力量”的大讨论活动。以人为本，做好群众工作。从做好走访慰问、组织健康查体、帮助子女就业等实际问题入手，为职工群众排忧解难。积极开展工间操、老年运动会、元旦联欢会等群众性的文体娱乐活动，活跃职工文化生活。

（黄渊道）

【胜利油田党风廉政教育基地落成】 2006年5月22日，胜利油田党风廉政教育基地落成并正式对外开放。通过廉洁文化、警钟长鸣、从严治党等七个板块，通过多形式的有机结合，增强教育的渗透力和感染力，为胜利油田党风廉政建设开辟了一块新战场。党风廉政教育基地成为了党校教学的一个重要组成部分和油田对外展示形象的重要窗口。完成了中纪委、国务院国资委、中央党校、人民日报社、山东省纪委等63家外部单位，管理局49个机关处室，油田51个二级单位的参观接待任务，共计接待221批，9460人次。

（黄渊道）

【胜利企业文化走进中央党校课堂】 2006年，党校与油田企业文化处、中央党校经济学部合作完成的“胜利油田企业文化建设”研究课题被编入中央党校教材。10月28日，管理局党委副书记、纪委书记李玉卿同志在中央党校进行了案例推介，使胜利企业文化走上了中央党校课堂。中央党校中直机关分院、国家机关分院的部分部级、司局级领导干部学员、中央党校函授学院学员以及全国各地党校7千多名干部学员通过中央党校远程教学卫星网络，听取了李玉卿同志关于胜利文化的讲座。

（黄渊道）

（审核　王晓义）

教育培训中心

【概述】 油田中小学移交后，教育培训中心(以下简称中心)和东营市胜利教育管理中心实行两套机构一套班子管理体制。教育培训中心设有综合管理科、干部培训科、工人培训科、职业教育管理科、学前教育管理科等5个科室，以及生活服务站、基建维修站、离退休职工管理中心3个直属单位，6所直属幼儿园；用工总量419人，其中正式职工411人，其他用工8人；年内有在园幼儿2247人。

2006年，处(中心)党政领导班子带领全体干部职工，适应企业重组改制新形势，凝心聚力、扎实工作，全力打造“胜利教育品牌”，实现了油田教育培训事业的新发展。中心在管理局基层考核验收中取得了好成绩，第一实验幼儿园、第三实验幼儿园、机关四幼分别通过了名牌基层队、标杆队和管理局行业一强检查验收。机关四幼通过了省级示范幼儿园的复查验收。中心荣获“第二届中国企业教育百强先进单位”荣誉称号。

学前教育。召开了全局学前教育工作年会，总结了2005年的工作，对2006年工作进行了安排，进一步强化了常规管理，托幼系统整体管理水平有了进一步提升。认真贯彻教育部、公安部等十部委颁布的《中小学幼儿园安全管理办法》，广泛开展了幼儿安全教育活动，提高了幼儿安全防范、自我保护意识，培养了幼儿自我防护能力。积极与公安部门联系，为幼儿园聘请了法制副园长，加强了对各幼儿园安全防范能力的指导，确保了托幼系统全年安全平稳。开展了学前科管理人员与幼儿园结对子活动，加强了对幼儿园工作的指导。重视加强教职工队伍建设。通过内培外送，着力提高职工队伍的整体素质，组织三批骨干教师到先进地区考察学习。举办了幼教系统“特色办园”报告会和专题研讨会，园长和教师开阔了视野，拓展了思路。结合管理局“咱们工人有技术才更有力量大讨论”，举办了以“幼儿园区角活动”为主题的全局示范园开放周活动。组织了管理局优质课比赛，并推荐部分优秀教师参加了山东省优质课评选。发挥教科研先导作用，积极参加国家级课题研究，承担的5项课题被批准为山东省“十一五”立项课题；举办了“畅想未来”幼儿美术作品展示活动，通过开展形式多样的教学活动，全局保教质量进一步提高。3所幼儿园通过了省级示范幼儿园的复查验收，5所幼儿园通过了局级示范幼儿园达标验收。

加快托幼系统资源整合，根据居民区域变化，适时做好幼儿园布局调整，2006年撤并了2所幼儿园。鼓励幼儿园在深化办园体制改革、提高生存能力方面进行改革尝试。开展外创市场、降本增效活动，增强了办园活力。以庆“六·一”活动为契机，在电视台开展幼儿教育专题片展示活动，加大学前教育宣传力度，提高了学前教育的知名度。

职业教育。认真贯彻全国职业教育会议精神，积极探索油田职业教育的改革发展之路，明确了油田职业教育办学方向。适度确定普通高中和职业教育招生规模，引导初中毕业生合理分流。认真贯彻教育方针，加强学生德育教育，引导学生树立正确的择业观、价值观。强化安全意识，加强在校学生管理。针对职业教育特点，抓好职业学校的教学和教研工作，教学秩序有了明显好转。引进先进的教学模式，改进教学方法，加强实践教学，重视学生实际操作能力的培养，提高了学生就业能力。各职业学校加大招生运作力度，经过不懈努力，2006

年，油田各类普通全日制职业学校招生共计4740人，其中山东胜利职业学院各类招生2735人，石油大学胜利学院各类招生1903人，高级技工学校招生102人。开展了研究生教育、成人学历教育、高等职业教育、中等职业教育培养培训工作，13000余人接受了不同程度职业培训与指导，拓宽了办学渠道。认真做好初中毕业未升入高中学生的免费就业技能培训工作，满足了职工子女接受职业教育的内在需求。积极做好2006年职业中专、高级技校学生毕业验证工作，为职业中专225名学生、高级技校210名学生毕业生验发了毕业证。

成人教育。组织召开了胜利石油管理局成人学历教育工作会议，出台了一系列加强和规范成人学历教育的制度和措施，下发了《关于进一步加强油田成人学历教育管理的通知》，成人教育管理得到加强，进一步落实教学计划、规范课堂教学、加强考试考核监管，推动了油田职业教育与成人学历教育事业的健康发展。组织了4588人次自学考试，为187人办理了毕业证书，完成了2237人成人高考报名考试工作，共录取了1785人。强化了学历认证制度，对2500人合格毕业证书出具了学历认定证明。

职工培训。召开了管理局职工培训工作会议，进一步明确了职工培训工作重点。印发了《关于进一步加强油田职工培训实施过程管理的规定》，修订了《胜利油田职工培训项目实施审查表》，起草了《在职研究生培养过程质量管理暂行办法和研究生培养过程质量监控评估标准》，进一步强化了培训管理。

重视改进基层培训工作方法，加大了技能人才培养培训力度，组织开展了形式多样的安全知识竞赛活动，编写了方便实用的培训教材，强化了安全规范化操作培训，2006年安全规范操作培训达33500人次。开展了油田西部市场职工培训调研，认真开展好技能操作人员常规培训和技师、高级技师考前培训，认真组织好高级工培训和技能操作人员骨干培训。2006年，油田层面举办各类培训班214期，培训各类技能人员12000人次，操作人员综合素质得到进一步提升。

组织了硕士、博士研究生考前辅导，268名职工参加了硕士、博士研究生学习，举办了国际化经营人才培训和海外项目经理能力等130余期，培训处级及以上干部1300人次，高层次专业技术干部5887人次，对外合作人才540人次，科级干部及基层专业技术干部11000人次，管理干部和专业技术干部整体素质有了进一步提高。

继续加大ISO10015国际培训质量管理标准推广力度，组织开展了油田基层培训示范基地创建活动，首次对技能人才培训项目进行招标试点，开展了职工培训精品项目评选工作，进一步完善了职工培训考核激励机制，提高了培训质量。全面启动了培训师职业资格鉴定申报工作，加强了成人教育教学规律研究，组织开展了优秀教育教学论文评选活动，加大了油田培训师资队伍建设的力度，教职工整体素质有了进一步提升。2006年，教培处荣获第二届中国企业教育先进单位百强荣誉称号。

（李其军　胡凌存）

【开展社会化服务板块改革调研】 根据管理局的统一部署，牵头组织了全局托幼系统调研，通过调研熟悉了情况，摸清了家底，本着对职工利益高度负责的态度，从学前教育的性质出发，对其改革的可行性进行了深刻的分析，提出了学前教育改革发展的思路，为领导决策提供了依据。积极参与了职业教育、职工培训工作调研，对职业教育和职工培训的资源整合、发展方向等问题，从企业发展的实际需求出发，实事求是地提出了建议。

（李其军　胡凌存）

（审核　金家民　周建林）

胜利医院

【概述】 胜利医院位于东营市东城区北二路和东二路交叉口西北侧，始建于1966年，1978年3月正式成为油田二级单位，1991年同时开办中医医院，是一所集医疗、预防、保健、教学、科研于一体的综合性三级医院。医院占地面积23.3万平方米，建筑面积7.9万平方米，开放病床800张。截至2006年底，有机关科室10个，直属单位2个，医疗、医技科室34个，后勤单位3个，多种经营单位1个。有职工1055人，其中卫生技术人员738人。有正高级技术职称9人，副高级技术职称113人，中级技术职称369人，博士硕士生41人，局级拔尖人才6人，医院专家10人。拥有万元以上设备321台，固定资产原值19336万元，净值13325万元。

2006年，胜利医院各项工作取得新成绩，被评为山东省医疗保险定点医院目标规范化管理先进单位、全省结核病防治工作先进集体、东营市"AA级信用单位"、管理局医疗工作先进单位。

医疗指标有新的提高。2006年完成门诊量36.56万人次，健康查体16605人次，出院病人16863人次，床位利用率94.92%，床位周转次数21.1人次/年，平均住院日17.08天，完成大中型手术3676台次。危重病人抢救成功率92%，甲级病案率95.3%，门诊处方合格率98%，门诊病历合格率91.3%，基础护理合格率、危重患者护理合格率、急救物品完好率均为100%，护理文书合格率98.5%。实现医疗收入1.79亿元。

科研工作取得丰硕成果。全年有11项科研成果分获市、局级科技进步奖。其中获管理局科技进步一等奖2项，东营市、管理局科技进步二等奖5项，管理局、东营市科技进步三等奖4项。有10项科研课题通过局科技处和东营市科技局组织的专家鉴定，其中5项达国际先进水平，3项达国内领先水平。全年共发表和交流论文128篇，其中中华系列杂志论文4篇，省部级论文81篇，地市级论文38篇。全年完成肾移植手术19例，其中腹腔镜取活体肾16例，肾移植手术总例数106例；心脏介入手术170例，其中PTCA术+冠脉支架置入术105例；脑血管造影21例，颈动脉支架置入治疗颈动脉狭窄手术5例、支架置入治疗椎动脉狭窄2例。完成了斜坡脑膜瘤手术、经胸腹膜外腔前入路治疗颈椎结核等难度较大而复杂的手术，标志着医院医疗技术水平又迈上了新台阶。

开展多层次技术培训。共举办院级专题讲座62次，邀请省内外专家教授来院讲学9人次，3人取得硕士研究生学位，14人取得本科学历，选派24人到全国知名医院进修，全体卫生技术人员参加继续医学教育率100%，合格率99%。医院作为省"360工程"省级培训基地，圆满完成东营市第一期12名学员的培训任务。加强对外交流与合作，完成了潍坊医学院和济宁医学院两个班共265名学生的临床理论教学任务。对来自山东大学、潍坊医学院、济宁医学院的257名实习生和29名基层卫生院进修人员进行了实践教学。

医疗条件得到进一步改善。2006年，胜利医院加大了基本建设投入，患者就医环境得到了进一步改善。医院信息系统完成了住院病人持卡住院的流程改造，对原有信息系统进行了升级,完成了检验条码系统和物资管理系统的实施;影像管理系统改造前期准备工作已基本完成;完成了磁共振的安装、调试及使用工作;按照医院整体规划,拆除了医院闲置旧房和围墙;实施了老年病医院和中医科病房的搬迁;改造了污水处理系统;手术室层流改造项目预计明年一季度完工;精神康复中心整体改造完工;清水泵房迁建和南大门重建工作正在进行中;东营市传染病院建设项目已通过规划审核,2007年一季度开工。

思想政治工作扎实有效。2006年是胜利医院建院40周年,医院组织召开了建院40周年庆祝大会以及其他一系列庆祝活动,增强了职工队伍的凝聚力。结合"思想作风建设年"活动,开展了"党员干部有正气才更有力量"大讨论、永葆先进性活动以及社会主义荣辱观教育等多项活动。坚持中心组学习和民主生活会制度,实行院务公开和民主管理。院党委、医院大力支持基层创建工作,重新修订了基层创建标准,管理局基层建设考核验收团对医院的基层建设工作给予了高度评价。认真开展治理商业贿赂专项工作,组织开展了治理商业贿赂及相关配套文件的知识答题活动,认真开展自查自纠工作,组织干部职工深入剖析对照检查,积极发现和整改问题。积极开展服务承诺活动,促进了党风廉政建设和医德医风建设工作的落实,全年患者综合满意度达97%以上。工会、共青团、老年等组织围绕医院中心工作,开展了一系列群众文化活动、青年志愿者便民服务活动,举办了第二届"天使杯"职工歌咏比赛。加大综合治理和普法工作力度,以建设平安医院为主线,全面落实社会治安综合治理责任制和目标管理责任制;做好稳定工作,完善了矛盾纠风排查调处机制和非在职人员管理机制;做好再就业工作,全年共安置42名协解人员再就业,确保医院大局稳定;组织了"为困难群体献爱心"活动,全院职工捐款达27万余元;全年为职工安康意外伤害保险赔付和大病补助22万余元;计划生育工作强化宣传教育平台,寓计生管理于优质服务之中,圆满地完成了工作任务。

(刘玉芹)

【举行建院40周年庆典】 9月19日上午,胜利医院隆重举行建院40周年庆典活动。来自胜利油田、东营市、东营军分区、济军基地、石油大学、山东大学、潍坊医学院、济宁医学院、齐鲁石化医院集团的领导、嘉宾以及曾经在胜利医院工作过的老领导与胜利医院的医护人员一道,共同庆祝胜利医院四十华诞。

(刘玉芹)

(审核 宋吉华)

仙河社区管理中心

【概述】 仙河社区管理中心地处东营市河口区仙河镇,成立于1997年1月7日,辖区南北长2.5千米,东西宽2.2千米,占地560万平方米。现有住宅小区16个,住房12258套,居民4万余人。设有机关部室7个,机关直属部门6个,三级单位8个,基层单位37个。截至2006年底,有在册职工1834名,其中在岗职工1662名,内部退养职工172名,离退休职工363人。专科以上学历435人,有高级技术职称57人,中级技术职称236人,党员711人。有主要设备196台,其中车辆62台、锅炉12台、其他122台,资产原值3707万元,净值2656万元,设备新度系数为0.71。

经济运行质量有了新的提升。全年实

现经营收入 9585 万元，与上年同比增 1570 万元，同比增长 19.59%。其中物业管理收入 6238 万元，同比增加 1203 万元；医疗卫生费收入 2935 万元，同比增长 285 万元；学前教育费收入 412 万元，比上年增加 82 万元。

服务水平进一步提高。物业管理系统确立了“440”在服务协调中的中心地位，彰显“事事灵”品牌，增强了迅速进家入户解决问题的能力，物业维修基本实现了“报、修、访”一日清。扎实开展“创和谐环境，建温馨家园”暨“文明同行、幸福相伴，共建美好仙河”活动，做到季季有主题、月月有活动、区区有特色。热力系统大力实施绿色供暖工程，加强技术改造和供暖管网维修改造力度，确保了全年正常供暖和安全供暖。

物业管理一站式服务

矿区建设成果显著。2006 年，社区矿区建设完成多项工程，有力地改善了居民的生产生活环境。完成的主要建设项目有：小区用电、供暖管网及部分供水管网的改造、屋面“平改坡”一期工程，幸福二区地热站工程、滨海医院病房楼及仙河卫生院大门、场地改造、幸福二区幼儿园工程、幸福三区 440 户住宅楼建设以及小区道路、场地等配套工程建设。另外，为实施燃料结构而新建的跨年度工程—— 120 吨燃煤锅炉房正在建设中。

产业结构进一步调整和优化。对物业系统，实施稳中求进的战略，以品牌建设为重点，在扎实做好本地物业管理的基础上，积极谋求新发展，努力做好东营新区办公大楼及油田职工大学、海阳凤凰国际别墅区和公寓区等多个物业管理项目，扩大“仙河物业”品牌在外围地区的影响力。对多元开发系统，实施收缩战线、稳扎稳打、挖潜增效的战略。2006 年，社区多元开发系统外部市场主要完成了邹平胜利花园一期工程建设任务和油田锦华新区 1120 户经济适用房开发建设任务。注重挖潜增效，通过加强管理、细化内部运营模式等办法，提升经济运行质量。劳动服务公司、暖通、园林等经济板块的运行质量有较大提升。

创建“学习型社区”活动富有成效。启动了百人百课“双百讲坛”和“学习、创新、发展”论坛。组织副总师及全体科级干部按计划、定时间、定地点、定人员、定内容举办每周一人一课授课活动。按季度、分主题、成系列地举办了“学习、创新、发展”论坛。全年参加中心层面听课的人员达 2000 余人次。各三级单位组织中层管理干部、基层职工开展各种形式的授课活动以及岗位练兵、技术比武和技能竞赛等活动。先后开办了司炉、电工、焊工、非金属管道维修等专业技术培训班 10 余个，组织技术大课 8 次，理论考试 10 个工种计 400 多人次。组织了物业、热力、幼教、医疗、设备等各行业的技能大赛。坚持参加外部听课培训，分模块、有计划地选派管理干部到北京、上海等地参加学习，选派业务骨干到天津、南京、杭州、成都、深圳等地参加培训和进修。通过学习培训，促进了干部职工的心智模式改善，开阔了管理人员的视野，增长了才干，队伍的学习力、创新力、凝聚力显著增强。

思想政治工作取得好成绩。适应社区改革发展稳定的实际，大力开展了形势任务教育，广大干部职工对改革的承受能力和处理复杂问题的能力进一步增强。加大对弱势群体的救助帮扶，发放补助金 56.4 万元。建立完善稳定工作预防预警机制，超前研究和认真分析改革中的不稳定因素，落实责任承包、责任连带和部门负责各项措施，确保了社区大局稳定、职工队伍稳定。2006 年，社区被评为管理局文明建设先进单位、思想政治工作先进单位和全省文化先进社区、山东省平安建设先进单位。

(周绪来)

【获“2006 年平安山东建设先进单位”称号】 2006 年，“平安社区”建设以加强治安防控机制建设和健全严打整治经常性工作机制为重点，在充实、完善、强化、提高“五位一体”治安防控体系下功夫。实行了 24 小时巡逻制，适时开展了专项整治暨打黑除恶专项斗争等治理活动，辖区内治安案件、刑事案件得到了大幅下降。同时，建立完善稳定工作预防预警机制，超前研究和认真分析改革中的不稳定因素，落实责任承包、责任连带和部门负责各项措施，确保了社区大局稳定和职工队伍稳定，有力地维护了一方平安。2006 年，仙河社区被评为“平安山东建设先进单位”。

(周绪来)

【获“省级文明社区”称号】 2006 年，社区大力实施优质服务工程，积极开展创建“和谐社区”、“文明社区”活动，物业管理、矿区建设、文教卫生等各项事业实现新的跨跃，16 个居民小区有 14 个保持了全国优秀示范住宅小区称号，2 个保持了山东省优秀示范住宅小区称号，社区连续七年被评为油田文明建设先进单位，2006 年，仙河社区被评为“省级文明社区”。

(周绪来)

(审核　李　涛)

孤岛社区管理中心

【概述】 孤岛社区管理中心成立于 1997 年 4 月，位于东营市河口区孤岛镇，是胜利石油管理局所属的二级单位。截至 2006 年底，有职工 1663 人，在岗职工 1535 人；下设 7 个部室，6 个直属单位，11 个三级单位。管理着 12 个住宅小区，辖区面积 18.1 平方千米，有住户 10167 户。辖区建筑总面积 92.8 万平方米，环卫保洁面积 108.68 万平方米，绿化面积 102.4 万平方米，供暖面积 120 万平方米。

经营管理。完善以成本、服务质量考核为主要内容的承包办法，全面推行完全成本核算，坚持季度经济活动分析，坚持季度绩效综合大检查，扎实开展水电气暖物业收费服务项目审计、承包审计、离任审计、工程项目审计和效能监察，及时查找问题，制定针对性措施，节支降耗，奖惩兑现，规范了经营管理行为，决算实现了预算目标。以第 81 次岗位责任制大检查和创建安全先进班组等活动为抓手，狠抓各项安全管理制度、安全生产责任制的落实和隐患治理，强化现场监督，确保了安全生产工作的平稳运行。扎实开展职工技术培训，自主培训 400 余人，参加管理局组织的培训 260 人次，培训覆盖率达到了 39%。参加胜利油田第 14 届职工技术比赛，获团体总分第 15 名，社区被管理局评为职业技能竞赛优秀组织单位。

物业管理。以“创和谐环境，建温馨家园”活动为主线，加强精细管理和亲情化管理，管理与服务水平得到同步提高。全年接报440服务电话5366人次，完成各类维修4583项次。2006年，有1个小区被管理局评为“温馨小区”。绿化工作完成各类苗木栽植6.6万株，铺草坪4.7万平方米。环卫保洁实施了卫生区块承包，并适应收费机制开展了楼道保洁。热力系统实施了供暖设备和管网检修分片质量承包制，促进了供热服务水平的提高。

学前教育和医疗卫生。学前教育方面，开办了面向外来务工人员子女的“金童年”幼儿园，在办园模式上进行了积极尝试。探索强化素质教育的新路子，“蒙氏班”由6个发展到10个。医疗卫生服务方面，积极开展“医疗卫生进万家”活动，完成门诊工作量19万人次，收住院病人2661人次，出入院诊断符合率99%，床位利用率达到53.02%。严格执行管理局有关政策，计划生育工作继续保持了全局的先进水平，获得省级“计划生育先进单位”荣誉称号。

精神文明建设。深入开展“思想作风建设深化年”、“创五好党支部，做五好党员”等主题实践活动，党员干部队伍建设进一步加强，社区被评为管理局文明建设先进单位、思想政治工作先进单位。根据工作需要，对空缺的6个副科级岗位实施公开竞聘，进一步优化了科级干部队伍结构。通过组织科级干部到鲁中监狱参观等形式，推进了党风廉政建设，在油田中心广场举办的廉政文化演出，受到了局领导和观众的一致好评。扎实开展“情满孤岛”三亲情创建活动，亲情文化逐步形成。与孤岛采油厂、仙河社区、河口社区共同举办消夏晚会，促进了地区文化融合，得到了管理局有关部门的充分肯定，社区被管理局评为群众文化广场活动先进单位、三亲情创建活动优秀组织单位。坚持“全方位覆盖、全过程管理和全员参与”的工作方针，基层建设达到了新水平。申报的2个名牌基层队、6个行业一强基层队、15个优秀基层队，全部顺利通过管理局验收，社区被管理局评为基层建设先进二级单位。与生产经营实际紧密结合，广泛实施青工技能振兴计划，组织开展青春创业行动，充分发挥了团员青年的生力军作用。机关科室人员分批赴北京苗圃劳动实践，对外闯市场有了切身感受，促进了工作作风的进一步转变。多渠道创造就业岗位，有就业愿望和就业能力的下岗失业人员全部得到妥善安置。通过开办健身俱乐部等形式，文体设施利用率有了较大提高，丰富了职工群众的业余文体生活。认真贯彻党的“六个老有”政策，以活动带管理，老年健身球队夺得山东省首届老年人运动会两枚金牌，参加全国第九届中老年人健身球操比赛，获老年组第一名和最佳编排奖。加大困难群体帮扶力度，发放救济金、慰问品13.5万元，39名参保职工获得意外伤害赔付9.85万元。

（李会来）

【外闯市场取得实质性进展】 2006年，社区物业公司通过抓管理、练内功，物业管理水平有新的提升，得到了甲方的信任，先后承揽了胜大超市东营中心店和垦利县新东方8万平方米的物业管理项目，社区物业管理外闯市场迈出了实质性步伐。

（李会来）

【获“山东省计生协会先进单位”称号】 社区计生协会充分发挥服务职能作用，努力为孤岛地区职工群众提供“三优”服务，积极探索出了符合社区实际的“医育结合、计教联手”的服务工作新路子，拓展了企业计划生育协会服务工作的新领域。同时，充分发挥“亲子园”、幼儿园和少年宫的作用，积极开发孩子的智力潜能，培养孩子的综合能力和良好品质。由于成绩突出，孤岛社区计生协会在全省企业计生协会工作会议上作了典型发言，并被评为“山东省计生协会先进单位”。

（李会来）

（审核　崔建生）

河口社区管理中心

【概述】 河口社区管理中心成立于1997年6月22日，管理着住宅小区16个，服务居民1.8万户近6万人。社区有职工2193人，其中正式职工1696人。有各类专业技术人员811人，其中高级技术职称54人，中级技术职称334人，助级技术职称358人。下设机关科室8个，直属单位7个，三级单位10个。物业管理系统设有物业管理一公司、物业管理二公司、绿化环卫公司、热力公司、车辆管理中心。医疗系统有二级甲等医院1个，卫生院1所，卫生服务站4个，防疫站1所。学前教育系统有幼儿园7所。多种经营系统有金色河口科贸中心、绿苑房地产开发公司。拥有固定资产原值35365万元，净值26011万元。

基础管理水平得到不断提高。加强财务预算管理，在三、四级单位推行月度经营分析，中心实行每季度经营分析和考核兑现的模式，强化了成本费用的动态控制。大力加强基层安全建设，组织基层干部职工进行《安全生产法》的学习和考试，在职工中广泛开展“安全故事人人讲”、“生命之歌大家唱”等活动。坚持“先培训，后上岗”，严格落实强制性安全培训，全年培训基层干部、安全管理人员、特种作业人员200余人次。把民用气安全作为一项重要考核指标，制定了《民用气安全工作标准》，实现了全年用气安全。加强设备管理，筹措资金对部分锅炉房进行了维修改造，对小区变压器进行了更换，对车辆等主要设备进行维修保养，确保了设备本质安全。

社区服务保持了优质高效。强化服务意识，制定了生产运行责任追究制，完善了《生产运行首问负责制》，规范了440服务工作标准。物业管理方面，集中开展了小区车辆停放、流动摊点等专项治理活动；加快小区达标步伐，河阳小区顺利通过管理局达标验收；加强治安防范，对小区内出租房、租赁房进行了大规模集中清查整治，为居民营造了安定有序的生活环境。物业管理全年共完成居民报修8572项，维修及时率98.6%、居民满意率达98.4%。环卫绿化管理方面，实行了绿化考核每周通报制，加大了新区绿化建设和老区苗木调整，全年新增绿地3.2万平方米，改造老区绿地3000平方米，新栽苗木成活率达到98%以上。热力管理方面，加强供暖运行，引进室温远传系统，设置了80个测温点，根据数据及时调控锅炉负荷，提高了辖区供热质量和水平。医疗服务方面，大力实施了便民工程，开设了便民药房，实行部分单病种限价服务。医疗系统全年完成门诊量24万人次，收治住院病人3300人次，健康查体1.5万人次。义务教育方面，幼儿教育开展了“蒙氏教学探索”、“加强幼儿自我保护教育”等课题研究，提高了教育质量，有2名教师荣获管理局幼教比赛二等奖；1名幼儿荣获东营市首届“超级童星”第一名。开设了“小学生午间驿站”，为采油厂前线职工子女提供午间托管，解决了职工的后顾之忧，受到了辖区单位和职工的欢迎。

思想政治工作扎实有效。深入开展“思

想作风建设深化年”活动，举办科级干部、党支部书记、党员先进性教育等各类培训班 8 期，举行了形式多样的廉洁警示教育，实行了领导干部密切联系群众制度，推行了群众工作考评机制，党员干部队伍思想作风建设得到了提高。以建设“家文化”为重点，大力加强基层建设。制定了基层建设运行计划，将基层创建项目进行细分，实行定责任、定时间、定标准，形成了“职工人人参与创建”的良好氛围。注重抓好技能人才建设，深入开展“向高技能人才楷模学习”活动，开展“导师带徒”活动，举办了社区第四届职业技能竞赛，提高职工的业务技能。在管理局第 14 届职业技能竞赛中，社区有两名选手分别获得第一名和第七名的好成绩。2006 年，社区有 4 个基层队创建为管理局名牌队，3 个队创建为行业一强，9 个队创建为优秀基层队。认真做好群众工作，为离退休、协解人员及家属等群体重新办理了水电气减免。积极实施“送温暖”工程，走访慰问困难职工、职工遗属 237 户，发放困难救助金 9 万余元。解决了 43 名职工子女的就业和部分老职工住房调整问题。

（杨华伟　李海泉）

第九届河口文化艺术节

【成功举办第九届文化艺术节】 2006 年 6 月至 8 月，河口社区以小区广场、金河广场为阵地，举办了第九届河口文化艺术节。艺术节期间，举行了居民篮球赛、交谊舞比赛、四人制广场足球赛以及小区专场消夏文艺晚会等丰富多彩的群众性文体活动，各类晚会、比赛达 40 余场次，观众达 5 万人次。

（杨华伟　李海泉）

【开展“四到”服务活动】 2006 年，社区在干部职工中开展了“卫生保洁到楼道、志愿者服务到家庭、亲情服务到市场、医疗服务到前线”的“四到”服务活动，深受居民和主营单位好评。卫生保洁到楼道。即，社区每一名机关干部承包一个楼道，利用双休日等业余时间，到所承包的楼道进行卫生保洁，共承包楼道 98 个。志愿者服务到家庭。即，社区团员青年与辖区 32 户困难家庭结成对子，积极开展以扶弱帮困、卫生保洁、亲情援助等为主要内容的爱心帮扶活动。亲情服务到市场。即，开展向主营单位外闯市场职工家庭献爱心活动，为 98 户职工家庭发放“亲情联系卡”，建立家庭服务档案，提供优惠服务，解除他们的后顾之忧。医疗服务到前线。组织医护人员深入主营单位基层队，为一线干部职工开展健康查体、保健咨询等服务。先后 40 余次到 70 多个基层队，为 2000 多名干部职工进行了医疗服务，深受前线职工欢迎。

（杨华伟　李海泉）

（审核　薄延勇）

胜北社区管理中心

【概述】 胜北社区管理中心下辖6家物业公司,5家医院(卫生院),9所幼儿园,另有热力公司、老年管理中心等10多家基层单位和机关直属单位。截至2006年底,社区在册职工3827人,其中正式工3116人,集体工93人,内聘工252人,企业员工251人。社区管理离退休职工753人,协解职工500人,家属1180人。拥有固定资产原值4.2亿元,净值3.1亿元。住宅26498户,住宅总面积186.68万平方米,环卫总面积260万平方米,供暖面积268万平方米,绿化面积103.32万平方米。

持续推进内部结构调整和管理创新,社区经济运行质量进一步提升。调整了水电气管理中心、热力公司以及物业公司的工作职能,制定了社区水、电、气、暖及物业管理费统一收缴的具体措施,确保了社区收入指标的顺利完成。推进职务消费、福利制度改革和公务用车改革工作,确定了两级机关办公电话配置定额和话费考核标准。切实加强内控制度建设,有效提升了社区经营效益。争取专项资金,分别用于医疗技术改造、医疗器械购置、设施设备维修,以及小区维修改造和幼儿园建设,增强了社区发展后劲。强化基础管理,积极开展第81次岗位责任制大检查活动和安全生产月活动,争创安全先进班组,大力推行HSE管理,扎实做好汛期安全和冬防保温工作,认真落实各项环境保护措施,加强水电气计量管理,减少了跑冒滴漏现象的发生。制定实施了经营业绩问责制度,维护了社区经营管理秩序,按时完成了对外投资和多种经营的清理上报工作,加大了老区改造、热网调整和设备购置力度,提升了社区管理服务的档次与水平。全年为2万多人重新登记办理减免证,确保了"五费"收缴的足额到位。

做好社区服务工作,服务质量和服务水平稳步提高。物业系统以"创和谐环境,建温馨家园"活动为载体,在为居民提供优质服务的同时,自觉接受居民监督,服务及时率98%以上。全年新安装小区楼宇防盗门2391套,社区楼宇防盗门安装率100%。积极开展爱国卫生工作,全年新增绿地1.05万平方米。购置垃圾车2台,吸污车2台,电焊机6台,改善了物业管理的工作条件。供暖系统加大管网和设备维护力度,加强供暖服务质量监督,坚持每周两次用户室温电话回访和入户走访,为居民提供了优质、快捷的供暖服务。医疗系统积极开展预防、保健、医疗、康复、健康教育和计生指导"六位一体"的综合卫生服务。加大对医疗系统的投入,积极争取专项资金对4家医院、卫生院进行了维修改造,新上大型医疗设备26台(套),改善了就医环境和医疗条件。幼教系统新建2个食堂餐厅和5个门卫用房,配备了微机和玩具,促进了幼儿园环境面貌和教学条件的改善。社区9所幼儿园全部达到局级和局级以上办园水平,其中7所为山东省示范幼儿园。矿建系统加强质量管理,加快施工步伐,全年交付使用新建住宅1644套,承担开发建设的2954套住宅楼已全部投产使用;对胜凯新区、景苑二区、锦霞新区、东安新区进行了配套完善,对胜凯老区、景苑北区、锦霞南区、景安槿园小区进行了改造;完成屋面防水7万平方米;完成了集中供热锅炉工程的选址设计、安全环保评估等前期工作;胜采医院、胜北医院、肛肠病防治院、东安卫生院以及胜采一号街、景安外环路、幼儿园维修改造等重点工程建设项目顺利完工;积极协调上级部门和主营单位，对胜苑小区和宏安小区公园、六干和平路以及部分小区给水系统进行了改造，六干、井下地区天然气主管线改造工作顺利实施。

发挥思想政治工作的促进作用，和谐社区建设呈现新局面。加强民主管理和民主决策，班子成员间相互支持，密切配合，以实际行动认真贯彻民主集中制原则，发扬求真务实、团结协作的作风，带头廉洁勤政，狠抓工作落实，全面落实领导干部安全、经营、廉政、稳定和服务质量问责制度，强化廉政建设和民主监督，积极推进厂务公开，召开了厂务公开质询会议。深入开展“咱们工人有技术才能更有力量”大讨论、技能大师传经送宝到基层活动，分系统、分层次对干部职工进行业务技能培训，组织了第五届职业技能竞赛，一大批技术能手脱颖而出。深入挖掘谢光明服务站、王学辉维修队、冯玉来工作室等先进典型的丰富内涵，推动了基层创建工作的深入开展，有6个名牌基层队、6个行业一强、15个优秀基层队顺利通过了管理局达标验收，景苑物业公司被评为管理局“基层建设先进三级单位”，安泰维修队被评为油田基层“标杆队”，社区获得管理局服务创新银奖，胜北社区的“学辉服务文化”被评为管理局基层文化品牌，社区“元宵灯会”被评为管理局文化活动品牌。召开了“三亲情”活动现场会、“创和谐环境，建温馨家园”活动交流会，举办了元宵灯会、消夏晚会和“庆国庆暨长征胜利70周年”演唱会，组织文化广场活动30多场次，受到辖区居民群众的欢迎。社区荣获管理局“三亲情”创建活动先进单位和“群众文化广场”活动先进单位，社区连续第八年被评为管理局老年工作先进单位。坚持不懈地为居民群众办实事办好事，积极实施子女就业和再就业工程，70名职工待业子女和4名有劳动能力的残疾子女得到了安置。健全完善帮扶救助体系，开展为困难群体献爱心活动，走访慰问贫困户、遗属户、残疾职工221人，为16名困难家庭学生发放了“春蕾助学金”。组织开展了含退休、协解人员在内的全员健康查体工作，社区被评为管理局和东营市“同创美好生活”助残公益活动先进单位。积极推进“平安社区”建设，全面落实稳定工作问责制，认真落实领导接访日制度，及时调解并妥善处理居民关心的热点、难点问题，避免了群体性越级上访事件的发生。加强综合治理，小区发案率较上年度下降52.5%，保障了辖区居民生活和生产秩序。

（马志强）

（审核　李家森）

胜中社区管理中心

【概述】 截至2006年底，胜中社区下设三级单位20个、机关职能部门8个、机关直属单位7个、四级单位119个。管理着职工住宅小区42个，其中国家级示范住宅小区4个、省级优秀住宅小区11个，辖区住户3.8万多户，居住人口13万多人。社区人员总量14288人，其中党员2713人；用工总量5380人，其中全民职工3955人、集体职工369人、内聘工432人、劳务合同工和企业员工454人、计划内临时用工170人（油田特勤中队）。拥有资产总额127263万元，其中流动资产总额33246万元，固定资产原值101159万元，固定资产净值91354万元。

物业管理水平进一步提高。全年完成维修任务42367项，清理垃圾49000立方米，清除小广告54000余张，治理流动摊点2980起，治理小区内乱搭乱建32处；新增绿化面积56400平方米，种植绿化苗木392027株，绿化覆盖率达到32%。2006年，物业管理系统加大员工培训力度，建立新的业务考核标准等办法，努力提高队伍整体素质和服务质量。采取典型引路、专家授课、举办职业技能竞赛、技师传经座谈会等方式，培训人员1600余人次。同时，修订完善《管理工作与服务质量(双月)考核标准》，积极改进双月考核方式，加大检查考核的密度，激发了干部职工争先创优的劲头，有力地促进了队伍素质的提高和服务质量的提升。

热力供暖运行继续保持平稳高效。在热电联供供暖面积突破800多万平方米的情况下，狠抓技术攻关，运用了用户室内温度监控系统，热力站均实现自控运行无人值守。为提升热力维修服务品质，制定了《热力维修运行方案》和《“440”维修服务管理暂行规定》。落实运行机制、规范服务程序，实行“划片承包”和“维修量竞拍”，把维修工作量和质量与岗点挂钩，提高了工作效率。截至2006年底，供暖前期处理管线刺漏1006处、低温不热3375处，处结率达98%以上。同时，为提高供热效能，减少能源损失，集中开展了私接乱拉暖气管线专项治理活动，保证了热力供暖的安全、经济、平稳运行。

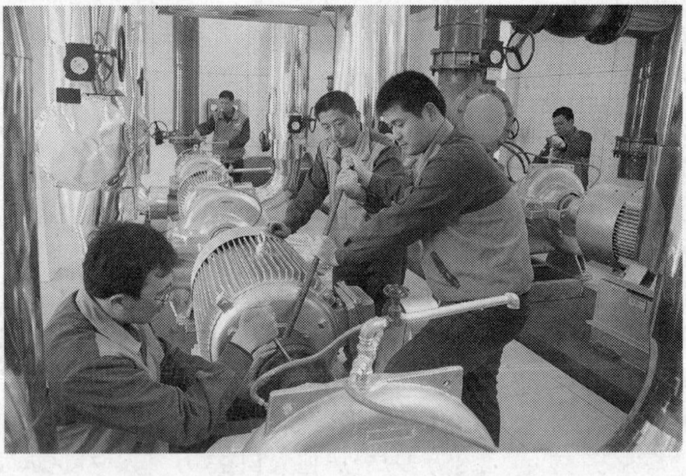

开展设备大检修，保证供暖平稳运行

学前教育水平稳步提高。幼教系统紧紧围绕《幼儿园教育指导纲要》的要求，结合面临的形势任务，不断更新管理和教育理念，积极推行了以园长负责制、助理聘任制、岗位责任制为主要内容的管理体制改革。同时，加强培训和业务交流，提升教育和管理水平。各幼儿园进一步转变保教思路，坚持特色办园方针，实施幼儿素质教育，开展了“蒙台梭利与现代幼儿教育”、“民间游戏”、“幼儿感觉统合训练”等课题研讨，开设了“阳光幼儿英语”、“奥林匹克数学”等启蒙教育科目，促进了幼教水平的整体提高。

卫生服务工作持续加强。积极搞好预防保健、爱国卫生、计划生育等工作，继续深入开展“医院管理年”活动，进一步加强医疗质量管理和医德医风建设，先后推出了“手拉手”导医、“无缝隙护理”、“绿色通道”等服务项目，社区卫生服务质量进一步提高。各卫生院所坚持以质量求生存、以特色谋发展，通过培训骨干医师、开展联合办医、聘请专家教授等形式，先后开设了糖尿病、结石病、脑血管病、前列腺微创、儿童保健、新生儿摸触等专科，使社区卫生服务更具人性化、特色化，较好地满足了社区居民的卫生服务需求。2006年，卫生服务系统全年完成门诊工作量267052人次，收治住院病人2474人次，健康查体22210人次，预防接种18332人次。

多种经营发展活力进一步增强。加大经营机制转换和产业结构调整力度，年内对4家企业完成清理整顿任务。加大市场调研和开发力度，重点扶持能够参与市场竞争的项目，寻求新的效益增长源，新上了加气站等经营项目，形成了新的效益增长源。餐饮服务单位不断创新经营思路，积极培育特色餐饮文化，增强了市场竞争力。燃料公司抓住市场油价波动规律，利用价格差提高了利润率；房开公司开发了二组团、三组团、鑫都康城等项目，取得了较好效益。石化开发公司抓住彩色地面砖的销售旺季，走出家门找市场，提高了市场占有率。

两个文明建设扎实有效。大力加强社区精神文明建设，开展了“小手拉大手，争当文明公民，共建文明社区”、《胜利日报》进小区、“社区大舞台，亲情大联欢”等丰富多彩的文明建设活动，促进了社区居民文明素质的提高。大力实施结对帮扶工程，安排在职党员与非在职党员结成联系对子549个，在职职工与非在职人员结成帮扶对子9200多个，有就业愿望的协解人员全部实现了再就业。积极探索稳定工作长效机制，建立完善了非在职群体责任承包网络，设立信访办公室，落实领导接访日，全年接待来信来访566件、1688人次，处结率达98%以上。开展“三深入”、“三亲情”、“三联系”等活动，努力创造条件，改善职工生活水平，先后完成了运兴小区等20多个小区的基层配套改造，改善了群众生活环境质量。2006年，胜中社区连续第四年被评为省级“文明单位”，连续第二年被评为“平安山东建设先进单位”。

（刘冠燕）

【出台多项内部改革措施】 2006年，胜中社区以成本控制为重点，推行了多项改革措施，促进了经营管理水平的提高。主要有：实行了以控制费用补贴和提高综合满意率为主要内容的经营承包模式，建立完善了内部控制制度，对承包指标完成情况、财务预算执行情况和经营状况，每季度组织一次经营活动分析，提高了社区经济运行质量；积极推进公务用车和通讯费用改革，共压减车辆43台，公务车整体压缩60.3%；按照有关文件规定，取消了科级以上干部住宅电话费用补贴，对移动电话费用严格控制，有效降低了管理费用；改革收费管理办法，采取了分组入户收费方式，费用回收工作见到明显成效，供暖费收缴率达95.13%，物业费收缴率达96.46%。

（刘冠燕）

（审核　韩希忠）

胜东社区管理中心

【概述】 胜东社区管理中心位于东营市东城北区，辖区范围东起广南水库西大堤，西至太行山路，南起四干渠，北至德州路，总面积为392.36平方千米，是管理局管辖面积最大的社区。管理住宅小区24个，服务居民2.9万户，约10万人。设11个三级单位，7个直属科级单位；机关设8个职能部室。在册职工2901人，中、高级职称467人，党员1146名。拥有固定资产原值52607万元，净值43254万元，总资产54974万元，负债率为21.36%。

生产经营再上新台阶。按照零基预算测算承包指标，将各类专项费用全部承包到相关单位和部门，由业务部门和财务部门实施双重控制。试行了内部控制制度，落实了月度经营分析，开发了新的经营管理信息系统，实现了合同网上签订，承包指标得到有效控制。全年处理突发事件65起，屋面防水600多户，上门维修25830次。完成了八分场北区锅炉房工程选址及方案设计。为南园小区居民建成1台6吨热水锅炉。维修了256栋老楼的外墙及窗套，改造升级了5个锅炉房燃油系统，更新了东苑等4个小区的暖网,更换了1400多户居民的室内供暖设施。全年居民水、电、气、暖、物业管理费现金收入1341万元,收费率达到91.6%;物业管理费和采暖费签认收入8980万元,完成计划的105%。

服务质量进一步提升。物业管理工作以“创和谐环境,建温馨家园”、“三亲情”创建等活动为载体,全面夯实“四保”基础,物业综合服务满意率继续保持高水平。在管理局年终综合考核中,8个小区进入管理局优秀小区行列,医疗卫生荣获单项第一名,矿区建设荣获单项第二名,“440”维修、供暖服务、水电气管理荣获单项第三名。热力供暖工作进一步规范成本控制预报台制度,严格落实“五日管理法”和“7SA现场管理体系”,加大了原油拉运、煤炭质量检测等环节的监督,堵塞了漏洞,降低了成本,供暖质量迈上了新台阶。医疗卫生工作全年接诊病人15万人次,完成医疗收入1851万元,超额完成计划的23%。学前教育工作加强教育教学管理,加大教研教改力度,整体保教质量进一步提升。多种经营工作扎实推进清理整顿,顺利完成了2006年的清理整顿任务和年初制定的经营目标。

思想政治工作有新作为。突出“坚持以人为本,做好群众工作”的“思想作风建设深化年”活动主题,广泛组织“党员干部有正气才能更有力量大讨论”,认真开展学习遵守贯彻维护党章活动,党员干部的宗旨意识和负责任能力进一步提高。在科级以上干部中开展了“查问题,定措施,抓整改,树正气”活动,锻炼了干部开展群众工作的能力。建立和实施了领导干部接访制度和信访联席会议制度,落实了责任,化解了大量不稳定因素,社区总体保持了稳定。深化基层建设,申报的5个名牌基层队、4个行业一强、15个优秀基层队全部通过油田考核验收。申报的省级文明社区通过油田初审。扎实推进“三亲情”活动,为困难群体发放各类补助304人次、32万元,提供青年志愿者服务1000多人次,举办文化演出和便民活动60多场次。社区文化活动项目——“火红的五月”,被评为胜利文化活动品牌,富有胜东特色的“三亲情”活动日渐成为社区培育的新品牌。

(王安学)

【进行公务用车改革】 2006年11月,按照管理局的要求,社区进行公务用车改革,共压减公务用车38台,停用接近报废年限车辆16台,压减幅度为55.07%。压减的油田主体车辆交油田统一处置,压减的油田主体以外的车辆全部退回车辆所属单位,社区对集体资产车辆进行了公开拍卖。

(朱 彬)

【锦华物业公司成立】 2006年3月6日,胜东社区管理中心锦华物业管理公司挂牌成立。公司设机关部室3个、下设四级单位6个,管理居民区10个、服务居民8500户。锦华小区是油田最大的一个居民住宅小区,锦华物业管理公司的成立将使锦华小区的管理服务更加规范和完善。

(王宪富)

【龙潭幼儿园晋升省级示范幼儿园】 龙潭幼儿园坐落于胜东社区龙潭小区内,在园幼儿230名,教职工38名,其中专任教师18名。多年来,龙潭幼儿园认真贯彻执行《幼儿园工作规程》、《幼儿园管理条例》和《幼儿园教育指导纲要(试行)》,保教质量高,办园效益好,社会声誉高。2005年11月,迎接了省级示范幼儿园检查验收团的验收,2006年2月28日,龙潭幼儿园晋升为省级示范幼儿园。

(白洪东)

【锦华新区住宅建设全面竣工】 锦华新区住宅及配套建设计划总投资 11 亿多元，总建筑面积 74.82 万平方米，其中新建住宅楼 226 栋、6266 户，居住面积 58.69 万平方米，公共面积 16.13 万平方米。锦华新区住宅楼由胜利油田胜利设计咨询有限责任公司设计，胜东社区房地产开发公司、胜中社区房地产开发公司、仙河社区房地产开发公司开发施工，2003 年 10 月 26 日正式开工建设，2006 月 12 月 30 日全面完工。

锦华新区一景

（邢茂东　吴长根）

【技能人才创新成果在油田展出】 2006 年 4 月 19 日，胜东社区技能人才创新成果展览在油田科技展览中心举行。参展项目包括手电钻式下水道多功能疏通器、小型电动扫路机等 13 个。展出活动进行一个多月，共迎接来自胜利及西南、西北等兄弟油田的参观人员 5000 余人。

（王宪富）

（审核　赵良庆）

胜南社区管理中心

【概述】 胜南社区管理中心成立于 1997 年 12 月 17 日。2006 年 2 月 17 日，胜南社区和纯梁社区进行了合并重组，新的胜南社区辖区区域面积 287.59 平方千米，横跨东营、淄博、滨州 3 市 6 个区县，南北相距 97 千米。社区全面负责 17 个居民小区的房产房建、物业管理、基础教育、医疗卫生、生活服务、文化建设和社会治安等工作，现有住宅 919 栋(23005 套)，住宅建筑总面积 159.17 万平方米，居民 2 万余户，区域居住人口近 7 万人。截至 2006 年底，社区机关设 8 个职能部室，下辖 9 个直属科级单位，1 个直属四级单位，7 个三级单位，10 个科级单位，2 个经济实体单位。中心党委下设 8 个党委，2 个党总支，71 个党支部。共有 18 名处级干部，112 名科级干部。党员 1660 人，其中协解人员 175 人，内退 231 人，离退休 588 人，家属 65 人。拥有固定资产原值 4.40 亿元，净值 3.57 亿元。在册职工 2866 人，其中干部 1063 人，工人 1435 人，集体工 63 人，内聘工 194 人，劳务输出工 111 人。专业技术干部 423 人，管理人员 451 人，其中高级技术职称 68 人，中级技术职称 507 人。

经营运行更加规范。对主业服务单位采取“四定两挂”的承包方式，单位成本在保障正常生产经营运行的前提下进行自行调剂，给予各单位更多的经营自主权，实行宏观引导控制和放开自主经营相结合的办法，激发了各单位创收创效的积极性。对多种经营企业，实行定经营收入、定实现利润、定上交利润，控制工资总额和管理费用的“三定两控”承包方式，严格成本管理办法和投资预算管理制度，凡各单位发生的指标外成本和计划外投资，全部由各单位自行解决，杜绝了乱挂账、乱投资、乱支出现象的发生。严格执行预算、监督、考核相结合的“三位一体”的经营管理运作办法，按月下达指标、全程督导监控、定期考核兑现，对经济指标未踏上年度水平的单位，采取停止报销、停发季度效益工资、重点单位重点调控帮扶等手段，维护了内部承包的严肃性。通过定期开展经营分析，及时发现整改经营工作中存在的问题不足，准确掌握经营运行动态，保证了社区大盘子不失控、各单位小盘子不滑坡。

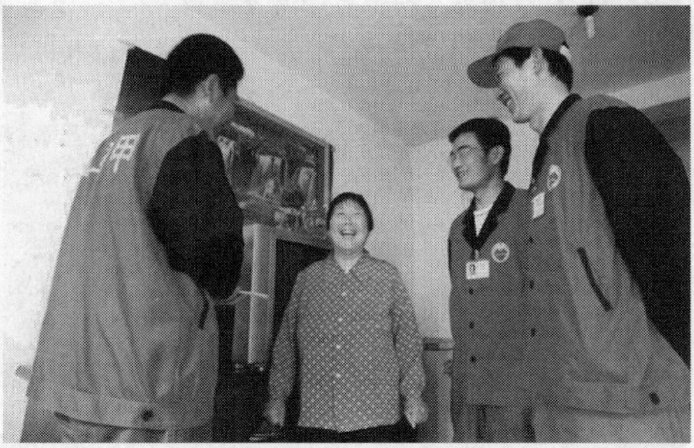

“红马甲”上门服务

改革工作稳步推进。一是通讯费用改革和车辆压减试点工作顺利完成，职务消费改革取得成功。除管理局规定的8个岗位享受公费限额通讯外，其余科级以上领导干部移动通讯和家中座机电话全部实行自主消费。胜南社区作为车辆压减试点单位，在深入调研的基础上，研究制定了切合实际的车辆压减方案并稳妥组织实施，共压减车辆33台，36名分流人员得到妥善安置。二是全面推行绩效考核制度，内部分配制度改革进一步激活完善。在总结聚华物业公司成功试点经验的基础上，制定下发了《绩效考核管理办法》及实施细则，建立了更为科学、规范的劳动价值效益考核评价体系，使职工劳动价值和收入分配实现有机结合，充分调动了广大职工的工作积极性和主动性。三是多种经营清理整顿工作全面启动，前期工作稳步推进。社区本着尊重现实、高度负责的精神，成立专门的组织机构负责协调、组织该项工作的运作，摸清了两个多种经营单位的经营现状，研究制定了周密的清理整顿实施计划，完成了第一阶段的清理整顿任务。

管理服务水平显著提升。一是以“创和谐环境，建温馨家园”活动为主线，配套开展了“学找争上”、“五型社区”创建等主题活动，通过实施精细化管理，全面推行优质服务。在坚持“日检查，周讲评”的基础上，进一步充实完善了月度单项最好和季度“八杯”竞赛考核的内容细则，更加突出针对性、实效性、精细化；进一步强化了440维修体系建设，加强了维修服务人员业务素质培训，建立和完善了社区物业系统突发事件处理机制，实现了零投诉的工作目标。二是充分发挥品牌效应，服务水平稳步攀升。纯梁供热大队针对燃料结构调整后的新设备、新工艺，潜心摸索设备性能，准确掌握技术要领，及时攻克运行故障，以实际行动兑现了“让冬天胜似春天，把温暖献给居民”的服务承诺。学前教育系统牢固树立“靠优质服务稳定生源，靠办学特色吸引生源，靠走出胜南扩大生源”的工作理念，不断突出办园特色，蒙氏教育日臻成熟，亲子园、直映识字、陈雷英语等特色项目进一步成长壮大。医疗卫生系统紧紧瞄准“六位一体”的社区医疗卫生服务市场，主动出击，全面实施了“健康查体到一线，卫生服务进家庭”和“医疗大篷车进小区”等服务举措，涌现出了物探卫生院“小针刀”、机厂卫生院过敏源监测治疗、纯梁卫生院痔瘘科等特色诊疗项目，带动了就诊人数的大幅攀升。仅查体一项，2006年就突破15000余人，创造了较好的经济效益。三是从提高职工素质入手，建立了规范化、制度化的职工培训机制，自上而下组织开展季度职工职业技能竞赛活动，有150人次分别获得“技术比武标兵”和“技能操作标兵”荣誉称号，职工的技术业务素质和服务能力明显提高。

加大小区建设力度，居民居住环境明显改善。2006年，胜南社区作为全局燃料结构调整的重点单位，在任务重、施工组织难度大的情况下，精心组织施工纯梁集中供热项目，实现了由燃油供暖到燃煤供暖的顺利转变，解决了纯梁地区供暖分散、热效率低、成本过高的问题。克服工农关系复杂等制约性因素，住宅建设取得突破性进展，兴河新区北区1202套住房全部竣工投产，兴河新区南区710套住宅主体已经就位，南苑新区1260套住宅陆续竣工验收，配套工程顺利完成。胜辛、铁山两个小区液化气改天然气项目全部完工，1700多户居民用上了清洁干净安全的天然气，彻底解决了临淄地区油田居民的生活用气问题。配合收费工作的开展，对8000多块旧电表进行了磁卡式电表改造。对热力系统进行维修改造，一些影响设备系统运行的问题和隐患得到了有效整治，为冬季安全平稳供暖提供了保障。对部分老区雨污排、部分基层单位办公设施进行改造更新，历史遗留的部分“老大难”问题得到妥善解决。

大力加强思想政治工作，实现了社区的和谐稳定发展。以“思想作风建设深化年”活动为主线，配套开展了创建“五星级党支部”、争当“五星级明星党员”活动，认真贯彻落实五项问责制度，稳步推进“双争”活动，加强了党风廉政建设。顺应合并重组新形势，开展了“合心、合力、谋发展”活动，干部职工心往一处想，劲往一处使，表现出了良好的业务素质、鲜明的大局观念和高度的敬业精神。以“胜利品牌提升年”活动为载体，加强品牌建设宣传教育，树品牌、创名牌意识深入人心。创新基层建设工作思路和运行措施，顺利实现了争创管理局“6个名牌、6个一强和12个优秀基层队”的目标。小区治安综合治理工作不断加强，平安社区建设成效显著，小区治安案件发生率明显下降。“送温暖”和“结对帮扶再就业”活动不断深化，下岗失业人员再就业率100%，全年为生活困难职工、患病职工和特困家庭发放各类补助近50万元。把稳定工作作为创建和谐的重要环节来抓，努力构建和完善稳定工作长效机制，严格落实稳定工作领导责任制、责任追究制度以及不稳定因素排查制度、部门联系点制度和督导督察制度，不断强化预警防范机制，依法及时处理信访问题，对重点骨干人员耐心劝导，密切防范，确保了社区大局稳定。

胜南社区多元经济实现新发展。积极开辟新的创收创效渠道，主业服务单位依托服务优势，主动向社会市场出击，在房屋租赁、家政服务、关联交易等方面有了新的进展，经济效益创历史新高。多种经营单位发展势头良好，劳动服务中心签订了东营市市政管养合同，成为东营市政市场的一支生力军；溴素厂项目顺利建成投产，呈现出产销两旺的势头。房开公司先后承建了兴河新区商住楼配套工程、作业二公司草桥公寓维修等多项工程，拓展了生存发展空间。外部物业市场创收份额稳中有升，相继承揽了青岛华易春之都、东营百货大楼住宅区等多个物业管理项目，扩大了规模效益。

（刘子勇）

【胜南社区“三亲情”创建活动结硕果】 积

极深化“三亲情”创建活动，进一步密切社民关系，努力搭建社区居民共建温馨家园的平台载体，广大小区居民认知和谐、关注和谐、建设和谐的意识明显增强。全年评选出亲情温馨小区5个，亲情文明楼栋32个，文明家庭117户，展示了新胜南社区“社民共建和谐环境，共创亲情温馨家园”的良好面貌。

（刘子勇）

（审核　孙怀通）

滨南社区管理中心

【概述】　滨南社区管理中心成立于1997年12月18日，机关驻地位于滨州市渤海七路799号。辖区横跨东营、滨州两市，总占地面积27.8平方千米，有职工1588人，设7个机关科室，6个直属部门。辖9个三级单位，12个住宅小区，居民10636户，居住人口3.7万人。固定资产原值2.02亿元，净值1.63亿元。

经营管理。加强要素费用控制，纵向按所属三级单位分解，严格执行预算，按进度超预算支出的要素费用不予核销。对物业、医疗等系统，下达外闯市场经济指标，以创收弥补费用补贴不足。加大成本控制的动态管理，实行月度、旬度经营考核分析、季度考核预兑现、年底累计总兑现制度。全面加强内控制度建设，压缩非生产性开支和各级管理费用20%。严格控制物资采购成本，对材料领用实行限额申报制度，职工劳保、药品等实行统一招标采购。建立和完善收费管理机构，进一步规范收费行为。截至12月10日，水电收费率达98%，物业采暖收费率达95%。对华滨、建翔、胜滨锅炉房进行技术改造，胜滨锅炉房新上远程控温节能装置，平衡了小区温度，增强了节能效果，运行质量显著提高。2006年，社区被评为管理局“节能先进单位”。

物业管理。立足于“站稳内部市场，做强外部市场”，对内不断加大投入，提高“440”服务功能，深入开展“零责任投诉”活动，为居民提供优质服务；对外积极参与周边物业市场竞争，提高竞争力。2004年以来，先后承揽外部物业项目、工程建设40余项，外部物业管理面积达到122万平方米，树立了“滨南物业”的良好品牌。水电治理成效突出，实现了水损率、电损率、水电自用率分别控制在25%、10%、15%以内的目标。狠抓小区环境综合治理，突击整治“十乱”，垃圾日产日清，定期杀菌消毒，小区环卫质量明显提高。

教育卫生。坚持抓规范管理，抓特色办园，日常保教质量得到巩固和提高，增强了知名度。教育教研成效显著，国家实验课题《幼儿民族文化艺术教育研究》和山东省课题《幼儿科学与艺术启蒙融合实验研究》进展顺利。坚持“大专科、强综合”发展道路，精心培育医疗特色。风湿科、妇产科、口腔科、健康管理、健康睡眠促进和康复医学等业务成效显著。医疗质量处于全局卫生系统前列，滨南医院在油田二级医院中率先通过ISO9000质量管理体系认证。社区爱国卫生和计划生育工作双双被评为管理局“红旗单位”。

多种经营。不断调整内部结构，完善以项目管理、项目考核为主的运行机制；积极融入当地经济发展，大力开拓外部市场，经济效益和市场竞争力显著提高。先后承揽了滨州东海一路大桥建设工程、滨州安全局商住楼等几十项外部工程，自主开发了建材、餐饮服务等项目，鑫源实业总公司在青海建立涂料分厂，成功打入西部市场。

矿区建设。强化施工全过程的监督管理，组织开展“百日会战”活动，确保碧林花园2164套住宅高质量按期投产。积极改善职工就医条件,滨南医院综合楼按期投产使用;胜滨新幼儿园、华滨幼儿园改造工程、社区物业管理及职工培训用房、建翔锅炉房区域集中供热等工程正在施工。

基层建设。开展基层“达标创优争强夺牌”活动,涌现出4个“名牌基层队”、3个“行业一强”、12个“优秀基层队”,职工队伍整体素质明显提高,社区被评为管理局“基层建设先进单位”、“职工培训先进单位”,涌现出以“全国五一劳动奖章”获得者时新春为代表的一大批先进典型。

(王　伟)

【积极推进绿色社区、人文社区、平安社区建设】 以“创和谐环境、建温馨家园”为主线,绿色社区建设成效更为突出。持续开展示范区、样板块活动和种植爱村树、认养绿地、雏鹰护绿等特色活动,移栽种植各类乔木1163棵、灌木53660株,有6个小区保持了管理局绿色达标、绿化先进小区水平;倡导“大环卫”观念,绿色生态理念逐步深入人心,配置了医疗垃圾处理设备,保证了小区环境质量;积极落实小区智能化建设、公厕改造、水电暖改造等37项工程,小区环境质量不断提高。

以“亲情活动”为载体,人文社区建设内涵更为丰富。围绕人文管理、人文关怀主题,实施人文社区建设工程。弘扬“诚信服务、创新发展”的社区精神,打造社区文化品牌。开展文化“十佳百家”评选、“八个一”创建工程等系列活动。突出人性化管理和特色服务。推行社区卫生服务,提高了居民健康水平;关注弱势群体,持续开展“向困难职工献爱心”活动。突出职工队伍建设。社区先后建成4个培训基地,完善兼职教师队伍,累计组织180名职工外出培训,举办各类培训班132期,培训职工2450余人次,223人取得职业资格证书。

以“五位一体”治防体系建设和安全生产为重点,平安社区建设的基础更为牢固。居民小区实现智能化监控,单元防盗门安装率达到100%,完善“五位一体”的治安防范体系和打、防、控一体化的治安格局,8个小区实现零发案,全年发案率与上年同比下降51%。滨海公安局在滨南社区召开油田内保工作现场会,社区的典型经验在全局推广,被评为“平安油田建设先进单位”。严格执行安全生产责任制和问责制,加大隐患治理力度,锅炉、车辆、民用气管理水平不断提高,混合烃充装站被列为滨州市免检单位。

(王　伟)

【落实“十件实事”,营造和谐发展局面】 一是坚持全员培训,职工素质明显提高。截至2006年底,高、中级工总数分别达到161人和189人,占技能操作队伍的57.7%;大专和本科以上学历人数分别达到285人和187人,占职工队伍的35.1%。二是坚持全员查体制度,保障了职工良好的身体素质。进一步完善职工健康档案和保健网络,为2471名职工健康查体,为230名特种岗位人员进行了专业体检。三是组织职工健康疗养,体现了人文关怀。组织职工健康疗养203人,比去年增长53%;其中,一线职工和特殊岗位职工129人,占疗养总数的64%。四是落实劳保措施,保护职工岗位安全。为环卫、维修等岗位职工配发了劳保服;对胜滨锅炉房水泵房进行消音改造,对锅炉除尘器实施技改,加强了对职工的岗位保护。五是更新生产设备,改善职工工作环境。完成锅炉及附属设备检修、改造项目70项,对生产用车进行了更新,新增小货车4台、大型垃圾车2台,减轻了职工劳动强度,优化了工作环境。六是扶贫帮困,为弱势群体送温暖。向困难职工献爱心，全面做好送温暖各方面工作，走访一线职工、困难户等580人(户)，发放救济款和慰问品合人民币34.43万元，为302名家属发放困难补助18.65万元。重视就业和安置工作，安置再就业62人、待业子女26人，有就业愿望的协解人员就业率达100%。七是加快矿区建设，提升居住环境质量。碧林花园工程全力推进，2164套住房建设进入收尾阶段，外围小区居民回迁工作开始启动；建翔文化广场投入使用；胜滨小区部分住宅楼坡屋顶改造完成，彻底解决了屋面防水、隔热问题；为胜滨、兴滨小区道路铺装沥青，提高了环境质量。八是关注民生，居民就医、子女入托条件得到新改善。改建建翔医院康复楼和滨南医院住院部南楼，新建滨南医院门诊楼，配备了彩超、生化分析仪等先进设备；新建胜滨幼儿园基本完工，碧林花园幼儿园建设按计划推进，华滨幼儿园进行了综合维修，改善了居民就医和子女入托环境。九是加大投入，小区平安建设有了新保障。建翔小区、华滨小区、兴滨小区智能化监控系统投产使用；新增治安队员16人，配备专用车1辆、巡逻电动车20辆，治安力量进一步加强，安全管理的现代化程度有了新提高。十是经济建设“4812”目标基本实现，职工收入水平有了新增长。大力发展社区经济，总量不断膨胀，实力日益壮大，职工人均收入增长了8%以上。

(王　伟)

(审核　庞光鸿)

临盘社区管理中心

【概述】 临盘社区管理中心位于山东省德州市临邑县境内，成立于1997年11月。1997—2000年归临盘采油厂模式，2000年6月独立运行。社区工作区域主要分布在济南市的济阳、商河和德州市的德城、临邑等县、区境内，机关设在临邑县的临盘镇。管理着曙光、宏达等13个自然住宅小区，有居民7891户，居住人口2.8万余人。下设7个三级单位、47个四级单位。截至2006年底，用工总量1854人(含内退173人)，其中正式工1175人，集体工177人，内聘工208人，劳动合同工285人，临时工9人。有各类专业技术人员387人，其中具有高级技术职称37人，中级技术职称222人。拥有固定资产原值18784.58万元，净值14769.32万元。

经营管理水平得到稳步提升。2006年，临盘社区采取多种办法，提高经营管理水平。一是完善内部经营承包管理体制，对各单位采取层层承包的办法，严格落实“成本收支全员分项”考核奖惩制度，年度承包指标得到顺利完成。二是扎实有效地开展项目管理工作，成立了“基地供水系统改造”等12个项目组，全面加强管理，确保了项目的进度和质量，社区再次被评为油田基建管理先进单位。三是强化内部控制制度，成立了预算管理委员会，将一切收支纳入预算管理，严格执行收支制度，经济运行平稳有序。四是积极推进职务消费及福利改革，压减公务用车，干部通讯费用自负，规范接待制度，成本控制取得明显成效。五是积极推进改制分流工作　2006年12月，由多种经营系统整合组建的胜利油田德利实业有限责任公司挂牌成立，社区主业得到进一步精干。

改善服务条件，服务水平有新的提升。2006年，社区从改善服务硬件入手，努力提高服务水平。投资1680余万元对临盘建厂30多年的供水系统进行了全面改造，更换室内给排水管网1410户；改造了小区供电系统；对住宅楼进行了屋面平改坡和外墙粉刷；投资改建了社区培训学校，增配了培训设备；新增绿地面积2.7万平方米，绿化面积累计达到37万平方米，小区绿化覆盖率达到35%，宏宇、广悦小区顺利晋升为管理局优秀住宅小区。在改善服务条件，提高物业管理水平的同时，积极做好医疗卫生和幼儿教育工作，促进社区服务水平的整体提高。医疗卫生系统积极开展“四进农村、四进小区”等优质服务活动，全年门诊总量10.9万人次，健康查体9500余人次，病人满意率96.5%，临盘医院连续8年被评为管理局“十佳医院”。幼儿教育取得新成绩，社区一幼荣获山东省哲学社会规划重点课题实验先进单位称号，二幼被山东省确定为“十五”规划课题优秀研究基地。

开展丰富多彩特色活动，形成了浓厚和谐氛围。一是开展了“三亲情”活动。坚持以人为本、全员参与的原则，以群众喜闻乐见的文化活动为载体，广泛开展亲情活动，得到居民的普遍认同和广泛参与，社区被油田评为“三亲情”活动优秀组织单位。二是开展“双创”活动。各单位紧密结合实际，努力探索社区工作的新思路和工作机制，取得了45项创新创效成果，收到广泛的社会效益和经济效益。三是以“思想作风建设深化年”活动为载体，社区机关开展了“一共同、二深入、三提高”活动，先后有1000余人次深入基层，深入岗位，与职工共同学习、劳动，提高了机关人员的思想认识、工作能力和综合素质。

思想政治工作取得新成绩。2006年，临盘社区思想政治工作成绩显著，荣获管理局思想政治工作创新成果奖和管理局文明建设先进单位称号。基层建设再上新台阶，建成管理局标杆队1个、名牌基层队4个、行业一强基层队4个、优秀基层队5个，荣获基层建设先进单位称号；社会治安综合治理工作继续保持山东省前列，被评为山东省“四五”普法依法治理先进单位。

（贾　涛　刘海霞）

【荣获“山东省设备管理优秀单位”称号】 2006年，社区深入开展设备安全“三化三零”竞赛、设备年审、设备管理升级达标等活动，不断完善设备管理制度和运行机制，对设备挂牌管理，承包到人，责任明确，严考核，硬兑现，社区荣获“山东省设备管理优秀单位”称号。

（尹玉平）

【被授予山东省“四五”普法依法治理先进单位】 社区十分重视普法依法治理工作，独立运行的5年来做了大量扎实有效的工作。加强普法队伍建设，组织普法骨干培训班5期、180余人次，聘请法制副主任、兼职教师8人，组建普法讲师团14个。深入开展“法律进社区，法律进万家”活动，组织法律专题讲座、板报展、文艺演出、演讲及征文比赛等大型宣传教育活动60余次，发放教育材料1.7万余份，受教育者达2.5万余人次。健全了“五位一体”的治安防范网络。认真做好“协解”等特殊人员的思想政治工作，配合公安机关实施“严打”和重点整治26次。几年来，无群众集体上访事件，职工无违法犯罪现象，社会秩序良好，多次被评为管理局“平安油田”建设先进单位，2006年6月被授予山东省“四五”普法依法治理先进单位。

（尹玉平）

【社区一幼荣获“山东省哲学社会规划重点课题实验先进单位”称号】 社区一幼在山东省哲学社会规划重点课题——“多元体合作，优化科学教育”园本课程的研究中，把集体教育、活动区教育、随机教育及个别行为指导结合起来，促进幼儿全面发展，逐步完成了课程园本化的理论建构、教材体系、活动设计等研究工作，达到了研究有著作、学习有教材、教学有课本、欣赏有读物的课程园本化要求，2006年被授予山东省哲学社会规划重点课题实验先进单位。

（尹玉平）

【社区二幼荣获山东省“十五”规划课题优秀研究基地称号】 2006年5月16日，在山东省教育学会2006年工作会议上，社区二幼被授予山东省教育学会“十五”规划课题优秀研究基地。在5个获优秀研究基地的单位中，二幼是全省幼教园所中惟一获奖单位。社区二幼积极创新服务方式，深化教学改革，教育教学质量不断提高，特别是“电脑辅助幼儿园教育活动”实验课题成绩更加突出，在第七届、第八届“世纪之星全国少儿艺术大赛”中，有百余幅幼儿电脑绘画作品获奖，二幼被评为艺术教育特色单位，《当代教育科学》“齐鲁风采校改”栏目对其做了全面介绍。

（尹玉平）

【胜利油田德利实业有限责任公司挂牌成立】 2006年12月26日，胜利油田德利实业有限责任公司挂牌成立，德州市副市长满春重和管理局副局长李中树到场祝贺并为公司揭牌。公司有职工483人，下设10个分公司，业务范围涉及石油管道安装、天然气综合开发利用、农产品及果树种植等近20个项目。

（尹玉平）

（审核　刘建国）

青岛疗养院

【概述】 青岛疗养院位于青岛市市南区台湾路4号。占地面积约40000平方米，地处青岛市繁华的政治、经济、文化、金融、商贸中心地带，固定资产原值4650万元，固定资产现净值2800万元，建有别墅式客房楼9栋。拥有三星级标准客房180套、豪华套间9间，大、中、小餐厅可同时容纳400人就餐，拥有各类型会议室10余个。现有机关科室4个，直属三级单位5个。2006年在册职工108人，党员52人；干部58人，其中处级干部6人、科级干部13人；职工中具有高级职称的4人、具有中级职称的8人、具有初级职称的17人。

2006年，实现床位费收入987万元，比上年增收60万元；全年接待疗养人数1147人、次，接待团体会议及散客19832人次；餐饮部实现收入496万元，实际完成利润130万元，国内外旅游实现利润21.2万元，医疗查体实现收入41.9万元；筹措资金对5号楼装修改造，车辆更新，设施更换，硬件设施又上新水平；全年安全生产无事故；综合治理被青岛市、管理局评为先进单位。

职工培训。加强职工培训，强化职工对星级宾馆服务标准、礼仪礼貌、规章制度的深入了解认识，培养职工的服务意识，在全院范围内组织职工学习观看《酒店管理》知识讲座，听取“员工礼仪素质”，“青岛旅游知识”，“安全生产、消防知识”等专题讲座。组织职工参加岗位练兵、岗位培训活动，使优质服务真正变成广大职工的自觉行动，让“情满青疗”深入人心，推进疗养院各项工作再上新水平。全年客人满意率在95%以上，圆满的完成了各项工作。

市场开拓。2006年，管理局继续对疗养院实施“自收自支，自负盈亏”政策，并要求上缴一定利润。同时，去年油田实施了多项改革措施，给疗养院的生产经营带来了一定的影响。面对严峻的生产经营形势，干部职工不等不靠，积极开展营销工作，及时捕捉信息，招揽新客源，努力开拓新市场，向全国推销青疗。将干部医疗查体、旅游和房屋出租作为经济增效点。全年共为441名工伤人员、527名干部提供了查体服务。房屋出租实现收入260万元。

管理创新。在生产经营方面，继续推行经营目标承包制度，从院领导到科室长及营销人员，人人都有承包指标，个个都有经营压力，为顺利完成全年的经营目标提供了保障。实行东营值班制，院领导继续到油田值班、跑市场。年初，将油田及中石化市场进行细分，为营销人员划分营销业务单位，增强了市场营销的针对性，也避免了以往的重复营销。每季召开生产经营分析会，对各项工作进行总结，并对市场开拓方向及生产经营情况进行谋划和分析。加强成本核算，实施内控制度。通过内控制度的实行，使各项经济活动流程更加完备。实行出入库签字和定期盘点制度、工程预决算制度、工程招标制度；实行内部加油、油料打卡，维修费审批，差旅费控制及外出就餐严控等措施；加强合同管理，发生大额度资金费用，必须事前订立合同，并严格执行；通过一系列管理规范的实施，降低了各项工作的成本，达到了节约增效的目的。

思想政治工作。以开展“思想作风建设深化年”活动为主线，紧紧围绕疗养院改革发展稳定的中心任务，大力加强党的建设，切实增强思想政治工作的针对性和有效性，促进了职工思想观念的转变和各项工作的健康发展。加强领导班子建设。加强领导班子、中层干部学习，转变思想作风和工作作风，落实民主集中制，深入群众，深入实际，率先垂范，带头实干，党风廉政建设进一步加强。加强形势任务教育，院党委结合油田形势积极组织职工学习局有关文件精神，传达油田改革形势，通过层层传达，使形势任务教育深入人心。做好群众工作，为职工办实事。坚持为退休职工进行健康查体，为女职工进行妇科查体。安排有就业愿望的协解人员实现再就业。组织丰富多彩的文体活动，增强职工队伍的凝聚力，为顺利完成各项工作任务提供有力保障。

（魏洪国）

【完成青岛国际帆船赛部分接待工作】 7月份，受高原公司委托，接受参加国际帆船赛加拿大帆船队的接待工作。全院职工认真准备，周密部署，顺利地完成了各项接待工作，受到了加拿大代表队的好评，并被评为“青岛国际帆船赛突出贡献单位”。本次接待工作获好评，提高了疗养院在青岛酒店业中的知名度。

（魏洪国）

（审核　王　毅）

烟台疗养院

【概述】 烟台疗养院隶属于胜利石油管理局，1976年筹建，1983年正式开疗。烟台疗养院坐落在烟台市东部，依山傍水，风景秀丽，气候宜人，环境优雅。烟台疗养院现有在册职工131人，其中正式职工105人，内聘职工7名，企业员工14人，内退职工5人。全院设有4个疗养区和1个接待楼、标准客房200间、床位400张；有20～300人数不等的十几处大、中、小型会议室；两个大型宴会厅和十几处KTV雅间，可同时容纳800多人就餐；建有歌舞厅、篮球场、门球场、健康路径和足疗健身房等多种娱乐健身设施；开辟了多条境内外参观考察线路。现有各种医疗设备80余台，总价值766万元；针对石油职工常见病、多发病，开展了多个治疗项目，并设有特长专科，如激光肛肠科、中医疼痛科专科、烧伤专科、血栓病检测中心、肿瘤早期诊断等。全院总占地面积117565平方米，其中住宅用地为46486.2平方米、经营性用地71078.8平方米。经过20多年建设，烟台疗养院现已发展成为查体、治疗具有一定优势，优质服务具有一定声誉，集疗养、治疗、旅游、会议接待于一体的多功能、综合型疗养院，以规范、诚信、优质的服务在社会各界享有较高的知名度。

生产经营。2006年是烟台疗养院以市场开发为龙头，以生产经营为工作重点，以精细管理为强化手段，完成了管理局下达的承包任务。全年完成经济总量2974万元，获利2.6万元，基本实现盈亏平衡；完成疗养任务2146人月，超出管理局计划指标396人月；医疗质量98分，比管理局规定指标高出13分。

企业管理。烟台疗养院坚持一手抓经营，一手抓管理，使全院经营运行质量稳步提高，企业管理工作全面加强。一是完善生产经营承包机制，进一步增强了干部职工的责任感和压力感，提高了创收节支的主动性和自觉性；二是加强财务管理，完善内部成本分析体系，强化预算执行能力，充分发挥财务监督、服务和保障职能，确保预算指标和责任纵向到底、横向到边，实现全员、全过程、全方位控制；三是精打细算，勤俭节约，大力实施低成本战略。四是结合第81次岗检，健全完善各项规章制度，增加安全资金投入，全年安全生产无事故。

服务质量。烟台疗养院广大员工以微笑服务赢得市场，以优质服务创造效益，把主动服务、热情服务、微笑服务变成职工的自觉行动。医疗康复中心配备查体导医，建立咨询服务台，提供查体早餐，为查体客人提供绿色通道，积极做好查体组织衔接和查体结果的反馈解释工作，服务质量明显提高。旅游部导服人员对行动不便的疗养、休养人员，搀扶上下车，在旅游中重点照顾。客房部帮助不方便的客人洗衣服、送饭菜，精心照料。餐饮部门为确保客人的饮食安全，专门印发了夏、秋季预防食物中毒的宣传材料。经营开发接待中心对每批来院疗养人员组织欢迎大会。院工会举行扑克、象棋比赛、趣味游戏活动和娱乐舞会，深受疗养员的欢迎和好评。综合办公室、财务资产科转变工作作风，改进工作方法，工作下移，任务下连，深入基层，调查研究，充分发挥机关科室的职能优势，为基层单位提供服务和帮助。

基本建设。2006年，烟台疗养院院区建设再上新水平，职工生活稳步提高。五栋职工住宅楼主体工程全部竣工。胜利楼改造装修工程动工。购置CT等查体设备，增加查体项目，提升了查体档次。院区电力系统Ⅰ期改造工程全面完成，为今后发展打下良好基础。粉刷1—4号楼外墙和家属区楼道，加固1—3号楼西阳台，改造了院区泄洪沟，改善美化了院区环境。文化娱乐活动中心改造装修及配套，为职工和疗养员提供活动场所。

思想政治工作。加强党风廉政建设，组织班子成员观看警示教育片，从正反两方面典型案例进行教育，从思想上筑牢思想道德和党纪国法两道防线。注重思想教育，对职工群众关心的热点、难点问题，及时化解矛盾，理顺情绪，确保职工队伍稳定和疗养院大局稳定。10月份，中石化划转移交政策出台以后，全院职工情绪激动，反响强烈。院党委准确把握职工思想动态，因势引导做工作，加强教育抓稳定，及时向上级组织反映职工群众的心愿和呼声，以实际行动维护职工群众的合法权益。全院以迎接基层建设检查验收为契机，加强了基层党支部和党员队伍建设。全面抓好干部职工思想政治教育、社会主义荣辱观教育，全体员工素质进一步提高，激发了员工工作的内在动力。

（王丽娟）

（审核　张富强）

驻北京办事处
（北京胜利饭店）

【概述】 胜利石油管理局驻北京办事处于1989年12月成立，三星级涉外旅游饭店。2005年8月成立办事处党委。办事处（饭店）占地16.5亩，总建筑面积2.2万平方米。2006年底有员工264人，12个部室。有客房240多间，大、中、小会议室12个，特色餐厅12个，具备接待大中小会议的能力和丰富经验。2004年与北京市奥组委签约为2008年奥运会接待单位之一。2005年、2006年连续两年中标为中央国家机关和中央直属机关定点会议场所。

2006年实现销售收入3429万元，同比增长589万元，提高21个百分点，上交管理局利润75.5万元，圆满完成了年度经营目标，创建店以来经营收入最好成绩。

积极开拓旅游接待市场。2006年，按照“以会议接待为重点，以散客和旅游团队为补充”的销售路子，在稳定中石化内部市场，进一步打开了北京市会议市场，相继中标为中央国家机关和中央直属机关会议定点场所。全年共接待宾客8万多人次。针对会期长、会议交叉、重叠次数多、散客量较大的特点，特别加强了会议与会议之间，会议与散客之间的协调，避免“撞车”现象，使每个会议从签到、入住到会议的召开、就餐直至离会的各个环节都得以顺利进行。不断提高餐饮接待水平，尝试推出了适合于要求较高、人数较少的“小自助餐”，受到宾客欢迎。提高婚宴承接档次和服务水平，创出了品牌，形成了品牌效应，《中石化报》、《胜利报》都为此做了相关报道。

管理水平不断提高。为迎接2008年奥运会和实现升星工程，更新了酒店管理系统，对宴会厅、贵宾室进行维修改造，提高新度系数，为今后的升星工程打下了基础。基础管理工作把管理局的基层达标创建活动与北京市开展的绿色饭店创建活动相贯通，把能源资源节约、环境保护、食品卫生安全作为重点工作，与服务标准、日常管理、设备维护、消防监控相结合，有效地提高了基础管理水平。2006年，北京胜利饭店大力开展了岗位培训和技能练兵活动，采取“送出去、请进来”等多种方式，以提高规范化、人性化服务水平为切入点，加强对服务人员的技能培训，广泛开展了“咱们工人有技术才更有力量大比武”活动，覆盖面达80%，有效提高了服务人员的整体素质，为饭店管理和服务水平的提高打下了基础。2006年，重点加强了酒店治安和安全管理。全年共抓获在赌犯罪人员15人，抢劫犯2人，缴获赌资2万多元，有效地震慑了外来人员在饭店内的违法行为，确保了酒店经营工作的正常进行。加强饭店安全管理，设备安全合格运行率、全员技术考核达标率、安全教育培训率、持证上岗率均达100%。开展消防知识讲座2次，消防演习26次，义务消防队员考试2次，演习10次，有效提高了人防技能，实现了全年电、气、食品卫生、交通安全、综合治理无事故。2006年，北京胜利饭店被北京市星级评定委员会批准为金叶级绿色旅游饭店，连续四年被评为管理局文明建设先进单位和安全生产优胜单位。

办事处职能进一步发挥。正确处理好接待和经营之间的关系，坚持做到以服务促经营。在就医问药、接机送站、求学旅游、票务等业务上开辟了绿色通道，仅接机送站全年就达400多次，充分发挥了办事处的办事职能，为油田来京人员提高了办事效率。2006年,北京胜利饭店同20多个二级单位签订了服务协议书,为兄弟单位来京办理公务提供了方便。此外,全年接送中石化总部领导往返油田30多次,较好地完成了公务接待任务。

思想政治工作扎实有效。加强组织建设,全年发展新党员3名;强化机关作风建设,组织开展了党员干部“有正气才更有力量”大讨论活动和社会主义荣辱观教育实践活动。将“和谐创建”理念融入到群众工作中,从群众最现实、最关心、最直接的事情抓起,先后组织职工查体110人次、外出疗养22人次,对员工宿舍3号楼进行了维修改造。举办了多项群众性娱乐活动,丰富了员工业余生活。积极参加了北京市饭店业迎奥运服装展示活动并获组织奖。

(姜双丽)

(审核　姜毓敏)

济南办事处

【概述】 胜利石油管理局济南办事处,成立于1997年3月22日,位于济南市经七路556号,占地面积4191平方米,建筑面积14000平方米,使用面积10960平方米,拥有固定资产7600万元。办事处现有正式职工54人,集体职工3人,企业员工14人,临时性用工90人。有机关科室4个(办公室、组织劳资科、计划财务科、安保科),科级单位4个(胜利石油大厦、油龙经贸公司、胜利旅行社、劳动服务中心)。拥有客房115间,大、中、小餐厅可同时容纳300人就餐,拥有260人的大会议室1个,80人的中型会议室1个,20人的小型会议室1个,贵宾室1个。济南办事处是管理局在省会济南的“窗口”单位,对于密切油田与省委省政府各职能部门的联系,加强相互信息沟通,宣传油田,为油田职工来济提供优质、安全、舒适的服务起着十分重要的作用。

2006年,共接待油田内外宾客2.6万人次,先后承接中石化稳定工作会议、中石化暨山东省企业保持共产党员先进性教育活动联席会、管理局2005年海外项目财务管理培训与经验交流会等各类大、中、小型会议46个,完成营业额1576万元,全面实现盈亏平衡,圆满完成了管理局下达的经营承包指标。

2006年,济南办事处不断加大工作力度,办事处的管理与服务水平得到了进一步增强,各项事业取得了良好成绩。一是强化办事职能,积极协调与省委、省府及各省直部门的关系。为充分发挥办事处的窗口作用,办事处重点加强了与省委省府办公厅、组织部、宣传部、劳动和社会保障厅、公安厅、审计署特派办、财政厅、铁路局、机场等各部门的联系,加大宣传力度,扩大油田影响,为油田发展创造良好的氛围和环境。二是强化管理,不断提高服务水平。2006年,济南办事处采取了多种措施,提升经营管理和服务水平。采取走出去、请进来等办法,加强员工素质培训,先后举办各类服务讲座、培训班10余次,覆盖办事处的各个岗位;实行了竞争上岗,实现了能者上、平者让、庸者下,确保了管理人才和技术人才充分发挥自身优势,起到骨干带头作用;进行承包任务的细化分解,把经营承包任务细化分解到每个科室和人员身上。其中,规定领导干部和机关工作人员每人每年联系营业额10万元,并进行严考核、硬兑现。三是开拓创新,不断寻求新的经济增长点。以高科技含量、高素质人员、高技术服务为抓手,继续加大奥英科技公司的发展力度,把钻井技术服务的市场从目前的中原、吉林、新疆3个外部市场扩大到长庆、四川、陕北等6个市场，营业收入达到1200万元，极大地弥补了办事处经费的不足，增强了发展的后劲。四是认真做好稳定工作。每个党员干部都建立了固定联系人，及时掌握办事处人员的思想动态，了解他们的实际困难、合理要求，并努力做到真困难真帮助。同时，落实领导接访和下访工作，做好理顺情绪、化解矛盾、密切关系工作，实现了办事处的和谐稳定。一年来，办事处8名协解人员、4名内退职工和2名家属，无一人参与集体上访。

（付雨峰）

（审核　石冠儒）

广播电视中心

【概述】 胜利油田广播电视中心(胜利油田电视台)下设19个部室。有正式职工187人，其他用工50人。广电中心主要担负着在胜利油田宣传党的路线、方针、政策，丰富油田职工文化生活，促进油田文明建设的任务。2006年胜利电视台开办《胜利油田新闻》、《新视点》、《新闻十分钟》、《枫叶正红》等自办栏目。

2006年，广播电视中心紧紧围绕油田中心工作，锐意进取，高质量完成了局党委、管理局部署的宣传任务。精心策划“与领导干部面对面”专题节目，先后采访了10多位二级单位党政领导。以“胜利品牌提升年”为载体，适时开设《胜利品牌》、《百年创新、百年胜利》等栏目，宣传了一批名牌队伍、名牌项目、名牌产品。采制了大量反映基层队组文化建设的专题片，推出了一系列品牌建设的优秀团队。设立“深入开展第81次岗检”栏目，派出多路记者走进班组井场采访报道。与安全环保处联合举办“创建环境友好型企业新闻赛”，播出参赛新闻近30条，既宣传了环境友好型企业建设，又进一步提升了油田各单位新闻现场报道水平。围绕“思想作风建设深化年活动”，开设“学党章，树正气，扎实开展思想作风建设深化年活动”栏目，访谈了油田10多家单位领导班子。围绕油气生产，大力宣传油田勘探开发工作的成果、经验和良好前景。深入宣传“咱们工人有技术才能更有力量”和“党员干部有正气才更有力量”大讨论活动，对油田多家二级单位的技术革新情况、技术能手的发明创造进行了深度报道。围绕建设“文明油田”、“和谐油田”、“平安油田”、“数字油田”等重点工作，开设《构建和谐油田大家谈》、《自主创业竞风流》等热点栏目，分阶段，分重点，新闻、专题、文艺、图文等合力出击，做好各个时期的宣传工作。坚持“三个贴近”，开设《基层风采录》专栏。承办“首届感动胜利评选活动”共23位推选人物专题片的采制、展播及颁奖晚会工作，23部专题分别在《新视点》栏目、油田局域网、胜利广场大屏幕同时推出。全年采制、播出新闻5000多条、专题200多部，开设新闻栏目13个，多视角、全方位地报道油田改革、发展、稳定工作，有40多部专题、文艺节目在山东省、中石化乃至全国行业电视节目评选中获奖。

实现了安全播出。电视发射、播出做到了安全优质，通过了省广电局检查验收，播出优良率达到99%以上，设备完好率保持在99.5%以上；开路信号电视发射机和调频广播设备工作指标处于甲级状态，确保了全国“两会”、“七一”、国庆、十六届六中全会等重要时期节目的安全播出。引进了全套数字化编辑、媒资管理系统，节目制作、播出、存储系统，采用了先进的网络视频和媒资管理技术，为电视宣传搭建新的技术平台。数字电视系统基本实现了系统的自主维护，增加了自动提示功能，安全稳定性、监测报警系统得到进一步加强，全年安装有线用户1万多户，开通光节点40个。

创收能力进一步增强。主动适应市场，对内降本增效，对外加强市场分析，积极拓展市场，圆满完成了全年创收任务。电视广告在做好稳定老客户的基础上，开发并启动了白天广告段位资源，拓宽了创收途径，提高了收视率。电视周报广告采用“策划”和“服务”两手抓的工作方针，整合资源，大户分包，市场份额不断扩大。数字转播车多次配合中央台、各省市台到外地录制节目，出车十几次，奔波数万里，不仅在中国电视圈中打出了品牌，而且实现了社会效益和经济效益双丰收。

队伍建设得到进一步加强。在党员中开展了树立社会主义荣辱观、践行“八荣八耻”学习活动，坚持媒体是党和人民的“喉舌”，强调电视宣传的阵地意识、大局意识。认真开展第81次岗位责任制大检查和基层建设达标创优活动，评出优秀基层单位3个，上报局级优秀单位1个。强化安全生产，全年安全生产无事故，无各类刑事、治安案件发生，无上访人员。涌现出34名中心、广电处先进个人，3名管理局先进个人，2个管理局先进部室，获得省部级荣誉称号7个，局级荣誉称号12个。

(李佐恩)

(审核　邵英功)

胜利日报社

【概述】 《胜利日报》是油田党委的机关报，具有全国统一刊号，1964年创刊，前身为《勘探》报，后更名为《胜利报》和《胜利日报》。1992年，报社成立党委。经过四十多年的努力，《胜利日报》从会战之初不定期出版的四开小报，发展成现每周出版5期正刊、3期副刊、1期《石油周刊》的对开大报。发行数量也从过去期发2000余份到现在期发40000份，形成了以胜利油田发行为主，不断向油田外部市场、东营市及周边地区辐射的发行格局。

截至2006年12月，报社全部用工总量为175人。其中，正式职工137人，临时用工(新闻从业人员)21人，内退人员17人。

2006年，胜利日报社各项事业取得了长足发展，荣获管理局文明建设先进单位。主要生产和经济指标保持高水平，完成收入2810万元，上缴税费99万元；报业经济稳步增长，报业公司实现各类收入1330万元；印刷厂市场份额不断扩大，实现收入1350万元，利润46万元；安全生产控制在管理局规定的指标以内，没有发生任何重大伤亡事故。

办报水平有新的提升。2006年，《胜利日报》报纸质量有了进一步提升。全年报纸出版245期，报纸编校差错率控制在万分之三以下，报纸印刷优良率达到95%以上。2005年至2006年度报社报送的新闻作品在参加省部级以上好新闻评选中，共有55篇稿件获得不同奖项，其中特别奖1篇，一等奖13篇，二等奖17篇，三等奖24篇。

报业经济创出新的业绩。2006年，完成广告经营额710多万元，比去年同期增长25%。完成《胜利日报》征订发行量38500份，比2005年度增加700多份。外报外刊在邮局改革、管理局经费压缩、报社内部改革和税率上调等不利因素下，实现创收26万多元。

内部改革和管理工作推出新举措，管理水平有新提高。2006年，胜利日报社面对改革发展任务重的形势，努力加强内部管理，出台多项改革和管理措施，提升管理水平。一是完成了报业公司的内部分配制度改革工作、理顺了报社专业技术队伍的岗位管理和分配机制，首次在专业技术队伍中设立了首席编辑(记者)和首席编辑(记者)助理岗，提升了报社专业技术队伍的业务水平；二是完成了新闻从业人员的招聘工作，充实了报纸的新闻采编队伍；三是完成了报社印刷厂和报业公司的重组改制工作以及报业公司回归人员的转岗分流工作，为报社的改革、发展和稳定工作作出了突出贡献。四是加强财务管理，下发了《胜利日报社财务管理办法》，从15个方面对财务工作进行了规范。为做好报社印刷厂改制分流工作，对报社印刷厂的固定资产进行了一次全面核资清查，有力地促进了报社印刷厂和报业公司的重组改制。

党风廉政建设得到扎实有效开展。以“思想作风建设深化年活动”为载体，以强化党章学习为主线，全面加强党员干部队伍建设。报社党委下发了《关于进一步加强和改进党建工作的实施意见》、《关于开展党员干部有正气才更有力量大讨论活动的通知》和《关于深入学习贯彻维护党章的通知》等文件和通知，努力强化党员干部的思想教育。同时，深入开展系列教育活动，先后进行了“八荣八耻”为主要内容的社会主义荣辱观教育和革命传统教育。强化党风廉政建设，通过多种教育形式和教育活动，增强党员干部廉洁勤政意识。先后组织党员干部观看电影《牛玉儒》，组织科以上干部、财务人员、经营管理人员观看反腐警示录，与科以上干部签订了《党员干部廉洁承诺书》，对处级干部党风廉洁责任区按领导分工进行了重新划分，出台有关规定，进一步增强了新闻工作人员廉洁从业的职业道德意识。

(王云波)

【印刷厂和报业有限公司重组改制成功】 根据油田改制分流工作的总体要求和安排，2006年，胜利报社启动了印刷厂和报业公司的重组改制工作。经过充分准备，报社印刷厂和报业有限公司成功进行了重组改制，2006年11月2日，重组后的胜利油田胜利报业发展有限责任公司成功举行了挂牌仪式。

(王云波)

(审核　李耀光)

文化事业中心

【概述】 文化事业中心是油田职工文化、体育、文学艺术工作的综合管理部门，是中石化文联作家协会、中石化体协篮球协会、中国石油石化集邮协会的常设机构，也是油田文联、油田体协的日常工作机构；承担油田职工文化、体育、文学艺术工作的组织、协调、指导和服务职能。2005年6月，管理局批准成立二级单位。中心机关设7部1室，有8个基层单位：电影公司、图书馆、青少年活动中心、文工团、文学编辑部、文化宫、业余体校、综合服务中心，现有职工210人。

以塑造石化精神、展示胜利人风采为主题，打造石化和胜利文化品牌。一是成功举办全国企业廉洁文化现场会、文艺晚会等3场晚会。7月份，国资委在胜利油田召开全国企业廉洁文化现场会。局党委和局纪委要求中心组织专场文艺晚会，反映油田廉洁文化和文明建设的成果和风貌。中心在晚会框架确定、作品创作、人员组织、现场演出等环节上精心运作，演出获得圆满成功。同期举办的全国企业反邪教现场会文艺晚会、中石化企业党委书记研讨会文艺晚会等，也受到有关方面的一致好评。二是组织威风锣鼓参加A1汽车世界杯大奖赛表演。应上海A1汽车世界杯大奖赛组委会之邀，组织由黄河钻井职工组成的威风锣鼓队于4月份奔赴上海参加A1汽车世界杯大奖赛开幕式表演。表演取得圆满成功，展示了胜利石油人的精神风貌，树立了中石化和胜利油田的企业品牌。

以弘扬胜利精神为主题，积极开展文明、健康、和谐的群众文化活动。积极参与组织“三亲情”创建活动。全年文工团组织文化下基层演出20多场次；文联以“‘三亲情’书法进社区”活动为主题，开展活动9场次；电影公司开展“送优秀电影进社区”活动，全年放映电影7180场。开展“群众文化广场”活动，全局组织文艺演出200余场次。积极参加山东省优秀文化广场和山东省文化进社区评选。油田有两个单位分别荣获“山东省优秀文化广场”和“山东省文化先进社区”荣誉称号，两人被评为全省“优秀社区文化辅导员”，两个节目分别获得山东省文艺展演银奖和优秀奖。组织开展全民健身进社区活动，获得山东省“全民健身月”先进单位荣誉称号。同时，组队参加全国、中石化和山东省组织的健身秧歌、篮球、羽毛球、门球、桥牌、围棋、象棋比赛，取得金牌3枚、银牌1枚、4～8名5项次、一等奖2项次、体育道德风尚奖1项次的好成绩。通过提供优质文化服务，实现亲情传导。图书馆接待读者35万人次；青少年活动中心开设专业15个，办班20期，培训3000人次；体育场馆接待各类体育比赛、训练和健身1000余场次，人数达4.8万人次。

开展丰富多彩的文学艺术活动，在各项活动中再创佳绩。4月份和8月份，分别建成了作家培训基地、书法家培训基地，加上2005年建成的美术家培训基地，提前一年完成了原定三年建成三个培训基地的工作目标。举办庆祝建国57周年暨红军长征胜利70周年美术、书法、摄影、集邮展览，共展出美术、书法、摄影作品近120余幅，集邮作品5框。组织会员拍摄油田12名技能大师的专题片，“五一”期间通过胜利广场大屏幕进行展播，在油田局域网上展播。编辑出版《太阳魂》和《太阳河》两部文学刊物各6期，共128万字。组织作者参加国家及省、部级各类艺术展览十几项，全年有60多人次获得国家和省部级奖励。荣获山东省“五一文化奖”优秀组织奖，被评为全国优秀企业文联、山东省文联服务工作先进单位和中国石化文联工作先进单位。

加强基本建设，积极推进和谐中心建设。一是开发“数字图书馆”和电子阅览室建设。在信息中心的大力支持下，经过专家论证，投资百万元建设数字图书馆项目，投资30多万元建设电子阅览室，并于9月份和2007年2月正式向广大读者开放。二是以举办五运会为契机，对胜利体育场进行了大规模的维修改造，使胜利体育场焕然一新，为五运会的成功举办奠定了基础。三是以基层建设为载体，规范和加强内部管理。中心与各基层单位都签订了内部承包责任书，将安全、稳定、业务工作、费用控制、廉政建设、综合治理等项指标进行分解和量化，并将这项工作与基层建设有机结合，制定了基层建设考核标准，基层单位每月一考核，中心每季进行一次综合考核，年底进行考核兑现和评比表彰。图书馆、青少年活动中心两个单位被评为优秀基层单位。

（熊　辉）

【成功举办油田第五届运动会暨第二届全民体育大会】 作为油田四年一次的体育盛会和全民健身的重头戏，本届运动会创造了历届运动会时间跨度最长、参赛人员最多、参赛水平最高的纪录。一是规模大，参与广泛。设立田径、篮球、乒乓球等15个大项、分3个组别，首次设立残疾人比赛项目;全局69个二级单位近万名运动员、教练员、裁判员和工作人员参加运动会。二是开幕式精彩。入场式、大型文体表演体现了隆重、简朴、精彩、圆满的办会宗旨,得到与会各级领导和广大观众的好评。三是组织工作严密。从4月初到9月历时半年时间,涉及多个比赛场地、数百台车辆,近万名运动员、裁判员、教练员、表演人员、工作人员和观众,做到安全竞赛无事故。四是运动水平有新的提高。有59个单位获得录取名次,52个单位获得奖牌,8人打破8项中石化和油田田径纪录。

(刘恩庶　熊　辉)

(审核　李慎忠)

胜大集团

【概述】 胜大集团有下属单位16个,其中农业单位2个,工业单位6个,建筑施工单位3个,经贸及商饮服务单位3个,费用单位2个。截至2006年底,有职工1347人,其中全民工712人、集体工262人,内聘工373人,内退职工189人。资产总值11.75亿元,其中固定资产原值9.55亿元,净值6.24亿元,流动资产5.84亿元,长期投资1939万元。负债6.3亿元,所有者权益6.8亿元,资产负债率54%。

生产经营。2006年,公司18个经营单位中有17个超额完成生产经营任务并取得较好的经营业绩。压缩天然气公司积极争取气井,不断寻找新的资源,生产经营取得可喜成绩。定向井公司进一步理顺内外市场关系,努力争取油田市场份额,积极开拓陕北和吉林等外部市场,强化了内外市场施工和服务质量。物资公司克服经营任务重、人工成本巨增、内部工程量减少、物资流通业务量大幅度下降等困难,不等不靠闯市场,取得了良好的经济效益。置业公司按照统一规划、合理布局、综合开发、配套建设的原则,精心操作胜大花园的一、二期工程开发项目,完成了小区后期开发项目的立项工作。农业公司紧紧抓住市场机遇,加快大规格乔木和成型花灌木的培育速度,及时调整苗木产业种植结构,淘汰了市场前景不看好的三倍体毛白杨,将白蜡树作为拳头产品着力培养。水产公司在稳定现有养殖规模的基础上,积极引进"名优特"养殖品种,海参养殖由上年的400亩,扩大到了1000亩,为打造东营市首家从育苗、养成到加工为一体的海参养殖基地夯实了基础。

企业改革。加强结构调整,将胜大油公司移交东胜集团。对胜大园林公司成功地实施了改制。撤消胜大建安公司,将消防器材公司归并到物资公司,种猪场、森林小木屋归并到农业公司。撤消公共事业服务中心,关闭胜大宾舍,将生活中心精简为服务队,对机关车队进行"瘦身"。冷静分析市场走向,保留胜大外经公司的内贸业务,停止其外贸业务,减少了企业亏损。完成乾盛公司的清理工作,胜大建安公司、物业服务中心、胜安公司、上海胜大国贸公司也进入清理程序,联成公司、美国胜利发展公司已委托律师事务所协助进行清理,基本达到了预定目标。

品牌培育。根据市场经营情况,不断加强工商管理,规范企业的经营,全年新增经营企业4个,变更11个,注销1个,吊销6个。66个企业一次性通过年检并被定为A级。积极参与商标宣传及著名商标的评选活动,签订了"胜大"牌商标的续展合同。强化对企业品牌的维护力度,把监督管理、预防纠纷、服务企业作为培育品牌的重点,年处理各类案件29件,总标的3061万元,节约和挽回资金36万元。积极开展质量管理,共有3种产品获得油田用户满意产品。

多种产品办理了质量体系认证年审。

基础管理。按照管理局的要求,组织开展第81次岗位大检查活动,从整体上促进了公司基础管理水平的全面提高。推出以胜明公司、胜大中心超市为代表的一批先进单位,提升了基层建设水平。集中力量实施并圆满完成了公司内控制度建设,挖潜增效工作取得明显成效,全年节约电费20万元,节约水费12.4万元,压减非生产用车100台,停用办公电话95部,科级以上干部的家庭电话、手机费全部由个人自理。加强对经营全过程的运行监控,资金、税务、成本、资产、房产公积金等各项管理进一步规范。存货、应收款的清理与控制工作有了新的进展,共完成各类审计项目10个,取得审计成果318万元。配合上级工商部门,对68个营业执照进行了年检。全年签订经济合同554份,标的额近3亿元,履约率100%;科技进步工作有了新的推进,有9个项目荣获局级科技成果进步奖,完成局立项目5项。

思想政治工作。深入开展思想作风建设深化年活动,大力加强各级领导班子和干部队伍建设,进一步加强基层党组织和党员队伍建设,大力推进新时期人才战略,不断增强人才队伍的竞争实力,为公司改革发展稳定提供了有力的组织保证和人才支持。开展"党员干部有正气才更有力量"大讨论。教育引导党员干部搞好家风建设,管好配偶、子女,形成良好家风,筑牢反腐倡廉的家庭防线。举办入党积极分子培训班,发展新党员24名。加强领导班子建设,先后对15个单位的领导班子进行岗位分流和调整,提拔一批有能力、负责任的干部到重要岗位任职。按照管理局干部培训的安排,及时选派干部参加各类理论学习、业务培训和学历教育。深入开展党员干部与下岗失业人员结队帮扶再就业活动,被评为管理局"结对帮扶再就业"活动优秀组织单位。深入细致地做好队伍的稳定工作,保证了生产经营的顺利进行。各级工会围绕生产经营建设,开展劳动竞赛活动,积极创造条件,不断丰富基层的职工文化生活。加大帮扶工作力度,先后筹集150万元资金,对老职工、特困户、职工子女入学进行资助。社会治安综合治理工作成效显著,全年未发生民转刑案件。

(尚长文)

【"维可得"牌食品成为山东省肉制品行业十大品牌】 维可得食品厂生产的"维可得"牌肉制品,畅销油城内外市场,荣获山东省肉制品行业十大品牌。"维可得"牌肉制品,坚持以大型超市树品牌,以便民店占份额,以外部市场做产量,以乡镇市场为突破的市场拓展思路,积极进入东营市内所有大型超市,努力开拓社区便民店,不断做大市场总量。截至2006年底,便民店销售网络发展到300多家,乡镇市场销售网络200多家。

(尚长文)

(审核　吕建奎)

胜利采油厂

【概述】 胜利采油厂于1964年投入勘探开发,是胜利油田所属从事石油天然气勘探开发的二级骨干生产企业,也是胜利油田成立最早的采油单位。地处黄河东南岸渤海湾畔,跨东营、垦利两个区县,辖区面积230平方千米,管理着胜坨、宁海、王庄3个油田。至年底,有三级单位11个,基层单位129个,职工总人数6711人;拥有固定资产原值111.26亿元,净值34.59亿元。投入开发以来,已累计生产原油1.67亿吨，生产天然气84.17亿立方米，成为胜利油田累计产油最多的采油厂。

2006年生产原油290.51万吨，交油量283.48万吨，均完成年计划的100%；工业产气量13600万立方米，交气量完成9700万立方米，分别完成年计划的100.9%和100%；上报滚动探明地质储量107万吨，新增预测地质储量2478万吨；综合含水率稳定在94%左右，成本控制在预算指标之内。

油气勘探取得新的突破。2006年，勘探工作锁定深层以及北带砂砾岩体作为有利勘探目标，见到较好效果。全年部署探井、滚动井14口，完钻9口。其中，坨764井钻探沙四段见到较好油气显示，首次在4000米以下发现油藏，该井日产油12吨，含水24%。坨765井，钻遇高压油气层1层38米，获得日产油87.1吨，进一步扩大了坨764区块油藏含油面积，该断块上报有利含油面积25平方千米，预测石油地质储量2478万吨，充分证实了深层成藏体系的存在，显示了胜坨深层较大的潜力空间。坨174井钻遇沙四段大套含油砂砾岩体，获得较高工业油流，日产油12吨，含水12%。坨147井重新试油获得成功，该地区控制地质储量200万吨。在坨142沙三上、坨143-24沙三中两个区块实施新区产能建设，设计总井数16口，钻新井13口，建产能3.2万吨。至年底，新井日增油能力110吨，累计产油2.8万吨，增油效果明显。

以油水井治理为重点的老油田开发工作成效明显。在老区产能建设上，全年共安排3个老区调整方案，设计油水井工作量110口，已投产新井22口，实施老井工作量67口。调整后3个单元日产油能力由299.4吨上升到465吨，注采对应率由51.6%提高到64.1%，水驱储量控制程度由50.2%提高到66.3%，恢复水驱储量337万吨，开发趋势明显好转。在水井治理上，以“水井专项治理”活动为契机，从注好水、注足水入手，实施水井治理工作量135口，涉及65个井区，受效油井267口。日产油量增加32吨，累计增油4419吨，注水指标和开发指标都有明显改善。在井网调整上，对重点单元、重点井区强化过程监控，加强跟踪分析，编制实施了9个单元的注采调整方案，完成工作量170口，调整后日油水平增加66吨，含水下降0.3%，单元注采对应率由70.6%上升到74.2%。对动用状况较差、注采失调的潜力层及潜力井区实施转注40口井，增加日注能力4680立方米，日产油能力增加38吨，注采对应率由45.3%上升到64.2%。

技术创新和推广工作取得丰硕成果。2006年，采油厂加强了新技术的推广与应用，有力地促进了科技成果的转化。2006年，实施各类工艺措施274井次，工艺增油19.7万吨，工艺有效率达到85.4%。推广应用了不动管柱二次补砂工艺，共实施14井次，节约成本196万元。配套完善了闭式管柱、大排量螺杆泵、防偏磨治理等工艺。实施闭式管柱52口井，治理偏磨井104井次，应用大排量螺杆泵32口，有效延长了油井免修期，促进了油田开发效益的提高。在技术创新方面，按照协同攻关、重点突破的原则，全方位、多层面实施了群众性经济技术创新工程。开展了“十最佳”劳动竞赛活动，在全厂掀起了“学技术、练本领、提素质、比贡献”的热潮，广大职工自觉地把“咱们工人有技术才能更有力量”大讨论变成具体实践。全年共立项技术课题122个，完成技术成果96项，其中国家专利21项，正在申请国家专利8项，职工技能水平和创新能力有了明显提高。

扎实开展经济活动分析，成本管理水平不断提高。经营管理工作以成本控制为重点，集中精力开展经济活动分析，完善了

基层油水井分析竞赛

"四会联动"机制，通过定期召开月度经营分析会，对成本发生情况总结分析，评价生产经营运行质量，指导下步预算编制工作。成立了措施、作业、稠油、电费等8个项目组，严格控制重大成本支出，按产量、成本、管理三类指标优化措施，细化分解，做到严考核、硬兑现，使成本控制更加具有针对性。2006年下半年电量与同期对比降低1755万千瓦·时，整体呈现负增长趋势，全年维护作业井控制在1320井次，比计划降低37井次，"双压"工作取得阶段胜利。另外，立足转变机关作风，提高工作效率，大力压缩日常管理费用，与2005年对比，非生产费用支出减少243万元，下降了17%。大大减少了机关管理费用。

基层基础管理更加扎实，职工生产生活环境明显改善。基层建设工作以"达标、创优、争强、夺牌"活动为契机，在改进中加强，在规范中创新，重点加大了"软硬件"环境建设。为规范基层基础管理工作，采油厂印发了《采油队工人操作手册》、《采油队管理手册》和《采油队标准化现场管理规范》"三本书"，采取知识竞赛、理论考试等方式，提高职工标准化管理意识、标准化操作能力。通过召开地面管理现场会、基层建设经验交流会等形式，推广先进队在经营管理、队伍建设、标准化现场等方面的经验和做法，促进了整体管理水平的不断提高。在"硬件"环境上，全年投入500多万元，对基层小队房屋、院落进行改造和绿化。为基层配置空调、修建车棚、更换衣橱等生活设施和办公用品，职工生产生活环境得到改善。2006年，胜利采油厂被评为中石化股份公司优胜采油厂、管理局基层建设先进单位。获得金牌队3个，金牌工艺所1个，五星级泵站3个；有9个单位被授予名牌基层队，有11个单位被评为管理局行业一强。

扎实推进思想作风建设，思想政治工作深入人心。2006年，全厂各级党政组织紧紧围绕"思想作风建设深化年"活动，以提升执政能力为核心，以转变思想作风为重点，有力保证和推动了采油厂持续稳定发展。首先，各级党组织、党员干部围绕"有正气才更有力量"这一主题，结合自身实际，广泛展开讨论，撰写心得体会，进一步激发了广大党员干部践行"有正气"的自觉性。开展了以"创办党章知识和廉洁文化一条街、党委书记上一次党课、举办一次学习党章知识竞赛、每名党员写一份学习党章心得体会、选树一批学习贯彻党章先进典型"为主要内容的"五个一"活动，切实增强了各级领导班子和党员干部的党章意识和党性意识。其次，开展了"四送四帮"和"三查、三改、三树"活动，进一步转变机关作风。"四送四帮"活动中，机关科室协调解决基层问题60多个，提出建议和改进措施80余条，加深了机关与基层之间的联系。结合"三查、三改、三树"活动，各科室深入基层联系点，排查出安全隐患问题711个，有效地促进了机关作风转变。第三，开展了“走访联系困难户”和“送温暖”活动，切实为职工群众办实事、解难题。全厂二、三级班子成员和机关科室长与103户困难家庭结成帮扶对子，建立联系渠道，定期走访慰问，及时为困难职工家庭排忧解难，送去温暖。一年来，走访慰问2934人次，发放慰问金、慰问品计54.58万元，帮扶特殊群体372人次，支出困难补助金27.41万元，基本形成了困难群体帮扶形式多样化、帮扶走访经常化、帮扶救助制度化。另外，面对复杂的油区治安形势，深化“平安油区”建设，加强社会治安综合治理，积极开展“油区百日整治”活动。2006年，共取缔盗油(气)点473处，收缴各类管线3.8万米，抓获各类不法分子425人次，收缴查获原油500余吨，油区破坏案件由2005年的900起下降到2006年的312起，油区生产秩序明显改善。

（郭　峰）

【钻探坨764井实现胜坨深部层系勘探重大突破】 坨764井区位于胜北断层下降盘，坨121古冲沟的前端。通过研究发现，该地区沙三下—沙四下时期应该广泛发育有来自北部陈家庄凸起物源的各种类型砂砾岩扇体沉积，是胜坨深层勘探的重点区带之一。2006年4月，坨764井钻探过程中在沙四段3950—4360米井段见较好油气显示，取心见油浸细砂岩11米，油斑砾状砂岩3.98米。电测结合取芯资料，综合解释沙四上纯下和沙四下亚段油层3套6层71.5米(有效厚度45.9米)，首次在4000米以下发现了油藏。为了解坨764油藏储层空间展布规律，又部署了坨765井，中途测试获得日产油87.1吨，产气29800立方米的高产工业油气流，进一步扩大了坨764区块油藏含油面积。2006年9月，该断块上报有利含油面积25平方千米，预测石油地质储量2478万吨，这也充分证实了深层成藏体系的存在，揭示了胜坨地区深层勘探开发的广阔前景，对今后实现战略性转变具有重要意义。

（郭　峰）

（审核　袁　谋）

桩西采油厂

【概述】 桩西采油厂地处山东省东营市河口区境内，东北两面濒临渤海，南依黄河，南邻孤东油田，西邻孤岛、河口油田。1989年12月29日成立。管理着桩西、五号桩、长堤、老河口等4个油田，勘探面积700平方千米，探明石油地质储量1.79亿吨(含古潜山对外合作提高采收率项目4200万吨储量)。截至2006年底，有三级单位11个，四级单位34个；有在职职工2381人，其中干部740人、工人1641人；拥有固定资产原值11.26亿元，净值5.9亿元，油气资产原值67.6亿元，净值19.9亿元；累积产油1760.7万吨。2006年生产原油90.4万吨，生产天然气333.8万立方米。

勘探开发水平进一步提高。勘探工作实施资源扩张战略，深化认识，精细勘探，获得了新的进展。埕东北坡第三系岩性油藏、桩海地区第三系及古生界的含油面积进一步扩大，长堤断裂带第三系、五号桩洼陷沙四段勘探获得新进展，储量资源实现新增长，成为近5年来完成勘探储量最多的一年。注重油田开发良性循环，相继开展了精细油藏研究、优化措施结构、开展油藏分类治理等工作，开发形势继续保持稳定，油田自然递减率、含水上升率分别控制在16.43%和0.3%。

企业管理再上新水平。加大安全管理

力度，深入开展争创“安全先进班组”活动，积极推进HSE管理体系和安康文化建设，建立安全生产长效机制，实现了采油厂的安全生产，顺利通过了中石化“清洁采油厂”检查验收。生产管理上，建立了产量监控分析体系，完善了生产评估标准和产量考核办法，促进了生产运行效率的提高。深入开展“培养稳升井组和长寿井”及“争当基层管理十大能手”活动，精细地面地下管理，躺井率得到有效控制。设备管理指标全部达到一类标准，在油田设备年审和现场检查中名列第一。加大信息化建设力度，建立了测井曲线、地面信息数据库，引进了油田开发综合业务应用可视化平台和开发生产指挥调度、单井措施方案运行等网络系统，生产管理信息化程度得到提高。成本管理上，开展季度经济活动分析，对重点成本项目进行动态监控，解剖量价匹配关系，成本运行质量不断提高，成本投资得到有效控制。

内部改革逐步深化。2006年，采油厂进行了多项内部改革：一是完成了多种经营企业的改制分流工作。二是修订完善了内部经营承包体系，突出了主营业务的考核，产量意识和责任意识进一步增强。三是进行了分配制度改革，完善了岗效薪点工资制，推行了“三岗制”动态管理，建立了激励与约束并举的分配考核体系。四是加大了“三支队伍”建设力度。对专业技术和高技能岗位实行公开竞聘，提高专业技术人才和高技能人才收入。调整采油系统劳动组织方式，配套了绩效考核办法。五是进行了职务消费改革，对处级干部用车实行个人交费规定，处、科级干部家庭固定电话、移动电话和采暖费用全部由个人承担。

职工队伍技术素质得到进一步提升。2006年，采油厂加大了推进岗位应知应会和标准化操作培训力度，广泛开展了群众性技术练兵和技术比赛活动，有力地提升了职工队伍的技术素质，创新能力得到显著增强，全年岗位创新成果达29项，其中3项获国家专利。技能人才比率得到进一步提高，高中级技术工人比例达到73.7%，工人技师增加到37人。

（黄 涛）

【“井下油水分离技术研究”荣获国家教育部科技成果二等奖】 由桩西采油厂和石油大学(华东)共同承担的中石化集团公司先导试验项目——井下油水分离技术研究，荣获2006年国家教育部科技成果二等奖。该项技术的研究应用，可较好地改善高含水油藏开发效果，并有利于环境的保护。该项技术在桩1-20井进行现场试验取得了明显效果，在不影响油井产油量的情况下，地面产水量减少66%。

（黄 涛）

【桩106地区连续5年实现稳产】 2006年，采油厂应用相控井网技术进行整体注采调整优化，对桩106地区先后两次进行综合调整，部署井位25口，新增产能6万吨，实施各类措施140井次，增油6.9万吨。应用复杂砂体水驱开发技术，分类分砂体完善注采井网，提高水驱控制程度，改善水驱开发效果，见到明显效果，水驱控制程度提高4.3%，自然递减控制在13%，油水井综合利用率提高3.6%，出砂躺井率降低4%，累计净增油4403吨。通过实施多种先进开发技术，桩106地区实现了连续5年不递减，年稳产20万吨。

（黄 涛）

【桩海地区沙二段勘探取得可喜成果】 为扩大桩海地区沙二段含油范围，充分利用新出站的桩海高精度三维精细落实桩海地区沙二段油层构造，在桩 129-斜 10 块东部有利高点设计部署桩斜 147 井，钻遇沙二段油层 1 层 15.8 米，岩性以灰质砂岩为主，属于异常高温高压的构造油藏。2006 年 3 月 11 日试油沙二段，4 毫米油嘴自喷 20 余吨，稳产 8 个月，累积产油 4800 吨。该井成功后，通过对桩海地区沙二段进行整体评价，一次性部署探井井位 6 口，预测新增石油地质储量 500 万吨。

（黄　涛）

（审核　缪明才）

东辛采油厂

【概述】 东辛采油厂成立于 1986 年 1 月 29 日，时称胜利油田会战指挥部东辛采油指挥部。1989 年 6 月 20 日，更名为胜利石油管理局东辛采油厂，先后隶属石油工业部胜利油田会战指挥部、中国石油天然气总公司胜利油田会战指挥部、中国石油天然气总公司胜利石油管理局、中国石化集团公司胜利石油管理局、中国石化胜利油田有限公司、中国石化股份胜利油田分公司，是胜利油田从事石油天然气勘探开发的二级单位。

东辛采油厂地处东营市腹地，机关驻地位于东西城之间的黄河路 216 号，西距管理局和有限公司机关(西城)6 千米，东距东营市政府(东城)10 千米，北距石油大学 2 千米。东辛采油厂东西横距 49.8 千米，南北宽度 33.4 千米，油区总面积 1028 平方千米。

至年底，有职工 6438 人，下设 19 个机关科室，7 个直属科级单位，12 个三级单位，120 个基层队。管理着东辛、永安、广利、新立村和盐家 5 个油气田，探明含油面积 164.3 平方千米，探明石油地质储量 41277 万吨。有油井 1896 口，水井 1159 口，累计生产原油 11526.1119 万吨，采出程度 32.35%。共有各种设备 2771 台，固定资产原值 1362198 万元，净值 498782 万元。

全年生产原油 256.99 万吨，完成交油气量 255.57 万吨；原油单位操作成本 486.38 元/吨；新增探明地质储量 66.7 万吨，增加可采储量 120 万吨；新建产能 13.4 万吨；自然递减率 18.08%，综合递减率 7.48%；含水上升率 0.18%；完成开发投资额 102900 万元。

滚动勘探。继续强化油气勘探“重中之重”的地位，按照“深浅兼顾、以深为主、开拓创新、强化预探、分清层次、加快部署”的滚动勘探思路，全年部署探井 29 口，滚动井 21 口，油藏评价井 3 口，完钻探井 9 口、滚动井 12 口、油藏评价井 2 口，辛 176、永 920 井获得高产油气流。2006 年上报控制储量 2953.93 万吨，上报新增探明储量 67.66 万吨，新建产能 13.4 万吨。

油田开发。一是狠抓了以综合调整、细分开发为重点的老区建产能工作。全年优选营 2、营 6、营 8、永 8 和广利油田 5 个单元实施老区综合调整治理，动用含油面积

精细管理

43.8平方千米，地质储量9229万吨，完钻投产新井47口。经过治理，开油井数从172口增加到192口，日油能力从974吨/日增加到1219吨/日，增加恢复产能14万吨，开水井数由108口增加到119口，综合含水从93%下降到91.8%，取得了较好的调整效果。二是强化措施运行，优化措施结构。全年共实施老油井措施618井次，同比增加94井次，当年累计增油27万吨，措施有效率75.1%，同比提高5.4%。三是优化井位部署，强化新井运行，新井产量保持较好水平。全年共投产新井149口，开133口，平均单井日液量27.7立方米，日产油9.6吨，同比提高1.4吨，年增油21.1万吨，同比增加0.52万吨。四是加大工艺配套力度，工艺增油贡献率有新提高。全年实施油井工艺措施277井次，增油14.1万吨，措施有效率88.8%；全年维护工作量控制在1356井次，与去年同期对比减少135井次，节约作业费用1500万元。五是加强低产低效井治理。共治理低产低效井125口，泵效由21.9%提高到50.1%，恢复日产能力316.5吨。

精神文明建设。以开展思想作风建设深化年活动为契机，大力加强党的建设。认真组织开展学习贯彻遵守维护党章活动，着力解决各级领导班子和党员干部队伍中存在的同先进性要求“不适应”、“不符合”的突出问题。积极构建和完善干部思想作风建设和党员教育的长效机制，促进党员干部队伍整体素质提高。加强基层建设，完善“日常督导、季度警示、量化考核、择优推荐”的动态管理机制，严格基层队伍管理，强化技术素质培训，进一步促进了基层管理水平的提高。2006年，采油厂重新跨入了管理局“文明建设先进单位”的行列。

（李红军）

【勘探工作实现了“两个突破、两个扩大”】 2006年，根据东辛地区油气勘探现状和问题，转变勘探思路，勘探重点转为“深浅兼顾、以深为主”，收到了良好效果，随着辛176、永920等井获得高产油气流，勘探工作实现了“两个突破、两个扩大”。即，东辛油田沙四段和东辛北带砂砾岩油气勘探取得重大突破，东营组和沙三段两套层系含油范围进一步扩大。勘探工作的突破，为采油厂逐步实现储量、产量、效益的良性循环奠定了基础。

（李红军）

【辛176井获高产油气流】 辛176井位于东辛油田沙四段，完钻后钻遇沙四段油层4层27.2米，初期4毫米油嘴放喷，日产液量119.8吨，日产油118.8吨，含水0.8%。2006年，该块上报新增控制含油面积6.31平方千米，地质储量328.81万吨。该井的钻探成功在辛镇构造南翼找到了一套新的含油层系，不仅拓宽了沙四段勘探空间，还提示了重新认识沙四段物源方向，进而深入研究沙四段在整个东辛油田的储层发育。

（李红军）

【开展水井专项治理工作见到成效】 2006年，采油厂开展了水井专项治理工作，共治理水井140口，成功132口，增加水驱储量217.5万吨，增加水驱可采储量83.2万吨，共有76口油井明显见效，64个注采井组实现稳升，日产油量由941.5吨上升到1159吨，含水下降了1%，平均动液面回升80米。水井专项治理区块开发指标与上年对比，各项指标均有程度不同的提高。

（李红军）

（审核　荣启宏）

现河采油厂

【概述】 现河采油厂成立于1986年1月28日，是胜利油田分公司所属的从事石油天然气勘探开发的二级单位。下设19个职能科室、8个直属科级单位，11个三级单位，118个四级单位和1个挂靠单位(滨南分局)。年底，有正式职工4486人。管理着现河庄、郝家、史南、王家岗、牛庄、乐安等6个油田，建成生产能力185万吨。拥有油气资产原值123.4亿元，净值48.4亿元。

2006年，生产原油185.3万吨，完成交油量176.44万吨，分别完成承包指标的100%；完成天然气交气量1100万立方米，完成年度计划指标；投资、成本控制在预算指标以内。

油田勘探取得新的突破。2006年，勘探工作取得了“一个突破，三个扩大”的勘探成果：即陈官庄地区砂四段纯上灰岩油藏勘探获得突破；王66-官126地区沙四段含油面积进一步扩大，牛庄洼陷东部沙四段的勘探开发阵地进一步扩大，史南西部沙三段含油面积不断扩大。滚动勘探在重点区块梁13-50、史127-1、史8-170上报滚动储量374万吨。在王587等10个区块新建产能16万吨。

油藏经营取得初步成效。牢固树立油藏经营理念，加强地质分析，开展精细油藏描述，搞好油藏分类分级管理和单元目标化管理，自然递减率22.46%，同比下降1.47个百分点，油田稳产基础得到巩固。全年投产各类新井185口，年增油19.4万吨，其中零散、侧钻井48口，年增油8.4万吨；实施各类措施工作量552井次，年增油16.1万吨。强化开发基础管理，开展“精细过程管理，培养稳升井组和长寿井”及“争当基层管理十大能手”活动，促进了管理水平的提高。加强注水工作，全年完成注水量907万立方米，超年计划57万立方米；实施各类水井工作量224井次，同比增加60井次，其中水井专项治理105口，实施后层段合格率提高了19个百分点，增加水驱控制储量941万吨。

进行油井油气水理化性质分析

降本增效和成本管理效果明显。坚持把提高经济效益作为经济运行的重点，探索集约化项目管理模式，推进了持续降本增效。对作业、用电、天然气实行了项目管理，全年共压减低效无效作业工作量62井次，三次以上的多轮次作业井同比减少66井次，减少作业费用支出900万元。认真推进油地分网改造和电加热治理措施，在开井数和注水量双增加的情况下，全年用电量控制在预算指标以内。严格投资决策程序，增强项目投资的计划性、严肃性，确保投资规模的有效控制，全年完成投资额11.15亿元，保证了重点项目建设进度和效益。推行全面预算管理，落实内控制度，细化成本项目，规范成本支出，确保了预算目标实现。大力开展经济活动分析，使工作量和资金量得到充分优化，实现了财务管理与生产过程的有机结合。

科技成果贡献率进一步提高。坚持把科技攻关和技术创新的重点放在滚动勘探、提高采收率以及稠油接替等技术领域，其中多项成果已转化为生产力，为采油厂原油生产提供了强有力的技术支撑。2006年共确定科研及推广项目25项，项目实施率达92%，获油田分公司科技进步奖7项，《侧钻井油藏地质设计及开发工艺配套技术研究》等3个项目通过省部级成果鉴定。全年实现科技增油30万吨，科技对原油生产的贡献率达到60%。深入开展技术难题攻关活动。全年立项攻关技术难题50余项，在防盗技术、管线修复技术、井下工具、维修工具等方面申报专利13项。广泛开展了群众性合理化建议和技术改进活动，2006年，全厂各单位共提出和实施合理化建议及技术改进成果350项，累计增油18.3万吨，节资460万元，取得了较好的经济效益。

内部改革稳步推进。一是积极推进职务消费改革，在公务用车改革方面，作为油田改革试点单位之一，率先取消了副处级以下干部定向公务用车，将机关小车队划归汽车大队管理，改革后采油厂公务用车总量由65部压减到33部，年减少成本支出176万元；在通讯费改革方面，处、科两级的家庭固定电话和移动电话费用全部由个人承担，实施后年减少费用支出42万元。二是认真贯彻油田关于清理整顿对外投资和多种经营的要求，顺利完成了托管多种经营企业——兴达公司的改制分流工作。三是理顺机构设置，组建了采油厂护卫大队，进一步加强了油区巡逻护卫力量，提高了采油厂整体护卫和应急保障能力。四是根据上级的统一部署和要求，顺利完成了采油厂成品油库整体移交和油田车管中心、运输客运公司人员接收及安置工作，整个操作过程平稳有序。

思想政治工作取得突出成绩。2006年，采油厂党建工作取得了突出成绩，有6个“示范党支部”被评为管理局先进基层党组织，采油厂被山东省纪委授予信访举报工作先进集体。基层建设和企业文化建设取得丰硕成果，被评为山东省创建学习型组织先进单位和全国企业文化建设优秀单位。2006年底，承办了油田基层家文化建设现场会，进一步推广了采油厂企业文化建设的经验。关心职工生活，顺利完成了兴河东区710套经济适用住房的抽签分配工作，进一步改善了职工居住条件。大力实施“暖心工程”，全年共走访慰问困难户、职工遗属、劳模等208户，发放慰问品价值14.7万元，救济困难职工67人次，发放救济金10.2万元。以创建“平安现河”、“平安油区”为载体，进一步加大社会治安综合治理力度，保障了采油厂生产管理的平稳运行和油区秩序的基本稳定。

（卢新华）

【首次实现控制储量和探明储量“双过千万”】 针对近几年勘探无大的发现和明显勘探方向的实际情况，采油厂加强勘探科研与管理力量，专门成立了勘探室，设立了勘探发现特别奖，确定了“细分层系、区带评价”的工作思路。一方面把重点勘探层系由原来的沙三段转移到沙四段，由点扩面，形成规模储量；另一方面把主要勘探目标由勘探程度高的中带转移到勘探程度相对较低的南坡地区，首次实现了控制储量和探明储量“双过千万”，在牛庄东部及南斜坡官126-王66地区上报控制储量1786万吨，在中带西段上报探明储量1055万吨。

（卢新华）

【获"全国企业文化建设优秀单位"称号】 在2006年11月份召开的中外企业文化昆明峰会上，现河采油厂荣获全国企业文化建设优秀单位称号，这是胜利油田开发系统2006年惟一获此殊荣的单位。现河采油厂大力实施文化制胜战略，从加强基层文化建设入手，培育形成了以"王岗家文化"为代表，特色鲜明、内涵丰富的基层文化品牌，促进了生产经营任务的完成和管理水平的提升。2004年、2005年，采油厂荣获山东省文明单位称号，2006年被评为中石化红旗采油厂。

(卢新华)

(审核　宋书君)

滨南采油厂

【概述】 滨南采油厂成立于1968年11月，管理着滨南、平方王、尚店、利津、单家寺、林樊家、王庄和平南8个油田，共探明含油面积288.1平方千米，探明石油地质储量45858万吨，全厂累计产油6564.18万吨。采油厂下设18个职能科室，7个直属单位部门，13个三级单位，90个基层队，共有职工5863人。拥有固定资产原值109.8亿元，净值40.7亿元。有各类设备2326台(套)，平均新度系数0.42。

2006年，采油厂增储稳产、提升管理水平、科技创新，全面实现了各项工作目标。

生产建设取得良好成绩。全年共新建、调整完善9个开发单元，钻各类开发井138口，投产新井134口，新老区共建生产能力24.1万吨，新井当年产油9.2万吨；实施防砂、堵水调剖、解堵、压裂等措施工作量112井次，累计增油6.5万吨；实施维护性工作量1323井次，注水696万立方米，注汽148万吨，有效控制了老区的递减。全年完成原油产量199.2028万吨，交油量186.8056万吨，均完成计划的100%，已连续七年实现产量平稳增长。全年共部署探井12口，完钻10口，其中5口井钻遇油气层，滨680、滨436两口井获得了工业油流，对促进下步勘探起到很好的启示作用。滚动勘探围绕平方王北部、滨东滩坝砂、滨南油田南部砂砾岩体等区块进行深入研究，共部署滚动井11口，完钻10口，成功率达80%。全年上报探明储量268万吨。

经营管理水平不断提升。按照中石化内控制度建设要求，系统修订完善内部规章制度，严格岗位责任和考核措施，日常经营管理工作得到进一步规范。调整改进承包考核办法，建立健全内部承包动态管理和项目组动态检查考核制度。结合"三岗制"动态管理，完善绩效考核标准，三支队伍的绩效考核工作进一步强化。适应ERP规范管理要求，预算管理、成本控制、投资管理和经营分析工作得到加强，成本、投资结构得到优化，资金运行效益有新的提高。全年累计完成投资8.2443亿元、账面操作成本9.95亿元，在产量同比上升5.2万吨的情况下，实现了投资成本的有效控制。

科技创新成果显著。全年共设立科研课题35项，其中中石化科研攻关及导向项目4项，分公司重点项目5项。自筹资金500万元，围绕勘探开发和增储上产，设立科研项目26项。全年共有5项成果获得局级科技进步奖。在第四届胜利油田科技创新大会上，采油厂被评为科技工作先进单位，两人分获胜利油田第四届科技英才金奖和铜奖。运用新工艺、新技术、新设备，加强节能技术改造，全厂用电总量与2005年持平，吨液耗电下降0.62千瓦·时。围绕采油厂勘探开发和生产经营管理，加大现有信息应用系统的整合和数据集成力度，把数据源建设和基层队信息化建设结合起来，开发采油队资料管理平台，使信息化工作进一步向基层拓宽延伸。

安全、环保等管理工作得到进一步加强。2006年，采油厂以第81次岗位责任制大检查为契机，以争创“安全先进班组”活动为载体，全面推进HSE管理和“安康文化”建设，进一步完善工业、交通、民用气、消防安全等方面的管理制度，加大安全执法力度，有力地促进了安全、环保等管理工作的加强和提升。全年投入1000多万元资金用于各类安全隐患治理，安全环境得到有效改善。强化环保目标责任管理，加大污染治理和防污染设施建设力度，采油污水连续25年实现零排放，无特大、重大环境污染事故发生。扎实开展设备现场达标管理和现场设备整修活动，强化设备管理规范化、标准化、现代化建设，加大设备“四新”技术推广及更新改造力度，设备完好率、利用率、故障停机率等指标均得到了改善，采油厂连续2年被评为山东省设备管理先进单位。

精神文明建设成效显著。深入开展“思想作风建设深化年”活动，在党员干部中认真开展“党员干部有正气才更有力量”和“有能力、负责任”教育大讨论，组织“下沉、下访、下联”活动，党员干部的正气形象和责任意识有新的提升。强化廉政制度建设、用权监督和效能监察工作，广泛开展“清廉之风进家庭”教育活动，党风廉政建设责任制得到有效落实。本着“群众能受益、企业能承受、政策能许可”的原则，积极开展送温暖、结对帮扶和困难救助工作，全年共发放各种慰问金、救助金、帮困资金共计130余万元。多渠道解决再就业问题，618名协解人员和148名待业子女实现再就业。关心职工身体健康，全年安排离退休职工查体2040人次、女职工查体1600人次、有毒有害岗位职工查体630人次、后勤岗位职工查体483人次。深入开展“基层品牌建设年”活动，基层文化品牌集群初步形成。采油203队“水滴”文化被油田评为首届“胜利基层文化品牌”。全年共投入500余万元资金，加强基层站队建设，全厂局级优秀基层队达到20个，行业一强队达到9个，名牌队达到7个。加强形势任务教育，扎实开展经常性的思想政治工作，健全覆盖全厂的稳定工作体系和管理网络，及时排查调处各类矛盾纠纷，妥善处理职工来信来访，全厂大局保持和谐稳定。

（朴　琼）

【胜利油田华滨实业有限公司顺利挂牌】 胜利油田华滨实业有限公司的前身是由滨南采油厂农工商总公司和滨南实业开发总公司合并组建的经济实体，成立于1995年1月。2006年按照油田的统一安排和部署，在完成清理整顿的基础上，科学制定改制方案，稳步推进改制工作，2006年12月6日，胜利油田华滨实业有限公司正式挂牌成立。

（朴　琼）

【基层队信息管理平台研发成功】 为提高基层队管理水平，采油厂组织相关业务科室，于2006年成功开发了《基层队信息管理平台》，实现了基层队生产管理、经营管理、安全管理、队伍管理、党群工作、技术管理等资料的网上运行，极大减少了纸介质资料数量，降低了基层队工作强度，促进了基层队管理水平的提升。

（朴　琼）

【多人次获技术比赛奖励】 2006年，采油厂职工参加多级别技能比赛，均取得了优异的成绩。职工李宁在中央企业技术比赛中夺得银牌，并荣获“中央企业技术能手”称号。高级技师徐大庆获胜利油田技能大奖。在油田第14届职业技能竞赛中，13人获得奖励，并获团体银牌。

（朴　琼）

（审核　李洪刚）

纯梁采油厂

【概述】 纯梁采油厂成立于1986年1月，时称纯梁采油指挥部，1989年6月更名为纯梁采油厂。工作区域主要分布在山东省滨州市、东营市、淄博市等3个市的5个县(区)，区域总面积2200平方千米。管理着纯化、梁家楼、乔庄、小营、大芦湖、高青、正理庄、大芦湖、博兴等8个油田和花沟气田。截至2006年12月，累计探明含油面积246.5平方千米，石油地质储量2.207亿吨；探明天然气含气面积45.7平方千米，天然气储量45.47亿立方米(其中CO_2气含气面积22.6平方千米，储量24.24亿立方米)。

采油厂下设11个三级单位、62个四级单位。厂机关设17个职能科室，7个直属单位。共有在册职工3688人。油气资产原值为75.0621亿元，净值为28.3935亿元。

2006年，采油厂实现了各项工作目标，生产原油99.9万吨，完成交油量96.92万吨，为计划的100%；新增探明石油地质储量2410万吨，新增可采储量152万吨，新建增建产能16.6万吨。完成股份公司级科研项目1项、局级5项、厂级15项，获局科技进步奖5项，获国家专利9项，完成科技增油5.0万吨。两个文明建设取得新成绩，荣获“全国职业卫生示范企业”、全国油气田及输油气管道专项整治行动先进集体和中石化股份公司“优胜采油厂”称号。

油气勘探取得新成果。全年共部署完钻探井15口，滚动及评价井14口，试油获工业油流11口，新增控制石油地质储量1875万吨，新增探明石油地质储量2410万吨，实现了“一个升级、两个扩大、两个突破”的好成绩。即：高89地区沙四段滩坝砂油藏实现储量升级，上报探明含油面积83.9平方千米，石油地质储量3689万吨；纯化油田西部含油面积和高北地区地层油藏含油面积进一步扩大；利津洼陷西坡梁75地区沙四段和花沟地区勘探获得突破，展示了两地区今后整体勘探的良好前景。

油田开发水平得到进一步提高。加强新老区产能建设，完成新老区建产能8个单元，建成产能16.6万吨，新井当年产油9.55万吨。强化油藏开发管理，调整完善15个单元，注水开发单元自然递减率由上年的11.9%下降到11.5%，油水井综合利用率分别比上年提高1.6和2.0个百分点。开展注水井专项治理，全年完成水井作业198井次，实现了工作量和成本投入翻番，三年以上未动管柱水井比2004年底下降90口，累计增加注水量45万立方米，恢复水驱储量1220万吨。开展群众性挖潜活动，全年累计恢复停产井27口，增加日产油能力53.4吨，完成各类群挖措施3950井次，增油5600吨。强化作业系统管理，全年完成油井维护作业516井次，比上年下降61井次，作业一次成功率达到97.6%，油井免修期比上年延长112天，油井措施有效率达到78%，比上年提高2.3个百分点，累计完成措施增油5.0万吨。

成本管理见到明显效果。建立完善成本项目运行管理办法，实行“量、质、本”三条线递进式管理，坚持月度经济分析制度，加强成本运行监督、优化和调整，成本的宏观控制得到改善。加强对用电、用气、作业、材料采购等重点成本项目的组织运行和监控，努力降低生产成本。用电管理上，完成电路线改造7条，对160口低产井实施间开，更换低速节能电机150台，停用管线电加热炉127台，取代大罐电加热装置89套，停运电加热杆11套，日用电量与上年同比下降10万千瓦·时。积极开展天然气治理会战，先后关停非法用气工厂7家，卡除非法接气点22处，日减少天然气损失2万立方米。强化作业成本管理，油井维护作业单井次费用比上年同期下降0.83万元，同比节约维护费用1058万元，措施井单井次费用比上年同期下降3万元。材料费、运费等其他重点成本项目费用也都得到有效控制。

科技创新能力得到有效提高。全年完成股份公司级科研项目1项，局级5项，厂级15项，获局科技进步奖5项，获国家专利9项，实现科技增油5.0万吨。加强科技创新管理，建立健全科技工作管理制度和科技创新体系，完善技术人才培养机制和科技创新奖励机制，有效地调动了科研人员的积极性。结合生产建设实际，重点开展了深层薄砂体预测技术研究与应用、特低渗透油藏开发配套技术研究、提液降压辅助氮气驱技术试验、分层采油、分层注水、分层改造技术以及杆管偏磨治理技术和生产测井技术的研究攻关，均取得了较好进展，有效地提升了科技创新能力。

基层建设取得新成绩。以“达标、创优、争强、夺牌”和“五项劳动竞赛”活动为主线的基层队伍建设取得新成绩，“名牌基层队”和“行业一强”达到11个，中石化金银牌基层队达到5个，五星级和四星级泵站达到6个，梁南管理区纯40号站被授予“全国女职工建功立业标兵岗”称号，采油厂连续两年荣获中石化“优胜采油厂”称号。涌现出了“采油厂十大劳模”和“十大杰出青年”。加强基层文化建设，树立了“芦湖同舟文化”等一批基层文化品牌。

（刘玉明　王东锋）

【荣获国家“职业卫生示范企业”称号】 采油厂于2006年1月通过由卫生部、安全生产监督管理总局、中华全国总工会等单位组成的国家职业卫生示范企业评审团检查验收。4月被授予“国家职业卫生示范企业”，成为全国56家职业卫生示范企业之一，并在颁奖大会上作了经验交流。

（刘玉明　王东锋）

【晋升为山东省设备管理一级企业】 2006年，采油厂通过了山东省设备管理升级检查验收团的检查验收，晋升为山东省设备管理一级企业。

（刘玉明　王东锋）

（审核　郭洪金）

临盘采油厂

【概述】 临盘采油厂组建于1972年7月，是胜利油田分公司在山东西部从事石油天然气勘探开发的主要单位，地处鲁西北地区，油区横跨济南市、德州市的临邑县、商河县、济阳县、禹城市4个县(市)，开发管理着临盘、商河、临南、江家店4个油田，探明含油面积156.9平方千米，探明石油地质储量2.5739亿吨。有职工6089人，三级单位11个，基层队95个。有油水井2283口，固定资产原值91亿元，净值39亿元。

2006年，采油厂生产经营实现了大发展，新增探明石油地质储量1175万吨，生产原油162.5万吨，连续6年实现了储采平衡。年内，被评为中石化红旗采油厂，荣获山东省“富民兴鲁劳动奖状”。

勘探工作有良好发现。在区带勘探方

面，完钻探井12口，其中9口钻遇良好油层，营子街地区扩大勘探取得成功，基山砂体西部勘探成果进一步扩大。滚动勘探方面，完钻设计滚动及油藏评价井25口，24口钻遇油层，发现了商852-1、临7-斜33等19个断块，预测储量520万吨，超额完成250万吨的储量任务。全年新建产能7.9万吨，圆满完成新区产能建设任务。

开发工作继续保持良好势头。一是坚持正确处理上产与稳产的关系，强化低渗透及复杂断块油藏的整体调整。对老区开发单元和注采单元进行了调整，调整后，6个老区单元日增油能力上升276吨，新增产能8.2万吨，5个重点注采单元日油能力增加86吨。二是加大零散井、长关低效井、套损井治理的工作力度。全年实施措施井307口，增油9.1万吨。治理停产井、低效井，实施井筒捞油、小套管技术应用等措施，增油7万多吨。三是抓好开发单元的注采完善。实施投转注井38口，实施水井措施116口，实现了23个断块的注采完善，增加及恢复注水储量395万吨。四是依靠"科技兴油"。有12项成果获得局级科技进步奖励，其中，"指纹技术在油田动态监测中的应用研究"和"惠民凹陷油气成藏规律及勘探方向研究"获得中石化科技进步三等奖。申请专利3件，获得授权2件。全年依靠科技增油4.23万吨，创效1500万元。

企业管理水平进一步提升。2006年，采油厂开展了"强化基础管理年"活动，各三级单位、各专业组对照标准查找薄弱环节，制定整改措施200多条，先后整改问题494个，收到了很好的效果，促进了管理水平的提高。在成本管理上，对操作成本按项目进行细分，强化作业费、电费等可控成本的管理，实现成本管理精细化。同时，形成采油厂、专业科室、三级单位联动的控制体系，采油厂横向上对可控成本以项目的形式分科室承包，纵向上以合同的形式把可控成本分解到三级，实现了成本和投资的有效控制。在安全管理上，积极开展第81次岗位责任制大检查活动，对检查出来的安全问题进行积极整改，并多方筹集资金1800多万元用于安全隐患治理。2006年，采油厂实现了全年安全生产，被油田评为安全生产优胜单位。

基层建设取得突出成绩。探索"全方位覆盖、全过程管理和全员参与"的基层管理思路，深化以"红旗班组"评比为主要内容的班组建设。全厂涌现出6个名牌基层队、7个行业一强、19个优秀基层队和63个达标基层队。以"弘扬为民精神，建设和谐临盘"、"实施资源战略，持续稳定发展"理念为指导，加强"敬业、创新、发展，为民、务实、奉献"企业精神的宣传教育，基层文化创建活动有了新的发展，采油三队的"为民文化"成为油田基层文化品牌。充分发挥先进典型的带头作用，营造职工建功立业的良好氛围。全国五一奖章获得者程海鹏、中石化劳模高志鹏、油田劳模张光旭等先进典型发挥模范带头作用，带动了一批新典型在生产经营、技术创新、小改小革等方面创造了新成果。深入开展"咱们工人有技术才能更有力量大讨论"、岗位技能达标和"三百人才培训工程"，强化对采油一线基层干部的培训，一批高技能人才脱颖而出，在油田第14届职业技能竞赛中，采油厂夺得团体金奖，在油田组织的"金钥匙"等各项比赛中均获得佳绩。

（靳方坛）

【实施"五年再调整"战略】 为实现持续稳定发展，在"十五"期间实施"五年大调整"战略的基础上，采油厂提出在"十一五"实施"五年再调整"战略，即在"十一五"期间，平均每年调整4～6个单元或断块，储量

1800万吨，增加及恢复注水储量2000万吨，注水储量比例提高到70%以上，注采对应率达到85%，分注率由25%提高到80%，层段合格率由38.3%提高到60%，老区平均每年新增可采储量100万吨，采油厂年产量平均稳产在160万吨。在老区调整方面，具体做好“一个结合、两项转移、四项研究”。“一个结合”就是整体调整与零散挖潜相结合；“两项转移”，即调整对象由断块油藏向低渗透油藏转移，调整类型由平面完善向层系细分、井网重组转移；“四项研究”就是深入开展油藏分类评价、水平井潜力、三次采油技术、特殊类型油藏开发技术等四项研究。

（靳方坛）

【夺得油田第14届职业技能竞赛团体金奖】 在胜利油田第14届职业技能竞赛中，采油厂选拔40名选手参加了该项赛事，共有18人获得优胜名次，其中有3人获得不同工种的第一名，3人获得不同工种的第二名，采油厂获得团体金牌。

（靳方坛）

【两项科研成果获中石化科技进步三等奖】 指纹技术在油藏动态监测中的研究与应用和惠民凹陷油气成藏规律及勘探方向研究获中石化科技进步三等奖。指纹技术在油藏动态监测中的研究与应用是利用指纹技术进行生产动态监测，能够大大降低传统监测成本，提高监测效率，是当前油气领域的重大课题之一。该成果已在临盘采油厂多个区块成功应用，收到较好的效果。应用后显示，该成果具有广泛推广应用价值，可在胜利油田乃至全国同类油藏广泛推广。

惠民凹陷油气成藏规律及勘探方向研究总结了惠民凹陷的油气成藏规律，形成了一套指导本区油气勘探，寻找后备储量的研究思路及方法，具有较强技术性和实践性。该成果在惠民凹陷进行实践应用，取得重大勘探成果，先后发现了基山砂体、江家店及营子街等大的含油砂体及构造，上报探明储量4147万吨，新增可采储量622万吨，控制储量2773万吨，累计产油14.8万吨。

（靳方坛）

（审核　张云星　陈永红）

河口采油厂

【概述】 河口采油厂地处渤海之滨黄河故道入海口处。1972年成立河口指挥部，1983年将钻井单位划出另编，成立河口采油指挥部，1988年更名为河口采油厂至今。河口采油厂横跨无棣、沾化、利津、河口3县1区，目前管辖渤南、埕东等14个油田，勘探开发面积4500平方千米。截至2006年底，有机关科室20个，直属单位11个，三级单位12个，科级编制单位4个，四级单位115个；全厂主业用工总量为7481人；总资产原值121.59亿元，其中油气资源原值110.28亿元，固定资产原值11.31亿元；总资产净值50.08亿元，其中油气资源净值43.8亿元，固定资产净值6.28亿元。

2006年，河口采油厂生产经营和各项事业取得了新的进步：全年生产原油254.2万吨、天然气9766.91万立方米。采油厂被推荐为山东省“富民兴鲁劳动奖状”获奖单位。

油气勘探实现了资源的有效接替。强化地质认识、油藏研究及新技术应用，油气勘探见到良好效果。全年新增探明石油地质储量1177万吨，新增控制石油地质储量

1829万吨，新增预测石油地质储量6220万吨，实现了三级资源有效接替。油气勘探主要勘探成果可概括为“四个扩大、一个新进展”。老区滚动勘探取得了“一个突破，两个扩大，两个新进展”成果，全年在义和庄潜山、大37块西北部、罗家鼻状构造沙二段等区块新增探明储量322万吨。

油田开发实施多项措施见到效果。积极推进产能建设，全年在陈373等6个区块完成新区产能19.4万吨，并完成高投资区块产能建设2.4万吨；在大王北大37块、太平油田沾18块等两个区块开展老区综合调整，新增产能12.8万吨。开展“开发管理年”活动，实施水井工作量353井次，完善了大65井区等单元的注水工作。完善动态分析制度，优化方案设计和措施结构，强化作业质量监督，全年共上措施作业井483口，作业有效率达到91.7%，实现措施增油16.1万吨。广泛开展了“半吨油”工程等群众挖潜活动，促进了产量的有效增长。

科学技术继续保持高水平。加快实施以促进产量接替为目标的提高采收率技术研究，复杂潜山油藏注水开发、陈373块蒸气吞吐、稠油开采配套技术等研究均进展顺利。污水处理技术、低含水油密闭输送技术、“数字油田”建设取得新进展。全年采油厂有2项成果获省部级科技进步奖，2项成果通过了省部级技术鉴定，6项成果获分公司科技进步奖，12项成果申报分公司技术评定。

经营管理力度不断加大。规范投资项目决策管理程序，完善项目管理承包机制，健全产量、成本、质量三大考核体系，完善作业运行管理制度，规范市场管理，全面推进HSE管理体系建设，建立经济活动分析模板，成本得到合理控制。地面工程、机械设备等专项管理工作执行有力，为生产建设提供了强力保障。加强劳动力及机构编制管理，组建了护卫大队，撤销了采油一矿注聚站，设立采油二矿九队热采班组，润滑加油中心顺利移交；从后勤单位向一线调整劳动力150余人，引进企业员工162人。深化领导干部职务消费改革，制定实施了特殊岗位人员移动电话通讯费管理办法。完善岗效薪点工资制度，出台了《汽车驾驶员增加安全行驶浮动岗点暂行办法》。技术人才建设向纵深推进，新聘任专家3人，主任师、主管师18人，责任技师10人，一、二级能工巧匠316人。

党建和思想政治得到扎实开展。着力抓好党的建设，出台了《河口采油厂党的代表大会常任制试行办法》及相关五项制度。开展了“思想作风深化年”等活动，以学党章和荣辱观教育活动为载体，在党员干部中开展了“学、讲、写、谈、赛”等五个专项活动。对厂机关科室和三级领导班子进行了调整和补充。基层建设取得新成绩，申报管理局“名牌基层队”7个、“行业一强”队11个、“优秀基层队”21个。共涌现出局、厂两级文明建设先进单位9个，厂级文明建设先进集体24个，文明建设模范班组49个，局、厂两级劳动模范12名，局、厂两级文明建设先进个人711名。维护和发展好职工利益，全年培训职工9040人次，为一线基层队配发必要的生活用品，组织职工健康查体6334人次，全年救助困难家庭720户，发放救助金92.3万元，为夫妻双方都在一线工作的职工提供了子女托管场所，完成了1526名离退休、内退职工的养老金增资工作，为符合条件的家属办理了“大病救助金”、水电费减免证。

（张洪民）

【油气勘探取得“四个扩大和一个新进展”的新成果】 “四个扩大”，即大373井的成功钻探与大51井的重新试油，使大王北油田沙二段含油气面积进一步扩大，整体上报控制石油地质储量 720 万吨；孤西断裂带渤古 403 井的钻探成功与渤古 402 井的压裂试油，扩大了渤古 4 潜山含油气面积；邵 203、陈 225 等井的成功钻探，探明石油地质储量 230 万吨，扩大了邵家洼陷西部下第三系的含油气面积；探井部署与老井试油的有机结合，在太平油田沾 130 块获得成功，探明石油地质储量 663 万吨，使义和庄凸起北坡馆陶组含油气面积进一步扩大。"一个新进展"，即预探井车 73 井的钻探，使套尔河洼陷车 66 区带砾岩体油藏勘探取得新进展，上报预测石油地质储量 2701 万吨。

（董　燕）

【FS-115(150)封隔高压一次充填防砂工具技术的研究与应用取得成功】 经过采油厂技术人员与相关研究机构的刻苦攻关，FS-115(150)封隔高压一次充填防砂工具技术投入应用并取得良好效果。该项技术是采用 FS-115(150)封隔高压一次充填工具与割缝筛管配套，将砾石以携砂液大排量带到油气井产层管外空洞处和筛管与套管环形空间，经沉积、压实形成高效能挡砂屏障，从而达到防止油层出砂目的。经过有关专家鉴定，FS-115(150)封隔高压一次充填防砂工具技术提出的以套管外空间充填为主的方法，是充填防砂认识和理论的突破；该工具结构简单、性能优越可靠，属国内首创。该工具已在采油厂成功应用，截至 2006 年底，全厂已有效实施该项技术 415 井次，累计增油 25.19 万吨，有效率达到了 94%。该工具已在外部油田得到认可和推广。

（倪潇风）

【探索实施党的代表大会常任制】 采油厂是局党委"党的代表大会常任制"试点单位。为确保试点工作顺利实施，厂党委成立了领导小组和课题组，在开展调查研究、广泛征集各方面意见基础上，出台了《党的代表大会常任制工作试行办法》及《党代表大会年会制度》等五项制度，并在两个三级单位进行试点。实施过程中，进行党代表业务培训和宣传引导工作，营造了浓厚的舆论氛围；开展经常性工作务虚和探讨，促进了试点工作的有效运转；建立厂党委考核代表和党员测评代表的双重考核制度，增强了代表履行职责的责任感。该制度的试点运行，是基层党组织民主政治建设的有益探索，保证了党代表作用的充分发挥，密切了党群干群关系，是加强和改善基层党组织建设的机制创新。

（杨秋霞）

【荣获山东省"劳动关系和谐企业"称号】 多年来，河口采油厂落实"依靠"方针，强化民主决策、民主管理、民主监督政策实施，形成了一整套行之有效的"民管机制"。把保护和发展好职工利益放在重要位置，职工收入稳步增长，在职培训、外出疗养、健康查体等各项福利制度落实到位，建立了帮贫扶困制度，积极创造内部就业机会，职工合法权益得到有力保障。经上级部门推荐和有关机构评选，2006 年，采油厂荣获山东省"劳动关系和谐企业"称号。

（马　翔）

（审核　张本琪）

孤东采油厂

【概述】 中国石化股份公司胜利油田分公司孤东采油厂成立于 1989 年 12 月，位于黄河新淤积的冲积扇平原上，所辖区域东北面临渤海，南倚黄河，是一个集油气勘探、开发、处理、集输为一体，年产原油 260 万吨的采油厂。下设机关科室 19 个，直属中心 9 个，三级单位 17 个，管理着孤东、红柳、新滩 3 个油田，4 座联合站、6 座注水站、162 座计量站和 172 座配水间。自开发以来，已累计生产原油 7547.9231 万吨，生产天然气 152831.7145 万立方米。截至 2006 年底，有员工 6126 人，其中，干部 1394 人，党员 2591 人，女职工 1478 人，管理离退休职工 729 人；有各类专业技术人员 1354 人，其中高级技术职称 163 人，中级技术职称 610 人；拥有固定资产原值 94.4 亿元，资产净值 32 亿元。

勘探开发有新成绩。油田勘探取得新进展，外围勘探在红柳北部斜坡带岩性油藏获得成功，上报探明地质储量 332 万吨；内部滚动在孤东和红柳地区实现外拓，新增含油面积 1.0 平方千米、储量 137 万吨。新区产能建设在 6 个区块建成 10.8 万吨产能，年产油 4 万吨，“十五”以来新区产能建设首次突破 10 万吨。油田开发水平进一步提高，全年完成交油气总量 249.6608 万吨，完成计划的 100%；新增可采储量 266 万吨，近十年来首次实现当年储采平衡；三采、稠油年产量分别达到 72 万吨和 19.7 万吨；自然递减率控制在 12.5%，含水上升率为 0.3%。2006 年，孤东油田荣获中石化“高效开发油田”称号，采油厂荣获中石化“红旗采油厂”称号。

技术创新有新提高。全年完成科研项目 40 项，有两项成果分别获得省部级科技进步一、三等奖，12 项成果获分公司科技进步奖，9 项科研成果申报分公司技术评定。科技成果转化率达到 90% 以上，科技进步贡献率得到进一步提升，全年科技增油 12 万吨。全年开展基层技术创新课题 58 项，其中，申请国家专利 21 项，取得国家专利 17 项。基层技术创新成果创直接经济效益 2000 余万元。

成本控制见到成效。在工作机制上，创新经营承包机制，强化采油矿主体地位，优化调整承包指标体系和考核办法，建立了领导风险保证金制度和三、四级成本管理考核机制，调动了各级工作积极性。在目标管理上，强化三级控制主体责任和科室监管职能，深化目标责任管理和月度经济活动分析，加强 ERP 系统运行和内控管理，有效提高了目标控制能力。同时，完善价格核定审减机制和效能监察制度，全年审减定额 3041 万元。积极实施节能技改项目挖潜，单井电量承包、农电治理及生活办公用电管理等工作都取得实质性成效，全厂用能总量得到有效控制。优化作业工作量结构，在作业定额上涨 10% 的情况下，单井作业成本比 2005 年下降 1.5 万元。深化自用油挖潜，同比减少 500 吨。

地质技术人员在研究油水井情况

队伍建设水平有新提升。大力加强“三支队伍”建设，选聘了采油厂首席专家、专家 10

人，首席技师、主任技师16人，责任技师73人，能工巧匠125人。深入开展了“咱们工人有技术才能更有力量”大讨论活动，激发了职工的积极性和创造性，有力地提升了职工队伍的技术素质，全年提出和实施群众性合理化建议1200余条。基层创建水平不断提高，拥有中石化金牌队、五星级泵站5个，中石化银牌队、四星级泵站6个，胜利油田名牌队8个，行业一强队8个，优秀队17个。

（郑国江）

【油层保护及解堵技术研究荣获山东省科技进步二等奖】 针对油田开发过程中普遍存在油层损害严重、油层解堵难以奏效的实际，采油厂开展了开发过程中油层保护及解堵技术研究。该项研究的主要技术创新点是：⑴研究了油田开发过程中油层损害类型、原因和程度的定量诊断到解堵优化决策一体化系统，并建立了相应的数学模型；⑵针对疏松砂岩油藏开发过程中容易出砂的特点，提出了深部稳砂新技术；⑶进行了聚合物驱中，聚合物对油层孔喉堵塞程度的定量模拟；⑷研制了新型油层暂堵剂系列和压井液系列。该项目通过了山东省技术鉴定，并荣获山东省科技进步二等奖。

（郑国江）

【东方实业投资集团有限责任公司挂牌成立】 按照油田主辅分离、改制分流工作的整体安排部署，孤东采油厂多种经营企业——胜利油田东方公司改制成胜利油田东方实业投资集团有限责任公司，于2007年1月14日挂牌成立。东方公司自成立以来，经过多年的自力更生、艰苦创业，依靠内外联、招商引资等方式，逐步建立起了适应市场经济发展的现代企业制度和产业发展格局，综合经济实力和市场竞争力日益增强，已成为集工业、机械、贸易、加工、服务等多种产业于一体的综合性企业集团。

（郑国江）

（审核　郭雄华）

孤岛采油厂

【概述】 孤岛采油厂成立于1989年12月29日，是胜利油田分公司所属从事石油天然气勘探开发的二级单位，位于山东省东营市河口区行政区域之内，辖区陆地面积1050平方千米，管理着孤岛、垦利、垦西、孤南、河滩、新滩6个油田，含油面积145.2平方千米。设机关科室19个，直属部门10个，三级单位13个，四级单位118个。有正式职工5060人，其中，具有员级职称以上管理及技术人员1449人。有油井2673口，水井957口，各类设备3908台，固定资产原值113.68亿元，净值35.87亿元，累计生产原油1.5372亿吨。

勘探开发稳步前行。2006年，油气勘探按照“努力稳定老区、加快发展新区”的方针，积极推行勘探开发一体化和区带责任承包，部署探井和滚动井20口，在垦西斜坡带沙三段、垦利断裂带和垦西油田周边地区取得新进展，新增探明含油面积6.91平方千米，探明石油地质储量517万吨。油田开发面对资源接替不足、上产难度大等困难，加强新老区产能建设，强化聚驱和稠油热采，开展油水井专项治理，组织了“五个百吨增油工程”上产会战。全年投产新井123口，作业交井3331口，实施措施井761口，完成注汽246井次，交油量375.24万吨，超计划678吨；交气量3340.78万立方米，超计划40.78万立方米。

多项改革稳步推进。油藏经营管理试

点有序运行，完成了油藏经营管理单元划分、评价和地面系统调整方案，编制了采油、集输、电力等系统的改造方案，制定了油藏经营管理实施方案和三年滚动方案。福利制度改革迈出实质性步伐，处级干部按规定交纳用车费用，处、科级干部采暖费用全部个人承担。顺利完成了金岛实业公司的改制任务，多元经济步入了良性发展轨道。

科技兴油成效显著。加强核心技术攻关和新技术、新工艺推广应用，重点开展河道砂储层建筑结构、空间剩余油描述研究，正韵律厚油层顶部水平井挖潜等综合研究，完善稠油热采二次加密、氮气泡沫调剖和低效水驱转换开发方式等技术研究，进行了网毯油气成藏理论的研究和应用，为老油田深度挖潜提供理论和技术支持。重点课题研究取得新成果，《复合阳离子堵剂封窜技术研究》获中国石油和化学工业协会科技进步一等奖，《聚合物驱油配套技术研究及工业化应用》、《高含水复杂非均质油藏剩余油富集区精细描述方法研究》两项成果被中石化评为优秀技术创新项目。2006年，开展科技攻关24项，推广应用新技术10项，其中13项获油田分公司科技进步奖，9项获国家专利。

思想政治工作取得突出成绩。2006年，采油厂党委认真开展了“思想作风建设深化年”和“学讲树争”活动，各级领导班子建设和党员干部队伍建设得到进一步加强，采油厂党委先后被国资委党委和中石化集团公司党组评为“先进基层党组织”。加强基层文化建设和基层队伍建设，形成了管理201队“雁行文化”、管理108队“学习型团队”等品牌，涌现了31名岗位明星，有15个队、站分获中石化金银牌队、星级泵站称号，采油厂被评为中石化“红旗采油厂”、孤岛油田第四次被评为“高效开发油田”。

【“复合阳离子堵剂封窜技术研究”获中国石油和化学工业协会科技进步一等奖】 针对注聚开发过程中大量聚合物从油井产出影响聚合物驱增油效果的问题，开展了“复合阳离子堵剂封窜技术研究”，合成了适应聚驱特点的具有调剖、驱油、固砂作用的复合型堵剂，开发了相应的堵聚封窜技术。该技术经现场试验和大规模应用，降聚、降水、增油效果明显，采用该技术已累计增油58110吨。2006年，该技术获中国石油和化学工业协会科技进步一等奖。

（王先起）

【河道砂储层建筑结构和空间剩余油描述技术取得新进展】 为揭示特高含水期河道砂储层剩余油富集规律，开展了该项理论的创新和技术攻关，形成了以密井网条件下单一成因砂体内部构型、厚油层韵律层细分、夹层精细描述、层内优势场三维表征、“10米级×厘米级”精细三维建模、多种夹层位置、多种注采模式下剩余油富集区形成机理和定量研究为主的剩余油描述技术系列，为老油田深度开发阶段提高采收率提供了理论支持，有力地促进了老油田开发方式的调整和转变。

（王先起）

【注聚后再提高采收率先导试验进入矿场实施阶段】 2006年12月，中一区馆3注聚后二元复合驱先导试验第一批注聚井正式投入注聚，标志着该项目正式进入矿场实施阶段，宣布了采油厂注聚后再提高采收率技术攻关获得成功。

（王先起）

（审核　张绍东）

海洋采油厂

【概述】 海洋采油厂成立于1994年5月，时称海洋石油开发公司，2006年1月更名为海洋采油厂。主要担负着胜利海上埕岛和新北油田的开发建设任务。采油厂设机关科室15个，机关直属部门5个，三级单位10个。截至2006年底，有正式职工1333人，管理着各类海上采油平台85座，开发井352口(油井280口，气井4口，水井68口)，各类海底管线111条184.7千米，海底电缆91条195.2千米，油气接转站3座，联合站2座，石油专用码头1座。

2006年，生产原油215.8万吨，完成计划的100%；天然气交气量1.17亿立方米，完成了上级下达的交气任务，总交油气量完成222.2万吨，为年计划的100%。2006年，采油厂多项工作获得殊荣，先后获得“全国先进基层党组织”、“山东省先进基层党组织”、“山东省文明单位”、“中石化红旗采油厂”、“中石化高效开发油气田”、“山东省管理创新优秀企业”等多项荣誉。

油气勘探呈现出新的亮点。围绕“深化埕岛、探明垦东、控制埕北凹陷西斜坡”三个主攻方向，全年共完钻探井16口，获工业油气流8口。其中，埕北701井、埕北273井相继获得日产50吨以上的高产工业油流。在埕岛主体扩边上取得良好成果，垦东481、垦东47、垦东81侧井和垦东104井钻探获得成功，垦东481井和垦东47井试油，日产在59吨以上，向北扩大了垦东北坡的含油气范围，发现了胜利海上第二个油田——新北油田。全年共完成控制储量1550万吨，上报探明储量834.5万吨，天然气5.26亿立方米，储量替代率达到1.47，实现了储采平衡。

开发水平稳步提升。积极开展精细油藏描述研究、水质专项治理、精细注采调配和动态监测工作，提高注水效果，油田开发状况逐步得到好转，自然递减率、综合递减率分别下降到9.2%和4.6%，注水水质符合率达到82.3%。通过实施压裂防砂、解堵降黏、连续杆螺杆泵等配套技术，提高了稠油区块开发效果。加强油井日常管理，全年平均躺井率为1.22%，电泵、螺杆泵平均检泵周期分别达到907天和1676天。重点产能项目不断加快产能建设节奏，提前投产了垦东34B、埕北351、埕北26A等3个井组，全年建成产能26万吨。

安全环保工作得到加强。始终把安全环保作为海上生产中压倒一切的工作来抓。成立了安全环保监督检查、隐患治理和宣教培训三个专委会，形成了党政工团齐抓共管、全员参与的“大安全”工作格局。加强安全环保技能培训，聘请全国著名的安全环保专家来采油厂授课，组织实施安全环保技能达标和安全员取证，定期举行消防、逃生救生演习，举办职工水上安全技能比赛，增强了职工的防范能力。强化安全环保监督检查，坚持每月开展一次动态化、专家型的监督检查，积极组织节日、井控、防风暴潮等专项检查，做到了检查不间断。加大隐患治理力度，完成了埕北6C-埕北1B海管变形治理等6项重点治理项目。加强“三防”建设，强化油区治安，加大海陆油区巡逻密度和力度，提高了防范打击能力。

科技攻关和推广应用成效显著。全年开展科技攻关项目34项，其中有11项成果通过了局级鉴定，6项成果获油田科技进步奖；积极推广应用新技术，有5项成果获油田推广应用新技术奖。开展的馆陶组精细油藏描述、分层注水工艺、提液工艺等配套技术研究，充实了开发综合配套技术储备。完善了大斜度长井段高压充填和逆向挤压充填防砂新工艺，在应用中取得显著成效。研究应用疏松砂岩油藏水平井、鱼骨状分支水平井裸眼筛管完井新工艺，油井产能得到明显提高。连续杆螺杆泵技术在海上稠油井的成功应用，为稠油区块开发提供了新的高效机采方式。群众性合理化建议和技术改进活动取得显著成效，2006年共有110项成果获得奖励，在生产实践中见到了实实在在的效果。

基层建设水平进一步提高。加强基层文化建设，形成了“平台文化”、“标准文化”、“超值服务文化”等基层文化品牌。开展了“达标创优争强夺牌”和争创“十佳”活动，有力地促进了基层管理水平的提高。实施了“能力提升工程”，举办各类培训班85期，培训干部职工1200余人次，同时，开展“读书选题”、“导师带徒”、职业技能竞赛等职工能力提升活动，队伍整体素质得到提高。

(张建启)

【海洋石油开发公司更名为海洋采油厂】 2006年1月23日，胜利油田分公司下发《关于中国石化股份公司胜利油田分公司机构设置的通知》(胜油公司发编字〔2006〕1号)，将中国石化胜利油田有限公司海洋石油开发公司更名为中国石化股份公司胜利油田分公司海洋采油厂。

(张建启)

【厂党委先后被授予“山东省先进基层党组织”和“全国先进基层党组织”称号】 2006年6月，采油厂党委被中共山东省委组织部授予“山东省先进基层党组织”称号。6月30日，在中南海怀仁堂礼堂举行的庆祝中国共产党成立85周年暨总结保持共产党员先进性教育活动大会上，采油厂党委被中共中央组织部授予“全国先进基层党组织”的称号。

(张建启)

【成功实施了中石化第一口鱼骨状水平分支井】 10月26日，海上第一口鱼骨状水平分支井CB26B-支平1井顺利完钻。该井运用了多项钻井、完井工艺先进技术，实钻指标全部达到设计要求。CB26B-支平1水平分支井是中石化第一口具有自主知识产权的鱼骨状分支水平井，它的完钻成功标志着胜利油田完全依靠自身技术力量在水平分支井钻井方面取得了重大突破，为推广水平分支井钻井、完井技术，提高油井产能提供了经验。

(张建启)

【发现新北油田】 新北油田位于胜利浅海探区黄河入海口以北，构造上位于孤东油田以东、新滩油田以北。2006年，该区共上报探明储量688.3万吨，天然气储量4.82亿立方米，新增垦东481块控制石油地质储量1550万吨。2006年底，浅海探区垦东地区申报储量顺利通过了国土资源部储量评审中心审查，由此，新北油田成为胜利浅海地区继埕岛油田、新滩油田之后发现的第三个海上油田。

(张建启)

【“3·12”原油泄漏事件】 2006年3月12日，埕岛中心一号平台——海三站直径457毫米海底输油管线因不法分子打孔盗油造成原油泄漏。事件发生后，海洋采油厂迅速采取关井停产停输措施，向上级有关部门汇报，并成立了以海洋采油厂及相关辅助生产单位为主的污染清理队伍，对沿岸和近岸污油进行回收，避免了事态进一步扩大。中国石化股份公司总裁王天普，胜利油田曹耀峰、王立新、刘中云等领导亲临现场，指挥协调海上污染清理、海管抢修补漏等抢险工作，全力以赴将原油污染和产量损失控制在最小程度。3月16日零点17分管线修复完工，3月17日经国家海洋局北海分局批准，海管投入运行，恢复了海上油气生产。截至2007年4月底已有11名不法分子被抓获归案，东营市中级人民法院于2007年7月27日对不法分子依法进行了判处。

（张建启）

（审核 朱庆国）

油气集输总厂

【概述】 油气集输总厂共有职工3394人，8个三级单位，8个直属单位，17个机关科室。全年外销原油2128.83万吨，完成年计划的106.44%，外销原油含水率0.46%，原油管道损耗率0.24%；生产天然气0.56亿立方米，完成年调整计划的100%；外供天然气3.3亿立方米，完成年计划的103.1%；生产轻烃2.9万吨，完成年计划的111.4%；可控成本发生3.5亿元，控制在成本计划指标之内。

生产经营任务全面完成。全年共处理高含水原油62万吨，排放污水6万吨。临淄原油库通过加强施工过程的质量监督，确保了新库投运一次成功。强化天然气的开发管理，加快新区产能建设步伐，全年部署井位24口，完钻16口，日增气量14.4万立方米，春节期间日用气量高峰期达57万立方米，超额完成油田下达的外供气任务；强化轻烃生产的优化运行，实施“要素优化管理”和“六标管理”考核办法，建立工序成本核算体系，合理调整轻烃装置生产运行参数，提高生产效率。

安全管理水平进一步提高。深化“五查一改”活动，围绕安全生产“目标、责任、监督、考核”四个关键环节，建立逐级负责、责任到人、风险共担的目标责任体系，狠抓安全责任承包等安全制度的执行，健全完善了问题分析、问题整改反馈、督导考核的运行管理机制，狠抓问题查摆、督促整改和巩固提高三个环节，加大安全检查和问题隐患整治力度，全年组织综合性安全检查16次，下发隐患整改通知单27份，给21个基层单位挂发了黑牌和黄牌警告，实现了全年安全生产无事故。

数字化建设水平持续提升。加大科技投入，完成了东营原油库、东营压气站、孤岛压气站等站库的自动化系统改造，大站要库视频监控系统全部投入使用，部分生产岗位实现了工艺参数自动采集和实时监控，部分岗位生产操作实现了自动控制。初步建立了生产运行管理、值班管理、设备管理和安全管理等七大子模块的信息管理系统，实现了所有一线生产单位的并轨联网，并逐步延伸到了大站要库的主要生产岗位。

油区治理工作成效显著。建立了一日三巡、红色预警机制等管理办法，组织对非法侵占总厂生产设施的治理，对管道上的违章建筑业主下发《危及输油输气管线设施安全行为告知书》291份，埋设油气管道标志桩274个。在护卫队伍中开展“强化管理，落实责任，提升形象”大讨论活动，强化护卫队伍的责任意识。进一步增强巡线力量，在特殊时期组织机关干部和后勤单位职工积极参与巡线。加强油地合作，开展油区百日整治、天然气集中治理等活动，加大对盗油盗气犯罪行为的打击力度，全年共破获作案团伙13个，抓获犯罪分子70余人，缴获盗油车辆21部，查获原油110余吨，捣毁盗气工厂2座，掐除盗气点215处，涉油涉气案件与去年同期相比减少55起。

思想政治工作进一步加强。建立领导干部廉政预警、机关思想作风建设考评和基层干部量化考核管理机制，召开了总厂第三次党代会，对6个三级党委和31个党支部进行了改选。开展以“知厂情、明任务、负责任、谋发展”为主题的形势任务教育活动，强化对各类群体的教育管理，完善了职工思想政治工作系统化管理体系按照“全方位覆盖、全过程管理和全员参与”的思路，将基层队(单位)由40个增加到55个。确定了从达标基层队到金牌(五星)队的逐级创建管理模式，形成了基层整体创建的良好态势，有中石化五星级站库3个、四星级站库4个，银牌队2个；名牌基层队6个、行业一强7个、优秀基层队13个，总厂被评为油田基层建设先进单位。认真做好群众工作，进一步完善了职工维权机制和困难群体帮扶机制，大力实施“送温暖”工程，对困难职工家庭进行帮扶救助，全年共发放各类救助金19.1万元，为3502名职工、家属、协解人员进行了健康查体，安排361名职工进行了健康疗养。总厂连续6年被评为油田思想政治工作先进单位。

(王树生)

(审核　付庆祥)

海洋石油船舶中心

【概述】　2006年1月，海洋石油船舶公司更名为海洋石油船舶中心，主要承担各类海洋石油作业平台及浮吊等拖航就位、物资供应、应急守护和油类运输、试油作业、海洋工程施工、溢油回收、海上消防救助、港池航道疏浚，以及船舶修理、港口货物装卸等任务。截至2006年底，中心职工人数为1292人，下设11个机关科室、7个三级单位和4个直属科级单位。固定资产原值11.46亿元、净值4.60亿元，包括：各型船舶27艘，拥有5000吨级泊位3个、3000吨级泊位4个的一类开放口岸——胜利码头，以及2000吨级成品油库和200立方米液化气站。由船舶中心协调管理的龙口基地管理中心，用工人数为333人，下设4个机关科室、2个科级单位、2个直属科级单位和1个经济实体。龙口基地占地3384亩、海域2077亩，各类生产、生活设施完备。

圆满完成油田各项急难险重任务。2006年，成功组织实施了起重一号浮吊、胜利五号平台，以及“3·12”、“7·17”等16次重大应急抢险任务，有效保障了油田海上生产的安全顺利进行。“3·12”溢油应急事件，船舶中心连续作战1个多月，累计出动178船次、900余人次，最大限度降低了海洋环境污染。在“7·17”山东海域2006年最重大的海上抢险救助行动中，船舶中心第一时间启动抢险应急预案，紧急出动胜利291、251和231等船舶，对鲁沾渔0541、胜建901、“海鑫一号”等遇险船舶实施了有效的抢险救助和安全监护，成功救助96名遇险人员，受到山东省、交通部、东营市和油田通报嘉奖。

全年船舶共计航行2.19万小时、航程29.1万千米，安全顺利完成了历时1个多月、航程达6667.2千米的胜利291船赴南海拖带勘探二号等117次拖航、就位、对接井口等重大施工任务，平台对接井口精度合格率及一次就位成功率均达到100%，为油田海上生产提供了有力的船舶保障。

设备本质安全水平不断提高。大力开展以船舶修理、设备保养为重点的修保会战活动，强化设备日常维护保养和设备寿命周期各个环节控制，积极推行修理项目管理制度，及时处理各种突发故障，全年顺利完成12艘船舶坞修任务，以及胜利251船冰机故障、胜利241船主机故障等航修任务，设备管理向“三零三化”目标不断迈进，晋升为省级设备管理一级企业，并被评为山东省设备管理样板企业。

职工队伍综合素质持续提升。完成了专业技术岗位和高技能岗位评聘，初步建立起了“三支队伍”岗位序列。强化职工综合素质培养，组织140余人次参加适任证书、特殊工种等专业培训，选拔部分优秀年轻高级船员到大连海事大学深造，成功举办了第三届职业技能竞赛，积极推行以师带徒工作，在龙口和桩西分别设立练兵培训场地，重点加强在岗船舶机工、水手实操技能训练。坚持以法管人、依法用人，对擅自离职人员进行了公开处理，维护了中心和广大职工群众的利益。

社区管理工作不断进步。社区水电损耗率和居民服务满意率均超过管理局规定的指标。对9000余米供暖主管线进行改造，供暖效率得到提升。全年新增绿化面积22000平方米，基地整体环境得到有效改善。桩西码头地面施工等15个工程建设项目，工程合格率达100%。

（魏延江）

【“3·12”溢油事件应急抢险】 2006年3月12日，因犯罪分子盗窃原油，致使埕岛油田海底输油管线破裂，发生溢油事故。船舶中心作为胜利油田的海洋应急中心，立即启动溢油抢险应急预案，连夜将龙口储备的应急物资送往桩西，全力开展海上溢油应急处理。在整个溢油应急作业中，累计出动胜利212、胜利211、胜利232、胜利502、胜利242等船舶178船次，出动应急队员和船员达3780人次，巡查范围从埕岛工区、埕岛以北，到大沽锚地、沧洲海域和冀东工区，有效控制了埕岛海域海面污油，最大程度的降低了溢油对海洋环境的污染。

（魏延江）

【“7·17”抢险救助】 2006年7月17日，9—10级强风袭击埕岛海域，致使1艘渔船、1艘客轮和4艘无动力设施工程船相继出现锚链折断、走锚险情，共计104名船员和施工人员遭遇险情。接到险情报告后，船舶中心紧急启动海上应急抢险预案，迅速出动胜利291、251和231等船舶、130余人次，连续奋战26个小时，对鲁沾渔0541船、胜利901船、“海鑫一号”客船、“皖蚌埠2166”货船等实施了及时有效的抢险救助和监护，成功救助96名遇险人员，圆满完成了山东海域2006年最重大的海上抢险救助行动，受到山东省、交通部、油田和东营市的通报嘉奖。

（魏延江）

“3·12”海上溢油清理

【举行“8·27”海上溢油及消防联合应急演习】 2006年8月27日，按照油田的统一部署，由船舶中心在埕岛海域组织实施了“2006年胜利油田海上溢油及消防联合应急演习”，共有11艘船舶参加了演习。泄油回收演习共施放充气式围油栏400米、固体式围油栏400米，两艘专业溢油回收船舶先后使用复合式收油机、溢油回收艇、下行带式收油机和吸油毡演练了海上溢油回收，4 艘海上专用消防船对模拟海上油井火灾进行了现场施救。国家海洋局北海分局以及油田涉海单位领导共计 300 多人观摩了演习活动。这是埕岛油田开发建设以来规模最大、参加演习船舶最多、针对性最强的一次综合性演练。

（魏延江）

【圆满完成拖带勘探 2 号平台赴南海任务】 2006 年 4 月，油田安排船舶中心所属胜利油田最大功率多用途工作船——胜利 291 船，执行中石化上海海洋石油钻井工程公司勘探 2 号钻井平台埕岛油田至南海往返拖带任务。胜利 291 船全体干部职工克服了气象条件差、作业时间长、右主机轴带发电机故障等种种困难，历时一个月，圆满完成了航程达 6667.2 千米的拖航任务。这是船舶中心完成的最长距离拖航任务。

（魏延江）

（审核　邱守仁）

地质科学研究院

【概述】 地质科学研究院位于东营市聊城路 3 号，始建于 1964 年，为中石化重点研究院。设 27 个三级单位、8 个机关部室、5 个直属单位和 6 个四级单位。有职工 1226 人，其中专业技术干部 1005 人；博士后 9 人，博士 39 人，硕士 297 人；具有教授级职称 12 人，高级职称 261 人，中级职称 429 人；国家级专家 1 人，享受政府特殊津贴专家 10 人，省部级专家及学科带头人 7 人，油田高级专家 7 人，油田专业技术拔尖人才 15 人。拥有勘探开发各类专用仪器设备 260 余台（套），固定资产总值 5.44 亿元，净值 2.68 亿元。

科研工作成绩显著。全年共承担课题 81 项，其中股份公司级 27 项，分公司级 50 项；胜利油田共有 4 个股份公司先导试验项目，地科院承担 3 个，参加 1 个。有 57 项成果获奖，其中“陆相水驱油藏剩余油富集区研究与开发”获国家科技进步二等奖，5 项成果荣获股份公司科技进步奖，其中一等奖 2 项、二等奖 2 项；51 项成果获分公司科技进步奖，其中一等奖 16 项。10 项成果通过验收鉴定，其中 3 项成果整体达到国际领先水平，6 项成果整体达到国际先进水平。在中石化开发工作会议上，地科院有 29 个项目、43 人次受到嘉奖。

国家重点实验室通过验收

实验室建设和信息化建设上新的台阶。按时投产了油气生排运聚物理模拟实验室、构造物理模拟实验室，同时积极筹建稠油热采实验室，为基础研究增添了新动力；通过实施实验室整改和质量手册升级，6 个油田重点实验室顺利通过复审，基础研究实力得到增强；购置高温高压电子压力计、防硫电缆及试井井口防喷装置、稠油相对渗透率测定仪等设备，进一步提高了分析测试能力。加强信息化建设，投产运行全国石油开发系统中性能最好的微机集群系统，初步建成胜利油田油藏数值模拟中心和开发软硬件共享中心，引进配套大型专业软件9套，为提高油田勘探开发水平提供了有力保障；成功升级万兆位以太网，在油田首家建成主干网万兆传输、千兆或百兆到桌面的网络系统，为信息传送提供了高速通道；油田开发决策支持系统顺利通过验收，建成了国内首个具有自主知识产权的集实例库、规律库、油藏方法程序集、新老区方案设计为一体的油田开发决策智能平台；完善模型数据库标准，研发不同类型油藏录入管理系统，为油藏跟踪模拟研究提供了保障。

为勘探开发提供支撑的能力进一步增强。勘探方面，系统开展战略选区研究，调研分析国内各类盆地，论证优选有利勘探目标，成功取得了三水、庙岛北等两个区块矿权，并完成了张家口、张北、承德等3个区块矿权申报，为油田长远发展落实了资源接替阵地。以寻找优质储量、提高储量可动用性为目标，强化探井分析、区带评价与勘探开发一体化研究取得丰硕成果。全年提交并被采纳探井井位205口，提出并落实500万吨以上勘探目标5个；新增控制石油地质储量1.06亿吨、预测储量1.23亿吨、探明储量0.91亿吨、技术可采储量1783万吨。开发方面，以实现“油气硬稳定”为目标，优化论证“五年硬稳定”方案，重新评价各类油藏开发潜力和适用技术，为油田高效开发提供了科学对策；加强技术政策界限和技术标准研究，逐步形成了整装油藏非主力层段挖潜、断块油藏细分层系、低渗油藏优化井网、热采稠油油藏井间加密等技术政策界限，为不同类型油藏提高采收率提供了科学依据。加强跟踪研究，加快新区产能建设、老区调整、三次采油、水平井挖潜、天然气开发节奏，油田稳产基础进一步巩固。全年共编制新区产能建设方案16个，原油建产能103.1万吨，天然气建产能1.05亿立方米；设计水平井89口、密闭取心井8口。不断加大西部及海外研究力度，积极参与新疆车排子地区勘探开发研究，排2区块实现当年建产能25万吨，当年产油14.8万吨；高质量承担完成了阿尔及利亚扎尔则油田、吉尔吉斯斯坦阿拉伊盆地等海外研究项目，进一步拓宽了研究领域。

专业人才队伍建设成绩突出。一是优化人才队伍结构。共引进博士后3名、主干专业高校毕业生48名，其中博士2名、硕士46名；积极选派优秀人才参加学历教育，推荐攻读博士学位16人、硕士8人。二是开展“导师带徒”活动和职工技术比赛，提升人才队伍素质。11名专家与23名年轻技术骨干确立了师徒关系，有效地加快了年轻技术人员的成长步伐。举办年度职工技术比赛，评选“技术能手”22名，调动了职工学技术、练本领的积极性。三是采取“走出去”与“请进来”办法，强化专业培训。邀请国际层序地层学专家、中科院院士等18位专家学者来院讲学，组织参加国际学术会议和科学考察30人次，外出技术调研和野外地质考察8期，专业培训700余人次。2006年，有1人获得“山东省有突出贡献中青年专家”称号，7人被聘为油田高级专家，5人荣获胜利油田第四届科技英才奖，其中金奖2人、银奖1人、铜奖2人，7人被评为管理局优秀青年知识分子，1人荣获“黄汲清青年地质科学技术奖”。

基层建设水平有新提高。着力打造品牌优势，积极开展优秀基层创建活动，创建水平进一步提高。2006年，新增“中央企业学习型红旗科室”1个，新增油田“标杆基层队”1个，“名牌基层队”5个、“行业一强”2个、“优秀基层队”4个。加强职工理论研究,"石油企业维护稳定工作机制研究"成果获中国石油政研理论研究一等奖,1项成果获山东省职工理论研究创新成果奖。

(田　伟)

【5项科研成果获得股份公司科技进步奖】 2006年,共有5项科研成果获得股份公司科技进步奖,其中"胜利滩海地区油气富集规律及勘探目标研究"、"复杂断块油田提高采收率技术研究"获中石化科技进步一等奖;"中石化油气资源评价研究"、"海上挥发油顶潜山油藏开发配套技术"获中石化科技进步二等奖;"济阳坳陷缓坡带成藏模式、勘探技术及目标研究"获中石化科技进步三等奖。

(陈攀峰)

【第一口具有自主知识产权的分支水平井设计投产成功】 由滩海室设计的胜利油田分公司重点开发井埕北26B-支平1井于2006年10月26日顺利完钻。该井是中石化和胜利油田第一口具有自主知识产权的分支水平井,其投产成功标志着胜利油田水平井设计、钻井、完井等工程技术和井位跟踪调整等研究水平进入先进行列,在油田开发工程技术发展史上具有里程碑意义。

(陈攀峰)

【万兆以太网升级成功】 2006年4月,万兆以太网升级成功。此次网络升级改造更新了21套网络交换设备,新铺光缆10条,改造光缆15条,新建、改造网络机房间3个,调整信息节点1800多点,新压制跳线1000多条,建立了主干网万兆传输、千兆或百兆到桌面的高速网络系统。升级后的万兆网络核心交换机交换容量提高20倍,数据转发能力提高10倍。万兆以太网升级成功,为油田勘探开发一体化应用研究提供了快速良好的技术平台。

(陈攀峰)

【首部开发微机集群系统建成投产】 2006年10月17日,胜利油田首部开发微机集群系统在地质科学研究院投产,标志着油田油藏数值模拟中心和开发软硬件共享中心初步建成。整个系统的理论计算峰值达到1.7万亿次,实际运算速度可达1.3万亿次。该系统的投产,将对油田开发水平的提高和开发效果的改善提供有力保障。

(陈攀峰)

(审核　刘显太)

采油工艺研究院

【概述】 中国石化股份胜利油田分公司采油工艺研究院(简称采油院)成立于1984年5月,位于东营市西三路308号。截至2006年底,有职工626人,其中,专业技术人员446人(教授级职称4人,高级职称110人,中级职称191人,初级职称105人)。设7个机关部室、3个直属单位、18个科级单位和6个四级单位。全院拥有各类先进的科研仪器和生产设备386台(套),固定资产原值15526万元,净值9347万元。

科技攻关取得新突破。共承担或参加局级以上科研项目61项,其中国家级项目3项,中石化重点科技攻关、先导试验及提高采收率项目24项;17项课题通过了鉴定和评定,其中11项达到国际领先水平或国际先进水平;23项成果分别获局级以上科技进步奖励;全年获国家专利授权41件,占分公司总数的35%以上;在核心期刊发表论文50篇。疏松砂岩油藏水平井裸眼防砂完井一体化技术等10项关键技术取得重大突破,自主创新能力进一步增强。

技术服务再上新台阶。加大技术集成、综合配套及规模化推广应用力度，在专项治理工程、重大先导试验、产能建设、勘探试油、难动用储量开发等领域取得了显著成绩。作为技术总牵头，承担、参与了油田水井专项治理、水质专项治理、套损井治理3个专项治理工程，以及油井偏磨治理、低效电泵治理、电热采油治理3个专家组的工作。CO_2辅助超稠油开采等工艺技术在油田内部应用697井次，在冀东等10余个油田外部市场应用302井次。签订了3项海外技术服务合同，重点是提供防砂和浅海技术服务，完成了2项技术和商务投标。

企业管理水平进一步提升。加强科研项目运行的过程管理，突出对各单位科研工作量、项目运行质量的量化考核，发挥了良好的科研导向作用。加强实验室建设和管理，编制实施《实验室建设五年规划》及《2006年度实验室建设计划》，井下安全阀检测实验室通过API认证，压裂酸化实验室新增为油田重点实验室。建立实施新技术追踪制度，通过举办或参加首届世界重油大会、中石化开采技术论坛、五省区稠油开采技术研讨会等国内外的学术研讨会，为科研人员进一步开阔思路、提高科研水平起到了积极作用。通过开展“导师带徒”、“十佳高校毕业生”评比、“青年人才技能接力赛”、“青年工程师百里油区行”、“青年科技论坛”、“青年科技创新立项”等活动，促进了青年科技人才脱颖而出。ISO9001质量管理体系通过了油田的监督审核和北京三星九千质量认证中心的外部审核，新工具中心也通过外部审核。HSE管理体系正式发布试运行，并进行了首次内审。

企业文化建设扎实推进。组织开展“VTOP品牌塑造年”活动，制定了品牌评选办法，共评选品牌人才2人、品牌技术8项、品牌产品5项、品牌服务2项，丰富了“VTOP品牌”的内涵；通过基层文化标志性格言警句征集活动和“共铸VTOP精神”演讲比赛，加深了职工对采油院文化的理解，起到了激励士气、鼓舞干劲的作用；狠抓基层文化氛围营造和文化执行落地，推进基层文化建设，形成了以微生物中心“显微文化”为代表的富有特色的基层文化品牌。

思想政治工作进一步加强。一是以“162工程”为主线，深入开展“思想作风建设深化年”活动，通过学《党章》、开展“党员干部有正气才更有力量大讨论”、争创“五佳”等，使各级领导班子和党员干部的向心力、凝聚力、战斗力得到进一步增强。二是基层创建活动实现了全方位覆盖、全员参与和全院齐抓共管的创建格局，形成了综合考评、动态管理、配套联动三个长效机制，3个单位被评为油田名牌基层队，2个单位被评为油田行业一强，5个单位被评为油田优秀基层队。三是通过开展“读书思廉”活动，组织科级以上干部和重点岗位人员到鲁中监狱进行廉政教育，以及组织参观油田党风廉政教育展厅等形式，深化了反腐倡廉工作的源头防治。四是认真做好稳定工作，建立完善院领导信访接待日制度，抓好经常性的不稳定因素排查和处置，以及原“法轮功”人员的教育、巩固和防反复工作，有力地维护了大局的稳定。以创建“平安采油院”为工作目标，全面落实社会治安综合治理责任制，为改革发展创造了良好的治安环境。

（周延芳　魏玉华）

【埕岛油田乳液聚合物在线调剖技术达到国际领先水平】 2006年，针对埕岛油田馆陶组油藏非均质日益严重、含水快速上升两大问题，开展了“胜利滩海油田调剖技术研究”，形成了整套海上在线调剖技术，并通过了中石化股份公司验收、鉴定，整体技术居国际领先水平。

(任厚毅)

【疏松砂岩油藏水平井裸眼防砂完井一体化工艺技术应用成功】 针对胜利油区疏松砂岩油藏储量大、水平井完井成本高、后期处理难度大等情况,采油院科研人员进行了疏松砂岩油藏水平井裸眼防砂完井一体化工艺研究,成功开发了一套适合胜利油田疏松砂岩油藏特点的水平井裸眼防砂完井一体化技术。该技术在冀东、大港等油田推广应用近 150 口井,施工成功率为 98%,取得了显著的增产效果和经济效益。在胜利油田应用 12 口井,施工成功率达到 100%,提高了胜利油田疏松砂岩油藏水平井的开发效果。

(任厚毅)

【火烧驱油现场试验高压注空气井大修作业首获成功】 "郑 408 块敏感性稠油油藏火烧驱油先导试验"为中石化重大先导试验项目。在 2005 年 11 月二次提速过程中,由于注气井注气压力异常升高,被迫停止注气。针对该区块井的复杂情况,以采油院为首的多家单位联合攻关,形成了高密度无固相压井技术、地层屏蔽暂堵技术、控制压力压井技术、井口安全作业控制技术。2006 年 7 月,在郑 408 块郑 408—试 1 井进行敏感性稠油油藏火烧驱油先导试验,经过排气放空、2 次压井、3 次暂堵、更换高压井口、起原井管柱、套铣、打捞、下完井管柱、装井口等工序,启动全部应急预案,历时 13 天,成功完成了注气井作业,恢复了井组的注气能力。该井的作业成功,是国内外火烧驱油注气井作业的首次突破,为火烧驱油注气井作业施工提供了宝贵的实践经验。

(任厚毅)

(审核 王世虎)

物探研究院

【概述】 胜利油田物探研究院隶属于中国石化股份公司胜利油田分公司,位于山东省东营市东营区西四路与北一路交界处,前身是 1986 年 10 月成立的计算中心。2001 年 1 月,原计算中心与物探解释所合并重组为物探研究院。主要承担地震资料处理、解释、地球物理方法研究、地质勘探、计算机信息技术及综合研究和软件开发网络信息工程与实施、维护与培训、推广利用等工作。物探研究院是中国石化股份公司重点科研院所之一,中国石化最大的地震资料处理解释、地震地质综合研究、数据库与信息建设和地球物理技术研发中心。

全院有 23 个生产研究室,8 个机关科室,5 个直属服务中心。有职工 998 人,博士毕业生 20 人、硕士及研究生毕业 103 人、本科 470 人、具有高中级职称的专业人员 462 人、教授级高工 4 人、省部级以上专家及学术带头人 8 人。装备有国际先进水平的微机集群并行处理系统以及其他主要设备 400 多台(套),安装有处理解释应用软件 60 多套,资产原值达 2.5 亿元,净值 1.6 亿元。

处理解释一体化优势得到良好展现。在地震资料处理方面:大力开展叠前成像技术的开发应用,已在实际处理中取得了较好的应用效果,叠前时间偏移处理已全面纳入常规流程。全年完成 13 个资料处理项目,在处理技术含量、处理数据量大幅增加的情况下,累计完成胜利探区三维叠前时间偏移处理 3645 平方千米,二维处理 412 千米。剖面质量大幅度提升,涌现出一大批优秀项目,尤其是《埕岛—桩海三维连片叠前时间偏移项目》的成功,为下步济阳探区大面积叠前时间偏移连片处理积累了可借鉴的宝贵经验，标志着物探院开展大数据量处理的能力再度提升。开拓了地震处理技术应用的新领域，以车66、河183、排2井等项目为代表面向储层描述的地震多属性处理技术在生产中得到实际应用，并取得了初步成果。在解释及综合研究方面，勘探成果丰硕，解释工作量再创历史新高，年完成三维地震构造解释21537平方千米、二维地震构造解释27340千米、岩性解释2255平方千米、圈闭评价1107平方千米，总计提供勘探井井位目标467个，被采纳205口。圈闭管理工作得到中石化总部领导和专家的高度评价，提交待钻圈闭41个，圈闭面积400.9平方千米。针对日益复杂的隐蔽油气藏勘探，逐渐完善了针对各类储层预测的配套技术系列，形成了滩坝砂、砂砾岩、河道砂以及浊积岩的识别、描述技术，以勘探三大课题为载体的深层、天然气、复杂储集体技术攻关已获重要进展。

2006年物探研究院充分发挥了处理解释一体化优势，承担完成了西部、南方分公司等外围新区以及哈萨克斯坦、伊朗等海外区块的资料处理、解释和综合研究等工作，并逐步拓展了叠前时间偏移/深度偏移、属性处理、重磁电联合勘探等技术服务新领域，为中石化实现油气勘探资源战略目标、为油田拓展勘探开发空间，寻找优质储量接替阵地，起到了积极的推动作用。

信息化建设再上新台阶。地震处理系统及集群升级方案已得到中石化的批复，总投资额达1.2亿元，将增加1250个节点，总节点数将达到2000个。扩展了生产网络的带宽，优化了网络体系。更新了部分解释及综合研究硬件设备和软件系统，改善了解释及综合研究设备能力不足、软件水平滞后的问题。数据库与信息化建设积极发挥支撑作用，勘探决策系统首次在油田秋季论证会上成功应用。数据库建设已进入全面实际应用阶段，勘探成果数据库入库的探井数已达6145口，全年数据访问量、下载量达到9.47亿条，较上年(5.58亿条记录)大幅攀升。地震资料库累计加载数据25.24TB。网上协作办公平台功能拓展，已有10余个模块开发完成并投入使用，启动了即时通讯系统。继续做好油田ERP的系统支持和技术服务工作。

科研攻关卓有成效。2006年共承担局级以上科研课题49项，其中中石化项目14个，局级项目35个。课题获山东省科技进步奖1项，获中石化科技进步奖1项，获油田科技进步奖24项，科技成果率40%。重点项目进展顺利，中石化"十条龙"重大科研攻关项目——《油藏综合地球物理技术研究》取得重要进展；井位部署辅助决策系统、地震叠前成像、多波多分量地震方法、地震储层预测技术研究与应用等重点项目取得阶段性的关键成果。"油藏综合地球物理研究实验室"、"信息与软件工程实验室"被确定为胜利油田重点实验室。

"STseis2.0神通地震成像软件系统"发布圆满成功，标志着胜利油田第一个具有自主知识产权的叠前成像软件向商品化、产业化迈出了最重要的一步。对10个软件成果进行了登记及注册，拟申请技术专利4项。

企业文化建设不断深化。2006年，被确定为院"文化先行年"，并开展了多项主题活动，以此充分展示物探研究院在技术创新、科研攻关、创建品牌、服务油田勘探开发方面所取得的重大进展，提升企业的知名度和形象。企业文化建设取得丰硕成果，有1项文化研究课题被列为油田软科学研究项目，"数据海文化"荣登胜利油田基层文化品牌之列。以文化建设带动基层建设取得良好效果，涌现出3个名牌研究室、2个行业一强、9个优秀单位，形成了梯次递进、争先创优的良好局面。

（左兴成　穆少军）

【地震资料处理实现向叠前时间偏移处理“转型”】 按照油田勘探部署与要求，2006年及以后所有新施工的资料都要进行叠前时间偏移处理，标志着胜利油田地震资料处理已全面进入“转型期”。物探研究院通过在多个处理系统积极探索实践，大力开展叠前成像技术的开发应用，并在实际处理中取得了较好的应用效果，使叠前时间偏移处理全面纳入常规流程。

（张云银）

【勘探工作取得丰硕成果】 2006年，勘探工作取得了“两个突破、七个进展、八个扩大”的勘探新成果。两个突破：民丰地区盐下深层砂砾岩体勘探、利津西坡沙四段深层滩坝砂体勘探取得重要突破，七个新进展：在车镇北带沙三段砂砾岩扇体、东营北带盐上砂砾岩体、博兴洼陷及周缘滩坝砂、牛庄洼陷东部斜坡带、基山砂体西翼、利津洼陷东坡沙三中浊积砂体、红柳油田东北部等区域的勘探取得新进展，八个扩大：垦东地区含油面积、埕岛地区含油面积、大王北油田含油范围、临南洼陷构造岩性油藏范围、东营南斜坡沙四下含油范围、孤北洼陷带及周缘含油范围、陈家庄凸起西段含油面积、垦西地区含油面积等进一步扩大。

（张云银）

【“STseis 2.0 神通地震成像软件系统”发布】 “神通地震成像软件系统”作为胜利油田第一个具有自主知识产权的软件系统，处理结果测试表明已达到了国际先进水平。于2006年3月在北京召开了发布会，中石化信息部、科技开发部、油田部及中石化系统各油田的领导和专家70多人参加，会议取得圆满成功，标志着胜利油田第一个具有自主知识产权的叠前成像软件向商品化、产业化迈出了最重要的一步。

（隋志强）

【QHSE管理体系顺利通过认证】 物探研究院QHSE管理体系于2005年8月正式启动了贯标和认证工作，2005年12月颁布实施《QHSE管理手册》，确立了物探院实施QHSE管理体系的运行准则，2006年1月开始体系试运行工作。于3月份组织开展了体系运行第一次内部审核和管理评审，4月份开展了质量、职业健康安全管理和环境管理体系第二阶段的现场审核，经由第三方组织的审核评价后，对不符合项进行了整改和复审，于7月13日取得了认证证书。QHSE管理体系的建立和实施，不仅提高了管理水平，更新了管理理念，也标志着物探研究院在质量、安全、健康与环境管理等方面逐步实现同国际接轨。

（裴建国）

（审核　王延光）

经济开发研究院

【概述】 经济开发研究院(以下简称经开院)主要职责是围绕油田全局性、战略性问题进行深入研究，为油田领导决策提供支持。下设企业发展战略研究室、经济改革研究室、国际石油研究室、经济运行评价室、综合研究室、劳动定额定员标准研究所、人才工作研究所及财务资产科、党政办公室等9个科室。现有员工52人，其中干部48人，工人4人；有女职工14人。有高级技术职称23人，中级技术职称18人，助级技术职称9人。有博士3人，研究生17人，大学学历29人。

突出为领导决策服务核心业务，课题研究取得新进展。2006年，经济开发研究院紧密结合中石化和胜利油田改革发展实际，开展课题研究，努力为决策服务提供支持，当好领导的参谋和助手。先后开展课题和调研项目39项，完成35项。其中，中石化领导和部门安排的7项，油田领导安排的25项，院自行立题研究3项。

制定发展规划，落实发展措施。着眼于研究院的长远发展，重点抓了院、科室和个人的专业定位，明确了未来5年发展目标和规划，即：到"十一五"末，建设成为中石化上游不可缺少的经济研究机构，力争成为胜利油田领导决策的合格参谋部；培养出8名经济研究的学术带头人，10名以上专家型人才，20名以上专业研究人才；每年至少有10项以上研究成果进入胜利油田决策或对解决油田改革和经营问题提供有力支持，有1项成果进入中石化决策或用于解决中石化上游改革或管理问题。通过对发展定位与规划的制定、完善和落实，为今后的发展提供了方向性指导意见，推动了科室建设、学习培训和各项工作扎实开展。

刊物编辑和信息工作得到进一步提升。《石油经济参考》突出了内容和版式上的创新，力求体现时代感和石油特色，受到各级领导和广大读者好评，目前已有52家刊物主动与该刊进行了交流。网络信息工作进一步优化了网络工作环境，在信息化办公方面已居油田先进水平，外部网站连续5个月被评为油田优秀网站。图书资料管理加快向科学化、网络化、规范化方向迈进，为课题研究提供了支持。

深入开展"思想作风建设深化年"系列活动，全面提升干部职工队伍素质。先后组织党员干部开展了"有正气才更有力量"大讨论，观看宣传片《生死牛玉儒》，聘请油田首席技能大师吕幸端来院进行专题讲座，深入学习胡锦涛总书记在庆祝建党85周年大会上的讲话、组织开展了庆"七一"活动，举行"颂歌献给党"诗歌散文朗诵比赛和书法绘画比赛。通过一系列活动的开展，有力提升了党员干部政治素质和工作热情，筑牢了"有能力"根基，为定位目标的实现提供了强有力的思想保证。

（杨升良　周学升）

【《中国石化科技成果评价体系研究》课题通过中石化股份有限公司科技开发部验收】 2006年7月14日，经开院完成的《中国石化科技成果评价体系研究》课题通过中石化股份有限公司科技开发部验收。专家评审组一致认为，该课题将过去专家综合打分评价变为定性与定量评价，评价结果更具科学，对促进中石化科技成果转化，具有重要意义。

（杨升良　周学升）

【中国石油大学经济学实践教学基地在院挂牌成立】 2006年9月20日，"中国石油大学经济学实践教学基地"挂牌仪式在经开院举行。胜利石油管理局党委组织部、中国石油大学人文社会科学院、胜利油田经济开发研究院的领导参加了挂牌仪式。中国石油大学经济学实践教学基地在院挂牌，标志着石油大学与胜利油田在校企合作、人才培养、学研交流与提高等方面有了新的进展。经济学实践教学基地的建设，将为油田经济人才引进、石油经济成果的研发等提供实践平台。

（杨升良　周学升）

【美国剑桥能源公司总裁来院讲学】 2006年10月20日，美国剑桥能源公司总裁兼首席执行官及其一行应邀来经开院，作题为《能源展望 2030——全球能源战略制定之情景模式分析》报告。该报告采用了亚洲凤凰、突破点、全球断裂三种情景模式分析,对未来可能呈现的几种情景以及形成该情景的原因进行了系统而广泛地分析。该报告所阐述的理论对石油、天然气等能源的战略分析具有重要的借鉴。

(杨升良　周学升)

(审核　周　文)

技术检测中心

【概述】　中国石化股份胜利油田分公司技术检测中心位于东营市东营区西二路 480 号,是我国石油、石化系统最具技术实力和检测规模的综合性技术检测机构。中心成立于 1991 年 2 月,占地面积 12 万平方米。下设 8 个机关科室、13 个业务站(所)及综合服务中心和治安保卫中心。至年底,共有职工 545 人,其中教授级高级职称 3 人,高级职称 58 人,中级职称 164 人,具有本科以上学历职工 229 人。中心拥有先进检测仪器设备上千台(套),固定资产原值 11377 万元,净值 6368 万元。

出色完成了一批油田大型、重点任务。2006 年,技术检测工作共完成 65281 个单位工作量,完成年计划的 143.9%;检测创收完成 4507 万元,完成年计划的 112.8%。全年共查处不合格产品 357 批次;查处大小工程质量问题 758 项,不合格建材 21 批次;查出不合格护品 64 批次;查出不合格润滑油脂 2 批次;发现各类设备安全隐患 2580 处,查处存在严重安全隐患设备 631 台,停止运行或者限制条件运行 309 台。共为油田挽回经济损失近 3000 万元,有力地维护了油田利益,保证了油田生产建设的顺利进行。组织开展了油田集输系统联合站能耗测试评价和油气损耗测试、胜利油田 HSE 管理体系监督审核、油田采油厂滚动开发环评、油田重大危险源安全评价及作业系统　全生产许可证评价、三采药剂专项治理检查、防偏磨工具专项检查、钻采石油配件和井口装置专项质量整顿、注水井防腐油管出厂监督检验、油田回注水质专项检测和回注水处理新工艺评估、油气集输管线防腐检测评价、压力管道安全性能检验、油田环境污染治理研究、节能加热炉专项治理、中央空调能耗状况专项检测等油田重点工作,为油田领导决策和主管部门加强管理提供了准确依据。

科研工作取得新成绩。2006 年,中心共完成局级以上科研项目 4 项,2007 年局级科研立项 3 项,上报省部级和油田科技奖励 8 项,有 1 项获集团公司科技进步二等奖,4 项获局科技进步一、二等奖,中心荣获油田科技先进单位称号,1 人获“科技英才银奖”殊荣。

资质认证和外闯市场取得新突破。年内,中心以整体名义通过了国家实验室认可暨计量认证现场评审,新增资质 4 项,复审资质 2 项。大力实施“走出去”发展战略,新承揽了大牛地气田建设等大型项目的工程质量监督工作;拓展了注水泵检测和汽车液压制动系统配件检测业务;圆满完成了中石化上游企业机电产品、采油助剂检验任务;完成外部重点安全评价项目 15 个;完成油田外部井架检测 85 台;完成山东、新疆市场油罐检定 39 座;完成中原油田埋地管网探测 28 平方千米;开展了中石化油田企业机械采油井系统能效测试工作等多项重点检测工作;完成了中石化油田企业环境现状调查与上游企业“十一五”规划环评工作;成功举办了中央驻鲁企业和省管企业负责人安全培训班等高层次人员培训工作;护品检测取得山东、河北、天津等外部市场的新突破。

生产经营和全面质量管理水平持续提高。探索完善项目管理模式，逐步应用到日常项目运行全过程。认真做好计量器具周期检定和标准化工作，承担完成局企标制修订10项，共检定计量器具1458台(件)，在用计量器具周检率达到100%。完成中心整体质量管理体系整合，重新组建了中心内审员队伍。大力加强“三基”工作，深入开展第81次岗检活动，扎实推进了以HSE管理为主线的安全监管工作，中心荣获油田技术监督先进单位、第81次岗位责任制大检查先进单位、安全生产优胜单位等称号。结合实际对站(所)费用和中心费用进行分解，制定了相应的承包经营指标。强化资金管理，严格控制投资规模，加强项目评估、决策等前期工作，使投资管理机制和管理模式更加优化。

不断加大队伍整体素质和业务技能培养力度。2006年，中心加大队伍的调整和建设力度，对后勤队伍结构进行摸底排查，实施了转岗分流。制定了《技术检测中心专业技术岗位竞聘管理实施办法》和《技术检测中心专业技术职务任职资格量化评审实施办法(试行)》，为加强专业技术岗位聘任管理，完善激励约束机制提供了可靠的制度保证。加大人才引进及人员管理力度，全年共引进本科生6人、研究生5人。认真抓好职工基础知识、技能的学习培训，内部组织各类学习培训班10余期，培训职工320余人次，促进了队伍整体素质的提高。

党的建设加强思想政治工作得到扎实开展。一是召开了中心第三次党代会，选举产生了新一届“两委”委员，明确了中心今后发展的指导思想、奋斗目标和工作任务。二是加强对十六届五中、六中全会精神的学习，深入开展“思想作风建设深化年”、“学习遵守贯彻维护党章”、“党员干部有正气才更有力量大讨论”及“双争”活动，党员干部克己奉公、廉洁勤政的自觉性和主动性日益增强。三是加强基层党组织建设和基层领导班子建设，全年发展新党员10人，提拔、调整交流科级干部28人，中心党员总数达到279人，科级干部队伍结构进一步优化。四是基层建设工作取得新成绩。组织开展“咱们工人有技术才能更有力量”大讨论和经济技术创新活动，中心获油田“IMSS创新体系”竞赛银奖，2项成果入选油田“2007年岗位职工经济技术创新实施(推广)百项重点课题”，1名同志被授予劳动模范光荣称号。涌现出4个名牌基层单位、2个行业一强、3个优秀基层单位和1个基层建设标杆队，1人荣获油田十佳指导员，中心被评为油田基层建设先进单位、文明建设先进单位。五是大力实施送温暖工程。组织现场慰问58次、360余人，走访慰问劳模、伤病住院职工近100人次，开展向特殊困难群体捐款活动，累计金额近17万元。

(李文学)

【五项科研成果荣获集团公司及油田科技奖励】 “粉煤灰处理采油废水及灰水再利用研究”项目获中石化集团公司2006年度科技进步二等奖。“腐蚀室内动态模拟系统的研制与应用”、“胜利油田环境现状调查与评价研究”等2项课题获局2005年度科技进步一等奖，“瑞雷波技术检测胜利油田海堤应用研究”、“热弹性红外图像技术在压力容器检验中的应用”等两项课题获局2005年度科技进步二等奖。

(李文学)

【资质认证和站(所)升级工作再创新佳绩】

中心被冠名为“国家安全生产胜利油田石油设备检测检验中心”，成为石油石化行业首家取得相应领域甲级资质的检验机构；被山东省安监局确定为“山东省安全生产技术支撑中心非矿山实验室”，并已行文向国家安监总局推荐上报；顺利通过国家实验室认可暨计量认证现场评审，申请检测项目达到289项，校准项目4项，成为石油石化行业申请认证检测项目综合性最强的实验室；安环中心取得甲级安全评价资质、消防安全管理体系甲级评价资质；特检所获得特种设备检验检测机构资质核准，获准承担六大类特种设备11个检验项目；安全教育培训站完成“国家安全生产培训机构二级资格证书”换证审查，顺利通过“特种作业人员安全培训机构”资质复审现场审查；计量所、流量站强检计量器具检定项目通过山东省质检局考核授权，其中流量站申请的原油、气体、质量流量计等检定项目拓展了授权服务领域。

(李文学)

(审核　师祥洪)

物资供应处

【概述】 物资供应处成立于1964年，处机关位于东营市东营区西四路377号。物资供应处具有双重职能，既是一个二级单位，又是油田物资供应系统归口管理部门，行使对油田物资的采购、供应、管理职能。油田重组改制后，按照中石化的有关规定，实行了“归口管理、集中采购、统一储备、统一结算”的物资供应管理新体制。截至2006年底，有28个机关科室，6个三级单位，22个科级单位和23个四级单位；有正式职工1463人，其他用工124人；有硕士研究生19人，具有大学学历388人，大专学历367人，具有高级职称的117人，中级职称261人；拥有资产原值4.55亿元，净值1.84亿元；拥有各类设备仪器1285台(套)，原值1.55亿元，净值3014.4万；有各类仓储设施69个，面积72.08万平方米。

2006年，共支出采购资金114.36亿元，年终库存14.78亿元。物资周转46天。消耗各类物资140.19亿元。检验物资货值39.5亿元，查出不合格物资324批，货值3299万元。回收废旧物资13613.4吨。

物资采购供应工作进一步规范。加大了招标采购力度，制定了《胜利油田分公司物资采购管理规定》，对钢材一次性采购金额100万元以上，其他物资50万元以上的全部实行公开招标，进一步降低了油田成本。2006年，全油田招标采购共计48亿元，比计划节约资金1.46亿元。物资配送工作稳步推进，健全完善了配送制度、业务流程和岗位职责，拓宽了配送范围。积极运用现代物流技术提升标准化作业水平，开通了油田物资配送信息网，对钢材、干粉等部分重点物资进行不定期押运，物资配送效率显著提高。2006年，共配送物资930万件，计61.4亿元。强化物资质量跟踪和反馈，加大了质量监控力度，并根据物资料性特点，采用多种检验方式把好质量关，保障了油田生产安全。积极开展外部市场跟踪服务，在保证油田日常生产的基础上，重点做好了川东北会战以及三采项目、新疆产能区块建设、海上项目、低效电泵治理等项目的物资保障工作。

强化各项管理措施的落实。按照内控制度要求，对合同审批流程进行了调整，对拆分合同规避审批流程的行为进行了规范，在订货合同和订货说明中增加了供应商、质量、价格等内容，为合同审批提供了完整、准确的信息。健全物资计划管理考核和责任追究机制，实现了物资计划的定性定量考核，建立了供应处和二级单位的物资消耗数据库，为计划的编制考核提供了可靠依据。对供应商实行动态考核，加大供应商准入管理和清理整顿力度，年内共清理流通商255家，供应商总量和结构进一步优化。建立动态采购价格数据库，实现价格监控与物资采购业务流程的相关链接，确保中石化采购指导价格、物资采购最高限价得到有效执行。积极探索废旧物资回收利用新思路，废旧物资回收总量较往年有大的提高。加大借料欠款的清欠力度，对借料的相关流程进行了重新梳理，共完成清欠64.95亿元。

清理整顿对外投资和多种经营企业改革工作顺利进行。清理整顿对外投资工作根据集团公司和油田的安排，及时建立完善运行机构，成立了领导小组和办公室，积极帮助驻外机构和多种经营单位做好资产清查、财务审计和资产评估。在驻外机构的清理整顿工作中，充分把握有关政策，坚持尊重职工群众意愿，根据清查评估和民主测评结果，按照有利于今后发展的原则，指导驻外机构自主选择退出方式，为有改制意向并具备改制条件的驻外机构争取有利的改制和市场保护政策，提前做好了撤回人员的岗位安置工作。2006年，共完成了胜利油田威海物资经贸公司、沈阳物资经贸公司等12家外地公司的工商注销手续。

多种经营企业改革工作进展顺利。完成了方圆公司的挂牌改制工作。调整和规范了物华实业公司企业经营资质和运行体制，突出了核心业务。在此基础上，积极扶持多种经营企业扩大经营规模，协调物华实业公司与上海罗斯蒙特仪表股份公司共同合作生产流量计、压力表等新项目。

经营管理水平有新提高。强化财务预算管理，科学编制经营收入和成本费用预算，通过制定超前的收入目标，在确保正常生产经营投入的前提下，压缩材料费、修理费以及差旅费、电话费、办公费等非生产性支出1120万元，使预算的执行情况得到有效保证。同时，加强资金运作，通过预付货款和货到付款等方式减少资金支出3500万元。细化承包考核指标，实现了目标责任考核的全面、全员和全过程管理。在考核综合指标的基础上，明确了部分单项可控指标的考核和奖惩措施，增强了职工的成本意识和责任意识。强化节能降耗，出台了相应的管理细则，将能耗指标分解包干到各单位，落实到责任人。全年节水2.76万立方米、电83万千瓦·时、成品油23.4吨，合计费用89.63万元。强化科技创新，实施了“胜利油田物资供应网络化配送系统开发与应用研究”、“物流规范化操作”系统、“油田废旧物资网上交易平台搭建研究”等多个项目，加快了科学技术向生产力的转化。深化通讯费改革，2006年取消公费住宅电话235部，取消公费移动电话155部。认真落实安全生产责任制，全面推行HSE管理，安全生产基础工作进一步加强。以夯实“三基”、提升“三力”、实现“三化”为主线，纵深推进“达标、创优、争强、夺牌”活动，在全处基层队中树起了3个名牌队、5个行业一强，基层建设水平再上新台阶。

精神文明建设取得丰硕成果。2006年，连续第五年保持了“省级文明单位”荣誉称号，被评为油田安全生产优胜单位；全处涌现出油田文明建设先进三级单位4个，油田劳动模范2名，文明建设先进职工26名；物资供应处文明建设先进三级单位10个，文明建设先进科室5个，文明建设先进职工168名。

（崔洪飞）

【规范废旧物资管理见到明显成效】 2006年，出台了新的废旧物资管理办法，为废旧物资管理走向规范化，实现油田深度挖潜增效奠定了基础。一是进一步理顺油田废旧物资管理体制，由物资供应处牵头与财务资产部、财务资产处、油地工作处、监察处、审计处和滨海公安局共7部门联合下发了《胜利油田废旧物资管理补充规定》(物供发[2006]26号)文件，修订完善了油田内部废旧物资管理制度，加大了监督考核力度。二是组织召开了废旧物资专题会议和废旧物资工作会，提出了构建油田统一的废弃物流格局，建立油田统一的废旧物资回收网络，形成废旧物资经营新模式的工作思路，制定了废旧物资管理工作的三年发展规划。三是在充分调研的基础上深度挖潜，扩大回收品种，扩大管理覆盖面，进一步拓宽了废旧物资回收范围。通过以上措施，2006年仅回收废钢铁就达到12699.6吨，完成年计划指标4100吨的309.75%，回收量比去年同期增加4402.76吨，达到历史新高。

(崔洪飞)

(审核　吴亚东)

石油化工总厂

【概述】 石油化工总厂位于东营市东营区史口镇、龙居乡和垦利县郝家镇2县区、3乡镇交界处。占地面积2.3平方千米。1985年5月开始兴建，1990年8月正式投产。至年底，有机关科室12个、三级单位27个、四级单位16个；主业用工2178人，其中，干部505人；干部队伍中具有大学本科以上学历306人，大专学历139人，具有正高级职称1人，副高级职称85人，中级职称242人；拥有8套炼油装置，固定资产净值6.96亿元。主要产品有汽油、柴油、液化气、石脑油、硫磺、沥青、石油焦等。

2006年，加工原料油159.66万吨，完成预算的106.44%；综合商品收率89.41%，轻质油收率73.75%，加工损失0.86%，吨油完全费用263.32元，实现利润-16474万元，比年度预算减亏26474万元，总成本控制在股份公司炼油事业部下达的指标之内。

生产经营。生产运行进一步完善了生产指挥机制，充分发挥“实时数据”生产管理信息系统的作用，全面提升了生产管理水平。设备管理紧紧围绕设备本质安全这条主线，坚持每月一次的设备现场检查制度，积极开展“治漏月”、“标准化泵房”等专项活动，进一步推行“预知性”维修，狠抓大机组的特护管理，建立了三级设备管理体系，全年平均设备完好率99.69%，综合泄漏率0.18‰，全年无重大以上设备事故发生，在中石化设备大检查中被评为优秀单位。产品销售充分发挥每周产销协调例会和每天非统配产品定价碰头会的作用，顺利完成了全年的销运任务。全年共销售配置产品117.52万吨，实现销售收入56.31亿元。非统配产品总计外销25.56万吨，实现销售收入9.33亿元。

企业管理。加大内控工作力度，全面推行目标成本管理，签订内部承包责任书，加强成本管理。每月按时进行经济活动分析和承包考核，调动了基层单位工作积极性。投资管理严格执行有关规定，技术改造项目的设计、定货、施工和招投标工作实行了项目管理，全年完成投资819万元。强化物资采购的计划和质量管理，改善配送“硬件”设施，达到了一级配送点的设置标准，实现了由“领料制”向“配送制”转变，到厂物资二级配送率达到72%。总厂库存物资周转天数降到7天，大大低于要求指标，有效节约了采购资金。投资440万元完成了7项管理局节能技术项目的推广应用，综合能耗同比下降2.08千克标油/吨。围绕减损降耗和节能挖潜，大力开展群众性质量管理活动，共取得QC成果20项，创造经济效益227万元。积极开拓油田检定市场，为总厂创收40多万元。积极推进HSE管理体系，实施了废碱水处理设施、沥青池作污水氧化塘改造、酸水汽提装置等改造工程，污染设施运行率、污水处理率达到100%。

科技创新。完成了电脱盐二级超声波破乳项目、第一循环水隔油池改造等18项技改项目，实施了焦化装置焦碳塔成焦高度在线软测量系统、仪表控制回路PID自整定等5项科技开发项目，提高了装置的安全运行系数，降低了能耗物耗，消除了系统存在的瓶颈。大力推广应用多项新技术、新工艺，其中，《纤维膜脱总硫新技术推广应用》和《窄点技术在常减压装置换热网络优化中的应用》分获胜利油田科技进步(推广)一等奖和三等奖。

党建工作。以贯穿全年的"思想作风建设深化年"活动为载体，相继开展了"学习贯彻遵守维护党章"教育、"党员干部有正气才更有力量"大讨论活动、社会主义荣辱观教育，深化了党员干部"负责任"教育和党风廉政教育活动，各级党支部凝聚力和党员先锋模范作用显著增强，全厂652名党员经民主评议，优秀合格率达到98%以上。

精神文明建设。大力开展企业文化建设，制定了《石油化工总厂2006—2008年企业文化建设规划》。在现有企业精神和部分子文化的基础上，初步形成了窗口文化、计生文化、廉政文化等子文化系统。以《胜利石化》报为主阵地，积极宣传各条战线上涌现出的典型人物、典型经验，开展了优秀团队精神评选、团队愿景征集等活动，推动了企业文化向基层深化发展。基层建设以"达标、创优、争强、夺牌"活动为载体，不断丰富、完善职工诚信管理、职工绩效考核、"零目标"管理等基层管理模式，使基层创建工作向注重创新、打造特色方向发展。有3个基层队被推荐为名牌基层队，3个基层队被推荐为行业一强，10个基层队被评为优秀基层队。社会治安综合治理以"平安炼厂"建设为抓手，充实了人防队伍，加大了物防、技防的投入，总厂及周边治安状况明显好转。全年油品管线被打孔盗油案件由去年的18起降为2起，创油田油品管线防护最好水平，被山东省公安厅记集体二等功。

(戈　琳)

【原油改质项目顺利实施】 原油改质项目在中石化股份公司批复后，10月18日，集团公司工程建设管理部召开了胜利高硫高酸原油处理项目基础设计协调会，标志着该项目正式启动。11月16日，油田就此召开专门会议，研究原油改质项目的实施运行，并成立了胜利高硫高酸原油处理工程领导小组和项目管理部。在项目部的组织领导下，围绕原油改质工程所面临的问题，总厂做了大量先期工作，有力地保证了该项目的顺利实施。一是将长周期设备提前订货的报告上报油田并转报中石化发展计划部，并获正式批复。二是总厂分三个专业组对初步设计进行了内部审查，并与洛阳石化工程公司进行了对接。三是总厂已与垦利县郝家镇政府等有关部门就小赵村搬迁有关事宜达成初步协议。四是开展了环境影响评价、安全预评价和职业病危害预评价工作。

(戈　琳)

(审核　董　伟)

车辆管理中心

【概述】 局机关车辆管理中心位于山东省东营市西四路600号，成立于1998年11月18日，主要为油田机关提供公务用车服务与管理。截至2006年底，中心设机关科室8个、科级单位4个、直属中队8个，用工总量724人，其中正式职工640人(在岗职工620人，内退职工20人)，企业员工48人、内聘工1人、劳务性用工7人、非全日制用工28人。有离退休职工60人，协解42人。有干部118人，各类专业技术人员108人，其中高级职称15人，中级职称39人。拥有车辆424台。其中，各类轿车360台，吉普车10台，面包车24台，其他各类客货车30台。固定资产原值1.8亿元，净值0.4亿元。

2006年，中心完成工作车日147721个，行驶1925.9万千米；完成工作量5568万元，为计划的107%；服务满意率总体保持100%，车辆出勤率和完好率分别为72.1%和95.3%。经济指标、服务质量、安全生产、综合治理、计划生育等工作全部达标。

突出服务保障，强化生产运营。以实现标准化、科学化管理为基本措施目标，优化车辆资源配置和生产运行，充分发挥现有车辆的最佳效能，进一步提升了专业化服务管理水平；突出两级调度“龙头”地位，不断加大生产系统“五化”(成本效益化、机制程序化、控制信息化、手段现代化和队伍精干化)建设力度，强化了车辆运行全过程监控，健全完善了生产服务应急机制；通过加强服务监督考核和责任落实，阶段性组织质量回访调研，有针对性完善标准，改进措施，提高了整体运营能力；系统组织春秋两季设备整修、“三化三零”竞赛等设备创优活动，提升了车辆整体性能和设备管理水平。

突出精细管理，强化成本控制。以完善单车核算和费用承包考核为主要措施目标，进一步抓好成本管理和费用控制；大力推行目标控制管理，对各项工作运行、各类费用支出，都落实到具体部门和负责人，从计划制定、组织运行到实施效果进行全过程控制和管理，严考核、严奖惩，降低各类费用支出；实施月度经济活动分析，强化财务预算管理，找准管理增效点，堵塞效益漏失点；下大力气严控“五外”，外协加油、外委修理、外协用车、外部采购、外部接待基本得到控制。

突出安全生产，强化安全控制。以强化全员教育和“安康文化”、“平安单位”建设为保障措施，进一步抓好安全管理和安全控制；组织“三交一封一定”专项治理，遏制“私车”、“自由车”以及酒后驾车、乱停乱放等违法违规现象；大力开展“元旦安全起步工程”、“安全生产月”、“百日安全生产无事故”等活动，增强了全员安全生产和自我防范能力；加强对安全生产指标、安全管理与监督的考核，健全完善“五位一体”治安防范网络，确保了厂区生产秩序和治安环境安全稳定；携手交警部门，普及道路交通安全法，弘扬遵守交通法规新风尚，积极创建省级“交通安全文明先进单位”，各类事故发生率较往年大幅下降。

(何国生)

【顺利完成首批公务用车压减任务】 2006年，中心积极响应和贯彻落实集团公司和管理局关于公务用车改革指示精神，切实做好公务用车压减工作。2006年9月份以来，围绕落实首批160台车辆的压减目标任务，积极组织各部门、各单位开展车辆压减筹备和调查摸底工作。整个车辆压减实施过程中，重点抓好形势政策宣传、压减方案制定、车辆收缴处理、人员分流安置等四个环节工作，确保了车辆压减工作有序有效运行，并于2006年底前顺利完成了160台车辆的压减目标任务，87名职工的分流安置，精干了车辆规模和队伍结构。

(何国生)

(审核　尤作霖)

◆概况
◆大事记
◆特载
◆专文
◆工作综述
◆二级单位
◆
◆先进集体　先进个人
◆人物
◆文件选辑及索引
◆资料数据

局属实体　控股公司　改制企业

环发实业公司

【概述】 胜利油田环发实业公司成立于1993年4月。注册资金500万元，固定资产原值1778万元，是一个营业登记的全民非法人公司，属管理局分支机构，主要经营原油储罐跑损天然气回收、钻井废弃泥浆治理、环保技术咨询、环保工程设计施工，兼营土石方工程、建材、劳保用品、石油化工销售等业务。下设党政办公室、生产管理部、财务资产部、经营管理部。截至2006年底，在册职工33人，其中正式职工29人，劳动合同工1人，集体工3人。正式职工中，干部23人，工人11人；女职工9人。各类专业技术人员20人，其中高级职称4人，中级职称13人。党员15人。

天然气回收工作显著。瞄准无流程集输泵站和新开发探区流程不完善区块，加大工作力度。充分挖掘油田收气潜力，最大限度地增收气量。深入现场一线，开展对海五联天然气回收项目的建设调研，仅用两周时间建成投产回收站，全部回收海五联放空天然气。在零散天然气回收处理方面积极寻求突破，对东辛采油厂盐22-1放空气采用CNG技术进行压缩回收，每天回收天然气8000立方米，并且从技术论证、图纸会审到设备选购、施工，都按照HSE标准执行，确保了安全生产。零散井、边远井等天然气回收新项目的开展弥补了大罐回收气量逐年递减的趋势，为公司天然气回收工作的稳步和长足发展奠定了基础。全年回收天然气收气1908万立方米，采用CNG压缩技术回收天然气47万立方米、产值40万元，钻井泥浆无害化处理井场1535口，实现产值4000多万元。截至2006年底，共投产25套装置，累计回收天然气4.3亿立方米，创产值2亿多元，实现了环境效益、安全效益、经济效益、社会效益的有机统一。

积极拓展泥浆服务项目。以过硬的施工质量，严细的现场管理，和谐的甲乙方关系，积极拓展泥浆市场服务项目。全年共承揽到10家采油厂1535口井的钻井废弃泥浆的处理任务，创收4000多万元，占胜利油田市场份额的70%，为公司站稳和拓展泥浆市场奠定了基础。

全面推进HSE管理体系，夯实安全环保基础。对大罐收气业务、钻井井场废弃泥浆处理业务、车辆管理活动中的重要设备和作业活动，进行危害识别、风险评价以及环境影响因素评价，形成了危害因素和环境因素清单，共识别危害188项，环境因素47项，确定重大危害因素2项，重要环境因素1项，制定了控制措施。实施跑损天然气回收装置火灾隐患治理的管理方案，完善触电、机械伤害、高空坠落、办公楼火灾的应急预案以及泥浆无害化处理的管理制度，危害及环境因素得到有效控制。投入130万元用于设备购置、隐患治理、劳动保护、员工查体、员工培训，提高了员工的安全意识。

强化企业内部管理。严格执行公司内控制度，规范操作程序，避免了违规操作。坚持“先算后干”的原则，杜绝超支和计划失控，维护计划的严肃性，努力减少非生产性支出，确保生产经营活动有条不紊地实施。提高企业知名度，办理各种资质，拓展企业生存空间，办理了山东省安监局危险品安全生产许可证、管理局入网证、山东省燃气许可证、市燃气许可证、市燃气协会常务理事单位等环保企业的“身份证”。

职务消费和福利待遇改革逐步推开。将科室长、公司领导以前由公司支付的移动电话、家庭固定电话费用变为个人承担。正职公务用车保留但需向局有关部门交纳使用费用，副职取消定向用车。

加大特殊群体的帮扶力度。为退休人员、协解人员、家属办理了退休证，以及物业、采暖管理费减免证。2名协解人员实现再就业。提高职工保险交纳额，不断加大职工福利待遇的补贴力度。

（王 倩）

（审核 阎洪斌）

接待旅游公司（接待处）

【概述】 公司占地面积107065.07平方米，机关设有党总支、办公室、财务科、保卫科、业务管理科和技能鉴定站6个科室。管辖着胜利宾馆、黄河饭店、胜利油田国际旅行社、厨师培训中心4个单位。在岗职工446人，其中正式职工219人，集体工5人，油田合同工222人。高级技术职称4人，中级技术职称27人；高级技师2人，技师14人。截至2006年底，拥有固定资产原值12642万元，净值8334.1万元。高、中、低档各种类型客房432套，大、中、小餐厅37个。大、中、小会议室28个。

企业经营。按照“精细管理，塑造品牌，拓宽市场，增加效益”的总体思路，以市场为依托，以创新为动力，转变观念，加强管理，实现服务、经营平稳运行。全年接待各类宾客13万人次，承接油田内外各种会议900多场次，为油田技能鉴定6个工种1354人。举办不同类型培训班18个，培训学员512名，承接油田第14届职业技能竞赛烹饪比赛的工作。全年组织各类团体外出旅游2000多人次。实现总收入5577万元，人均创收12.6万元。

内部管理。结合接待服务工作的特殊性，从强化内部管理入手，制定、修改、完善涵盖宾馆酒店服务、采购、财务、安全、监督检查等相关管理制度7类30项，编制完成《胜利油田接待旅游公司内部控制实施细则》，进一步规范了公司内部管理。优化资源配置，注销1家综合服务公司，破产清算1家公司。

技能培训。培育职工“爱岗敬业，以岗为家”的思想意识，职工队伍始终保持良好的精神状态。坚持以人为本，深入开展“学业务、练技能”活动，提高职工队伍的整体素质。3人被评为管理局双文明先进个人，6人被评为实体部优秀党员，12人被评为实体部双文明先进个人。黄河饭店党支部被评为局级优秀党支部，胜利宾馆、黄河饭店被评为实体部先进集体。1人获油田第14届职业技能竞赛餐厅服务员比赛第三名，6人考取工人技师资格证。

市场营销。多方面收集市场信息，建立信息档案，出台《全员营销促效益的规定》，提高职工营销的积极性。相继与边远的二级单位、各采油厂、地方企业商定合作意向，全年完成营销收入近100万元。发挥产品和服务优势，提高知名度，用不断创新的菜品和服务赢得新市场，创新菜肴70个，创新面点20个。

（印树霞）

（审核 潘立忠）

东胜精攻石油开发集团股份有限公司

【概述】 东胜公司成立于1993年6月，是国内陆上石油行业第一家以股份制形式，油地结合开发难动用储量的油公司。1997年组建集团有限公司，2003年6月变更为股份有限公司。总股本5.26亿元，由14家股东投资构成，其中中石化股份公司占64.72%。在胜利本部下设13个从事油气开采的油公司；在海外设蒙古公司，员工2700人，其中管理层221人，操作层2479

人。工区主要分布在山东省14个县市内，共有90个开发单元。全年钻井194口，投产新井192口，初增日油能力750吨/日，新建、增建产能19.5万吨。全年油井开井836口，水井开井51口，日油水平2140吨，日注水平1371立方米，综合含水70.6%。自然递减率14.4%，综合递减率5.9%。采油速度0.67%，采出程度6.8%。2006年，公司被评为管理局文明建设先进单位。

原油产量创新高。2006年，公司原油产量、销售收入和利润均达到历史最高水平。原油产量78.24万吨，比2005年增加11万吨。综合含水由71.1%下降到70.6%，同比下降0.5%。增储1168万吨，实际投资17.43亿元，完成销售收入25.60亿元，比上年增加5.24亿元。实现利润14.31亿元，比上年增加4.08亿元。

滚动勘探取得新突破。应用坡折带及古地形分析理论，利用测井约束反演、油气直接检测等新技术，采用储层和油气富集规律研究方法，全年完钻探井、滚动井44口，新增石油地质储量1168万吨。

产能建设见到好效果。加大储量动用力度，保证新区产能建设规模，在通17、通83等5个区块钻井19口，新建产能2.5万吨。实施综合调整，提高老区储量控制程度，在商四区、尚二区等4个区块整体调整，完钻新井86口，投产81口，增建产能7.6万吨。

注水工作得到有效加强。加强注水，补充地层能量，增加水驱储量，全年转注井20口，注水单元由15个增加到21个，增加水驱储量720万吨，增加日注水能力440立方米/日。

加大科研力度。加大科研投入，共投入科研资金3085万元，开展孤东九区、金家稠油热采试验，义37块大型压裂、注水开发试验，商550基山砂岩体及车西沙四特低渗透开发试验和桩11块、牛25块堵水调剖试验等四项先导试验，其中义37块沙三段深层特低渗油藏开发先导试验的成功，为有效动用近1000万吨地质储量提供了技术储备。

生产经营管理不断加强。进一步强化生产经营管理，提高工作效率和工作质量。落实24小时生产值班和旬度生产运行会制度，加强生产衔接和日常管理，强化生产动态分析，发现问题及时解决。强化内部监控，对全公司范围内的供应商、施工队伍、合作单位进行登记，核实施工队伍资质，启用供应商网上监控程序，提高工程质量。抓好原油销售管理，积极与相关单位协调，保障油井正常生产。加强预结算审核、监督力度，节约资金约3253万元。加强油区综合治理，加大反盗油工作力度，保障生产经营的正常运行，护卫中队被评为“山东省优秀护卫中队”。

员工队伍保持稳定。公司班子按照“思想上要交流融合，工作上要配合一致，为政上要清廉勤勉，作风上要严谨扎实”的要求，搞好日常沟通交流，加强团结，步调一致。坚持民主集中制原则，发挥集体领导作用，重大事情的决策通过领导办公会集体研究。加强反腐倡廉教育，规范经营管理行为。加强思想政治工作，树立典型，弘扬正气，积极开展“纳言献策、增光添彩”活动，员工队伍呈现和谐稳定的良好局面。

【蒙古项目取得良好经济效益】 全年蒙古项目完钻新井17口，进尺2.84万米，生产原油2.46万吨，销回国内原油2.1万吨，实现销售收入984.56万美元，东胜公司分成709.19万美元，回收成本188万美元。自2002年以来，该项目已累计探明储量625万吨，新增控制地质储量1270万吨。扩建集油站，原油处理能力达到7万～9万吨。扩建改造基地生活点，提高了员工生活水平。

【创新创效活动取得多项成果】 2006年，公司大力开展了员工创新创效活动，取得了多项成果，共取得国家专利3项，技术创新成果89项，管理创新成果11项，创造了较好的经济效益和社会效益。有3个下属公司被评为管理局优秀基层单位，8个公司被评为管理局达标基层单位。

【顺利完成清理整顿工作】 按照油田统一部署，积极稳妥地开展清理整顿对外投资和多元企业工作。截至2006年底，转让股份退出企业5家，清算退出1家，进入转让程序1家，进入清算程序5家，中石化内部整合1家。其中，东胜海天酒店改制后，通过加强经营管理，提高服务质量，成为鲁北地区第一家五星级酒店和拥有"金钥匙"的酒店，取得了较好的经济效益和社会效益。

(王秀峰)

(审核 贾成学)

大明(集团)股份有限公司

【概述】 2006年，大明公司紧紧围绕全年生产经营目标，精心组织生产经营，强化企业内部管理，稳步推进改革，加强精神文明建设，各项工作呈现出良好发展态势。全年累计生产原油39.9万吨。

勘探上实现新突破。按照"油气并重、深浅兼顾、内外结合"的工作方针，从强化基础地质研究入手，进一步解放思想，深化认识，精心部署，加强老区滚动和外围区带勘探，取得了曲15断阶带、曲10北反向断块区、曲9井区沙四段岩性、构造岩性油藏等三个区带滚动勘探的新进展，新增含油面积1.4平方千米，增加石油地质储量150万吨。

开发上呈现新局面。按照强化老区注采调整和措施挖潜两条主线，狠抓注水方案落实和措施方案优化，曲堤油田、玉皇庙油田、桩23块、营13块注水工作全面推进，老区自然递减得到有效控制，全年共实施油水井措施116井次，措施增油2.44万吨。老井全年产油30.17万吨，产量稳中有升，各项开发指标有了不同程度的好转，自然递减率同比下降1.79%，综合递减率同比下降5.03%，油田稳产基础进一步夯实。

新区产能建设有了新进展。以加快樊131区块产能建设为重点，组织上产会战，加强生产运行协调，加快钻井、压裂、新井投产节奏，全年共部署新井29口，完钻29口，投产27口，原油产量从投产之初的50吨/日攀升到110吨/日，全年累计产油2.84万吨，新建产能3.5万吨，成为大明难动用储量开发上的新亮点。

外部项目闪现新亮点。本着优势互补、互惠互利、合作双赢的原则，不断创新合作开发新模式，外部项目在全面推进合作的基础上，见到了实实在在的成果。滨海公司从义深3合作区块拿到合作油1730吨；史112区块通过风险合作，修复长停井2口；甘泉公司利用外资3000万元，在陕北钻新井30口，扩大储量动用面积60平方千米；宁夏惠安堡、磁窑堡利用外资3000万元完钻合作探井3口，取得了第一手的探区资料；浙江长兴项目确定新井井位3口，开钻1口；陕北天然气资源合作开发、青海民和、东北富拉尔基、甘肃潮水盆地等项目都已进入实质性操作阶段。

安全环保意识不断增强。以开展安全生产月、安全生产专项检查、创建安全班组等活动为契机，加大了安全法律法规、安全操作技能和安全常识的普及宣传力度，拨出4万多元专项资金购置了2300余册安全知识书籍、教育挂图等发放给每一名基层职工。组织基层开展"安全责任重于泰山"系列教育学习活动，增强了职工安全生产责任意识。结合油田整顿拉油车运输市场的要求,完善了车辆管理的相关制度以及新购车辆的管理运作模式;结合油田第81次岗检工作,完成了100多名特殊工种、专职安全员的资格复审工作。加强了危险源的管控和隐患治理,对抽油机等关键生产设备加装了防护栏和警示标志,对各单位起重机械、压力容器、锅炉等重要设备进行了审验;对各单位施工作业现场进行了3次大范围的检查及多次小范围的专项检查,并对新上设备的运转情况进行了专项突击检查,确保了设备运转安全,实现了安全生产。

企业改革稳步推进。一是顺利完成要约收购。2006年2月,中石化集团公司决定对石油大明股票进行要约收购。公司高度重视,认真贯彻,迅速成立了整合工作内部领导小组,并制定了相关的工作计划和方案,确保了中石化要约收购石油大明股票工作的顺利完成。二是全面展开清理整顿。按照"积极稳定、实事求是"的原则,加强调研和政策研究,制定出了大明公司对外投资清理整顿方案,各项工作全面展开。

内部管理水平进一步提升。在财务管理上,坚持强化财务管控和规范管理,建立起了总部一子公司两级预算管理体制。修订完善了内控体系框架,会计信息的准确性、及时性和有效性明显增强。积极整合财务资源,加速资金周转,有效提高了资金使用效率,累计节约财务费用1164万元。在人事薪酬方面,完善效益工资制度,做到了"有控有放,控而不死,放而不乱";规范用工管理,清退外雇工;按照专业化、知识化、年轻化的原则,聘任了2名石油地质、采油工程方面的首席专家。审计监督以经济审核为重点,认真落实审计监督制度,惩处了部分违规违纪人员,维护了公司利益。合同管理以"两审查一监督"为中心,加强合同主体资质审查,加强重大项目的论证分析,严把合同签订审查、合同履行与结算审查关,规范了子公司的经营行为。内部市场管理上,完善了《内部市场管理办法》,建立了勘探作业、地面建设、物资供应、技术科研、信息服务、运输服务等市场体系,全年办理内部市场准入证301份;严格按照程序组织了12次项目招议标活动,保障了生产经营工作的良性运行。

精神文明建设扎实有效。围绕服务生产经营,深入开展政治理论教育、社会主义荣辱观教育、反腐倡廉和改进机关作风等活动,营造了夺油上产、科学管理、降本增效的良好氛围。以"思想作风建设深化年"活动为载体,积极推进作风建设和能力建设。切实为群众办实事、办好事,党群、干群关系进一步融洽。本着"群众能受益、企业能承受、政策能许可"的原则,对困难职工实施了一系列帮扶救助,通过限时辞退外聘工和临时用工、内部安置、鼓励自主创业,192名协解人员实现了内部再就业,协解职工综合再就业率85%。坚持服务于生产、服务于基层、服务于群众,充分发挥自身职能作用,千方百计为离退休职工、家属、协解人员和特困职工排忧解难,共办理水电费、物业费、采暖费减免证830余人次。

【技术创新取得新效果】 成立了科研中心,进一步建立健全技术研发机制,有效提升了技术攻关水平。围绕制约原油生产的关键技术和影响效益增长的主要矛盾,拓宽技术创新范围,加快核心技术攻关和配套集成,取得了一批比较有影响的技术成果。在曲堤油田开展了小排量潜油电泵和钢丝绳抽油杆的推广研究实验;采用BJ公司压裂液体系实施重复压裂、压裂快速返排技术,在桩23、樊131等高压低渗透油藏取得了较好的投产效果;史112-119局部小断块的二氧化碳吞吐实验取得初步成效;在夏8块、商105-106块、营13等稠油出砂油藏，采用携砂采油、水力喷射泵采油、喷砂射孔解堵等技术治理低产低效井取得了新突破。

（金　哲）

（审核　周长江）

胜利石油化工建设有限责任公司

【概述】 胜利石油化工建设有限责任公司，是国有大型综合性施工企业，以承建陆上石油、海洋石油、化工、火电、市政、送变电、水利、地基与基础、防腐保温工程为主，兼营压力容器制造、锅炉安装及大型设备吊装运输、设备修理等业务。拥有石油工程施工总承包一级资质，海洋石油工程、管道工程、化工石油设备安装工程、防腐保温工程施工专业承包一级资质，市政公用工程施工总承包二级资质，房屋建筑工程、电力工程、水利水电工程施工总承包三级资质。取有AR1级、AR3级压力容器设计、制造许可证，GA1类、GB类、GC1级压力管道设计、安装资格证，Ⅰ级、Ⅱ锅炉安装改造许可证。1995年8月通过ISO9002质量体系国际、国内认证。2004年通过QHSE一体化管理体系认证。年施工能力25亿元以上。下设27个三级单位，8个子公司，84个四级单位；公司机关设22个部科室，5个直属单位、单列部门。截至2006年底，有职工6342人(含内退职工430人)，其中男职工3209人，女职工2033人；干部1331人，工人5011人；正式职工4713人，集体工152人，内聘工1009人，子女合同工190人，劳务输入278人。有离退休职工3335人，协解职工1914人，待业子女255人，家属5355人，遗属户990户。公司现有党员4430人，团员610人，专业技术干部1304人，其中教授级高工1人，具有高级职称的115人，中级职称的519人。固定资产原值51790万元，净值24662万元，有各类设备机具2286台(套)，技术装备率2.12万元/人年，动力装备率16.7千瓦/人年，新度系数0.47。全年完成建筑业总产值16.3亿元，多种经营总产值2.3亿元，完成管理局下达的承包经营指标。

灵敏把握市场动向，市场开发稳中有进。承揽的吉林腰英台接转站和江苏北汉庄集油站尽管项目不大但具有战略意义，川东北河一巴天然气管线全面展示了公司整体施工实力，公司继占稳中石化西北局、华北局市场后，又成功跻身华东局和西南局市场。新疆市场保持良好态势，排2区块实现产值5000万元，市场分布已达天山南北。管道市场得以巩固，承建的福炼地下管网、福建LNG管线、石太成品油管线、天津一体化管线、湖南成品油管线、河南洛驻成品油管线以及北京六环成品油管线施工进展顺利。此外，中标施工了大牛地气田开发建设工程、QK17-2动力平台工程以及北京顺义、黄村油库，完成了东胜公司蒙古国宗巴音油田接转站项目，市场领域进一步延伸。定向穿越、风塔制作、土石方爆破取得可喜突破。油田市场项目的运作富有成效，重点强化了海工、101油库迁建、垦东12区块地面工程、油田集中供热二期工程的施工组织运行，年底中标的胜利作业八号平台即将全面展开施工。全年承揽油田市场项目183项，完工157项，实现产值86343.95万元，同比增长24.27%。

持续改善经营管理，创效水平不断提高。扎实开展“企业管理增效年”活动，加强承包经营，44个签订承包合同的内部单位和项目部中有40个超额完成指标，完成承包面的91%。加强安全管理，以油田第81次岗检为契机，强化安全生产责任制的落实，突出重点要害部位的安全监控及危险源和环境因素的辩识与评价，保持了平稳的安全生产形势，公司被评为油田安全生产优胜单位和环境保护优胜单位。重视加强质量监督，继续推行质量抵押金制度，不断完善质量运行体系，加大现场检查力度和随机抽查密度，实现了工程(产品)质量稳中有升，交工工程质量合格率和优良率分别达到100%和61.4%。重视加强成本控制，通过落实项目法施工和严格各项降本减费措施，实现了人工费、机械费、材料费等直接费用的过程管理，对基建维修费、机关管理费、直属单位费用及各单项财务费用严格审批程序，全部取消了科级以上干部公费住宅电话，成本费用整体趋降。重视加强外部市场项目监管，严格项目承包合同签订，认真落实《外部工程财务管理办法》，加强对完工项目的专项审计，外部市场项目的运作和管理不断规范。重视加强基层建设，深入开展基层创建活动，进一步推动基层建设上水平，涌现出22个优秀基层队、8个行业一强队和7个名牌基层队。

积极推动自主经营，非主产业稳步发展。多种经营系统全年完成经营总产值22953.78万元，实现销售收入21279.46万元，利税1485.03万元，利润509.94万元。实现外部市场产值10249.08万元，销售收入9405.19万元。对31家法人实体的人员、资产、债权债务情况进行调查摸底，分两批对16家法人实体进行清理整顿，已完成13家法人实体的注销工作。

有效完善创新手段，技术实力明显增强。完成了管理局重点科研项目《铺管船海底管线铺设技术装备研究》，有6项成果获局级以上科技进步奖，其中1项获中石化科技进步二等奖，1项获国家发明专利，10项工法获油田级优秀工法，4项获中石化优秀工法，其中《滩海油田大型平台整体浮装就位施工工法》获国家级工法。坚持培养和使用相结合，加强人才培养，全年培训科级干部530人次，推荐136名技术干部参加对外合作、在职研究生、项目管理等业务技能培训，引进了30名本科毕业生；培训员工5600人次，包括10名高技能铆工人才、70名一专多能型复合人才和120名防硫化氢作业施工人员；成功举办了第四届职业技能竞赛，选拔尖子选手参加油田第14届职业技能竞赛，囊括了电焊、气焊和金属结构安装3个工种第一名，取得团体总分第四名的好成绩；在山东省首届特种作业人员安全技术大赛中，公司参赛的3名电焊工分获第一、四、五名，夺得团体总分第一名。

重视加强和谐建设，发展大局保持稳定。坚持不懈地加强思想作风建设，突出“学守做增”主题，扎实推进“思想作风建设深化年”活动，并通过制定和推行思想作风建设和群众工作18项制度，对各级党员领导干部的从业行为进行有效的规范和约束。坚持不懈地开展思想观念教育，通过“咱们工人有技术才更有力量”大讨论、“大干60天”等形式多样的劳动竞赛和“争星、夺旗、创号”等创建活动，不断调动和发挥广大职工的积极性、主动性和创造性。坚持不懈地推进“诚信油建”建设，积极开展“胜利油建文化”宣传教育，涌现出10大诚信工程和100名诚信建设先进职工，“诚信油建”的品牌效应日益显现。坚持不懈地做好群众工作，全年支付帮扶资金37.8万元，医疗救助金27.95万元，助学金2.47万元，互助互济金24.72万元，发放困难职工慰问金及慰问品折款12.36万元，职工遗属慰问金36.6万元，组织爱心捐款15.62万元，已累计使2085名协解人员实现再就业。坚持不懈地构建稳定和谐的发展环境，深化“创建零案单位，建设平安油建”活动，加强治安防控体系建设，不断提高综治实效，有力地维护了公司大局稳定。

【承担中国石化岙山—镇海海底原油管道施工工程】 2006年,岙山—镇海原油管道位于浙江省舟山海域,是中国石化集团公司为了解决上海与南京地区石化企业原油接卸与运输问题而投资建设的重点工程之一。管道全长为36.5千米,平均水深10米,最大水深25米,施工产值16581万元,管道设计工作压力5.1兆帕,设计输送量每年2700万吨,设计使用寿命为35年。胜利油建公司承担了岙山—镇海原油管道E段工程,于2004年7月28日开工,2005年7月21日顺利通过管道储运公司册子岛—镇海管道中间交工检查组的检查,单位工程优良率100%。2006年2月28日进油、投产一次成功。被中石化集团公司评为优质工程。

(方德峰)

【承建施工的鲁皖成品油管道标段工程被评为全国优秀焊接工程】 2006年,公司承建的鲁皖成品油管道标段工程于2004年6月29日开工,于2006年1月20日全线顺利中交,2006年3月10日顺利竣工。施工质量在鲁皖成品油管道全线路中综合评比中名列第一,被评为全国优秀焊接工程。

(方德峰)

【承建施工的南堡海上平台被评为中石化优质工程】 2006年,由胜利油建公司承担施工的国内浅海规模最大的特大型海上平台——南堡35-2平台组块工程被中石化集团公司评为优质工程。工程于2004年6月正式开工,2005年6月顺利实现海上就位安装。该项目的建造成功,标志着胜利油建公司特大型海上平台建造水平有新提高。

(方德峰)

【在山东省首届特种作业人员安全技术大赛中获团体总分第一名】 2006年,胜利油建公司选派的3名电焊工代表胜利油田在山东省首届特种作业人员安全技术大赛中取得优异成绩,个人分获第一、第四、第五名,团体夺得总分第一名。其中勇拔头筹的电焊工程波同志被授予山东省"富民兴鲁"劳动奖章,获得第四名、第五名的李龙飞、汤海东同志被授予山东省"优秀青年技术能手"荣誉称号。

(方德峰)

(审核 桑运水)

胜利工程建设(集团)有限责任公司

【概述】 截至2006年底,有职工3408人,其中正式工2291人,集体工113人,内聘工430人,其他形式用工578人,内部退养182人。注册资本27732万元,其中管理局股本23709万元,职工股3622万元,集体法人股401万元。拥有公路、房屋建筑、市政、水利水电工程4项施工总承包一级和公路路面、地基与基础、建筑装修装饰、消防设施、钢结构工程5项专业承包一级资质,房地产开发、园林工程和油建工程施工资质,对外经济合作、对外援助和进出口企业经营资格。下设13个生产经营单位、4个法人子公司,机关设13个职能部室。2006年实现企业总产值228452万元,利税总额9639万元,全员劳动生产率23.87万元/人年,企业增加值43193万元,人均增加值45129元,合同履约率100%,工程质量验收合格率100%、优良率83.33%,安全生产无重大责任事故。施工的ERW工程荣获国家"钢结构"金奖,胜利油田综合写字楼荣获山东省"建筑业新技术应用示范工程",黄河路荣获山东省"市政金杯奖",两项工程荣获东营市优质工程。公司荣获全国“建筑建材行业金百花奖”、“石油工业用户满意企业”、山东省文明单位等荣誉称号。

公司始终把市场开发作为首要任务来抓。全年承揽工程148项，工作量18亿元，其中油田内部实现工作量4.7亿元。济南、江苏、四川、新疆等区域市场得到巩固，实现了任务量的良性接续。新开辟安徽、广东两大市场，全年外部市场承揽工作量12亿元。在业内市场，先后承揽到华北分公司大牛地气田道路和普光气田天然气净化厂场地平整工程，工作量6373万元。成功进入蒙古国建设市场，实现工作量1712万元，为加快公司国际化进程奠定基础。

认真组织运行重点工程。强化监督考核，积极推行工程量清单制，加快项目部由施工管理型向经营管理型的转变。坚持管理重点前移，强化生产运行管理，超前计划，超前运行，加强过程控制，强化计划、落实、检查、总结、分析、反馈“六到位”，提高了生产管理运行效率。坚持抓重点、促全面，以工期、质量、安全、成本、效益为核心，强化重点工程运行，加大外部工程的监督检查，确保了重点工程的高效运行。克服海上潮汐变化频繁和风暴潮等影响，合理安排垦东12进海路工程。济南北园大街高架桥项目，精细施工，加强管理，在业主组织开展的劳动竞赛中荣获二等奖。供水公司办公楼工程，强化现场文明施工。在资金严重紧缺、油地共建工程和油田任务量大幅减少的不利情况下，提前一个月完成了年度计划指标，施工主业保持了发展态势。

强化项目规划设计，规范项目运行管理，房地产业持续健康发展。全年开发汇鑫园二期、锦绣家园一区、河口丽水园、庐山路别墅区等项目，新开工面积11.3万平方米。河口丽水园项目探索先售后建，融资经营成效显著。全年房地产投入1.8亿元，实现销售收入2.02亿元。适应市场需求，对原锦绣家园整体规划进行了调整，优化房型设计，提高了容积率，为加快销售和扩大收益打下基础。把握国家政策导向，抓住土地增值机遇，积极做好土地储备，为加快房地产业发展创造了条件。坚持内抓管理降成本，外闯市场创效益，不断提高产品质量，商品混凝土、粉煤灰制品、路沿石等产品，依托施工主业打入了济南、青岛等外部市场。设备租赁业务积极拓展内外部市场，经济效益稳步提高。积极探索物流企业发展新路子，拓展材料外销份额和国际贸易业务，建材营销取得良好效益。对现代制冷、现代大酒店、营海建材进行了清算和整顿，优化了产业结构，精干了施工主业。

加强经营管理制度建设，初步实现经营信息的网上集成管理，强化了经营管理和经济活动过程控制。加强内部承包管理，将效益、成本、资金回收、工程审计和质量、安全、合同、结算等内容全部纳入兑现考核，有效防范了超报和留量等成本核算不实问题。对财务管理机构进行了调整，将管理职能下沉延伸到基层，更好地发挥了财务系统在管理、服务、监督和资金回收等方面的积极作用。制定并实施内控管理制度，加大成本控制力度。深化职务消费改革，处级领导干部公务用车按规定实行个人交费；加强外租车辆管理，清退外租车辆59台；处、科两级领导干部住宅电话费均由个人承担；对各单位、机关部室重新核定移动通讯费用限额，全年压缩各项管理费1000多万元。回收以前年度工程欠款4亿元。加强设备管理，投资购置4000型、2000型拌和站等设备，提高了装备素质；大力推行设备标准化操作和保养，积极推广应用“四新”技术，努力实现“三化三零”目标，设备完好率、利用率分别达到98%和74.2%，保障了施工生产需要。加强材料招投标采购管理，严格材料质量、价格控制，强化大宗材料的集中管理和零星材料采购监督，严格程序，有效降低了采购成本。加强合同、法律事务管理，妥善处理各类经济、民事纠纷，全年效能监察立项14个，开展项目工程、副科以上项目经理经济责任、经济效益等审计28项，维护了集团公司的整体利益。

公司坚持把强化整合管理体系运行作为提升质量、安全等管理工作的有效手段，加强人员培训，积极组织开展现场检查指导和管理评审，顺利地通过了整合管理体系换证审核。在质量管理上，加强质检队伍建设，先后培训省级质检员55名，提高了质检队伍整体素质。坚持"样板领路"，抓住影响施工质量的关键因素，加强重点部位、关键工序控制，强化动态监控和奖惩考核，促进了工程质量的提高。在油田第29次工程质量大检查中，集团公司受检的62个项目，合格率达100%，优良率48.38%。坚持"安全第一，预防为主，全员动手，综合治理"的方针，完善安全管理网络，严格落实安全责任制和"一岗一责制"，组织开展第81次岗检、安全生产月、安全生产班组、安全文明工地等活动，加强了安全管理基础工作。突出抓好房建施工、海上施工、交通安全、重点要害部位的安全监督和专项治理，全年排查安全隐患162项，有效防范了事故风险。坚持"以人为本、关爱生命"，强化员工安全管理制度、操作规程和应急预案的培训，加强职业病防治，将外辅劳务队伍纳入安全管理和考核。落实安全问责制，严格事故责任追究，处罚了安全事故直接和间接责任人5名。

公司把对人才的物质激励、精神激励和事业激励有机结合起来，不唯学历、不唯资历，坚持在实践中锻炼、在培训中提高、在使用和考核中选拔的用人机制，采取强化培训、导师带徒、一线锻炼、技术练兵等有效方式，加强人才培养，为人才成长创造了良好的成长环境，搭建了施展才华的舞台。全年组织建造师考前培训、经营管理和专业技术讲座、技术工种培训等培训班33期、2056人次，送外培训166人次；投入20多万元，组织230多名专业技术人员参加一级建造师取证考试。全年公司有1人通过考核选拔，被油田聘为地面工程高级专家，2人荣获局级技术能手，公司考核评聘主任技师1人、责任技师26人。截至2006年底，公司拥有一、二级建造师241人，一、二级项目经理186人，技师22人，局级以上技术能手11人，人才优势不断增强。

坚持"创出一批新成果，推出一批精品工程，培养一批科技精英"的科技工作目标，分层次、有重点的开展技术研发和成果转化，推动了科技进步发展进程。编制完成的石油石化行业标准《滩海海堤设计及施工规范》已通过部级报批，标志着公司在滩海海堤工程技术领域走在了石油石化系统的最前沿。自流平免振捣混凝土研究应用获山东省建筑技术创新二等奖。桥梁拼接施工技术等3项科研项目分别获管理局级科技进步二等奖、三等奖。QC和工法成果显著，荣获国家级QC优秀成果2项，省部级优秀成果3项，局级成果5项，全国质量信得过班组1个，省级质量信得过班组1个；有10项成果荣获管理局工法成果奖，其中3项工法被推荐参加山东省工法评审，7项参加中石化集团公司工法评审。

公司坚持以"思想作风建设深化年"活动为主线，不断加强各级领导班子建设。以创建标准化项目经理部为重点，强化基层组织建设，涌现出6个名牌基层队、2个行业一强、4个优秀基层队；11个优秀项目经理部、文明建设先进单位10个，文明建设先进职工384名。坚持把思想政治工作、企业文化建设与生产经营有机地结合起来，开展了形势任务教育和“亲情互动”、“咱们工人有技术才能更有力量”、“平安胜建”、“青年技术创新”等活动，在教育中引导员工，在服务中感化员工，增强了广大员工的紧迫感和责任感。坚持不懈地抓好稳定工作，维护员工根本利益，关心员工特别是弱势群体生活，为36户特困家庭办理发放最低生活保障补助金9.76万元，为困难员工群众办理、发放各类补助94.28万元，使困难群众切实感受到组织的温暖和企业的关怀。

（谷胜利）

（审核　赵风华）

胜利工程设计咨询有限责任公司

【概述】 胜利工程设计咨询公司现为国家甲级勘察设计单位，石油系统油田注水及水处理技术中心站站长单位，石油系统油田采出水处理、滩海油田地面工程技术指导性设计院，中石化上游重点科研院所。连续16年被评为省级文明单位，连续19年被评为管理局文明建设先进单位，全国工程勘察设计企业“百强”和工程总承包企业“百强”单位。截至2006年底，在册职工997人，其中在岗职工946人，在岗管理及专业技术人员801人。享受政府特贴人员5人，中石化学术技术带头人11人，教授级高级职称5人，高级技术职称183人，中级技术职称320人。国际项目管理专业资质认证人员28人。

2006年实现财务总收入4.44亿元，其中工程总承包收入1.62亿元，勘察设计收入2.4亿元，监理收入1743万元，科研收入2170万元，实现利润1329万元。完成可行性研究报告（含方案）233项，估算投资565.3亿元；完成规划7项，估算投资485亿元；完成初步设计（含基础设计）41项，概算投资35.9亿元；完成施工图设计357项，预算投资69亿元。完成施工图设计文件（折1#）25910张，工程测量908标准平方千米，工程地质14.3万标准米。全年实耗人工时83万个，其中加班人工时22.4万个，赢得人工时114.1万个。

市场开拓效果显著。强化油田内部市场服务和重点项目运行管理，完成了以油田燃料结构调整、胜利北区电网升压改造等为代表的中石化重点工程；完成了王庄油田产能、垦东12产能、排2井扩建等为代表的油田2006年产能建设勘察设计任务；以利津污水站改造、王家岗污水外排工程为代表的油田污水综合治理和安全环保项目，为油田增储上产提供了技术支持。油气田地面集输工程、长输管道、海洋工程等核心业务领域取得了新突破，全年实现外部市场收入2.91亿元。先后承担以普光气田地面集输工程、川气东送天然气管道工程、冀东浅海油田海油陆采工程等为代表的大型重点项目，完成了中石化西南局德阳基地、子北—永坪输油管道工程、大牛地气田D23-D47井区产能建设工程设计及广东LNG站线工程项目管理及工程监理等项目，中标了腰英台40亿立方米天然气产能地面工程、塔中24-82区块地面工程等项目，承担的海外工程总承包项目印尼天然气处理厂一期工程已顺利投产，承担的福建泉州海底管道总承包工程进展顺利，阿尔及利亚扎尔则油田地面工程项目管理、中石化西部基地和乌鲁木齐大厦项目管理及监理工作已全面开展。

技术创新取得新成果。全年承担局级以上课题34项，结题13项。7项科技成果获得中石化集团公司科学技术奖励，其中“石油磺酸盐研制与产业化”获得中石化集团公司科技进步一等奖，“油田含油污泥无害化处理与应用技术研究”等3项成果获得中石化集团公司科技进步二等奖,“浅海新型单立柱支撑平台研制”获得中国造船学会科技进步二等奖。有14项科技成果获得油田科技进步奖,有18项勘察设计项目和计算机软件获山东省和中石化优秀工程勘察设计奖励。“外钓岛—册子岛—镇海海底管道工程总承包工程”通过了全国工程总承包“银钥匙”奖的初评。承担的国家“863”项目“海洋平台结构实时监测与检测成像技术”顺利通过了国家“863”专家组的验收。“超重力磺化反应制备石油磺酸盐驱油剂”项目通过了国家“863”计划专家组的科技立项论证,“浅海油田在役平台安全检测及维护技术研究”等3个项目通过了集团公司科技立项论证。加快成熟技术配套集成应用和技术产业化,形成了以三相分离器、钻井作业废液处理装置等为代表的产业化成果,在油田内、外部市场累计承揽科工贸项目30多个,推广应用三相分离器、段塞流捕集器等科工贸产品30余台(套)。

强化项目管理、质量管理和运营管理三大体系建设,不断提高管理水平。发布项目管理体系文件1158个,为推进项目管理科学化创造了条件。顺利通过第三方对质量管理体系、HSE管理体系的监督审核。完成以内控制度为核心的运营管理体系框架编制工作,编制发布了设计人工时定额,提高了项目管理的规范化水平。加大前期评审工作力度,设计前期工作质量普遍提高,多项方案汇报受到集团公司领导的好评。进一步完善绩效考核办法,细化岗位人工时完成率、工作效率等指标的考核,发挥了绩效考核的激励约束作用。突出确保工程本质安全、现场作业安全和交通安全为重点,深入开展第81次岗位责任制大检查活动,强化以现场作业安全为重点的检查,实现了公司全年安全生产。建立了服务于市场开拓和项目管理需要的财务管理与核算体系,公司信誉授信额度达到7200万元,办理出口退税800万元。

党建和思想政治工作取得新成果。深入开展“思想作风建设深化年”活动和“学党章、守纪律、争一流、做表率”主题活动,两级班子和党员队伍建设得到加强。开展“党员干部有正气才更有力量”大讨论,争创“党员样板项目”、“五好党支部”和“五好党员”等活动,巩固了党员先进性教育成果。制定下发《党员领导干部述学述职述廉制度》等11项制度,两级领导干部的思想作风进一步转变,获得局思想政治工作先进单位荣誉称号。广泛开展“转、抓、强、促”活动,全公司共选题立项33个,申报成果27项。深化“达标、创优、争强、夺牌”活动,通过了管理局基层建设工作的考核验收。开展了评选公司“年度最佳贡献奖”、“年度最佳市场开拓奖”、“年度最佳管理奖”、“年度最佳青年成才奖”等各种形式的群众性精神文明创建活动,激发了全体员工奋发有为、勇于奉献的工作热情。在青年科技人员中大力开展了“争当合格设计师(工程师)”活动。表彰了32名优秀青年知识分子,推动了公司青年人才队伍建设。坚持以人为本,通过改造设计楼空调系统、维修勘察楼、改善院内景区绿化、组织员工健康查体等措施,进一步改善了员工的工作环境和生活水平。编撰出版了《公司员工手册》,开展了项目团队和班组文化建设,推动了胜利设计　化建设。认真做好厂务公开工作,荣获了管理局厂务公开先进单位称号。积极开展创建“平安单位”活动,确保了公司的稳定。

(张宝辉)

【中标集团公司普光气田地面集输工程和

川气东送管道工程设计任务】 川东北天然气开发地面建设工程包含普光地面集输工程、普光天然气净化厂工程、川气东送天然气管道工程，是中石化和国家重点开发建设项目。胜利工程设计咨询公司是川气东送天然气管道工程的总体设计院，负责项目的总体设计、基础设计，详细设计阶段负责通信、自控和全部站场设计，同时负责普光气田地面集输系统的工程设计。

普光气田地面集输工程是国家天然气管网规划中的"两纵两横"供给气源的主要组成部分，包括腐蚀检测与控制、硫化氢泄漏检测、应急反应预案的设置、环境安全与保护、天然气混输工艺、酸水处理与回注、智能控制系　等，涉及管道83千米，隧道、大中型河流与冲沟16处，站场14座，电力塔10个，技术要求高，设计难度大。项目组承担并完成普光地面产能建设的概念设计和基础设计任务。"川气东送管道工程"西起川东北普光首站，东至上海末站，是继西气东输之后又一条贯穿我国东西部地区的管道大动脉。管道主干线全长1711千米，支干线全长842千米，管线设计输气量每年120亿立方米/年，全线工艺站场共32座。项目组精心设计，确保按时向业主提交了总体设计、基础设计文件，集体荣立局级集体二等功。

（张宝辉）

【胜利设计承担的一项"863"课题通过国家验收】 2月9日，胜利工程设计咨询公司与哈尔滨工业大学等单位联合承担的国家"863"计划海洋资源开发技术主题课题"海洋平台结构的实时监测与检测成像技术"通过了国家"863"专家组的验收。

（张宝辉）

（审核　李瑞成）

胜利药业有限公司

【概述】 胜利药业有限公司是通过国家药品GMP认证的中药制药企业。下设6个机关部室，4个生产车间，1个药品零售中心及所辖的22个药品零售药店。有员工103人，其中全民工40人，内聘职工44人，合同工15人，集体工4人，党员19人。有各类专业技术人才35人，其中高级职称6人，中级职称14人，初级职称15人，大中专以上学历79人。公司拥有各种生产、检验、科研仪器等配套设施227台(套)，制药设备总值800万元。注册资本2332万元，实收资本3042万元。全年完成销售收入3859万元，其中公司自产品种216万元，零售药店3643万元。拥有22个国家准字号药品生产文号和23个生产经营品种，3个食字号生产经营批准文号，具备药品生产、批发、零售等相关业务资质，取得了国家药品GMP、GSP认证，形成了药品生产、批发、零售三块并举、共同发展的经营格局。

调整机构设置，完善内部管理。经过反复调研论证，本着精简结构、压缩编制、减少管理层级、增加管理幅度和提高弹性的原则，对组织机构进行了调整，机关设立"五部一室"，生产系统设立4个车间，销售系统成立直属的零售管理中心负责管理各个药店，对药品销售终端进行管理和指导。强化运行，定期召开生产经营办公会，推动企业的制度化、规范化运作，营造了紧张有序、奋发向上的工作环境。加强企业文化建设，用企业文化凝聚员工、用理想信念激发员工、用发展潜力吸引员工，营造了人心思进的文化氛围。

调整政策、完善机制，全面启动药品销售。完善内部市场管理规定和销售制度，创新销售政策、销售策略和激励机制，完善考核办法，挖掘闯市场潜能，推动公司营销工作。利用零售药店的终端条件拓展销售渠道，全面铺开自产药品的销售，提高了销售份额。在“五一”、“十一”黄金周期间组织“献爱心赠药活动”，利用市经贸展销会宣传公司形象及产品，扩大了知名度。

利用迎检契机，强化企业管理。以迎接省食品药品监督管理局组织GMP飞行检查为契机，全面贯彻落实GMP标准，做好各个环节的规范操作及管理工作，养成了严格质量、规范操作的良好习惯。在管理局第81次岗位责任制大检查活动中，职工坚持“我的安全我负责，他人的安全我尽责”的工作理念，严格执行岗位责任制、安全操作法和管理规程，创造了安全、健康、环保的工作环境。认真组织开展基层“达标、创优、争强、夺牌”活动，基层单位管理水平进一步提高。11月，组织开展“生产大练兵”活动，提高了职工的操作技能。

规范经营模式，零售业绩大幅提高。全年零售药店实现销售收入4205万元，比上年增长188.3%。药店管理逐步规范化，各药店坚持按照GSP有关规定常抓不懈，发现问题及时整改。零售药店推行连锁管理模式，整合资源，盘活经营渠道，打造品牌形象，实现了规模效益。以独特经营、个性化服务为前提，以“月月有主题，周周有活动”为手段，详细分析顾客需求，扩大药店品牌，逐步树立起胜利药业一品零售药店的品牌形象，提高了药店的经营业绩。

加强财务管理，确保良性循环。瞄准全年生产目标，加强对库存材料和库存药品的定额管理，加大对应收账款的清理力度，强化原材料及药品的采购管理，实现比质比价采购，减少资金占用，加快流动资金周转，始终坚持减少中间环节、降低采购成本、提高进销差率，有效提高了资金利用率，确保了生产经营、发展、技术改造的资金需求。

坚持以人为本，增强企业凝聚力。认真做好各种服务性工作，充分保障职工的切身利益。组织开展职工娱乐活动，活跃职工文化生活，增强了企业凝聚力。本着节约实用的原则，对公司厂区设施以及生产供水、汽管网进行修理改造，设立职工食堂，落实职工的防暑降温、节日福利等待遇，努力改善和提高职工生活环境和生活水平，形成了和谐奋进的良好氛围。

（杜金梁）

（审核　李殿宏）

山东广域科技有限责任公司

【概述】　山东广域科技有限责任公司，2005年实施改制分流，是山东省信息产业厅、科学技术厅重点扶持的软件企业和高新技术企业，具备国家信息产业部通信信息网络系统集成和通信信息工程监理资质，业务范围涵盖自动化、通信和软件三大领域。截至2006年底，有企业员工110人，其中高级工程师5人，中级职称27人，硕士研究生5人，本科35人。改制以来，公司秉持“卓越科技、诚信服务、和而不同、共铸久长”的经营理念，大力实施集团化运作和专业化经营战略，企业经济效益和管理水平显著提升。2006年，公司荣获山东省优秀民营科技企业、山东省优秀软件企业、山东省计算机信息集成系统优秀企业等称号。

企业发展逐步驶入快车道。2006年，创建南京广域同和科技公司，打开了经济技术发达地区的科技大门；组建广域新疆分公司，打开了西部市场；成立山东省采油信息化工程技术研究中心，聘请中国工程院院士顾心怿为学术委员会主任，一大批行业专家、教授组成学术委员会，加强采油信息化工程技术攻关研究。正是由于广大员工的不懈努力和专家学者的大力支持，山东广域不仅成为集研发、生产、系统集成为一体的现代化高科技企业，而且培养造就了一批具有丰富开发经验的技术人员，为公司的快速发展奠定了坚实基础。

企业内部市场成绩斐然。公司一直致力于把现代信息化技术应用于胜利电网，为胜利电网的安全稳定运行提供了全方位的服务。截至2006年底，公司完成了胜利电网50多座变电所的自动化改造和电力调度自动化改造任务；开发、设计、实施的《胜利油田网上电量电费结算系统》，横跨3个地级市，覆盖160多座变电站，总投资额1.3亿元，是目前国内最大的电力计费系统；建设了胜利电网10000多芯千米的电力通讯和计算机网络；设计建成胜利油田180多个基层单位计算机局域网络；建立起覆盖胜利电网的，面向多用户、承担多任务的综合数字传输平台；《胜利油田配电自动化系统》综合利用GPRS无线数据传输技术，系统软硬件全部自主开发，已在胜利油田滨南、孤岛、河口、胜利等采油厂安装应用；《110千伏辛四变综合自动化改造》项目，集继电保护、测量、控制、监视及数据传输于一体，成为胜利电网变配电站综合自动化升级改造的典范。大二变等5座室外无人值守变电站远程监控系统，开创了无人值守变电站远程监控的新篇章；公司负责设计、维护和技术支持的《胜利油田防病毒网络》保障着胜利局域网安全稳定运行。

技术研发水平和产品质量不断提高。加大科技投入，规范产品研发流程，强化与高等院校和科研院所合作，形成了《电力综合监控系统》、《变电站综合自动化系统》、《变电站无线温度监测系统》、《电力远程抄表自动化系统》、《油气生产信息化系统》、《通用工业控制系统》、《智能直流电源系统》、《移动数据传输通讯产品》、《智能化社区系统》、《广域系列软件》等10大系列40个门类的产品；自主研发的“基于LINUX软件平台的变电站综合监控系统”、“基于LINUX软件平台的油井监控系统”、“通用工业监控装置”、“WAT08电能量采集装置”以及“油井电功率图转换油井示功图”，获得山东省信息产业厅、科技厅专项资金的支持。同时WAT08电能量采集装置被列入国家重点新产品。

外部市场战略进展顺利。积极巩固胜利油田这个最主要的内部市场，不断开拓新疆、四川、江苏、河南等外部市场。公司产品成功打入江苏、新疆、浙江、青海、陕西、贵州、安徽、湖北、河南等地区，取得较好的经济效益和社会效益。以技术为先导，推进“校企、企企”合作模式的升级。公司是中国移动、中国联通、中国电信的战略合作伙伴，与国电南瑞自动化研究所联合开发的电量集中抄表装置、与华立科技公司联合开发的变电站后台监控系统得到广泛应用，与清华大学合作开发研制的《绝缘子在线监测装置》，达到国际同类产品领先水平。

企业内部管理水平逐步提升。聘请管理咨询公司，加强内部管理制度的设计和谋划，结合公司实际逐步建立起包括质量管理、项目管理、绩效管理、薪酬4套体系39项规范的管理体系，进一步明确了公司质量目标和质量方针，建立起了以绩效为导向、富有激励性和竞争力的薪酬体系。管理体系的建立，对强化规范和控制公司各项经营管理活动，促进公司管理的规范化、科学化，提高项目质量和客户满意度，加速人才成长发挥了重要作用。

企业文化取得重要进展。企业坚持把打造以人为本的企业文化当作增强企业凝聚力和吸引力的重要措施。坚持强化员工培训，不断提高员工持续学习、创造和发展能力，为公司发展和员工知识储备打下了良好基础；大力推行人才开发战略，提出事业留人、感情留人、待遇留人、榜样留人，为青年高科技人才营造了创业成才的良好环境；针对改制时期的职工思想状况，多种形式的沟通情感，在和谐的气氛中创造了“公司是我家”的温馨环境，增强了企业的吸引力和员工的归宿感；积极调整经营策略，促进公司经营的集约化，提高市场占有率，逐步形成了对市场反应灵敏的新型经营机制，实现了市场反应—经营决策—调整流程—决策再实施—市场反馈的良性循环；积极构建服务文化，提升服务品质，创造用户满意，促进了企业核心竞争力的提高。

（张　矜）

（审核　李志宏）

胜大园林工程有限公司

【概述】 胜大园林工程有限公司位于东营市淄博路50号，前身为胜大集团园林公司，成立于1991年，2006年8月实施改制分流。公司注册资本1200万元。下设5个职能部门，10个分公司。员工115人，其中56人具有高、中级技术职称。公司主营园林绿化工程施工、绿地养护管理以及苗木与花卉的产销、风景园林规划设计等。具有城市园林施工一级资质、城市景观设计乙级资质，是中国风景园林协会会员单位，国家科技部重点科技成果推广项目技术依托单位，全国园林绿化“百佳单位”，山东省城市园林绿化先进单位，山东省“十大花卉企业”，山东省“十佳苗圃”，胜利油田多种经营“十佳企业”。有大型苗圃4000多亩，智能化温室30000平方米，日光温室5600平方米，年生产各类苗木80万株、高档花卉5万盆、时令草花40万盆、地被植物100万株、蔬菜花卉种苗180万株。

面对黄河三角洲地区恶劣的自然条件，坚持“征服盐渍土，碱滩变园林，必须科技先行”的指导思想，与国内知名高校、科研院所实行产学研联合，优势互补，相继完成了20余项省部级和局级科研课题，其中大棚快速繁育草坪草试验、草坪草引种栽培试验、耐盐观赏树木引进栽培技术研究等6项成果获得省部级奖励，50多项绿化成果获得市(局)级以上奖励。引种的136种苗木、79种地被植物在当地成功繁育，实现“外来植物本土化”，苗圃生产的苗木具有耐盐碱耐干旱瘠薄的特点，被广泛应用于盐碱地绿化；创新暗管排碱技术和乔灌草相结合绿化模式，使苗木成活率和草坪覆盖率达到95%以上，实现了滨海盐碱区绿化当年施工、当年郁闭、当年成景的多年夙愿。10多年来，先后完成绿化工程近200项，绿化面积达600万平方米，其中多项工程成为东营的城市名片项目。

引入现代企业人才竞争理念，坚持“员工能上能下，收入能升能降”的用人机制，全面推行竞争上岗，每年进行一次岗位竞选，为年轻人提供施展才华的平台。委托上海东方咨询人力资源研究中心，完善绩效考核机制，坚持用效益说话，将收入与效益挂钩，给骨干员工提供优厚待遇，增强员工干事创业的积极性。建立健全了财务、合同、成本控制等基本管理制度，狠抓制度落实，提高内控水平。强化财务预算职能，严格控制办公成本、招待费、车辆台班费等非生产性支出，提高了企业竞争力。实行项目经理责任制和首席技术员制度，开辟人才成长新渠道。

引导员工将个人目标与企业目标相融合，确立了“企业为我搭平台，我为企业添光彩”的价值准则。《园林简讯》创刊改版、企业形象标识设计和宣传网络的建设，成为企业文化建设新的内容和有效载体。积极开展送温暖活动，努力改善员工的工作和食宿条件，丰富员工生活，增强了企业的向心力和凝聚力。有计划、有针对性地开展不同层次、不同内容的员工培训、学习考察、技术竞赛活动，全员学习的自觉性、主动性进一步增强，员工的精神面貌呈现出昂扬向上的新气象。

实施多元化发展战略。紧紧把握东营市产业结构调整的经济战略和创建全国生态城市的历史机遇，及时调整发展思路，在紧抓园林工程设计、施工主营业务的同时，利用公司二分场园艺基地的自然条件，致力于旅游产品的开发建设工作，已完成前期基础设施、高尔夫球场、现代化温室、水上垂钓中心等建设，生态酒店、温泉洗浴项目正紧锣密鼓地进行。二分场园艺基地将成为集休闲健身、餐饮娱乐为一体的生态旅游胜地，为公司的长远发展奠定坚实物质基础。

（陈志刚）

（审核　康俊水）

胜利软件有限责任公司

【概述】　胜利软件有限责任公司成立于2002年1月18日，是油田为促进信息化建设而成立的高科技专业化公司。2004年12月8日实施股份制改造，建立起了产权明确、自主经营、自负盈亏的现代企业制度，全部由公司员工持股。注册资金1600万元。截至2006年底，有正式员工186人，本科及以上学历占员工总数的90%以上。公司核心技术人员大多来自油田勘探开发和信息技术的前沿阵地，具有较高的计算机开发水平并且熟悉油田勘探开发核心业务流程。是国家规划布局内重点软件企业、中石化规模最大的石油软件企业，山东省重点软件企业、高新技术企业，东营市第一家通过双软认证的软件企业，具有ISO9001/2000质量管理体系认证、计算机系统集成三级资质。

积极开拓外部市场。成立北京分公司，面向中石化、中石油承担上游信息化建设任务。利用齐鲁软件园优势，在济南齐鲁软件园成立技术研发中心，完善公司研发体系。成立新疆子公司、四川子公司，全方面贴近用户、服务用户，拓展西部市场。河南油田、江苏油田、西北石油局等中石化上游企业使用的软件产品基本上是公司开发的。开始走出国门，加强与国际公司的合作，吸收国外先进技术和管理经验，逐渐参与国际石油软件市场竞争。近几年先后承担了中石化集团公司阿尔及利亚项目部数据库建设及应用、哈萨克斯坦项目部地质研究资料整理、地质综合图编制及绘制等多个国外项目。

大力发展有特色的石油行业软件。加强与国内信息、石油方面专家的交流，强化产品研发，在石油勘探开发、石油工程、生产经营、生产保障、系统集成、网络托管等多个行业，开发形成了具有自主知识产权的信息化解决方案和软件产品，填补了国内石油行业信息化建设与应用的空白。其中，石油企业项目投资管理信息系统获第一届中国技术市场协会金桥奖、山东省科技进步三等奖，小层平面图绘制系统、石油企业办公自动化系统获山东省优秀软件产品，胜利油田地面建设信息系统获山东省科技进步三等奖。

（王　灿）

（审核　谭　炜）

新邦建设开发有限责任公司

【概述】　胜利油田新邦建设开发有限责任

公司(以下简称胜利新邦公司)是管理局首批改制分流单位，2004年7月24日实施改制分流。胜利新邦公司是以建筑业为主的综合性企业，注册资本2500万元，主营业务包括水利水电工程勘察、设计、施工业，房地产开发业，餐饮旅游业，水处理业，物资贸易业等产业。公司拥有“新邦”、“环雅”、“天鹅湖”三大品牌。员工370人，其中专科以上212人，专业技术人才112人，党员113人。

制定企业发展计划，明确发展方向。在权衡企业优势与劣势，分析行业市场发展形势的基础上，制定了公司第一个五年发展计划，即树立强大的企业形象，做响新邦品牌。建筑业晋升一级资质，做东营地区行业一强。房地产业晋升二级资质，实现跨地区、跨省经营。“环雅”做成省内著名品牌，东营地区市场占有率达到90%以上。“天鹅湖”做成东营地区旅游业的龙头，华东地区知名旅游胜地。公司年经济总量快步提升，利润增长率保持在15%以上，五年内把新邦发展成为真正意义上的集团公司。

调整产业布局，实施发展战略，增强公司发展实力。以市场为导向，调整组织结构和产业结构，确定把水利水电工程勘察、设计、施工业，房地产开发业，环雅矿泉水业，餐饮旅游业作为公司现阶段主导产业。公司将集中人力、物力、财力做强做大主导产业。按照公司巩固、提高、发展的要求，大力实施科技兴企战略、品牌发展战略、人才开发战略，向科学技术要效益，向品牌要效益，向人才要效益。一手抓市场，一手抓管理，不断扩大公司市场占有率，提高公司盈利能力，增强了公司发展实力。

加强公司经营管理。开展“规范企业管理年”活动，对公司经营管理中的人、财、物、产、供、销等环节进行了调整规范，进一步理顺业务流程、管理流程，压缩了中间管理环节，逐步形成规范化、标准化、制度化的企业管理体系，效益初步显现。开展“效率效益年”活动，紧紧围绕“效率效益”这一中心，有效经营现有产业和资产，将2006年效率效益情况与同行业的最好水平进行比较，与本企业历史最好水平进行比较，找出差距，引进先进的企业管理办法，制定管理模式付诸实施。以“效率效益”为出发点，努力提高每一名员工、每一个岗位、每一个运营环节的效率，提高公司整体经营质量，经济效益比2005年增长了20%。

加大市场开拓力度，企业效益稳步提升。坚持“市场不分内外，一切市场皆是市场”的原则，努力按照市场规律运营，公司经济总量大幅提高。水利水电工程勘察、设计、施工业，采取扩大开拓外部施工领域的策略，及时掌握市场信息，积极开拓东营地区、山东境内及外省工程建设市场，先后中标了东营市、山东省及新疆地区水利工程和市政工程，市场占有率以每年20%的速度递增。房地产开发业，开发的天鹅花园、丽景国际、碧水园等项目全面开盘，开发面积230000平方米，开盘认购率80%以上，在东营地区已开盘楼房中居前5位。全面提升物业管理水平，打造新邦物业品牌，规范服务标准，提升服务质量，客户满意率达到89%。产品凭借人性化的设计、过硬的质量、完善的配套设施、标准化的物业管理，在东营地区逐步被广大客户认可，多次作为东营市房地产行业精品工程参加山东省房地产交易会和展览会，新邦房地产实力在东营地区名列房地产业前10强。环雅矿泉水业，以打造都市服务业为经营模式，以为客户带来健康为核心价值。规范管理流程，建立服务标准化，客户满意度93%以上。建立了一支专业化水平高、适应市场要求的营销队伍，新客户开发以15%的速度递增。加强东西城、黄河以北等重点居民社区饮用水知识的宣传，扩大了环雅品牌影响力。环雅矿泉水被评为山东省消费者满意产品和山东省著名商标。天鹅湖旅游风景区，被山东省列为整合东营市旅游资源的核心，成为东营市旅游协会常务会员单位，成功协办了中国黄河口首届华泰集团杯全国摩托艇暨滑水精英赛，顺利通过国家AAA级旅游风景区评审。“天鹅湖”品牌已形成系列化，成为东营地区旅游业的一张名片。

推行市场薪酬机制，深化薪酬制度改革，人力资源管理逐步与市场接轨。改革薪酬制度，以效率效益为标准，大力推行绩效考核制度，初步建立了以动态效益工资为主体、以基本工资为辅助的动态薪酬体系，增强了员工的紧迫感和危机感。聘请外部咨询公司，进驻并深入公司对绩效工作进行针对性地重点改善，初步实现了效率效益与个人薪酬的挂钩，调动了员工工作积极性和主动性。

构建具有新邦特色的企业文化体系，统领公司全面发展。形成了具有新邦特色的用人标准、行为标准和价值标准，员工的思想观念、价值取向紧跟公司的发展步伐，坚定了做强做大企业的信心和决心，维护新邦利益成为全体员工的自觉行动。构建鲜明的新邦人生观、价值观，“脚踏实地、做事做人、做强新邦、报效国家”的企业精神和“新邦为本、团队是根、我为公司、公司为我”的员工价值观逐渐深入人心，促进了公司管理水平的提高。构建了鲜明的新邦人才观、用人观，大力实施人才强企战略，坚持“有德有才破格重用，有德无才培养使用，无德有才限制实用，无德无才坚决不用”的用人标准，重人才，用能人，重视和培养人才，不拘一格大胆起用能人，给人才创造施展和发挥才干的机会与平台，营造了尊重人才、尊重能人的强烈文化氛围。重贡献，不唯身份；重知识，不唯学历；重真才，不唯职称；把有才有德，想干事，能干事，干成事的人才选拔到各级经营班子和关键岗位上，促进了企业的快速发展。建立公开、公平、公正的竞争观，努力营造比劳动、比知识、比创新、比管理、比业绩的良好竞争氛围。开展选拔“技术拔尖人才”、“优秀岗位能手”活动，促进了公司“比学赶帮超”氛围的形成。

（张庆辉）

（审核　刘德功）

中胜实业有限公司

【概述】 中胜实业有限公司前身为胜利油田中胜实业集团公司。2004年12月29日实施改制分流。公司紧紧依靠全体股东，把发展作为公司第一要务，求真务实，诚信经营，规范管理，精心运作，正确处理稳定和发展的关系，妥善解决改制前的历史遗留问题和改制后遇到的热点难点问题，公司发展步入了良性循环。截至2006年底，资产总额1.5亿元，实现销售收入7000万元，利润1200万元。

公司业务范围不断扩大。接受油田委托经营管理的中胜石油开发有限公司，产量、效益等主要经营指标创历史最好水平，全年生产原油47800多吨，比2005年多产油5100多吨。新成立井下作业队伍和工程运输队伍，取得井下作业队伍资质和危险货物运输资质，为公司发展注入了新的活力。孚特精细化工有限公司和利津轻烃分公司在安全生产和油田副产品综合利用上下功夫，取得了较好的经济效益。

胜泰大厦转变服务理念，提高服务质量，客房平均入住率达到89%以上，实现扭亏为盈。商业网点房出租经营状况良好，房屋出租率和租金回收率明显提高。石大阀业经过两年努力，扭转了多年一直经营亏损的被动局面。加大清理整顿工作力度，对改制前的公司该合并的合并，该撤销的撤销，该清算的清算，达到了削支强干、优化结构的目的，为轻装上阵、谋求发展奠定了基础。

强化经营管理，管理走上规范化、制度化、民主科学化道路。规范和完善公司法人治理结构，董事、监事、董事长、监事会主席由股东大会直接选举产生。董事会重点加强自身建设，在公司决策、管理工作中发挥了重大作用，强化了对公司的统一组织和领导。建立健全了财务、合同、安全、劳动人事、投资及股权管理等方面的规章制度，管理基础工作进一步加强。针对股东和员工普遍关心的热点和难点问题，本着对股东负责、对员工负责的精神，出台了一系列成本管理办法，有效地控制了各项成本费用的支出，每年降低成本费用数百万元。

狠抓基层企业文化建设，企业文化建设取得新成果。滨南开发区认真组织开展“扬中胜风采、创标杆井站”活动，开发区成为公司基层建设的标杆单位。胜泰大厦确立“诚信、温馨、热情、周到”的企业理念，创立体现胜泰文化特色的员工誓词，实行员工宣誓制度，组织开展演讲比赛等，增强了职工队伍的凝聚力，调动了职工的积极性和创造性。

(王雪峰)

(审核　刚守祯)

长安控股集团有限公司(长安集团)

【概述】 胜利油田长安控股集团有限公司是管理局首批改制单位和山东省高新技术企业。2004年6月完成改制。主营生物化工、房地产开发、油田技术服务，兼营建筑装饰、节能环保、餐饮娱乐等产业。有员工661人，党员107人，各类专业技术人员192人。下设子、分公司12个，机关设公司办公室、企管法规部、财务资产部。改制以来，公司紧紧围绕有效发展，深化改革、强化管理、创新创业，主要生产经营指标创出新高，提升了发展质量、综合经济实力和核心竞争能力。

着眼于企业的长远发展，积极推进公司制改革。严格规范运作，顺利实现了国有股全部退出，主要由中层以上管理人员和参加改制的员工自愿受让了全部股权，规范了股权结构。43名股东参加新一届股东会，选举产生了新一届董事会、监事会，聘任了经理层，成立了五个董事会专门委员会，建立了权责明确、相互制衡、协调高效的运行机制。公司真正成为自主经营、自负盈亏、自我约束、自我发展的法人实体和市场竞争主体。

突出主营业务，整体发展呈现良好态势。围绕产业升级和产品结构调整，立足原有基础，咬定发展目标，突出主营业务，靠创新营造优势，抓技改壮大规模。通过“引、股、活、贷、兼并、重组”等形式，实施多渠道融资，低成本扩张，公司产业、产品结构和资产状况得以优化，经营规模不断壮大，盈利能力持续增强，各项经营指标稳步提高。

逐步建立健全财务、投资、合同和人力资源管理等基本管理制度，全面提升管理水平。围绕做优做强聚合物项目，强化生产和经营管理。实施精细管理、挖潜增效，从提高产量、质量入手，加大措施，狠抓落实。销售收入较改制前增长100%以上，成为国内最大的微生物法聚丙烯酰胺生产基地之一，各项经济技术指标处于行业领先水平。宝莫股份公司贯彻执行ISO9000认证体系贯标和推行“7S”现场管理，提高了管理水平，产品产量、质量、销量创出历史新高。财务管理上，主要产品生产成本费用的利润率，比上年增长141.58%。对招待费、交通费、办公费、人工费等费用，实行切块管理，包干使用，管理费用较改制前同比压减30%以上。用人机制上，全面推行竞争上岗，用效益说话，靠市场和业绩选人，打破身份界限，不拘一格选人用人。实行岗位管理，岗变薪变，易岗易薪，为每个人搭建平台，提供施展才华的机会。先后有276人参加竞聘，82人走上各级管理岗位，逐步形成了一支年富力强、结构合理、干事创业的管理团队。

技术创新取得重要进展。加大投入，广泛开展产、学、研联合，借势、借力、借脑发展，优化产业结构，延长产业链条。建立技术中心和博士后科研工作分站。技术中心是山东省首批认定的18家企业技术中心，有在站博士1名，2名博士进站工作，完成了相关课题研究，拥有9项居国内外领先水平的自主专有知识产权。新型超高分子量聚丙烯酰胺实现产业化，开发了阴离子系列产品、丙烯酰胺结晶、阳离子PAM等关键技术，为占领油田高端市场，奋力开拓社会市场提供了保障。承担的国家“863”高技术计划项目——新型多功能保水剂系列产品研制与产业化开发取得重大突破，通过了山东省科技厅、国家科技部组织的成果鉴定验收。产品通过山东省疾控中心毒理毒性检验，荣获国家农业部颁发证书。2万吨/年新型多功能保水剂项目已经列入国家“十一五”高技术产业化示范工程，国家发改委已批准立项。4月28日，长安集团采用自主专有技术生产的“有机一无机杂化新型多功能保水剂”获东营市十佳自主创新成果奖。12月15日，在武汉召开的全国民营企业创新大会上，长安集团荣获中国民营科技促进会、科技日报社联合评审的全国优秀民营科技企业。经中国民营科技促进会评委会评审通过，授予长安集团2006年全国优秀民营科技企业创新奖。

(黄衍忠)

(审核　梁立稳)

高原石油装备有限责任公司

【概述】 截至2006年底，高原公司有固定资产10亿元，员工2300多人，其中博士2名，硕士30多名。全年实现销售收入50.2亿元，同比增长191.86%，出口创汇1.32亿美元，同比增长372.1%。员工人均收入和生活水平大幅度提高。投资1.5亿元，建设套管厂生产区，当年形成1亿元利润；投资2000多万元，扩建改造钻机厂，钻机产能达到40台；投资1500万元，新建年产200万米的连续杆生产基地；投资1000万元，新建泵业油管生产线。套管厂从北区迁往东营市开发区，新厂占地面积12万平方米，套管年产能达到30万吨。积极开发国外市场，美国、加拿大、委内瑞拉、英国、叙利亚等市场大幅度增长，新增销售收入8亿元。

市场销售保持强劲势头。高原公司在胜利油田销售皮带机317台、驱动头162个、井下泵311台。钻机厂为中石化生产7套钻机并完成2000多万元的钻机设备修理。泵业公司完成3000多台泵的销售。钻杆公司完成近2万吨的热处理管材。连续杆公司销售45万米连续杆。经贸业务量突破亿元。进一步巩固大港、新疆、辽河、江汉、清河、青海、长庆等行业市场,销售皮带机近270台、管材近2万吨。不断开发新市场,皮带式抽油机进入南阳油田、东北局、华东局,螺杆泵打入吉林油田,管材和抽油泵分别销往陕北市场和塔里木油田,气密套管在中原油田进行现场试验,出口产品1.3亿美元,创汇1亿美元,比2005年增长250.8%。市场区域明显扩大,产品遍布美国、加拿大、古巴、俄罗斯、比利时、埃及、苏丹、澳大利亚、哈萨克斯坦、乌兹别克斯坦、印尼及中东等国家和地区;产品种类明显增加,涉及钻机、油套管、抽油机、螺杆泵、抽油泵等多项主导产品。出口钻机12套、油套管7.5万吨、皮带机95台、游梁机26台、螺杆井下泵300多台。

加强新产品开发。50型和70型钻机、1100型抽油机、大排量螺杆泵、小套管、P110套管、特殊扣套管、1300型泥浆泵、大口径复合管等一大批自主开发产品投放市场,见到较好的经济效益。新上套管、热处理两条生产线,新建抽油机、螺杆泵、连续杆生产厂。钻机厂设计开发了ZJ40D和ZJ50D钻机。套管厂除生产普通套管外,还开发气井特殊扣套管、抗硫油套管等高附加值产品。抽油机分部1000型抽油机销售18台,收入1042万元,在国内处于领先水平的智能变频控制柜成功应用于辽河油田,减速箱冷拆装设备提高拆卸效率10倍多。螺杆泵分部开发了调速电机地面驱动装置,实现螺杆泵无级调速;与海洋石油开发公司结合,开发了抽油杆断脱防喷装置,解决因抽油杆断脱和环境污染等问题;改进设计第六代电潜螺杆泵减速器、柔性轴,提高了承载能力;设计开发了400、600型单头泵,优化了泵的设计参数。钻杆公司L80和P110高钢级产品已成为公司新的效益增长点。连续杆公司研制开发了拆装式海上作业机,大大提高了安全性和工效,降低了劳动强度;成功开发了防腐连续抽油杆;设计开发了开窗式接箍打捞筒,用于打捞普通抽油杆接箍的断脱。汇森公司开发了螺杆定子注胶、泥浆泵、污油回收装置、抽油杆接头数控滚丝加工等项目。管业公司完成了Dn80高压管和大口径Dn400低压管的开发。电气公司开发成功了ZJ40DB钻机一体化仪表系统,成功配套出口美国ZJ40D钻机防爆电路。

强化企业管理。将钻机、套管、抽油杆、抽油泵及钻杆等5项具有市场竞争力的产品列入国际先进标准,并获得了采用国际标准认可证书及标志证书。通过API年度复审,拥有ISO9001、API Q1(7)双体系证书和六项API产品证书,成为国内获得API认证证书最多的企业。参加全国质量专业职业资格考试,考取国家注册质量工程师7名。参加以"中国的装备制造业"为主题的第13届中国经济发展论坛。启动企业识别系统。参加OCT石油设备展览。各项基本建设、维修工程全部实现招投标和议标及期后审计。采购实行价比多家,货比多家的"阳光采购",机关科室费用实行包干制,公务车全部私有化。新评科技精英4名,销售状元2名;科技能手10名,技术能手16名,销售先进10名;双文明先进个人161名。对销售状元科技精英分别重奖轿车1辆。公司被评为省级文明诚信民营企业和市级文明诚信民营企业。

荣获中国民营科技促进会授予的2006年度全国民营科技企业"创新奖"和"企业家奉献奖"。首获7万元国家中小企业开拓国际市场资金扶持。20万吨套管技改项目和泥浆泵开发项目列入国家商务部重点支持项目,分别获得80万元和71万元的经费支持,20万吨套管技改项目列入市技改项目,获40万元的经费支持。获得山东省高新技术企业和省惟一石油装备工程技术研究中心称号。高原牌石油管材荣获“山东省名牌产品”称号并得到10万元奖励。公司承担的2个省重大科技专项顺利通过专家的验收和鉴定。公司分别承担省、市和开发区的科研项目,获得15万元、50万元和30万元的科研经费支持。批准为市级企业技术中心。钢质连续抽油杆荣获东营市十佳自主创新成果奖和质量管理先进企业称号。各类项目资金支持和奖励共计303万元。公司科研项目获特别奖1项,一等奖4项,二等奖10项,三等奖11项,五小成果奖4项,为公司新增利润4000多万元,节支300万元,累计创经济效益4448万元。申请专利4个,获专利证书6项。

(刘公俊)

【钻机首次出口美国和沙特】 7月,首套ZJ40D钻机在美国达拉斯完成总装调试。8月,在美国本土完成首口定向井的施工。现已经有2套钻机投入工业运行,3套钻机完成总装调试工作。ZJ50D钻机出口沙特,成为在ZJ40D钻机的基础上成功开发的又一出口机型。根据美国市场的需要,开发了泥浆固控系统,已成功制造4套,配套ZJ40D钻机出口美国。

(刘公俊)

【杨献平获全国民营科技企业“创新奖”和“企业家奉献奖】 11月,公司董事长、总经理杨献平,获中国民营科技促进会颁发的创新奖和企业家奉献奖。该奖由中国民营科技促进会和科技日报社邀请有关专家共同组成评审委员会评审。中国民营科技促进会是社会各界组成的全国性一级社会团体。

(刘公俊)

(审核　杨献平)

胜利资产调剂租赁有限责任公司

【概述】 胜利资产调剂租赁有限责任公司,是在资产调剂租赁中心的基础上整体改制而成的。公司股东由胜利石油管理局、胜利油田富强石油工贸公司、胜利油田东岳工贸有限公司、胜利资产调剂租赁有限公司工会4家股东构成。注册资本9299万元。主要从事设备租赁业务,油田闲置、报废资产的对外处置业务。公司自主经营、自负盈亏、自我约束、自我发展,独立承担民事责任。公司设股东会、董事会、监事会和经营班子,内部日常管理机构设置为资产调剂部、设备租赁一部、设备租赁二部、财务资产部、经营管理部和公司办公室,在册员工35人。截至2006年底,公司固定资产净值2.37亿元,新增固定资产5578万元,资产负债率57%,经营总收入10345万元,利税1570万元。

租赁业务。公司坚持“拓展租赁市场、规范业务管理、解决疑难问题、把握政策走向”的工作思路,适时调整工作策略,及时解决疑难问题。参与起草了《管理局资产租赁管理办法》,参加了管理局施工作业系统资产租赁座谈会、管理局后勤服务系统资产租赁座谈会以及胜利油田开发系统资产租赁座谈会,研讨新形势下的设备租赁工作。积极开展市场调研活动,加强与承租单位以及承租意向单位间的信息沟通和交流,对承租单位进行回访,对承租意向单位进行调研,广泛征求各单位的意见和建议,了解各单位生产经营情况和设备需求情况,掌握市场信息。全年签订租赁合同33份,合同额12450万元。

经营管理。加强资本经营与运作，重点强化流动资金的管理与使用。加强租金收缴、债权债务管理，争取管理局财务资产部、油田分公司财务处以及金融部门的支持，多形式、多渠道筹措资金，拓宽融资渠道，增加资金来源。深入开展财务状况分析及税收政策的研究与策划，查找工作中存在的问题与不足，广泛征求各方面意见和建议，有针对性地调整完善，确保运行质量，提高经营收益。全年召开经营分析会3次，完成年度租金结算，保持了良好的财务状况和资产经营状况，资产负债率始终控制在60%以内。设计完成办公软件系统，公司的费用管理、文件管理、档案管理、资料管理、信息传输以及内部事项的审批等程序基本实现了网络化运行，提高了办公效率。强化企业内控管理，制定内控制度实施细则，2006年11月1日起试运行，2007年1月1日正式执行。强化安全管理，建立公司安全生产事故问责制，与每一名驾驶人员签订安全承诺书，制定公司紧急事件应急预案，在办公楼区安装录像监控系统、防火报警系统，加装防盗门，在重点区域配备消防灭火装置和安全指示标志，进一步加强安全基础工作。

岗位培训。从公司业务实际出发，开展针对性地岗位培训，组织参加企业投融资与融资租赁高级研讨班、管理局保险知识培训班、管理局内控制度培训班、管理局新会计制度培训班，培训19人次。

廉政建设。坚持从强化企业内部监督和党风廉政教育两个方面加强企业廉政建设。向每一名党员发放了局监察处和局机关党委联合编发的《读书思廉文章汇编》一书，向领导干部下发了印有廉政警示语的“廉政桌牌”，与中层以上干部签订了《廉洁自律承诺书》，组织参加了赴鲁中监狱党员警示教育活动，组织参观油田党员廉政建设教育展览和中石化反腐教育录像片《李荣兴贪污受贿案》，增强了党员干部的廉洁自律意识。

资产调剂业务。4月，公司举办了自石油石化系统重组改制以来的第二次大型综合性调剂大会，来自油田的40个二级单位参加了调剂会。上会资产(物资)1227项，资产底价总额1084万元，中标资产(物资)590.4万元。同时，认真做好月度竞卖交易活动，全年组织月度资产招标竞卖18次，与会客商5400人次，完成闲置报废资产处置额3538万元。

(刘香凯)

(审核　苑桂敏)

◆概况
◆大事记
◆特载
◆专文
◆工作综述
◆二级单位
◆局属实体　控股公司　改制企业
◆
◆人物
◆文件选辑及索引
◆资料数据

先进集体　先进个人

全国“五一”劳动奖章获得者

王立新　韩兴武

山东省“富民兴鲁”劳动奖状

胜利油田分公司胜利采油厂

胜利石油管理局测井公司三公司开发测井部

山东省“富民兴鲁”劳动奖章获得者

郭长玉　赵同忠　秦建民　杨智勇
孙建勇　田小存　宋开祥　张　林
徐荣荣　蒋永军　刘建武　童保强
李敬阳　宋国江　孙敬军

胜利油田第四届科技英才奖获得者

金　奖

王永诗　隋淑玲　韩来聚　孙晓春
韩允祉

银　奖

王延光　孟宪军　张林晔　汪庐山
张全胜　陆先亮　师祥洪　李宗清
都振川　周茂群

铜　奖

刘书会　张以根　谭河清　谭明友
孙宝全　张衍涛　马清明　郭保雨
胡立新　邵在平　连经社　朱桂林
王洪宝　阚淑华　范凤英　李学平
臧全斋　顾雪林　王鹏霄　朱照明

2006年胜利油田技能大奖获得者

赵存福　冯新永　乔卫平　杨广成
孙汉军　赵　勇　武传贞　徐大庆
曾春华　于文生

省级文明单位

中国石化股份胜利油田分公司孤岛采油厂

中国石化股份胜利油田分公司现河采油厂

中国石化股份胜利油田分公司海洋采油厂

中国石化股份胜利油田分公司地质科学研究院

中国石化股份胜利油田分公司物资供应处

中国石化股份胜利油田分公司石油化工总厂

中国石化股份胜利油田分公司物探研究院

中国石化股份胜利油田分公司海洋石油船舶中心

中国石化股份胜利油田分公司新疆勘探开发中心(新增)

中国石化集团胜利石油管理局地球物理勘探开发公司

中国石化集团胜利石油管理局黄河钻井总公司

中国石化集团胜利石油管理局井下作业公司

中国石化集团胜利石油管理局电力管理总公司

中国石化集团胜利石油管理局供水公司

胜利油田胜利工程建设(集团)有限责任公司

胜利油田胜利工程设计咨询有限责任公司

胜利油田保卫处(山东省滨海公安局)

中国共产党胜利石油管理局委员会党校

中国石化集团胜利石油管理局测井公司

中国石化集团胜利石油管理局塔里木钻井公司

中国石化集团胜利石油管理局钻井工程技术公司

中国石化集团胜利石油管理局钻井工艺研究院

胜利石油管理局地球物理勘探开发公司第三大队

胜利石油管理局井下作业公司海洋试油作业大队

胜利油田胜利石油化工建设有限责任公司三分公司

中国石化集团胜利石油管理局胜中社区管理中心

中国石化集团胜利石油管理局仙河社区管理中心

中国石化集团胜利石油管理局河口社区管理中心

中国石化集团胜利石油管理局孤岛社区管理中心

省级文明和谐社区

胜利石油管理局胜东社区管理中心
胜利石油管理局临盘社区管理中心

全省文化先进社区

胜利油田仙河社区

2006 年度油田文明建设先进单位(46 个)

东辛采油厂
现河采油厂
滨南采油厂
临盘采油厂
河口采油厂
孤东采油厂
孤岛采油厂
海洋采油厂
新疆勘探开发中心
油气集输总厂
海洋石油船舶中心
地质科学研究院
采油工艺研究院
物探研究院
技术检测中心
物资供应处
地球物理勘探开发公司
渤海钻井总公司
黄河钻井总公司
钻井工程技术公司
测井公司
海洋钻井公司
井下作业公司
井下作业二公司
井下作业三公司
井下作业四公司
供水公司
电力管理总公司
钻井工艺研究院
职工大学
局党校
仙河社区管理中心
孤岛社区管理中心
河口社区管理中心
胜北社区管理中心
滨南社区管理中心
胜中社区管理中心
胜东社区管理中心
临盘社区管理中心
胜利日报社
石油开发中心
胜利石油化工建设有限责任公司
东胜精攻石油开发集团股份有限公司
胜利动力机械集团
胜利工程建设(集团)有限责任公司
胜利工程设计咨询有限责任公司

2006 年度油田文明建设达标单位(16 个)

石油化工总厂
经济开发研究院
塔里木钻井公司
地质录井公司
运输总公司
山东胜利职业学院
教育培训处(中心)
胜南社区管理中心
油田保卫处
文化事业中心
局机关车辆管理中心
广播电视中心
驻北京办事处

青岛疗养院
国际经济贸易公司
中心医院

2006年度油田劳动模范(209名)

地球物理勘探开发公司(4名)
朱玉雷　赵　宇　孙　奎　陈治庆
渤海钻井总公司(10名)
张艾军　杨明山(回族)　李志群
张吉平　蒋永军　张居波
伊珍祥　孙宇超　赵孝明
单　鑫
黄河钻井总公司(14名)
马　飞　李　科　陈元芳(女)
岳焕丽(女)　李子杰
张加波　马国良　许军富　冯　卫
王　鑫　刘晓军　祝让修　张庆华
董明建
钻井工程技术公司(3名)
马台兴　何兴华　刘玉榜
塔里木胜利钻井公司(3名)
杨　森(回族)　孙曰强　宫艳波
地质录井公司(3名)
张铁梅(女)　张书同　赵道汉
海洋钻井公司(2名)
李孟亮　马　斌
海洋采油厂(2名)
刘　青　钟　鸣
海洋石油船舶中心(2名)
杜永运　宋开祥
测井公司(4名)
朱建新　王玉浩　王京平　王国东
井下作业公司(7名)
韩兴武　邱天军　李志超　李君山
刘洪德　曾春华　任钦俊
井下作业二公司(4名)
于运刚　王天正　张义山
赵海珍(女)
井下作业三公司(5名)
孙卫华　邹培盛　赵同忠　刘在敏
王有涛
井下作业四公司(3名)
孙汉军　胡克平　李正辉
胜利采油厂(7名)
刘　军　代永贮　赵洪文　陈景世
付路长　张庆峰　卜春霞(女)
东辛采油厂(6名)
郭建勇　赵建伟　代旭升　姜化明
许红霞(女)　杨宝俊(女)
现河采油厂(6名)
李富堂　杨智勇　全　宏　周章权
辛　艳(女)　侯春梅
纯梁采油厂(3名)
郭志强　王　俊(女)　孙耀国
滨南采油厂(5名)
宋孚增　付仁华　武继辉　孙建勇
李　宁(女)
临盘采油厂(7名)
程海鹏　高志鹏　张光旭　冯爱雪
王勤田　王备战　杜　强
河口采油厂(6名)
国　梁　杨建国　信德发　张学木
刘宏飞　何丽群(女)
孤东采油厂(6名)
王学成　刘良勤(女)　寻长征
李　峰　郭龙海　裴书泉
孤岛采油厂(6名)
付　剑　杨自杰　陈洪维　朱之锦
牟　燕(女)　季官英(女)
桩西采油厂(3名)
毕新忠　姬自亚　崔营双(女)
油气集输总厂(4名)
冷延华　金明坤　逢锦峰
杨小利(满族)
胜利石油化工建设有限责任公司(8名)

时守东　刘继伟　刘宝忠　李建刚
张　林　胡志敏
黄　靖　王宏光

胜利工程建设(集团)有限责任公司(5 名)
杨振华　叶媛媛(女)　潘　波
赵拥军　童保强

运输总公司(3 名)
薄如祥　于俊涛　石光强

物资供应处(2 名)
刘西广　王晓东

供水公司(5 名)
王汉民　国　强　张永安　张国忠
牟青松

电力管理总公司(4 名)
郑志华　杜正旺　孙秀峰(女)
张洪成

胜利发电厂(2 名)
田治兴　张颂国

总机械厂(3 名)
宋国江　杨万成　刘兴义

胜利动力机械集团(2 名)
陈宜亮　张廷海

石油化工总厂(4 名)
房东升　耿文利　宁爱民　赵宏斌

胜利工程设计咨询有限责任公司(1 名)
刘建武

地质科学研究院(2 名)
张明亮　杜全芳(女)

钻井工艺研究院(1 名)
唐志军

采油工艺研究院(1 名)
汪卫东

物探研究院(1 名)
王金铎

技术检测中心(1 名)
李向东

教育培训处(1 名)
顾心恬

山东胜利职业学院(1 名)
孙松尧

中心医院(1 名)
赵希学

胜利医院(2 名)
董继俊　徐卫卫(女)

仙河社区管理中心(3 名)
刘风东　彭连启　田　军

孤岛社区管理中心(2 名)
宫金波　罗　丰

河口社区管理中心(3 名)
孙跃芳　刘金军　单连波

胜北社区管理中心(3 名)
冯玉来　赵丙申　窦成文

胜中社区管理中心(2 名)
王备超　张含利

胜南社区管理中心(2 名)
张　青(女)　李敬阳

胜东社区管理中心(3 名)
王玉卿　石仁海　孟先辉(女)

滨南社区管理中心(2 名)
时新春(女)　赵晓英(女)

临盘社区管理中心(1 名)
杜贵田

胜大集团总公司(4 名)
孙连璞　薛成英(女)　张伟风
王兴华

大明(集团)股份有限公司(1 名)
李　斌

新疆勘探开发中心(1 名)
王金铸

胜利油田保卫处(2 名)
金云鸿　阚玉忠

局机关车辆管理中心(1 名)
胡世平

石油开发中心(1 名)
史有刚

西部工委(3 名)
赵国军　王文辉　韩新俭

◆概况
◆大事记
◆特载
◆专文
◆工作综述
◆二级单位
◆局属实体　控股公司　改制企业
◆先进集体　先进个人
◆
◆文件选辑及索引
◆资料数据

人　物

王立新 男，汉族，1956年生，山东平原县人，硕士研究生，中共党员，1972年参加工作，教授级高级政工师，现任胜利石油管理局局长、党委副书记、管理局与分公司协调委员会主任、胜利油田分公司代表。他是山东省第九届委员会候补委员、党的十七大代表。2007年荣获全国"五一"劳动奖章。

王立新同志在领导干部岗位上先后担任过胜利采油厂纪委书记、滨南采油厂党委书记、局党委组织部部长，局党委副书记、纪委书记，有限公司监事会主席、副董事长，局党委书记、管理局局长等职。他主管油田的全面发展和生产经营工作以来，坚持围绕中心、服务大局，拓宽领域、强化功能，在继承中创新，在创新中发展，为胜利油田有效加快发展和振兴黄河三角洲区域经济作出了突出贡献，2006年油田分公司实现总收入835亿元，实现税费324亿元；管理局实现总收入304亿元，实现税费35亿元。一是坚持和弘扬求真务实的作风，精心组织运行，推动油气主业实现既定发展目标和管理局经济持续稳定发展。二是高度重视思想政治建设，为油田持续稳定发展提供强大的组织和精神保证。面对近年来油田内外部复杂形势，他大力倡导"从政治看经济，围绕经济讲政治"的思想，坚持区分领导干部、基层党员干部、职工群众三个层次，狠抓理论武装不放松，确保了油田各级党政组织从思想上、政治上和行动上始终与山东省委和集团公司党组保持高度一致。三是高度重视思想政治工作与企业生产经营紧密结合。在运行机制上，坚持思想政治工作与生产经营同频共振，同部署、同运行、同考核；在工作方式上，充分发挥群众性主题教育活动的载体作用，大张旗鼓地开展形势任务教育，有效保障了企业改革发展的顺利推进。四是高度重视胜利文化建设。他站在适应新形势提升企业核心竞争力的高度，精心设计并大力推进"新时期胜利文化"，突显"从创业走向创新，从胜利走向胜利"的核心内涵，"百年胜利，百年创新"的美好愿景成为凝聚和激励职工队伍的强大精神支柱。胜利文化的创新发展荣获"中国企业文化大奖"，他本人也荣获了"中国企业文化建设十佳个人"称号。五是高度重视基层建设。着眼于企业发展强基固本全面加强基层建设，已成为油田思想政治工作的突出特色和有效抓手。围绕夯实"三基"、提升"三力"、实现"三化"，以"达标、创优、争强、夺牌"活动为载体，形成了一整套健全完善的基层创建管理模式，推动了油田整体发展基础更加强化和巩固。六是高度重视精神文明建设和"和谐油田"建设。贯彻以人为本原则，大力推进"四进社区"和"亲情楼栋、亲情社区、亲情家庭"活动，形成了精神文明建设齐抓共管运行机制。围绕实现油田整体和谐发展、团队和谐相处、文化和谐统一、大局和谐稳定，落实目标责任，强化工作措施，营造了团结稳定、平安和谐的整体发展环境。七是高度重视党建和干部队伍建设。2004年11月他走向党委书记岗位后，抓住领导班子建设这个关键，提出了"负责任、有能力、简而精、大作为"的领导班子建设新思路、新目标，从思想作风建设入手，健全完善各项规章制度，狠刹"五风"，2005年在党员干部中开展了"思想作风转变年"活动，2006年以"干部有正气才能更有力量"大讨论活动为载体深入开展了"思想作风转变深化年"活动，有力推动和加强了油田党的建设。

韩兴武 男，回族，1955年3月出生，山东德州人，中共党员，大专文化，政工师，1970年8月参加工作，现任胜利油田井下作业公司压裂大队教导员。

韩兴武同志在任大队领导期间，面对胜利油田内部的工作量不足和人员、设备得不到充分利用的实际情况，带领班子成员积极研究对策，确定了“拓展外部市场、扩大发展空间”的经营战略。为拓展外部市场，他顾不上照顾自己的家人，一年中有三分之二的时间都奔波在外部市场，进行市场调研，同客户联系洽谈，慰问外部施工将士，与甲方交流沟通谋求进一步合作，为大队的发展倾注了全部心血。自1994年以来，十年间他年年带队走出去，先后征战过陕北、东北、蒙古、海南等地的市场。2004年，他率队跨出国门首闯蒙古国压裂市场，出色地完成施工任务，受到了蒙古国石油局主席的赞扬。在他的带领下，压裂大队的外闯市场取得了巨大成功，大队生产经营产值以年均40%的幅度增长，取得了良好的社会效益和经济效益。他所在的大队至2006年已连续五年被评为胜利油田文明建设先进三级单位和安全生产先进三级单位。他个人也先后七次荣立三等功，多次被评为胜利油田开拓外部市场先进个人、胜利油田文明建设先进个人、胜利油田优秀共产党员。2002至2006年，他连续五年被评为胜利油田劳动模范，2004年被评为中石化集团总公司劳动模范。2007年被评为全国劳模并荣获全国“五一”劳动奖章。

郭长玉 男，汉族，1949年生，山东日照人，硕士研究生，教授级高级经济师，中共党员，1965年参加工作，现任胜利石油管理局党委书记。

郭长玉同志在领导岗位上先后任纯梁采油厂厂长、物资供应处处长、胜利石油管理局副局长、胜利石油管理局党委副书记、副局长等职。任纯梁采油厂厂长期间，他提出了对采油主体按模拟油公司的方式进行改革，形成了产量、成本风险共担的局面，较好地体现了以经济效益为中心的经营管理思路，全厂上下形成了人人争当“小管家”的浓厚气氛，为全面控制原油成本，提高经济效益起了主导作用。五年间该厂探明储量4978万吨，生产原油631.6万吨，实现了采油厂的持续稳定发展。

任物资供应处处长期间，积极推行“归口管理、集中采购、统一储备、统一结算”的物资供应管理体制，充分发挥集中采购优势，强化物资质量管理，坚持“阳光交易”，推广招议标采购，推行“零库存”、“代储代销”等管理措施，三年累计节约采购资金5.2亿元，库存物资由17亿元降至8.6亿元，降低了8.4亿元，取得了显著的经济效益。

任胜利石油管理局党委常委、副局长后，在油田重组改制、减员增效和热点难点问题较多的情况下，组织带领有关部门的同志，深入基层调查研究，果断采取有效措施，在加强集体企业的产权制度改革和多种经营企业产业结构调整、推进油田住房制度改革和水电气管理制度改革以及医疗制度改革等方面都有新进展，新的起色。

任胜利石油管理局党委副书记、副局长期间，加大了深化改革和加强管理的力度，组织完成了管理局“十五”计划发展纲要和产业结构调整规划，提出了通过结构调整和专业化重组，突出强化和大力发展主导产业的具体实施意见。先后组织实施了中小学移交、改制分流、清理整顿等，加大了非主营业务的退出力度，进一步优化产业结构。创新经营管理体制和经营机制，积极推进劳动、人事和分配制度改革，建立职工工资收入与单位经济效益、劳动岗位、个人贡献挂钩，能升能降的机制，搞活了内部分配。组织制定了离退休和内退职工管理、养老保险接续等10项配套政策，保持了队伍稳定。2004年获得中国石化有突出贡献的科技和管理专家称号。2007年荣获山东省“富民兴鲁”劳动奖章。

赵同忠 男，汉族，1971年4月生，山东阳信人，大学文化，中共党员，1992年7月参加工作，现为井下作业三公司作业519队党支部书记。

赵同志同志在任作业519队党支部书记期间，带领队伍取得了可喜的成绩。2006年，作业519队党支部被评为山东省先进基层党组织，并顺利通过了中石化金牌队、管理局名牌基层队的验收，被评为管理局“基层建设标杆队”。他本人也被评为管理局“劳动模范”、管理局“第十三届十大杰出青年”候选人。2007年，荣获山东省“富民兴鲁”劳动奖章。

赵同忠同志是一位优秀的思想政治工作者。2006年以来，他以管理局开展的“思想作风建设深化年”活动为契机，实施了“劳动创效、管理创新、质量创高、素质创优”和“争当金牌共产党员、争做优秀党员责任区”的“四创双争”活动，制定了党员有正气标准，有效增强了党支部的坚强战斗堡垒作用。实施了“全员化参与、全过程监控、全面思想引导”的“三全”思想政治管理法，确保了队伍在新时期的稳定向上。

他以学习型团队的创建为载体，实施了“青工技术登高”学习活动和“金点子”创新工程，促进了青工素质的快速提升和创新活动的深入开展。519队现有技师4人、高级工8人，职工综合素质明显增强。他带领QC小组创造的三项成果已获管理局、公司奖励，作业519队也被评为“胜利油田培训示范基地”。

秦建民 男，汉族，1952年生，山东烟台人，大学文化，教授级工程师，中共党员，1968年参加工作，现为胜利石油管理局副总经济师、胜利油田职工大学校长。

作为胜利油田高级人才培训中心(职工大学)校长，他带领学校领导班子，紧紧围绕中石化国际化战略及胜利油田生产经营、改革发展的总体目标，围绕着中石化和胜利油田对高层次人才培养的需求，以创建“学习型组织”为载体，实施“名师名校”工程，创新管理机制，创新办学模式，创新运作思路，创新服务理念，探索出了一条适合企业改革发展要求的办学路子，为中石化和胜利油田人才培养作出了重大贡献。

作为学校主要领导，他工作上力求做到身先士卒，率先垂范，要求大家做到的，自己先做到，以自己的实际行动奉行老老实实做人、踏踏实实做事的原则。工作上爱岗敬业，勤奋实干，精益求精，始终与教职工同呼吸，共命运，全年几乎没休息过一个完整的节假日。敢于管理，严格要求，坚持做到大事讲原则，小事讲风格，维护了领导班子的团结，增强了集体的凝聚力、向心力和战斗力，促进了学校整体的稳定。认真贯彻、自觉遵守党风廉政建设有关要求和规定，充分发挥了共产党员的表率作用。他多次受到表彰，2002年11月被评为2000—2002年中国石化集团公司群众体育工作先进个人；2004年6月获胜利油田文化体育工作金马奖世纪纪念；2004年12月被评为管理局2004年度信息工作先进个人；2005年1月8日被评为2004年东营市“优秀政协委员”；2006年3月，被授予“2005’学习型组织中国年度人物奖”、“全国首届学校文化建设示范校长”。2007年，他荣获山东省“富民兴鲁”劳动奖章。

杨智勇 男，汉族，1967年6月生，山东东营人，大专文化程度，工人技师，中共党员，1988年参加工作，现工作于现河采油厂采油一矿采油29队。

杨智勇同志是技术革新能手，2000年度他的QC成果“柱塞泵进排液阀体改造”荣获厂级二等奖，2005年度QC成果“改善高压低渗区块注入水质”获局级一等奖，2005年度QC成果“降低史深100注入水悬浮固体含量”获厂级优秀奖。他的技改项目“抽油机皮带涨紧器”、“自泄压安全丝堵”和“垫片式流量计过滤器”获得国家级专利。他先后提出合理化建议30多项，有20多项被厂、矿采纳，创经济效益100多万元。

近年来，他针对现河史深100高压低渗区块的特点，提出并实施了一系列水井治理措施，有效地减缓了本队的自然递减，使本队原油产量稳中有升。参加工作以来，他连续多年被评为“厂级双文明先进职工”，2000年度被评为“局级注水管理先进个人”，2004年度被授予“局级技术能手”称号，荣立局级二等功一次，2006年度被授予“中石化集团公司技术能手”称号，2004、2005、2006年度连续三年被评为“胜利油田劳动模范”，2007年，荣获山东省“富民兴鲁”劳动奖章。

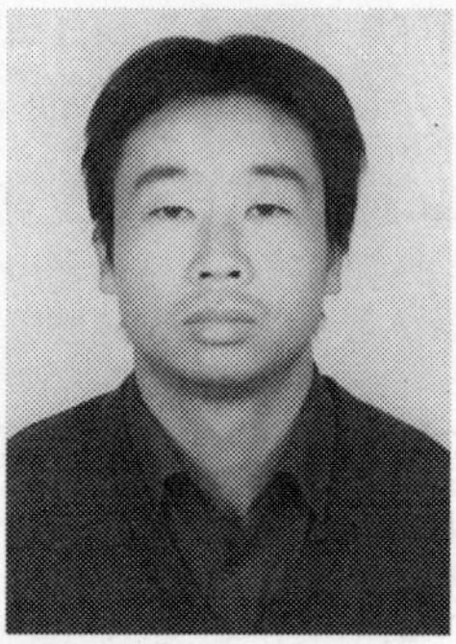

孙建勇 男，汉族，1973年生，山东滨州人，技校文化程度，高级技师，中共党员，1993年参加工作，现任滨南采油厂采油205队18号站站长。

孙建勇同志是岗位创新创效的模范，针对该队油水井管理，他大胆采用地面、井筒、地下“三位一体”的管理模式，先后提出合理化建议25条，其中15条应用于生产。2002年研制的“节能性油样桶”获国家专利，《抽油泵上捕集器研究与应用》获“中石化集团公司青工创新创效成果大赛”优秀成果奖；2005年《抽油泵上捕集器研究与应用》在全国刊物《石油机械》刊登发表，同年获采油厂“知识型技术工人”称号。

作为采油班长，他在工作中采用“情感管理法”，实施以人为本的策略，使每一名职工都以饱满的工作热情投入到工作中去，该站多次被评为“局青年样板岗”、“厂油水井管理示范岗”。

作为一名采油技师,他向全矿职工传授自己的经验技术,使全矿职工整体技能水平得以提高,技能通过率全年达97%。同时他带领站上职工进行技术比赛和生产革新,2006年,他站的选手赵桂萍获采油矿技术比武一等奖,全站人员共同研制的"抽油机防翻系统"在滨660-8井上实验并得以成功,有效地防止了抽油机翻机,避免设备损坏,创经济效益5万元。

参加工作以来,他多次获得各级荣誉称号,曾获"中石化技术能手"、"局文明建设先进职工"、"局地学技术工人开拓奖"等荣誉称号。2003—2006年度被评为"局劳动模范"。2007年荣获山东省"富民兴鲁"劳动奖章。

宋开祥 男,汉族,1953年生,山东日照人,高中文化程度,中共党员,1971年参加工作,现任海洋石油船舶中心船舶二大队胜利233船轮机长。

作为一个有着37年工龄和34年党龄的老同志,他的青春奉献给了祖国的海疆,而他的中年又全部奉献给了海洋石油船舶事业。自1998年3月份胜利233船投产以来,宋开祥同志就在该船任职。他舍小家顾大家,心系海洋石油船舶事业,十年如一日,把全部心血倾注在了船舶设备管理工作中,把满腔热情奉献给了海洋石油船舶事业。胜利233船设备管理工作年年都上新台阶,自1998年以来的管理局设备年审工作中连续八次获得"设备管理优秀单位"荣誉称号,连续五年被管理局授予"名牌基层队"荣誉称号,2006年被管理局评为"基层建设标杆队"。设备完好率保持在98%以上,船舶在航率达100%。十年来从胜利233船轮机部输送到新建船舶和主力船舶上轮机长5名,大管轮5名,业务骨干14名。他所在的胜利233船十年来累计创收达1.2亿元人民币。因工作出色,他先后4次被评为管理局文明建设先进职工,8次被评为船舶中心文明建设先进职工,6次被评为船舶中心设备管理先进个人,6次被管理局、船舶中心评为优秀党员。2005年被评为"轮机长岗位标兵"、"管理局劳动模范"。2006年被评为"轮机管理专家"、"十佳标兵"、"管理局劳动模范"。2007年荣获山东省"富民兴鲁"劳动奖章。

田小存 女,汉族,1971年生,陕西渭南人,大学文化程度,高级工程师,中共党员,1994年参加工作,现任河口采油厂工艺研究所机械采油室主任。

参加工作以来,她在工作岗位上取得了突出成绩:她承担和参与的科研项目,获中石化专家组验收1项,被评为国际先进水平;获局级科技成果奖4项,厂级各项成果奖23项;在国家级刊物上发表各种技术论文5篇;取得部、局级科技成果和技术论文奖10项;先后获中石化"巾帼建功标兵"、管理局"十大杰出女职工"、"优秀青年知识分子"、"油田开发先进工作者"、"双文明先进个人"、"三八红旗手"、"优秀共产党员"等荣誉称号,2003年、2004年、2005年连续三年获管理局"劳动模范"。2007年荣获山东省"富民兴鲁"劳动奖章。

田小存作为该单位主要负责人,通过

实施三三制管理法及绩效管理措施，有力地保持了队伍核心竞争力。近三年来，机采室先后获得部级奖励1项，局级奖励5项，厂级奖励30余项，累计增油30余万吨。她所带领的机采室也连续几年荣获管理局“优秀红旗班组”、“先进基层党组织”等荣誉称号；2001年至2003年连续三年被评为局“优秀基层队”，2004年、2005年被授予局“行业一强”称号，是全局机采系统的第一个“行业一强”队。

作为一名科技工作者，她勇于创新，取得了令人骄傲的成绩。在稠油开发方面，田小存改进并技术集成应用了电加热、空心杆掺水、化学降黏等多种抽稠降黏技术，有效动用了陈庄南区、埕南13、罗36、沾18等十多个稠油小断块，年产油30余万吨，为采油厂稠油冷采效果位居全局首位作出了突出贡献。该项目也荣获局科技进步一等奖。针对采油厂稠油开采成本高的难题，她提出了将井筒空心杆电缆加热变成空心杆泵上掺水加热的创新思路，使稠油井筒举升技术取得了突破性发展。2006年以来，她积极进行热采工艺的研究与应用，确保了河口采油厂自主设计、自主注汽工作的顺利实施，结束了这个厂历年来以外雇注汽的历史。目前共热采吞吐33口井，累计产油40234吨，获得了良好的经济效益。在滩涂油田的开发上，她带领技术人员配套采用螺杆泵连续杆采油工艺新技术，使飞雁滩滩涂油田成功走上了高效开发之路，现场应用效果位居全局首位。在低渗透油田开发上，她带领技术人员实现了水力压裂、连续杆深抽和提高机采系统效率的三个有效突破；在复杂结构井开发上，她协同相关人员积极进行科技攻关，成功试验了水平井筛管完井、水平井砾石充填防砂以及潜山油藏选择性完井等多种开发新技术，其中有一项技术填补了国家空白。

张　林　男，汉族，1964年生，山东高青人，大学文化程度，高级工程师，中共党员，1985年参加工作，现任胜利油建公司金属结构厂厂长。

张林于2003年任胜利石油化工建设有限公司金属结构厂厂长。上任之后，他以强烈的责任感和使命感带领干部职工艰苦拼搏，使一个萎靡困顿的企业重新焕发了生机和活力，当年就实现扭亏为盈，稳定了职工队伍。2004年至2007年4年间，施工产值一年一个新台阶，创造了产值翻两番的奇迹，企业社会市场份额所占比例也由原来的零发展为现在的90%以上，为企业发展闯出了一条新路子，使该厂成为公司开拓市场的一面旗帜。2003年至2006年，他所在的单位连续三年被评为管理局文明建设先进单位，优秀基层党组织。他本人也先后被评为管理局优秀青年知识分子、优秀党员、先进文明职工，并连续两年获得局劳动模范光荣称号。2007年荣获山东省“富民兴鲁”劳动奖章。

徐荣荣　女，汉族，1971年生，山东诸城人，大专文化程度，中共党员，1988年参加工作，现工作于孤岛社区供热大队供热一队，任该队指导员。

徐荣荣同志任供热一队指导员期间，注重作好基层思想政治工作和基层管理工作，她在班子内倡导开展一人一事的思想政治工作，思想政治工作做到“八必谈六必访”。她积极探索、勇于创新，从抓队伍建设、抓管理特色入手，共同创建了班长(队长)轮流坐庄制、“BRM”管理模式。她结合基层队实际工作撰写的论文《论企业文化建设在油田发展中的作用》荣获管理局计划统计论文一等奖，《党团联动矩阵的探索与建立》获社区思想政治工作创新二等奖，《实施2345组织体系、全面提高基层管理水平》获社区思想政治工作创新三等奖。她不断在管理上、制度上持续创新，使基层管理水平稳步攀升。她所在的供热一队连续三年被评为管理局名牌基层队；个人也多次获得管理局“劳动模范”、“局优秀共产党员”、“局巾帼建功标兵”等荣誉称号，2006年被评为“局十佳女职工”。2007年荣获山东省“富民兴鲁”劳动奖章。

蒋永军　男，汉族，1968年生，山东广饶县人，大学文化程度，中共党员，1989年参加工作，现任渤海钻井二公司北非项目部经理。

参加工作十八年来，他始终坚持在钻井生产一线，从钻工、司钻、副队长、队长、指导员、西南分公司副经理到北非项目部经理，一步一个脚印，脚踏实地。他所带领的钻井队多次荣获中石化石油工程金牌队、胜利油田双文明先进集体、先进党支部、名牌钻井队等称号。他本人也先后多次被评为管理局文明建设先进职工、优秀共产党员和优秀思想政治工作者。2004—2006年连续三年被评为胜利石油管理局劳动模范。2007年荣获山东省“富民兴鲁”劳动奖章。

2001年3月，渤海钻井二公司引进配套了首部新型50D钻机，组建了50115钻井队，蒋永军任指导员。上任之初，他结合井队实际，系统地提出了“高起点迈进、高标准要求、高水平发展”的“三高”工作思路和“争创国际一流钻井队”的目标愿景。一方面，严格管理，规范建章立制，夯实队伍基础。一方面，以人为本，完善考核激励机制，营造和谐向上氛围。仅一个多月时间，就高标准、高质量地完成了整套设备的配套安装工作，并用120天时间，保质保量地交出了首口设计井深4510米的深探井——车古204井，创车西地区同类型井最深纪录。2005年10月，他带领70168钻井队，赴四川市场施工。中标的普光11井，是渤海钻井公司在普光气田中标的第一口井，也是中石化在普光气田部署的第一口重点预探井。在施工过程中，他带领全队职工克服了高含硫、易喷、易漏、易卡、易塌等重重困难，有效解决了多项技术难题，确保了该井顺利完钻，并创公司有史以来施工最深等多项高指标，被甲方推荐为普光气田形象工程，在川东北打响了胜利渤海钻井品牌。

刘建武　男，汉族，1974年生，山东青州人，大学文化程度，1995年参加工作，高级工程师，现任胜利工程设计咨询有限责任公司工艺配管设计所副所长。

作为油田地面工程设计的技术骨干，刘建武同志以高度的事业心和责任感，勇于拼搏，无私奉献，不断创新，为胜利油田的建设和发展，作出了突出的贡献。几年来，先后参与几十项油气储运、线路工程设计工作，承担多个大型工程项目负责人，完成多项局级以上科研项目攻关任务。他先后参与科威特油田、苏丹DIFFER油田、伊朗中扎格罗斯油区、绥中36-1油田、塔河油田等几十项油气储运、线路工程设计，作为项目负责人，他完成了中石化重点工程西南成品油管道工程线路工程设计、中石化重点工程鲁皖成品油管道工程施工与设计；作为方案负责人，负责中石油塔里木石油分公司塔中24-82区块地面建设工程设计与技术服务的投标工作；目前担任国家重点项目川气出川天然气管道工程总体设计项目经理，川气出川天然气管道工程线路全长1900千米，工程投资148亿人民币，是继西气东输后中国又一条特大型的天然气管线，该项目目前已基本完成基础设计工作。

十余年国、内外项目的设计，他在油田集输系统、油气处理系统、长输管线、油库等领域积累了丰富经验。他组织编制的《油专业典型文件库》已收为范本，编入公司典型材料库。承担的中海油绥中36-1油田二期开发工程陆上终端施工图设计获2002年中国石化优秀工程设计一等奖和国家优秀工程设计银奖。荣获公司十佳科技工作者、青年岗位能手、第二批优秀青年知识分子称号，连续多年被评为胜利油田文明建设先进职工、劳动模范。因其在西南成品油管道工程建设的突出贡献，获得中国石化嘉奖。2007年，荣获山东省“富民兴鲁”劳动奖章。

童保强　男，汉族，1973年生，山东乐陵人，大专文化程度，中共党员，1992年参加工作，现工作于胜利工程建设(集团)有限责任公司。

童保强自1992年参加工作以来，他坚守生产一线岗位，一直从事道路工程施工和管理工作，先后征战过山东、河南、江苏、江西和山西5省等地市场。先后参与和组织了郑洛、沪宁、济德、初张、威石、烟栖、东青、南安、大新、太长、合六叶等10多条高速公路路面工程的施工，累计完成高速公路132.5千米，完成施工产值达6.6亿元，为公司开拓外埠市场作出了突出的贡献。他担负施工的山西大新路项目，完成产值88452万元，实现效益320万元；山西太长路项目，完成产值8885万元，实现效益408万元；江西南安路项目，完成产值5752万元，实现效益270万元。他在大新路基层和沥青下、中、上面层施工中，连续4次被业主树为全线样板工程，获得业主奖励45万元。在太长路施工中，他带领班组职工艰苦奋战，用不到五个月的有效时间完成产值8885万元，创出了集团公司同时间内完成施工产值的最高水平，并赢得了先进施工单位奖60万元。他参加的沪宁路江苏省镇江段路面工程，获得了中国建筑业最高奖——鲁班奖；2005—2007年，他连续三年被评为胜利石油管理局劳动模范和胜建集团十大杰出职工；先后荣获了管理局第二届开创外埠市场青年先锋、管理局文明先进个人和管理局青年岗位能手，以及胜建集团优秀党员、文明建设先进个人等荣誉称号。2007年，荣获山东省“富民兴鲁”劳动奖章。

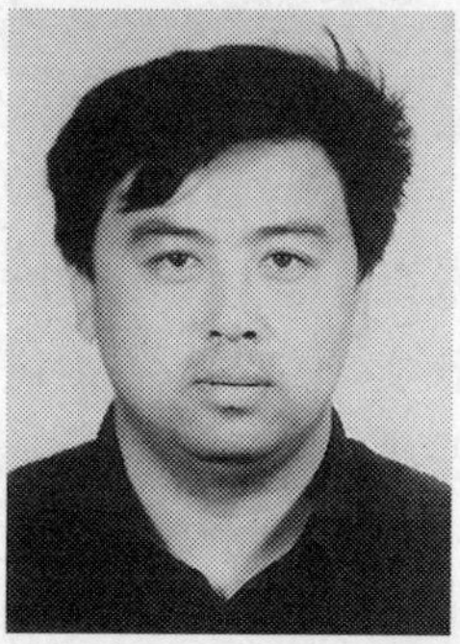

李敬阳 男，汉族，1966年生，山东阳谷人，大学文化程度，中共党员，1987年参加工作，现任胜南社区管理中心治安保卫办公室主任。

李敬阳同志自参加工作以来，连续20年战斗在治安保卫工作一线，荣立胜利石油管理局个人二等功6次，获得胜利石油管理局优秀共产党员、文明建设先进个人等荣誉称号26余次，2005年、2006年连续两年被评为胜利石油管理局劳动模范。2007年荣获山东省"富民兴鲁"劳动奖章。

李敬阳同志工作中无私奉献，积极主动，每年加班都在2600小时以上，他以自己的行动感染和带动身边的每一个同志。特别是在担任胜南社区管理中心治安保卫办公室主任以来，以开拓创新的工作思路、严谨踏实的工作作风和严肃认真的工作态度，率领胜南社区治保系统全体工作人员，开创了辖区治安保卫工作新局面。首先，建立健全专职治保队伍，切实加强治保队伍组织建设，共调整充实了112名思想素质过硬、年富力强的治保队员，对各小区家委会进行了改选，并逐步健全完善了由巡逻、百户治保、家委会、门卫、敬务室构成的"五位一体"小区治安防范体系，各小区发案率明显降低，小区居民满意度显著提高。其次，规范岗位职责，积极发挥治保组织的职能作用。重新修订了治安保卫工作管理办法、工作措施等规章制度，明确了岗位职责，针对门卫、巡逻、百户治保等具体工作岗位出台了考核细则，并进一步完善了重大治安案件一票否决制、责任查究制等一系列工作制度。第三，强化技能培训，不断提高治保队伍的整体素质。组织专业治保队伍进行军事化训练，并聘请了滨南分局、公安干校的干警为治保队员们讲解了有关消防、值勤巡逻等基本知识，提升了治保人员自身的治安与防范素质。在他的带领下，辖区内治安防范体系得到加强，治安形势得到有效控制，小区治安秩序稳定，治安案件发案率逐年下降，2006年，辖区治安案件发案率与2005年相比下降87%。

宋国江 男，汉族，1963年生，山东东营人，大学文化程度，中共党员，高级工程师，1983年参加工作，现为总机械厂抽油泵厂厂长。

宋国江同志以创建学习型组织，建设企业文化为载体，以培养高素质职工队伍为重点，带领抽油泵厂150名职工走出了一条企业自主创新、快速发展的新路子，抽油泵厂荣获胜利油田"名牌基层队"称号。他从事抽油泵的研制开发20多年，先后申报国家专利10项，科技成果30余项，先后多次荣获胜利油田文明建设先进职工、优秀共产党员、劳动模范等称号。2002年评为胜利油田专业技术拔尖人才，2003年被授予胜利油田首届杰出专业技术人才荣誉称号。2007年荣获山东省"富民兴鲁"劳动奖章。

他通过制定"产品创新机制"，激发工程技术人员和广大职工积极投身到技术创新上来，已开发出防砂卡泵、防气锁泵、悬挂泵、斜井泵和抽稠油泵等22个新品种、近200多种规格型号的抽油泵，基本满足了油田不同地质条件下原油开采的需要。企业进入市场经济以来，他不断探索企业内部适应市场经济发展的创新管理机制，提出了“爱厂如家、同舟共济、时刻努力、精益求精”的团队精神和“快速反应、创新经营、追求卓越、挑战未来”的经营管理理念，归纳出了“提高人才素质激励机制”、“产品创新机制”、“产品推广销售激励机制”三大管理模式。为了培养一批适应市场需求的高素质人才，制定了一套激发职工学理论、学技术、练本领的具体措施。在他的领导下，抽油泵厂的市场不断拓宽，产品在稳住胜利油田市场的同时，还打入新疆、辽河、江苏、吉林等十八个油田，并已进入阿塞拜疆、印度、印尼等国际市场，为抽油泵厂的发展开辟了新天地。

孙敬军　男，汉族，1953年生，山东莒县人，大学文化程度，高级政工师，中共党员，1967年参加工作，现任钻井工程技术公司工会主席。

孙敬军同志自担任钻井工程技术公司工会主席以来，不断加强基层组织建设和职代会制度建设，先后制定并逐步完善了职代会制度和实施细则，创造性地运用邓小平关于工人阶级和工会理论解决工会实际工作中遇到的问题。连续多年被评为局级和公司先进工会工作者、2003年被评为山东省优秀工会工作者。2007年荣获山东省“富民兴鲁”劳动奖章。

在加强民主参与和民主管理工作中，孙敬军同志先后制定并完善了职代会制度和实施细则，为推进公司民主建设奠定了基础。根据职代会制度，严肃认真召开好每一次职代会，并注重在提高职代会质量上下功夫，切实落实和发挥职代会的职权作用。几年来，公司党委在决定公司发展规划等重大改革方案实施前，能够按照职代会制度及时召开职代会和代表团长联席会议，将改革方案提交大会讨论，广泛听取代表意见和建议。厂务公开方面，他经常深入群众听取意见和建议并及时向公司党委汇报，为公司发展起到了重要的参谋作用。每年通过职代会和厂务质询等方式将公司改革发展的重大举措和热点难点问题向职工群众公开，使职工群众及时了解公司发展中的重大事务，公司厂务公开民主管理工作成效显著，受到广大职工群众的拥护和好评，职工代表对公司厂务公开民主管理工作满意率达100%。公司连续6年被管理局评为厂务公开民主管理工作先进单位。

在做好职代会制度建设的同时，工会的各项工作也走在了前列。组织开展的经济技术创新竞赛活动，2次被评为管理局经济技术创新工程金奖单位，3次银奖单位。积极做好扶贫救困工作，建立健全了贫困户动态档案和困难群众帮扶资金制度，使“送温暖”工程形成了制度化、规范化。

◆概况
◆大事记
◆特载
◆专文
◆工作综述
◆二级单位
◆局属实体　控股公司　改制企业
◆先进集体　先进个人
◆人物
◆
◆资料数据

文件选辑及索引

胜利石油管理局首席技能大师和技能大师聘任管理暂行办法

胜油局发[2006]103号

第一章 总 则

第一条 为规范胜利石油管理局首席技能大师和技能大师聘任管理程序，切实做好聘任管理工作，根据《关于印发〈遴选企业技能大师的指导意见(试行)〉的通知》(中国石化人技〔2006〕31号)和《关于胜利油田高技能岗位设置和聘任管理的指导意见》(胜油局发〔2005〕231号)有关精神，制定本办法。

第二条 首席技能大师和技能大师的管理遵循"科学设岗，合理配置，分级管理，定期考核"的原则。

第二章 申报条件及聘任程序

第三条 首席技能大师和技能大师的申报者应热爱祖国，热爱油田，遵纪守法，爱岗敬业，责任心强，身体健康，有良好的工作业绩，且满足下列相应条件：

(一)首席技能大师

1.取得应聘职业(工种)高级技师职业资格，并聘任在岗；

2.获得中华技能大奖或全国技术能手称号；

3.具有绝招绝技，创造了同行业中公认的先进操作法，代表油田最高技能操作水平；

4.近3年内取得省部级及以上技术成果和与油田生产经营密切相关的技术专利。

(二)技能大师

1.取得应聘职业(工种)高级技师职业资格，并聘任在岗；

2.获得省部级及以上技术能手称号；

3.具有绝招绝技，创造了同行业中公认的先进操作法，代表油田高技能操作水平；

4.近3年内有局级及以上技术成果2项以上。

在应聘岗位技术拔尖且为同行业公认，工作业绩特别突出的，可不受资格及荣誉称号条件限制。

第四条 首席技能大师和技能大师通过招聘的方式产生。聘任程序为：

(一)公布聘任岗位、上岗条件、岗位职责及待遇；

(二)个人申报，二级单位推荐；

(三)审核应聘人员基本条件；

(四)考核评审。应聘人述职，宣示能力成果及应聘工作目标、措施，专业评审组评议打分；

(五)油田技能人才考评委员会综合评审产生技能大师人选；

(六)对技能大师人选进行聘前公示；

(七)管理局聘任，签订聘约，颁发聘书。

第三章 管 理

第五条 管理局劳动工资处是首席技能大师和技能大师的主管部门，负责首席技能大师和技能大师履行管理局赋予职责的管理和考核工作。首席技能大师和技能大师所在单位负责首席技能大师和技能大师在本单位的日常管理，并对其所在单位岗位职责的履行情况进行考核。

第六条 首席技能大师和技能大师岗位职责，分为所在单位岗位职责和管理局赋予职责两部分。管理局赋予的职责是：

(一)承担油田安排的技能操作疑难问题处理、攻关工作；

(二)参与油田安排的技术成果交流、转化和技术革新工作；

(三)指导帮助年轻技能操作骨干成长、培养后继带头人；

(四)协助管理局劳动工资处确定技能开发目标和技能操作队伍建设规划。

第七条 管理局与首席技能大师和技能大师通过签订聘约明确双方的权利义务。聘约应包括聘任期限、岗位职责与任务、工作条件、考核、待遇、解除(终止)条件等内容。

第八条 首席技能大师和技能大师聘期一般为3年。聘期内原则上不得脱离原工作岗位，须按时完成所担负的工作任务。每年初，管理局劳动工资处与首席技能大师和技能大师及所在单位根据其任期目标共同研究确定年度工作计划，并根据计划跟踪检查完成情况。

第九条 管理局劳动工资处安排专人负责首席技能大师和技能大师的管理工作；相关二级单位劳动工资(人力资源)部门应明确专(兼)职人员协助管理。

第十条 管理局劳动工资处与首席技能大师和技能大师所在单位要为其履行职责提供良好的工作环境和必要的工作条件，在其申报科研项目、技术革新与交流、成果应用和推广、带徒活动、工作调研等方面提供必要的支持。

第十一条 首席技能大师和技能大师参加本职工作以外的社会活动，应经管理局劳动工资处和其所在单位批准。

第十二条 管理局劳动工资处每半年组织首席技能大师和技能大师召开一次工作联席会议，听取首席技能大师和技能大师的工作情况汇报，协调处理工作中的有关问题。首席技能大师和技能大师在平时工作中有特殊情况可随时与管理局劳动工资处联系。

第十三条 经签约双方协商一致，首席技能大师和技能大师聘约可以解除。首席技能大师和技能大师聘约期满，自行终止。

第十四条 首席技能大师和技能大师有下列情形之一的，聘约予以解除：

(一)调离原工作单位或岗位，不再从事技能操作工作的；

(二)有严重违法违纪行为或重大过失的；

(三)因身体原因不能坚持正常工作的；

(四)年度考核不合格的；

(五)其他不宜任职的情况。

第四章 考 核

第十五条 对首席技能大师和技能大师的考核内容，分为工作业绩、任职能力、品行素质3项。

(一)工作业绩是指首席技能大师和技能大师考核期内的年度目标和任期目标完成情况及完成工作任务的效果等，由工作数量、工作质量、工作进度、工作效率、经济效益、社会效益等要素构成。

(二)任职能力是指首席技能大师和技能大师具备的专业知识技能、操作技巧、决策、组织协调、新技术推广、创新能力以及身体状况等，由创新能力、理解执行能力、协作配合能力等要素构成。

(三)品行素质是指首席技能大师和技能大师的思想品德和敬业精神等，由团队精神、服务精神、组织纪律性等要素构成。

第十六条 根据首席技能大师和技能大师考核内容各要素，管理局劳动工资处采用定性指标和定量指标相结合的方法确定量化评分标准。

第十七条 首席技能大师和技能大师的考核，按考核期分为日常考核、年度考核、期满考核3种形式。

(一)日常考核是指每月(季)末根据首席技能大师和技能大师工作计划和工作职责，对其出勤、劳动纪律、工作进度、工作完成情况等进行的考核。

(二)年度考核是指每年末根据首席技能大师和技能大师年度计划和工作职责等，对其年度任务完成情况进行的考核。

(三)期满考核是指聘期结束时根据首席技能大师和技能大师聘约和工作职责等，对其任期目标完成情况进行的考核。

第十八条 首席技能大师和技能大师所在二级单位负责其日常考核，并于每年末向管理局劳动工资处上报日常考核情况。

第十九条 管理局劳动工资处组织专家及相关工作人员成立考核组对首席技能大师和技能大师实施年度考核或期满考核，考核结果由管理局劳动工资处最终确认。

第二十条 首席技能大师和技能大师的考核结果分为优秀、良好、称职、不称职4个等级，采用百分制计分，二级单位和管理局劳动工资处的考核成绩权重数分别为0.2和0.8。考核得分在90分以上的为优秀；得分在80～90分的为良好；得分在60～79分的为称职；得分在60分以下的为不称职。

第二十一条 考核结束后首席技能大师和技能大师考核组将考核意见反馈给被考核者。被考核者对考核意见有异议的，可向管理局劳动工资处申请复核。

第二十二条 考核结果作为管理局使用首席技能大师和技能大师、兑现其相关待遇的依据，并记入本人档案。

第二十三条 首席技能大师和技能大师期满考核不称职的，不能参加新一轮岗位竞聘。

第五章 待 遇

第二十四条 首席技能大师和技能大师聘期内除在原单位领取基本薪酬外，管理局还为其建立岗位津贴，设立个人薪酬账户。岗位津贴标准根据胜油局发〔2005〕231号文件的指导原则确定。

第二十五条 首席技能大师和技能大师的岗位津贴管理局每月按一定比例预支，年底根据考核结果和效益状况总兑现。考核结果为优秀的，其岗位津贴按同岗基准额的100%兑现；考核结果为良好的，其岗位津贴按同岗基准额的90%兑现；考核结果为称职的，其岗位津贴按同岗基准额的80%兑现；考核结果为不称职的，其岗位津贴不予兑现。

第二十六条 管理局根据首席技能大师和技能大师的工作和发展需要每年安排一定时间的学习培训。

第二十七条 首席技能大师和技能大师聘期内每年安排一次体检。

第二十八条 首席技能大师和技能大师任期内每年组织安排带薪休假一次，时间为20天。

第六章 附 则

第二十九条 管理局各单位可参照本办法，自行研究制定本单位首席技师、主任技师、责任技师的聘任管理办法。首席技师聘任前须报管理局劳动工资处审查备案。

第三十条 本办法由管理局劳动工资处负责解释。

第三十一条 本办法自发布之日起实行。

胜利石油管理局专项资金监督管理暂行办法

胜油局发［2006］109号

第一条 为加强对专项资金的使用管理，规范资金运作程序，增强资金审批、分配、使用的科学性、公正性，提高资金的使用效益，保障油田生产经营管理的需要，依据《中国石油化工集团公司资金管理暂行办法》和《中国石油化工集团公司预算资金管理试行办法》，特制定本办法。

第二条 专项资金是指中国石化集团公司和管理局批准下达用于油田生产经营管理某一类项目或特定项目，由管理局机关职能部门负责的切块资金。其中，列入投资计划且按投资项目管理的，执行投资管理制度。

第三条 管理局成立专项资金监督办公室，设在监察处，成员部门包括监察处、审计处、法律事务处、经营管理部、机关管理处、财务监控中心等。凡有专项资金管理权限的职能处室，为相应专项资金的管理部门，其主要负责人为第一责任人，负总责。

第四条 监督办公室的职责：负责对专项资金管理使用情况进行监督检查，发现和纠正专项资金管理使用中存在的问题，查处专项资金管理使用过程中出现的违规违纪行为。

第五条 管理部门的职责：负责专项资金的项目审核、资金分配和项目实施情况的监管；制定项目审核、资金分配、项目监管制度；定期召开工作例会，研究专项资金监管工作有关事宜，向管理局主管领导汇报专项资金的管理使用情况；向监督办公室报告工作情况、报送相关资料。

第六条 专项资金公开。年度专项资金额度、用途一经核定，各专项资金管理部门要及时向各单位(部门)公布。

第七条 专项资金申报。各实施单位(部门)申报专项资金要落实具体项目，提供立项的依据和项目的可行性研究报告等相关资料，以文件形式报送相应专项资金管理部门。

第八条 专项资金审批(一)审批原则。坚持以项目的真实性、科学性、完整性为主，保障生产需要、促进经营管理、提高经济效益；坚持集体研究，实行科学、民主决策，禁止个人独断专行和擅自决定。在专项资金的审批、分配过程中，做到公开、公平、公正，不搞“戴帽工程、戴帽资金”，不向实施单位“指定队伍、指定采购”。(二)项目初审。各专项资金管理部门对各实施单位(部门)申报项目的真实性和合规性进行初审。(三)专家论证。各专项资金管理部门依据各实施单位(部门)提供的材料组织有关专家、项目管理人员进行集体讨论、评审，出具论证报告。(四)资金分配。在管理局年度资金预算的前提下，根据论证情况和资金计划，各专项资金管理部门会同财务、计划等部门拟定资金分配方案，提交管理局主管领导审批。(五)资金下达。资金分配方案经管理局主管领导审批后，由各专项资金管理部门将批准的项目和资金额度以文件形式下达，并送专项资金监督办公室备案。

第九条 专项资金管理(一)各专项资金管理部门要与各实施单位(部门)的主管领导或项目负责人签订项目责任书，明确各自的权利和义务;同时要加强对项目的管理,对项目实施的全过程进行跟踪检查,及时解决和纠正项目实施过程中出现的问题。(二)各实施单位(部门)滞压专项资金半年以上、使用专项资金采购的设备或建造的设施闲置一年以上的,各专项资金管理部门有权追回资金和无偿调拨有关设备、设施。(三)项目变更或追加款项的,由项目实施单位(部门)提出书面申请,各专项资金管理部门和财务、计划部门集体确认,并形成会议纪要,报专项资金监督办公室备案。

第十条 专项资金备案。专项资金项目完成后,各专项资金管理部门要将项目的实施单位(部门)、资金使用数额(计划、实际)、发包形式、承包单位、合同履行、项目验收、结算付款、项目审计等情况,及时向监督办公室备案。

第十一条 专项资金使用原则(一)厉行节约,强化管理。资金的使用要本着从紧、从严的原则,严格控制支出,努力提高使用的效果,体现投入产出效益最大化。(二)专款专用,单立核算。严格执行预算计划,不得随意变动;专项资金要单立核算,项目完成后,结余资金及时上交上级财务部门,不得擅自挪用。(三)专项资金当年使用、当年核销。专项资金项目不能当年完成的,要按照工程形象进度在当年进行核销,不得跨年度核销。(四)专项资金的使用必须符合财务管理和会计核算规定。

第十二条 专项资金使用。各实施单位(部门)负责项目的实施和资金的使用,受专项资金管理部门的监管和监督办公室的监督。(一)计划管理。项目实施单位(部门)要制定详细的资金使用预算方案,报专项资金管理部门批准后实施。(二)项目发包。发包项目必须履行招标程序。凡具备招标条件的项目必须进行招标,其中建设工程项目按照《中国石油化工集团公司建设工程招投标管理规定》执行;物资采购项目按照《中国石化重要物资招投标实施办法》执行。不具备招标条件的项目必须由各专项资金管理部门、项目实施单位(部门)和相关业务部门进行协商,公开发包方案和结果,杜绝暗箱操作,严禁指定队伍、指定采购厂家等行为。(三)合同管理。项目实施单位(部门)与承包单位必须签订合同,合同文本要规范完整,审查、履行要严格完全,严禁伪造合同和补签合同现象的发生;承包单位应具有相应的资质,资信良好,手续齐全。(四)现场管理。项目实施单位(部门)及项目负责人对项目的进度、质量、安全等负直接责任,并根据项目规模大小,委托项目监理和质量监督。(五)项目验收。各专项资金管理部门和项目实施单位(部门)组织有关专家、项目管理人员,并邀请相关业务部门和实施单位的监察、审计部门人员,按照合同内容对项目逐项进行验收,并出具项目验收报告,作为结算的凭据。(六)结算付款。结算付款严格按照管理局结算管理规定执行,对于手续不完备的财务部门不得办理结算手续。严禁违反结算程序提前挂账现象的发生。

第十三条 专项资金监督。监察部门要经常性地对专项资金项目进行立项,开展效能监察;审计部门要有针对性地对专项资金项目进行专项审计;业务管理部门要对项目的实施进行全过程的跟踪检查。

第十四条 责任追究(一)对在专项资金管理使用中不严格执行审批程序,在资金预算编制、使用控制过程中弄虚作假,对资金使用不履行监督职责,对项目论证不充分或执行过程中监管不当造成资金使用效益低或无效投入,搞“戴帽工程、戴帽资金、指定队伍、指定采购”的部门和人员,按照《胜利石油管理局党委、胜利石油管理局、胜利油田分公司重大项目投资决策、大额度资金运作问责制度》和《胜利石油管理局党委、胜利石油管理局、胜利油田分公司廉政建设问责制度》的规定进行处理。(二)对在专项资金管理使用中擅自变更资金用途，挪用、挤占、转移专项资金的部门和人员，责成追回资金并按《胜利石油管理局党风廉政责任制》的有关规定处理。(三)对专项资金管理使用中以权谋私，谋取个人和小集团利益的，给予党纪政纪处分；涉嫌犯罪的移送司法机关依法处理。

第十五条 各专项资金管理部门主要负责人要向专项资金监督办公室作出廉政承诺。

第十六条 各专项资金管理部门和各单位要依照本办法制定实施细则。

第十七条 本办法由监察处负责解释，自下发之日起执行。

胜利石油管理局技能操作人员培训管理办法

胜油局发[2006]104号

第一章 总 则

第一条 为加强培训管理，规范培训程序，全面提升技能操作队伍整体素质，根据国家有关法规和中国石化集团公司要求，结合管理局实际，特制定本办法。

第二条 技能操作人员培训是管理局按照岗位工作需要对技能操作人员进行的业务技术、操作技能、安全知识、思想政治、职业道德等方面的教育和训练活动。

第三条 技能操作人员培训的基本任务是着力提高技能操作人员的学习能力、实践能力和创新能力，造就一支结构合理、技艺精湛、作风过硬，适应管理局生产经营发展需要的技能操作队伍。

第四条 技能操作人员培训坚持面向生产、面向基层、按需施教、学用结合的原则，注重培训内容的实效性和培训方式方法的科学性。

第二章 管理机构与职责

第五条 管理局劳资部门是技能操作人员培训的主管部门，主要职责是：(一)制定培训目标，编制培训中、长期规划和年度(或半年)培训工作计划；(二)制定和完善技能培训工作规章制度、办法等；(三)负责技能培训对象的选拔调派工作；(四)配合培训部门组织技能操作人员培训教材的开发工作；(五)负责技能培训实施情况的监督检查和培训评估工作；(六)指导所属单位开展技能操作人员培训工作。

第六条 管理局培训部门是技能操作人员培训实施的主管部门，主要职责是：(一)配合劳资部门制定技能操作人员培训规划、计划；(二)指导培训基地的教学研究工作；(三)负责技能操作人员培训教材的开发工作；(四)组织开展师资培训，协调技能操作人员送外培训工作；(五)配合劳资部门对技能培训实施情况进行监督检查和培训评估工作；(六)定期检查各培训单位培训工作开展情况，总结推广先进经验。

第七条 管理局各有关业务部门负责提出本系统技能操作人员培训需求，配合局劳动工资处制定培训规划计划，同时协助局教育培训处筹划、组织和监督好本系统职工培训工作。

第八条 各单位要有一名领导分管培训工作，并根据培训工作需要，设立精干高效的培训管理机构，配备专(兼)职管理人员，负责本单位技能操作人员的培训工作。

第九条 各有关培训单位应按照管理局年度(或半年)培训计划和有关要求，做好培训项目的实施和培训班教学管理、教学服务工作。

第三章 培训形式及内容

第十条 按岗位要求和技术等级标准，有针对性地开展岗前培训、转岗培训、职业技能等级培训、岗位提高性培训、特种作业人员培训、HSE培训以及思想政治和职业道德等类型的培训。

第十一条 从事技术工种的人员上岗前必须进行岗前培训，达到规定标准并取得职业资格证书后方可上岗。从事特种作业的，要经专门培训后持证上岗。

第十二条 技术工种新上岗人员，上岗后所在单位要选派品质好、技术精、经验丰富的高技能人员与其签订师徒合同，确定培养目标，进行在岗培训。合同期限视岗位技术含量和师徒情况确定。

第十三条 技能操作人员跨专业改变工种或调换新的工作岗位，必须进行转岗培训。离岗时间超过半年再回原岗位工作的，要经一定时间的适应性培训后方可上岗。

第十四条 参加高级技师、技师、高级工、中级工和初级工职业技能鉴定的人员，应接受职业技能等级培训。培训按本职业(工种)技能等级标准、培训考核大纲要求组织进行。

第十五条 根据生产经营发展需要，应有计划地对技能操作人员进行“一专多能”、“四新技术”(新技术、新工艺、新设备和新材料)、涉外适应能力等各种类型的岗位提高性培训。

第十六条 岗位练兵、技术比赛是强化培训、提高员工技能素质的重要形式，应定期组织开展。

第十七条 特种作业人员培训、HSE培训以及思想政治和职业道德等培训按有关规定执行。

第十八条 技能操作人员每年培训时间一般不少于40学时(包括岗位练兵、业余时间培训等)，在聘技师和高级技师脱产培训时间每年不少于2周，高级工鉴定前培训不少于3周，技师任职资格培训时间不少于2个月，各种岗位提高性培训可根据培训内容合理确定培训时间，HSE和特种作业人员培训的时间按有关规定执行。

第四章 组织实施

第十九条 中国石化集团公司、山东省有关部门组织的技能培训，由局劳动工资处根据要求，择优推荐人选参加。

第二十条 管理局组织的培训项目按以下程序运行：

(一)提出培训需求。局劳动工资处组织培训需求调研，各单位根据生产经营发展需要和队伍状况，提出本单位年度培训需求；管理局机关有关业务部门根据本系统对技能人才的要求，提出年度培训需求。

(二)制定培训计划。局劳动工资处汇总分析各单位和有关业务部门提出的培训需求，在广泛征求意见和充分论证后，与局教育培训处共同下达年度(或半年)培训计划。

(三)通知。承担任务的培训学校根据培训计划安排，在开班前15天将培训通知提报局劳动工资处和教育培训处，经审核通过后下发。培训通知中应包括培训对象、培训目标、培训内容、培训时间、培训地点、培训费收取标准等内容。

(四)选派学员。各单位劳资部门根据办班通知要求和计划分配人数，及时组织好本单位培训学员的选拔调派工作。

(五)组织培训。承担培训任务的单位按照培训要求，组织选配师资，精心设计课程，因材施教，确保培训目标实现。

(六)结业考核。培训结束后，培训学校要结合培训内容，对学员进行严格考核，合格者颁发《技能操作人员培训合格证书》，并将学习和考核情况记入培训结业考核表，一周内反馈至学员所在单位劳资部门。所在单位劳资部门将其培训信息录入职工基本信息库。

(七)培训效果评估。培训学校要及时向局劳动工资处通报教学和学员考核情况，局劳动工资处和教育培训处通过对学员及其单位调查问卷、测试对比等形式，分析评估培训效果。

第二十一条 建立和完善管理局技能培训体系。管理局层面重点抓好高级工、技师、高级技师技能培训，各二、三级单位重点抓好初、中级工技能培训，基层单位重点抓好岗位练兵和授艺带徒培训。

第五章 培训期间的待遇

第二十二条 经二级及以上单位批准参加培训并按规定完成学习任务的技能操作人员，培训期间的待遇按以下规定执行。

(一)脱产培训时间在6个月(含6个月)以内的，学员在培训期间的工资及福利待遇，由各单位结合实际情况自行制定。

(二)脱产培训时间在6个月以上一年以内的，学员在培训期间的基本工资、工龄工资、水电气补贴全额发放，其他与出勤有关的津、补贴停发。实行岗效薪点工资制的，岗点工资按所在岗位的80%计发;实行岗位绩效工资制的，岗位工资照发，不享受奖金。

(三)脱产培训时间在一年以上的，学员在培训期间的基本工资、工龄工资、水电气补贴全额发放，其他与出勤有关的津、补贴停发。实行岗效薪点工资制的，岗点工资按所在岗位的70%计发;实行岗位绩效工资制的，岗位工资按所在岗位的90%计发，不享受奖金。

(四)公派境外、国外及其他有特殊规定的培训，按特殊规定执行。

第二十三条 技能操作人员参加培训的考核成绩与本人工资待遇挂钩。学习成绩未达到规定要求的，视同未完成生产工作任务，应在本办法第二十二条规定待遇的基础上，适当扣减岗点(绩效)工资，扣减标准由各单位结合实际自行确定。

第六章 培训经费

第二十四条 管理局教育培训经费按职工工资总额的2.5%提取，其中用于技能操作人员的培训经费不低于50%(科研设计等单位除外)。

第二十五条 下列项目所需费用，从管理局统筹培训经费中列支。

(一)列入管理局年度(或半年)培训计划的各类培训项目(含高级工、技师鉴定前培训)所发生的培训费(明确由油田承担的部分)。

(二)参加中国石化集团公司及其他上级单位(部门)组织安排的技能培训所发生的培训费用。

(三)各专业工种培训教材(包括声像教材)、鉴定题库开发费用。

(四)管理局因安全、技术等原因应急组织的各类临时培训(包括油田以上级别的赛前培训)所发生的培训费用。

(五)有关技能操作人员培训的其他规定费用。

第二十六条 培训费使用须作年度预算,培训项目实施后,培训经费管理部门和财务部门应按规定核销或划转。

第二十七条 管理局有关部门定期检查各二级单位职工培训经费的使用、管理情况。对不按规定使用培训经费或将培训经费挪作他用的单位,管理局将扣罚其下一年度培训经费,划归管理局统筹使用。

第二十八条 单独提用培训经费的独立法人企业,其培训经费自提自用,标准可参照本办法执行。

第七章 保障措施

第二十九条 各单位要把技能操作队伍培训工作纳入本单位生产经营发展规划和年度计划,努力创造条件,积极组织开展各种形式的培训。

第三十条 技能操作人员参加脱产培训时间在6个月以上(含6个月)或培训经费支出在5000元以上的,派出单位应与其签订培训合同。培训合同要明确培训目标、内容、形式、时间、双方的权利和义务、服务期限、违约责任等。

第三十一条 培训项目的承担单位以委托或培训单位竞标的方式确定。管理局劳资和培训部门要对培训单位的基础设施、教学设备、实习实验场地、师资、教学管理等情况进行审查。承担培训项目的单位,必须具有与培训任务相适应的资质。

第三十二条 管理局劳资和培训部门要采取切实措施对培训班质量进行监督评估。对培训效果好、培训质量高的培训单位,优先安排培训任务;对教学管理混乱、培训质量差或违反管理局规定乱收费的培训单位予以通报批评,并取消其承担油田培训任务的资格。

第三十三条 管理局劳资和培训部门应积极组织人员开发特有工种技能培训教材,并根据技术进步、设备工艺更新等情况,及时修订完善。

第三十四条 管理局定期对在技能操作人员培训工作中做出显著成绩的单位和个人给予表彰奖励。各单位也要对培训成果显著的基层单位和个人给予表彰奖励。

第八章 附 则

第三十五条 本办法自印发之日起执行,原有规定与本办法不一致的,按本办法执行。

第三十六条 本办法由局劳动工资处负责解释。

胜利石油管理局外部市场财务管理办法

胜油局发[2006]281号

第一章 总 则

第一条 为加强外部市场财务管理,规范外部市场会计核算,保证外部市场会计信息的真实性、准确性、完整性和及时性,激励和保障对外创收工作的发展,结合管理局实际,特制定本办法。

第二条 本办法所称外部市场是指管理局内部市场以外的其他交易市场,但不包含国外市场及与胜利油田分公司之间的关联交易市场。

第三条 管理局对外部市场的财务核算管理遵循"收支全额纳入主体财务、实行完全成本费用、单独核算、统一管理和严格考核"的原则。

第二章 会计机构和人员

第四条 各单位外部市场的财务管理和会计核算，由本单位财务资产部门统一负责。各单位应根据外部市场的业务需要，设立相应的会计机构并配备会计人员，必要时可实行会计人员委派制度。

第五条 各单位应建立外部市场会计机构内部控制制度，不相容岗位相互分离。出纳人员不得兼职稽核、会计档案保管及收入、支出、费用、债权债务等账目的登记工作。

第六条 外部市场会计人员的工作岗位应当有计划地进行轮换。会计人员工作调动或者因故离职，必须将本人所经管的会计工作全部移交给接替人员。没有办清交接手续的，不得调动或者离职。

第七条 外部市场的会计人员应依法履行职责，做好相应的会计工作。外部市场项目负责人对本项目会计工作和会计资料的真实性、准确性、完整性负责。

第三章 会计核算

第八条 外部市场发生的经济业务必须依照《会计法》和相关会计制度进行会计核算，将外部市场经济业务同其他业务分开单独核算，既要全部纳入本单位的会计核算范围，又能清晰反映每个外部项目的经营成果。

第九条 外部市场的会计核算可采用以下两种核算方式：

一套账核算方式：即在本单位一套账内设置部门或项目单独核算，通过设置专项核算与台账结　的方式互相补充，经营成果直接在一套账内反映。此种核算方式不用单独编制会计报表，但必须达到外部市场核算明细化的目的。

分级汇总核算方式：外部市场单独设账，进行独立核算，按月上转收支，单独编制会计报表上报本单位汇总。

第十条 外部市场核算的会计科目必须采用中石化财务管理信息系统的标准科目。在不影响会计报表指标汇总和上报本单位统一会计报表的前提下，可以根据外部市场实际情况在标准科目下自行设置和使用明细会计科目及相应的辅助核算。

第十一条 原始凭证的取得。各单位在对外经济活动中必须向对方索取合法的原始凭证，对因客观原因确实无法取得合法原始凭证的，可以采取本单位财务部门认可的规范自制凭证，经证明人、经办人、单位领导共同签字后，作为费用支出的原始凭证。原始凭证不得涂改、挖补，发现原始凭证有错误的，应当由开出单位重新开具。

从外单位取得的原始凭证，必须盖有填制单位的财务专用章或发票专用章；从个人取得的原始凭证，必须有填制人员的签名或者盖章；自制原始凭证必须采用统一规范格式，必须有经办单位领导或者其指定的人员签名或者盖章。

第十二条 外部市场业务应严格按财务法规办理会计手续，填制会计凭证。会计人员必须在审核无误的基础上，对原始凭证进行归类、整理，然后填制记账凭证。除结账和更正错误的记账凭证可以不附原始凭证外，其他记账凭证必须附有原始凭证。

外部市场会计凭证的传递程序应当科

学、合理，具体办法由各单位根据会计业务需要自行规定。但必须遵循内部牵制原则，结合单位内部管理的要求和特点，做到准确及时反映、记录经济业务。

第十三条 账簿设置和账务处理。外部市场应根据财务核算需要设置相应会计账簿，以满足对外部市场经济业务进行单独核算和管理的需要。

会计人员应当根据审核无误的会计凭证登记会计账簿。

外部市场应当定期对会计账簿记录的有关数字与库存实物、货币资金、固定资产、往来单位或者个人等进行相互核对，保证账证相符、账账相符、账实相符。对账工作每月进行一次。

第十四条 会计人员应在遵循《会计法》和会计制度前提下，按管理局财务资产部的统一要求编制财务报告，真实、客观、完整、合理地反映外部创收的财务状况和损益状况。

会计报表应当根据登记完整、核对无误的会计账簿记录和其他有关资料编制，做到数字真实、计算准确、内容完整、说明清楚。

任何人不得编制或者授意、指使、强令他人编制虚假的财务报告。

第十五条 外部市场的会计信息化应使用中国石化集团公司统一规定的财务管理信息系统软件。各单位应根据工作需要，建立和完善外部市场会计信息化岗位责任制，切实做到分工负责、职责明确、操作规范。

各单位外部市场的会计人员必须对每月的财务核算数据及时进行备份，并报送本单位财务资产管理部门存档。

第十六条 会计档案管理。外部市场会计人员负责本项目会计凭证、会计报表、会计账簿归集、整理、装订、保管工作，并按照档案管理规定程序及时移交本单位财务资产部门。

各单位财务资产部门必须加强对外部市场会计档案的管理，建立会计档案的立卷、归档、保管、查阅和销毁等管理制度，保证会计档案妥善保管、有序存放、方便查阅、严防毁损、散失和泄密。

第四章 资金管理

第十七条 管理局财务资产部负责全局外部市场资金的管理和监督工作，管理局财务监控中心具体负责全局外部市场资金的银行账户管理、日常结算及监控工作。

第十八条 管理局对外部市场资金收支实行预算管理制度，各单位应按要求及时编报外部市场资金预算。管理局根据各单位外部市场资金预算，做好资金平衡，加强资金调度，合理安排资金收支。

第十九条 各单位外部市场银行账户原则上必须在管理局指定的商业银行开立。已经在非指定商业银行开立账户的，要逐步转移到管理局指定的商业银行。

第二十条 管理局与指定商业银行签订银企合作协议，建立企业网上银行系统。管理局通过网上银行系统办理各单位外部市场的资金结算业务。各单位要加强对外部市场资金的结算和管理，并及时做好与管理局财务监控中心或外部市场银行账户的对账工作。

第二十一条 管理局对外部市场资金实行按项目单独管理，同时参照《胜利石油管理局收支两条线资金管理暂行办法》(胜油局财资发〔2006〕8号)有关规定执行。

第五章 收入及成本费用

第二十二条 各单位应将外部市场

收支纳入本单位年度财务预算管理体系，建立健全各项外部市场内部控制制度，尤其要完善成本费用控制、资金管理及审批、材料采购及存货管理、合同管理等方面的制度。

第二十三条 各单位在外部市场取得的一切收入，必须纳入本单位财务统一核算和管理，严禁通过截留收入、套取现金等方式私设“小金库”。

收入的确认应以权责发生制为基础。已完工工程，应及时办理结算手续，并全额确认收入;未完工工程，要根据合同和协议的约定按完工进度确认收入。

第二十四条 各单位要加强外部市场的成本费用管理，严格执行集团公司会计核算有关办法中成本费用的核算规定，按照权责发生制原则和配比原则正确归集成本费用。

严格划分资本性支出与经营性支出。凡属制度规定成本费用开支范围以外的各种支出，均不得列入成本费用。各单位发生的与外部市场有关的一切成本费用，均应纳入外部市场会计核算，真实反映外部市场的盈亏状况。

第二十五条 各单位要对本单位管理费等费用项目按照管理局规定的标准分摊到外部市场各项目，对大型工具器具等易耗材料要按照管理局规定的摊销标准进行摊销。

固定资产折旧计提要按照管理局规定的统一标准执行。

第二十六条 材料采购及存货管理。各单位外部市场的材料采购和存货要严格按照财务制度进行核算和管理。外部市场所需大宗材料，应由胜利油田分公司物资供应处组织采购。对于远离管理局驻地的外部市场，所需材料可以在施工地采购，但应当建立健全各项规章制度。(一)自行采购材料应报经本单位项目管理部门批准，并接受合同管理部门审查。材料购销合同的签订要按管理局及各单位规定程序办理;(二)建立严格的货物验收入库及出库制度，并取得对方合法发票;(三)对于库存材料，要制定合理的库存限额，减少流动资金的占用，对于暂估料要及时清理;(四)严格进行材料的收、发、存管理及核算。不准利用以领代耗或以购代耗的形式，一次性计入成本。

第二十七条 应付工资及劳务费的管理与核算。各单位要加强外部市场的劳动用工管理，严格按照劳资处核定的外出队伍劳动用工总量控制指标合理安排用工。

在一定时期内直接支付给本单位职工的劳动报酬总额(含各种生活补贴和加班工资)，均应通过“应付工资”会计科目核算，纳入工资总额管理。

外部市场核准使用的劳务用工，必须签订劳动合同，发生的支出通过“劳务费”会计明细科目核算。

第二十八条 各单位要加强外部市场合同管理工作，按照管理局合同管理方面的有关规定，制订本单位外部市场合同管理具体办法。各单位外部市场要指定专人负责合同管理，对签订的合同要按类别进行连续编号，同时建立有关台账，并将合同文本分别报送本单位合同主管部门和财务部门存档。

第六章 税务管理

第二十九条 本章所称子公司是指具有企业法人资格，实行独立核算的企业;分公司是指不具备企业法人资格，但领取了工商营业执照的企业。

第三十条 各单位到外地临时从事生产、经营活动的，应当持税务登记证副本和所在地税务机关填开的外出经营活动税收管理证明，向营业地税务机关报验登记，接受税务管理。从事生产、经营的单位外出经营，在同一地累计超过180天的，应当在营业地办理税务登记手续。

第三十一条 各单位向外省、自治区、直辖市其他油气田企业提供生产性劳务，应当在劳务发生地税务机关办理税务登记或注册税务登记。在劳务发生地设立分(子)公司的，应当申请办理增值税一般纳税人认定手续，经劳务发生地税务机关认定为一般纳税人后，按照增值税一般纳税人的计算方法在劳务发生地计算缴纳增值税。

第三十二条 各单位向在外省、自治区、直辖市的本单位分(子)公司或已在当地办理了税务登记的所属单位运输材料的，应当按规定开具增值税专用发票，并作销售业务处理。

第三十三条 各单位在劳务发生地未设立分(子)公司但提供生产性劳务的，在劳务发生地按6%的预征率计算缴纳增值税，按预征率预缴的税款可在企业的应纳增值税中抵减。

第三十四条 各单位将承包属于生产性劳务的工程转包、分包给油气田企业或其他企业，应当就其总承包额计算缴纳增值税。非油气田企业将承包的属于生产性劳务的工程转包、分包给油气田企业或其他企业，其工程收入不缴纳增值税，应当按营业税的有关规定缴纳营业税。

第七章 固定资产管理

第三十五条 对外部市场使用的固定资产实行备案制度，各单位在将固定资产运往外部市场时须提前到管理局财务资产部办理备案手续。

第三十六条 外部市场使用的所有固定资产，由使用单位按照管理局固定资产管理的有关规定建立相应的内部管理制度和管理资料，落实管理责任，实施动态管理，定期对资产实物进行清查盘点，做到账实相符，防止国有资产流失。

第三十七条 各单位应每季度末将本单位在外部市场的固定资产使用情况通过报表的形式向管理局财务资产部报告，如实反映资产的增减变动、闲置、租赁、毁损报废、使用效益等情况和变动原因。

第三十八条 对于在外部市场生产经营中发生的资产盘盈、盘亏、毁损报废等情况，由资产所在单位查明原因，按正常工作程序汇总上报，管理局财务资产部组织审批。

第三十九条 外部市场废旧资产变价处置时，可视情况选择就地面向社会组织竞价处置或参加管理局资产调剂会，但必须报经管理局财务资产部批准，由中介机构评估确定底价后方可进行。确定中标客户后按规定办理具体资产处置业务。

第四十条 在开展外部市场资产租赁业务时，各单位应执行管理局资产租赁有关管理规定，在考虑市场因素的同时，严格核定租金价格标准，实现效益最大化。

第八章 财务事项备案、监督检查与奖惩

第四十一条 各单位应建立健全本单位的外部市场财务事项的备案制度，执行《会计准则》和《企业会计制度》的规定，按照管理局财务资产部的要求，对外部市场的重大会计事项实行备案制度。备案的内容主要包括：

(一)外部市场队伍的数量、人员结构、从事的主要业务；

(二)会计机构的设置、人员配备和核算形式；

(三)外部市场会计电算化的配置和使

用情况;

(四)会计制度规定和管理局财务资产部要求的其他事项。以上事项变更后的15天内要重新进行备案。

第四十二条 对各单位外部市场的下列会计事项采用核准制度,经批准后执行。

(一)执行的会计政策以及会计政策的变更;

(二)会计估计的选用和会计估计的变更;

(三)资产减值准备计提的项目、依据和计提金额;

(四)影响当期成本或损益10%或以上重大会计差错的更正;

(五)会计制度规定和管理局财务资产部要求的其他事项。

第四十三条 各单位应建立健全本单位的外部市场财务监督检查制度,定期实行财务监督检查。管理局财务资产部、审计处、财务监控中心是负责局外部市场财务监督的职能部门,每年将定期对各单位外部市场的创收情况、财务制度的执行情况和会计基础工作进行监督、检查和审计。

第四十四条 各单位应采取措施,保证外部市场会计机构、会计人员依法履行职责,不得授意、指使、强令会计机构、会计人员违法或违规办理会计事项。

第四十五条 在完善外部市场财务收支核算的基础上,经管理局审计部门审计后,对完成内部承包指标的外部创收单位,按管理局内部承包责任书规定进行奖励。

第四十六条 对各单位论证效益好的外部市场项目,管理局优先安排急需的装备投资计划。

第四十七条 如发现有下列情形之一的,除没收其违纪金额外,处以1～3倍的罚款,并对单位领导人和有关责任人按管理局有关规定处理。

(一)外部市场收入未纳入主体财务核算;

(二)隐匿、转移、截留收入;

(三)设置“账外账”、“小金库”;

(四)成本费用失去真实性。

第四十八条 如发现有下列情形之一的,将责令改正,并在管理局内部通报批评,情节严重的,将追究单位主管领导和有关责任人的责任。

(一)未经审批擅自开设银行账户;

(二)擅自对外借款或向内部职工集资;

(三)违规套现、使用现金;

(四)随意扩大成本开支范围,致使成本不实;

(五)不按规定进行材料管理、核算;

(六)应取得合法原始凭证而未取得的。

第四十九条 各单位应采用完全成本如实反映外部市场的盈亏情况,不允许出现潜亏、潜盈。对盈亏不实的,一经查出,按虚报金额扣减该单位当年工资总额,并追究单位负责人和有关责任人的行政、经济责任。

第五十条 如有授意、指使、强令会计机构和会计人员违法或违规办理会计事项的行为,将按《会计法》的有关规定和管理局的有关制度予以严肃处理。

第九章 附 则

第五十一条 各单位应结合本单位实际情况制定具体的实施细则并报管理局财务资产部备案。

第五十二条 本办法由管理局财务资产部负责解释。

第五十三条 本办法自发文之日起执行。以前有关规定与本办法相抵触的,以本办法为准。胜油局发〔2001〕188号文件同时废止。

胜利石油管理局质量管理小组活动管理办法

胜油局发[2006]63号

第一章　总　则

第一条　为全面加强质量管理，深入开展质量管理小组(以下简称QC小组)活动，调动广大职工参与质量管理的积极性和创造性，不断提高现场基础管理水平以及产品、工程、施工作业、服务质量，增强企业竞争能力，制定本办法。

第二条　凡在生产等工作岗位上从事各种劳动的职工，围绕企业的经营战略、方针目标和现场存在的问题，以改进质量、降低消耗、提高人的素质和经济效益为目的组织起来，运用质量管理的理论和方法开展活动的小组，统称为QC小组。

第三条　QC小组是实现全员参与质量改进的有效形式，各单位要作为提高质量、降本增效的关键要素来抓。各级技术监督主管部门应会同科技、工会、团委等部门共同做好QC小组活动的指导、帮助、推进和表彰工作。

第四条　管理局设立QC小组活动成果评审委员会，依照本办法，每年组织一次QC小组活动成果评审，同时组织推荐石油工业和国家级优秀QC小组成果。

第五条　本办法适用于管理局及其所属各单位对QC小组活动的组织、管理和评审。

第二章　组织和管理

第六条　QC小组的组建，应从实际出发，采取自愿结合或行政组织等多种形式，可以在本班组、车间(部门)组建，也可跨班组、车间(部门)组建。

第七条　QC小组主要类型有“现场型”、“攻关型”、“创新型”、“管理型”、“服务型”。为体现全员参与质量管理活动，应着重发展以工人为主体的生产、施工作业、服务等方面的“现场型”和“服务型”小组，并提倡工人、技术人员、管理干部三结合。为便于自主地开展现场改进活动，小组人数一般为3至10人。

第八条　技术监督处为管理局QC小组活动的主管部门，负责管理局QC小组活动的组织、管理、评审、表彰，以及向上级部门推荐优秀QC小组成果。各单位技术监督主管部门负责本单位QC小组活动的日常管理、评审、表彰及优秀QC小组的推荐等工作。

第九条　QC小组成立并确定课题后，应及时向所在单位技术监督主管部门注册登记，由各单位汇总统一报送管理局主管部门。管理局QC小组注册登记每年进行一次。对没能正常开展活动的QC小组，技术监督主管部门要热心帮助，对停止活动持续半年以上的QC小组，应予以注销。

第三章　推荐条件

第十条　现场型、攻关型、创新型课题参评管理局QC小组成果奖的推荐条件：

(一)应用专业技术和质量管理技术，

对勘探开发、施工作业、产品和工程质量、工艺技术、设备工具装备、资源与原材料利用等方面进行改进或创新，解决相关技术难题，对原有事物进行改进、完善和提高；

(二)改进或创新后的成果应具有应用价值，创造了经济或社会效益；

(三)课题活动全过程符合PDCA程序，各个环节以客观事实为依据，所用数据完整、准确、有效，统计方法运用正确、恰当。

第十一条 服务型、管理型课题参评管理局QC小组成果奖的推荐条件：

(一)应用质量管理理论及技术方法，对服务、生产经营管理等方面进行改进或创新，解决了相关理论、方式和方法等方面的难题，对原有事物进行改进、完善和提高；

(二)改进或创新后的服务与管理办法、措施，对实践具有指导作用和应用价值；

(三)改进办法或方案经过实施，对提高职工素质、管理效能、工作效率与服务能力有明显效果，创造了经济或社会效益；

(四)课题活动全过程符合PDCA程序，各个环节以客观事实为依据，所用数据完整、准确、有效，统计方法运用正确、恰当。

第十二条 管理局主管部门根据各单位注册登记的QC小组课题数量，分配参加推荐管理局QC小组活动成果评审数量。

第十三条 各单位在召开QC小组活动成果发表会的基础上择优，按时向管理局主管部门提交推荐表及有关材料，推荐单位应对材料进行严格审查，对材料的真实性负审核责任。推荐材料应完整、真实、可靠。

第十四条 各单位推荐参评QC小组成果，须填报《胜利石油管理局QC小组成果奖推荐表》，并加盖公章，连同以下材料一并报送管理局主管部门。

(一)QC小组活动成果报告。要展现各活动程序、步骤的内容、做法和效果，对重要环节进行重点阐述。成果报告用文字、图表、数据表达，应系统分明、前后连贯、逻辑性强；

(二)成果评价。对成果解决的问题，各单位要组织专业技术人员和专家，对其重要性、技术含量、作用等方面进行综合评价。成果评价书由专家签字，推荐单位审核后盖章；

(三)应用证明。由采用单位对成果的应用效果及新增的效益出具评价证明，加盖公章。

第四章　评审标准

第十五条 各单位可采取多种形式定期或不定期地召开优秀QC小组成果发布会，并向管理局主管部门推荐优秀QC小组成果。成果发布会应以交流经验、共同提高为目的;发表形式可以灵活有效，务实求实。

第十六条 管理局QC小组成果奖的等级，根据成果水平、解决问题重要性、应用范围、经济和社会效益等指标综合评定。评审标准是：

(一)一等奖：专业技术和管理技术含量高，解决了技术或管理上难度大的重要问题，对原有事物有大的改进、完善和提高，适用范围大，取得了较大的经济或社会效益；

(二)二等奖：专业技术和管理技术含量较高，解决了技术或管理上难度较大、较重要问题，对原有事物有较大的改进、完善和提高，适用范围较大，取得了明显的经济或社会效益；

（三）三等奖：专业技术和质量管理技术含量一般，解决了技术或管理上一般性问题，对原有事物有一定的改进、完善和提高，有一定适用范围，取得了一定的经济或社会效益。

第五章 表彰与奖罚

第十七条 对QC小组优秀成果，评奖单位应根据获奖等级给予相应的荣誉奖励和物质奖励。对QC小组显著成果，评奖单位可作为其成员评定职称、晋级、评选先进个人的条件，并优先安排参加有关学习和国内外交流活动。

第十八条 对在运用质量管理理论和方法，围绕提高质量，降低消耗或提高管理水平，改善作业(工作)环境，创造效益等方面取得优秀成果的QC小组成员，评奖单位颁发QC成果证书，并按国家有关规定给予奖励。

第十九条 对弄虚作假、骗取荣誉者，一经核实，评奖单位撤销其荣誉称号，情节严重的给予通报批评。

第六章 附 则

第二十条 各单位可根据本办法，结合实际，制定实施细则。

第二十一条 本办法由管理局技术监督处负责解释，自公布之日起施行。《胜利石油管理局质量管理小组实施细则》(胜油局发〔1998〕47号)同时废止。

关于油田职工家属福利待遇问题的通知

胜油局发〔2006〕48号

管理局、分公司各单位，机关各有关部门：

胜利油田职工家属(指无职业的配偶)享受部分照顾性的福利待遇是计划经济时期形成的。随着油田企业改革和用工制度改革的不断深化，现对此问题明确如下：

一、已按油田有关文件规定享受油田职工家属福利待遇的人员继续享受原待遇不变。从本通知印发之日起，新增加的职工家属不再享受油田规定的相关福利待遇。

二、各单位要对享受油田福利待遇的职工家属登记造册，加强管理，并上报管理局集体资产管理中心备案。今后每半年核实一次，并将人员变化情况如实上报；对其中不符合享受职工家属福利待遇条件的应予清理。新增加的职工家属不再列入统计范围。

关于压缩管理性费用的通知

胜油局发〔2006〕248号

管理局各单位，机关各部门：

为扭转全局整体财务预算紧张的局面，进一步强化财务预算管理，根据中国石化集团公司的有关要求，管理局决定压缩各单位今年四季度管理性费用。现将有关事宜通知如下：

一、管理性费用压缩的范围

管理性费用是指局机关各部门、各单位二级机关和三级机关所发生的费用支出。压缩管理性费用的范围包括差旅费、办公费、印刷费、图书资料费、修理费、机物料消耗、低值易耗品、会议费、绿化费、运输费、业务招待费、水费、电费和租赁费等相对可控的费用，不包括人工成本、折旧、税金、保险费等。

二、管理性费用压缩的比例

管理性费用压缩的比例主要依据今年年初管理局给各单位下达的预算指标进行测算，局机关各部门压缩30%、各单位二级机关和三级机关均压缩20%。

各单位管理性费用压缩的具体指标由局财务资产部另行下达。

三、工作要求

（一）对于此次管理性费用压缩的金额，各单位都要将其作为利润上交管理局。

（二）各单位要进一步加强内部管理，规范财务核算，降本减费；同时积极拓展市场，增加收入，确保完成整体财务预算。

（三）各单位要以实行内控制度管理为契机，采取有效措施，将费用项目横向落实到部门、纵向落实到责任人，压缩二、三级机关管理性费用，缓解管理局资金紧张的矛盾。

关于开展“创和谐环境，建温馨家园”活动的通知

胜油局发〔2006〕97号

管理局、分公司各单位，机关各部门：

为全面贯彻党的十六届四中、五中全会和管理局党委全委（扩大）会议及油田五届四次职代会精神，进一步提高油田物业管理和服务水平，积极创造和谐、温馨的居住环境，构建管理科学、服务规范、和谐文明的社区，为油田持续稳定发展提供优质高效的后勤保障，管理局、分公司研究决定，在全油田范围内开展“创和谐环境，建温馨家园”活动。现将有关事宜通知如下：

一、活动目的

通过推行精细化、规范化、人性化的物业管理，倡导健康文明的生活方式，营造和谐、友爱、亲情的生活氛围，全面提升油田的物业管理和服务水平，积极创造“环境共创、责任共担、家园共建、利益共享”的和谐

环境,精心打造"环境优美、秩序优良、服务规范、管理高效、关系和谐"的温馨小区,全面推动和谐油田、平安油田的建设进程,不断提高广大干部职工的居住条件和生活质量,为油田的持续稳定发展提供优质高效的后勤保障。

二、组织领导

管理局、分公司成立开展"创和谐环境,建温馨家园"活动领导小组。

组　长:李玉卿

副组长:李中树

成　员:(按姓氏笔画排序)

马永亮　宁　龙　乔恩言　刘会友

刘建忠　李济东　宋振国　陈兴元

陈福星　周洪成　贾锡坤　彭成山

三、活动内容

(一)加强"和谐环境"意识的宣传和引导,丰富社区文化内涵。从油田发展大局出发,从改善职工生活环境的细处入手,充分利用现有的文化体育活动场所,组织开展棋牌、健身、阅读、露天舞会、"爱我家园"、"送温暖,献爱心"、"社区文化艺术节"等丰富多彩、形式多样、健康向上的文化活动,让广大职工认识和谐、关注和谐、建设和谐,共同营造温馨、爱护温馨、享受温馨,培养居民的集体荣誉感和归属感,营造遵纪守法、爱护环境、扶贫帮困的良好氛围。

(二)大力提升物业管理和服务水平,加大温馨小区的建设力度。通过开展"行风建设月"、"业务大比武"、"每周一课"活动和举办专业知识培训班等形式,切实加强职工队伍的作风和素质建设,建设一支高素质的物业管理干部职工队伍。充实完善社区现有的各项规章制度,进一步严格工作程序,规范管理行为,建立科学有效的物业管理体系。进一步强化"440"服务、卫生保洁、绿化美化、小区秩序维护等工作,"440"维修及时率 100%,一次维修合格率 100%,小区环境、生活秩序进一步好转。

(三)加大典型的选树力度,推动活动的深入开展。加大对优秀物业管理公司、温馨小区、文明家庭等各类创建工作示范点的培育力度,培养一批树得住、叫得响、推得开的先进集体和个人,形成不同层次、不同类别的典型群体,树立新形势下油田居民、油田社区、油田小区的新形象。同时,大张旗鼓地宣传活动中涌现出的先进典型,发挥各类示范点的示范引导作用,形成争当先进、赶超先进的良好氛围。

四、活动安排

(一)第一阶段:宣传发动(4 月 15 日至 5 月 15 日)

组织干部职工层层传达、深入学习管理局和分公司的文件精神,通过各种形式在各住宅小区进行广泛宣传,使全体干部职工和广大居民明确活动开展的目的、意义、主要内容、工作步骤及具体要求,发动各单位和广大职工家属积极参与到活动中来。根据活动开展的主要内容,采取上下结合的办法开展调查研究,摸清工作中的薄弱环节和存在的问题,有针对性地搞好活动实施方案,防止活动简单化、形式化。

(二)第二阶段:活动运行落实(5 月 16 日至 12 月 15 日)

各单位要精心组织,周密安排,狠抓落实。要按照制定的活动实施方案有计划、有步骤、分阶段地开展,从群众最关心、反响最强烈的事情做起,不断制定和完善各项服务措施,特别是对涉及职工群众切身利益的问题,摸清基层情况,倾听群众呼声,不断解决社区居民生活中的实际问题。要以小区为单位,结合实际采取多种形式,广泛组织开展群众喜闻乐见的社区文化活动,提高居民文明居住意识。各单位、各部门要搞好组织协调,相互支持、齐抓共管,互联、互补、互动,确保活动达到预期的目的。

(三)第三阶段:总结评比(12月16日至12月31日)

管理局成立专门的考评验收小组,由公共事业管理部、财务资产部、财务资产处、规划计划部、规划计划处、宣传部、工会、团委、综治办、集体资产管理中心、老年管理中心等部门抽调人员组成。根据活动开展情况适时组织督促检查、经验交流和考评验收,同时结合管理局物业管理与服务监督考核工作,评选"十佳物业管理公司"、"二十佳温馨小区"、"百佳楼栋"、"万户文明家庭",并予以表彰。

五、活动要求

(一)各单位要充分认识活动的重要意义,相应成立活动领导小组,认真部署,周密安排,制定详细可行的实施方案,保证活动有序开展。

(二)各社区要进一步完善信息沟通机制,加强与各单位、小区居民的沟通联系,最大限度地争取各方面的理解和支持;各单位要从大局出发,积极参与,正确引导,真正融入到创建活动中来,形成共建共管的良好局面。

(三)各单位要把此次活动同油田开展的"胜利品牌提升年"、"思想作风建设深化年"、"四进社区"、"三亲情"等活动结合起来,形成合力,为油田生产经营发展创造和谐环境,为实现"油气当量重上三千万"发展目标提供坚实保障。

关于认真开展治理商业贿赂专项工作的通知

胜油局发〔2006〕203号

管理局、分公司各单位,机关各部门:

为认真贯彻落实中共中央办公厅、国务院办公厅《关于开展治理商业贿赂专项工作的意见》和国务院国资委《治理产权交易中商业贿赂工作实施方案》,中国石化集团公司制定印发了《关于开展治理商业贿赂专项工作的实施意见》(中国石化监〔2006〕286号,以下简称《实施意见》)。现就贯彻落实《实施意见》,认真开展治理商业贿赂专项工作作如下通知:

一、统一思想,提高认识

各单位各部门要围绕开展治理商业贿赂专项工作,加强教育,统一思想,提高认识。要紧密结合集团公司和油田近年来查处经济违纪违法案件的实际情况,引导广大干部职工充分认识商业贿赂行为破坏市场经济秩序,败坏企业风气,腐蚀领导人员和干部职工,滋生腐败行为和经济犯罪的严重危害性。坚持从完善社会主义市场经济体制,建设信用体系,维护公平竞争原则,维护企业切身利益和国有资产安全的高度,深刻认识治理商业贿赂的重要性和紧迫性,自觉把治理商业贿赂作为加强企业管理,促进依法经营、有序竞争,树立良好企业形象的现实需要;作为推进企业党风建设和反腐倡廉工作,建设"忠诚石化、热爱油田、守法诚信、廉洁敬业、履职尽责"的高素质干部职工队伍的重要举措,切实增强依法经营意识、管理责任意识、严格自律意识,自觉抵制商业贿赂行为,扎实有效地开展治理商业贿赂专项工作。

二、加强领导,成立机构

为切实加强对治理商业贿赂专项工作的组织领导,管理局、分公司成立治理商业贿赂专项工作领导小组：

组　长：曹耀峰

副组长：王立新　刘中云　郭长玉　李玉卿

成　员：于锡富　王光友　许卫华　乔恩言　刘会友　刘绍亮　吴亚东　张卫国　宋道强　李新成　李明平　贾文昌　殷寿先

领导小组在局纪委(监察处)设立办公室负责日常工作，于锡富同志兼任办公室主任。

各单位要结合实际，成立相应领导机构。各级纪检监察部门要在党委和行政的统一领导下，充分发挥组织协调和监督检查作用。

三、联系实际，自查自纠

各单位各部门要从实际出发，制定具体方案，采取有效措施，对不正当交易行为认真进行自查自纠。共分为3个阶段：

(一)宣传发动阶段(6月中旬)。认真学习中办、国办《关于开展治理商业贿赂专项工作的意见》和上级部门关于治理商业贿赂的部署要求，组织开展观看《石化反腐警示录(第二部)》、参观胜利油田党风廉政教育基地和警示教育基地活动，提高干部职工对商业贿赂危害性和开展治理商业贿赂专项工作重要意义的认识，纠正错误观念，加强教育警示，形成反对和治理商业贿赂的良好氛围。

(二)自查自纠阶段(6月下旬至8月上旬)。深入调查研究，摸清本单位本部门是否存在不正当交易行为，以及其特点、现状和表现。针对产权交易、工程建设、物资采购、产品销售、项目审批、市场准入、财务资产管理等业务的重点环节、重点岗位，健全完善配套管理制度，制定切实可行的自查自纠方案，对2005年以来的生产经营管理活动认真开展自查自纠。

要认真检查在产权交易中执行《企业国有产权转让管理暂行办法》(国资委、财政部令第3号)和《中国石油化工集团公司国有产权转让管理办法》(中国石化财〔2005〕769号)及配套文件情况，包括国有产权转让进场交易情况、国有产权转让过程的规范情况、国有产权转让中管理层受让情况的合规性、产权转让过程中维护企业职工合法权益的情况。检查工程建设、物资采购、产品销售等领域遵守国家《招标投标法》、《反不正当竞争法》、国家工商总局《关于禁止商业贿赂行为的暂行规定》等法律法规的情况。检查重大项目投资审批、大额度资金运作过程中，执行民主决策程序以及投资计划、资金监督有关制度情况。检查市场准入、合同签订、财务资金管理等执行有关法律法规和制度规定情况。重点检查在上述领域经营活动中，有无违反规定给予或接受回扣、提成、手续费、佣金以及其他利益，损害国家、出资人、企业利益和职工合法权益的行为。坚决纠正违反商业道德和市场规则，影响公平竞争的不正当交易行为。

各级领导干部要带头进行自查自纠，重点检查自己直接参与决策并组织实施的重要生产经营活动和分管领域的情况。各级职能管理部门要认真检查本部门组织实施的重要经营活动情况，并负责组织所管专业系统的自查自纠工作，要检查本部门制度建设是否存在漏洞和不合理性，已有制度是否得到严格执行，业务流程是否科学规范。掌管人、财、物处置权的关键岗位工作人员，要认真检查履行岗位职责、参与重要生产经营管理活动和自身行为所涉及的重点项目、重点领域的工作情况。

(三)总结整改阶段(8月中旬至9月上旬)。各单位各部门针对自查中发现的各种不正当交易问题，认真进行总结分析，查找监管的薄弱环节，采取有效措施，落实责任，加强整改。

在自查自纠工作中，要注意把握政策、讲求策略。对情节轻微的，以批评教育和自我纠正为主。对某些领域存在的普遍性问题，要集中整治。对自查不力的单位、部门，要加以督导；对敷衍搪塞、弄虚作假、掩盖问题和拒不自查自纠的，按照党风廉政建设责任制有关规定，严肃追究处理。要进一步规范油田单位与外部单位业务往来审批，严格市场准入，强化对企业经营活动的监督检查。健全商业贿赂“黑名单”制，对在工程建设、物资采购等重点领域，采取不正当手段进行商业贿赂的油田外部企业，要清理出油田市场。

各单位各部门自查自纠情况，于8月底以前书面报管理局、分公司治理商业贿赂专项工作领导小组办公室

四、强化措施，狠抓落实

(一)进一步加强廉洁教育。

结合学习遵守贯彻维护党章，开展“思想作风建设深化年”主题活动和“双争”活动，广泛采取组织参观油田“两个教育基地”、举办法制讲座、座谈讨论，开展学习《刑法》、《反不正当竞争法》知识竞赛答题活动等有效形式，大力加强领导人员、干部职工理想信念和从业道德教育、优良传统教育、党纪法规教育。要运用商业贿赂典型案例开展警示教育，增强自觉抵制商业贿赂的意识。积极推进廉洁文化建设，形成以廉为荣、以贪为耻的良好风尚。

(二)严肃查办商业贿赂案件。

要畅通案件线索渠道，设立举报箱和举报电话，对投诉举报商业贿赂案件的有功人员予以奖励。认真梳理和排查自查自纠和专项检查中发现的案件线索，对有价值的线索深入开展调查。要重点查办自查自纠中问题突出的领域和部位所涉及的商业贿赂案件，严肃查办在治理乱投资、乱准入、乱担保、乱设账工作中发现的商业贿赂案件。坚持准确运用政策，严格区分违纪与违法行为，宽严相济，区别对待。敦促有商业贿赂问题的单位和人员主动向组织交代。对主动交代问题并积极退出不当所得的，依纪依法从轻、减轻或免于处罚；对性质恶劣、情节严重、涉案范围广、影响面大的商业贿赂案件，要移送司法机关处理。对领导干部和各级机关工作人员涉及商业贿赂行为，情节严重，造成恶劣影响的，要严格依纪依法处理。要注意挽回经济损失，对违纪违法所得要进行追缴，切实保障企业利益和职工权益。

(三)深入开展专项治理活动。

治理商业贿赂要将有效的监督渗透到企业生产经营管理的各个领域和重要环节，进一步提高从源头上防治商业贿赂的效果。一是深入开展规范井下作业市场管理专项监察工作，明确领导责任，严格市场准入，促进规范管理，确保安全生产，实现降本增效；二是认真开展专项资金管理使用专项监察工作，建立完善《专项资金管理使用暂行办法》，加强资金使用审批管理，杜绝发生“戴帽资金”、“戴帽工程”等问题；三是认真开展轻烃生产销售管理专项监察工作，制定完善《轻烃生产销售管理规定》，进一步理清产权关系、销售渠道和资源费收取渠道，加强轻烃生产销售管理；四是认真开展清理整顿对外投资和多种经营专项监察工作，理顺产权关系，规范关联交易，维护油田和职工群众利益，确保国有资产安全；五是认真开展清理私设“小金库”专项监察工作，切断滋生腐败和商业贿赂行为的资金来源；六是对处级干部兼职取酬、集资参股入股、领取规定外收入、个人担保等情况进行专项清理。

(四)认真开展治理医疗卫生机构商业贿赂专项工作。

要结合油田实际，制定专项工作实施方案，严格自查自纠和监督检查。对群众举报的收受医疗器械和药品回扣、红包问题，认真组织调查处理。坚持纠建并举原则，认真抓好医疗卫生机构行风建设，加强职业道德教育，严格落实医药竞价招标采购制度，建立完善各项管理及公开制度，形成预防和治理医疗卫生机构商业贿赂的长效机制。

五、健全制度，惩防并举

加强对经营管理人员的法律法规、职业道德和诚信教育，把诚信经营作为油田广大经营管理者的行为准则，严格遵守法律法规和商业道德，增强自觉抵制商业贿赂的意识，做到既不接受他人的商业贿赂，也不对他人进行商业贿赂。

认真组织学习宣传贯彻《刑法》、《反不正当竞争法》，以及治理商业贿赂的相关配套文件，充分发挥法律、规章维护市场秩序、规范交易活动的作用。严格执行中国石化集团公司、股份公司有关制度规定，不断健全完善和严格执行管理局、分公司内部控制制度，强化对各项业务特别是产权交易、工程建设、物资采购、产品销售、市场准入、资金管理等重点经营管理业务的控制。通过制定完善相关配套管理制度，明确相关部门和岗位的职责权限，规范各级授权，建立严格的责任追究制度和岗位轮换制度等，建立起防治商业贿赂的长效机制。

结合贯彻落实《建立健全教育、制度、监督并重的惩治和预防腐败体系实施纲要》，加快惩防体系制度建设，进一步强化内部监督。纪检监察、审计部门要充分发挥监督检查和审计职能，促进正确赋权、规范用权、有效制权。要强化对管人、管钱、管物、管事等重点岗位和人员的监督管理；加强对工程建设项目立项、招标投标、竣工决算等重要环节的监督工作；运用电子商务和ERP系统，加大对供应商选择和采购价格的监管，严控采购风险。推行物资采购、产品销售、财务资金集中统一管理，严格执行并完善相关管理规定，强化权力监督和制约。

坚持依纪查案，发挥惩处综合作用。要毫不松懈地依纪依法查办各类商业贿赂案件，保持对违纪违法行为的惩治力度，同时，要针对案件中暴露出的问题，深入剖析，举一反三，查找经营管理中存在的漏洞以及体制机制方面的原因，完善监管制度、措施和企业风险防范机制。

六、强化责任，务求实效

开展治理商业贿赂专项工作，要坚持“标本兼治、综合治理，周密部署、稳步推进，突出重点、注重实效，把握政策、维护大局”的原则。既要集中时间开展专项整治，又要坚持常抓不懈，做到与整顿和规范市场秩序相结合，与构建惩治和预防腐败体系相统一，与生产、经营、管理相适应，用发展的思路和改革的办法解决商业贿赂问题。

要按照党委统一领导、党政齐抓共管、部门各负其责的要求，建立健全领导责任制和工作运行机制，做到思想认识、组织领导和工作落实“三个到位”。定期报告治理商业贿赂工作进展情况，重要情况和大案要案要及时报告。要将治理商业贿赂工作纳入党风廉政建设责任制考核体系，明确工作规范，落实责任分工，对工作不力、造成不良后果的要严肃追究责任。

根据治理商业贿赂专项工作实践，要注意掌握不正当交易行为和商业贿赂案件的特点、规律，认真总结工作做法和经验，研究预防和治理的思路、对策，及时解决苗头性和倾向性问题。各单位和部门领导要重视，思想要统一，措施要到位，狠抓落实，务求实效。管理局、分公司将适时对各单位开展自查自纠情况进行抽查，对工程建设、物资采购、产品销售等工作领域的自查自纠情况进行专项检查。

胜利油田分公司内部控制检查评价与考核暂行办法

胜油公司发[2006]139号

第一章 总 则

第一条 为加强胜利油田分公司内部控制工作,提高分公司管理水平,遵循国内外资本市场监管要求,正确评价内部控制制度的执行情况,根据《中国石油化工股份有限公司内部控制检查评价与考核暂行办法》和分公司《内控手册》实施细则有关规定,结合分公司实际情况,特制定本办法。

第二条 内部控制检查评价与考核工作组织领导

分公司内控领导小组负责分公司内部控制检查评价与考核工作,分公司内控办公室具体负责分公司内部控制检查评价与考核工作的组织实施。

第三条 分公司内部控制检查评价形式

分公司内部控制检查评价采取分公司内部检查评价和单位自查评价相结合的形式。

分公司内部检查评价包括分公司内部综合检查评价、审计处独立检查评价和业务流程(控制点)穿行测试。其中,分公司内控办公室每半年组织1次分公司内部综合检查评价;审计处每年至少针对5～20个业务流程进行独立检查评价;各责任部门和责任人每季度至少对相关业务流程和关键控制点的有效性进行1次业务流程(控制点)穿行测试。

分公司各单位根据分公司《内控手册》实施细则有关规定,针对本单位内部控制执行情况组织开展单位自查评价。

第四条 内部控制检查评价报告

分公司内控办公室根据检查小组现场检查评价结果和检查评价报告、审计处内部控制独立检查评价结果、各责任部门季度穿行测试结果,形成分公司内部控制检查评价报告,并报分公司内控领导小组审议。

第二章 分公司内部综合检查评价

第五条 分公司内部综合检查评价的原则

分公司内部综合检查评价以分公司《内控手册》实施细则为基础,对各单位内部控制的健全性、实施的有效性等进行综合检查和评价。

第六条 分公司内部综合检查内容及评分

检查内容包括内部控制环境评价、单位自查情况评价、业务流程综合检查评价、内部控制日常工作评价、风险评价等,总评分100分。

(一)内部控制环境是对各单位进行定性评价的主要内容之一,暂不进行量化评分。

(二)单位自查情况评价10分。

(三)业务流程综合检查评价80分。

(四)内部控制日常工作评价10分。

(五)风险评价包括会计信息质量风险评价、经营过程潜在风险评价、重大事件或事故风险评价。风险评价共分为4个等级,即:一般风险、重大风险、显著缺陷、实质漏洞。根据评价等级对综合检查量化评分进行修正。

一般风险:扣减综合检查得分的5%;

重大风险:扣减综合检查得分的10%;

显著缺陷:扣减综合检查得分的50%;

实质漏洞:综合检查得分为零。

当出现多个风险评价结果时,按扣减比例累加结果对综合检查量化评分进行修正。

第七条 分公司内部综合检查评价工作流程

(一)制定检查评价工作方案分公司内控办公室统一制定综合检查工作方案,报分公司内控领导小组批准后,派出检查小组对各单位进行现场检查和评价。

(二)现场检查和评价检查小组进驻各单位进行现场检查和评价,遇到问题及时向分公司内控办公室报告。分公司内控办公室对现场检查中遇到的各类问题要及时协调和研究解决。现场检查结束后,检查小组向分公司内控办公室提交现场检查评价报告。

(三)检查评价结果复核与确认分公司内控办公室对现场检查评价结果统一进行复核和确认。

第八条 内部控制环境评价

检查小组在现场检查评价过程中,要注重与被检查单位各级人员的交流与沟通,通过调查、询问等形式了解并掌握被检查单位内部控制环境,对被检查单位的诚信与道德、经营管理理念、组织机构及制度建设和人力资源管理等方面进行评价,进而对被检查单位内部控制环境情况综合评价。

第九条 单位自查情况评价

分公司年度、半年度综合检查评价中,对分公司所属单位自查情况进行验证和评价。检查小组在现场检查过程中重点评价各单位自查的组织情况和问题的整改情况。

第十条 业务流程综合检查评价

(一)确认被检查单位适用的业务流程范围按照分公司《内控手册》实施细则确认被检查单位适用业务流程范围,分公司根据管理的需要,增加的业务流程都列为分公司所属单位检查评价范围之内。

(二)控制点检查抽样业务流程控制点按其性质可分为"财务报告相关控制点"和"财务报告非相关控制点"两类。

1.财务报告相关控制点的抽样方法财务报告相关控制点检查样本抽取数量根据业务发生频率高低及相关会计科目的重要性确定。具体情况如下:

业务发生频率"每年一次"的,至少抽样1笔;业务发生频率"每年一次及以上至每季度一次"的,至少抽样2笔;业务发生频率"每季度一次及以上至每月一次"的,至少抽样2笔;业务发生频率"每月一次及以上至每周一次"的,至少抽样5笔;业务发生频率"每周一次及以上至每天一次"的,至少抽样15笔;业务发生频率"每天多次"的,至少抽样30笔。

2.财务报告非相关控制点的抽样方法

对财务报告非相关控制点的检查评价,至少要抽取3个样本(实际发生业务数量少于3笔的全部检查)。

(三)控制点检查评价

控制点的检查评价包括"不相容岗位(职务)分离情况评价"和"控制点执行情况评价"两项内容。

1.不相容岗位(职务)分离情况评价

检查实际工作中是否对不相容岗位(职务)进行了有效分离。未进行不相容岗位(职务)分离的,视为该控制点"未执行"。

2.控制点执行情况检查评价

控制点的所有抽查样本中,如果有一

个样本存在下列情况之一，即视为该控制点“未执行”，控制点“检查评价得分”为零。(1)未执行规定的控制步骤或控制方法；(2)突破规定的权限；(3)未实现规定的控制目标；(4)不能及时提供有效的控制点相关资料。以上两项检查评价全部合格的控制点视为“有效执行”控制点，获得相应的“控制点分值”得分。

3.参照执行控制点的检查评价

对相关业务流程之间参照执行的控制点，无须进行重复检查。参照执行控制点的评价得分，以被参照业务流程控制点评价结果为准。其中，一个控制点参照执行两个及以上控制点的，以被参照业务流程控制点中最差评价结果为准。

(四)业务流程综合检查评价量化评分

业务流程综合检查评价得分=∑控制点检查评价得分×80/∑控制点基础分值。其中，∑控制点检查评价得分为被检查单位所有适用业务流程控制点“检查评价得分”之和；∑控制点基础分值为被检查单位所有适用业务流程剔除不适用控制点及业务未发生控制点后的“控制点分值”之和。

第十一条 内部控制日常工作评价

分公司内控办公室对各单位内部控制日常工作情况进行管理，根据日常工作记录对各单位进行考核和评价。评价的主要内容包括单位内控自查报告的上报情况、内控各类问题整改落实的反馈情况、有关文件的转发和落实情况、各类征求意见的反馈情况以及内控办公室布置的其他工作等方面。

第十二条 会计信息质量风险评价

会计信息质量风险评价包括3方面内容，即：会计工作整体情况风险评价、影响税前利润风险评价和其他会计信息质量风险评价。

(一)会计工作整体情况风险评价

存在下列情况之一，即认定被检查单位会计工作整体上存在“一般风险”：

1.财务会计人员缺乏必要的任职资格和胜任能力；

2.会计岗位职责不清，或未执行规定的不相容岗位(职务)分离；

3.会计凭证未按规定审核、装订和归档，或会计凭证丢失。

(二)影响税前利润风险评价

对不符合股份公司内部会计制度或成本核算与管理办法，且影响税前利润的事项进行风险评价。

1.风险指标

根据被检查单位适用业务流程潜在错报金额合计，分别按照被检查单位和分公司两种口径计算风险指标：

风险指标1=潜在错报金额合计/被检查单位期末资产总额；

风险指标2=潜在错报金额合计/分公司期末资产总额；

潜在错报金额=相应会计科目同向累计发生额×潜在错报率。

2.影响税前利润风险评价等级一般风险：1‰≤风险指标1<5‰，且风险指标2<1‰；重大风险：5‰≤风险指标1，且风险指标2<1‰；显著缺陷：1‰≤风险指标2<5‰；实质漏洞：5‰≤风险指标2。

(三)其他会计信息质量风险评价其他会计信息质量风险是指不影响税前利润，但不符合分公司有关会计制度要求的事项，主要包括以下方面：1.重要原始凭证如入库单、提货通知单、开出发票和支票等不连号或未经审批取消原始凭证；2.未按规定与股份公司内/外部往来单位对账及编制往来账户余额调节表，或10万元以上的对账差异1个月以上未处理，或其他对账差异3个月以上未处理；3.未按规定编制银行账户余额调节表，或调节表差异1个月以上未处理；4.违反股份公司内部会计制度或成本核算与管理办法有关税务核算规定；5.违反股份公司内部会计制度或成本费用核算与管理办法，但不影响税前利润的其他会计核算事项。

其他会计信息质量风险按“一般风险”等级进行评价。

第十三条 经营过程潜在风险评价

分公司内控办公室核实各单位发生下述情况，上报分公司内控领导小组研究确定风险评价的等级。(一)预算指标分解不落实，成本控制措施不力，造成成本超支或潜亏的；(二)未按权责发生制核算收入与支出，存在关联交易结算不及时，费用已发生未及时列账等情况，造成会计信息严重失真的；(三)私自设置小金库、账外账，隐瞒或转移收入的；(四)存在越权担保事项；(五)人为原因造成账实不符；(六)单位发生违法、违纪经济案件，经司法机关或油田纪委、监察部门查证属实；(七)经营过程中存在的其他潜在风险。

第十四条 重大事件或事故风险评价

因内控原因发生重大事件或事故导致直接财产损失金额与风险评价等级对照如下：

(一)一般风险：直接财产损失金额10万元(含10万元)～100万元；

(二)重大风险：直接财产损失金额100万元(含100万元)～200万元；

(三)显著缺陷：直接财产损失金额200万元(含200万元)～500万元；(四)实质漏洞：500万元及以上。

第三章　内部控制的考核

第十五条 内部控制考核的原则和方式分公司内部承包责任书中设置“内部控制制度执行率”考核指标，包括分公司内部综合检查评价、审计处独立检查评价、单位自查情况评价等因素。分公司对各单位、机关各部门内控工作考核采取“只扣不奖”的原则，实行半年考核、年度兑现的方式。

第十六条 内部控制考核的兑现

凡达不到“内部控制制度执行率”考核指标的，分公司内控办公室提出考核意见，报分公司内控领导小组审批后，扣发相关单位处级领导班子成员一定比例的风险业绩奖金。

凡在“股份公司年度综合检查评价”和“股份公司审计部独立检查评价”中出现扣分现象的，分公司内控办公室提出考核意见，报分公司内控领导小组审批后，扣发相关流程责任部门领导成员和相关单位处级领导班子成员一定比例的风险业绩奖金。

第十七条 分公司各流程责任部门要对所负责的流程和控制点制订细化考核办法，明确责任归属；分公司各单位要对适用的流程和控制点制订奖惩兑现办法，明确执行责任，层层落实考核措施。分公司内控办公室对各流程责任部门和分公司各单位的细化考核和奖惩兑现进行督导。

第四章　附　则

第十八条 本办法由分公司内控办公室负责解释。

第十九条 本办法自印发之日起执行。

文 件 部 分 索 引

关于印发2006年安全生产工作要点的通知
胜油局发[2006]1号
关于下达2006年科学技术进步计划的通知
胜油局发[2006]21号
关于下达2006年技措项目计划的通知
胜油局发[2006]23号
关于2006年效能监察工作的安排意见
胜油局发[2006]24号
关于印发2006年审计工作要点的通知
胜油局发[2006]30号
关于油田职工家属福利待遇问题的通知
胜油局发[2006]48号
关于印发《胜利石油管理局质量管理小组活动管理办法》的通知
胜油局发[2006]63号
关于部分职务消费和福利制度改革实施办法的报告
胜油局发[2006]64号
关于开展对外投资和多种经营单位清理整顿工作的通知
胜油局发[2006]83号
关于试行中国石化集团公司内部控制制度的通知
胜油局发[2006]91号
关于2006年调查研究工作的意见
胜油局发[2006]93号
关于开展"创和谐环境，建温馨家园"活动的通知
胜油局发[2006]97号
关于印发《胜利石油管理局首席技能大师和技能大师聘任管理暂行办法》的通知
胜油局发[2006]103号
关于印发《胜利石油管理局海上石油生产设施和专业设备检验管理暂行办法》的通知
胜油局发[2006]162号
关于印发《胜利油田井下作业管理暂行规定》的通知
胜油局发[2006]190号
关于认真开展治理商业贿赂专项工作的通知
胜油局发[2006]203号
关于印发《胜利石油管理局内部控制制度实施细则(试行)》的通知
胜油局发[2006]210号
关于胜利油田通讯费改革的指导意见
胜油局发[2006]242号
关于压缩管理性费用的通知
胜油局发[2006]248号
关于印发《胜利石油管理局修理费用管理办法》的通知
胜油局发[2006]271号
关于印发《胜利油田招标投标管理办法》的通知
胜油局发[2006]277号
关于印发《胜利石油管理局外部市场财务管理办法》的通知
胜油局发[2006]281号
关于印发《胜利石油管理局债务债权管理暂行办法》的通知
胜油局发[2006]290号
关于进一步加强用工控制与管理的通知
胜油局发[2006]294号
关于印发《胜利油田信息系统安全管理办法》的通知
胜油局发[2006]295号
关于印发《中国石化胜利油田重特大事件应急预案》的通知
胜油局发[2006]331号

关于下达2006年科学技术进步计划的通知
胜油公司发[2006]3号
关于贯彻执行新版《内部控制手册》进一步做好分公司内控管理工作的通知
胜油公司发[2006]10号
关于印发《胜利油田分公司质量管理小组活动管理办法》的通知
胜油公司发[2006]21号
关于下达2006年主体队伍劳动用工控制指标的通知
胜油公司发[2006]28号
关于印发《胜利油田分公司首席技能大师和技能大师聘任管理暂行办法》的通知
胜油公司发[2006]40号
关于印发《胜利油田分公司技能操作人员培训管理办法》的通知
胜油公司发[2006]41号
关于印发《胜利油田分公司专项资金监督管理暂行办法》的通知
胜油公司发[2006]42号
关于开展油气田开发项目后评价工作的通知
胜油公司发[2006]62号
关于印发《胜利油田分公司油田水质专项治理工作管理暂行规定》的通知
胜油公司发[2006]66号
关于印发《胜利油田分公司海上石油生产设施和专业设备检验管理暂行办法》的通知
胜油公司发[2006]81号
关于印发《胜利油田分公司低品位储量开发管理办法》的通知
胜油公司发[2006]82号
关于印发《胜利油田分公司边远零散天然气利用及销售管理规定(试行)》的通知
胜油公司发[2006]83号
关于印发《胜利油田分公司固定资产管理暂行办法》的通知
胜油公司发[2006]85号
关于开展"精细过程管理,培养稳升井族和长寿井"及"争当基层管理十大能手"活动的通知
胜油公司发[2006]92号
关于印发《胜利油田分公司地面建设工程施工招标投标管理规定》的通知
胜油公司发[2006]96号
关于执行《胜利油田分公司"权限指引"实施细则》有关问题的通知
胜油公司发[2006]104号
关于开展资产清查工作的通知
胜油公司发[2006]129号
关于压缩管理性费用的通知
胜油公司发[2006]132号
关于印发《胜利油田分公司开发钻井监督管理暂行规定》的通知
胜油公司发[2006]133号
关于印发《胜利油田分公司内部控制检查评价与考核暂行办法》的通知
胜油公司发[2006]139号
关于印发《胜利油田分公司水平井管理办法》的通知
胜油公司发[2006]153号

◆概况
◆大事记
◆特载
◆专文
◆工作综述
◆二级单位
◆局属实体　控股公司　改制企业
◆先进集体　先进个人
◆人物
◆文件选辑及索引
◆

资料数据

胜利石油管理局统计资料

表 1　　经济总量指标完成情况

指标名称	计量单位	2006年数
总收入(合并报表)	亿元	300.05
其中:主营业务收入	亿元	294.92
总支出(合并报表)	亿元	306.16
其中:主营业务成本	亿元	271.12
利润总额	万元	-61036
净利润	万元	-189420
应交税金	万元	312524
企业增加值	万元	1046555
工业增加值	万元	739391
工业总产值(现价)	亿元	217.28
工业销售产值	亿元	214.96
总投资	亿元	16.29
期未全局从业人数	人	73870
职工工资总额	万元	302371

表 2　　主要经济运行质量及技术经济指标完成情况

指 标 名 称	计 量 单 位	2006 年数
销售(营业)利润率	%	－2.06
成本费用利润率	%	－1.02
资产负债率	%	80.82
流动比率	%	52.27
速动比率	%	40.84
固定资产周转率	%	181.06
应收账款周转率	%	433.61
存货周转率	%	1203.13
全员劳动生产率	万元/人	10.68
机械钻速	米/时	19.40
钻机月速度	米/台·月	4156.00
二维地震纪录优良率	%	89.10
三维地震纪录优良率	%	83.46
平均地震队标准工作量	标准千米/队	6165.63
测井资料优等品率	%	85.25
测井射孔一次成功率	%	99.70
测井井壁取芯收获率	%	88.54
录井质量合格率	%	100.00
供水产销差率	%	14.81
供电网损率	%	6.26
发电标准煤耗率	克/千瓦·时	321.85
发电用厂自用电率	%	6.16

表 3　　**税 费 情 况**

单位:万元

指 标 名 称	2006年应交(退)数	2006年已交(退)数
一、应交税金小计	312524.13	363910.14
增值税	171240.98	177048.77
其中:一般纳税人	171240.98	177048.77
消费税	1.21	5.49
营业税	13578.47	13835.78
资源税	3603.00	3629.96
企业所得税	77820.82	113226.10
土地增值税	112.98	76.48
城市维护建设税	12065.83	19667.76
房产税	2893.63	2567.17
土地使用税	12299.16	13146.31
车船使用费	341.49	339.55
个人所得税	15415.44	17189.78
关税	315.54	321.17
印花税	832.69	786.19
耕地占用税		
其他税金	2002.89	2075.63
二、其他款项小计	58596.68	55916.22
教育费附加	6848.11	9431.61
矿产资源补偿费	3764.58	9048.16
应交集团公司折旧	19472.24	8924.71
三、应退税费小计	1557.29	1543.56
企业所得税返还		
增值税返还		
出口退税	1557.29	1543.56
四、社会保险费用小计	115610.06	115610.06
基本养老保险	69679.82	69679.82
失业保险	7171.35	7171.35
基本医疗保险	22608.92	22608.92
基他保险费	16149.97	16149.97

表 4 **企业增加值**

单位:万元

指标名称	年累计
企业增加值	1046555
1.营业利润	－31524
2.税金总额	252216
其中:应交增值税	171241
3.劳动者报酬	642123
其中:工资	306171
职工福利费	53217
其他劳动者报酬	228735
4.固定资产折旧	183740

表 5 **主要产品生产和施工能力状况**

指标名称	计量单位	年末实际能力
1.供水	万吨/日	96.5
库容	万立方米	37609
2.污水处理	吨/时	4167
3.发电设备总装机容量	万千瓦	132
其中:燃煤发电	万千瓦	104
燃气发电	万千瓦	28
4.供电	亿千瓦·时/年	52
5.机械加工	万吨/年	8.5
6.企业自有铁路专用线	千米	28
7.钻井施工	万米/年	395
8.录井	口/年	1797
9.测井标准米	万米/年	15000
10.货运周转量	万吨千米/年	12800

表 6　**主要专业队数及人数**

专业队种	年末实有队数	全部用工	在岗正式职工
合计	826	31075	22727
1. 地质队	110	454	366
2. 测量队	4	227	220
3. 地震队	15	1387	1047
4. 重磁力队	—	—	—
5. 电法队	—	—	—
6. 化学、放射性勘探队	1	—	—
7. 综合研究队	—	—	—
8. 专题研究队	—	—	—
9. 电测队	67	535	507
10. 射孔队	30	235	220
11. 气测队	—	—	—
12. 钻井队	161	8369	5631
其中:海上钻井队	9	851	758
大型钻井队	155	8210	5559
其中:超深井钻井队(4000 米以上)	82	4552	3151
中型钻井队	—	—	—
小型钻井队	6	159	72
13. 水井队	1	6	6
其中:使用中型钻井机的(1200 米以上)	1	6	6
14. 固井队	9	290	288
15. 综合录井队	60	447	371
16. 管子站(队)	20	978	741
17. 井架安装队	19	954	778

续表

专业队种	年末实有队数	全部用工	在岗正式职工
18.钻井搬迁(家)队	2	130	130
19.采油队	331	27020	16429
20.稠油热注气队	31	1297	687
21.采气队	6	384	270
22.试油队	35	1189	966
23.大修(井)队	53	1670	1539
24.井下作业队	212	5941	5158
25.酸化压裂队	4	224	176
26.试井队	21	728	610
27.油田建筑安装队(中队)	23	1365	1087
28.管道施工队	—	—	—
29.输油(气)队	85	5821	3859
30.汽车运输队	141	5951	4360
31.检维修(机修)队(车间)	33	5432	4415

胜利油田分公司统计资料

表 1 胜利油田主要生产经营指标

指标名称	计算单位	1964—2006 年累计	2006 年	
			分公司	管理局
原油产量	万吨	88028.45	2609.4	132.10
天然气工业产量	亿立方米	383.87	7.84	0.17
原油销售量	万吨	84440.28	2648.68	—
天然气销售量	亿立方米	110.07	4.44	—
其中:供山东气网	亿立方米	82.30	1.15	—
产品销售收入	亿元	6972.55	834.56	295.07
原油单位成本	元/吨	—	—	—

续表

指标名称	计算单位	1964－2006年累计	2006年	
			分公司	管理局
原油平均销售单价	元/吨	—	3143.82	—
上缴利税	亿元	2600.31	528.56	20.61
实现利税	亿元	2557.38	544.01	37.08
其中:税金	亿元	1306	122.03	25.32
利润总额	亿元	1567.62	421.98	－2.98
新增原油生产能力	万吨/年	—	385.07	—
新增天然气综合配套能力	亿立方米/年	—	1.35	—
当年新增石油地质储量	万吨	461827	9179	—
当年探明石油可采储量	万吨	—	3278	—
天然气地质储量	亿立方米	496.35	15.77	—
二维地震	千米	234342	522	3472
三维地震	平方千米	24373	1001	1312
石油钻井	口	41422	1317	1910
其中:探井	口	6780	175	173
钻井进尺	万米	8907.72	294.43	442.55
其中:探井	万米	1722.08	48.95	54.01
企业增加值(现价)	亿元	—	667.2	99.82
原油加工量	万吨	1469.64	142.15	—
汽油	万吨	334.77	37.85	—
柴油	万吨	551.10	68.67	—
年末固定资产净值	亿元	—	558.01	146.33
年末设备拥有量	万台	4.66	3.06	1.60
年末职工人数	万人	15.22	5.53	9.69

表2 组织机构与人员分类

单位:人

	用工总量	正式职工		用工总量	正式职工
胜利油田	207083	152422	管理局总计	127291	97010
分公司总计	79792	55412	渤海钻井总公司	8452	5891
海洋采油厂	1807	1302	黄河钻井总公司	12562	9195
临盘采油厂	6144	3933	钻井工程技术公司	1183	1053
河口采油厂	7481	5307	塔里木钻井	850	439
孤岛采油厂	7307	5060	地质录井公司	1151	1366
孤东采油厂	6050	4156	海洋钻井公司	1982	1598
桩西采油厂	2380	1709	测井公司	2570	2341
胜利采油厂	6715	4840	物探公司	3222	2664
滨南采油厂	5863	4174	钻井工艺研究院	968	919
现河采油厂	6766	4486	总机械厂	1486	1338
东辛采油厂	6626	4750	胜利油建公司	6344	4715
纯梁采油厂	4179	2504	胜建集团	3406	2291
油气集输公司	3393	2397	胜利工程设计咨询公司	1176	917
海洋石油船舶公司	1272	995	仙河社区管理中心	1827	1300
物资供应处	1587	1463	孤岛社区管理中心	1663	1263
石油化工总厂	2192	1689	河口社区管理中心	2193	1696
地质科学研究院	1228	1226	胜北社区管理中心	3877	3116
采油工艺研究院	613	608	胜东社区管理中心	2901	2052
物探研究院	998	995	胜南社区管理中心	2866	2498
技术检测中心	544	542	滨南社区管理中心	1589	1137
新疆勘探开发分公司	72	72	胜中社区管理中心	4961	3525
经济开发研究院	50	50	临盘社区管理中心	1854	1175
大明集团	4075	706	龙口基地管理中心	328	185
有限公司机关	641	641	济南办事处	132	49

续表

	用工总量	正式职工		用工总量	正式职工
驻北京办事处	246	45	多种经营集团	2266	893
供应处托管	16	15	国际经济贸易公司	115	115
胜利油田保卫处	240	76	石油开发中心	1790	401
胜利日报社	175	153	东胜公司	2519	698
广播电视中心	241	187	西部工作委员会	33	24
文化事业中心	216	216	管理局机关	1589	1389
教育培训处	393	393	离退休职工管理中心	4625	4607
职工大学	463	386			
党校	348	321			
山东胜利职业学院	964	950			
胜利学院	394	388			
胜利医院	1055	1026			
青岛疗养院	113	110			
烟台疗养院	131	110			
井下作业公司	5455	4272			
井下作业二公司	4680	3782			
井下作业三公司	5602	4495			
井下作业四公司	3729	2851			
供水公司	2598	2078			
电力管理总公司	4928	4169			
胜利发电厂	2484	1938			
运输总公司	1551	1090			
局机关车管中心	702	646			
胜大集团总公司	1607	841			
局实体管理部	1337	879			

图书在版编目(CIP)数据

胜利油田年鉴2007/《胜利油田年鉴》编纂委员会编.
—北京:中国石化出版社,2007
ISBN 978-7-80229-439-4

Ⅰ.胜… Ⅱ.胜… Ⅲ. Ⅳ.

中国版本图书馆CIP数据核字(2007)第150436号

中国石化出版社出版发行
地址:北京市东城区安定门外大街58号
邮编:100011 电话:(010)84271850
读者服务部电话:(010)84289974
http://www.sinopec-press.com
E-mail:press@sinopec.com.cn
胜利报业发展有限公司排版印刷
全国各地新华书店经销
*
787×1092毫米 16开本 25.75印张 24彩页 546千字
2007年10月第1版 2007年10月第1次印刷
定价:158.00元